中华传世藏书

【图文珍藏版】

二十五史

姜涛⊙主编

线装书局

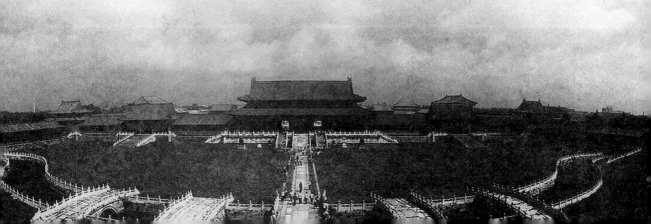

杨慎传

【题解】

杨慎(1488~1559),明代文学家。正德间进士第一,授翰林修撰。嘉靖初年因"议大礼"与世宗意愿相背,被谪戍云南永昌卫,居云南三十多年。死于戍地。

杨慎存诗约二千三百首,涉及内容极为广泛。其中以"思乡""怀归"的诗,所占比重最大。也有些诗表达了对人民疾苦的关怀。他曾与何累明等为友,但在"前七子"倡导"文必秦汉,诗必盛唐"的时候,能不为所盛,广泛吸收六朝、初唐诗风,形成了自己"浓丽婉至"的诗歌风格。

他对文、词、赋、散曲、杂剧、弹词,都有涉猎。其风格或清新绮丽、文笔畅达,或语词流利、古朴高逸,或笔力奔放,情真意切,时婉时激,深得好评;他对民间文学也很重视。他考论经史、经文、书画,研究训估、文学、音韵、名物的著作,数量多,范围广,常有独到见解,有相当学术价值,但也时有疏失。

杨慎的著作很多。除诗文外,杂著达一百多种。主要著作有《升庵全集》,后人辑的《升庵外集》《升庵遗集》等。词曲等主要有《升庵长短句》《陶情乐府》等。

【原文】

杨慎,字用修,新都人,少师廷和子也。年二十四,举正德六年殿试第一,授翰林修撰。丁继母忧,服阕起故官。十二年八月,武宗微行,始出居庸关,慎抗疏切谏。寻移疾归。

世宗嗣位,起充经筵讲官。常讲《舜典》言:"圣人设赎刑,乃施于小过,俾民自新。若元恶大奸,无可赎之理。"时大珰、张锐、于经论死,或言进金银获宥,故及之。

嘉靖三年,帝纳桂萼、张璁言,召为翰林学士。慎偕同列三十六人上言:"臣等与萼辈学术不同,议论亦异。臣等所执者,程颐、朱熹之说也。萼等所执者,冷褒、段犹之余也。今陛下既超擢萼辈,不以臣等言为是,臣等不能与同列,愿赐罢斥。"帝怒,切责,停俸有差。逾月,又偕学士丰熙等疏谏。不得命,偕廷臣伏左顺门力谏。帝震怒,命执首事八人下诏狱。于是慎及检讨王元正等撼门大哭,声彻殿庭。帝益怒,悉下诏狱,廷杖之。阅十日,有言前,此朝罢,群臣已散,慎、元正及给事中刘济、安磐、张汉卿、张原,御史王时柯实纠众伏哭。乃再杖七人於廷。慎、元正、济并谪戍,余削籍。慎得云南永昌卫。先是,廷和当国,尽斥锦衣冒滥官。及是伺诸途,将害慎,慎知而谨备之。至临清始散去。扶病驰万里,惫甚。抵戍所,几不起。

五年闻廷和疾,驰至家。廷和喜,疾愈。还永昌,闻寻甸安铨、武定凤朝文作乱,率僮奴及步卒百余,驰赴木密所与守臣击败贼。八年闻廷和讣,奔靠巡抚欧阳重请于朝,获归葬,葬讫复还。自是,或归蜀,或居云南会城,或留戍所,大吏咸善视之。及年七十,还蜀,巡抚遣四指挥逮之还。嘉靖三十八年七月卒,年七十有二。

慎幼警敏,十一岁能诗。十二拟作《古战场文》《过秦论》,长老惊异。入京,赋《黄叶诗》,李东阳见而嗟赏,令受业门下。在翰林时,武宗问钦天监及翰林:"星有注张,又作汪张,是何星也?"众不能对。慎曰:"柳星也。"历举《周礼》《史记》《汉书》以复。预修《武宗实录》,事必直书。总裁将冕、费宏尽付稿草,俾削定。尝奉使过镇江,谒杨一清,阅所藏书。叩以疑义,一清皆成诵。慎惊异,益肆力古学。既投荒多暇,书无所不览。尝语人曰:"资性不足恃。日新德业,当自学问中来。"故好学穷理,老而弥笃。世宗以议礼故,恶其父子特甚,每问慎作何状。阁臣以老病对,乃稍解。慎闻之,益纵酒自放。明世记诵之博,著作之富,推慎为第一。诗文外,杂著至一百余种,并行于世。隆庆初,赠光禄少卿。天启中,追谥文宪。

【译文】

杨慎,字用修,新都(今四川新都)人,是少师杨廷和的儿子。二十四岁那年,举正德六年(1511)殿试第一名,授翰林修撰。遇继母丧事,服丧完了以后,仍担任以前的官职。十二年(1517)八月,明武宗秘密出行,刚出居庸关,杨慎抗疏切谏皇帝。不久他因病回来。

明世宗继位,起用后充任经筵讲官。经常讲授《舜典》,他说:"圣人设置赎刑,那是为了施用于一般小错误的,以督促平民改过自新。如首恶大奸,没有可以赎罪的道理。"当时大宦官张锐、于经被判处死刑,有人说进献金银以赦免其罪,所以他常提到这句话。

嘉靖三年(1524),世宗采纳桂萼、张璁的建议,征召为翰林学士。杨慎与列在一起提升的三十六个人共同上书说:"我们与桂萼等人学术不同,议论也不一样。我们所遵从的是程颐、朱熹的学说主张。桂萼等人所崇信的是冷褒、段犹的遗绪。现在陛下既然快速地提升了桂萼等人,不认为我们说的正确,我们不能与他们一同共事,希望赐书罢了我们吧。"这使皇帝很恼怒,严加责问,分轻重给予停发俸禄的处罚。过了一个月,他又与学士丰熙等一同上疏进谏。没有得到答复,又与廷臣跪伏在左顺门力谏。皇帝大怒,下令将带头闹事的八个人逮捕入狱。这时杨慎和检讨王元正等摇门大哭,哭声响彻殿庭。皇帝越发愤怒,都被捉拿下狱,处以廷杖之刑。过了十天,有人说上次罢朝以后,群臣都已经散去,杨慎、王元正以及给事中刘济、安磐、张汉卿、张原,御史王时柯又聚众伏地而哭。于是把这七人又在廷堂上打了一顿。杨慎、王元正、刘济都被谪戍他乡,其他人都被削了籍。杨慎到了云南永昌卫。先前,王廷和当国,全部斥退了锦衣冒滥官员。到这时,他在被谪戍的路途上寻找机会,准备加害于杨慎。杨慎知道了谨慎防备着他们。到临清他们才散去了。杨慎带病奔跑了一万里路,疲惫不堪。抵达戍所后,几乎起不来了。

五年(1526)杨慎听说王廷和病了,跑回家。王廷和很高兴,病便好了。回永昌,听说寻甸安铨、武定凤朝文作乱,便率领僮奴步卒一百多人,赶到木密所与守卫官员打败了贼寇。八年(1529)他听说王廷和去世,便奔告巡抚欧阳重向朝廷请求,获准归葬,归葬之后他又回来。从此，或归蜀，或者呆在云南会城，或者留在戍所，主管官员都以友好的态度对待他。到七十岁那年，他回到蜀，巡抚派回指挥把他捉拿回来。嘉靖三十八年（1559）去世，享年七十二岁。

杨慎小时机警敏慧，十一岁时就能作诗。十二岁时模仿着写了《古战场文》《过秦论》，年纪大的人都很惊奇。进入京城，作《黄叶诗》，李东阳见了以后，大加赞赏，让他在自己门下学习。在翰林院时，武宗询问钦天监及翰林："叫作注张，又叫汪张的星，是什么星？"大家都回答不上来。杨慎回答说："是柳星。"列举《周礼》《史记》《汉书》来证明。他参与修撰《武宗实录》，每件事都要秉直记录。总裁蒋冕、费宏把全部的草稿给他，让他削剥修订。曾经奉使命经过镇江，拜谒杨一清，阅读他的藏书。问到疑难问题，杨一清都能背诵。杨慎十分惊讶，更加用功于古学。被谪戍荒野之时间多了，书无所不看。曾经对人说："人的资性不是依靠。要加强德业，日日有新收获，只有从学问中来。"本来他好学穷理，老了以后更加坚定了。明世宗因为议理的原因，特别憎恨他们父子常问杨慎怎么样。阁臣说他又老又病，这才稍微放松了一些。杨慎听说以后，更加纵酒放浪。明代记诵的广博，著作的宏富，当推杨慎为第一。除诗文之外，杂著达一百多种，都流传于世。隆庆初年，封赠他光禄少卿。天启年间，又追谥他为文宪。

王廷相传

【题解】

王廷相（1476～1544），字子衡，号俊川，又号秉衡。明代河南仪封人。弘治十五年进士，历任兵科给事中、都察院御史、山东右布政使、兵部尚书兼前宫等职，后因郭勋案牵连而被罢斥为民。王廷相学识渊博，自幼即以文才出名，他对经学尤有深入的研究，同时星象、历法、地图、音乐、上古典籍、宋代理学等，都有自己的独到见解。

【原文】

王廷相，字子衡，仪封人。幼有文名。登弘治十五年进士，选庶吉士，授兵科给事中。以忧去。正德初，服阕至京。刘瑾中以罪，谪亳州判官，量移高淳知县。

召为御史，疏言："大盗四起，将帅未能平。由将权轻，不能御敌，兵机疏，不能扼险也。盗贼所至，乡民奉牛酒，甚者为效力。盗有生杀权，而将帅反无之，故兵不用命。宜假便宜，退却者必斩。河南地平旷，贼易奔，山西地险阻，亦纵深入，将帅罪也。若陈兵黄河之津，使不得西，分扼井陉、天井，使不得东，而主将以大军蹙之，则贼进退皆穷，可不战擒矣。"帝切责总督诸臣，悉从其议。己，出按陕西，裁拟镇守中官廖堂，被诬。时己改督京畿学校。逮系诏狱，谪赣榆丞。屡迁四川佥事、山东副使，皆提督学校。

嘉靖二年举治行卓异，再迁山东右布政使。以右副都御巡抚四川，讨平芒部贼沙保。

寻召理院事。历兵部左、右侍郎,迁南京兵部尚书,参赞机务。初有诏,省进贡快船。守备太监赖义复求增,廷相请酌物轻重以定船数,而大减宣德以后傅旨非祖制者。龙江、大胜、新江、浦子、江淮五关守臣藉稽查权利,安庆、九江藉春秋阅视索贿,廷相皆请革之。草场、芦课银率为中官杨奇、卜春,及魏国国公徐鹏举所所侵蚀。以廷相请,逮问奇、春,夺鹏举禄。三月入左都御史,疏言南京守备权太重,不宜令魏国世官。给事中曾忭亦言之,遂解鹏举兵柄。

居二年,加兵部尚书兼前官。提督团营,仍理院事。两考满,加太子少保。畿民盗天寿山陵树,巡按杨绍芳引盗大祀神御物律斩。廷相言:"大祀神御物者,指神御在内祭器帷帐之物而言。律文盗陵木者,止杖一百,徙三年。今舍本律,非刑之平。"忤旨,罚俸一月。帝将幸承天,廷相与诸大臣谏,不纳。扈从还,以九年满,加太子太保。雷震奉先殿,廷相言:"人事修而后天道顺,大臣法而后小臣廉。今廉隅不立,贿赂盛行,先朝犹暮夜之私,而今则白日之攫。大臣污则小臣悉效,京官贪则外臣无畏。臣职宪纪,不能绝其弊,乞先罢斥。"用以刺尚书严嵩、张瓒辈。帝但谕留而已。

初,廷相请经六条考察差还御史。帝令疏其所未尽,编之宪纲。乃取张孚敬,汪铉所奏列,及新所定凡十五事以进,悉允行之。及九庙灾,下诏修省。因敕廷相曰:"御史巡方职甚重。卿总宪有年,自定六条后,不考黜一人,今宜痛修省。"廷相惶恐谢。

廷相掌内台最久,有威重。督团营,与郭勋共事,逡巡其间,不能有所振饬。给事中李凤来等论权贵夺民利。章下都察院,廷相檄五城御史核实,迟四十余日,给事中章允贤遂劾廷相绚私慢上。帝方诘责,而廷相以御史所核闻,惟郭勋侵最多。帝令勋自奏,于是劾勋者群起。勋复以领敕稽留触帝怒,下狱。责廷相朋比阿党,斥为民。越三年卒。

廷相博学好议论,以经术称。于星历、舆图、乐律、河图、洛书及周、邵、程、张之书,皆有所论驳,然其说颇乖僻。隆庆初,复官,赠少保,谥肃敏。

【译文】

王廷相,字子衡,明代仪封人。自幼时即以有文才而出名。弘治十五年中进士,被选为庶吉士,任兵科给事中。后因居丧而离职。正德初年,他服丧结束后进京,被刘瑾告发治罪,贬为亳州判官,后迁转为高淳知县。

再后,王廷相被召回任御史,他上奏说:"到处发生叛乱,而将帅们不能平息。将领的权力小,则不能防御敌人;军机不严密,则不能扼守险要之地。叛兵所到之处,群众酒肉款待,有的甚至亲自为叛军服务效劳。叛军有生杀权,而正式的将帅反而没有这样的权力,所以士卒兵勇不听命令。应相机处置,凡后退者杀。河南地势平坦开阔,叛军易于奔跑流窜,山西地势险要,也让他们肆然深入其内,这是将帅的罪责。假若将军队布防于黄河沿线,使叛军不能向西,分兵把守井陉、天井,使叛军不能向东,而由大将率大部队威逼进攻,那么,叛军就会进退无路,可不战而将他们擒获。"皇帝严令各位大臣,依照廷相的建议执行。事后,任陕西巡按,裁撤了镇守中官廖堂,而被诬陷。这时他已改任督察京畿地区教育,被奉诏逮捕下狱,贬为赣榆丞。此后几经转折,任四川佥事、山东副使,都是负责教育工作。

嘉靖二年，因工作成绩卓著，而升任山东右布政使。以右副都御史的身份巡抚四川，平息了芒部沙保叛乱。即召回负责都察院事务。历任兵部左、右侍郎，升任南京兵部尚书，参予机密。最初皇帝曾下令省去进贡用快船，守备太监赖义又要求增设，廷相建议根据货物轻重而定船数，而大量裁减宣德以后不符合祖先规定的船只。龙江、大胜、新江、浦子、江淮五关的守臣借稽察之机而大获私利，安庆、九江利用春秋检查而索取贿赂，王廷相建议将他们都撤掉。草场、芦和税银大多为中官杨奇、卜春与魏国公徐鹏举所侵吞，根据廷相的要求，逮捕了杨奇、卜春，剥夺了徐鹏举的俸禄。三月，廷相任左都御史，上奏说南京守备权力太大，不应让魏国公世代居官。给事中曾忭也有类似建议，于是解除了徐鹏举的兵权。

二年后，王廷相被加授兵部尚书兼前官，负责团营，同时仍负责都察院事。两次考察合格后，加任太子太保。京都居民偷盗万寿山上的陵树，巡按杨绍芳援引盗窃大祀神御物的律文，将其斩首。王稽查廷相说："大祀神御物指神御在内的祭礼器皿，帷帐而说的。律文规定，偷盗陵墓树木的人，只杖责一百下，服刑三年。现在舍去本律不用，这种处罚不合理。"因违背皇帝的意旨，而被罚去一个月的俸禄。皇帝将准备去承天，廷相与各位大臣劝阻，但皇帝不听。跟随皇帝回来后，已满九年，而加封为太子太保。雷电击震奉先殿，廷相说："人间事项和睦顺利之后，天上道义也就自然顺了，大臣遵守法纪之后，小官吏也就廉洁了，现在廉洁不存，贿赂盛行，过去利用晚上天黑干利己的私人勾当，现在却光天化日下抢掠。大臣贪污，小官吏便全行仿效，京官贪婪，那么外边任职的官员便有恃无恐。我负责法规纪律，不能根除这些弊病，请求先将我罢免。"廷相用这些暗刺尚书严嵩、张瓒等人。皇帝只是挽留他留职而已。

最初，王廷想请求以规定的六条标准考察任免御史。皇帝令他上奏他所未说完的想法，以编成规章法规。于是他采用张孚敬、汪铉所上奏的意见，以及新的规定共十五事上奏皇帝。皇帝让全部按照执行。到皇帝祖庙受到灾难，皇帝下诏书反省时，因之对廷相说："御史巡视各地职责极其重大。你总管都察院事已有多年，自从制定六条后，没有依律罢撤一个人，你应深刻反省。"王廷相非常惶恐的称谢。

王廷相掌管都察时间很长，有很高的权威。负责团营时，与郭勋共事，往来其间没有什么作为。给事中李凤来等人议论权贵侵夺民利，奏章转到都察院，廷相令五城御史核实，迟缓了四十多天，给事中章允贤于是弹劾王廷相徇私情而慢待上级指示。皇帝正准备责问廷相，廷相已来向皇帝报告御史所核实的情况，其中郭勋侵贪最多。皇帝命令郭勋自己检讨报告，于是弹劾郭勋的人群涌而起。郭勋又稽留皇帝命令而惹怒皇帝，便被逮捕下狱。同时皇帝谴责廷相与郭勋结为朋党，而将廷相削职为民。三年后，廷相去世。

王廷相知识渊博好发议论，以治经学著称。对于星历、舆图、乐律、河图、洛书以及周、邵、程、张等人的著作，都有评论，但他的学说却比较乖僻。隆庆初年，恢复官职，追赠为少保，谥号肃敏。

王守仁传

【题解】

　　王守仁(1472~1528)，字伯安，浙江余姚县人。二十七岁考中进士，先后任刑部主事、兵部主事。因反对宦官刘瑾，被廷杖，贬到贵州担任龙场驿丞。刘瑾被诛后，历任知县、南京大仆少卿等。后升察都院右金都御史，巡抚南安府、赣州。因平定藩王叛乱有功，封新建伯。又曾以原官兼都察院左都御史、总督两广兼巡抚，平定思恩府、田州之乱。曾筑室于阳明洞以居，故世称王阳明，或称谥号为王文成公。著有《王文成公全书》(一称《阳明全书》)。

　　王守仁在明代中叶的特定社会历史条件下，继承和发扬了南宋陆九渊"心即理"的学说，并提出"致良知""知行合一"等命题加以阐发。又广收弟子，发展成王学的各个分支，使陆王心学派成为理学内部足以与主流派程朱理学派相抗衡的一大派，并在明代中后期一度占据主导地位。他是在朱熹之后对思想界影响最大的一人。

王守仁

【原文】

　　王守仁，字伯安、余姚人。

　　父华，字德辉，成化十七年进士第一。授修撰。弘治中，累官学士、少詹事。华有气度，在讲幄最久，孝宗甚眷之。李广贵幸，华讲《大学衍义》，至唐李辅国与张后表里用事，指陈甚切。帝命中官赐食劳焉。正德初，进礼部左侍郎。以守仁忤刘瑾，出为南京吏部尚书，坐事罢。旋以《会典》小误，降右侍郎。瑾败，乃复故，无何卒，华性孝，母岑年逾百岁卒。华已年七十余，犹寝苫蔬食，士论多之。

　　守仁娠十四月而生。祖母萝神人自云中送儿下，因名云。五岁不能言，异人拊之，更名守仁，乃言。年十五，访客居庸、山海关。时阑出塞，纵观山川形胜。弱冠举乡试，学大进。顾益好言兵，且善射。登弘治十二年进士。使治前威宁伯王越葬，还而朝议方急西北边，守仁条八事上之。寻授刑部主事。决囚江北，引疾归。起补兵部主事。

　　正德元年冬，刘瑾逮南京给事中御史戴铣等二十余人。守仁抗章救，瑾怒，廷伏四十，谪贵州龙场驿丞。龙场万山丛薄，苗、僚杂居。守仁因俗化导，夷人喜，相率伐木为屋，以楼守仁。瑾诛，最移庐陵知县。入观，迁南京刑部主事，吏部尚书杨一清改之验封。屡迁考功郎中，擢南京太仆少卿，就迁鸿胪卿。

兵部尚书王琼素奇守仁才。十一年八月擢右佥都御史，巡抚南、赣。当是时，南中盗贼蜂起。谢志山据横水、左溪、桶冈，池仲容据浰头，皆称王，与大庾陈曰能、乐昌高快马、郴州龚福全等攻剽府县。而福建大帽山贼詹师富等又起。前巡抚文森托疾避去。志山合乐昌贼掠大庾，攻南康、赣州，赣县主簿吴玭战死。守仁至，知左右多贼耳目，乃呼老黠隶诘之。隶战栗不敢隐，因贳其罪，令问贼，贼动静无勿知。于是檄福建、广东会兵，先讨大帽山贼。

明年正月，督副使杨璋等破贼长富村，逼之象湖山，指挥覃桓、县丞纪镛战死。守仁亲率锐卒屯上杭。佯退师，出不意捣之，连破四十余寨，俘战七千有奇，指挥王铠等擒师富。疏言权轻，无以令将士，请给旗牌，提督军务，得便宜从事。尚书王琼奏从其请。乃更兵制：二十五人为伍，伍有小甲；二伍为队，队有总甲；四队为哨，哨有长，协哨二佐之；二哨为营，营有官，参谋二佐之；三管为阵，阵有偏将；二阵为军，军有副将。皆临事委，不命於朝；副将以下，得递相罚治。

其年七月进兵大庾。志山乘间急攻南安，知府季敩击败之。副使杨璋等亦生絷曰能以归。遂议讨横水、左溪。十月，都指挥许清、赣州知府邢珣、宁都知县王天与各一军会横水，敩及守备郏文、汀州知府唐淳、县丞舒富各一军会左溪，吉安知府伍文定、程乡知县张晋戳遏其奔轶。守仁自驻南康，去横水三十里，先遣四百人伏贼巢左右，进军逼之。贼方迎战，两山举帜。贼大惊，谓官军已尽犁其巢，遂溃。乘胜克横水，志山及其党萧贵横等皆走桶冈。左溪亦破。守仁以桶冈险固，移营近地，谕以祸福。贼首蓝廷凤等方震恐，见使至大喜，期仲冬朔降，而珣、文定已冒雨夺险入。贼祖水阵，珣直前搏战，文定与戳自右出，贼仓卒败走，遇淳兵又败。诸军破桶冈，志山、贵模、廷凤面缚降。凡破巢八十有四，俘斩六千有奇。时湖广巡抚秦金亦破福全。其党千人突至，诸将擒斩之。乃设崇义县于横水，探诸瑶。还至赣州，议讨浰头贼。

初，守仁之平师富也，龙川贼卢珂、郑志高、陈英咸请降。及征横水，浰头贼将黄金巢亦以五百人降，独仲容未下。横水破，仲容始遣弟仲安来归，而严为战守备。诡言珂、志高，仇也，将袭我，故为备。守仁佯杖系珂等，而阴使珂弟集兵待，遂下令散兵。岁首大张灯乐，仲容信且疑。守仁赐以节物，诱入谢。仲容率九十三人管教场，而自以数人入谒。守仁呵之曰："若皆吾民，屯于外，疑我乎？"悉引入祥符宫，厚饮食之。贼大喜过望，益自安。守仁留仲容观灯乐。正月三日大享，伏甲士于门，诸贼入，以次悉擒戮之。自将抵贼巢，连破上、中、下三浰斩馘二千有奇。余贼奔九连山。山横互数百里，陡绝不可攻。乃简壮士七百人衣贼衣，奔崖下，贼招之上。官军进攻，内外合击，擒斩无遗。乃于下浰立和平县，置戍而归。自是境内大定。

初，朝议贼势强，登广东、湖广兵合剿。守仁上疏止之，不及。桶冈既灭，湖广兵始至。及平浰头，广东尚未承檄。守仁所将皆文吏及偏神小校，平数十年巨寇，远近惊为神。进右副都御史，予世袭锦衣卫百户，再进副千户。

十四年六月命勘福建叛军。行至丰城而宁王宸濠反，知县顾佖以告。守仁急趋吉安，与伍文定征调兵食，治器械舟辑，傅檄暴宸濠罪，俾守令各率吏士勤王。都御史王懋中，编修邹守益，副使罗循、罗钦德，郎中曾直，御史张鳌山、周鲁，评事罗侨，同知郭祥鹏，进士郭持平，降谪驿丞王思、李中，咸赴守仁军。御史谢源、伍希儒自广东还，守仁留之纪功。因集众议曰："贼若出长江顺流东下，则南都不可保。吾欲以计挠之，少迟旬日无患矣。"乃多遣间谋，檄府县言："都督许泰、邵永将边兵，都督刘晖、桂勇将京兵，各四万，水陆并进。南赣王守仁、湖广秦金、两广杨旦各率所部合十六万，直捣南昌，所至有司缺供者，以军法论。"又为蜡书遗伪相李士实、刘养正，叙其归国之诚，令从臾早发兵东下，而纵谍泄之。宸濠果疑。与士实、养正谋，则皆劝之疾趋南京即大位，宸濠益大疑。十余日间知中外兵不至，仍悟守仁绐之。七月壬辰朔留宜春王拱栟居守，而劫其众六万人，袭下九江、南康，出大江，薄安庆。

守仁闻南昌兵少则大喜，趋樟树镇。知府临江戴德孺、袁州徐琏、赣州邢珣，都指挥余恩，通判瑞州胡尧元童琦、抚州邹琥、安吉谈储，推官王玮、徐文英，知县新淦李美、泰和李辑、万安王冕、宁都王天与，各以兵来会，合八万人，号三十万。或请救安庆，守仁曰："不然。今九江、南康已为贼守，我越南昌与相持江上，二郡兵绝我后，是腹背受敌也。不如直捣南昌。贼精锐悉出，守备虚。我军新集气锐，攻必破。贼闻南昌破，必解围自救。逆击之湖中，蔑不胜矣。"众曰"善"。己酉次丰城，以文定为前锋，先遣奉新知县刘守绪袭其伏兵。庚戌夜半，文定兵抵广润门，守兵骇散。辛亥黎明，诸军梯垣登，缚拱栟等，宫人多焚死。军士颇杀掠，守仁戮犯令者十余人，宥胁从，安士民，慰谕宗室，人心乃悦。

居二日，遣文定、瑄、琏、德孺各将精兵分道进，而使尧元等设伏。宸濠果自安庆还兵。乙卯遇于黄家渡。文定当其前锋，贼趋得。珣绕出贼背贯其中，文定、恩乘之，琏、德孺张两翼分贼势，尧元等伏发，贼大溃，退保八字脑。宸濠惧，尽发南康、九江兵。守仁遣知府抚州陈槐、饶州林城取九江，建昌曾玙、广信周朝佐取南康。丙辰复战，官军却，守仁斩先却者。诸军殊死战，贼复大败，退保樵舍，联舟为方阵，尽出金宝犒士。明日，宸濠方晨朝其群臣，官军奄至。以小舟载薪，乘风纵火，焚其副舟，妃妻娄氏以下皆投水死。宸濠舟胶浅，仓卒易舟遁，王冕所部兵追执之。士实、养正及降贼按察使杨璋等皆就擒。南康、九江亦下。凡三十五日而贼平。京师闻变，诸大臣震惧。王琼大言曰："王伯安居南昌上游，必擒贼。"至是，果奏捷。

帝蛙已亲征，自称威武大将军，率京边骁卒数万南下。命安边伯许泰为副将军，偕提督军务太监张忠、平贼将军左都督刘晖将京军数千，溯江而上，抵南昌。诸劈幸故与宸濠。守仁初上宸濠反书，因言："觊觎者非特一宁王，请黜奸谀以回天下豪杰心。"诸劈幸皆恨。宸濠既平，则相与媢功。且惧守仁见天子发其罪，竞为蜚语，谓守仁先与通谋，虑事不成，乃起兵。又欲令纵宸濠湖中，待帝自擒。

守仁乘忠、泰未至，先俘宸濠，发南昌，忠、泰以威武大将军檄邀之广信。守仁不与，间道趋玉山，上书请献俘，止帝南征。帝不许。至钱唐遇太监张永。永提督赞书机密军务，在忠、泰辈上，而故与杨一清善，除刘瑾，天下称之。守仁夜见永，颂其贤，因极言江西困敝，不堪六师扰。永深然之，曰："永此来，为调护圣躬，非邀功也。公大勋，永知之，但事不可直情耳。"守仁乃以宸濠付永，而身至京口，欲朝行在。闻巡抚江西命，乃还南昌。忠泰已先至，恨失宸濠。故纵京军犯守仁，或呼名嫚骂。守仁不为动，抚之愈厚。病予药，死予棺，遭丧于道，必停车慰问良久始去。京军谓王都堂爱我，无复犯者。忠、泰言："宁府富厚甲天下，今所蓄安在？"守仁曰："宸濠异时尽以输京师要人，约内应，籍可按也。"忠、泰故尝纳宸濠贿者，气慑不敢复言。已，轻守仁文士，强之射。徐起，三发三中。京军皆欢呼，无不泣下思归者。忠、泰不得已班师。比见帝，与纪功给事中祝续、御史章纶谗毁百端，独永时左右之。忠扬言帝前曰："守仁必反，试召之，必不至。"忠、泰屡矫旨召守仁。守仁得永密信，不赴。及是知出帝意，立驰至。忠、泰计沮，不令见帝。守仁乃入九华山，日晏乃易前奏，言奉威武大将军方略讨平叛乱，而尽入诸劈幸名，江彬等乃无言。

当是时，谗邪构煽，祸变叵测，微守仁，事几殆。世宗深知之。甫即位，趣召入朝受封。而大学士杨廷和与王琼不相能。守仁前后平贼，率归功琼，廷和不喜，大臣亦多忌其功。会有言国哀未毕，不宜举宴行赏者，因拜守仁南京兵部尚书。守仁不赴，请归省。已，论功封特进光禄大夫、柱国、新建伯，世袭，岁禄一千石。然不予铁券，岁禄亦不给。诸同事有功者，惟吉安守伍文定至大官，当上赏。其他皆名示迁，而阴绌之，废斥无存者。守仁愤甚。时已丁父忧，屡疏辞爵，乞录诸臣功，咸报寝。免丧，亦不召。久之，所善席书及门入方献夫、黄绾以议礼得幸，言于张璁、桂萼，将召用，而费宏故衔守仁，复沮之。屡推兵部尚书，三边总督，提督团营，皆弗果用。

嘉靖六年，思恩、田州土酋卢苏、王受反。总督姚镆不能定，乃诏守仁以原官兼左部御史，总督两广兼巡抚。绾因上书讼守仁功，请赐铁券岁禄，并叙讨贼诸臣，帝咸报可。守仁在道，疏陈用兵之非，且言："思恩未设流官，土酋岁出兵三千，听官征调。既设流官，我反岁遣兵数千防戍。是流官之设，无益可知。且田州怜交耻，深山绝谷，翻瑶、僮盘踞，必乃设土官，斯可藉其兵力为屏蔽。若改土为流，则边鄙之患，我自当之，后必有悔。"章下兵部，尚书王时中条其不合者五，帝令守仁更议。二二月，守仁抵浔州，会巡按御史石金定计招抚。悉散遣诸军，留永顺、保靖土兵数千，解甲休息。苏、受初求抚不得，闻守仁至益惧，至是则大喜。守仁赴南宁，二人遣乞降，守仁令诣军门。二人窃议曰："王公素多诈，恐绐我。"陈兵入见。守仁数二人罪，杖而释之。亲入营，抚其众七万。奏闻于朝，陈用兵十害，招抚十善。因请复设流官，量割田州地，别立一州，以岑猛次子邦相为吏目，署州事，俊有功擢知州。而于田州置十九巡检司，以苏、受等任之，并受约束于流官知府。帝皆从之。

断藤峡瑶贼，上连八寨，下通仙台、花相诸洞蛮，盘互三百余里，郡邑罹害者数十年。守仁欲讨之，故留南宁。罢湖广兵，示不再用。伺贼不备，进破牛肠、六寺等十馀寨，峡贼悉平。遂循横石江而下，攻克仙台、花相、白竹、古陶、罗凤诸贼。令布政使林富率苏、受兵直抵八寨，破石门，副将沈希仪邀斩轶贼，尽平八寨。

始，帝以苏、受之抚，遣行入奏玺书奖谕。及奏断藤峡捷，则以手诏问阁臣杨一清等，谓守仁自诟大,且及其生平学术。一清等不知所对。守仁之起由璁、萼荐,萼故不善守仁,以璁强之。后萼长吏部,璁入内阁,积不相下。萼暴贵喜功名,风守仁取交阯,守仁辞不应。一清雅知守仁,而黄绾尝上疏欲令守仁入辅,毁一清,一清亦不能无移憾。萼遂显底守仁征抚效失,赏格不行。献夫及堆韬不平,上疏争之,言:"诸瑶为患积年,初尝用兵数十万,仅得一田州,旋复召寇。守仁片言驰谕,思、田稽首。至八寨、断藤峡贼,阻深严绝冈,国初以来未有轻议剿者,今一举荡平,若拉枯朽。议者乃言守仁受命征思、田,不受命征八寨。夫大夫出疆,有可以安国家,利社稷,专之可也。况守仁固承诏得便宜从事者乎?守仁讨平叛藩,忌者诬以初同贼谋,又诬其辇载金帛。当时大臣杨廷和、乔宇饰成其事,至今未白。夫忠如守仁,有功如守仁,一屈于江西,再屈於两广。臣恐劳臣灰心,将士解体,后此疆圉有事,谁复为陛下任之!"帝报闻而已。

守仁已病甚,疏乞骸骨,举郧阳巡抚林富自代,不俟命竟归。行至南安卒,年五十七。丧过江西,军民无不缟素哭送者。

守仁天姿异敏。年十七谒上饶娄谅,与论朱子格物大指,还家,日端坐,讲读《五经》,不苟言笑。游九华归,筑室阳明洞中。泛滥二氏学,数年无所得。谪龙场,穷荒无书,日绎旧闻。急悟格物致知,当自求诸心,不当求诸事物,喟然曰:"道在是矣。"遂笃信不疑。其为教,专以致良知为主。谓宋周、程二子后,惟象山陆氏简易直捷,有以接孟氏之传。而朱子《集注》《或问》之类,乃中年未定之说。学者翕然从之,世遂有"阳明学"云。

守仁既卒,桂萼奏其擅离职守。帝大怒,下廷臣议。萼等言:"守仁事不师古,言不称师。欲立异以为高,则非朱熹格物致知之论;知众论之不予,则为朱熹晚年定论之书。号召门徒,互相倡和。才美者乐其任意,庸鄙者借其虚声。传习转化,背谬弥甚。但讨捕举贼,擒获叛藩,功有足录,宜免追夺伯爵以章大信,禁邪说以正人心。"帝乃下诏停世袭,邮典俱不行。隆庆初,廷臣多颂其功。诏赠新建候,谥文成。二年予进袭伯爵。既又有请以守仁与薛瑄、陈献章同以祀文庙者。帝独允礼臣议。以瑄配。及万历十二年,御史詹事讲申前前。大学士申时行等言:"守仁言致知出《大学》、良知出《孟子》。陈献章主静,沿宋儒周敦颐、程颢。且孝友出处如献章,气节文章功业如守仁,不可谓禅,诚宜崇祀。"且言胡居仁纯以笃行,众论所归,亦宜并祀,帝皆从之。终明之进,从祀者止守仁等四人。

始守仁无子,育子正宪为后,晚年,生子正亿,二岁而孤。即长,袭锦衣副千户。隆庆初袭新建伯。肆历五年卒。子承勋嗣,督漕运二十年。子先进,无子,将以弟先达子业弘继。先达妻曰:"伯无子,爵自傅吾夫。由父及子,爵安往?"先进怒,因育族子业洊为后。及承勋卒,先进未袭死。业洊自以非嫡嗣,终当归爵先达,且虞其争,乃谤先达为乞养,而别推承勋弟子先通尝嗣,屡争于朝,数十年不决,崇祯时,先达子业弘复与通疏辨。而业洊兄业浩时为总督,所司惧忤业浩,竟以先通嗣。业弘愤,持疏入禁门诉。自刎不殊,执下狱,寻释。先通袭伯四年,流贼隐京师,被杀。

守仁弟子盈天下,其有传者不复载,惟冀元亨尝与守仁共患难。

冀元亨,字惟乾,武陵人。笃信守仁学。举正德十一年乡试。从守仁于赣,守仁属以教子。宸濠怀不轨,而外务名高,贻书守仁问学,守仁使元亨往。宸濠语挑之,佯不喻,独与之论学，宸濠目为凝。他日讲《西铭》，反覆君臣义甚悉。宸濠亦服，厚赠遣之，元亨反其赠于官。已，宸濠败，张忠、许泰诬守仁与通。诘宸濠，言无有。忠等诘不已，曰："独尝遣冀元亨论学。"忠等大喜，榜元亨，加以炮烙，终不承，械系京师诏狱。

世宗嗣位，言者交白其冤，出狱五日卒。元亨在狱，善待诸囚若兄弟，囚皆感泣。其被逮也，所司系其妻李，李无怖色，曰："吾夫尊师乐善，岂他虑哉。"狱中与二女治麻枲不辍。事且白，守者欲出之。曰："未见吾夫，出安往？"按察诸僚妇闻其贤，召之，辞不赴。已就见，则囚服见，手不释麻枲。问其夫学，曰："吾夫之学，不出闺门衽席间。"取者悚然。

【译文】

王守仁，字伯安，余姚县人。父亲王华，字德辉，宪宗成化十七年考上进士第一名，授予修撰职务。孝宗弘治年间，逐步升到学士、少詹事。王华有才干风度，在给皇帝讲课的职位上呆得最久，孝宗很看重他。宦官李广地位高贵很受宠幸，王华讲授《大学衍义》，讲到唐朝的宦官李辅国与张皇后一个在外面一个在宫里揽权干政时，有所指地面陈规谏甚为剀切，皇帝命令宦官赐给他食物表示慰劳。武宗正德元年，晋升为礼部左侍郎。由于儿子王守仁忤逆了宦官刘瑾，被排挤出去担任南京吏部尚书，又因事被罢免。随后又因编写《会典》有小错误，隐职为吏部右侍郎。刘瑾身败后，才恢复旧职，没多久死去。王华性情孝顺，母亲岑氏年过百岁才死，王华已七十多岁，还睡草席吃粗饭履行丧事，士大夫的舆论很称赞他。

王守仁是怀孕十四个月才生的。祖母梦见神仙从云彩里送小孩下来，因此给他取名叫云。五岁还不能说话，一个奇异的人抚摸了他，给他改名守仁，才说话。十五岁，出门访问客居于居庸、山海关，时常擅自跑到塞外去，放眼观察山河的险要形势。二十岁考上举人，学问大有长进。但更加喜好谈论军事，而且很会射箭。考上弘治十二年的进士。派他主持以前封为威宁伯的王越的埋葬事宜，回来时朝廷正急着讨论西北边界上的事，王守仁提出八条意见奏上去。随即授予刑部主事的职衔。奉命去江北判决囚犯，托病回到家里。上来后充任兵部主事。

正德元年冬天，刘瑾逮捕了南京给事中御史戴铣等二十多人。王守仁上章直言进行援救，刘瑾大怒，罚他在殿前台阶上挨打四十杖，贬到贵州龙场驿担任驿丞。龙场成山连绵草木茂盛，苗族、僚族杂居。王守仁顺着当地习俗加以感化引导，少数民族都很高兴，一起砍树盖房，来给王守仁居住。刘瑾被杀后，量情移任庐陵县知县。入见皇帝后，升为南京刑部主事，吏部尚书杨一清改命他去负责验封。逐步升到考功郎中，提拔为南京太仆少卿，就地升为鸿胪卿。

兵部尚书王琼素来看重王守仁的才能。正德十一年八月提拔他为右佥都御史，巡抚南安府、赣州府。当这个时候，南方盗贼纷纷起来。谢志山霸据横水、左溪、桶冈，池仲容霸据浰头，都自称为王，与大庚的陈曰能、乐昌的高快马、郴州的龚福全等，攻打和抢劫州县。而福建大帽山的盗贼詹师富等人又起来了。前任巡抚文森托病避开了。谢志山联合乐昌盗贼掳掠大庚，进攻南康、赣州，赣县的主簿吴玭战死。王守仁到达后，知道身边很多人是盗贼的耳目,就叫来一个老而狡诈的仆役来盘问。仆役吓得发抖不敢隐瞒,便赦免他的罪,让他监视盗贼的动静便无所不知。于是传军令给广东、福建来会师,先讨伐大帽山盗贼。

第二年正月,督促副使杨璋等在长富村击破贼兵,逼迫他们逃到象湖山,指挥覃桓、县丞纪镛战死。王守仁亲自统率精锐部队屯驻在上杭,假装退兵,出其不意直捣贼兵巢穴,接连攻破四十多个寨子,俘虏和斩杀七千人有余,指挥王铠等捉住了詹师富。上疏说权力太轻,无法指挥将士,请求发给旗牌,总督军务,可以依据事宜不经请示自行处置。兵部尚书王琼奏请皇帝同意了他的请求。于是改革兵制:以二十五个人为一伍,每伍设一个小甲率领;两个伍为一队,每队设一个总甲率领;四个队为一哨,每哨设一个哨长率领,有协哨二人辅佐他;两个哨为一营,每营设一个营官率领,有参谋二人辅佐他;三个营为一阵,每阵设一个偏将率领;两个阵为一军,每军设一个副将率领。都是临到事情需要时委任,不由朝廷任命;副将以下,可以依次对下一级实行处罚惩治。

这年七月,进兵到大庾。谢志山乘空子急攻南安府,知府季斅打败了他。副使杨璋等也活捉了陈曰能带回来。便商议讨伐横水、左溪。十月,都指挥许清、赣州府知府邢珣、宁都县知县王天与各带一支军队汇集在横水,季斅与守备郏文、汀州府知府唐淳、县丞舒富各带一支军队汇集在左溪,吉安府知府伍文定、程乡县知县张戬负责阻拦贼兵逃跑。王守仁自己驻扎在南康,离横水三十里,先派四百人埋伏在贼兵巢穴的左右两旁,然后大军逼近。贼兵刚刚迎战,埋伏的人在两旁山上举起旗帜。贼兵大惊,以为官军已经全部犁平了他们的巢穴,于是溃散。官军乘胜攻克横水,谢志山和他的爪牙肖贵模等人都逃到桶冈。这时左溪也被攻破了。王守仁由于桶冈险要牢固,把兵营移到桶冈附近,派人去向他们讲清利害祸福。贼兵头目兰廷凤等人正十分惊恐,见到官军的使者到来便十分高兴,濛瑯约定十一月初一那天投降,而邢珣、伍文定已经冒雨攻下险要地形进入。贼兵依靠河水的阻挡在对岸布阵,邢珣率兵径直上前搏斗,伍文定和张戬从右边出兵包抄,贼兵惊慌败走,遇到唐淳的部队又被打败。各路军马攻破桶冈,谢志山、肖贵模、兰廷凤都反绑双手投降。总共攻破巢穴八十四处,俘虏和斩杀六千有余。当时湖广巡抚秦金也击破了龚福全,他的爪牙上千人逃窜到这一带,将军们把他们全部俘虏和杀死。于是在横水设立崇义县,控制各寨瑶人。回到赣州,高议讨伐浰头的盗贼。

起初,王守仁讨平詹师富的时候,龙川的盗贼头目卢珂、郑志高、陈英都请求投降。到征讨横水时,浰头的贼将黄金巢也带五百人投降,只有池仲容还没有攻下。横水攻破后,池仲容才派弟弟池仲安前来归附,却又严密地进行防守的准备,诡称卢珂、郑志高,是仇人,将会偷袭我,所以要做防备。王守仁假装把卢珂等人杖打和关押起来,而又暗地让卢珂的弟弟集合士兵待命。然后下令解散士兵,正月初一大规模张设花灯和乐队,池仲容又相信又怀疑。王守仁赐给池仲容节日的礼物,引诱他进来道谢。池仲容带领九十三个人在教练场上扎营,而自己带几个人进来谒见。王守仁叱责他说:"他们都是我的老百姓,屯扎在外面,是怀疑我吗?"于是把这九十三人也都带入祥符宫,以丰厚的饮食款待。贼兵们因超过了原来所期望的待遇而极为高兴,更加感到安心。王守仁留池仲容观赏花灯音乐。正月初三那天大摆酒席,在大门口埋伏武士,盗贼们进来,逐个拿下杀掉。亲自带兵抵达贼巢,接连攻破上浰、中浰和下浰,暂获两千有余。剩下的贼兵逃奔九连山。这座山横亘好几百里,极为陡峻无法攻打。就挑选壮士七百人穿上贼兵的衣服,假装败逃跑到悬崖下面,贼兵招呼他们上去。官军发动进攻,内外配合作战,俘虏和斩杀得一个不留。于是在下浰设立和平县,修好防御工事才回来。从此以后境内一切安定。

起初,朝廷议论贼兵势力强大,要调发广东、湖广的兵力联合进剿。王守仁上疏劝阻,没有来得及。桶冈消灭以后,湖广的兵才到达。等到平定浰头以后,广东还没有接到军令。王守仁所率领的都是文官和一些担任副职、助理的将官和低级军官,却扫平了横行几十年的大盗,远近的人都吃惊地把他看作神仙。晋升为右副都御史,赐给可世袭的锦衣卫百户,又再晋升为副千户。

正德十四年六月,命令他去平定福建的叛军。走到丰城县而宁王朱宸濠发动造反,知县顾佖把这件事告诉了王守仁。王守仁急忙赶到吉安府,和知府伍文定一起征调军队和食物,修造器械和船只,传军令揭露朱宸濠的罪恶,让知府、县令各自率领下级和士兵为皇上效力。都御史王懋中,编修邹守益,副使罗循、罗钦德,郎中曾直,御史张鳌山、周鲁,评事罗侨,同知郭祥鹏,进士郭持平,因罪降职为驿丞的王思、李中,都奔赴王守仁的部队。御史谢源、伍希儒从广东回京,王守仁留下他们为大家记录功劳。于是集合大家商议说:"反贼如果出兵到长江顺流东下,南京便无法保住。我想用计策阻挠他们,稍许拖住他们十来天就没有问题了。"于是大量派出间谍,传军令给各府各县说:"都督许泰、邻永率领守边界的部队,都督刘晖、桂勇率领京兵,各有四万,水陆两路齐头并进。南安、赣州的王守仁、湖广的秦金、两广的杨旦各自率领所统的部队共十六万,直捣南昌,所到之处官府缺乏供应的,以军法论处。"又写了一封蜡封的密信送给伪宰相李士实、刘养正,奖励他们归顺国家的诚意,叫他们顺着说话怂恿朱宸濠早点发兵东下,而又放出间谍泄露这个消息。朱宸濠果然产生疑虑。和李士实、刘养正商量,便都劝他赶快去南京就皇帝位,朱宸濠更加十分疑虑。十多天后探听到朝中和外地的军队都没有到,才醒悟到是王守仁欺骗他。七月壬辰初一,朱宸濠留下宜春王朱拱樤在原地防守,而强行夺走他的部下六万人,袭击占领了九江、南康两府,然后出兵到长江,进逼安庆。

王守仁听说南昌守军很少便极为高兴,急忙赶到樟树镇。知府中临江府的域德孺、袁州府的徐琏、赣州府的邢珣,都指挥余恩,通判中瑞州府的胡尧元和童琦、抚州府的邹琥、吉安府的谈储,推官王玮、徐文英,知县中新淦县的李美、泰和县的李楫、万安县的王冕、宁都县的王天与,各自带兵来会师,总共八万人,号称三十万。有人请求去救安庆,王守仁说:"不这样。现在九江、南康两府已被反贼据守,我军越过南昌府去和江上与贼军对峙,两个府的贼兵断了我们的后路,这是腹背受敌了。不如直捣南昌。反贼精锐部队全部外出,南昌防守空虚,我军新近集合士气锐利,进攻必定能破。贼兵听到南昌攻破,必定解除对安庆的包围来救南昌。我方在鄱阳湖上迎击它,没有不胜的。"大家说:"好。"乙酉那天,进驻丰城,让伍文定部为前锋,先派奉新县知县刘守绪去袭击对方的伏兵。庚戌那天半夜里,伍文定部抵达南昌广润门,守兵都惊慌逃散。辛亥那天黎明各路部队用云梯、绳索登上城墙，捆住了朱拱樤等人，宫人多数烧死。士兵颇有杀人抢劫的，王守仁杀了违反命令的十多个人，宽赦了胁从者，安抚了读书人和老百姓，对宗室的人进行了安慰解释，人心便高兴起来。

住了两天，派伍文定、邢珣、徐琏、戴德孺各领精兵分路进军，而让胡尧元等人设下埋伏。朱宸濠果然从安庆回师。乙卯那天在黄家渡相遇。伍文定迎击它的前锋，贼兵急忙走向有利地形。邢珣带兵绕到贼兵背后穿插到贼兵中间，伍文定、余恩的部队乘势压上，徐琏、戴德孺从左右两翼出动分散贼兵的力量，胡尧元等人埋伏的部队也发动进攻，贼兵全面崩溃，退守八字脑。朱宸濠害怕了，把南康、九江的兵力全部调来。王守仁派抚州府知府陈槐、饶州府知府林城去攻取九江，建昌府知府曾玙，广信府知府周朝佐去攻取南康。丙辰日又会战，官军退却，王守仁斩了先退却的人。各路部队拼死战斗，贼兵又大败，退守樵舍，把船拴在一起成为方阵，将黄金珠宝全部拿出来犒赏士兵。第二天早晨，朱宸濠正在朝见他的群臣，官军突然到达，用小船装上木柴，乘风放火，烧掉了他的副船，妃子从娄氏以下都跳水淹死。朱宸濠乘坐的船搁浅不能动，慌忙换船逃走，王冕所率部队追上去抓住了他。李士实、刘养正以及投降反贼的按察使杨璋等人都被擒。南康、九江也攻下了。总共三十五天而反贼平定。京师起初听到事变消息，大臣们都震惊恐惧。王琼大声地说："王伯安驻在南京上游，必定能抓住反贼！"到这时，果然奏上了捷报。

皇帝这时已亲自出征，自称为威武大将军，率领京师附近守边界的勇猛士卒好几万南下。命令安边伯许泰为副将军偕同提督军务太监张忠、平贼将军左都督刘晖带领京军好几千，溯长江而上，抵达南昌。那些皇帝宠幸的太监们以前与朱宸濠通谋，王守仁最初送上的有关朱宸濠造反的奏章，曾因此说道："窥伺陛下权位的不仅仅是一个宁王，请求罢斥那些奸诈阿谀的人来挽回天下豪杰对陛下的忠心。"所以那些受宠幸的人都很恨他。朱宸濠平定以后，则又合伙儿嫉妒他的功劳。而且害怕王守仁见到大子会揭发他们的罪恶，便争着制造流言蜚语，说王守仁起先和朱宸濠通谋，顾虑事情不能成功，才起兵讨伐。又想叫王守仁把朱宸濠放走到鄱阳湖里去，等皇帝自己来捉拿。

王守仁乘张忠、许泰还没到，先俘虏了朱宸濠，从南昌出发。张忠、许泰以威武大将军军令的名义邀他去广信。王守仁不愿把朱宸濠交给他们，走僻径赶到玉山，给皇帝上书请求献俘，劝止皇帝南征，皇帝不允许。到钱唐，遇到太监张永。张永负责协助皇帝策划机密军事要务，地位在张忠、许泰一班人之上，而且以往和杨一清友好，合力除掉刘瑾，天下人都称道他。王守仁夜里去拜见张永，称颂他的贤明，借此又极力说明江西贫困凋敝，经受不住皇上大军的扰动。张永深深赞同，说："我到这里来，为的是协调行动维护皇上，不是抢功劳。你的大功勋，我知道，但事情不能径直凭自己的感情去办罢了。"王守仁就把朱宸濠交给张永，而自己到了京口，想到行宫朝见皇帝。接到巡抚江西的命令，就回到南昌。张忠、许泰已经先到，恼恨没弄到朱宸濠，故意放纵京军去冒犯王守仁，有的还指名道姓地谩骂。王守仁不为之动声色，对他们的抚恤更加优厚，病了的给药，死了的给棺材，路上遇到给死亡官兵送葬的，一定停下车来慰问好久才离开。京军官兵都说王都堂爱护我们，没有再冒犯他的。张忠、许泰说："宁王府的富足殷实天下数第一，现在他所积蓄的财富在哪里?"王守仁说:"朱宸濠往常把财富全部输送给京师的显要人物,约好做他的内应,这是有账本可查的。"张忠、许泰以前是曾接受过朱宸濠的贿赂的,气势便消失不敢再说什么。完了,轻视王守仁是个文人,强使他射箭。王守仁慢悠悠站起来,三发三中,京军都欢呼,张忠、许泰更加丧气。正值冬至,王守仁命令居民举行巷祭,完了,又上坟去哭。当时因新近发生死亡与动乱,悲哭声震动原野,京军离家很久了,听了没有不落泪想回去的。张忠、许泰不得已只好班师回京。等到见了皇帝,和纪功给事中祝续、御史章纶一起千方百计诋毁王守仁,只有张永常常说些好话帮着他。张忠在皇帝面前扬言说:"王守仁必定造反。试召他来看看,必定不会来。"张忠、许泰曾屡次假冒皇帝的旨意召王守仁去,王守仁收到了张永的密信,就是不去。到这时知道是出自皇帝本人的意思,立即急驰赶到。张忠、许泰的计谋失败,就不让他见皇帝。王守仁就进入九华山,日暮时坐在和尚庙里。皇帝探知后,说:"王守仁是学道的人,听到召唤就来了,为什么说他造反!"就派遣他回到自己镇守的地方,让他另行送上捷报。王守仁就修改以前的奏章,说是奉行威武大将军的谋略讨平了叛乱,而又把皇帝宠幸的人的名字全部写进去,江彬等人才无话可说。

当这个时候,那些进谗言的邪恶者诬陷煽动,灾祸变故无法预测,没有王守仁,东南部的事情极为危险。世宗皇帝深知这一点,才接位,就急忙催促他进京接受封赐。而大学士杨廷和与王琼互相不和睦。王守仁前后平定叛逆,总是归功于王琼,杨廷和很不高兴,大臣们也嫉妒他的功劳。正值有说武宗皇帝的丧事没有结束,不应当举办宴会施行赏赐的,于是只拜王守仁为南京兵部尚书。王守仁不去赴任,请求回家省亲。完了,讨论他的功劳封为特进光禄大夫、柱国、新建伯,爵位世袭,每年禄米一千石。然而不发给他世代收藏的铁制证书,每年的禄米也不给。一起共事而有功的,只有吉安府知府伍文定做上大官,受上等赏赐。其他人都名义上表示升官,而暗地罢黜,废弃排斥没有一个留下的。王守仁极为愤慨。这时已在为父亲服丧,屡次上疏辞去爵位,请求纪录共事的臣子们的功劳,都答复按下不讨论。服完丧,也不召用他。过了好久,他所友爱的席书以及学生方献夫、黄绾由于议论大礼的事得到宠幸,在张璁、桂萼面前说了话,将要召用他,而费宏素来恨王守仁,又阻碍了他。多次推举为兵部尚书、三边总督、提督团营等,都没有真用他。

世宗嘉靖六年,思恩府、田州的少数民族酋长卢苏、王受反叛。总督姚镆不能平定,就下诏让王守仁以原任官职兼任左都御史,总督两广兼巡抚。黄绾借机上书颂扬王守仁的功劳,请求赐给他铁制证书和每年的禄米,并分别等级奖励和任用曾一起征讨反贼的臣子们,皇帝都答复同意。王守仁在半路上上疏陈述用兵的不对,而且说:"思恩府没有设置朝廷派去的流动官时,当地土人的酋长每年出兵三千,听候官府征调。设立流动官以后,我们反而每年要派兵好几千去防守。这样流动官的设立,没有益处不难知道了。而且田州邻近交趾,深山绝谷中,都是瑶族、僮族占据,必须仍旧设立当地土人担任的官,这才可以凭借他们的兵力作为屏障。如果改当地官为流动官,边界的外患就要我们自己去承当,将来必然产生后悔。"奏章下交兵部,兵部尚书王时中逐条陈述其中五点不对之处,皇帝命令王守仁再考虑。十二月,王守仁抵达浔州,正逢巡按史石金确定了进行招抚的办法,把各路兵马全部解散,留下永顺,保靖的士兵几千人,解下盔甲休息。卢苏、王受起初要求安抚未成功,听说王守仁到了更加害怕,到这时便十分高兴。王守仁去到南宁,这两人派使者请求投降,王守仁命令他们到总督衙门来。两人私下商议说:"王大人向来多诡计,恐怕会诈我们。"于是布好阵势才进去拜见。王守仁数落了两人的罪过,杖打一顿才释放。又亲自到他们的军营里去,安抚他们的七万部众。上奏告知朝廷,陈述了用兵的十条害处,招抚的十条好处。于是请求再设立流动官,酌量割出田州的部分土地,另立一个州,用岑猛的第二个儿子岑邦相充当吏目,代理州里的事务,等他有了功劳就提拔为知州。而在田州设立十九个巡检司,让卢苏、王受等人任职,都接受流动官知府的节制指挥。皇帝都同意了。

　　断藤峡中瑶人的反贼,上面联络八寨,下面和仙台、花相各洞的蛮人串通,盘踞长达三百多里的地方,各州县受其害好几十年。王守仁想讨伐他们,所以留在南宁。把湖广调来的兵力撤走,示意不再用兵。侦察到反贼没有防备,进兵攻破牛肠、六寺等十多个寨子,峡里的反贼都平定。便沿着横石江而下,攻克仙台、花相、白竹、古陶、罗凤各地的反贼。命令布政使林富率领卢苏、王受的部下径直抵达八寨,攻破石门,副将沈希仪拦路斩杀逃跑的贼兵,完全平定八寨。

　　起初,皇帝因为卢苏、王受的招抚成功,派使者持盖了御玺的诏嘉奖。等到王守仁奏上平定断藤峡的捷报,就用亲手写的诏书问内阁大臣杨一清等,说王守仁夸大自己的功劳,而且提到他平时学术上的问题。杨一清等人不知拿什么话回答。王守仁的起用是由于张璁、桂萼的推荐,桂萼本来不喜欢王守仁,是由于张璁勉强他。后来桂萼当了兵部长官,张璁进入内阁,多年互相不服气。桂萼因骤然贵幸而喜好立功扬名,示意王守仁攻取交趾,王守仁推辞不答应。杨一清向来赏识王守仁,然而王守仁的学生黄绾曾上疏想让王守仁进入内阁铺臣之列,诋毁过杨一清,杨一清也不能不把对黄绾的恨转移到王守仁身上。桂萼便公然诋毁王守仁征讨和招抚两方面都失策,赏赐办法不执行。王守仁的学生方献夫以及霍韬感到不平,上疏争论此事,说:"各寨瑶人为害多年,起初曾用兵好几十万,只得到一个田州,随即又招来侵扰。王守仁只用几句话跑去开导,思恩府和田州的酋长就叩头降服。至于八寨、断藤峡的反贼,依仗悬崖绝壁,本朝初创以来没有敢轻易谈论剿灭的,现在一举扫平,如同摧枯拉朽。议论的人却说王守仁只奉到命令征讨思恩府、田州,并没有奉到命令去征讨八寨。古代的大夫去到边疆,有可以安定国家、利于社稷的事情,专权办理是可以的,何况王守仁本来是接受了诏令允许依情况的便利与需要办理事情的呢?王守仁讨平叛变的藩王,嫉妒的人诬蔑他起初曾同反贼通谋,又诬蔑他用车子装载反贼的金银财帛。当时的大臣杨廷和、乔宇把这件事描绘成事一样,到现在还没有洗刷清白。像王守仁这样的忠诚,这样的有功,头一次在江西受冤屈,第二次在两广受冤屈。臣下担心勤劳的臣子都会心灰意懒,将士们都会体倦神疲,今后边疆有难,谁又会替陛下当此重任!"皇帝只答复"知道了"而已。

　　王守仁已经病得很重,上疏请求保全完整的骸骨回去,举荐郧阳巡抚林富接替自己,不等命令便回家了。走到南安便死去，享年五十七岁。灵柩经过江西，军民没有不穿上白色丧服哭送的。

王守仁天生姿质异常聪敏。十七岁拜见上饶的娄谅，和他讨论朱子所论“格物”的基本意旨。回家后，每天端正地坐着，研读《五经》，不随便谈笑。游九华山回来，在阳明洞中修筑了居室，广泛涉猎释氏、老氏的学说，好几年都没什么收获。贬官到龙场驿，贫穷荒僻的地方没有书籍，天天思考以前学到的东西。忽然体悟到《大学》所说的格物致知(通过格物求得知识)，应当到自己的心里去求，不应当到事物中去求，感叹地说：“道就在这里了。”于是深信不疑。他用教学生的，专门以推极内心的良知为主。说宋代周敦颐，程颐二子之后，只有住在象山的陆九渊的主张是求得知识的最简易快速的办法，有可以继承孟子的理论之处。而朱子的《四书章句集注》《四书或问》之类，是他中年尚未定论时的说法。学者们很快便纷纷信从他，世上便有“阳明学派”了。

王守仁死后，桂萼上奏说他擅自脱离职守。皇帝大怒，下交朝廷大臣讨论。桂萼等说：“王守仁做事不师法古代，立言不称述先师。想标新立异以炫耀其高明，便否定朱熹关于格物致知的理论；知道舆论不赞成他，便编写论证朱熹到晚年才确定结论的书。以此号召他的门徒，彼此一唱一和。才智高明的喜欢其学说容许任意胡来，平庸低下的利用其虚假不实的名声。传授讲习的过程中辗转发生讹错，悖理荒谬愈加严重。但讨伐和捕捉瑶人中的反贼，擒拿叛变的藩王，功劳有足取之处，应当免于追夺伯爵的封号以表明巨大的信用，禁止他的邪说流行以端正世道人心。”皇帝便下诏停止爵位的世袭，规定的丧葬礼仪和抚恤措施也不执行。穆宗隆庆元年，朝廷大臣很多人颂扬他的功德，皇帝下诏赠给新建侯的爵名，赐他谥号叫文成。二年，给予世袭伯爵的恩典。既而又有请求让王守仁、薛瑄、陈献章一起在文庙陪从孔子受祭祀的。皇帝只同意礼部大臣的建议，将薛瑄配祀。到神宗万历十二年，御史詹事讲重申前人的请求。大学士申时行等人说：“王守仁讲的‘致知’出自《大学》，‘良知’出自《孟子》。陈献章主张静，是沿袭宋代大儒周敦颐、程颐的说法。况且孝顺友爱、出仕居家都守大节像陈献章这样，气节、文章、功业像王守仁这样，不能说是禅学，的确应当崇敬地祭祀。”而且说胡居仁纯洁的心地与笃实的德行，是舆论所归心的，也应当一起祭祀。皇帝都同意了。到明代终结为止，随从孔子受祭祀的只有王守仁等四个人。

起初王守仁没有亲生儿子，抚养了弟弟的儿子王正宪作为后代。到晚年，生了儿子王正亿，才两岁王守仁便去世。长大后，承袭了锦衣卫副千户的职位。隆庆元年，承袭了新建伯的爵位。万历五年去世。他儿子王承勋继承爵位，监督漕运达二十年之久。王承勋的儿子王先进没有儿子，想要让弟弟王先达的儿子王业弘继承。王先达的妻子说：“大伯没有儿子，爵位自然应当传给我丈夫。再由我丈夫传给我儿子，这样爵位还能跑到哪里去？”王先进大怒，因而抚养族兄弟的儿子王业洵为后代。等到王承勋死后，王先进没来得及承袭爵位便死了。王业洵自认为不是嫡传的继承人，最终还将归还爵位给王先达，而且担忧他会来争抢，于是毁谤王先达是养子，而另推王承勋的弟弟的儿子王先通应当继承。屡次打官司打到朝廷，好几十年不能判决。崇祯时，王先达的儿子王业弘又与王先通上疏争辩。而王业洵的哥哥王业浩当时担任总督，官府怕忤逆了王业浩的心意，终于让王先通继承了。王业弘拿着奏疏进宫门控诉，自己割脖子没有割断，被抓住送进牢狱，不久即释放。王先通承袭伯爵才四年，流寇攻陷京师，被杀。

王守仁的弟子满天下，其中另有传记的不再在这里记载。只有冀元亨曾经和王守仁一起共患难。

冀元亨，字惟乾，武陵县人。笃实地信仰王守仁的学术。考上正德十一年的举人。在赣州府师从王守仁，王守仁委托他教自己的儿子。

朱宸濠怀有不法的企图，而表面上追求高尚的名声，写信给王守仁请教学问，王守仁派冀元亨去教他。朱宸濠用话挑唆他，他假装不懂，只与对方谈论学问，朱宸濠把他看成书呆子。后来有一天给朱宸濠讲解张载写的《西铭》，反复阐明君臣之间的大义非常详尽。朱宸濠也佩服，赠给他丰厚的礼物送他回去，冀元亨把赠品还给了官府。不久后，朱宸濠造反失败，张宗、许泰诬蔑王守仁与他通谋。问朱宸濠，说没有这事。张忠等问个不停，回答说："只是曾派冀元亨来讲论学术。"许忠等大喜，拷打冀元亨，又施以炮烙之刑，他始终不承认，被戴上刑具关在京师的牢狱里。

世宗接位，进言的人都替他昭雪冤枉，放出牢狱后五天就死了。冀元亨在牢狱里，友好地对待囚犯们像兄弟一样，囚犯们都感动得掉泪。他被逮捕的时候，官吏捆绑他妻子李氏，李氏面无惧色，说："我丈夫尊敬老师乐于为善，难道人有别的图谋。"在牢狱里和两个女儿纺麻线不停手。事情快弄清楚时，看守官想把她放出去。她说："没见到我丈夫，出了狱又到哪儿去？"负责审查的官僚们的妻子听说她很贤惠，请她去见面，推辞不去。随即到牢里去见她，她就穿着囚服相见，手里的麻线也不放下。问她丈夫的学问，回答说："我丈夫的学问，不超出家庭日常生活种种规矩的范围之外。"听到的人都很敬畏。

史官赞道：王守仁开始时以正直的节操著称于世。等到负责边疆的事，统率弱小的军队，带领书生们扫荡多年逍遥法外的盗贼，平定叛逆的藩王。明代到终结时止，文臣用兵夺得胜利，没有比得上王守仁的了。每当危难与狐疑之际，神智愈加镇定，思臣万无一失，虽然是由于天资高超，恐怕也是内心修养上有所收获吧。骄矜于自己的创见，标新立异于先儒之后，终于被学者所讥弹。王守仁曾说胡世宁缺少讲学工夫，胡世宁说："胡某只恨王公多了一个讲学罢了。"桂萼的议论，虽然是出于嫉妒的私心，但也还是他讲学的流弊实是如此，的确是不能够因为他功劳多而替他隐瞒的啊！

夏言传

【题解】

夏言(1482~1548)，明代中期著名宰相。字公谨，号桂洲，江西贵溪人。他强直豪迈，勇于任事，仕途可以分为三个阶段。

第一阶段，从正德十二年(1517)中进士至嘉靖初年任给事中、都给事中。受命裁汰冗员、勘察庄田，政绩显著，为促进嘉靖初年新政的出现做出了重要贡献。

第二阶段，从嘉靖九年(1530)至十五年，历任都给事中、侍读学士、少詹事兼翰林学士、礼部侍郎、礼部尚书等职。明世宗嘉靖皇帝原为兴献王之子，为了从宗法制度上巩固皇位，他锐意礼仪制度的改革。夏言在这方面帮了他的大忙，因此得到宠幸，为入阁铺平了道路。

第三阶段，从嘉靖十五年至二十七年，入阁为大学士，长期担任首辅(即首席内阁大学士)，加官至少师、上柱国，成为威名赫赫的事实上的宰相，但终因主张收复河套而被嘉靖皇帝下令斩首。他在入阁拜相期间，在以下几个方面同嘉靖皇帝及奸相严嵩、勋贵崔元、陆炳、仇鸾等为代表的朝中腐朽势力展开了尖锐的斗争。一是抵制嘉靖皇帝修仙误国；一是反对严嵩、崔元、陆炳、仇鸾等人贪赃枉法，结党营私，谄媚取宠；一是主张抵抗倭寇，反对通敌营私、任其杀掠；一是主张收复河套，反对不抵抗政策。"河套"即黄河套地区，当时被蒙古俺答、吉囊封建军事割据势力所盘踞，不断出兵内侵，抢掠烧杀，是明代最严重的祸患之一。夏言支持总督曾铣收复河套，却遭到严嵩一伙的诬陷，而刚愎自用、反复无常的嘉靖皇帝则听信谗言，将其处以极刑。夏言死后，严嵩为首辅，内忧外患，日甚一日。

夏言

隆庆初年，夏言冤狱昭雪，恢复官职，追谥"文愍"。有《赐闲堂稿》《桂洲集》传世。

【原文】

夏言，字公谨，贵溪人。父鼎，临清知州。言举正德十二年进士，授行人，擢兵科给事中。性警敏，善属文，及居言路，謇谔自负。世宗嗣位，疏言："正德以来，壅蔽已极。今陛下维新庶政，请日视朝后，御文华殿阅章疏，召阁臣面决，或事关大利害，则下廷臣集议，不宜谋及亵近，径发中旨。圣意所予夺，亦必下内阁议而后行，绝壅蔽矫诈之弊。"帝嘉纳之。奉诏偕御史郑本公、主事汪文盛核亲军及京卫冗员，汰三千二百人，复条九事以上，辇下为肃清。

嘉靖初，偕御史樊继祖等出按庄田，悉夺还民产。劾中官赵霦、建昌侯张延龄，疏凡七上。请改后宫负郭庄田为亲蚕厂、公桑园，一切禁戚里求请及河南、山东奸人献民田王府者。救被逮永平知府郭九皋。庄奉夫人弟邢福海、肃奉夫人弟顾福，传旨授锦衣世千户，言力争不可。诸疏率謇谔，为人传诵。屡迁兵科都给事中。勘青羊山平贼功罪，论奏悉当。副使牛鸾获贼中交通名籍，言请毁之以安众心。孝宗朝，令吏、兵二部每季具两京

大臣及在外文武方面官履历进御,正德后渐废,以言请复之。七年,调吏科。

当是时,帝锐意礼文事。以天地合祀非礼,欲分建二郊,并日月而四。大学士张孚敬不敢决,帝卜之太祖亦不吉,议且寝。会言上疏请帝亲耕南郊,后亲蚕北郊,为天下倡。帝以南北郊之说,与分建二郊合,令孚敬谕旨,言乃请分祀天地。廷臣持不可,孚敬亦难之,詹事霍韬诋尤力。帝大怒,下韬狱。降玺书奖言,赐四品服俸,卒从其请。又赞成二郊配飨议。言自是大蒙帝眷。郊坛工兴,即命言监之。

延绥饥,言荐佥都御史李如圭为巡抚。吏部推代如圭者,帝不用,再推及言。御史熊爵谓言出如圭为己地,至比之张彩。帝切责爵,令言毋辨。而言不平,讦爵且辞新命,帝乃止。

孚敬颐指百僚,无敢与抗者。言自以受帝知,独不为下。孚敬乃大害言宠,言亦怨孚敬骤用彭泽为太常卿不右己,两人遂有隙。言抗疏劾孚敬及吏部尚书方献夫,孚敬、献夫皆疏辨求去,帝顾诸人厚,为两解之。言既显,与孚敬、献夫、韬为难,益以强直厚自结。帝欲辑郊礼为成书,擢言侍读学士,充纂修官,直经筵日讲,仍兼吏科都给事中。言又赞帝更定文庙祀典及大禘礼,帝益喜。十年三月遂擢少詹事,兼翰林学士,掌院事,直讲如故。

言眉目疏朗,美须髯,音吐弘畅,不操乡音。每进讲,帝必目属,欲大用之。孚敬忌弥甚,遂与彭泽构薛侃狱,下言法司。已,帝觉孚敬曲,乃罢孚敬而释言。八月,四郊工成,进言礼部左侍郎,仍掌院事。逾月,代李时为本部尚书。去谏官未浃岁拜六卿,前此未有也。

时士大夫犹恶孚敬,恃言抗之。言既以开敏结帝知,又折节下士。御史喻希礼、石金请宥"大礼"大狱得罪诸臣,帝大怒,令言劾。言谓希礼、金无他肠,请帝宽恕。帝责言对状,逮二人诏狱,远窜之,言引罪乃已,以是大得公卿间声。帝制作礼乐,多言为尚书时所议,阁臣李时、翟銮取充位。帝每作诗,辄赐言,悉酬和勒石以进,帝益喜。奏对应制,倚待立办。数召见,咨政事,善窥帝旨,有所傅会。赐银章一,俾密封言事,文曰"学博才优"。先后赐绣蟒飞鱼麒麟服、玉带、兼金、上尊、珍馔、时物无虚月。

孚敬、献夫复相继入辅。知帝眷言厚,亦不敢与较。已而皆谢事,议礼诸人独霍韬在,仇言不置。十五年以顺天府尹刘淑相事,韬、言相攻讦。韬卒不胜。言由是气遂骄。郎中张元孝、李遂与小忤,即奏谪之。皇子生,帝赐言甚渥。初加太子太保,进少傅兼太子太傅。闰十二月遂兼武英殿大学士入参机务。扈跸谒陵,还至沙河,言庑中火,延郭勋、李时帐,帝付言疏六亦焚。言当独引罪,与勋等合谢,被谯责焉。时李时为首辅,政多自言出。顾鼎臣入,恃先达且年长,颇欲有所可否。言意不悦,鼎臣遂不敢与争。其冬,时卒,言为首辅。十八年,以祇荐皇天上帝册表,加少师、特进光禄大夫、上柱国。明世人臣无加上柱国者,言所自拟也。

武定侯郭勋得幸,害言宠。而礼部尚书严嵩亦心妒言。言与嵩扈跸承天,帝谒显陵毕,嵩再请表贺,言乞侯还京。帝报罢,意大不怿。嵩知帝指,固以请,帝乃曰:"礼乐自天子出可也。"令表贺。帝自是不悦言。帝幸大峪山,言进居守敕稍迟,帝责让,言惧请罪。

帝大怒曰："言自卑官，因孚敬议郊礼进，乃怠慢不恭，进密疏不用赐章，其悉还累所降手敕。"言益惧，疏谢，请免追银章、手敕，为子孙百世荣，词甚哀。帝怒不解，疑言毁损，令礼部追取，削少师勋阶，以少保、尚书、大学士致仕。言乃以手敕四百余，并银章上之。居数日，怒解，命止行，复以少傅、太子太傅入直，言疏谢。帝悦，谕令励初忠，秉公持正，免众怨。言心知所云众怨者，郭勋辈也，再疏谢，谓自处不敢后他人，一志孤立，为众所忌。帝复不悦，诘责之。惶恐谢，乃已。未几，雷震奉天殿，召言及鼎臣，不时至。帝复诘让，令礼部劾之。言等请罪，帝复让言傲慢，并责鼎臣。已，乃还所追银章、御书。陕西奏捷，复少师、太子太师，进吏部尚书、华盖殿。江、淮贼平，玺书奖励，赐金币，兼支大学士俸。

鼎臣已殁，翟銮再入，恂恂若属吏然，不敢少龃龉。而霍韬入掌詹事府，数修怨，以郭勋与言有隙，结令助己，三人日相构。既而韬死，言、勋交恶自若。九庙灾，言方以疾在告，乞罢，不允。昭圣太后崩，诏问太子服制，言报疏有讹字。帝切责言，言谢罪且乞还家治疾。帝益怒，令以少保、'尚书、大学士致仕。言始闻帝怒己，上御边十四策，冀以解。帝曰："言既蕴忠谋，何坚自爱，负朕眷倚，姑不问。"初，言撰青词及他文，最当帝意。言罢，独翟銮在，非帝所急也。及将出都，诣西苑斋宫叩首谢，帝闻而怜之，特赐酒馔，俾还私第治疾，俟后命。会郭勋以言官重劾，亦引疾在告。京山侯崔元新有宠，直内苑，忌勋。帝从容问元："言、勋皆朕股肱，相妒何也？"元不对。帝问言归何时，曰："俟圣诞后，始敢请。"又问勋何疾，曰："勋无疾，言归即出耳。"帝颔之。言官知帝眷言恶勋，因共劾勋。勋辨语悖谩，帝怒，削勋同事王廷相籍。给事中高时者，言所厚也，尽发勋贪纵不法十数事。遂下勋狱，复言少傅、太子太师、礼部尚书、武英殿大学士，疾愈入直。言虽在告，阁事多取裁。治勋狱，悉其指授。二十一年春，一品九年满，遣中使赐银币、宝钞、羊酒、内馔，尽复其官阶，玺书奖美，赐宴礼部，尚书、侍郎、都御史陪侍。当是时，帝虽优礼言，然恩眷不及初矣。

慈庆、慈宁两宫宴驾，勋尝请改其一居太子，言不可，合帝意。至是帝猝问太子当何居，言忘前语，念兴作费烦，对如勋指，帝不悦。又疑言官劾勋出言意。及建大享殿，命中官高忠监视，言不进敕稿。入直西苑诸臣，帝皆令乘马，又赐香叶束发巾，用皮帛为履，言谓非人臣法服，不受，又独乘腰舆。帝积数憾欲去言，而严嵩因得间之。

嵩与言同乡，称先达，事言甚谨。言入阁援嵩自代，以门客畜之，嵩心恨甚。言既失帝意，嵩日以柔佞宠。言惧斥，呼嵩与谋。嵩则已潜造陶仲文第，谋龃言代其位。言知甚愠，讽言官屡劾嵩。帝方怜嵩不听也，两人遂大郄。六月，嵩燕见，顿首雨泣，诉言见凌状。帝使悉陈言罪，嵩因振暴其短。帝大怒，手敕礼部，历数言罪，且曰："郭勋已下狱，犹千罗百织。言官为朝廷耳目，专听言主使。朕不早朝，言亦不入阁。军国重事，取裁私家；王言要密，视等戏玩。言官不一言，徒欺谤君上。致神鬼怒，雨甚伤禾。"言大惧，请罪。居十余日，献帝讳辰，犹召入拜，候直西苑。言因谢恩，乞骸骨，语极哀。疏留八日，会七月朔日食既，下手诏曰："日食过分，正坐下慢上之咎，其落言职闲住。"帝又自引三失，布告天下。御史乔佑、给事中沈良才等皆具疏论言，且请罪，帝大怒，贬黜十三人。高时以劾勋故，独谪远边。于是严嵩遂代言入阁。

言久贵用事，家富厚，服用豪侈，多通问遗。久之不召，监司府县吏亦稍慢易之，悒悒不乐。遇元旦、圣寿必上表贺，称草土臣，帝亦渐怜之，复尚书、大学士。至二十四年，帝微觉嵩贪恣，复思言，遣官赍敕召还，尽复少师诸官阶，亦加嵩少师，若与言并者。言至，直陵嵩，出其上。凡所批答，略不顾嵩，嵩嗫不敢吐一语。所引用私人，言斥逐之，亦不敢救，衔次骨。海内士大夫方怨嵩贪忮，谓言能压嵩制其命，深以为快。而言以废弃久，务张权。文选郎高简之戍，唐龙、许成名、崔桐、王用宾、黄佐之罢，王杲、王晔、孙继鲁之狱，皆言主之。贵州巡抚王学益、山东巡抚何鳌为言官论劾，辄拟旨逮讯。龙故与嵩善，晔事牵世蕃，其他所谴逐不尽当，朝士仄目。最后御史陈其学以盐法事劾崔元及锦衣都督陆炳，言拟旨令陈状，皆造言请死，炳长跪乃得解。二人与嵩比而构言，言未之悟也。帝数使小内竖诣言所，言负气岸，奴视之，嵩必延坐，亲纳金钱袖中，以故日誉嵩而短言。言进青词往往失帝旨，嵩闻益精治其事。

未几，河套议起。言故慷慨以经济自许，思建立不世功。因陕西总督曾铣请复河套，赞决之。嵩与元、炳媒蘖其间，竟以此败。江都人苏纲者，言继妻父也，雅与铣善。铣方请复河套，纲亟称于言。言倚铣可办，密疏荐之，谓群臣无如铣忠者。帝令言拟旨，优奖之者再。铣喜，益锐意出师。帝忽降旨诘责，语甚厉。嵩揣知帝意，遂力言河套不可复，语侵言。言始大惧，谢罪，且言嵩未尝异议，今乃尽诿于臣。帝责言强君胁众。嵩复腾疏攻言，言亦力辨，而帝已入嵩谮，怒不可解。

二十七年正月，尽夺言官阶，以尚书致仕，犹无意杀之也。会有蜚语闻禁中，谓言去时怨谤。嵩复代仇鸾草奏，讦言纳铣金，交关为奸利，事连苏纲，遂下铣、纲诏狱。嵩与元、炳谋，坐铣交结近侍律斩，纲戍边，遣官校逮言。言抵通州，闻铣所坐。大惊堕车曰："噫！吾死矣。"再疏讼冤，言："鸾方就逮，上降谕不两日，鸾何以知上语，又何知嵩疏而附丽若此。盖嵩与崔元辈诈为之以倾臣。嵩静言庸违似共工，谦恭下士似王莽，奸巧弄权、父子专政似司马懿。在内诸臣受其牢笼，知有嵩不知有陛下；在外诸臣受其箝制，亦知有嵩不知有陛下。臣生死系嵩掌握，惟归命圣慈，曲赐保全。"帝不省。狱成，刑部尚书喻茂坚、左都御史屠侨等当言死，援"议贵""议能"条以上。帝不从，切责茂坚等，夺其俸，犹及言前不戴香冠事。其年十月竟弃言市。妻苏流广西；从子主事克承、从孙尚宝丞朝庆，削籍为民。言死时年六十有七。

言豪迈有俊才，纵横辨博，人莫能屈。既受特眷，揣帝意不欲臣下党比，遂日与诸议礼贵人抗。帝以为不党，遇益厚，然卒为严嵩所挤。言死，嵩祸及天下，久乃多惜言者。而言所推毂徐阶，后卒能去嵩为名相。隆庆初，其家上书白冤状，诏复其官，赐祭葬，谥文愍。言始无子，妾有身，妻忌而嫁之，生一子。言死，妻逆之归，貌甚类言，且得官矣，忽病死，言竟无后。

【译文】

夏言，字公谨，江西贵溪人。父亲夏鼎，山东临清知州。夏言考中正德十二年进士，授官行人，提升为兵科给事中。他机警敏捷，擅长诗文。待到身任言官，正直敢谏，勇于负责。世宗继承皇位，夏言上疏说："正德年间，朝廷堵塞遮蔽到了极点。现在陛下维新政务，请每日临朝视政，然后到文华殿审阅表章奏疏，宣召内阁大臣当面商议，或者事关大利大害，则下交朝廷大臣集体议决，不宜同亲近宠信之臣谋划，由宫中直接发出圣旨。圣上对臣下的赐予和削夺，也必须下交内阁商议而后施行，以便杜绝闭塞欺诈之弊。"皇帝嘉奖采纳了他的建议。奉诏同御史郑本公、主事汪文盛核查亲军及京卫多余人员，淘汰三千二百人，又条列九件政事上奏，京城为之肃清。

嘉靖初年，偕同御史樊继祖等出京堪查庄田，将被侵占的民间田产全部夺回，归还百姓。弹劾宦官赵霦、建昌侯张延龄，奏疏一共上了七次。提议将后妃靠近京城的庄田改为举行皇后采桑养蚕典礼的亲蚕厂、公桑园，一律禁止皇亲贵戚求请赐田及河南、山东等地奸人将百姓田产投献给王府。营救被逮捕的永平知府郭九皋。皇帝传旨授予庄奉夫人之弟邢福海、肃奉夫人之弟顾福为锦衣卫世袭千户，夏言力争不可。以上诸疏都直言谏诤，为人们所传阅诵读。屡次提升为兵科都给事中。勘查平定青羊山贼寇的功罪，所提意见都很恰当。副使牛鸾缴获与盗贼勾通的人的名册，夏言请将它销毁，以便安定众人之心。孝宗弘治年间，令吏部、兵部每季度开列北京、南京大臣及各地文武主要官员的履历上呈皇帝览阅，至正德年间此法逐渐废弃，因夏言提议又予以恢复。嘉靖七年，调任吏科都给事中。

当时，皇帝决心对礼仪制度加以改革，认为天地合在一处祭祀不符合古礼，想在南北郊外各建祭坛，分别祭天、祭地，与朝日、夕月的祭祀一起共有四处郊坛。大学士张孚敬不敢赞同，皇帝乃在奉先殿太祖神位前占卜，结果不吉利，此议暂且搁置下来。正在这时，夏言上疏提请皇帝到南郊亲耕籍田，皇后到北郊亲自采桑养蚕，以此率先之举倡导天下臣民重视农桑。皇帝以为夏言南北郊之说，恰与自己天地分祭之意相合，便令张孚敬向夏言传达圣上旨意，夏言于是上疏提请分别祭祀天地。朝廷群臣对夏言之议持反对态度，张孚敬也表示难以同意，詹事霍韬诋毁尤其激烈。皇帝大怒，逮捕霍韬下狱。降玺书奖励夏言，赐给他四品官服和俸禄，最终按照他的提议决定下来。夏言又帮助皇帝使祭祀天地的配享之议成功。夏言从此更加受到皇帝的宠爱。修建郊坛的工程兴工，便命夏言监造。

延绥发生饥荒，夏言推荐金都御史李如圭为巡抚。吏部推举代替李如圭职务的人选，皇帝不予任用，吏部再次推举提到夏言。御史熊爵说夏言推荐李如圭出京外任是为了为自己谋求代替他的职位，甚至将其比作张彩。皇帝严厉地斥责熊爵，指示夏言无须辩白。而夏言心中不平，揭露熊爵并且辞谢新的任命，皇帝于是不再坚持。

张孚敬傲慢地对待百官僚属，无有敢与他相对抗的人。夏言自以为受到皇帝的信任，唯独不肯向他屈服。张孚敬于是非常惧怕夏言得宠，夏言也怨恨张孚敬急忙任用彭泽为太常寺卿而不提升自己，两人于是有了裂痕。夏言抵抗压制，上疏弹劾张孚敬及吏部尚书方献夫，张孚敬、方献夫都上疏申辩，请求去官。皇帝对诸人顾眷之情浓厚，对双方加以调解。夏言地位既已提高，与张孚敬、方献夫、霍韬为难作对，越来越以强硬正直厚自交结。皇帝欲将郊祭之礼辑录为固定遵循的书，提升夏言为侍读学士，充任纂修官，值皇帝经筵日讲为讲官,仍兼吏科都给事中。夏言又帮助皇帝更定文庙祭祀孔子的典礼及太庙祭祀皇始祖之礼,皇帝更加高兴。嘉靖十年三月便提升为少詹事,兼翰林学士,主持翰林院政务,仍旧值讲经筵日讲。

夏言眉目俊伟,须髯优美,声音宏畅,不带江西乡音。每次经筵日讲给皇帝讲书,皇帝必定目光注视着他,想要委以重任。张孚敬对他的忌恨越来越深,便与彭泽一起诬构薛侃冤狱,将夏言交法司审理。过后,皇帝察觉张孚敬无理,便将张孚敬罢官而释放夏言。八月,四郊祭坛竣工,晋升夏言礼部左侍郎,仍然掌管翰林院。过了一个月,代替李时为礼部尚书,离开给事中之职不到一年,便升官为六部尚书,这在以前还没有过。

当时士大夫还在厌恶张孚敬,依靠夏言与他相抗。夏言既能以明达敏捷博得皇帝的信任,又能折节下士。御史喻希孔、石金请求宽大"大礼"大狱得罪诸臣,皇帝大怒,命令夏言弹劾。夏言说喻希礼、石金没有别的心肠,请皇帝宽恕。皇帝责令夏言说明情由,逮捕二人入锦衣卫狱,流放到远方,夏言承认罪过才算完事,因此在公卿间大得声誉。嘉靖皇帝制定的礼乐制度,大多是夏言做礼部尚书时议决的,内阁大臣李时、翟銮不过徒充其位而已。皇帝每次作诗,都赐给夏言,夏言全都酬答和诗进呈,并将诗镌刻在碑石上,皇帝越发高兴。禀奏对答,应命撰写诗文,靠在哪里稍等片刻,立可完成。数次召见,谘询政事,善于暗中体察皇帝的旨意,因此所答多能顺应附和。赐银制图章一枚,令夏言用它钤印密封,上奏言事,图章所刻之文是"学博才优"。先后赐给绣蟒飞鱼麒麟服、玉带、金银、上等醇酒、珍馐、时物,没有得不到赏赐的月份。

张孚敬、方献夫又相继入阁,知道皇帝眷恋夏言深厚,也不敢与他较量。后来他们都离官谢任,辅赞皇帝议礼的几位主要人物只剩霍韬在朝,仇视夏言的态度不变。嘉靖十五年,因顺天府尹刘淑相之事,霍韬、夏言相互攻击揭露。霍韬终究不能胜利。夏言因此态度便骄横起来。郎中张元孝、李遂对他小有违背,便奏准将他们降职。皇子诞生,皇帝奖赐夏言甚为厚重。初始加太子太保,晋升少傅兼太子太傅,闰十二月便兼武英殿大学士,入阁参与机要重务。随从圣驾拜谒皇陵,回来的时候行至沙河,夏言的庖厨之中失火,火势蔓延到郭勋、李时的行帐,皇帝交给夏言的六份奏章也被焚毁。夏言应当独自请罪,但却与郭勋等合在一起谢罪,遭到严厉地谴责。当时李时是内阁首席辅臣,但政务的裁决却多出自夏言。顾鼎臣入阁,依仗自己是显达较早的先辈,而且年长,很想对政务有所肯定或否定,夏言心里很不高兴,顾鼎臣于是不敢与他相争。这年冬季,李时逝世,夏言为首辅。嘉靖十八年,因恭上皇天上帝册表,加夏言少师、特进光禄大夫、上柱国。明代大臣没有加"上柱国"官衔的,这是夏言自己拟出的。

武定侯郭勋得到宠幸,害怕夏言受宠,而礼部尚书严嵩也心里妒忌夏言。夏言与严嵩随从圣驾到承天,皇帝拜谒显陵完毕,严嵩再次请求举行上表庆贺之礼,夏言则乞请等待还京,皇帝只好作罢,心里大不高兴。严嵩测知皇帝的意向,更加坚持请求表贺,皇帝于是说:"礼乐之事由天子决定就可以了。"命令上表庆贺。皇帝自此不喜欢夏言。皇帝巡幸大峪山,夏言进呈居守敕稿迟缓,皇帝加以责备训斥,夏言恐惧请罪。皇帝大怒说:"夏言自下级官员,通过张孚敬议郊祀之礼而提升,但却敢于怠慢不恭,进呈密疏不加盖所赐银章,着令全部归还历次所降赐给他的亲笔敕书。"夏言更加害怕,上疏谢罪,请求不要追夺所赐银章及皇帝御笔敕书,以便作为子孙百世的荣耀,言词非常沉痛恳切。皇帝怒气未解,怀疑夏言将所赐银章、手敕等毁掉损失,令礼部追缴取回,削去少师勋阶,以少保、尚书、大学士衔退休。夏言于是将手敕四百余件及银章一起上呈。过了几天,皇帝愤怒解除,命他停止离京,又以少傅、太子太傅入值,夏言上疏谢恩。皇帝喜悦,谕令他激励初忠,秉公持正,以免众人怨恨。夏言心里知道皇帝所说的"众怨"是指的郭勋等人,再次上疏谢恩,说自己处世不敢落在他人后边,严守操节,不肯同流合污,因此为众人所忌。皇帝又不高兴,质问责备他。夏言惶恐谢罪,才算完事。不久,雷震皇宫奉天殿,皇帝宣召夏言及顾鼎臣,他们没按时而至,皇帝又予质问训斥,令礼部弹劾他们。夏言等请罪,皇帝又斥责夏言傲慢,并责备顾鼎臣。过后,才将收回的银章、御书还给他。陕西奏捷,恢复少师、太子太师,进史部尚书、华盖殿大学士。江、淮贼平定,玺书奖励,赐予金币,兼支大学士俸禄。

顾鼎臣已死,翟銮再次入阁,在夏言面前恭恭敬敬,就像他属下的胥吏一样,不敢稍有异议。而霍韬入掌詹事府,一再与夏言结怨,因郭勋与夏言有矛盾,便与郭勋结合要他帮助自己,三人天天相互构陷。不久霍韬死,夏言、郭勋相互冲突依然如故。九庙火灾,夏言正在因病告假,请乞罢官,皇帝不允。昭圣太后逝世,皇帝下诏询问皇太子居丧守制期间的丧服,夏言回答的奏疏有错字。皇帝严厉责备夏言,夏言谢罪并且请求回家治病,皇帝更加愤怒,命令他以少保、尚书、大学士退休。夏言得到皇帝怪罪自己的消息后,呈上保卫边防的十四条对策,希望以此解除皇帝对自己的不满。皇帝说:"夏言既然蕴藏着忠心谋略,为何只顾自己爱惜自己,辜负朕的眷爱和倚靠,姑且不予问罪。"起初,夏言撰写的青词(道教醮斋仪式上献给天神的奏章表文)及其他诗文,最符合皇帝之意,夏言罢官,只剩翟銮在内阁,因此不是皇帝所急之事。夏言将要离开京城,到西苑斋宫叩头谢别,皇帝闻知而怜悯他,特赐酒馔,命他回私宅治病,等待以后的命令。恰好郭勋因遭言官猛烈弹劾,也正在以有病为名告假。京山侯崔元新近得宠,侍值西苑,忌妒郭勋。皇帝平和地问崔元:"夏言、郭勋都是朕所依靠的左右辅政重臣,为何彼此妒忌呢?"崔元不答。皇帝问夏言宜何时归乡,崔元说:"等待皇帝诞辰之后,才敢请命。"又问郭勋有什么病,崔元说:"郭勋没病,夏言归乡,他会立即出来上朝。"皇帝点头称是。言官知道皇帝眷爱夏言而厌恶郭勋,因此一起弹劾郭勋。郭勋申辩之语荒谬无礼,皇帝愤怒,削郭勋同事王廷相官籍。给事中高时是夏言所亲厚的人,彻底揭发郭勋贪贿骄纵不法之事十几项。于是下郭勋于狱,恢复夏言少傅、太子太师、礼部尚书、武英殿大学士,病好后入值西苑。夏言虽然告假在家,但内阁之事多由他裁决。审理郭勋之案,都听他的指使和授意。嘉靖二十一年春,夏言一品九年考满,派遣太监赐予银币、宝钞、羊酒、内馔,全部恢复他的官职和勋阶,玺书奖励赞美,在礼部赐宴,尚书、侍郎、都御史陪侍。此时,皇帝虽然优礼夏言,但是恩眷已不如当初。

慈庆、慈宁两位皇太后逝世,郭勋曾经提请将两座太后宫中的一座改为皇太子东宫,夏言反对,符合皇帝之意。到了这时,皇帝突然问夏言,太子应当居住在何处?夏言忘记自己以前说过的话，考虑兴起土木工程费用繁巨，回答得如同郭勋过去所说的一样，皇帝很不高兴。皇帝又怀疑言官弹劾郭勋出自夏言之意。等到建筑大享殿，命太监高忠监工，夏言不草拟任命敕稿。入值西苑诸臣，皇帝都令乘马，又按道教礼仪赐给诸臣香叶束发巾，用皮帛为鞋，夏言说这不是朝廷大臣按礼法规定所应该穿戴的服饰，不予接受，又独自乘坐手挽的轿舆出入西苑。皇帝积累许多失望和不满，想要罢去夏言，而严嵩借机从中离间。

严嵩与夏言同乡，早中进士，为先辈，对夏言甚为恭谨。夏言入阁，援引严嵩代替自己为礼部尚书，象门客一样对待他，严嵩心里非常愤恨。夏言既然已经失去皇帝的满意，严嵩便日益以柔媚巧语得宠。夏言惧怕被斥退，唤来严嵩共同谋划。严嵩则已瞒着夏言为皇帝宠爱的道士陶仲文建造府第。阴谋搞掉夏言而取代其位。夏言知道后大怒。暗示言官屡次弹劾严嵩。皇帝正在怜爱严嵩因而不接受对他的弹劾，夏言、严嵩于是彻底分裂。六月，皇帝召见严嵩，严嵩叩头痛哭，控诉夏言欺凌他的情状。皇帝叫他详细陈述夏言之罪，严嵩趁机张扬暴露夏言的过错。皇帝大怒，向礼部降下御笔敕令，历数夏言之罪，并且说："郭勋已经下狱，还千罗百织罪状。言官为朝廷耳目，专听夏言主使。朕不上早朝，夏言也不入内阁办公。军国重事，裁处于自己私宅；君言要密，视同为儿戏玩耍。言官一言不发，只知欺骗诽谤君上。以致神鬼怨怒，雨大伤害禾苗"。夏言大惧，向皇上请罪。过十余天，嘉靖皇帝的父亲献帝忌日，仍召夏言入拜，等候入值西苑。夏言因此谢恩；乞求退休，生还乡里，言语非常悲切。夏言之疏在宫中扣留八天，正在这时，七月初一出现日全食，皇帝下手诏说："日食过重，这正是对以下欺上罪过的惩戒，着令削夺夏言官职闲住。"皇帝又自责三项过失，布告天下。御史乔佑、给事中沈良才等都修疏弹劾夏言，并且自我请罪，皇帝大怒，降职罢免十三人。高时因曾弹劾郭勋的缘故，特降调远边。于是严嵩便代替夏言进入内阁。

夏言长期官高权重，家资富厚，服用豪侈，多方交往馈赠。罢官很久没有召他回朝，地方监司府县官吏对他也逐渐冷淡轻视，他心情郁郁不乐。遇每年元旦及皇上诞辰必定上奏表章庆贺，自称"草土之臣"，皇帝也渐渐怜悯他，恢复他尚书、大学士的官衔。到了嘉靖二十四年，皇帝有些察觉严嵩贪贿骄横，又思念起夏言，派遣官员捧着敕书召他还朝，全部恢复少师等官职勋阶，同时也给严嵩加官少师，好像与夏言同级并列一样。夏言复职以后，毫不掩饰地欺侮严嵩，凌驾其上。凡是批答政务，忽略不问严嵩，严嵩闭口不敢说一句话。严嵩招引任用的亲信党羽，夏言都给予排斥驱逐，严嵩也不敢援救，对夏言怀恨入骨。全国士大夫正怨恨严嵩贪婪嫉妒，看到夏言能够压抑严嵩控制他的命运，部深以为快。

然而夏言因为长期罢官，回朝以后热心于扩张权力。文选郎高简的戍边，唐龙、许成名、崔桐、王用宾、黄佐的罢免，王杲、王昺、孙继鲁的入狱，都是夏言的主使。贵州巡抚王学益、山东巡抚何鳌被言官弹劾，夏言就拟写圣旨逮捕审讯。其中唐龙原来与严嵩友善，王昺与严嵩之子严世蕃有牵连，其他所谴责驱逐的人不完全恰当，朝中士大夫畏惧，不敢正视他。最后御史陈其学因盐法之事弹劾京山侯崔元及锦衣卫都督陆炳，夏言拟写圣旨,令二人陈述不法情形,二人拜见夏言请死,陆炳直身而跪才得解脱。二人与严嵩勾结而陷害夏言,夏言没有察觉省悟。皇帝数次派遣小太监到夏言住所,夏言赌气高傲,以奴仆看待他们,而严嵩必定请他们入座,亲自将金钱放入他们的袖筒中,因此他们天天在皇帝跟前赞誉严嵩而说夏言的坏话。夏言进呈的青词往往不符合皇帝的意旨,严嵩听说后越发精心撰写青词。

不久,收复黄河河套的争议兴起。夏言向来慷慨激昂,以治国兴邦为己任,想要建立非凡的功勋。陕西总督曾铣奏请收复河套,夏言赞同此议并呈报皇帝批准。严嵩与崔元、陆炳在其中制造祸端,夏言最终因受陷害而失败。江都人苏纲,是夏言继妻的父亲,与曾铣友情很深。曾铣正在提议收复河套,苏纲向夏言极力称赞。夏言认为倚靠曾铣可以办成此事,秘密上疏予以推荐,说群臣之中没有像曾铣这样忠心的。皇帝命令夏言拟写圣旨,一再加以优待奖励。曾铣很高兴,对出师收复河套更加意志坚决。皇帝突然降旨对曾铣收复河套之事加以质问斥责,话语非常严厉。严嵩揣测得知皇帝之意,便极力说河套不可收复,言语之中攻击夏言。夏言这才感到非常恐惧,向皇帝谢罪,并且说严嵩未曾提出过不同的意见,现在却把责任全部推诿给他。皇帝斥责夏言强迫君王,威胁众臣。严嵩又上奏章攻击夏言,夏言也极力辩驳,然而皇帝已听信严嵩的诬陷,对夏言之怒已不可解除。

嘉靖二十七年正月,全部削夺夏言官阶,以尚书衔退休,这时还无意杀掉他。恰有流言蜚语在皇宫中流传,说夏言罢官离京时怨恨诽谤皇上。严嵩又代为甘肃总兵官咸宁侯仇鸾草拟奏章,告发、攻击夏言接收曾铣金银,相互勾结,图谋奸利,事情牵连苏纲,于是逮捕曾铣、苏纲入锦衣卫监狱。严嵩与崔元、陆炳密谋,以"交结近侍"的律条定曾铣斩首罪,苏纲流放戍边,派遣锦衣卫官校逮捕夏言。夏言抵达通州,得知曾铣所定罪名,震惊得摔下车来,说:"咳!我活不成了。"再次上疏申诉冤屈,说:"仇鸾正在被逮押,皇上降下圣谕不到两日,仇鸾怎么可能知道皇上说的话,又怎么知道严嵩的奏疏而依附配合得如此一致?这是因为严嵩与崔元一伙施展了欺诈奸计,以便陷害为臣。严嵩言行不一好像共工,谦恭下士好像王莽,奸巧弄权、父子专政好像司马懿。在朝诸臣受其笼络,知道有严嵩而不知道有陛下;各地诸臣受其钳制,也知道有严嵩而不知道有陛下。臣的生死由严嵩掌握,唯有把性命交给慈悲的圣上,曲意赐予保全。"皇帝没有省悟。狱案审理完结,刑部尚书喻茂坚、左都御史屠侨等以相当的律条判夏言死罪,又援引"议贵""议能"减刑律条呈上。皇帝不从,严厉斥责喻茂坚等人,削夺他们的俸禄,又提起夏言从前不戴所赐道士香冠的事情。这年十月,竟然将夏言斩首于街市。夏言之妻苏氏流放广西,侄儿主事夏克承、侄孙尚宝司丞夏朝庆,削夺官籍为民。夏言死时六十七岁。

夏言豪放雄迈,才智出众,雄辩博学,没有人能使他屈服。既已受到特殊眷宠,推测皇帝之意不希望臣下结党朋比,便不断与那些因议礼而骤然显贵的人相抗。皇帝以为他不结党,恩遇越来越优厚,但是最终为严嵩所排挤。夏言死后,严嵩执政酿成的祸害遍及天下,时间一久,人们多有惋惜夏言的。而夏言所推举的徐阶,后来终究能够去掉严嵩而成为著名宰相。隆庆初年,夏言家属上书辩白冤案,皇帝下诏恢复他的官职,赐予祭葬之礼,谥号文愍。夏言开始无子,妾怀孕,妻忌妒,将妾改嫁,生下一子。夏言死后,其妻将此子迎接回来,相貌长得特别像夏言。此子将要得官了,忽然病死,夏言竟然没有后嗣。

唐顺之传

【题解】

唐顺之(公元1507~1560年),字应德,一字义修,江苏武进人。官翰林编修,后调兵部主事。当时倭寇屡犯沿海,唐顺之以兵部郎中督师浙江,曾亲率兵船于崇明破倭寇于海上。升右金都御史,巡抚凤阳,至通州(今江苏南通)去世。崇祯时追谥襄文。学者称"荆川先生"。

唐顺之对天文、历法、数学、地理、乐律军事、农学、技艺等皆有研究,尤其精于天文历算。在科学技术上尤有相当成就的。

同时,他又是明代重要文学流派唐宋派的代表,著名散文家。

主要著作有《荆川先生文集》,共十七卷;还有《右编》四十卷、《史纂左编》一百二十四卷、《两汉解疑》二卷、《武编》十卷、《南北奉使集》二卷、《荆川稗编》一百二十卷,《杂编》数卷等。近代林纾辑有《唐荆川集》,是较通行的唐顺之选集。

【原文】

唐顺之,字应德,武进人。祖贵,户科给事中。父宝,永州知府。顺之生有异禀。稍长,洽贯群籍。年二十三,举嘉靖八年会试第一,改庶吉士。座主张璁疾翰林,出诸吉士为他曹,独欲留顺之。固辞,乃调兵部主事。引疾归。久之,除吏部。

十二年秋,诏选朝官为翰林,乃改顺之编修,校累朝实录。事将竣,复以疾告。璁持其疏不下。有言顺之欲远璁者,璁发怒,拟旨以吏部主事罢归,永不复叙。至十八年选宫僚,乃起故官兼春坊右司谏。与罗洪先、赵时春请朝太子,复削籍归。卜筑阳羡山中,读书十余年。中外论荐,并报寝。

倭躏江南北。赵文华出视师,疏荐顺之。起南京兵部主事。父忧未终,不果出。免丧,召为职方员外郎,进郎中。出核蓟镇兵籍,还奏缺伍三万有奇,见兵亦不任战,因条上便宜九事。总督王杼以下俱贬秩。

寻命往南畿、浙江视师,与胡宗宪协谋讨贼。顺之以御贼上策当截之海外,纵使登陆,则内地咸受祸。乃躬泛海,自江阴抵蛟门大洋,一昼夜行六七百里。从者咸惊呕,顺之意气自如。倭泊崇明三沙,督舟师邀之海外。斩馘一百二十,沉其舟十三。擢太仆少卿。宗宪言顺之权轻,乃加右通政。顺之闻贼犯江北,急令总兵官卢镗拒三沙,自率副总兵刘显驰援,与凤阳巡抚李遂大破之姚家荡。贼窘,退巢庙湾。顺之薄之,杀伤相当。遂欲列围困贼。顺之以为非计,麾兵薄其营,以火炮攻之,不能克。三沙又屡告急,顺之乃复援三沙,督镗、显进击,再失利。顺之愤,亲跃马布阵。贼构高楼望官军,见顺之军整,坚壁不出。显请退师,顺之不可,持刀直前,去贼营百余步。镗、显惧失利,固要顺之还。时盛暑,居海舟两月,遂得疾,返太仓。李遂改官南京,即擢顺之右佥都御史,代遂巡抚。顺之疾甚,以兵事棘,不敢辞。渡江,贼已为遂等所灭。淮、扬适大饥,条上海防善后九事。

三十九年春,汛期至。力疾泛海,度焦山,至通州卒,年五十四。讣闻,予祭葬。故事,四品但赐祭,顺之以劳得赐葬云。

顺之于学无所不窥。自天文、乐律、地理、兵法、弧矢、勾股、壬奇、禽乙,莫不究极原委。尽取古今载籍,剖裂补缀,区分部居,为《左》《右》《文》《武》《儒》《稗》六编传于世,学者不能测其奥也。为古文,洸洋纡折有大家风。生平苦节自厉,辍扉为床,不饰帷褥。又闻良知说于王畿,闭户兀坐,匝月忘寝,多所自得。晚由文华荐,商出处于罗洪先。洪先曰:"向已隶名仕籍,此身非我有,安得俸处士。"顺之遂出,然闻望颇由此损。崇祯中,追谥襄文。

【译文】

唐顺之,字应德,江苏省武进人。祖父名贵,曾任户科给事中。父亲唐宝,任康州知府。顺之生下来就有超常的天赋。长大成人后,博览群书,融会贯通。二十三岁时,在嘉靖八年(1529)的会试中得了第一,改任翰林院庶吉士。主考官张璁厌恶进士出身的翰林,下令将庶吉士一律调离翰林院任其他职务,但他唯独想让唐顺之留下。唐顺之坚决拒绝,于是被调任为兵部主事。他借口有病,辞职回了家。过了很长时间后,他被任全程耿吏部官员。

嘉靖十二年的秋天,皇帝下令先派京城官员担任翰林这职,唐顺之由此改任翰林院编修,负责编校几朝的实录。当任务快要完工时,唐顺之又一次声称有病,想请假回家,张璁扣下了他的请求报告,没有给以答复。有人说唐顺之这么做是想远离张璁,张璁怒火中烧,便替皇帝草拟文告,让唐顺之依照吏部主事的待遇离职回家,永远不再录用。到了嘉靖十八年的时候,朝廷选任太子宫官员,于是起用了过去的官员兼会春坊右司谏。唐顺之与罗洪先、赵时春因请求朝见太子,再次被撤职罢免,遣返他乡。唐顺之在阳羡山中选择了一块地方建屋隐居,读了十几年书。尽管朝廷内外很多人都推荐唐顺之,但均没有结果。

当倭寇侵扰、蹂躏大江南北的时候,赵文华出任军队统帅,他向皇帝上书,推荐唐顺之。唐顺之被起用为南京兵部主事。但唐顺之因父亲病故,丧期未满,不能出任。于是朝廷特令免丧,任命他为职方员外郎,升做郎中。他离开京城到蓟镇核查兵籍,回来时报告,蓟镇兵员短缺,少三万多人,现有的兵也不能打仗,因此他给皇帝写奏章,提出九项建议。由于这个原因,蓟镇总督王忬及下属都受到降级处分。

不久,唐顺之奉命前往南畿、浙江统帅军队,他与胡宗宪一起商议抗击倭寇。唐顺之认为对付倭寇最好的办法是应该把他们阻截在海外,假如放任倭寇登上陆地,那么,内陆就会遭到践踏、侵害。于是他亲自乘船在海上航行，从江阴直抵蛟门，一昼夜行了六七百里。随行的人都受不了了，呕吐不止，而唐顺之意气风发，斗志昂扬。倭寇的船队停泊在崇明和三沙，唐顺之率领水军，把倭寇引到洋面上，予以围歼，消灭入侵之敌一百二十人，击沉敌船十三艘。唐顺之因战攻赫赫被提升为太仆少卿。胡宗宪认为唐顺之的权力还不够大，便又加封他为右通政。唐顺之听说倭寇进犯长江北岸，急忙下令总兵官卢镗到三沙抵御，自己带领副总兵刘显火速去援助，和凤阳巡抚李遂一起在姚家荡大破倭寇。敌人狼狈逃窜到庙湾防守。唐顺之率军攻打庙湾，双方互有伤亡。李计划包围倭寇，将其困住，唐顺之则认为这样不妥，他率领着部下进攻倭寇营垒，并以火炮助战，但没有成功。此时三沙又屡屡告急，唐顺之便又往三沙增援，他督率卢镗、刘显进击，但没有成功。唐顺之激愤之下，亲自跃马布阵以便再战。倭寇构筑起高大的瞭望楼侦察官军情况，见唐顺之的军队军容整齐，不敢再战，便固守阵地不出击。刘显请示撤退，唐顺之不允许，并亲自持刀冲锋。当离倭寇营垒百步远的时候，卢镗、刘显担心失败，坚决请求唐顺之护回来。这时正是盛夏天气，唐顺之由于在海船上生活了两个月，生了病，返回江苏太仓。李遂调训南京任职，唐顺之便被提升为右金都御使，替李遂任凤阳巡抚。唐顺之这时病得已委厉害，但因为军情紧急棘手，不敢推辞。他渡过长江，倭寇已经被李遂等人剿灭，正赶上淮河、扬州、带发生饥荒，唐顺之向皇上提出了保卫海防及善后事宜九项建议。

嘉靖三十九年(公元1560年)春天，汛期来到，唐顺之抱病坚持出海。渡过焦山，来到通州后死去。终年五十四岁。死讯传到北京，嘉靖帝下令祭葬。按照往常惯例，四品官员只赐予祭奠，唐顺之因为有功劳，得到恩赐祭葬的待遇。

唐顺之兴趣广泛，天下学问没有不研究的。对天文、乐律、地理、兵法、孤矢、勾股、壬奇、禽乙，无不深入研究其发生原委。他把古今所有的书籍都加以剖析补充，按类编排，写出《左》《右》《义》《武》《儒》《稗》、六《编》传于当世。学者们都感到高深莫测。他写的古文，恢宏恣肆，纡徐曲折有名家风范。唐顺之一辈子要求自己很严格，讲求节操。他把门板拆下来当床用，也不铺褥垫。他的哲学思想是向王畿学习的，曾经关起门来专心致志地冥思苦想，整整一个月忘记睡觉，有很多自己的体会。晚年由于赵文华推荐他做官，他曾向罗洪先商量是继续隐居山林，还是书山为朝廷效力。罗洪先说："你从前名字已经隶属于官籍了，这身子已经不属于自己所有了，怎么还自比于处士。"于是唐顺之出山做官，但他的声望因的为这个缘故受到损害。崇祯年间，他被迫谥为襄文。

杨继盛传

【题解】

杨继盛(1516~1555年)，字仲芳，保定容城人。少时家贫，但聪慧好学，嘉靖二十六年，登进士第，后又拔升为兵部员外郎。时值俺答骚扰北京，杨继盛因上疏反对仇鸾的媾和互市主张,为仇鸾所陷害,被贬为道典史。仇鸾死后,杨继盛迅速被提拔为刑部员外郎、兵部武选司。不久又因上疏严词弹劾严嵩父子,为严嵩所陷害,遭受酷刑后惨死。杨继盛刚勇忠烈,直言敢谏,不趋炎附势,为后世所称赞。

【原文】

杨继盛,字仲芳,容城人。七岁失母。庶母妒,使牧牛。继盛经里塾,观里中儿读书,心好之。因语兄,请得徒塾师学。兄曰:"若幼,何学?"继盛曰:"幼者任牧牛,乃不任学耶?"兄言於父,听之学,然牧不废也。年十三岁,始得徒师学。家贫,益自刻厉。举乡试,卒业国子监,徐阶亟赏之。嘉靖二十六年登进士。授南京吏部主事。从尚书韩邦奇游,覃思律吕之学,手制十二律,吹之声毕和。邦奇大喜,尽以所学授之,继盛名益著。召改兵部员外郎。

俺答蹂躏京师,咸宁侯仇鸾以勤王故有宠。帝命鸾为大将军倚以办寇。鸾中情怯,畏寇甚。方请开互市市马,冀与俺答媾,幸无战斗,固恩宠。继盛以为雠耻未雪,遽议和示弱,大辱国,乃奏言十不可、五谬。大略谓:

互市者,和亲别名也。俺答躁蹂我陵寝,虔刘我赤子。天下大雠也,而先之和。不可一。往下诏北伐,天下晓然知圣意,日夜征缮助兵食。忽更之曰和,失信於天下。不可二。以堂堂中国,与之互市,冠履倒置。不可三。海内豪杰争磨砺待试,一旦委置无用。异时欲号召,谁复与起。不可四。使边镇将帅以和议故,美衣媮食,弛懈兵事。不可五。往时边卒私通境外,吏率裁禁,今乃导之使与通。不可六。盗贼伏莽,徒慑国威不敢肆耳,今知朝廷畏怯,睥睨之渐必开。不可七。俺答往岁深入,乘我无备故也。备之一岁,以互市终,彼谓国有人乎?不可八。或俺答负约不至;至矣,或阴谋伏兵突入;或今日市,明日复寇;或以下马索上直。不可九。岁帛数十万,得马数万匹。十年以后,帛将不继。不可十。

议者曰:"吾外为市以羁縻之,而内修我甲兵"。此一谬也。夫寇欲无厌,其以雠终明甚。苟内修武备,安事羁縻?曰"吾阴市,以益我马"。此二谬也。夫和则不战,马将焉用,且彼宁肯予我良马哉?曰"市不已,彼且入贡"。此三谬也。夫贡之赏不赀,是名美而实大损也。曰"俺答利我市,必无失信"。此四谬也。吾之市,能尽给其众乎?能信不给者之无人掠乎?曰"佳兵不祥"。此五谬也。敌加已而应之,何佳也。人身四肢皆痈疽,毒日内攻,而惮用药石可乎?

夫此十不可、五谬,明显易见。盖有为陛下主其事者,故公卿大夫知而莫为一言。陛下宜奋独断,悉按诸言互市者,发明诏选将练兵。不出十年,臣请为陛下竿俺答之首於藁街,以示天下万世。

疏入,帝颇心动,下鸾及成国公朱希忠、大学士严嵩、徐阶、吕本、兵部尚书赵锦、侍郎聂豹、张时彻议。鸾攘臂詈曰:"竖子目不睹寇,宜其易之。"诸大臣遂言遣官已行,势难中止。帝尚犹豫,鸾复进密疏。乃下继盛诏狱,贬狄道典史。其地杂番,俗罕知诗书。继盛简子弟秀者百余人,聘三经师教之。鬻所乘马,出妇服装,市田资诸生。县有煤山,为番人所据,民仰薪二百里外。继盛召番人谕之,咸服曰:"杨公即须我曹穿帐亦舍之,况煤山耶"?番民信爱之,呼曰"杨父"。

已而俺答数败约入寇,鸾奸大露,疽发背死,戮其尸。帝乃思继盛言,稍迁诸城知县。月徐调南京户部主事,三日迁刑部员外郎。当是时,严嵩最用事,恨鸾凌己,心善继盛首攻鸾,欲骤贵之,复改兵部武选司。而继盛恶嵩甚於鸾,且念起谪籍,一岁四迁官,思所以报国。抵任甫一月,草奏劾嵩,斋三日乃上奏曰:

臣孤直罪臣,蒙天地恩,超擢不次。夙夜祗惧,思图报称,盖未有急於请诛贼臣者也。方今外贼惟俺答,内贼惟严嵩,未有内贼不去,而可除外贼者,去年春雷久不声,占曰"大臣专政"。冬日下有赤色,占曰"下有叛臣"。又四方地震,日月交食。臣以为灾皆嵩致,请以嵩十大罪为陛下陈之。

高皇帝罢丞相,设立殿阁之臣,备顾问视制草而已,嵩乃俨然以丞相自居。凡府部题覆,先面白而后草奏。百官请命,奔走直房如市。无丞相名,而有丞相权。天下知有嵩,不知有陛下。是坏祖宗之成法。大罪一也。

陛下用一人,嵩曰"我荐也";斥一人,曰:此非我所亲,故罢之"陛下宥一人,嵩曰"我救也";罚一人,曰"此得罪於我,故报之。"伺陛上喜怒以恣威福。群臣感嵩甚於感陛下,畏嵩甚於畏陛下。是窃君上之大权。大罪二也。

陛下有善政,嵩必令世蕃告人曰:"主上不及此,我议而成之。"又以所进揭帖刊刻行世,名曰嘉靖疏议,欲天下以陛下之善尽归於嵩。是掩君上之治功。大罪三也。

陛下令嵩司票拟,盖其职也。嵩何取而令子世蕃代拟,又何取而约诸义子赵文华辈群聚而代拟。题疏方上,天语已传。如沈炼劾嵩疏,陛下以令吕本,本即潜送世蕃所,令其拟上。是嵩以臣而窃君之权,世蕃复以子而盗父之柄,故京师有"大丞相、小丞相"之谣。是纵奸子之僭窃。大罪四也。

严效忠、严鹄,乳臭子耳,未尝一涉行伍。嵩先令效忠冒两广功,授锦衣所镇抚矣。效忠以病告,鹄袭兄职。又冒琼州功,擢千户。以故总督欧阳必进躐掌工部,总兵陈圭洊统后府,巡按黄如桂亦骤亚太仆。既藉私党以官其子孙,又因子孙以拔其私党。是冒朝廷之军功。大罪五也。

逆鸾先已下狱论罪,赂世蕃三千金,荐为大将。鸾冒禽哈呐儿功,世蕃亦得增秩。嵩父子自夸能荐鸾矣,及知陛下有疑鸾心,复互相排诋,以泯前迹。鸾勾贼,而嵩、世蕃复勾鸾。是引背逆之奸臣。大罪六也。

前俺答深入,击其惰归,此一大机也。兵部尚书丁汝夔问计於嵩,嵩戒无战。及汝夔逮治,嵩复以论救绐之。汝夔临死大呼曰"嵩误我。"是误国家之军机。大罪七也。

郎中徐学诗劾嵩革任矣,复欲斥其兄中书舍人应丰。给事厉汝进劾嵩谪典史矣,复以考察令吏部削其籍。内外之臣,被中伤者何可胜计。是专黜陟之大柄。大罪八也。

凡文武迁擢,不论可否,但衡金之多寡而畀之。将弁惟贿嵩,不得不朘削士卒;有司惟贿嵩,不得不搭克百姓。士卒失所,百姓流离,毒遍海内。臣恐今日之患不在境外而在域中。是失天下之人心。大罪九也。

自嵩用事,风俗大变。贿赂者荐及盗跖,疏拙者黜逮夷、齐。守法度者为迂疏,巧弥缝者为才能。励节介者为矫激,善奔走者为练事。自古风俗之坏,未有甚於今日者。严嵩好利,天下皆尚贪。嵩好谀,天下皆尚谄。源之弗洁,流何以澄。是敝天下之风俗。大罪十也。

嵩有是十罪,而又济之以五奸。知左右侍从之能察意旨也,厚贿结纳。凡陛下言动举措,莫不报嵩。是陛下之左右皆贼嵩之间谍也。以通政司之主出纳也,用赵文华为使。凡有疏至,先送嵩阅竟,然后入御。王宗茂劾嵩之章停五日乃上,故嵩得展转遮饰。是陛下之喉舌乃贼嵩之鹰犬也。畏厂卫之缉访也,令子世蕃结为婚姻。陛下试诘嵩诸孙之妇,皆谁氏乎?是陛下之爪牙皆贼嵩之瓜葛也。畏科道之多言也,进士非其私属,不得预中书、行人选。推官、知县非通贿,不得预给事、御史选。既选之后,入则杯酒结欢,出则馈尽相属。所有爱憎,授之论刺。历俸五六年,无所建白,即擢京卿。诸臣忍负国家,不敢忤权臣。是陛下之耳目皆贼嵩之奴隶也。科道虽入笼络,而部寺中或有如徐学诗之辈亦可惊也,令子世蕃择其有才望者,罗置门下。凡有事欲行者,先令报嵩,预为布置,连络蟠结,深根固蒂,各部堂司大半皆其羽翼。是陛下之臣工皆贼嵩之心膂也。陛下奈何爱一贼臣,而忍百万苍生陷於涂炭哉。

至如大学士阶蒙陛下特擢,乃亦每事依违,不敢持正,不可不谓之负国也。愿陛下听臣之言,察嵩之奸。或召问裕、景二王,或询诸阁臣。重则置宪,轻则勒致仕。内贼既去,外贼自除。虽俺答亦必畏陛下圣断,不战而丧胆矣。

疏入,帝已怒。嵩见召问二王语,喜谓可指此为罪,密拘於帝。帝益大怒,下继盛诏狱,诘何故引二王。继盛曰:"非二王谁不慑嵩者!"狱上,乃杖之百,令刑部定罪。侍郎王学益,嵩党也,受嵩属,欲坐诈传亲王令旨律绞。郎中史朝宾持之,嵩怒,谪之外。于是尚书何鳌不敢违,竟如嵩指成狱,然帝犹未欲杀之也。击三哉,有为营救於嵩者。其党胡植、鄢懋卿怵之曰:"公不观养虎者耶,将自贻患。"嵩颔之。会都御史张经、李天宠坐大辟。嵩揣帝意必杀二人。比秋审,因附继盛名并奏,得报。其妻张氏伏阙上书,言:"臣夫继盛误闻市井之言,尚狃书生之见,遂发狂论。圣明不即加戮,俾从吏议。两经奏谳,俱荷宽恩。今忽阑入张经疏尾,奉旨处决。臣仰惟圣德,昆虫草木皆欲得所,岂惜一回宸顾,下垂覆盆。倘以罪重,必不可赦,愿即斩臣妾首,以代夫诛。夫虽远御魑魅,必能为疆场效死,以报君父。"嵩屏不奏,遂以三十四年十月朔弃西市,年四十。临刑赋诗曰:"浩气还太虚,丹心照千古。生平未报恩,留作忠魂补。天下相与涕泣传颂之。"

初,继盛之将杖也,或遗之蚺蛇胆。却之曰:"椒山自有胆,何蚺蛇为!"椒山,继盛别号也。及入狱,创甚,夜半而苏,碎瓷碗手割腐肉,肉尽筋挂膜,复手截去。狱卒执灯颤欲坠。继盛意气自如。朝审时,观者塞衢,皆叹息,有泣下者。后七年,嵩败。穆宗立,恤直谏诸臣,以继盛为首。赠太常少卿,谥忠愍,予祭葬,任一子官。已,又从御史郝杰言,建祠保定,名旌忠。

【译文】

杨继盛,字仲芳,容城人。七岁时,母亲去世。庶母忌妒,让他去放牛。继盛经过里中的学校，见里中的孩子们读书，心里十分喜欢。因此告诉哥哥，请让他跟随学校里的老师学习。哥哥说："你还小，学什么？"继盛说："人小能够放牛，而不能够学习吗？"哥哥把这事告诉父亲，允许杨继盛去学习，然而放牛也不扔掉。十三岁，才开始跟随老师学习。家庭贫困，学习得更加刻苦认真。举乡试，在国子监学习完了全部课程，多次得到徐阶的奖赏。嘉靖二十六年，登进士第。授南京吏部主事。跟尚书韩邦奇学习，深思音乐韵律的学问，自己动手制成十二律，吹出的声音都相符和。韩邦奇特别高兴，把所学的全部都传授给他，杨继盛名声更大，朝廷召回改任兵部员外郎。

俺答侵扰北京，咸宁侯仇鸾因勤王被皇帝尊崇。皇帝命令仇鸾为大将军，依靠他来对付外寇。仇鸾实际上内心胆小，十分害怕敌人。正在请求开互市买马，希望能和俺答媾和，侥幸不发生战争，以巩固皇帝对他的恩宠。杨继盛认为仇恨耻辱没有洗清，匆忙议和表现出软弱，有损国威，于是奏言十不可、五谬。大略说：

互市，是和亲的别名。俺答践踏我朝皇帝的陵墓，杀害我国的老百姓。这是天下的特大仇恨，而我们首先和他议和，这是不可以的第一。过去皇帝下诏北伐，天下明白知道皇帝的心

俺答汗

意，日夜征收税款准备武器装备资助战士粮草，而忽然更改为议和，失信于天下。这是不可以的第二。以堂堂正正的中国，和俺答互市，头脚颠倒，这是不可以的第三。天下豪杰勇士争着磨炼兵器武艺准备战斗，一旦委置不用，其他时候再要号召，谁还再有积极性。这是不可以的第四。使边镇将帅因议和的缘故，穿美好的衣服苟且偷生，松弛懈怠了兵事。这是不可以的第五。过去边卒私自交通境外，官吏往往加以禁止制裁，现在引导边卒，使他们与境外交通，这是不可以的第六。盗贼潜伏，只因害怕国威而不敢放肆无忌，现在了解到朝廷害怕胆怯，窥视的事必然渐渐增多。这是不可以的第七。俺答前几年深入内地，乘我没有防备的原因。现在准备了一年，最后以互市结束，俺答要说中国有人吗？这是不可以的第八。或者俺答背弃盟约不到；到，或者阴谋伏兵突然侵入；或者今天互市，明天又来侵扰；或者用不好的马，索取得高的价钱，这是不可以的第九。每年用布

帛数十万,换回马数万匹。十年以后,布帛将不能继续。这是不可以的第十。

有人议论说:'我们外搞互市用来联络维系俺答,而在内部修整加强我们的装备、军队',这是一种谬论。敌人贪欲没有止境,他们最终要背叛十分明白。如果内部整修武备,怎么用得着联络维系? 又说:'我们暗地里互市,用来增加我们的马匹'。这是第二个谬论。议和则将不再战争,马将做什么用,而且他们会肯把好马给我们吗?,又说:'互市不停,他们并且要入贡。'这是第三个谬论。入贡和赏赐的不相等,是名声好听而实行上损失严重。又说:'俺答因和我们互市有利,一定不会失信'。这是第四个谬论。我们的互市,能都给俺答的群众带来好处吗? 能够相信不给利益的人不入内地抢掠吗? 又说:'好用兵不吉祥。'这是第五个谬论。敌人把战争强加在我们头上,我们不得已而应战,这是什么好战呢。人的身体四肢都长满了恶疮,而害怕使用药石治疗,这样行吗?

这十不可、五谬,明显易见。因为有为陛下主持这些事的人,所以公卿大夫虽然知道也没有人说一句话。陛下应当振奋独自决断,全部审查那些说互市的人,颁发明诏选择将师训练士兵。不出十年,臣请为陛下悬挂俺答的首级于少数民族在北京聚住的街道上,用来宣示天下万世。"

奏疏送入宫中,皇帝读了以后很有些动心,把奏疏交给仇鸾以及成国公朱希忠、大学士严嵩、徐阶、吕本、兵部尚书赵锦、侍郎聂豹、张时彻讨论商议。仇鸾捋衣出臂大骂:"小子的眼睛从没有见到过敌人,他当然说说容易了。"诸大臣遂说派遣的官员已出发,势难中止。皇帝还在犹豫未决时,仇鸾又奏进了秘密上疏。于是逮捕杨继盛下诏狱,贬降为狄道典史。狄道地区与番人杂错,风俗很少有人知道诗书。杨继盛挑选优秀子弟一百余人,聘请三个经师教育他们。卖了他所骑的马,拿出夫人的服装,买地资助诸生读书。县里有煤山,被番人占据着,老百姓做饭所用的薪柴在二百里地以外。杨继盛找番人说明情况,番人都很听从地说:"杨公就是需要我们的穹帐也舍得拿出来,何况是煤山呢?"番民信仰热爱他,称呼叫"杨父"。

不久俺答多次败坏和约侵扰内地,仇鸾奸谋大暴露,恶疮发背而死,皇帝命令戮杀了他的尸体。皇帝于是想起杨继盛的言论,稍稍升迁为诸城知县。一个多月调任南京户部主事,三天后升任刑部员外郎。在那个时候,严嵩最有权力,恨仇鸾凌驾于自己之上,心中高兴杨继盛首先上疏攻击仇鸾,要迅速使杨继盛富贵,又改兵部武选司。而杨继盛厌恶严嵩更过于仇鸾,并且认为从谪籍起家,一年四次升迁官职,一心想报答国家。到任才一月,撰写奏疏弹劾严嵩,斋戒了三天才上奏说:

"臣是耿直的罪臣,蒙受皇帝厚恩,超速提拔不按次序。早晚恭敬,考虑怎样报答恩德才和实惠相称,没有什么比请诛灭贼臣更为迫切的了。当今外贼只有俺答,内贼只有严嵩,没有内贼不铲除,而可除去外贼的事。去年春雷很久不响,占卜说:'大臣专政'。冬天太阳下面有红色,占卜说:'下有叛臣'。又有四方地震,多次交替发生日食和月食。臣认为灾害都是因严嵩所导致,请让我把严嵩的十大罪恶行为陈述一下。

高皇帝罢去丞相官,设立殿阁学士等大臣,职责是备顾问、掌管起草诏书而已,严嵩竟好像真的一样以丞相自居。凡府、部题覆,先向他汇报然后起草奏疏。百官请示报告,奔走直房如同集市一样。没有丞相名号，而掌握丞相权力。天下只知道有严嵩，而不知道有陛下。是破坏了祖宗的成法。这是大罪第一。

陛下任用一个人，严嵩说：'是我推荐的'；斥责一个人，严嵩说：'这不是我的亲信，因此罢免了他。'陛下宽恕一个人，严嵩说：'我挽救了他。'惩罚一个人，说：'这人得罪于我，因此报复他'。观察陛下喜怒以放纵其威福。群臣感激严嵩超过了感激陛下，畏惧严嵩超过了畏惧陛下。是窃取君主的大权。这是大罪第二。

陛下有善政，严嵩一定令严世蕃告诉别人说：'皇上想不到这里，我建议而促成的，又把所奏进揭帖刊刻成书流传于世，名称叫《嘉靖疏议》，想让天下把陛下的善政全都归于严嵩。是掩取皇上的治理功绩。这是大罪第三。

陛下命令严嵩掌管票拟，这是他的职责。严嵩为什么取而令儿子世蕃代替草拟，又为什么邀请他的诸义子赵文华等人群聚而代拟。题疏刚上奏，而皇帝批示已传开了。如沈炼弹劾严嵩的奏疏，陛下以命吕本草拟。吕本立即偷偷地送到严世蕃哪里，让严世蕃拟奏呈上。是严嵩用臣的身份而窃取君主的权力，世蕃以子的身份而盗取父亲的权力，因此有'大丞相、小丞相'的谣言。这是放纵奸邪的儿子进行僭越窃权。这是大罪第四。

严效忠、严鹄，是乳臭未干的孩子，从来没有到过军队行伍。严嵩先命令严效忠冒名两广军功，授给锦衣所镇抚。严效忠以病上报，严鹄袭承兄长的职务。又冒名琼州军功，提拔为千户。因此总督欧阳必进越次提升掌管工部，总兵陈圭相继统领后府，巡按黄如桂也迅速提升到仅次于太仆的官位。既利用私党为其子孙牟取官职，又因他的子孙提拔他的私党。这是冒领朝廷的军功。这是大罪第五。

叛逆仇鸾原来已下狱判罪，贿赂严世蕃三千两黄金，被推荐为大将。仇鸾冒擒哈咇儿的功劳，严世蕃也得以增加俸禄。严嵩父子自己夸耀能推荐仇鸾，到知道陛下有怀疑仇鸾的想法，又互相排斥诋毁，用来消灭原来的痕迹。仇鸾勾结贼人，而严嵩、严世蕃又勾结仇鸾。这是引荐悖逆的奸臣。这是大罪第六。

过去俺答深入内地，趁他散漫惰怠而回的时候打击他，是一个很好的机遇。兵部尚书丁汝夔请示计策于严嵩，严嵩命令他不要开战。到丁汝夔被逮捕惩治。严嵩又用要论救来欺骗他。丁汝夔临死大呼：'严嵩耽误了我'。这是耽误国家的军机大事。这是大罪第七。

郎中徐学诗弹劾严嵩被革去了官职，又要斥退其兄中书舍人应丰。给事厉汝进弹劾严嵩被贬谪为典史了，又以考察令吏部削去他的官籍。内外的臣僚，被阴谋诬陷的怎么能够计算清。这是独占进退人才的大权。这是大罪第八。

所有文武官员的迁转提拔，不论能否胜任，只是衡量金钱的多少而给他官。将弁由于贿赂严嵩，不得不克扣、搜刮士卒；官吏由于贿赂严嵩，不得不以苛税搜刮民财。士卒失去立身的地方，百姓流浪转移在各地，毒害遍于天下。臣恐怕现在的祸害不在边境外边在而在国家内部。这是丧失天下的人心。这是大罪第九。

自从严嵩掌权执国政，风俗大变。贿赂的人推荐到了象盗跖那样的人，疏远拙笨的人贬降到了像伯夷、叔齐那样的人。遵守国家法度的人被看作迂腐疏阔，善于弥补缝合的人被当作为有才能。坚持气节耿直的人被称作矫情，善于奔走钻营的人被当作通晓人情世故。自古以来风俗败坏，没有超过今日的。由于严嵩好利，天下都崇尚贪污。严嵩喜欢阿谀，天下都崇尚谄媚。源头不清洁，流又用什么澄清。这是破坏天下的风俗。这是大罪第十。

严嵩有上述十大罪状，而又加上以五奸。知道左右侍从能了解陛下意向，以丰厚的贿赂加以结纳。凡陛下言语行动举止措施，没有不向严嵩汇报的。是陛下的左右侍从都是贼臣严嵩的间谍。因通政司职掌上传下达，用赵文华为使。凡有奏疏送到，先送严嵩阅览完了，然后送给皇上御览。王宗茂弹劾严嵩的奏章停留了五天才送上，所以严嵩得以辗转遮盖。是陛下的喉舌竟是贼臣严嵩的鹰犬。畏惧厂卫的缉察访询，命令儿子严世蕃和厂卫结为婚姻。陛下请试查问严嵩诸孙的媳妇，都是谁家的姑娘呢？是陛下的爪牙都是贼臣严嵩的亲戚。害怕科道官多言弹劾，进士不是严嵩私属的，不得参与中书、行人的选拔。推官、县官不是送上贿赂的，不得参与给事、御史的选用。既选定以后，到严嵩家入则杯酒结欢，出去任职则赠送差旅费用相属。所有严嵩爱憎的人，都让他们论罪。拿俸禄五六年，没有什么陈述意见，即提拔为京官。诸臣忍耐背弃国家，而不敢触犯权臣。是陛下的耳目都成了贼臣严嵩的奴隶了。科道官虽然进了严嵩的笼络当中，然而部寺中或者有如徐学诗一类的人也很可惧怕，命令其子严世蕃选择有才能威望的，罗置门下。凡有事要进行，先让报告给严嵩，早些动手安排布置，联络曲折交错，根基深固不可动摇，各部堂官司官大半都是严嵩的党羽。是陛下的臣工都成了贼臣严嵩的骨干了。陛下为什么爱惜一个贼臣，而容忍百万平民陷于灾难穷困。

至于大学士徐阶承蒙陛下特别提拔，他也是遇事迟疑不决，不敢主持公正、不偏不倚，不可不说是背弃国家。愿陛下听臣的言论，考察严嵩的奸邪。或者召问裕王和景王，或者询问诸位阁臣。罪行严重则按法律惩办，轻则勒令退休。内贼既去，外贼自然好除。虽然是俺答也一定畏惧陛下的圣断，不战而丧胆失魄了。"

上疏送入，皇帝已愤怒。严嵩见有召问二王的话，高兴地认为可把这条作为罪状，秘密地牵合在一起陷害杨继盛于皇帝。皇帝更加大怒，把杨继盛逮捕关在诏狱中，追问为什么要引二王。杨继盛说："不是二王，谁不是害怕严嵩的人！"狱词送上，于是杖责一百，命令刑部定罪。刑部侍郎王学益，是严嵩的党羽，受严嵩嘱托，要因诈传亲王令旨罪绞杀。郎中史朝宾反对，严嵩怒，贬谪史朝宾于外地。于是刑部尚书何鳌不敢违背，竟按着严嵩的旨意判案定罪，然而皇帝还没有要杀杨继盛的意思。关在监狱中三年，有人为营救杨继盛找过严嵩。严嵩的党羽胡植、鄢懋卿提醒严嵩说："公不见养老虎的人吗，将要自己遗留下隐患"。严嵩点头赞同。正遇上都御史张经、李天宠罪当死刑。严嵩揣测皇帝心意一定要杀这两个人，到秋审时，因此附上杨继盛的名字一并上奏，得到了判决。杨继盛的妻子张氏拜伏在宫殿下上书，说："臣的丈夫继盛误听市井的言论，还习惯于书生的见识，遂发表了狂妄的言论。皇帝不立即加以杀戮，使从官吏评议。经两次讨论罪行，都承受宽大恩惠。现在忽然擅入于张经疏尾，奉圣旨处决。臣依靠的只有圣德，昆虫草木都要各得其所，岂惜请皇帝再照顾一次，下赐恩于沉冤未白的人，如果认为罪重，一定不能赦免，希望就斩臣妾的头，以代替丈夫受诛。丈夫假使到远方抵御形形色色的坏人，一定能做到疆场效死，以报答君父大恩。"严嵩屏弃不上奏，遂在嘉靖三十四年十月初一斩首弃尸西市，年四十岁。临刑前赋诗说："浩气还太虚，丹心照千古。生平未报恩，留作忠魂补"。天下都相互痛哭流涕传颂其诗。

起初，杨继盛将要受杖刑时，有人送给他蚺蛇胆。推辞不接受说："椒山自有胆，为什么用蚺蛇胆！"椒山，是杨继盛的别号。到入狱，受伤创痛十分厉害。到半夜才苏醒过来，他摔碎了瓷碗，用来割除腐烂的肉。肉刮完后，筋挂在薄膜上，又用手截去。狱卒看着手里拿着灯颤抖欲坠，而杨继盛神情一如往常。朝审时，观看的人堵塞了街道，都为他叹息，有哭泣的人。过后七年，严嵩失败。明穆宗继承帝位后，体恤直言极谏的诸臣，以杨继盛为首。赠太常少卿，谥号忠愍，给予祭葬，任用一个儿子为官。后来，又听从御史郝杰建议，建祠堂在保定，名叫旌忠。

俞大猷传

【题解】

俞大猷（1503～1579），字志辅，号虚江，晋江（今福建泉州）人。历任都指挥金事、参将、总兵等职，他是明代抗倭名将。

俞大猷先守御金门，多次上书陈述御倭方略。嘉靖三十一年（1552）始，驰骋东南抗倭战场。在宁、台，他改进明军边防，调遣、修建大批战船，招募训练民工，伺机入海击倭，取得海战第一次战功。此后平定浙西倭患，智逼倭寇内应徐海溺水死，又克舟山倭巢。一度遭诬陷发配大同，但受大同巡抚赏识，仍参与军事，首创独轮兵车，大破敌阵。四十一年（1562），调回福建平息倭乱，与戚继光等将领配合，在兴化、潮州、海丰连败倭寇。到嘉靖末、隆庆初，基本上解除了东南沿海的倭患。万历初海寇再起，年迈的俞大猷又领车营训练。八年死于任上，终年七十八岁。赠左都督，谥武襄。

作为封建王朝战将的俞大猷，曾对起义人民进行过镇压与屠杀，但他一生"刻志剿平东南之残寇"，在平倭卫国中做出了很大贡献，这是他的主流。此外，他在斗争实践中表现出的军事才能、用兵韬略，及写下的《正气堂集》《剑经》等著作，是留给后人宝贵的文化遗产。

【原文】

俞大猷，字志辅，晋江人。少好读书。受《易》于王宣、林福，得蔡清之传。又闻赵本学以《易》推衍兵家奇正虚实之权，复从受其业。尝谓兵法之数起五，犹一人之身有五体，虽将百万，可使合为一人也。已，又从李良钦学剑。家贫屡空，意尝豁如。父殁，弃诸生，嗣世职百户。

举嘉靖十四年武会试。除千户，守御金门。军民嚣讼难治，大猷导以礼让，讼为衰止。海寇频发，上书监司论其事。监司怒曰："小校安得上书"。杖之，夺其职。尚书毛伯温征安南，复上书陈方略，请从军。伯温奇之。会兵罢，不果用。

二十一年，俺答大入山西，诏天下举武勇士。大猷诣巡按御史自荐，御史上其名兵部。会伯温为尚书，送之宣大总督翟鹏所。召见论兵事，大猷屡折鹏。鹏谢曰："吾不当以武人待子。"下堂礼之，惊一军，然亦不能用。大猷辞归，伯温用为汀漳守备。涖武平，作读易轩，与诸生为文会，而日教武士击剑。连破海贼康老，俘斩三百余人。擢署都指挥金事，金书广东都司。新兴恩平峒贼谭元清等屡叛，总督欧阳必进以属大猷。乃令良民自为守，而亲率数人遍诣贼峒，晓以祸福，且教之击剑，贼骇服。有苏青蛇者，力格猛虎，大猷绐斩之，贼益惊。乃诣何老猫峒，令归民侵田，而招降渠魁数辈。二邑以宁。

二十八年，朱纨巡视福建，荐为备倭都指挥。会安南入寇，必进奏留之。先是，安南都统使莫福海卒，子宏瀷幼。其大臣阮敬谋立其婿莫敬典，范子仪谋立其党莫正中，互仇杀。正中败，挈百余人来归。子仪收残卒遁海东。至是妄言宏瀷死，迎正中归立。剽掠钦、廉等州，岭海骚动。必进檄大猷讨之。驰至廉州，贼攻城方急。大猷以舟师未集，遣数骑谕降，且声言大兵至。贼不测，果解去。无何，舟师至，设伏冠头岭。贼犯钦州，大猷遮夺其舟。追战数日，生擒子仪弟子流，斩首千二百级。穷追至海东云屯，檄宏瀷杀子仪函首来献。事平，严嵩抑其功不叙，但赉银五十两而已。

是年，琼州五指山黎那燕构感恩、昌化诸黎共反，必进复檄大猷讨。而朝议设参将于崖州，即以大猷任之。乃会广西副将沈希仪诸军，擒斩贼五千三百有奇，招降者三千七百。大猷言于必进曰："黎亦人也，率数年一反一征，岂上天生人意。宜建城设市，用汉法杂治之"。必进纳其言。大猷乃单骑入峒，与黎定要约，海南遂安。

三十一年，倭贼大扰浙东。诏移大猷宁、台诸郡参将。会贼破宁波昌国卫，大猷击却之。复攻陷绍兴临山卫，转掠至松阳。知县罗拱辰力御贼，而大猷邀诸海，斩获多，竟坐失事停俸。未几，逐贼海中，焚其船五十余，予俸如故。越二年，贼据宁波普陀。大猷率将士攻之，半登，贼突出，杀武举火斌等三百人，坐戴罪办贼。俄败贼吴淞所，诏除前罪，仍赉银币。贼自健跳所入掠，大猷连战破之。旋代汤克宽为苏松副总兵。所将卒不三百人，征诸道兵未集，贼犯金山，大猷战失利。时倭屯松江柘林者盈二万，总督张经趣之战，大猷固不可。及永顺、保靖兵稍至，乃从经大破贼于王江泾，功为赵文华、胡宗宪所攘，不叙。坐金山失律，谪充为事官。

柘林倭虽败，而新倭三十余艘突青村所，与南沙、小乌口、浪港诸贼合，犯苏州陆泾坝，直抵娄门，败南京都督周于德兵。贼复分为二，北掠浒墅，南掠横塘，延蔓常熟、江阴、无锡之境，出入太湖。大猷偕副使任环大败贼陆泾坝，焚舟三十余。又遮击其自三丈浦出海者，沉七艘，贼乃退泊三板沙。顷之，他倭犯吴江。大猷及环又邀破之莺脰湖，贼走嘉兴。三板沙贼掠民舟将遁，大猷追击于马迹山，擒其魁。金泾、许浦、白茅港贼俱出海，大猷追击于茶山，焚五舟。贼走保马迹山、三板沙，将士复追及，坏其三舟。江阴蔡港倭亦去，官兵分击于马迹、马图、宝山。值飓风作，贼舟多覆。柘林倭亦为官兵所击沉二十余舟,余贼退登陆。已,复泛舟出海。大猷及佥事董邦政分击,获九舟。而贼又遭风坏三舟,余三百人登岸,走据华亭陶宅镇,屡败赵文华等大军。夜屯周浦永定寺,官兵四集进围之。而柘林失风贼九舟巢于川沙洼,纠合至四十余艘,势犹未已。巡抚曹邦辅劾大猷纵贼,帝怒,夺其世荫,责取死罪招,立功自赎。时周浦贼围急,乘夜东北奔,为游击曹克新所邀,斩首百三十,遂与川沙洼贼合。诸军日夜击,贼焚巢出海。大猷偕副使王崇古入洋追之,及于老鹳觜,焚巨舰八,斩获无算。余贼奔上海浦东。

初,以倭患急,特命都督刘远为浙江总兵官,兼辖苏、松诸郡,数月无所为。廷臣争言大猷才。三十五年三月遂罢远,以大猷代。贼犯西庵、沈庄及清水洼。大猷偕邦政击败之,贼走陶山,诏还世荫。贼自黄浦遁出海,大猷追败之。其年冬,以与平徐海功,加都督佥事。海既平,浙西倭悉靖。独宁波舟山倭负险,官兵环守不能克。是时土兵狼兵悉已遣归,而川、贵所调麻寮、大刺、镇溪、桑植兵六千始至。大猷乘大雪,四面攻之。贼死战,杀土官一人。诸军益竞,进焚其栅,贼多死,其逸出者复歼,贼尽平。加大猷署都督同知。

明年,胡宗宪方图汪直,用卢镗言将与通市,大猷力争不可。及直诱入下吏,其党毛海峰等遂据舟山,阻岑港自守。大猷环攻之,时小胜。然苦仰攻,将士先登多死,新倭又大至。朝廷趣宗宪甚急,宗宪谩为大言以对。廷臣竞诋宗宪,并劾大猷。乃夺大猷及参将戚继光职,期一月内平贼。大猷等惧,攻益力,贼益死守。三十七年七月乃自岑港移柯梅,造舟成,泛海去。大猷等横击之,沈其一舟,余贼遂扬帆而南,流劫闽、广。大猷先后杀倭四五千,贼几平。而官军围贼已一年,宗宪亦利其去,阴纵之,不督诸将邀击。比为御史李瑚所劾,则委罪大猷纵贼以自解。帝怒,逮系诏狱,再夺世荫。

陆炳与大猷善,密以己资投严世蕃解其狱,令立功塞上。大同巡抚李文进习其才,与筹军事。乃造独轮车拒敌马。尝以车百辆,步骑三千,大挫敌安银堡。文进上其制于朝,遂置兵车营。京营有兵车,自此始也。文进将袭板升,谋之大猷,果大获,诏还山荫。寇掠广武,大猷拒却之。先论平汪直功,许除罪录用。及是,镇算有警。川湖总督黄光升荐大猷,即用为镇算参将。

广东饶平贼张琏数攻陷城邑,积年不能平。四十年七月诏移大猷南赣,合闽、广兵讨之。时宗宪兼制江西,知琏远出,檄大猷急击。大猷谓"宜以潜师捣其巢,攻其必救,奈何以数万众从一夫浪走哉?"乃疾引万五千人登柏嵩岭,俯瞰贼巢。琏果还救,大猷连破之,斩首千二百余级。贼惧,不出。用间诱琏出战,从阵后执之,并执贼魁萧雪峰。广人攘其功,大猷不与较。散余党二万,不戮一人。擢副总兵,协守南、赣、汀、漳、惠、潮诸郡。遂乘胜征程乡盗,走梁宁,擒徐东洲。林朝曦者,独约黄积山大举。官军攻斩积山,朝曦遁,后亦为徐甫宰所灭。大猷寻擢福建总兵官,与戚继光复兴化城,共破海倭。继光先登,受上赏,大猷但赍银币。

四十二年十月徙镇南赣。明年改广东。潮州倭二万与大盗吴平相掎角,而诸峒蓝松三、伍端、温七、叶丹楼辈日掠惠、潮间。闽则程绍禄乱延平,梁道辉扰汀州。大猷以威名慑群盗,单骑入绍禄营,督使归峒,因令驱道辉归,两人卒为他将所灭。惠州参将谢敕与伍端、温七战,失利。以"俞家军"至,恐之,端乃驱诸酋以归。无何,大猷果至,七被擒。

端自缚，乞杀倭自效。大猷使先驱，官军继之，围倭邹塘，一日夜克三巢，焚斩四百有奇，又大破之海丰。倭悉奔崎沙、甲子诸澳，夺渔舟入海。舟多没于风，脱者二千余人，还保海丰金锡都。大猷围之两月，贼食尽，欲走。副将汤克宽设伏邀之，手斩其枭将三人。参将王诏等继至，贼遂大溃。乃移师潮州，以次降蓝松三、叶丹楼。遂使招降吴平，居之梅岭。平未几复叛，造战舰数百，聚众万余，筑三城守之，行劫滨海诸郡县。福建总兵官戚继光袭平，平遁保南澳。四十四年秋入犯福建，把总朱玑等战没于海中。大猷将水兵，继光将陆兵，夹击平南澳，大破之。平仅以身免，奔据饶平凤凰山。继光留南澳。大猷部将汤克宽、李超等蹑贼后，连战不利，平遂掠民舟出海。闽广巡按御史交章论之，大猷坐夺职。平卒为克宽所追击，远遁以免，不敢入犯矣。

河源、翁源贼李亚元等猖獗。总督吴桂芳留大猷讨之，征兵十万，分五哨进。大猷使间携贼党而亲捣其巢，生擒亚元，俘斩一万四百，夺还男妇八万余人。乃还大猷职，以为广西总兵官。故事，以勋臣总两广兵，与总督同镇梧州。帝用给事中欧阳一敬议，两广各置大帅，罢勋臣。乃召恭顺侯吴继爵还京，以大猷代，予平蛮将军印。而以刘显镇广东。两广并置帅，自大猷及显始也。伍端死，其党王世桥复叛，劫执同知郭文通。大猷连败之，其部下执以献。进署都督同知。

海贼曾一本者，吴平党也。既降复叛，执澄海知县，败官军，守备李茂才中炮死。诏大猷暂督广东兵协讨。隆庆二年，一本犯广州，寻犯福建。大猷合郭成、李锡军擒灭之。录功，进右都督。

广西古田僮黄朝猛、韦银豹等，嘉靖末尝再劫会城库，杀参政黎民表。巡抚殷正茂征兵十四万，属大猷讨之。分七道进，连破数十巢。贼保潮水，巢极巅，攻十余日未下。大猷佯分兵击马浪贼，而密令参将王世科乘雨夜登山设伏。黎明炮发，贼大惊。诸军攀援上，贼尽死。马浪诸巢相继下。斩获八千四百有奇，擒朝猛、银豹，百年积寇尽除。进世荫为指挥佥事。

大猷为将廉，驭下有恩。数建大功，威名震南服。而巡按李良臣劾其奸贪，兵部力持之，诏还籍候调。起南京右府佥书。未任，以都督佥事为福建总兵官。万历元年秋，海寇突闯峡澳，坐失利夺职。复以署都督佥事起后府佥书，领车营训练。三疏乞归。卒，赠左都督，谥武襄。

大猷负奇节，以古贤豪自期。其用兵，先计后战，不贪近功。忠诚许国，老而弥笃，所在有大勋。武平、崖州、饶平皆为祠祀。谭纶尝与书曰："节制精明，公不如纶。信赏必罚，公不如戚。精悍驰骋，公不如刘。然此皆小知，而公则堪大受"。戚谓戚继光，刘谓刘显也。

【译文】

俞大猷，字志辅，晋江人。少年时代就喜好读书。他先从王宣、林福学习《易》经，也得到蔡清真传。又听说赵本学将《易》经推广演绎到兵家的阻、袭击、双方对阵交锋，应付各种情况的权术，又跟着接受了赵的学业。大猷曾经说兵法的术数千变万化，但明言起来是源于五个方面,好比一个人的身体有五部分肢体,虽统帅军队百万,可以让百万人合为一体。不久,他又跟从李良钦学剑。家中经常一贫如洗,但他的志向依然豁达自如。父亲过世后,他放弃诸生身份,继承了世职百户。

俞大猷于嘉靖十四年的武举会试中举,被授为千户,派往金门守御。当地军民常为琐事互相诉讼,难以治理,大猷以礼让诱导他们,诉讼纠纷才低落平息。当地海寇的祸乱频繁发生,大猷向监司上书谈论这件事。监司发怒说:"一个小校怎够格上书。"对他施以杖责,削夺了大猷职务。尚书毛伯温出征安南,大猷再次上书陈述用兵方略,并请求从军出征。毛伯温对他很感惊奇。但恰遇出征未成行,他结果未被任用。

二十一年,俺答大举侵扰山西,世宗颁布诏书,在全国选拔武艺高强的勇士。俞大猷到巡按御史处毛遂自荐,御史将他的名字上报兵部。当时正好是毛伯温为兵部尚书,他将大猷送到宣大总督翟鹏任所。翟鹏亲自召见并和大猷讨论兵事,大猷屡次使翟鹏折服。翟鹏表示歉意说:"我不应把你当成一介武夫看待!"下堂对大猷礼遇款待,使全军都很惊讶,然而大猷仍未曾被器用。大猷辞谢归回全门,毛伯温委任他为汀漳守备。俞大猷来到武平,在哪里筑起"读易轩",与入学的生员一起建立文会,同时每日教习武士击剑。他率领部队接连攻破海寇康老,俘虏斩杀敌方三百多人。大猷被提为代理都指挥佥事,分领广东都司事务。广东新兴、恩平少数民族聚居地的谭元清等多次起义造反,总督欧阳必进委派大猷前去处理。大猷就命令当地的良民自为防守,而亲自带领几人走遍少数民族聚居峒寨,告诉他们利害关系,而且教他们击剑,造反者被吓倒征服。叛反的瑶民中有一人叫苏青蛇,曾凭力气打死过猛虎,大猷将他骗出斩了首,对方更加惊恐。大猷于是来到何老猫住地,命令向百姓归还所侵占的田地,而且招降了他们的几个首领。这二地因此安宁下来。

二十八年,朱纨巡视福建,举荐俞大猷为备倭都指挥。当时正值安南进犯广东,欧阳必进上奏挽留大猷。先时,安南都统使莫福海去世,其子莫宏瀷还年幼。莫的大臣阮敬谋划立他的女婿莫敬典,范子仪谋立他的同党莫正中,二派互相仇杀。莫正中失败,率领一百多人前来归附明廷。范子仪收残兵逃到海东。就在这时他们造谣说宏瀷已死,要迎回莫正中,立为都统使。于是抢掠钦、廉等州,岭海一带骚动不安。欧阳必进传檄书命大猷去征讨安南。大猷飞马来到廉州,敌人正急着攻打廉州。大猷因为水师尚未集合,就派遣几个骑士前去劝降,并且声称大部队来了。敌人不知真相,果然停止攻城,撤围而去。不多久,水军到来,在冠头岭设下埋伏。敌人进犯钦州,大猷阻击夺得他们舟船。追击几天,活捉了范子仪的弟弟范子流,斩首一千二百多级。又穷追到海东的云屯,颁檄文命宏瀷杀子仪,将子仪首级前来进献。事情平息后,严嵩压下大猷的战功不予奖励进用,只赏赐白银五十两而已。

这一年,琼州五指山黎族那燕策动感恩、昌化各处的黎民共同造反,欧阳必进又传檄书命大猷前去进讨。而朝廷商议在崖州设参将,就委大猷任此职务。于是大猷会同广西副将沈希仪的各路部队,俘斩造反者五千三百多人,招降的有三千七百人。他对欧阳必进说:"黎民也是人,大致几年一反一征,难道这是上天造这类人的用意吗?应当为他们建城设市，用汉法掺杂着治理他们。"欧阳必进采纳了他的意见。于是大猷就单枪匹马进入黎族住区，与黎人制定了盟约，终于使海南安定下来。

三十一年，倭寇大举骚扰浙东。朝廷调动大猷任宁波、台州参将。当时正值敌人攻破宁波昌国卫，大猷击退了他们。倭寇又攻陷绍兴临山卫，转而到松阳抢掠。知县罗拱辰奋力抵御敌人，而俞大猷阻截各海面，斩获很多，但竟然坐失事而停发俸禄。不多久，大猷将倭寇驱逐到海中，焚烧了他们的船只五十多艘，朝廷才给予他与先前一样多的俸禄。过了二年，倭寇占据宁波普陀山。大猷率领将士们攻打他们，登山到一半，敌人突然出击，杀武举火斌等三百人，大猷获罪，朝廷命他戴罪继续抗倭。不久，在吴淞所打败敌人，诏令解除他的前罪，仍赏赐银币。倭寇从健跳所进掠，大猷连续作战，击败敌人。接着他代汤克宽任苏松副总兵。他所统领的兵士不满三百人，征调的各道兵力又未汇集，倭贼进犯金山，大猷作战失利。当时倭寇在松江拓林的驻兵超过二万人，总督张经想去迎战，大猷坚决不同意这样做。直到永顺、保靖的兵陆续到来，他才跟从张经在王江泾大举攻破敌人，但他们的功被赵文华、胡宗宪所窃取，不予叙录。又坐金山失利之罪，大猷被降级当了事官。

拓林的倭寇虽然战败，但新来的倭寇三十多艘船又突然袭击青村所，与南沙、小乌口、浪港各路敌人会合，进犯苏州陆泾坝，直趋娄门，打败南京都督周于德的兵。敌人再分成二支队伍，向北进掠浒墅关，向南进掠横塘，蔓延到常熟、江阴、无锡的境内，出入太湖。大猷与副使任环在陆泾坝大败倭贼，烧毁舟船三十多艘。又阻击他们从三丈浦出海的船只，击沉七艘，倭寇便退而停泊到三板沙。不久，另一支倭寇进犯吴江。大猷及任环又在莺脰湖阻击并攻破敌人，倭寇逃去嘉兴。三板沙的倭寇抢到民船企图逃跑，大猷追击到马迹山，捕获了他们的首领。金泾、许浦、白茅港的倭寇都出了海，大猷直追击到茶山，烧毁五条船。敌人退去保卫马迹山、三板沙，将士们又追上他们，毁坏了他们的三条船。江阴蔡港的倭寇也逃跑，官兵分别在马迹、马图、宝山袭击他们。当时正遇海上飓风大作，敌人的舟船大多掀翻。拓林的倭寇也被官兵击沉舟船二十多艘，其余撤退登陆。以后，再次泛舟出海。大猷及佥事董邦政分兵出击，缴获九条战船。而倭寇遇到大风，又被损坏了三条船，余下的三百多人登岸，去占据了华亭陶宅镇，屡次打败赵文华等所率大军。敌寇夜间屯兵周浦永定寺，官兵从四面集中了兵力来围剿他们。而拓林失势的倭寇以九条船在川沙洼建起根据地，共纠合了四十多艘船，锐势似乎并没被挫败。巡抚曹邦辅弹劾俞大猷放纵敌人，世宗大怒，削夺了大猷的世荫，责令他以死罪招认，并立功为自己赎罪。当时周浦的倭寇被围困得狗急跳墙，连夜向东北方向奔逃，遭游击曹克新迎击，斩贼首一百三十多级，其余的敌寇于是与川沙洼的会合。官兵们日夜攻战，倭寇焚烧了巢穴奔逃出海。大猷会同副使王崇古入海追歼敌人，当追到老鹳觜，烧掉敌人巨舰八艘，斩获不计其数。其余敌寇逃窜到上海浦东。

起初，因为倭乱危急，朝廷特命都督刘远为浙江总兵官，兼管辖苏州、松江各郡，几个月过去了他没有什么作为。在朝大臣争相上言称赞俞大猷的才能。三十五年三月，终于罢免了刘远，用大猷取而代之。倭寇进犯西庵，沈庄及清水洼。大猷与董邦政合力击败他们，倭贼逃向陶山，诏令赐还大猷世荫。倭贼从黄浦逃遁出海，大猷追歼并打败了他们。这一年冬天，因为他参与平定徐海的功劳，被加官都督佥事。徐海扫平之后，浙西的倭乱全都平息下来了。只有宁波舟山的倭寇背倚着险要，官兵们团团包围，就是攻克不下来。这时土兵、狼兵全已调回，而从四川、贵州所调麻寮、大刺、镇溪、桑植的六千兵刚刚到来。大猷乘大雪，从四面围攻舟山的倭贼。倭贼死战，杀土官一人。官兵更加争先恐后，攻进去焚烧了他们的木栅，敌人大多战死，那些逃出的人又被官兵追上给歼灭了，倭寇全部扫平。朝廷令大猷代理都督同知。

第二年，胡宗宪正企图捉拿汪直，采用卢镗的建议准备与汪直通市，大猷竭力争辩反对。直到汪直被诱捕后逮问治罪，他的同党毛海峰等便占据了舟山，依凭着岑港自守。大猷围攻他们，时常有小胜。然而苦于向上攻击，先登上去的将士大多战死，新的倭寇又大批来到。朝廷对胡宗宪催促得很急迫，胡宗宪浮夸地口出大言来对答。廷臣们争相诋毁胡宗宪，同时参劾俞大猷。这样便削夺了大猷及参将戚继光的职务，限期在一月内平定倭贼。大猷等将很为畏惧，进攻愈发努力，倭贼更加死守不退。三十七年七月，倭寇从岑港迁移到柯梅，造成了舟船，泛海而去。大猷等横击敌人，击沉其船一艘，剩下的倭贼便扬帆南去，流动着抢劫闽、广二地。大猷先后杀倭寇四五千人，几乎将敌人扫平。然而官军围困倭寇已经一年，胡宗宪也认为倭寇自动离去对己最为方便有补，就暗中怂恿他们逃走，而且不督责各将截击。后来被御史李瑚纠劾，胡宗宪将罪名推到大猷身上，诬陷大猷纵敌逃跑以解脱自己。世宗怒，将大猷逮进诏狱，再一次削夺他的世荫。

陆炳与大猷交情很好，他暗中用自己的资财贿赂严世蕃才解除了大猷的罪案，朝廷命令俞大猷到边塞去立功赎罪。大同巡抚李文进了解大猷的才干，与他一同筹划军事。大猷于是创造出独轮车抵御敌人战马。他曾以兵车一百辆，步、骑兵三千，在安银堡大力挫败敌兵。李文进将他的创造上报朝廷，于是才设置兵车营。京营有兵车，也是从这时开始的。李文进准备袭击板升，与大猷一同谋划，果真大获胜利，诏令赐还大猷世荫。敌寇进掠广武，大猷抵御并击退他们。起先，在讨论平定汪直之功时，允许免除大猷罪，并重新录用。这时候，镇筸发现敌情。川湖总督黄光升推荐俞大猷，就任用大猷为镇筸参将。

广东饶平的倭寇张琏几次攻陷城邑，多年来不能平定。四十年七月诏令俞大猷调往南赣，汇合闽、广的兵力讨平这支倭寇。这时胡宗宪兼管江西，知张琏远出，便传檄书让大猷急速前去袭击。大猷说："应该秘密出兵骚扰他们的老巢，攻其巢穴张琏必定回救，怎么用几万大军为追踪一人而轻率地乱走呢？"大猷就迅速地带一万五千人登上柏嵩岭，俯瞰敌寇老巢。张琏果然回来救援，大猷连连攻破这支队伍，斩首一千二百多级。敌人恐惧，不敢再出。大猷用间谍引诱张琏出战，自己从战阵后面将张琏捕捉，同时还抓住了敌人的另一首领萧雪峰。广东人抢了这个功，大猷不与他们计较。他又解散张的余党二万人，不杀戮一人。大猷被提升为副总兵，协助守卫南、赣、汀、漳、惠、潮各个郡。接着他乘胜去征讨程乡的盗贼，走梁宁，擒获徐东洲。有个叫林朝曦的人，单独约了黄积山一起发动了大规模起义。官军攻打并斩杀了黄积山，林朝曦逃，后来也被徐甫宰所消灭。大献不久被升为福建总兵官,与戚继光一起收复了兴化城,共同攻破海上倭寇。因为继光首先攻入敌阵,所以受到最上等的赏赐,大献只赏到银币。

四十二年十月,俞大献迁赴南赣镇守。第二年又改守广东。潮州倭寇二万与大盗吴平互成犄角夹攻之势,而西南少数民族蓝松三、伍端、温七、叶丹楼等人每日在惠州和潮州间掳掠。福建则有程绍禄扰乱延平,梁道辉骚扰汀州。大献则因他的威名震慑群盗,他单独骑马进入程绍禄营地,斥责并迫使他回到原来的住地,接着命令并驱赶梁道辉也回去,但这两人后来都被其他的将领消灭。惠州参将谢敕与伍端、温七交战,失利。因为"俞家军"到了的传言,使他们十分恐慌,于是伍端就带各头目回去了。不多久,俞大献果真到来,温七被抓。伍端自己捆绑了来投诚,乞求以杀倭自动为朝廷效力。大献让他冲在前面,官军紧跟后面,包围了邹塘倭寇,一天一夜连克敌寇三巢,烧、斩四百多人,又在海丰大败他们。倭寇全部向崎沙、甲子的各个水湾逃窜,抢夺渔船入海。船大多被风吹沉,逃脱的有二千多人,回到海丰去据守金锡都。大献围攻他们两个月,直到敌人粮食断绝,准备逃离。副将汤克宽设埋伏阻击他们,亲手斩杀对方勇猛的将领三人。参将王诏等跟着也到,倭贼终于大败。于是大献带军队转移到潮州,先后使蓝松三、叶丹楼投降。紧接着派人去招降吴平,把他安置在梅岭吴平不久再次反叛,造战舰数百艘,聚众一万多人,筑了三个城堡坚守,在滨海各郡县到处抢劫。福建总兵官戚继光攻打吴平,吴平逃而在南澳固守。四十四年秋,吴平又进犯福建,把总朱玑等人在海战中战死。大献统领水兵,戚继光统领陆兵,夹击吴平据守的南澳,大败他们。吴平仅使自己免于一死,逃去占据了饶平凤凰山。继光在南澳留守。大献部将汤克宽、李超等紧随敌人后面,接连交战都不利,吴平终于抢民船出海。闽、广巡按御史都上章纠论大献,大献被论罪夺职。吴平最后被汤克宽追击,远逃以免身死,不敢再来进犯了。

河源、翁源的盗贼李亚元等活动猖獗。总督吴桂芳留下大献去讨伐盗贼,征兵十万,分五路前进。大献派间谍带来盗贼的同伙问明情况后,亲自出征捣毁他们的巢穴,活捉李亚元,俘斩一万四百人,夺回被李抓去的男女共八万多人。于是朝廷授还大献军职,任为广西总兵官。按先前的惯例,用功勋大臣总管两广的军兵,与总督一同镇守梧州。世宗用给事中欧阳一敬意见,两广各设置大帅,取消功勋大臣总领军兵的旧法。于是召恭顺侯吴继爵回京,以大献来替代,授予大献平蛮将军印。同时以刘显镇守广东。两广一并设置大帅,是从俞大献与刘显开始的。伍端死,他的余党王世桥再次反叛,劫持同知郭文通。大献接连打败王世桥军,王部下抓世桥前来进献。大献升为代理都督同知。

海盗曾一本,是吴平的同党。他已经归降了又再叛反,抓澄海知县,击败官兵,守备李茂才中炮身亡。世宗诏令大献暂时督领广东兵协助征讨。隆庆二年,曾一本进犯广州,随即又进犯福建。俞大献联合郭成、李锡的军队征剿并消灭了这股势力。朝廷为他们记功,大献进为右都督。

广西古田僮族黄朝猛、韦银豹等人,嘉靖末年曾再次抢劫会城库,杀参政黎民表。巡抚殷正茂征兵十四万,请托俞大献前去讨伐,分七路进发,一连攻破几十个巢穴。盗贼据守潮水,据点建在最高的山顶,大献攻了十多日没有攻下。他假装分兵去袭击马浪的盗贼,而密令参将王世科乘雨夜登山设下伏兵。黎明时分,伏兵发炮,敌人大惊。各路军队攀缘而上,敌人都战死。马浪各巢穴也相继攻下。斩俘八千四百多人,拘捕了黄朝猛、韦银豹,累世百年的寇贼全部被扫除了。进大猷世荫为指挥金事。

俞大猷为将清廉,统领部下有恩德。屡建大功,威名震动南方。然而巡按李良臣参劾他奸贪,兵部又极力支持这一说法,朝廷诏令他回原籍听候调遣。后来起为南京右府金事。未到任,即以都督金事身份任福建总兵官。万历元年秋天,海寇突袭闾峡澳,大猷因失利获罪,被夺职。后再以代理都督金事起用为后府金书,率领车营训练。大猷曾三次上疏请求回乡。他死后,赠左都督,谥号武襄。

俞大猷有超乎常人的操节,以古代贤人豪杰来期望自己。他用兵,先定谋略,而后再作战,不贪图近功。他以忠诚报效祖国,年纪大后更加矢志忠实,在每个职位上都建有大功。武平、崖州、饶平都修建了他的祠堂以事祭祀。谭纶曾写信给他说:"统辖、指挥军队的精明程度,您不如我谭纶。赏罚的严明,您不如戚。驰骋疆场,战锋的锐利强悍,您又不及刘。但这些都是小的智慧和才能,而您则是能够担负重任的人。"戚是说戚继光,刘是指刘显。

戚继光传

【题解】

戚继光(1528~1587),明朝抗倭名将,军事家。字元敬,号南塘,晚年又号孟诸,山东蓬莱人。将官家庭出身。嘉靖中期承袭职位,担任登州卫指挥金事。嘉靖三十四年(1555),调到浙江担任参将,抵御倭寇的进犯。他见旧军队素质不好,便到义乌招募农民、矿工三千人,编成新军,加以严格训练,这就是名闻全国的"戚家军",当时抗倭的主力部队。嘉靖四十年(1561),在台州九战九捷。次年福建告急,戚继光往援,捣毁了倭寇在横屿(宁德城外海中)的老巢。四十二年(1563)再援福建,又建首功。升都督同知,代总兵官。二年后,与俞大猷合力剿平广东倭寇,解除了东南的倭患。

张居正很赏识戚继光,隆庆二年(1568),命他以都督同知身份总理蓟州、昌平、保定三镇练兵事宜,总兵官以下全部由他指挥。从此戚继光坐镇蓟州十六年,官至左都督。他号令严明,赏罚公平,在练兵、制造军器、摆设阵图等方面都有创见,通过建敌台、立车营、用方阵战术等办法加强战备,使这一带多事的边境长期得到安宁。

张居正死后,戚继光受到排挤打击,先是调任广东,继而罢官。著有《纪效新书》《练兵纪实》《止止堂集》等。

【原文】

戚继光,字元敬,世登州卫指挥金事。父景通,历官都指挥,署大宁都司,入为神机坐

营,有操行。继光幼倜傥负奇气。家贫,好读书,通经史大义。嘉靖中嗣职,用荐擢署都指挥佥事,备倭山东。改佥浙江都司,充参将,分部宁、绍、台三郡。

戚继光

三十六年,倭犯乐清、瑞安、临海,继光援不及,以道阻不罪。寻会俞大猷兵,围汪直余党于岑港。久不克,坐免官,戴罪办贼。已而倭遁,他倭复焚掠台州。给事中罗嘉宾等劾继光无功,且通番。方按问,旋以平汪直功复官,改守台、金、严三郡。

继光至浙时,见卫所军不习战,而金华、义乌俗称慓悍,请招募三千人,教以击刺法,长短兵迭用,由是继光一军特精。又以南方多薮泽,不利驰逐,乃因地形制阵法,审步伐便利,一切战舰、火器、兵械精求而更置之。"戚家军"名闻天下。

四十年,倭大掠桃渚、圻头。继光急趋宁海,扼桃渚,败之龙山,追至雁门岭。贼遁去,乘虚袭台州。继光手歼其魁,蹙余贼瓜陵江尽死。而圻头倭复趋台州,继光邀击之仙居,道无脱者。先后九战皆捷,俘馘一千有奇,焚溺死者无算。总兵官卢镗、参将牛天锡又破贼宁波、温州。浙东平,继光进秩三等。闽、广贼流入江西。总督胡宗宪檄继光援。击破之上坊巢,贼奔建宁。继光还浙江。

明年,倭大举犯福建。自温州来者,合福宁、连江诸倭攻陷寿宁、政和、宁德。自广东南澳来者,合福清、长乐诸倭攻陷玄钟所,延及龙岩、松溪、大田、古田、莆田。是时宁德已屡陷。距城十里有横屿,四面皆水路险隘,贼结大营其中。官军不敢击,相守逾年。其新至者营牛田,而酋长营兴化,东南互为声援。闽中连告急,宗宪复檄继光剿之。先击横屿贼。人持草一束,填壕进。大破其巢,斩首二千六百。乘胜至福清,捣败牛田贼,覆其巢,余贼走兴化。急追之,夜四鼓抵贼栅。连克六十营,斩首千数百级。平明入城,兴化人始知,牛酒劳不绝。继光乃旋师。抵福清,遇倭自东营澳登陆,击斩二百人。而刘显亦屡破贼。闽宿寇几尽。于是继光至福州饮至,勒石平远台。

及继光还浙后,新倭至者日益众,围兴化城匝月。会显遣卒八人赍书城中,衣刺"天兵"二字。贼杀而衣其衣,绐守将得入,夜斩关延贼。副使翁时器,参将毕高走免,通判奚世亮摄府事,遇害,焚掠一空。留两月,破平海卫,据之。初,兴化告急,时帝已命俞大猷为福建总兵官,继光副之。及城陷,刘显军少,壁城下不敢击。大猷亦不欲攻,需大军合以困之。四十二年四月,继光将浙兵至。于是巡抚谭纶令将中军,显左,大猷右,合攻贼于平海。继光先登,左右军继之,斩级二千二百,还被掠者三千人。纶上功,继光首,显、大猷次之。帝为告谢郊庙,大行叙赉。继光先以横屿功,进署都督佥事,及是进都督同

知,世荫千户,遂代大猷为总兵官。

明年二月,倭余党复纠新倭万余,围仙游三日。继光击败之城下,又追败之王仓坪,斩首数百级,余多坠崖谷死,存者数千奔据漳浦蔡丕岭。继光分五哨,身持短兵缘崖上,俘斩数百人,余贼遂掠渔舟出海去。久之,倭自浙犯福宁,继光督参将李超等击败之。乘胜追永宁贼,斩馘三百有奇。寻与大猷击走吴平于南澳,遂击平余孽之未下者。

继光为将号令严,赏罚信,士无敢不用命。与大猷均为名将,操行不如,而果毅过之。大猷老将务持重,继光则飙发电举。屡摧大寇,名更出大猷上。

隆庆初,给事中吴时来以蓟门多警,请召大猷、继光专训边卒。部议独用继光,乃召为神机营副将。会谭纶督师辽、蓟,乃集步兵三万,征浙兵三千,请专属继光训练。帝可之。二年五月命以都督同知总理蓟州、昌平、保定三镇练兵事,总兵官以下悉受节制。至镇,上疏言:

蓟门之兵,虽多亦少。其原有七:营军不习戎事,而好末技,壮者役将门,老弱仅充伍,一也。边塞逶迤,绝鲜邮置,使客络绎,日事将迎,参游为驿使,营垒皆传舍,二也。寇至,则调遣无法,远道赴期,卒毙马僵,三也。守塞之卒约束不明,行伍不整,四也。临阵马军不用马,而反用步,五也。家丁盛而军心离,六也。乘障卒不择冲缓,备多力分,七也。七害不除,边备曷修。

而又有士卒不练之失六,虽练无益之弊四。何谓不练?夫边所藉惟兵,兵所藉惟将;今恩威号令不足服其心,分数形名不足齐其力,缓急难使,一也。有火器不能用,二也。弃土著不练,三也。诸镇入卫之兵,嫌非统属,漫无纪律,四也。班军民兵数盈四万,人各一心,五也。练兵之要在先练将。今注意武科,多方保举似矣,但此选将之事,非练将之道,六也。何谓虽练无益?今一营之卒,为炮手者常十也。不知兵法五兵迭用,当长以卫短,短以救长,一也。二军之士各专其艺,金鼓旗帜,何所不蓄,今皆置不用,二也。弓矢之力不强于寇,而欲藉以制胜,三也。教练之法,自有正门。美观则不实用,实用则不美观,而今悉无其实,四也。

臣又闻兵形象水,水因地而制流,兵因地而制胜。蓟之地有三。平原广陌,内地百里以南之形也。半险半易,近边之形也。山谷仄隘,林薄蓊翳,外边之形也。寇入平原,利车战。在近边,利马战。在边外,利步战。三者迭用,乃可制胜。今边兵惟习马耳,未娴山战、林战、谷战之道也,惟浙兵能之。愿更予臣浙东杀手、炮手各三千,再募西北壮士,足马军五枝,步军十枝,专听臣训练,军中所需,随宜取给,臣不胜至愿。又言:"臣官为创设,诸将视为缀疣,臣安从展布。"

章下兵部,言蓟镇既有总兵,又设总理,事权分,诸将多观望,宜召还总兵郭琥,专任继光。乃命继光为总兵官,镇守蓟州、永平、山海诸处,而浙兵止弗调。录破吴平功,进右都督。寇入青山口,拒却之。

自嘉靖以来,边墙虽修,墩台未建。继光巡行塞上,议建敌台。略言:"蓟镇边垣,延袤二千里,一瑕则百坚皆瑕。比来岁修岁圮,徒费无益。请跨墙为台,睥睨四达。台高五丈,虚中为三层,台宿百人,铠仗糗粮具备。令戍卒画地受工,先建千二百座。然边卒木强,律以军法将不堪,请募浙人为一军,用倡勇敢。"督抚上其议,许之。浙兵三千至,陈郊外。天大雨,自朝至日昃,植立不动。边军大骇,自是始知军令。五年秋,台功成。精坚雄壮,二千里声势联接。诏予世荫,赉银币。

继光乃议立车营。车一辆用四人推辕,战则结方阵,而马步军处其中。又制拒马器,体轻便利,遏寇骑冲突。寇至,火器先发,稍近则步军持拒马器排列而前,间以长枪、筤筅。寇奔,则骑军逐北。又置辎重营随其后,而以南兵为选锋,入卫兵主策应,本镇兵专戍守。节制精明,器械犀利,蓟门军容遂为诸边冠。

当是时,俺答已通贡,宣、大以西,烽火寂然。独小王子后土蛮徙居插汉地,控弦十余万,常为蓟门忧。而朵颜董狐狸及其兄子长昂交通土蛮,时叛时服。万历元年春,二寇谋入犯。驰喜峰口,索赏不得,则肆杀掠,猎傍塞,以诱官军。继光掩击,几获狐狸。其夏,复犯桃林,不得志去。长昂亦犯界岭。官军斩获多,边吏讽之降,狐狸乃款关请贡。廷议给以岁赏。明年春,长昂复窥诸口不得入,则与狐狸共逼长秃令入寇。继光逐得之以归。长秃者,狐狸之弟,长昂叔父也。于是二寇率部长亲族三百人,叩关请死罪,狐狸服素衣叩头乞赦长秃。继光及总督刘应节等议,遣副将史宸、罗端诣喜峰口受其降。皆罗拜,献还所掠边人,攒刀设誓。乃释长秃,许通贡如故。终继光在镇,二寇不敢犯蓟门。

寻以守边劳,进左都督。已,增建敌台,分所部十二区为三协,协置副将一人,分练士马。炒蛮入犯,汤克宽战死,继光被劾,不罪。久之,炒蛮偕妻大嬖只袭掠边卒,官军追破之。土蛮犯辽东,继光急赴,偕辽东军拒退之。继光已加太子太保,录功加少保。

自顺义受封,朝廷以八事课边臣:曰积钱谷、修险隘、练兵马、整器械、开屯田、理盐法、收塞马、散叛党。三岁则遣大臣阅视,而殿最之。继光用是频荫赉。南北名将马芳、俞大猷前卒,独继光与辽东李成梁在。然蓟门守甚固,敌无由入,尽转而之辽,故成梁擅战功。

自嘉靖庚戌俺答犯京师,边防独重蓟。增兵益饷,骚动天下。复置昌平镇,设大将,与蓟相唇齿。犹时躏内地,总督王忬、杨选并坐失律诛。十七年间,易大将十人,率以罪去。继光在镇十六年,边备修饬,蓟门宴然。继之者,躏其成法,数十年得无事。亦赖当国大臣徐阶、高拱、张居正先后倚任之。居正尤事与商确,欲为继光难者,辄徙之去。诸督抚大臣如谭纶、刘应节、梁梦龙辈咸与善,动无掣肘,故继光益发舒。

居正殁半岁,给事中张鼎思言继光不宜于北,当国者遽改之广东。继光怏怏不得志,强一赴,逾年即谢病。给事中张希皋等复劾之,竟罢归。居三年,御史傅光宅疏荐,反夺俸。继光亦遂卒。

继光更历南北,并著声。在南方战功特盛,北则专主守。所著《纪效新书》《练兵纪实》、读近者遵用焉。

【译文】

戚继光,字元敬,家中历代担任登州卫指挥佥事。父名景通,曾任都指挥使,代理大宁都指挥使司事,召入京师任神机营坐营,品行很好。戚继光少年时便很洒脱,气度不凡。家穷,喜爱读书,通晓经史的主要论点。嘉靖中承袭世职,由于推荐升为代理都指挥佥事,在山东防御倭寇。改金浙江都司,担任参将,分别统辖宁、绍、台三郡。

嘉靖三十六年,倭寇侵犯乐清、瑞安、临海,戚继光未能及时援救,由于是道路阻塞所致,故不加罪。不久,会合了俞大猷的兵,在岑港包围了汪直的余党。很久都不能将之攻克,因此被撤官,戴罪惩办敌人。不久这些倭寇逃跑,其他倭寇又到台州焚烧抢掠。给事中罗嘉宾等上奏弹劾戚继光无功,而且里通外国。正在调查审问,不久即以平定汪直的功劳恢复原官职,改守台、金、严三郡。

戚继光到浙江时,见卫所的军队不习惯战斗,而金华、义乌的人却素有剽悍之称,于是请准招募三千人,教他们攻击、刺杀的方法,长短兵器轮番使用,从此戚继光这支部队特别精锐。又因为南方很多沼泽地,不利于骑马追逐,便按照地形制成阵法,考虑步行作战的方便,所有战舰、火药武器、兵械都精心研制然后加以更换。"戚家军"驰名天下。

嘉靖四十年,倭寇大肆抢掠桃渚、圻头。戚继光急忙赶到宁海,据守桃渚,在龙山把他们打败,追到雁门岭。倭寇逃脱后,趁机袭击台州。戚继光亲手消灭了他们的魁首,把其余的贼全部迫到瓜陵江溺死。而圻头的倭寇又再跑向台州,戚继光在仙居拦击,在路上的倭寇没有能够逃脱的。戚继光先后九次作战都大获全胜,俘虏、斩首的有一千多人,烧死溺死的无数。总兵官卢镗、参将牛天锡又在宁波、温州打败了敌人。浙东被平定,戚继光提升了三级俸禄。

抗倭图卷

福建、广东的匪徒流入了江西。总督胡宗宪行文使戚继光援助。捣毁了在上坊的贼窝,贼跑到建宁。戚继光回到浙江。

第二年,倭寇大举进犯福建。从温州来的,会合了福宁、连江各股倭寇攻陷了寿宁、政和、宁德。从广东南澳来的,会合了福清、长乐各股倭寇攻陷了玄钟所,蔓延至龙岩、松溪、大田、古田、莆田。这时宁德已经屡次失陷。离城十里有个名叫横屿的地方,四面都是狭窄险要的水路,贼寇的大本营就设在里面。官军不敢攻打他,对峙了一年多。那些新到的倭寇驻扎在牛田,而酋长则驻于兴化,东南两面互相声援。福建接连告急,胡宗宪再行文戚继光剿灭他。戚继光首先进攻横屿的匪徒。兵士每人拿一束草，填壕沟前进。捣毁了贼巢，斩首二千六百级。乘胜进到福清，打败了牛田的贼，捣毁了贼巢，其余的贼跑到兴化。戚继光急忙追赶，晚上四更时分抵达贼的栅栏。接连攻克了六十个营，斩首一千数百级。天亮进城，兴化人才知道，送牛酒前往慰劳的人络绎不绝。戚继光便回师。到了福清，与从东营澳登陆的倭寇遭遇，斩杀了二百人。而刘显亦屡次打败了贼。过去一直在福建的倭寇基本上已被消灭。于是戚继光到福州设宴庆功，在平远台刻石纪功。

及至戚继光回到浙江后，新来的倭寇又越来越多，包围了兴化城整整一个月。刚好刘显派了八个兵卒带信入城，衣服上刺着"天兵"两个字。贼杀了他们而穿了他们的衣服，瞒过守城将领进了城，晚上斩开城门接应贼入内。副使翁时器、参将毕高走脱了，通判奚世亮兼理府的政务，遇害，城被焚烧抢掠一空。倭寇停留了两个月，攻破平海卫，占据了它。当初，兴化告急，当时皇帝已经任命俞大猷为福建总兵官，戚继光为副。及至城失陷，刘显军队少，建营垒在城下不敢攻打。俞大猷也不想攻，需要调大部队联合围困他。嘉靖四十二年四月，戚继光领浙江兵到。于是巡抚谭纶命令他率中军，刘显在左，俞大猷在右，在平海联合攻打贼人。戚继光先登城，左右两军接着，斩首二千二百级，归还被抢掠去的三千人。谭纶上报功劳，以戚继光为首功，刘显、俞大猷为其次。皇帝为这次的胜利禀告拜谢天地祖宗，大规模地评功赏赐。戚继光先是因为在横屿的功劳，晋升代理都督佥事，现在晋升为都督同知，世袭荫千户，于是代替了俞大猷任总兵官。

次年二月，倭寇的残余势力又纠集了新的倭寇一万多人，把仙游包围了三天。戚继光在城下把他们打败，又追到王家坪打败他们，斩首数百级，其余的很多坠落崖谷跌死，余下的几千人跑去占据了漳浦蔡丕岭。戚继光把军士分成五哨，亲自率领佩戴短兵器的兵士攀崖而上，俘虏斩首的有几百人，其余的贼人便抢了渔船出海。过了一段时间以后，倭寇又从浙江侵犯福宁，戚继光指挥参将李超等把他打败。乘胜追击在永宁的贼人，斩首三百多。接着又和俞大猷一起在南澳打走了吴平，进而攻打吴平那些没有投降的残部。

戚继光当将军，号令严明，赏罚公正，士卒没有敢不听从命令的。戚继光和俞大猷都是名将，操行没有俞大猷好，但遇事果断勇敢刚毅都超过了他。俞大猷是老将，办事力求稳重，戚继光则风驰电掣般进军，屡次摧毁强敌，名声更在俞大猷之上。

隆庆初年，给时中吴时来因为蓟门经常有警报，请求召俞大猷、戚继光专职负责训练边境的士卒。兵部意见只用戚继光，于是召他担任神机营副将。刚好谭纶在辽、蓟指挥军队，于是集中了步兵三万人，征集了浙江兵三千人，请求专门交由戚继光训练。皇帝批准了。隆庆二年五月，命令戚继光以都督同知的身份，总理蓟州、昌平、保定三个镇练兵的事，总兵官以下全部归他指挥。戚继光到了镇，上奏疏说：

蓟门的兵，虽然人数很多，但是实际上是很少，所以这样说，有七个原因：营军不熟悉军事，而爱好那些不重要的技能，壮健的在将官家里服役，老弱的才在队伍，这是第一。边关要塞的位置曲折连绵，很少驿站，使者来客络绎不绝，每天都要忙于送往迎来，参将、游击成了驿使，兵营堡垒成了旅舍，这是第二。贼寇来到，则调遣不得其法，远道赶往，兵士倒毙马匹僵死，这是第三。守卫边塞的士卒纪律不严格，队伍不整齐，这是第四。临阵时马军不用马，反而用步，这是第五。家丁兴盛而军心离散，这是第六。不管地势是否险要，都布置士卒防守堡垒，到处安排分散了力量，这是第七。这七个问题不解决，边境的守备怎能治理？

而且又有不训练士卒的六项失误，虽然练了也无实效的弊病四项。什么是不练？边防所依靠的主要是兵，兵所依靠的是将领；现在关怀威信号令都不能使他们心服，言行不一不能把他们的力量集中到一起，这样，当情况紧急时便难以使用，这是第一。有火药武器不能使用，这是第二。撇开本地人不加以训练，这是第三。各镇前来支援的兵，讨厌不是自己的统属，漫无纪律，这是第四。班军民兵数量超过了四万，但人各一心，这是第五。练兵的要领在于首先训练将领。现在注重武科，好像是多方保举了，但这是挑选将领的做法，不是培养将领的方法，这是第六。什么是虽然练了也没有用处？现在一个营的兵卒，当炮手的常常是十个人。不知道兵法是五个兵轮番使用，应当用配备戈矛弓箭之类长武器的士兵来掩护那些配备刀剑等短武器的士兵，而以配备短武器的兵来救援那些配备长武器的兵，这是第一。三军的兵士各有技艺，金鼓旗帜，什么没有，现在都放置不用，这是第二。我方弓箭的力量不比敌人强，而想依靠它取得胜利，这是第三。培养训练的方法，自有正当的门径。好看的则不实用，实用的则不好看，现在完全不讲究实用，这是第四。

明骑兵作战图

臣又听说军队的形状像水，水因为地势而决定流向，兵考虑地势而决定取胜的战略。蓟镇的地形可以分成三类。广阔的平原，是内地百里以南的形势。一半险要一半平易，这是靠近边界的形势。山谷狭窄，林木茂密相逼，这是边塞以外的形势。敌寇进入平原，适宜车战。在边界附近，适宜马战。在边界以外，适宜步战。三种方式交替使用，才可以取得胜利。现在守边的兵士只习惯马战，不熟悉山地作战、林中作战、狭谷作战的方法，只有浙兵可以这样做。希望再给我浙东的杀手、炮手各三千人，再招募西北的壮士，取足马军五支，步军十支，专听臣的训练，军中所需用物资，随时根据情况发给，这是臣最恳切的期望。又说:"臣这官职是初次创设,各将领都把它看作是赘疣,臣怎能开展工作。"

戚继光这奏章下发到兵部,认为蓟镇既有总兵,又设总理,权力分散,众将领很多都在观望,应该把总兵郭琥召回,只委任戚继光负责。于是任命戚继光为总兵官,镇守蓟州、永平、山海各处,而停止对浙江兵的调动。确认戚继光攻破吴平的功劳,升右都督。敌寇进青山口,击退了他。

自嘉靖以来,边界的城墙虽然有修筑,但没有建造墩台。戚继光在塞上巡视,提出建造敌台。大致说:"蓟镇边墙,周围延续两千里,一处出了问题则到处都坚固也会发生问题。近年来年修筑,年年倒塌,徒然耗费并无效益。请跨墙建台,这样到处都可以随意的观察敌人的动静。台五丈高,中空为三层,台住一百人,盔甲武器干粮全都齐备。令戍守的兵卒定点施工,先建一千二百座。但是边防士卒性格粗犷,难以忍受军法的约束,请准招募浙江人独立为一军,用以倡导勇敢。"督抚上报了他的意见,皇帝准许了。浙江兵三千来到,排列在郊外。天下大雨,从早上直到日西斜,仍然直立不动。边防兵士十分惊骇,从此才知道什么是军令。隆庆五年秋天,敌台完工。精细坚固雄伟壮观,二千里间声势相连接。下诏给戚继光世袭荫职,赐给银币。

戚继光于是提出建立车营,每辆车用四个人推拉,作战时结集成方阵,而骑兵步兵在其中。又制造拒马器,形体轻便,用以阻挡敌骑兵的冲突。敌寇来到,先发火药武器,比较接近,则步兵拿着拒马器列队向前,其中又杂有长枪、狼筅等武器。敌寇逃跑,则骑兵追击。又设置辎重营跟随在后面,而用南兵作前锋,入卫兵负责接应,本镇兵专职防守。管理制度缜密严明,器械锋利,蓟门的军容因此得以在各边镇之上。

当时,俺答已经来朝贡,宣府、大同以西,全无战事。只有小王子的后人土蛮迁居到插汉的地方,拥有十余万军士,经常威胁着蓟门。而朵颜董狐狸和他的侄子长昂勾结土蛮,时叛时服。万历元年春天,这两股敌人计划入侵。骑兵到了喜峰口,勒索赏赐没有得到,便大肆烧杀抢掠,到边塞附近打猎,以引诱明军。戚继光突然出击,几乎抓到了狐狸。这年夏天,再侵犯桃林,达不到目的便离去。长昂亦侵犯界岭。明军斩首俘获很多,边关的官员劝他投降,狐狸这才老老实实地到关请求入贡。廷议每年给以赏赐。第二天春天,长昂再窥测各个关口,都无法入内,于是和狐狸一同逼使长秃进犯明朝。戚继光追击,把长秃抓了回来。长秃,是狐狸的弟弟,长昂的叔父。于是这两个敌寇率领着部长亲族三百人,入国求见请死罪,狐狸穿着白色冠服,叩头请求赦免了长秃。戚继光和总督刘应节等商议,派遣副将史宸、罗端前往喜峰口受降。狐狸等都围着他们拜,献还所抢去的边界百姓,把刀聚在一起发誓。这才释放了长秃,准许他们依旧朝贡。戚继光在蓟镇的整个期间,他们再也不敢侵犯蓟门。

不久,以守卫边疆的功劳,升戚继光为左都督。随后,增建敌台,将所统辖的十二区分为三协,每协设置副将一人,分别操练兵马。炒蛮进犯,汤克宽战死,戚继光受到弹劾,不惩罚他。一段时间以后,炒蛮和他的妻子大嬖只袭击掳掠边防士卒,明军追击,打败了他。土蛮侵犯辽东,戚继光赶忙前往,和辽东军一起阻击打退了他。戚继光已经加了太子太保,确认功劳加少保。

自从顺义受封以后,明政府从八个方面对边疆大臣进行考核,这八个方面是:储备钱粮、修筑险要关隘、操练兵马、整治器械、开垦屯田、清理盐法、收牧塞马、离散叛党。每三年派大臣检阅视察,而分别等第。戚继光因此不断得到荫职赏赐。南方北方的名将马芳、俞大猷已经死了,只有戚继光和辽东的李成梁健在。但是蓟门的防守非常稳固,敌人无法入侵,便全部转到了辽东,所以李成梁得以独擅战功。

自从嘉靖三十八年俺答侵犯京师以来,边防最重视蓟镇。增兵加饷,以致天下骚动。又置昌平镇,设大将,和蓟镇唇齿相依。俺答部队仍然经常蹂躏内地,总督王忬、杨选都被以不守军律的罪名处死。十七年间换了十个大将,都因为获罪去职。戚继光在蓟镇镇守十六年,边防守备井井有条,蓟门太平安定。后继的人,遵照他已制定的法则,亦能够几十年平安无事。这亦多亏当时朝中执政大臣徐阶、高拱、张居正先后依靠信任他。张居正尤其是事事都和他商议,想与戚继光为难的人,常常都被调走。各督抚大臣像谭纶、刘应节、梁梦龙等和他关系都很好,戚继光的行动不受掣肘,所以更能施展自己的抱负。

张居正死后半年,给事中张鼎思说戚继光不适于在北方工作,执政者马上把他调到广东。戚继光郁郁不得志,勉强前往,过了一年便称病。给事中张希皋等再弹劾他,竟被罢官回家。过了三年,御史傅光宅上疏推荐他,反而受停薪处分。戚继光也就去世。

戚继光在南方北方任职,声望都很高。在南方战功尤其显赫,在北方则专负责防守。所撰写的《纪效新书》《练兵纪实》,都被研究军事的人所采用。

张居正传

【题解】

张居正(1525~1582),明朝著名宰相,我国古代杰出的政治家、改革家。字叔大,号太岳,湖广江陵(今湖北江陵)人。嘉靖二十六年(1547年)进士,历翰林院编修、左中允、右谕德、侍讲学士、礼部右侍郎兼翰林学士、吏部左侍郎东阁大学士等,终太师兼太子太师、吏部尚书、中极殿大学士。

张居正聪明敏捷,深沉机警,胸有大志,勇于任事。明神宗年幼嗣位,他取代高拱而为内阁首辅,慨然以天下为己任。当时吏治腐败,财政匮乏,边备废弛,民生凋敝。张居正当政十年,振纲剔弊,大力进行政治、经济改革,以求富国强兵。他的改革主要包括以下几个方面的内容:请皇帝勤于讲学,亲理国事,戒绝游宴,节省费用;立考成法,明信赏罚,整齐号令,综核名实,整顿吏治,提高行政效率;推行一条鞭法,均平赋役;清丈土地,抑制豪强,减轻百姓负担,增加财政收入;兴修水利,用潘季驯治理黄河、淮河;加强边防,用王崇古等人主持贡市,李成梁镇辽东,戚继光守蓟门。通过改革出现了万历初年经济富庶、政治稳定、边防巩固的太平局面,这是他一生中最主要的历史功绩。当然,在他当政期间,也有钳制言路,挟私抱怨的缺点。

张居正的改革触动了权要豪势们的利益,于是招致怨恨;同时由于他权柄独握,"几于震主",使神宗皇帝也不能容忍。因此,他死后不久,即遭到激烈攻击直至追夺官阶、抄家没产。家属罹难,他的改革也被扼杀。

千秋功罪,自有评说。张居正是"功在国家",难在身家。万历以后许多人公开要求为其平反,恢复名誉。天启元年(1621年),复官如初。

【原文】

张居正,字叔大,江陵人。少颖敏绝伦,十五为诸生。巡抚顾璘奇其文,曰:"国器也。"未几,居正举于乡,璘解犀带以赠,且曰:"君异日当腰玉,犀不足溷子。"嘉靖二十六年,居正成进士,改庶吉士。日讨求国家典故,徐阶辈皆器重之。授编修,请急归,亡何还职。

居正为人,颀面秀眉目,须发至腹。勇敢任事,豪杰自许。然沉深有城府,莫能测也。严嵩为首

张居正

辅,忌阶,善阶者皆避匿。居正自如,嵩亦器居正。迁右中允,领国子司业事。与祭酒高拱善,相期以相业。寻还理坊事。迁侍裕邸讲读,王甚贤之,邸中中官亦无不善居正者。而李芳数从问书义,颇及天下事。寻迁右谕德兼侍读,进侍讲学士,领院事。

阶代嵩首辅,倾心委居正。世宗崩,阶草遗诏,引与共谋。寻迁礼部右侍郎兼翰林院学士。月余,与裕邸故讲官陈以勤俱入阁,而居正为吏部左侍郎兼东阁大学士。寻充《世宗实录》总裁,进礼部尚书兼武英殿大学士,加少保兼太子太保,去学士五品仅岁余。时徐阶以宿老居首辅,与李春芳皆折节礼士。居正最后入,独引相体,倨见九卿,无所延纳。间出一语辄中肯,人以是严惮之,重于他相。

高拱以很躁被论去,徐阶亦去,春芳为辅。亡何赵贞吉入,易视居正。居正与故所善掌司礼者李芳谋,召用拱,俾领吏部,以扼贞吉,而夺春芳政。拱至,益与居正善。春芳寻引去,以勤亦自引,而贞吉、殷士儋皆为所构罢,独居正与拱在,两人益相密。拱主封俺答,居正亦赞之,授王崇古等以方略。加柱国、太子太傅。六年满,加少傅、吏部尚书、建极殿大学士。以辽东战功,加太子太师。和市成,加少师,余如故。

初,徐阶既去,令三子事居正谨。而拱衔阶甚,嗾言路追论不已,阶诸子多坐罪。居正从容为拱言,拱稍心动。而拱客构居正纳阶子三万金,拱以消居正。居正色变,指天誓,辞甚苦。拱谢不审,两人交遂离。拱又与居正所善中人冯保郄。穆宗不豫,居正与保密处分后事,引保为内助,而拱欲去保。神宗即位,保以两宫诏旨逐拱,居正遂代拱为首辅。帝御平台,召居正奖谕之,赐金币及绣蟒斗牛服。自是赐赉无虚日。

帝虚己委居正,居正亦慨然以天下为己任,中外想望丰采。居正劝帝遵守祖宗旧制,不必纷更,至讲学、亲贤、爱民、节用皆急务。帝称善。大计廷臣,斥诸不职及附丽拱者。复具诏召群臣廷饬之,百僚皆惕息。帝当尊崇两宫。故事,皇后与天子生母并称皇太后,而徽号有别。保欲媚帝生母李贵妃,风居正以并尊。居正不敢违,改尊皇后曰仁圣皇太后,贵妃曰慈圣皇太后,两宫遂无别。慈圣徙乾清宫,抚视帝,内任保,而大柄悉以委居正。

居正为政,以尊主权、课吏职、信赏罚、一号令为主。虽万里外,朝下而夕奉行。黔国公沐朝弼数犯法,当逮,朝议难之。居用擢用其子,驰使缚之,不敢动。既至,请贷其死,锢之南京。漕河通,居正以岁赋逾春,发水横溢,非决则涸,乃采漕臣议,督艘卒以孟冬月兑运,及岁初毕发,少罢水患。行之久,太仓粟充盈,可支十年。互市饶马,乃减太仆种马,而令民以价纳,太仆金亦积四百余万。又为考成法,以责吏治。初,部院覆奏行抚按勘者,尝稽不报。居正令以大小缓急为限,误者抵罪。自是,一切不敢饰非,政体为肃。南京小奄醉辱给事中,言者请究治。居正谪其尤激者赵参鲁于外以悦保,而徐说保裁抑其党,毋与六部事。其奉使者,时令缇骑阴诇之。其党以是怨居正,而心不附保。

居正以御史在外,往往凌抚臣,痛欲折之。一事小不合,诟责随下。又敕其长加考察。给事中余懋学请行宽大之政。居正以为风己,削其职。御史傅应祯继言之,尤切。下诏狱,杖戍。给事中徐贞明等群拥入狱,视具橐饘,亦逮谪外。御史刘台按辽东,误奏捷。居正方引故事绳督之,台抗章论居正专恣不法,居正怒甚。帝为下台诏狱,命杖百,远戍。居正阳具疏之,仅夺其职。已,卒戍台。由是诸给事御史益畏居正,而心不平。

当是时,太后以帝冲年,尊礼居正甚至,同列吕调阳莫敢异同。及吏部左侍郎张四维入,恂恂若属吏,不敢以僚自处。

居正喜建竖,能以智数驭下,人多乐为之尽。俺答款塞,久不为害。独小王子部众十余万,东北直辽左,以不获通互市,数入寇。居正用李成梁镇辽,戚继光镇蓟门。成梁力战却敌,功多至封伯,而继光守备甚设。居正皆右之,边境晏然。两广督抚殷正茂、凌云翼等亦数破贼有功。浙江兵民再作乱,用张佳胤往抚即定,故世称居正知人。然持法严,核驿递,省冗官,清庠序,多所澄抑。公卿群吏不得乘传,与商旅无别。郎署以缺少,需次者辄不得补。大邑士子额隘,艰于进取。亦多怨之者。

时承平久,群盗蝟起,至入城市劫府库。有司恒讳之,居正严其禁。匿弗举者,虽循吏必黜。得盗即斩决,有司未敢饰情。盗边海钱米盈数,例皆斩,然往往长系或瘐死。居正独亟斩之,而追捕其家属,盗贼为衰止。而奉行不便者,相率为怨言,居正不恤也。

慈圣太后将还慈宁宫,谕居正谓:“我不能视皇帝朝夕,恐不若前者之向学、勤政,有累先帝嘱托。先生有师保之责,与诸臣异。其为我朝夕纳诲,以辅台德,用终先帝凭几之谊。”因赐坐蟒、白金、彩币。未几,丁父忧。帝遣司礼中官慰问,视粥药,止哭,络绎道路,三宫赙赠甚厚。

户部侍郎李幼孜欲媚居正,倡夺情议,居正惑之。冯保亦固留居正。诸翰林王锡爵、张位、赵志皋、吴中行、赵用贤、习礼教、沈懋学辈皆以为不可,弗听。吏部尚书张瀚以持慰留旨，被逐去。御史曾士楚、给事中陈三谟等遂交章请留。中行、用贤及员外郎艾穆、主事沈思孝、进士邹元标相继争之。皆坐廷杖，谪斥有差。时彗星从东南方起，长互天。人情汹汹，指目居正，至悬谤书通衢。帝诏谕群臣，再及者诛无赦，谤乃已。于是使居正子编修嗣修与司礼太监魏朝驰传往代司丧，礼部主事曹诰治祭，工部主事徐应聘治丧。居正请无造朝，以青衣、素服、角带入阁治政，侍经筵讲读，又请辞岁俸。帝许之。及帝举大婚礼，居正吉服从事，给事中李涞言其非礼，居正怒，出为佥事。时帝顾居正益重，常赐居正札，称"元辅张少师先生"，待以师礼。

居正乞归葬父，帝使尚实少卿郑钦、锦衣指挥史继书护归，期三月，葬毕即上道。仍命抚按诸臣先期驰赐玺书敦谕。范"帝赉忠良"银印以赐之，如杨士奇、张孚敬例，得密封言事。戒次辅吕调阳等"有大事毋得专决，驰驿之江陵，听张先生处分。"居正请广内阁员，诏即令居正推。居正因推礼部尚书马自强、吏部右侍郎申时行入阁。自强素迕居正，不自意得之，颇德居正，而时行与四维皆自昵于居正，居正乃安意去。帝及两宫赐赉慰谕有加礼，遣司礼太监张宏供张钱郊外，百僚班送。所过地，有司饬厨传，治道路。辽东奏大捷，帝复归功居正。使使驰谕，俾定爵赏。居正为条列以闻，调阳益为惭，坚卧，累疏乞休不出。

居正言母老不能冒炎暑，请俟清凉上道。于是内阁、两都院寺卿、给事、御史俱上章，请趣居正亟还朝。帝遣锦衣指挥翟汝敬驰传往迎，计日以俟；而令中官护太夫人以秋日由水道行。居正所过，守臣率长跪，抚、按大吏越界迎送，身为前驱。道经襄阳，襄王出候，要居正宴。故事，虽公侯谒王执臣礼，居正具宾主而出。过南阳，唐王亦如之。抵郊外，诏遣司礼太监何进宴劳，两宫亦各遣大珰车琦、李用宣谕，赐八宝钉川扇、御膳、饼果、醪醴，百僚复班迎。入朝，帝慰功恳笃，予假十日而后入阁，仍赐白金、彩币、宝钞、羊酒，因引见两宫。及秋，魏朝奉居正母行，仪从煊赫，观者如堵。比至，帝与两宫复赐赉加等，慰谕居正母子，几用家人礼。

时帝渐备六宫，太仓银钱多所宣进。居正乃因户部进御览数目陈之，谓每岁入额不敌所出，请帝置坐隅时省览，量入为出，罢节浮费。疏上，留中。帝复令工部铸钱给用，居正以利不胜费止之。言官请停苏、松织造，不听。居正为面请，得损大半。复请停修武英殿工，及裁外戚迁官恩数，帝多曲从之。帝御文华殿，居正侍讲读毕，以给事中所上灾伤疏闻，因请振。复言："上爱民如子，而在外诸司营私背公，剥民罔上，宜痛钳以法。而皇上加意撙节，于宫中一切用度、服御、赏赉、布施，裁省禁止。"帝首肯之，有所蠲贷。居正以江南贵豪怙势及诸奸猾吏民善逋赋，选大吏精悍者严行督责。赋以时输，国藏日益充，而豪猾率怨居正。

居正服将除，帝召吏部问期日，敕赐白玉带、大红坐蟒、盘蟒。御平台召对，慰谕久之。使中官张宏引见慈庆、慈宁两宫，皆有恩赉，而慈圣皇太后加赐御膳九品，使宏侍宴。

帝初即位，冯保朝夕视起居，拥护提抱有力，小扞格，即以闻慈圣。慈圣训帝严，每切责之，且曰："使张先生闻，奈何！"于是帝甚惮居正。及帝渐长，心厌之。乾清小珰孙海、客用等导上游戏，皆爱幸。慈圣使保捕海、用，杖而逐之。居正复条其党罪恶，请斥逐而令司礼及诸内侍自陈，上裁去留。因劝帝戒游宴，以重起居；专精神，以广圣嗣；节赏赉，以省浮费；却珍玩，以端好尚；亲万几，以明庶政；勤讲学，以资治理。帝迫于太后，不得已，皆报可，而心颇嗛保、居正矣。

帝初政，居正尝纂古治乱事百余条，绘图，以俗语解之，使帝易晓。至是，复属儒臣纪太祖列圣《宝训》《实录》分类成书，凡四十：曰创业艰难，曰励精图治，曰勤学，曰敬天，曰法祖，曰保民，曰谨祭祀，曰崇孝敬，曰端好尚，曰慎起居，曰戒游佚，曰正宫闱，曰教储贰，曰睦宗藩，曰亲贤臣，曰去奸邪，曰纳谏，曰理财，曰守法，曰儆戒，曰务实，曰正纪纲，曰审官，曰久任，曰重守令，曰驭近习，曰待外戚，曰重农桑，曰兴教化，曰明赏罚，曰信诏令，曰谨名分，曰裁贡献，曰慎赏赉，曰敦节俭，曰慎刑狱，曰褒功德，曰屏异端，曰饬武备，曰御戎狄。其辞多警切，请以经筵之暇进讲。又请立起居注，纪帝言动与朝内外事，日用翰林官四员入直，应制诗文及备顾问。帝皆优诏报许。

居正自夺情后，益偏恣。其所黜陟，多由爱憎。左右用事之人，多通贿赂。冯保客徐爵擢用至锦衣卫指挥同知、署南镇抚。居正三子皆登上第。苍头游七入赀为官，勋戚文武之臣多与往还，通姻好。七具衣冠报谒，列于士大夫。世以此益恶之。

亡何，居正病。帝频颁敕谕问疾，大出金帛为医药资。四阅月不愈，百官并斋醮为祈祷。南都、秦、晋、楚、豫诸大吏，亡不建醮。帝令四维等理阁中细务，大事即家令居正平章。居正始自力，后惫甚不能遍阅，然尚不使四维等参之。及病革，乞归。上复优诏慰留，称"太师张太岳先生"。居正度不起，荐前礼部尚书潘晟及尚书梁梦龙，侍郎余有丁、许国、陈经邦。已，复荐尚书徐学谟、曾省吾、张学颜，侍郎王篆等可大用。帝为粘御屏。晟，冯保所受书者也，张居正荐之。时居正已昏甚，不能自主矣。及卒，帝为辍朝，谕祭九坛，视国公兼师傅者。居正先以六载满，加特进中极殿大学士；以九载满，加赐座蟒衣，进左柱国，荫一子尚宝丞；以大婚，加岁禄百石，录子锦衣千户为指挥佥事；以十二载满，加太傅；以辽东大捷，进太师，益岁禄二百石，子由指挥佥事进同知。至是，赠上柱国，谥文忠，命四品京卿、锦衣堂上官、司礼太监护丧归葬。于是四维始为政，而与居正所荐引王篆、曾省吾等交恶。

初，帝所幸中官张城见恶冯保斥于外，帝使密调保及居正。至是，诚复入，悉以两人交结恣横状闻，且谓其宝藏逾天府。帝心动。左右亦浸言保过恶，而四维门人御史李植极论徐爵与保挟诈通奸诸罪。帝执保禁中，逮爵诏狱。谪保奉御居南京，尽籍其家金银珠宝钜万计。帝疑居正多蓄，益心艳之。言官劾篆、省吾并劾居正，篆、省吾俱得罪。新进者益务攻居正。诏夺上柱国、太师，再夺谥。居正诸所引用者，斥削殆尽。召还中行、用贤等，迁官有差。刘台赠官，还其产。御史羊可立复追论居正罪，指居正构辽庶人宪㷒狱。庶人妃因上疏辩冤，且曰："庶人金宝万计，悉入居正。"帝命司礼张诚及侍郎丘橓偕锦衣指挥、给事中籍居正家。诚等将至，荆州守令先期录人口，锢其门，子女多遁避空室中。比门启，饿死者十余辈。诚等尽发其诸子、兄弟藏，得黄金万两，白金十万余两。其长子礼部主事敬修不胜刑，自诬服寄三十万金于省吾、篆及傅作舟等，寻自缢死。事闻，时行等与六卿大臣合疏，请少缓之；刑部尚书潘季驯疏尤激楚。诏留空宅一所、田十顷，赡其母。而御史丁此吕复追论科场事，谓高启愚以舜、禹命题，为居正策禅受。尚书杨巍等与相驳。此吕出外，启愚削籍。后言者复攻居正不已。诏尽削居正官秩，夺前所赐玺书、四代诰命，以罪状示天下，谓当剖棺戮尸而姑免之。其弟都指挥居易，子编修嗣修，俱发戍烟瘴地。

终万历世，无敢白居正者。熹宗时，廷臣稍稍追述之。而邹元标为都御史，亦称居正。诏复故官，予葬祭。崇祯三年，礼部侍郎罗喻义等讼居正冤。帝令部议，复二荫及诰命。十三年，敬修孙同敞请复武荫，并复敬修官。帝授同敞中书舍人，而下部议敬修事。尚书李日宣等言："故辅居正，受遗辅政，事皇祖者十年。肩劳任怨，举废饬弛，弼成万历初年之治。其时中外乂安，海内殷阜，纪纲法度莫不修明。功在社稷，日久论定，人益追思。"帝可其奏，复敬修官。

【译文】

张居正，字叔大，江陵人。从小聪敏过人，十五岁成为诸生。湖广巡抚顾璘认为他的文章非同一般，说："这是可以主持国家大事的人才。"不久，张居正参加乡试中举人，顾璘解自己的犀带送给他，并且说："你日后当腰佩玉带，这犀带不配玷辱你。"嘉靖二十六年，张居正成为进士，改选庶吉士。每天采求国家的典章制度和各种掌故。徐阶等人都很器重他。任他为编修，因急事请假回家，不久回到职上。

张居正这个人，长脸形，眉目清秀，胡须长至腹部。勇于任事，素以豪杰自许。然而性格深沉，胸有城府，人莫能测。严嵩为内阁首辅时，妒忌徐阶，和徐阶友好的人都躲开徐阶不相往来。张居正却行为自如，严嵩也器重他。升任右中允，掌管国子监司业的事务。与祭酒高拱关系很好，互相勉励将来能够担当宰相的大业。不久又回去管理春坊，升任裕王府讲读。裕王很善待他。王府中的太监也无不和张居正友好，而李芳更是经常向他请教书中的义理，广泛地联系到国家的大事。不久升任右谕德兼侍读，进侍讲学士，负责翰林院的事务。

徐阶代替严嵩成为内阁首辅以后，全心信任张居正。世宗去世，徐阶草拟遗诏，拉张居正和他共同谋划。不久升为礼部右侍郎兼翰林院学士。一个多月以后，与裕王府原来的讲官陈以勤一齐进入内阁，张居正任吏左侍郎兼东阁大学士。不久充任《世宗实录》总裁，晋升为礼部尚书兼武英殿大学士，加少保兼太子太保，这时距离他担任学士五品官仅仅一年多。当时徐阶以前朝老臣任内阁首辅，和李春芳都能屈己礼贤下士。张居正最后入阁，唯独他以宰相的身份自居，见到九卿傲慢得很，没有延请接纳过什么人。间或说出一句话总是很中肯，所以人们特别害怕他，尊重也超过其他的宰相。

高拱因凶狠暴躁被弹劾去官，徐阶也离职去官，李春芳成为内阁首辅。没有多久赵贞吉进入内阁，轻视张居正。张居正与故旧友好掌管司礼监太监李芳合谋，召用高拱，使他负责吏部，以扼制赵贞吉，而夺李春芳权力。高拱到任后，更加与张居正友好。李春芳不久引退，陈以勤也自行引退，而赵贞吉、殷士儋都被诬陷罢了官，只有张居正与高拱在内阁，两人的关系更为密切。高拱主张封贡俺答，张居正也赞成，并将治边的策略教给王崇古等人。封张居正为柱国、太子太傅。六年考满，加少傅、吏部尚书、建极殿大学士。因辽东战功，加太子太师。边境互市成功，再加少师，其余官衔如故。

当初，徐阶既已去位，令三个儿子恭恭谨谨地跟随张居正。但是高拱很怀恨徐阶，唆使言官不断追究弹劾，徐阶的几个儿子多被治罪。张居正从旁向高拱为徐阶说情，高拱有些动心。而高拱的门客诬陷张居正接受徐阶儿子三万贿金，高拱为此责备张居正。张居正一听脸色大变，指天为誓，话说得非常沉痛。高拱当即表示道歉，说自己不了解情况，两人的交情于是疏远。高拱又与同张居正友好的太监冯保有矛盾。穆宗皇帝患病时，张居正与冯保密商处理后事，拉拔冯保充当他在内廷的助手，而高拱却想除掉冯保。神宗皇帝即位，冯保用两宫皇太后的诏旨驱逐高拱。张居正于是代替高拱成为内阁首辅。神宗皇帝在平台召见张居正，对他加以奖赏勉励，赐给金币及绣蟒斗牛服。从此赐赏不断。

神宗皇帝虚心重用居正，居正也慷慨地以天下为己任，朝廷内外都想望他的风采。居正劝说神宗皇帝遵守祖宗制定的制度，不必多作更改，至于讲学、亲贤、爱民、节用都是当务之急。神宗皇帝说这些意见很好。考核廷臣时，罢免不称职的以及依附高拱的人，再用诏旨在朝廷召集群臣严加整饬，文武百官都胆战心惊不敢出声。皇帝应当尊敬崇奉两宫皇太后。按照过去的制度，皇后与皇帝的生母并称为皇太后，而徽号则有所区别。冯保想讨好神宗皇帝的生母李贵妃，暗示张居正将两宫太后并加尊崇。张居正不敢违背，议定尊崇皇后为仁圣皇太后，皇贵妃为慈圣皇太后，两宫的徽号于是没有差别了。慈圣迁居乾清宫，抚养照顾神宗皇帝，宫内的事务委任冯保，而把国家大权全部交给张居正。

张居正执掌朝政，以尊崇皇权、考核官吏、明信赏罚，统一号令为主。虽然在万里之外，早晨下令，到了傍晚即得到施行。黔国公沐朝弼多次犯法，应当逮捕，朝臣商议以为难办。张居正提拔重用沐朝弼的儿子，迅速遣使去抓他，沐朝弼不敢反抗。沐朝弼到京师以后，张居正请免其死，禁锢于南京。运漕粮的运河修通以后，张居正根据每年赋税都是过了春天以后才起运，河流发水横溢，不是决堤便是干涸，于是采纳漕臣的意见，督令漕船的运军在冬十月兑运，到明年初全部发完，减少了水患的祸害。经过长期实行这种办法，太仓库的粮食储备充足，可以使用十年。通过边境互市增添了马匹，于是减少太仆寺的种马，而令百姓用银按价折纳，太仆寺也由此积蓄了四百余万两的银子。又用考成法督责吏治。起初，部、院复奏行令巡抚、巡按查勘的公事。经常拖延不报。张居正命令按照大小缓急为期限，违误者要抵罪。从此，一切都不敢文过饰非，政体肃然。南京小宦官酒醉侮辱给事中，言官请追究治罪。张居正把其中尤为激烈的赵参鲁降调到外地以讨好冯保，而后慢慢劝说冯保制裁抑止他的党羽，不要干预六部的事务。对奉命出使的太监，时常令缇骑暗中监视他们。冯保的党羽因此怨恨张居正，并且在心里不依附冯保。

张居正因为御史在外面，往往去欺凌巡抚，决心想惩治他们。遇事稍为处理不妥，责驾之声随下，又令他们的长官加紧考察他们。给事中余懋学请实行宽大的政策，张居正认为是讽刺自己，夺了他的官职。御史傅应祯继而提出这个问题，而且说得更为中肯迫切。

张居正把他关入诏狱,杖打充军戍边。给事中徐贞明等人成群拥入监狱,带着衣物、饭食看望傅应祯,也被逮捕贬到外地。御史刘台巡按辽东,误奏捷报。张居正准备根据以往的典章制度制裁和督责他,刘台却抗命上奏批评张居正专横恣肆不守法度,张居正十分愤怒。神宗皇帝为此把刘台关入诏狱,命令杖打一百,流放到边远地区充军戍边。张居正在表面上假意上疏申救他,仅夺了他的官职。过了不久,还是把他流放充军。由此,各位给事中和御史更加害怕张居正,而心里一直愤愤不平。

互市图

　　当时,皇太后因为神宗皇帝年幼,对张居正非常尊敬和有礼貌,与张居正一起在内阁共事的吕调阳不敢发表任何不同意见。到吏部左侍郎张四维进入内阁时,更是恭恭敬敬地像他的下属一样,不敢以同僚自居。

　　张居正喜欢建功立业,能够运用智谋和权术驾驭他的下属,人们多愿意为他尽力效劳。俺答和明朝政府在边境互市成功以后,很久没有人犯扰害。唯独小王子的部众十余万人,从东北直至辽东,因没有获得通贡互市,数次入边劫掠。张居正用李成梁镇守辽东,戚继光镇守蓟门。李成梁奋力作战打退敌人的进攻,积了很多战功以至被封为伯,而戚继光的守备设施也甚为周到。张居正都很支持他们,边境晏然无事。两广督抚殷正茂、凌云翼等人也多次打败贼寇有战功。浙江的士兵和民众再次叛乱时,张居正用张佳胤前去安抚立即平定,所以世人都说张居正知人善任。然而他执法非常严厉。查核驿递,裁减冗官,清理学校,淘汰了很多人。公卿和众吏不得乘坐驿站的车马,与外出经商的商人没有区别。因为衙门官员减少,需要依次提升的人总是得不到补缺。大县的学生因名额太少,很难进取。也有很多人埋怨张居正。

当时天下太平已经很久了,各地的盗贼像刺猬的毛那样繁多,纷纷起来闹事,直至进入城市抢劫仓库。有关部门往往不敢禀报这类的事情,张居正严厉禁止这种做法。隐瞒不报的,即使是勤政廉洁的官吏也必须革职开除。抓到盗贼立即斩死,有关部门不敢掩饰实情。盗窃边防、海防地区的银钱和粮食数额巨大的,按例都要斩首,然而以往常常是长期关押或者病死在狱中。只有张居正极力主张马上处斩,而且要追究逮捕他们的家属。盗贼为此衰败平息。但是执行这些命令感到不方便的人,相继为此发出怨言,张居正从不怜悯他们。

慈圣太后即将回慈宁宫,告谕张居正说:"我不能早晚照护皇帝,恐怕他不像从前那样向学、勤政,有负于先帝的嘱托。先生负有师、保的责任,与各位大臣不同。请你代替我朝夕教诲他,以辅助他有更好的品德,如此才能始终不辜负先帝临终时托付的情谊。"为此赐给坐蟒、白金、彩币。不久,张居正为父亲去世丁忧。神宗皇帝派遣司礼监的太监去慰问张居正,劝他吃饭服药,不要过分哀伤痛哭,前往看望的使臣络绎不绝,三宫送给他帮助办理丧事的礼物甚为丰厚。

户部侍郎李幼孜想讨好张居正,建议他不要离开职位回家守丧,张居正被此议说动。冯保也坚持留下张居正。各位翰林官王锡爵、张位、赵志皋、吴中行、赵用贤、习孔教、沈懋学等人都以为不可这样,张居正不听。吏部尚书张瀚因为抵制皇帝慰留张居正的诏旨,被张居正斥逐去职。御史曾士楚、给事中陈三谟等于是纷纷上疏请留下张居正。吴中行、赵用贤以及员外郎艾穆、主事沈思孝、进士邹元标相继为此抗争,结果他们都受到廷杖,分别被罢斥和发配充军。此时彗星从东南方出现,长长地横贯在空中。群情动荡不安,手指目视责备张居正,至于在通衢大道上张贴诽谤他的文章。神宗皇帝诏令群臣,再提及这事的一律杀死决不赦免,诽谤的事才得到制止。于是指派张居正的儿子,编修张嗣修和司礼监太监魏朝为专使乘坐驿站的车马前去代表张居正主持丧礼,礼部主事曹诰负责祭祀,工部主事徐应聘负责办丧事。张居正请求不到朝堂,以穿青衣、素服、角带到内阁处理政务,侍候经筵讲读,又请求辞去年俸。神宗皇帝准许他的请求。到神宗皇帝举行大婚典礼时,张居正穿吉服办事。给事中李涞说他这样做不符合礼法,张居正发怒,把他调到外地当佥事。当时神宗皇帝更加眷顾和尊重张居正,常常赐给张居正御札,称"元辅张少师先生",用对待老师的礼节对待他。

张居正请求回家葬父,神宗皇帝令尚宝少卿郑钦、锦衣指挥史继书护送回去,期限三个月,安葬完毕立即上路回朝。还命令巡抚、巡按等大臣先期驰往赐给玺书敦促。又铸"帝赉忠良"银印赐给他,依照杨士奇、张孚敬的例子,可以密封言事。同时告诫内阁次辅吕调阳等人:"遇有大事不可专断,把公文由驿站驰送到江陵,听张先生处理。"张居正请增加内阁成员,神宗立即下诏令张居正自己推举。张居正因此推举礼部尚书马自强、吏部右侍郎申时行入内阁。马自强历来不顺从张居正，自己没有想到会得到他的推举，对张居正颇为感恩戴德，而申时行与张四维都是主动和张居正亲近，张居正才安心地回去。神宗皇帝以及两宫皇太后赏赐和慰谕都大大超过常礼的规定，派遣司礼监太监张宏在郊外陈设帷帐钱行，文武百官班列相送。张居正所要经过的地方，有关部门都命令备好食宿车马，整治道路。辽东打仗奏报大捷，神宗皇帝再归功于张居正。派使者驰送诏旨，让他评定爵赏。张居正拟出方案上报。吕调阳更加感到内心惭愧，坚持卧病不起，一再上疏恳乞退休不出来办事。

张居正说他母亲年老不能忍受炎热酷暑，请求等到气候清快凉爽以后再动身上路来京。于是内阁、南北两都部院寺卿、给事中、御史都上奏章，请敦促张居正赶快回朝。神宗皇帝派锦衣指挥翟汝敬乘驿传前去迎接，计日以待；而令宦官护送张母太夫人在秋天由水路行走。张居正一路所过的地方，府州县官都要长久跪在道旁，巡抚、巡按这些大吏要越过自己的辖区去迎接和送行，亲自在前面开道。张居正路经襄阳时，襄王出城恭候，邀请张居正赴宴。按照以往的制度，虽然是公、侯谒见藩王也要执行为臣的礼节，张居正只用了宾主相见的礼节便出来了。经过南阳时，唐王也是如此。抵达京都郊外时，下诏令派司礼监太监何进设宴慰劳，两宫皇太后也各派太监李琦、李用宣读谕旨，赐给八宝金钉扇、御膳、饼果、好酒，文武百官再次排班迎接。进入朝廷时，神宗皇帝对他的慰劳更是诚恳亲切，给他们休假十日后才入内阁办事，还赐给白金、彩币、宝钞、羊酒，于是引见两宫皇太后后，到了秋天，魏朝侍候张居正的母亲起行，仪仗随从浩浩荡荡，观看热闹的人像墙一样。及到京师，神宗皇帝与两宫皇太后再加倍赏赐，慰问张居正母子，几乎用了对待家人的礼节。

当时神宗皇帝的六宫后妃渐趋完备，太仓库的银钱多次被命令调进宫中支用。张居正于是根据户部进呈皇帝阅览的数目加以陈述，说每年收入的数额不及所出，请皇帝把它放在座位的旁边时时翻看，量入为出，罢去和节省不必要的费用。奏疏呈上，神宗皇帝把它留在宫中不发。神宗皇帝再命令工部铸钱供给使用，张居正因为铸钱所得的利益不能胜过铸钱的花费而制止。言官请停止苏州、松江地区的织造，神宗皇帝不听。张居正为此当面去请求，才得以减去一大半。再请求停止修建武英殿的工程，以及裁减优待外戚升官的数额，神宗皇帝大都勉强准从其请。神宗皇帝到文华殿，张居正侍候讲读完毕，将给事中所呈上的灾害的奏书告诉皇帝，于是请求救济。又说："皇上爱民如子，而在外各衙门营私背公剥民欺上，应当依法严治。皇上也应尽心节省，宫中的一切用度、服御、赏赐、布施等，宜于裁减禁止。"神宗皇帝点头答应他，有所减少。张居正因为江南权贵豪强依仗权势及各种奸猾吏民都善于采取各种手段拖欠赋税，选派精明能干的大吏严加督责。赋税因此按时输纳，国家的库藏日益充足，所以豪强和奸猾之徒都埋怨张居正。

张居正即将脱去孝服时，神宗皇帝召见吏部的官员问明日期，敕赐给白玉带、大红坐蟒、盘蟒。神宗皇帝在平台召对他，进行长时间的安慰和劝谕。派宦官张宏引见慈庆、慈宁两宫皇太后，都有恩赐，并且慈圣皇太后还加赐御膳九品，令张宏侍候宴请。

神宗皇帝刚登皇帝位的时候，冯保日夜护起居，竭力保护，神宗皇帝稍有违反常规，立即奏报慈圣皇太后。慈圣皇太后教育皇帝非常严格，往往痛责，并且说："假使让张先生知道了，如何是好！"于是神宗皇帝很害怕张居正。到神宗皇帝渐渐长大以后，从心里厌恶他。乾清宫的小太监孙海、客用等人诱导皇上游玩嬉戏，都得到皇上的喜欢宠信。慈圣皇太后令冯保逮捕孙海、客用，进行杖打并且赶走他们。张居正再开列他们同伙的罪恶，请求罢斥驱逐他们，并且令司礼监及各内侍自己陈述所作所为，由皇上裁夺去职或留用。张居正于是劝神宗皇帝戒除游戏、夜宴以慎重起居，专注精神以广储圣嗣，节省赏赐以减少浪费，拒绝珍珠宝玩以端正好尚，亲自日理万机清明政治，勤于讲学以帮助治理国家。神宗皇帝为皇太后所迫，不得已，都同意了，但是心里却很是怀恨冯保、张居正。

神宗皇帝执政之初，张居正曾经编纂古代治乱得失的事例一百余条，画成图，用通俗的语言解释它，使神宗皇帝明白易懂。至此，再嘱咐儒臣记录太祖等几位皇帝的《宝训》《实录》分类成书，共计四十种：分别为创业艰难、励精图治、勤学、敬天、法祖、保民、谨祭祀、崇孝敬、端好尚、慎起居、戒游佚、正宫闱、教储贰、睦宗藩、亲贤臣、去奸邪、纳谏、理财、守法、警诫、务实、正纪纲、审官、久任、重守令、驭近习、待外戚、重农桑、兴教化、明赏罚、信诏令、谨名分、裁贡献、慎赏赉、敦节俭、慎刑狱、褒功德、屏异端、饬武备、御戎狄。里面所说的话很多都是非常发人深省的，请在经筵之暇进讲。又请建立起居注，记录皇帝的言论行动和朝廷内外的事情，每日用翰林院的官员四人入内阁轮流值班，按照皇帝的要求撰写诗文以及担任皇帝的顾问。神宗皇帝都很满意地同意。

张居正自从父死而不离职守丧以后，更加偏激恣横。他所罢免和提升的官员，多数是由个人的爱憎出发。在他左右办事的人也多接受贿赂。冯保的门客徐爵被提拔重用为锦衣卫指挥同知，代理南镇抚司。张居正的三个儿子都举进士及第。家奴游七用钱捐官，勋臣国戚和文武官员多与他互相往来，通婚结为亲好。游七穿戴官服官帽拜见应酬，置身于士大夫之中。世人因此更加憎恶他。

不久，张居正患病。神宗皇帝频频颁发敕文询问病情，拿出大量的金钱布帛作为医药费。过了四个月病还没有治愈，文武百官一起设斋建醮为张居正祈祷。南京、陕西、山西、湖广、河南各地的大吏，无不建醮祈祷。神宗皇帝命令张四维等人处理内阁中的琐细事务，大事令送到张居正家里由他决断处理。张居正起初亲自办理，后来因过于疲乏不能一一审阅，然而还是不让张四维等人参与。到病危时，乞求回乡。皇上再次下诏好言挽留，称他为"太师张太岳先生"。张居正估计到自己病重不能再起，推荐前礼部尚书潘晟以及尚书梁梦龙，侍郎余有丁、许国、陈经邦，这之后，又推荐尚书徐学谟、曾省吾、张学颜，侍郎王篆等人可以重用。神宗皇帝把他们的名字粘贴在御屏上。潘晟，教过冯保读书，冯保强迫张居正推荐他。当时张居正已经严重昏迷，不能控制自己了。到他死的时候，神宗皇帝为之停止视朝，令祭九坛，视他为国公兼师傅。张居正因六年考满，加特进中极殿大学士；因九年考满，加赐坐蟒衣，进左柱国，荫一子为尚宝丞；因神宗皇帝大婚，每年增加俸禄一百石，封其子锦衣千户为指挥金事；因十二年考满，加太傅；因辽东大捷，进为太师，每年再增加俸禄二百石，其子由锦衣指挥金事晋升为同知。至此时，赠上柱国，谥文忠，命令四品京卿、锦衣堂上官、司礼监太监护送棺柩回乡安葬。于是张四维才开始在内阁主持政务。而与张居正所推荐的王篆、曾省吾等人关系很坏。

当初,神宗皇帝所宠信的宦官张诚为冯保所厌恶排斥于宫外,神宗皇帝令他在暗中刺探冯保以及张居正的动静。至此,张诚再次进入宫内,将冯保和张居正两人互相交结恣横不法的情形全部报告给神宗皇帝,并且说他们所积蓄的珍宝财物超过皇家的仓库。神宗皇帝于是为之动心。在皇上左右的人也连续不断地诉说冯保的过错和罪恶,其后张四维的学生御史李植更加激烈攻击徐爵和冯保挟制诈骗狼狈为奸的各种罪行。神宗皇帝将冯保抓起来关押在宫中,逮捕徐爵关入诏狱。后来把冯保贬为奉御安置于南京,将他家里总计巨万的金银珠宝全部没收。神宗皇帝怀疑张居正的积蓄更多,心里尤其羡慕它。言官弹劾王篆、曾省吾并弹劾张居正,王篆、曾省吾都被认定有罪。新升官的人更加致力于攻击张居正。下诏令削夺张居正的上柱国、太师,再除夺谥号。张居正所推荐任用的官员,几乎全部被罢斥和革职。召还吴中行、赵用贤等人,分别予以提升。刘台给予赠官,退还所没收的财产。御史羊可立再追究张居正的罪行,指责张居正制造了辽王府庶人宪㷇的冤案。庶人宪㷇的妃子于是上疏申冤,并且说:"庶人金银财宝数以万计,都落入了张居正的手里。"神宗皇帝司礼太监张诚以及侍郎丘橓同锦衣卫指挥、给事中查抄张居正的家产。张诚等人即将到张居正的老家江陵时,荆州知府已事先登记了张居正家的人口,封锁门窗,他的子女多数逃避到空房里,到开门时,已有十余人饿死。张诚等人将张居正几个儿子、兄弟的家产全部抄没。共得黄金一万两,白银十余万两。张居正的长子、礼部主事张敬修忍受不了严刑拷打,自己伪供有三十万两金银寄存在曾省吾、王篆以及傅作舟等人哪里,不久上吊身死。此事上报以后,申时行等人与六部尚书联名上疏,请求稍加宽大他们;刑部尚书潘季驯的奏疏说得尤其愤激苦楚。诏令留空房一所、田十顷,以供赡养张居正的母亲。而后御史丁此吕又追究科举考试中的问题,说高启愚用舜、禹命题,是为张居正策划接受禅让。尚书杨巍等人对他进行反驳。结果丁此吕被调外任,高启愚革职为民。后来言官又不断攻击张居正。诏令革除张居正所有的官职和俸禄的等级,追夺以前所赐给的玺书、四代的诰命,将他的罪状公布于全国,说本来应当开棺戮尸,今姑且宽免。张居正的弟弟都指挥张居易、儿子编修张嗣修,都发配到西南边远地方充军。

直到万历朝结束为止,没有人敢为张居正申冤昭雪。明熹宗时,廷臣才渐渐追述他的事迹。而邹元标已成为都御史,也称赞张居正。明熹宗下诏恢复张居正原来的官职,按照仪礼给予安葬祭祀。崇祯三年,礼部侍郎罗喻义等人申诉张居正遭受冤枉。崇祯皇帝命令吏部商议,恢复两个荫职和诰命。崇祯十三年,张敬修的孙子张同敞请求恢复所荫的武职,并恢复张敬修的官职。崇祯皇帝任命张同敞为中书舍人,并且将他的奏疏交给吏部,命商议恢复张敬修官职问题。尚书李日宣等人说:"前内阁首辅张居正,接受穆宗皇帝的遗诏辅佐政事,侍奉皇祖神宗皇帝十年。任劳任怨,举废振衰,辅助成万历初年的太平治世。当时内外安定,国家殷实富裕,纪纲法度无不清明。张居正功在国家,时间一久自有定论,人们越来越追忆和思念他。"崇祯皇帝同意他的上奏,下令恢复张敬修的官职。

潘季驯传

【题解】

潘季驯(1521~1595),明浙江乌程人。字时良,号印川。嘉靖二十九年(1550)进士,任御史。巡按广东,推行均平里甲法。自嘉靖末年到万历年间,四任河道总督,主要负责黄河治理工作。关于治理黄河提出了有名的筑堤束水,以水攻沙的原则。具体表现在通运河与黄河,治理黄河与治运河相结合,借引淮水入河,用以冲运黄河泥沙。与此相关,有关治河的其他具体技术措施,包括筑堤、修坝、建闸、埽工等,潘季驯都有自己的见解。他著有《两河管见宸断大工录》(《四库全书》著录时更名为《两河经略》《河防一览》)等著作。是中国古代著名的治黄专家。

【原文】

潘季驯,字时良,乌程人。嘉靖二十九年进士。授九江推官。擢御史,巡按广东。行均平里甲法,广人大便。临代去,疏请饬后至者守其法,帝从之。进大理丞。四十四年由左少卿进右佥都御史,总理河道。与朱衡共开新河,加右副都御史,寻以忧去。

隆庆四年,河决邳州睢宁。起故官,再理河道,塞决口。明年,工竣,坐驱运船入新溜漂没多,为勘河给事中雒遵劾罢。

万历四年夏,再起官,巡抚江西。明年冬,召为刑部右侍郎。是时,河决崔镇,黄水北流,清河口淤淀,全淮南徙,高堰湖堤大坏,淮、扬、高邮、宝应间皆为巨浸。大学士张居正深以为忧。河漕尚书吴桂芳议复老黄河故道,而总河都御史傅希挚欲塞决口,束水归漕,两人议不合。会桂芳卒,六年夏,命季驯以右都御史兼工部侍郎代之。季驯以故道久湮,虽浚复,其深广必不能如今河,议筑崔镇以塞决口,筑遥堤以防溃决。又:"淮清河浊,淮弱河强,河水一斗,沙居其六,伏秋则居其八,非极湍急,必至停滞。当藉淮之清以刷河之浊,筑高堰束淮入清口,以敌河之强,使二水并流,则海口自浚。即桂芳所开草湾亦可不复修治。"遂条上六事,诏如议。

明年冬,两河工成。又明年春,加太子太保,进工部尚书兼左副都御史。季驯初至河上,历虞城、夏邑、商丘,相度地势。旧黄河上流,自新集经赵家圈、肖县,出徐州小浮桥,极深广。自嘉靖中北徙,河身既浅,迁徙不常,曹、单、丰、沛常苦昏垫。上疏请复故河。给事中王道成以方筑崔镇高堰,役难并举。河南抚按亦陈三难,乃止。迁南京兵部尚书。十一年正月召改刑部。

季驯之再起也,以张居正援。居正殁,家属尽幽系,子敬修自缢死。季驯言:"居正母逾八旬,且暮莫必其命,乞降特恩宥释。"又以治居正狱太急,宣言居正家属毙狱者已数十人。先是,御史李植、江东之辈与大臣申时行、杨巍相讦。季驯力右时行、巍,痛诋言者,言者交怒。植遂劾季驯党庇居正，落职为民。

十三年，御史李栋上疏讼曰："隆庆间，河决崔镇，为运道梗。数年以来，民居既奠，河水安流，咸曰：'此潘尚书功也'。昔先臣宋礼治会通河，至于今是赖，陛下允督臣万恭之请，予以谥荫。今季驯功不在礼下，乃当身存之日，使与编户齿，宁不堕诸臣任事之心，失朝廷报功之典哉。"御史董子行亦言季驯罪轻责重。诏俱夺其俸。其后论荐者不已。

十六年，给事中梅国楼复荐，遂起季驯右都御史，总督河道。自吴桂芳后，河道皆总理，至是复设专官。明年，黄水暴涨，冲入夏镇，坏田庐，居民多溺死。季驯复筑塞之。十九年冬，加太子太保、工部尚书兼右都御史。

季驯凡四奉治河命，前后二十七年，习知地形险易。增筑设防、置官建闸，下及木石椿埽，综理纤悉，积劳成病。三疏乞休，不允。二十年，泗州大水，城中水三尺，患及祖陵。议者或欲开傅宁湖至六合入江，或欲浚周家桥入高、宝诸湖，或欲开寿州瓦埠河以分淮水上流，或欲驰张福堤以泄浚淮口。季驯谓祖陵王气不宜轻泄，而巡抚周采、陈于陛，巡按高举谓周家桥在祖陵后百里，可疏浚，议不合。都给事中杨其休请允季驯去。归三年卒，年七十五。

【译文】

潘季驯，字时良，明代乌程人。嘉靖二十九年（公元1550年）中进士，被任命为九江推官。后提升为御史，巡按广东，推行均平保甲法，深受广东人欢迎。他临离职前，还上书皇帝，请后继广东的官员继续执行均平保甲法，皇帝同意了他的建议。升为大理寺丞。嘉靖四十四年由左少卿升为右金都御史，总管河道。并与朱衡共同开凿了新河，加任右副都御史。不久因居丧而辞职。

隆庆四年（1570），黄河在邳州睢宁县决口。诏令季驯再次出任旧职总理河道，堵塞决口，次年堵塞成功，他却因所开新河使运粮船损失较大，而被勘河给事中雒遵弹劾罢官。

万历四年（1576）夏，季驯再次复出，任江西巡抚。次年冬，召回京任刑部右侍郎。当时，黄河在崔镇决口北流，清河口淤淀，淮河南徙，高堰湖大堤被冲毁，淮、扬、高邮、宝应之间到处为水所浸泡。大学士张居正深为忧虑。河漕尚书吴桂芳提出恢复旧黄河故道，而总河都御史傅希挚却要塞决口，使水归原河道，两人的意见不统一。正巧这时桂芳去世，万历六年夏，命季驯以右都御史兼工部左侍郎的身份代替桂芳原职。季驯认为黄河故道久已湮塞，即使可以疏浚修复，但其深宽肯定不如现在的河道，提出修筑崔镇而塞决口，再修筑遥堤以防止正堤溃决。他又说："淮水清黄河水浊，淮水水量小黄河水量大，黄河水一斗，就有沙达六升，伏秋时节含沙量可占百分之八十，若不是急流冲击，泥沙必然沉淀。所以，应借清白淮水以冲刷浑浊的黄河水，修筑高堰拥堵淮水流入清口，以冲抵大的黄河水，使黄、淮二水并流，那么黄河入海口的泥沙可自行冲走。即桂芳所开凿的草湾也可不必修治了。"于是上书提出了治河六条建议，皇帝让照之执行。

万历七年冬，淮、黄二水工程完成。次年春，季驯被授为太子太保，升为工部尚书兼左副都御史。季驯初抵黄河，即亲自查看虞城、夏邑、商丘地势。老黄河上流，自新集经过赵家圈、肖县，出徐州小浮桥，非常宽深。自嘉靖中黄河北徙，河身已变浅，迁徙无常，曹、单、丰、沛等地常常遭受水灾而不知所从。季驯上疏请求恢复黄河故道。给事中王道成以刚刚修筑了崔镇高堰，再兴大工程比较困难，河南地方官员也陈述了三点困难，季驯的这一建议便未能实行。不久，季驯改任南京兵部尚书。万历十一年正月又为刑部任职。

季驯再次复职，是受到了张居正的帮助。居正死后，家属都被禁闭。居正的儿子敬修自缢身亡。季驯曾建言说："居正的母亲已年逾八十岁，早晚将离开人世，乞请特予赦免。"又说判治张居正案太急，张氏亲属死于监狱的已有几十人。最初，御史李植、江东之与大臣申时行、杨巍有矛盾。季驯赞同时行、巍，痛斥反对的人，引起那些人的恼怒。李植于是弹劾季驯与为同党而庇护居正，使季驯被罢官，降为平民。

万历十三年，御史李栋上疏说："隆庆年间，黄河决于崔镇，阻塞运河。几年以来，居民安居，河水安流，大家都说：'这都是潘尚书的功劳。'过去宋礼治会通河，到现在人们还赖其利，皇帝同意督臣万恭的请求，给予宋礼后人以谥荫照顾。现在，潘季驯的功劳不在宋礼之下，而且是季驯在世时，让他为平民，岂不伤害百官的心，有失朝廷报功封奖的典例。"御史董子行也说季驯罪轻而责任重大。但皇帝却下令剥夺他们二人的俸禄。此后，为季驯鸣不平的人不断。

万历十六年，给事中梅国楼再次推荐季驯，于是起用季驯，任为右都御史，总督河道。自吴桂芳以后，黄河、漕运皆一起总，由此，又开始设专官治理黄河。次年，黄河暴涨，进入夏镇，冲毁田地房屋，许多居民被溺死。季驯又筑堤塞堵决口。万历十九年冬，加授季驯为太子太保、工部尚书兼右都御史。

季驯四次奉命治理黄河，前后达二十七年，非常熟悉黄河的地理形势险要。从筑堤设防、设官修闸，到土石埽工，事无巨细，皆悉心考虑，终积劳成疾。三次上疏请求辞职，皆未获准。万历二十年，泗州发生大水，城中进水达三尺，威胁到皇帝祖陵的安危。有人提出开傅宁湖至六河入长江；有人提出浚修高家桥引水入高邮、宝应间各湖；有人提出开寿州瓦埠河以分流淮河上游水量；有人提出决张福堤以排泄淮水。季驯认为皇帝祖陵墓地的王气不宜轻易冲泄，但巡抚周采、陈于陛、巡按高举认为周家桥在祖陵后一百多里，可以疏浚行水，大家见解不统一。都给事中杨其休请求允许季驯离职。季驯离职后三年去世，卒年七十五岁。

王士性传

【题解】

王士性（1546~1598），字恒叔，号太初，又号元白道人，浙江临海人。明代杰出地理学家。他是王宗沐的侄子,小时候家里很穷,但好学上进,王宗沐爱他像亲生儿子,给予经济援助。万历五年(1577)考中进士,任朗陵(今河南确山县)令。以后历任礼科给事中、吏科给事中、四川参议、广西参议、云南副宪、山东参议、太仆少卿、鸿胪卿等。喜欢旅游,在任官赴任途中沿路旅行考察。旅游地区达现今十七个省、市、自治区。旅踪之广,与徐霞客不相上下。著有《五岳游草》十二卷,《广游记》二卷,《广志绎》六卷。

【原文】

士性,字恒叔,由确山知县征授礼科给事中。首陈天下大计,言朝廷要务二,曰亲章奏,节财用;官司要务三,曰有司文网,督学科条,王官考核;兵戎要务四,曰中州武备,晋地要害,北寇机宜,辽左战功。疏凡数千言,深切时弊,多议行。诏制鳌山灯。未几,慈宁宫火,士性请停前诏,帝纳之。杨巍议黜丁此吕,士性劾巍阿辅臣申时行,时行纳巍邪媚,皆失大臣谊。寝不行。时行,士性座主也。久之,疏言:"朝廷用人,不宜专取容身缄默,缓急不足恃者。请召还沈思孝、吴中行、艾穆、邹元标、黄道瞻、蔡时鼎、闻道立、顾宪成、孙如法、姜应麟、马应图、王德新、卢洪春、彭遵古、诸寿贤、顾允成等。"忤旨,不报。迁吏科给事中,出为四川参议,历太仆少卿。河南缺巡抚,廷推首王国,士性次之。帝特用士性。士性疏辞,言资望不及国。帝疑其矫,且谓国实使之,遂出国于外,调士性南京。久之,就迁鸿胪卿,卒。

【译文】

王士性,字恒叔,由确山知县升任礼科给事中。第一次向皇帝陈述政见时,提出朝廷最主要的政务有两项:第一是亲自阅览奏章,第二是节约财政开支;各级官府的主要政务有三项:第一写各种文告,第二督促学习法律条文,第三对官员进行考核;军队的主要事务有四项:第一在中州地区备战,第二掌握晋州地区的要害地方,第三北部边境的边防问题,第四辽东战功问题。奏疏共几千字,谈的问题切中时弊,大多数意见被采纳实行。皇帝指令制造鳌山灯。没多久,慈宁宫发生火灾,士性请皇帝停止制造鳌山灯,皇帝采纳了他的意见。杨巍建议罢黜丁此吕,士性弹劾杨巍阿谀逢迎宰相申时行,时行接受杨巍的奸诈逢迎后,作为宰相应该具有的公正、正义的品德全都失去了,士性的弹劾不起作用。时行是士性的主考官。又过了很久,士性又向皇帝上疏,说:"朝廷用人,不能专门选取那些为了保全自己而不肯发表意见,保持沉默,或是遇到什么事,没有紧迫感,缓急都不能依靠的人。请召回沉思孝、吴中行、艾穆、邹元标、黄道瞻、蔡时鼎、闻道立、顾宪成、孙如法、姜庆麟、马应图、王德新、卢洪春、彭遵古、诸寿贤、顾允成等。这个意见不合皇帝的心思,不给上报。后来调士性任吏科给事中,又去四川任参议,又任太仆少卿。河南缺巡抚时,大臣们首先推荐王国,其次推荐士性去任此职。皇帝特意选用士性。士性上疏辞退,说是自己的资历威望不如王国。皇帝怀疑士性是故作姿态,并且说王国确实可以任此职。于是王国外任河南巡抚,调士性到南京任职。又过了很久,调士性任鸿胪卿,不久死去。

海瑞传

【题解】

海瑞(1514~1587)字汝贤,琼山人,举人出身。明朝著名清官。历任知县、州判官、户部尚书、兵部尚书、尚书丞、右金都御史等职。为政清廉,洁身自爱。为人正直刚毅,职位低下时就敢于蔑视权贵,从不谄媚逢迎。一生忠心耿耿,直言敢谏,曾经买好棺材,告别妻子,冒死上疏。海瑞一生清贫,抑制豪强,安抚穷困百姓,打击奸臣污吏,因而深得民众爱戴。他的生平事迹在民间广泛流传,经演义加工后,成了许多戏曲节目的重要内容。

【原文】

海瑞,字汝贤,琼山人。举乡试。入都,即伏阙上《平黎策》,欲开道置县,以靖乡土,识者壮之。署南平教谕,御史诣学宫,属吏咸伏谒,瑞独长揖,曰:“台谒当以属礼,此堂,师长教士地,不当屈。”迁淳安知县,布袍脱粟,令老仆艺蔬自给。总督胡宗宪尝语人曰:“昨闻海令为母寿,市肉二斤矣。”宗宪子过淳安,怒驿吏,倒悬之。瑞曰:“曩胡公按部,令所过毋供张。今其行装盛,必非胡公子。”发橐金数千,纳之库,驰告宗宪,宗宪无以罪。都御史鄢懋卿行部过,供具甚薄,抗言邑小不足容车马。懋卿恚甚,然素闻瑞名,为敛威去,而属巡盐御史袁淳论瑞及慈谿知县霍与瑕。与瑕,尚书韬子,亦抗直不诣懋卿者也。时瑞已擢嘉兴通判,坐谪兴国州判官。久之,陆光祖为文选,擢瑞户部主事。

时世宗享国日久,不视朝,深居西苑,专意斋醮。督抚大吏争上符瑞,礼官辄表贺。廷臣自杨最、杨爵得罪后,无敢言时政者。四十五年二月,瑞独上疏曰:

臣闻君者,天下臣民万物之主也,其任至重。欲称其任,亦唯以责寄臣工,使尽言而已。臣请披沥肝胆,为陛下陈之。

昔汉文帝贤主也,贾谊犹痛哭流涕而言。非苛责也,以文帝性仁而近柔,虽有及民之美,将不免于怠废,此谊所大虑也。陛下天资英断,过汉文远甚。然文帝能充其仁恕之性,节用爱人,使天下贯朽粟陈,几致刑措。陛下则锐精未久,妄念牵之而去,反刚明之质而误用之。至谓遐举可得,一意修真,竭民脂膏,滥兴土木,二十余年不视朝,法纪驰矣。数年推广事例,名器滥矣。二王不相见,人以为薄于父子。以猜疑诽谤戮辱臣下,人以为薄于君臣。乐西苑而不返,人以为薄于夫妇。吏贪官横,民不聊生,水旱无时,盗贼滋炽。陛下试思今日天下,为何如乎?

迩者严嵩罢相,世蕃极刑,一时差快人意。然嵩罢之后犹嵩未相之前而已,世非甚清明也,不及汉文帝远甚。盖天下之人不直陛下久矣。古者人君有过,赖臣工匡弼。今仍修齐建醮,相率进香,仙桃天药,同辞表贺。建宫筑室,则将作竭力经营;购香市宝,则度支差求四出。陛下误举之,而诸臣误顺之,无一人肯为陛下正言者,谀之甚也。然魄心馁

气,退有后言,欺君之罪何如!

夫天下者,陛下之家。人未有不顾其家者,内外臣工皆所以奠陛下之家而磐石之者也。一意修真,是陛下之心惑。过于苛断,是陛下之情偏。而谓陛下不顾其家,人情乎? 诸臣徇私废公,得一官多以欺败,多以不事事败,实有不足当陛下意者,其不然者,君心臣心偶不相值也,而遂谓陛下厌薄臣工,是以拒谏。执一二之不当,疑千百之皆然,陷陛下于过举,而恬不知怪,诸臣之罪大矣。《记》曰"上人疑则百姓惑,下难知则君长劳",此之谓也。

且陛下之误多矣,其大端在于齐醮。齐醮所以求长生也。自古圣贤垂训,修身立命曰"顺受其正"矣,未闻有所谓长生之说。尧、舜、禹、汤、文、武圣之盛也,未能久世,下之亦未见方外士自汉、唐、宋至今存者。陛下受术于陶仲文,以师称之。仲文则既死矣,彼不长生,而陛下何独求之。至于

海瑞

仙桃、天药,怪妄尤甚。昔宋真宗得天书于乾祐山,孙奭曰"天何言哉? 岂有书也"。桃必采而后得,药必制而后成。今无故获此二物,是有足而行耶? 曰"天赐者",有手执而付之耶? 此左右奸人,造为妄诞以欺陛下,而陛下误信之,以为实然,过矣。

陛下又将谓悬刑赏以督责臣下,则分理有人,天下无不可治,而修真为无害已乎? 太甲曰:"有言逆于汝心,必求诸道;有言逊于汝志,必求诸非道。"用人而必欲其唯言莫违,此陛下之计左也。既观严嵩,有一不顺陛下者乎? 昔为同心,今为戮首矣。梁材守道守官,陛下以为逆者也,历任有声,官户部者至今首称之。然诸臣宁为嵩之顺,不为材之逆,得非有以窥陛下之微,而潜为趋避乎? 即陛下亦何利于是?

陛下诚知齐醮无益,一旦翻然悔悟,日御正朝,与宰相、侍从、言官讲求天下利害,洗数十年之积误,置身于尧、舜、禹、汤、文、武之间,使诸臣亦得自洗数十年阿君之耻,置其身于皋、夔、伊、傅之列,天下何忧不治,万事何忧不理。此在陛下一振作间而已。释此不为,而切切于轻举度世,敝精劳神,以求之于系风捕影、茫然不可知之域,臣见劳苦终身,而终于无所成也。今大臣持禄而好谀,小臣畏罪而结舌,臣不胜愤恨。是以冒死,愿尽区区,惟陛下垂听焉。

帝得疏,大怒,抵之地,顾左右曰:"趣执之,无使得遁。"宦官黄锦在侧曰:"此人素有痴名。闻其上疏时,自知触忤当死,市一棺,诀妻子,待罪于朝,僮仆亦奔散无留者,是不遁也。"帝默然。少顷复取读之,日再三,为感动太息,留中者数月。尝曰:"此人可方比干,第朕非纣耳。"会帝有疾,烦懑不乐,召阁臣徐阶议内禅,因曰:"海瑞言俱是。朕今病久,安能视事。"又曰:"朕不自谨惜,致此疾困。使朕能出御便殿,岂受此人诟詈耶?"遂逮

瑞下诏狱，究主使者，寻移刑部，论死。狱上，仍留中。户部司务何以尚者，揣帝无杀瑞意，疏请释之。帝怒，命锦衣卫杖之百，锢诏狱，昼夜榜讯。越二月，帝崩，穆宗立，两人并获释。

帝初崩，外庭多未知。提牢主事闻状，以瑞且见用，设酒馔款之。瑞自疑当赴西市，恣饮啖，不顾。主事因附耳语："宫车适晏驾，先生今即出大用矣。"瑞曰："信然乎？"即大恸，尽呕出所饮食，陨绝于地，终夜哭不绝耳。既释，复故官，俄改兵部。擢尚宝丞，调大理。

隆庆元年，徐阶为御史齐康所劾，瑞言："阶事先帝，无能救于神仙土木之误，畏威保位，诚亦有之。然自执政以来，尤勤国事，休勤国事，休休有容，有足多者。康乃甘心鹰犬，捕噬善类，其罪又浮于高拱。"人韪其言。

历两京左、右通政。三年夏，以右佥都御史巡抚应天十府。属吏惮其威，墨者多自免去。有势家朱丹其门，闻瑞至，黝之。中人监织造者，为减舆从。瑞锐意兴革，请浚吴淞、白茆，通流入海，民赖其利。素疾大户兼并，力摧豪强，抚穷弱。贫民田入于富室者，率夺还之。徐阶罢相里居，按问其家无少贷。下令飙发凌历，所司慑慑奉行，豪有力者至窜他郡以避。而奸民多乘机告讦，故家大姓时有被诬负屈者。又裁节邮传冗费，士大夫出其境率不得供顿，由是怨颇兴。都给事中舒化论瑞迂滞不达政体，宜以南京清秩处之，帝犹优诏奖瑞。已而给事中戴凤翔劾瑞庇奸民，鱼肉搢绅，沽名乱政，遂改督南京粮储。瑞抚吴甫半岁。小民闻当去，号泣载道，家绘像祀之。将履新任，会高拱掌吏部，素衔瑞，并其职于南京户部，瑞遂谢病归。

万历初，张居正当国，亦不乐瑞，令巡按御史廉察之。御史至山中视，瑞设难黍相对食，居舍萧然，御史叹息去。居正惮瑞峭直，中外交荐，卒不召。十二年冬，居正已卒，吏部拟用左通政。帝雅重瑞名，畀以前职。明年正月，召为南京右佥都御史，道改南京吏部右侍郎，瑞年已七十二矣。疏言衰老垂死，愿比古人尸谏之义，大略谓："陛下励精图治，而治化不臻者，贪吏之刑轻也。诸臣莫能言其故，反借待士有礼之说，交口而文其非。夫待士有礼，而民则何辜哉？"因举太祖法剥皮囊草及洪武三十年定律枉法八十贯论绞，谓今当用此惩贪。其他规切时政，语极剀切。独劝帝虐刑，时议以为非。御史梅鹍祚劾之。帝虽以瑞言为过，然察其忠议，为夺鹍祚俸。

帝屡次欲召用瑞，执政阴沮之，乃以为南京右都御史。诸司素偷惰，瑞以身矫之。有御史偶陈戏乐，欲遵太祖法予以杖。百司惴恐，多患苦之。提学御史房寰恐见纠擿欲先发，给事中钟宇淳复怂恿，寰再上疏丑诋。瑞亦屡疏乞休，慰留不允。十五年，卒官。

瑞无子。卒时，佥都御史王用汲入视，葛帏敝籝，有塞士所不堪者，因泣下，醵金为敛。小民罢市。丧出江上，白衣冠送者夹岸，酹而哭者百里不绝。赠太子太保，谥忠介。

瑞生平为学，以刚为主，因自号刚峰，天下称刚峰先生。尝言："欲天下治安，必行井田。不得已而限田，又不得已而均税，尚可存古人遗意。"故自为县以至巡抚，所至力行清丈，颁一条鞭法。意主于利民，而行事不能无偏云。

　　海瑞,字汝贤,琼山人。中举人。到北京,即拜伏于宫殿下献上《平黎策》,要开辟道路设立县城,用来安定乡土,有见识的人赞扬海瑞的设想。代理南平县教谕,御史到学宫,部属官吏都伏地通报姓名,海瑞单独长揖而礼,说:"到御史所在的衙门当行部属礼仪,这个学堂,是老师教育学生的地方,不应屈身行礼。"迁淳安知县,穿布袍、吃粗粮糙米,让老仆人种菜自给。总督胡宗宪曾告诉别人说:"昨天听说海县令为老母祝寿,才买了二斤肉啊。"胡宗宪的儿子路过淳安县,向驿吏发怒,把驿吏倒挂起来。海瑞说:"过去胡总督按察巡部,命令所路过的地方不要供应太铺张。现在这个人行装丰盛,一定不是胡公的儿子。"打开袋有金子数千两,收入到县库中,派人乘马报告胡宗宪,胡宗宪没因此治罪。都御史鄢懋卿巡查路过淳安县,酒饭供应的十分简陋,海瑞高声宣言县邑狭小不能容纳众多的车马。懋卿十分气愤,然而他早就听说过海瑞的名字,只得收敛威风而离开,但他嘱咐巡盐御史袁淳治海瑞和慈溪和县霍与瑕的罪。霍与瑕,尚书霍韬的儿子,也是坦率正直不谄媚鄢懋卿的人。当时,海瑞已提拔为嘉兴通判,因此事贬为兴国州判官。过了很长时间,陆光祖主张文官选举,提拔海瑞任户部尚书。

　　当时,明世宗朱厚熜在位时间很长了,不去朝廷处理政务,深居在西苑,专心致志地设圪求福。总督、巡抚等边面大吏争着向皇帝贡献有祥瑞征兆的物品,礼官总是上表致贺。朝廷大臣白杨最、杨爵得罪以后,没有人敢说时政。嘉靖四十五年二月,海瑞单独上疏说:

　　臣听说君主,是天下臣民万物的主人,其责任最重大。要名副其实,也只有委托臣工,使臣工尽心陈言而已。臣请竭诚所见。直所欲言,为陛下陈说。

　　从前汉文帝是贤良君主,贾谊还痛哭流涕而上疏言事。并非是苛刻责备,因汉文帝性格仁慈而近于柔弱,虽有推恩惠到百姓的美德,将不免于怠废,这是贾谊所大为顾虑的。陛下天资英明杰出,超过汉文帝很远。然而汉文帝能富有仁义宽恕的性格,节用爱人,使天下钱粮丰富,几乎达到刑具不用的境地。陛下则锐意精心治国时间不长,就被狂妄想法牵涉过去,反而把刚毅圣明的本质误用了。以致说遐举可成,一心一意学道修行,倾尽民脂民膏,用于滥兴土木工程,二十余年不临听政,法律纲纪已经废弛了。数年来卖官鬻爵推广开纲事例,毁坏了国家名器。二王不能相见,人们认为薄情于父子。因猜疑诽谤杀戮污辱臣下,人们认为薄情于君臣。享乐在西苑不返回大内,人们认为薄情于夫妇。官吏贪污骄横,百姓无法生活,水旱灾害经常发生,盗贼滋蔓炽烈。请陛下想想今日的天下,究竟成了什么样子?

　　近来严嵩罢相,严世蕃受极刑,一时较快人心。然严嵩罢相之后还像严嵩未任相之前一样而已,世道并不十分清明,不及汉文帝时太远了。因为天下人不用直道侍奉陛下已经很久了。古代君主有过失,依靠臣工扶正补救。现在竟然修斋建醮,大都前来进香、仙桃天药,大家一块奉辞上表祝贺。建筑宫室,则由将做官员竭力经营;购买香料珍宝,则由度支派人四处寻求。陛下的错误举动,而诸臣都跟着错误地顺从,没有一个人肯为陛下端正言论，阿谀奉承的太过分了。然而心中惭愧胆气空虚，退回去又有议论怨言，欺君之罪到了何等地步。

天下，是陛下的家。人没有不顾自己家的，内外臣工都是使陛下的家奠基的如同磐石一样的人。一心一意学道修行，是陛下的心受了迷惑。过分的苛断，是陛下的情偏。然而说陛下连家也不顾，合乎人情吗？诸臣徇私废公，得一官职多因欺诈失败，多因不做任何事情败，实在有不能使陛下满意的人。其实不然，是君主之心和臣下之心偶尔不相遇合造成的，而遂说陛下憎恶卑薄臣工，因此拒谏。因一两个不合意，就怀疑千百个都这样，使陛下陷于有过失的举动中，而安然处之而不知怪，诸臣的罪恶太大了。《礼记》："在上君主有疑心则百姓易迷惑，若在下的人怀奸诈难知其心则在上君治理劳苦。"就是说的这种情况。

而且陛下的失误很多了，其大端在于斋醮。斋醮的目的是为了追求长生不老。自古圣贤留给后人的训条，修身立命的说法叫"顺理而行，所接受的便是正命"了，没有听说过所谓长生不老的说法。唐尧、虞舜、大禹、商汤、周文王、周武王是圣人中的典范，没有能长久在世，在此后也没有见过真正自汉、唐、宋至今仍存在的。授给陛下道术的陶仲文，因此称为师。陶仲文既已死去了，他没有长生，而陛下如何能够单独求到。至于仙桃、天药，怪异虚妄最成问题。从前宋真宗得天书于乾祐山，孙奭说："天如何能说话呢？岂能有书。"桃子一定是采摘后才能得到，药一定是炮制以后才能成。现在无故获得这两个东西，是有脚而能走吗？说"天赐给的"，是上天用手拿着而交给您的吗？这是左右奸邪的人，制造荒唐离奇的事用来欺骗陛下，而陛下去误信了他，以为确实这样，太过分了。

陛下又要说标明刑罚奖赏用来督责臣下，则分别职掌治理有人，天下没有不可治，而学道修行为无害己吗？大甲说："有人以言语违背了你的心，一定要用意义求其意。有人以言语顺从了你的心，一定要非道来考察。"用人而一定要他一句话也不违背，这是陛下谋划的错误。既而观察严嵩，他主持政务时，有一点不顺从陛下的吗？过去为同心的人，现在成为戮首了。梁材遵守正道坚守职责，陛下认为是叛逆的人，历任都成就好声望，现在在户部做官的人还在称赞他。然而诸臣宁可学习严嵩的顺从，不敢仿效梁材的抗争，难道真没有窥测陛下的细微好恶、而暗暗作为趋吉避凶的人吗？就是陛下又从这些人当中得什么好处呢？

陛下的确知道斋醮没有好处，一旦幡然改悔，每天临朝听政，和宰相、侍从、言官等人，讲论天下利害，雪洗数十年以来的积误，置身在唐尧、虞舜、大禹、商汤、周文王、周武王圣贤君主的行列，使诸臣也得以自己洗净数十年阿谀奉承君主的耻辱，置身于皋陶、夔龙、伊尹、傅说贤明辅臣的行列中，天下有什么忧虑不能治，万事有什么忧虑不能理。这只是在陛下一振作之间而已。放下这些不做，而急迫于轻身能飞脱离世间，枉费精神，用来追求击风捕影、茫然不可知的领域，臣见劳苦一辈子，而最终将一无所成。现在大臣为保持禄位而喜欢阿谀奉承，小臣害怕治罪而不敢说话，臣制止不住自己的愤恨。因此冒着死的危险，愿意竭尽诚挚之情，希望陛下听取。

嘉靖皇帝读了海瑞上疏，十分愤怒，把上疏扔在地上，对左右说："快把他逮起来，不要让他跑掉。"宦官黄锦在旁边说："这个人向来有傻名。听说他上疏时,自己知道冒犯该死,买了一个棺材,和妻子诀别,在朝廷听候治罪,奴仆们也四处奔散没有留下来的,是不会逃跑的。"皇帝听了默默无言。过了一会又读海瑞上疏,一天里反复读了多次,为上疏感到叹息,只得把上疏留在宫中数月。曾说:"这个人可和比干相比,但朕不是商纣王。"正遇上皇帝有病,心情闷郁不高兴,召来阁臣徐阶议论禅让帝位给皇太子的事,便说:"海瑞所说的都对。朕现在病了很长时间,怎能临朝听政。"又说:"朕确实不自谨,导致现在身体多病。如果朕能够在便殿议政,岂能遭受这个人的责备辱骂呢?"遂逮捕海瑞关进诏狱,追究主使的人。不久移交给刑部,判处死刑。狱词送上后,仍然留在宫中不发布。户部有个司务叫何以尚的,揣摩皇帝没有杀死海瑞的心意,上疏陈请将海瑞释放。皇帝大怒,命锦衣卫杖责一百,关进诏狱,昼夜用刑审问。过了两个月,嘉靖皇帝死,明穆宗继位,海瑞和何以尚都被释放出狱。

　　嘉靖皇帝刚死,外面一般都不知道。提牢主事听说了这个情况,认为海瑞不仅会释放而且会被任用,就办了酒菜来款待海瑞。海瑞自己怀疑应当是被押赴西市斩首,恣情吃喝,不管别的。主事因此附在他耳边悄悄说:"皇帝已经死了,先生现在即将出狱受重用了。"海瑞说:"确实吗?"随即悲痛大哭,把刚才吃的东西全部吐了出来,晕倒在地,一夜哭声不断。被释放出狱,官复原职,不久改任兵部。提拔为尚宝丞,调任大理。

　　隆庆元年,徐阶被御史齐康所弹劾,海瑞上言说:"徐阶侍奉先帝,不能挽救于神仙土木工程的失误,惧怕皇威保持禄位,实在也是有这样的事。然而自从主持国政以来,忧劳国事,气量宽宏能容人,有很多值得称赞的地方。齐康如此心甘情愿地充当飞鹰走狗,捕捉吞噬善类,其罪恶又超过了高拱。"人们赞成他的话。

　　经历南京,北京左、右通政。隆庆三年夏天,以右金都御史身份巡抚应天十府。属吏害怕他的威严,贪官污吏很多自动免去。有显赫的权贵把门漆成红色的,听说海瑞来了,改漆成黑色的。宦官在江南监织造,因海瑞来减少了舆从。海瑞一心一意兴利除害,请求整修吴淞江、白茆河,通流入海,百姓得到了兴修水利的好处。海瑞早就憎恨大户兼并土地,全力摧毁豪强势力,安抚穷困百姓。贫苦百姓的土地有被富豪兼并的,大多夺回来交还原主。徐阶罢相后在家中居住,海瑞追究徐家也不给予优待。推行政令气势猛烈,所属官吏恐惧奉行不敢有误,豪强甚至有的跑到其他地方去躲避的。而有些奸民多乘机揭发告状,世家大姓不时有被诬陷受冤枉的人。又裁减邮传冗费,士大夫路过海瑞的辖区大都得不到很好地张罗供应,因此怨言越来越多。都给事中舒化说海瑞迂腐滞缓不通晓施政的要领,应当用南京清闲的职务安置他,皇帝还是用嘉奖的语言下诏书鼓励海瑞。不久给事中戴凤翔弹劾海瑞庇护奸民,鱼肉士大夫,沽名乱政,遂被改任南京粮储。海瑞巡抚吴地才半年。平民百姓听说海瑞解职而去,呼号哭泣于道路,家家绘制海瑞像祭祀他。海瑞要到新任上去,正遇高拱掌握吏部,早就仇恨海瑞,把海瑞的职务合并到南京户部当中,海瑞因此遂因病引退,回到琼山老家。

　　明神宗万历初年,张居正主持国政,也不喜欢海瑞,命令巡按御史考察海瑞。御史到山中审察,海瑞杀鸡为黍相招待,房屋居舍冷清简陋,御史叹息而去。张居正惧怕海瑞严峻刚直,中外官员多次推荐,最终也不任用。万历十二年冬天,张居正已死,吏部拟用为左通政,皇帝向来器重海瑞名,给他以前职。明年正月,召为南京右金都御史,在道上改为南京吏部右侍郎,海瑞当时年已七十二岁了。上疏言衰老垂死,愿意效仿古人尸谏的意思,大略说:"陛下励精图治,而治平教化不至的原因,在于对贪官污吏刑罚太轻。诸臣都不能说到其原因,反而借待士有礼的说法,大家交口而文其非。待士有礼,而平民百姓则有什么罪呢?"因而举明太祖刑法剥人皮装上草制成皮囊以及洪武三十年定律枉法达八十贯判处绞刑的规定,说现在应当用这样的方法惩治贪污。其他谋划时政,言语极为切实。只有劝皇帝用暴虐刑法,当时评议认为是错误的。御史梅鹍祚弹劾海瑞。皇帝虽然认为海瑞言论有过失,然而清楚海瑞的忠诚,为此免去梅鹍祚俸禄。

皇帝屡次要召用海瑞,主持国事的阁臣暗中阻止,于是任命为南京右都御史。诸司向来苟且怠慢,海瑞身体力行矫正弊端。有的御史偶尔陈列戏乐,海瑞要按明太祖法规给予杖刑。百官恐惧不安,都怕受其苦。提学御史房寰恐怕被举发纠正要先告状,给事中钟宇淳又从中怂恿,房寰再次上疏诽谤诬蔑海瑞。海瑞也多次上疏请求退休,皇帝下诏慰留不允许。万历十五年,死于任上。

海瑞没有儿子。去世时,金都御史王用汲去照顾海瑞,只见用葛布制成的帏帐和破烂的竹器,有些是贫寒的文人也不愿使用的,因而禁不住哭起来,凑钱为海瑞办理丧事。海瑞的死讯传出,南京的百姓因此罢市。海瑞的灵柩用船运回家乡时,穿着白衣戴着白帽的人站满了两岸,祭奠哭拜的人百里不绝。朝廷追赠海瑞太子太保,谥号忠介。

海瑞一生的治学,以刚为主,因而自号刚峰,天下称为刚峰先生。曾经说:"要想天下清明安定,一定要实行井田,不得已而为限田,又不得已而实行均税,尚可存古人的遗意。"因此自从做县官直至巡抚,所到之处力行清丈,颁行一条鞭法。意图主张在于有利于老百姓,而行事不能没有偏差。

吕坤传

【题解】

吕坤(1536~1618)是明代著名学者、思想家、哲学家。万历进士。后历任地方官员,官至右副都御史巡抚山西,刑部左侍郎。万历二十五年(公元 1597 年)因上书陈天下安危,疏入不报,称疾致仕。家居二十多年,从事著述。他居官清廉,持法公允,裁抑豪,强恶势,同情劳动人民,认为人们靠农夫、织妇为生,不能轻视他们。

他在哲学上坚持气一元论,认为"天地万物只是一气聚散,更无别人;"并批判了理学家把"道"与"器""理"与"气"分割开来和"理在气先"等说法;反对"轮回"说,指出"呼吸一过,万古无轮回之时",主张"神灭论",反对宗教鬼神迷信;他还提出"人定真足胜天",强调重视"人事";他反对是古非今,而且天地万物都查中知的,并且只能学而知之,否认

"生而知之"，他说："若欲周知，岂得不学？"他的许多见解，其想境界显然高出了他的前辈和同时代的人，与朱熹、王阳明及道学家进行了斗争。但他无法逃脱自己的时代，在孤寂愤然之下，将晚年一部分有价值的手稿付之一炬，成为时代的悲剧。他的著作主要有《呻吟语》《去伪斋文集》《阴符经注》等。

【原文】

吕坤，字叔简，宁陵人。万历二年进士。为襄垣知县，有异政。调大同，徽授戾部主事，历郎中，迁山东参政、山西按察使、陕西右布政使。擢右佥都御史，巡抚山西。居三年，召为左佥都御史。历刑部左、右侍郎。

二十五年五月疏陈天下安危。其略曰：

窥见元旦以来，天气昏黄，日光暗淡，占者以为乱徵。今天下之势，乱象已形，而乱势未动。天下之人，乱心已萌，而乱人未倡。今日之政，皆播乱机使之动，助乱人使之倡者也。臣敢以救时要务。为陛下陈之。自古幸乱之民有四。一曰无聊之民。饱温无由，身家俱困，因怀逞乱之心，冀缓须臾之死。二曰无行之民。气高性悍，玩法轻生，居常爱玉帛子女而不得，及有变则淫掠是图。三曰邪说之民。白莲结社，遍及四方，教主传头，所在成聚。倘有招呼之首，此其归附之人。四曰不轨之民。乘衅蹈机，妄思雄长。惟冀目前有变。不乐天下太平。陛下约己爱人，损上益下，则四民皆赤子，否则悉为冠仇。

今天下之苍生贫困可知矣。自万历十年以来，无岁不灾，催科如故。臣久为外吏，见陛下赤子冻骨无兼衣，饥肠不再食，垣舍弗蔽，苫藁未完；流移日众，弃地猥多；留者输去者之粮，生者承死者之役。君门万里，孰能仰诉。今国家之财用耗竭可知矣。数年以来寿宫之费几百万。织造费几百万，宁夏之变几百万，黄河之溃几百万，今大工、采木费，又各几百万矣。土不加广，民不加多，非有雨蒁涌金，安能为计。今国家之防御疏略可知矣。三大营之兵以卫京师也，乃马半羸敝，人半老弱。九边之兵以御外冠也。皆勇于挟上，怯于临戎，外卫之兵以备征调资守御也，伍缺于役占，家累于需求，皮骨仅存，折术奚赖。设有千骑横行，兵不足用，必选民丁。以怨民斗怨民，谁与合战。

人心者，国家之命脉也。今日之人心，惟望陛下收之而已。关、陇气寒土薄，民生实艰。自造花绒，比户困趣逼。提花染色，日夜无休，千手经年，不成一匹。他若山西之绅，苏、松之锦绮，岁额既盈，加造不已。至饶州磁器，西域回青，不急之须，徒累小民敲骨。陛下诚一切停罢，而江南、陕西之人心收矣。

以采木言之。丈八之围，非百年之物。深山穷谷，蛇虎杂居，毒雾常多，人烟绝少，寒署饥渴疠死者无论矣。乃一木初卧，千夫难移，倘遇阻艰，必成伤殒。蜀民语曰"人山一千，出山五百"，哀可知也。至或海木，官价虽一株千两，比来都下，为费何止万金。臣见楚、蜀之人，谈及采木，莫不哽咽。苟损其数，增其值，多其岁月，减其尺寸，而川、贵、湖广之心收矣。

以采矿言之。南阳诸府，比岁饥荒。生气方苏，菜色未变。自责报殷户，而半已惊逃。自供应矿夫工食、官兵口粮，而多至累死。自都御史李盛春严旨切责，而抚按畏罪不敢言。今矿沙无利，责民纳银，而奸人仲春复为攘夺侵渔之计。朝廷得一金，郡县费千倍。诚敕戒使者，毋散砂责银，有侵夺小民若仲春者，诛无赦，而四方之人心收矣。

官店租银收解，自赵承勋造四千之说，而皇店开。自朝廷有内官之遣，而事权重。夫市井之地，贫民求升合丝毫以活身家者也，陛下享万方之富，何赖于彼？且冯保八店，为屋几何，而岁有四千金之课。课既四千，征收何止数倍。不夺市民，将安取之？今豪家遣仆设肆，居民尚受其殃，况特遣中贵，赐之敕书，以压卵之威，行竭泽之计，民困岂顾问哉。陛下撤还内臣，责有司输课，而几甸之人心收矣。

天下宗室，皆九庙子孙。王守仁、王锦袭盖世神奸。籍隔数千里，而冒认王弼子孙；事隔三百年，而妄称受寄财产。中间伪造丝纶，假传诏旨，明欺圣主，暗陷亲王，有如楚王衔恨自杀，陛下何辞以谢高皇帝之灵乎？此两贼者，罪应诛殛，乃止令回籍，臣恐万姓惊疑。诚急斩二贼以谢楚王，而天下宗藩之心收矣。

崇信伯费甲金之贫，十箱珠宝之诬，皆通国所知也。如误于科道之风闻，严追犹未为过。今真知其枉，又加禁锢，实害无辜。请还甲金革去之禄，复五城厂卫降斥之官，而勋戚之人心矣。

法者，所以平天下之情。其轻其重，太祖既定为律，列圣又增为例。如轻重可以就喜怒之情，则例不得为一定之法。臣待罪刑部三年矣，每见诏狱一下，持平者多拂上意，从重者皆当圣心，如往年陈恕、王正甄、常照等狱，臣等欺天罔人，已自废法，陛下犹以为轻，俱加大辟。然则律例又安用乎！诚府从司寇之平，勉就祖宗之法，而图圄之人心收矣。

自古圣明之君，岂乐诽谤之语。然而务求言赏谏者，知天下存亡，系言路通塞也。比来驱逐既多，选补皆罢。天阍邃密，法座崇严，若不广达四聪，何由明照万里。今陛下所关，皆众人之所敢言也，其不敢言者，陛下不得闻矣。一人孤立万乘之上，举朝无犯颜逆耳之人，快在一时，忧贻他日。陛下诚释曹学程之击，还吴文梓等官，凡建言得罪者，悉分别召用，而士大夫之心收矣。

朝鲜密迩东陲，近吾肘腋，平壤西邻鸭绿，晋州直对登、莱。倘倭夷取而有之，籍众为兵，就地资食，进则断我漕运，退则窥我辽东。不及一年，京城坐困，此国家大忧也。乃彼请兵而二三其说，许兵而延缓其期；力穷势屈，不折入为倭不止。陛下诚早决大计，并力东征，而属国之人心收矣。

四方输解之物，营辨既苦，转运尤艰。及入内库，率至朽烂，万姓脂膏，化为尘土。倘嵊一稽核，苦窳者严监收之刑，朽腐者重典守之罪。一整顿间，而一年可备三年之用，岁省不下百万，而输解之心收矣。

自秒没法重，株连数多。坐以转寄，则并籍家资。诬以多贼，则互连亲识。宅一封而鸡豚大半饿死，人一出则亲戚不敢藏留。加以官吏法严，兵番搜苦，少年妇女，亦令解衣。臣曾见之，掩目酸鼻。此岂尽正犯之家、重罪之人哉。一字相牵，百口难解。奸人又乘机恐吓，挟取资财，不足不止。半年之内，扰遍京师，陛下知字否乎？愿慎抄没之举，释无辜之击，而都下之人心收矣。

列圣在御之时，岂少宦官宫妾，既死于棰楚者，未之多闻也。陛下数年以来，疑深怒盛。广廷之中,狼藉血肉,宫禁之内,惨戚啼号。万气冤魂,乃聚福祥之地。今环门守户之众,皆伤心侧目之人。外表忠勤,中藏恨毒。既朝暮不能自保,即九死何爱一身。陛下卧榻之侧,同心者几人,暮夜之际,防患者几人,臣窃忧之。愿少齐威严,慎用鞭扑,而左右之人心收矣。

祖宗以来,有一日三朝者,有一日一朝者。陛下不视朝久,人心懈弛已极,奸邪窥伺已深,守卫官军祗应故事。今乾清修造,逼近御前,军夫往来,谁识面貌。万一不测,何以应之。臣望废宫轮于质明,放军夫于日昃。自非军国急务,慎无昏夜传宣。章奏不答,先朝未有。至于今日,强半留中。设令有国家大事,邀截实封,扬言于外日"留中矣",人知之乎?愿自今章疏未及批答者,日于御前发一纸,下会极门,转付诸司照宗,庶君臣虽不面谈,而上下犹无欺蔽。

臣观陛下昔时励精为治,今当春秋鼎盛,曾无夙夜忧勤之意,惟孜孜以患贫为事。不知天下之财,止有此数,君谷富则开下贫,天下贫而君岂独富。今民生憔翟极矣,乃采办日增,诛求益广,敛万姓之怨于一言,结九重之仇于四海,臣窃痛之。使六合一家,千年如故,即宫中虚无所有,谁忍使陛下独贫。今禁城之内,不乐有君。天下之民,不乐有生。怨读愁欢,难堪入听。陛下闻之,必有食不能咽,寝不能安者矣。臣老且衰,恐不得复见太平,答天叩地,齐宿七日,警献忧危之诚。惟陛下密行臣言,翻然若出圣心惊悟者,则人心自悦,天意自回。苟不然者,陛下他日虽悔,将何及耶。

疏入,不报。坤遂称疾乞休,中旨许之。于是给事中戴士衡劾坤机深志险,谓石星大误东事,孙钅广滥杀无辜,坤愿不言,曲为附会,无大臣节。给事中刘道亨言往年孙丕扬劾张位,位疑疏出坤手,故使士衡劾坤。位奏辨。帝以坤既罢,悉置不问。

初,坤按察山西时,尝撰《闺节图说》,内侍赚入禁中,郑贵妃因加十二人,且为制序,属其伯父承恩重刊之。士衡遂劾坤因承恩进书,结纳宫掖,包藏祸心。坤持疏力辨。未几,有妄人为《闺节图说》跋,名曰《忧危竑议》,略言:"坤撰《闺节》,独取汉明德后者,后由贵人进中宫,坤以媚郑贵妃也。坤疏陈天下忧危,无事不言,独不及建储,意自可见。"其言绝狂诞,将以害坤。帝归罪于士衡等,其事遂寝。

坤刚介峭直,留意正学。居家之日,与后进讲习。所著述,多出新意。初,在朝与吏部尚书孙丕扬善。后丕扬复为吏部,屡推坤左都御史未得命,言:"臣以八十老臣保坤,冀臣得亲见用坤之效。不效,甘坐失举之罪,死且无憾。"已,又荐天下三大贤,沈鲤、郭正域,其一即坤。丕扬前后推荐,疏至二十余上,帝终不纳。福王封国河南,赐庄田四万顷。坤在籍,上言:"国初分封亲藩二十有四,赐田无至万顷者,河南已封周、赵、伊、徽、郑、唐、崇、潞八王,若皆取盈四万,占两河郡县且半,幸圣明裁减。"复移书执政言之。会廷臣亦力争,得减半。卒,天启初,赠刑部尚书。

【译文】

吕坤,字叔简,宁陵(今河南宁陵县)人。万历二年(1574)中进士。他做襄垣知县期间,有杰出政绩。后调往大同,征召为户部主事,任过郎中。迁为山东参政、山西按察使、陕西右师政使。提升为右金都御史，巡抚山西。呆了三年，召为左金都御史。历任刑部左、右侍郎。

二十五年（1597）五月上疏，陈述天下安危形势。大概说：

臣私下认为元旦以来，天气昏黄，日光暗淡，占卜的人说这是祸乱的征兆。现在天下的形势，已有乱象之端倪，但乱势并未爆发；天下之人，已萌了乱心，但为乱之人还未倡议。现在的政令制度，都是散播动乱的种子，使其乘机而乱，帮助思乱之人出来倡议动乱的。臣冒昧把救时的主要事务陈述给陛下。自古以来希望动乱的人有四类：一是没有依靠的人，衣食没有来源，自身与家中都困苦不堪，因此怀有逞乱之心，希望能稍微缓解死亡的命运。二是品行极差的人，脾气暴躁，性格凶悍，敢把法度当儿戏，并不珍视自己的生命，呆着常喜爱玉帛子女，但又得不到，一旦有变乱，就会肆意虏掠，以求获得所图之物。三是散布邪说的人，白莲结社，遍及四方，教主、传道头目，所在之处必然会聚集大量百姓。如果首领招呼，这些人就是首先归附的。四是图谋不轨的人。乘机作乱，实现目的，妄想称雄为长。只希望目前有变化，而不高兴天下太平。陛下您已约爱人，损上益下，这四种人才会是您的良民，否则他们都会成为盗非仇敌。

现在天下的老百姓贫困，是早为人知的。自万历十年（公元1582年）以来，没有一年不发生灾荒，可催交课税如故。我很久以来一直是地方官员，看到陛下您的百姓寒冻刺骨而没有衣穿，饥肠辘辘而没有吃的，垣舍不蔽，苫藁未完。流浪的越来越多，抛弃土地远走它的不少；留下的又要交纳已走掉之人的粮草，活着的要继续做死者的劳役。皇朝的大门离他们千万里，谁能前来诉说呢？现在国家的财用耗竭，是可想而知的。多年以来，建寿宫的费用就达几百万了。土地不加广，平民不增多，除非天上下金子，地下涌金子，不然怎么能维持呢？现在国家的防御松散马虎，是可想而知的。三大营的兵力，保卫着京城，可半数的马羸弱病散，半数的士兵老弱病残。九边之兵，查防御外敌的，可都勇于挟制上司，却不敢临敌。外卫之兵，是用来备征调，助守御的，可士兵不在役占上，家庭累于需求仅存皮骨，要冲锋陷阵靠什么呢？假如有千骑横行，兵不够用，一定要选民丁充当。让怨民斗怨民，谁和他们战斗呢？

人心，是国家的命脉。现在的人心，只希望陛下收罗而已。关、陇一带天气寒冷，土地贫瘠，老百姓活得很艰难。他们自造花绒，每户困苦于催逼，提花染色，日夜不停，千手经年，制不成一匹。其他像山西的绸，苏、松的锦绮，每年应完成的任务已完成，但却加造不已。至于饶州的瓷器，西域的回青，不太急的需求，使累百姓急得敲骨。陛下如真的罢免这一切劳务征求，那么江南、陕西的人心，就会收回来。

拿采木来说，丈八之围的树木，并不是一百年就能长成的。深山的险谷，阻塞难通，蛇虎杂居其中，经常有毒雾出现，很少人烟，因为寒暑饥渴阐疠而死得就更不要说了。就说一根大木刚刚放倒，千夫难移，如遇险阻，一定造成死伤。蜀民的谚语说："入山一千，出山五百"，那份悲哀是可想而知的。至于海木，官价虽然一株一千两，近来都要伐下，花费何止万金？我看到楚、蜀的人，谈到探木，没有人不哽咽的。假如减少其数量，增加价格，多用些时间，减少一些尺寸，那么川、贵、湖广的人心，可以收回来。

拿采矿来说，南阳各府，近年饥荒。人刚有一点生气，菜色还没有改变。由于要求上报富裕了的门户，结果有半数人被惊吓而逃走。由于供应矿夫工食、官兵口粮，结果有不少人累死。自从都御史李盛春严旨斥责，使抚按害怕获罪而不敢说什么。现在矿砂没有利了，又责令百姓纳银代矿砂，而奸猾小人仲春又做掠夺侵占的手脚。朝廷得一金，郡县要花费千倍。果真能督戒使者，不要获银代砂，如有侵吞小人如仲春者，处斩而不要赦免，四方的人心，就可以收回来。

官店租银的收解，自赵承勋作四千之标准，而开了皇店。由于朝廷派有内官，又处事的权力很大。那市井之地，贫民希求升合丝毫来维持一家人的生计，陛下享有万方之富，为何靠那点收益呢？况且冯保有八店，造屋多少？而一年收四千金的课税。既然课税四千，征求又何止数倍？不掠夺市民，又从哪里取得呢？现在富豪之家派外夫设肆，居民已经深受其害，况且又特派中贵，赐予敕书，以压卵之威势，实现竭泽而渔的伎俩，贫民的穷困难道能顾得上问一问吗？陛下撤还内臣，让有司负责输课，这样京城及附近的人心，可以收回来。

天下宗室，那是九库子孙。王守仁、王锦袭是盖世奸神。祖籍相隔几千里，却冒认是王弼的子孙；事过三百年，却妄言受寄财产。这中间伪靠诏书，假传圣旨，明欺圣主，暗中陷害亲王，如像楚王含恨自杀，陛下用什么言词来告慰高皇帝九天之灵呢？这两城，罪应诛杀，而只令回原籍，臣担心百姓惊疑。果真能马上斩杀二贼，以告慰楚王，那么天下宗藩的心，就会收回来。

崇信伯费甲金那么贫困，有人诬陷他有十箱珠宝，这举国皆知。起初是因科道之传闻致误，严加追查也并不过分。现在真正知道了他是冤枉的，还把他禁锢起来，实在是伤害无罪之人。希望还甲金被废去的俸禄，恢复五城厂卫降斥之官，这样可以收回勋戚的人心。

法律，是用来评判天下事务的实情的。它的轻与重，太祖已定为律，列圣又增为例。如果轻重凭个人的喜怒哀乐来决定，那么例就不能成为确定的法令。我在刑部任职三年了。每次看到诏狱一下，本来持平的，却受违背上方的意思，而从重者，却正合圣心，比如往年陈恕、王正甄、常照等人的案件，司法官员已经欺天枉人，置法律于不顾，陛下还认为太轻，都加刑至大辟。如此这般，那律例又有什么用处呢！要是能依从司冠的评判，依照祖宗的法律，那么囹圄之人的心，可以收回来。

自古圣明的君王，难道喜欢诽谤的言论。然而务必求取忠言选赏直谏者，因为了解天下兴亡，与言路的通塞有很大的关系。近来驱逐的已经很多了，可补选都已罢去。天官的门太深邃严密，法座崇高威严，如不广达四方视听，怎么能明照万里？现在陛下所听到的，都是大家所敢于说的，而不敢说的，陛下就听不到了。一人孤立皇位之上，举朝没有敢于犯颜逆耳的人，快乐于一时，就忧患于它日。陛下果真能释放曹学程，还吴文梓等人的官位，凡是因上书建设性的言论得罪了您的，都分别加以召用，这样士大夫的心就会收回来。

朝鲜与我朝东北部关系密切，又近在肘腋之间，平壤西边与鸭绿江为领，晋州直按与登、莱相对。如果倭寇攻取占有了它，全民皆兵，就地取用粮草，进可以断我朝漕运，退可窥视我辽东半岛。不到一年，京城会出现被困局面，这是国家的大忧患。他们来请求摄兵，却遭再三推脱；答应了派兵，却又延期不派。他们力穷势竭，不投降倭寇就不行了。陛下如能早下决心，全力东征，这样属国的人心可以收回来。

全国的疏解之物，经办就已很苦了，转运就更加艰难。但到了内库，竟然大都腐朽坏烂，百姓的脂膏，化为尘土。如果每年进行一次查核，出现粗劣的情况，将懒怠的主管人处以监禁之刑；出现腐烂朽坏的情况，对主管的官员加重处罪。只要整顿一次，一年就可以准备供三年用的东西，一年节省的不少于百万，这样疏解之人的心，可以收回来。

由于抄没的法律太重，株连了很多。犯了转寄之罪，就全部没收家产；诬陷藏了很多，就互联到亲朋相识。家院一旦被封，鸡猪大半都被饿死，人一跑出去，亲戚都不敢留住。加之官吏严法峻刑，士兵轮番苦搜，少年妇女，也让脱衣。我曾亲眼看到，掩目酸鼻。这难道都是要犯之家，重罪之人吗？一字相牵连，百口难解说，奸猾之人又乘机恐吓勒索、挟取钱财，不满足不罢休。半年之内，扰遍京师，陛下知道不知道呢？但愿对抄没之罪尽量谨慎，对无罪之人尽快释放，这样都城附近之人心，可以收回来。

各位皇帝在位的时候，难道还少宦官宫姜吗？但被活活打死的，也没有听到多少。陛下您几年以来，怀疑日甚，怒气越大。广廷之中，血肉狼藉，禁宫之内，惨叫哭号。厉气冤魂，于是聚集福祥之地。现在守护周围城门的人，都是伤心侧目之人。表面上显得忠诚勤恳，内心却深藏奸猾之毒。一旦朝暮不能自保，赴九死何爱一身？陛下您卧榻之亲，同心者有几个，暮夜之中，防止祸患的又有几个。我好为您担忧这些事。但愿您少动怒收威，慎用鞭打之刑，这样您身边左右的人心，可以收回来。

祖宗建国以来，有一日三朝的，有一日一朝的。陛下已很久没上朝了，人心都已懈驰到了极点，而奸邪小人窥探伺机已好久了。可守卫官军只敷衍过去的事。现在修造乾清宫，已离陛下住地很近了。军夫往来，谁能认得其面目？万一有不测之变，怎么应付呢？我希望天亮了再发宫门的钥匙，天黑前放军夫休息。如没有军事要事，尽量不要深夜传唤进人。奏章不答复，先朝是没有的。到了现在，大半都留在中宫那儿。假设有了国家大事，拦截文件，不如启封，而在外边扬言说："留中了"，人知道吗？但愿从今以后奏章上疏没来得及批复的，每天由御前收一纸通知，交给会极门，转给诸司照叱审察，希望君臣虽然没有见面，但上下都没有欺骗隐蔽。

臣看到陛下以前励精图治，现正当春秋鼎盛之年，早晚连忧虑勤奋之意都没有，只是计较着怕贫困。不知道天下的财富，只有这么多，君王想富，天下就穷，天下穷困了，君王怎么能一个人能富呢？现在人民的生活艰苦极了，可采办一天比一天增加，搜求勒索越来越广，一句话能惹百姓生怨，结深仇大恨于四海之内，臣暗自心痛啊！假使全国一家，千年如故，即使宫中什么也没有，谁能忍心让陛下一个人遭受贫穷？现在禁城之内，不高兴的是君王。天下的老百姓，不高兴的是活着。怨言愁叹，难以入耳。陛下听到的话，一定会食下不咽，寝不能安的。我已经年老体衰，恐怕再见不到太平时代了，呼天叩地，斋宿七天，恭敬地献上关于忧患危急的这点诚意。如陛下您照我的话悄悄地去做，俨然如圣心再现，警悟过来，那么人心自悦，天意自然回来。如果不以为然，陛下有一天虽然后悔了，可那怎么能来得及呢？

他的奏疏送上去，没有回音，吕坤于是说有病，请求退休，皇帝答应了他的要求。在这个时候，给事中戴士衡弹劾吕坤心机很深，志向太险，说石星严重地误了东方的事务，孙钎滥杀无辜，吕坤知道却不说话，还打理由为他们附会辩解，没有大臣的节气。给事中刘道亨说往年孙扬弹劾张位。张位怀疑这疏自吕坤手，所以让戴干衡弹劾吕坤。张位上奏辩论。皇帝因吕坤已经罢免，都丢到一边不加追问。

当初，吕坤按察山西的时候，曾撰写了一本《闺范图说》，内侍买了拿到禁中，郑贵妃又在上面加了十二人，并且还做了序，嘱咐她伯父郑承恩重刊。戴士衡于是又弹劾吕坤通过郑承恩进书，结纳宫中之人，包藏祸心。吕坤拿着奏疏极力辩解。不久，有不法之徒为《闺范图说》作跋，取名为《忧危竑议》，大概说："吕坤撰写《闺范》，专取汉明德皇后，是因为明德后是由贵人进中宫的，吕坤想讨好郑贵妃的。吕坤上疏陈说天下忧患安危，没有不谈的事，唯独不谈建储的事，他的意图是很明显的。"其言论特别狂妄荒诞，准备用来陷害吕坤。皇帝把这件事归罪于戴士衡等人，这事也就搁置起来了。

吕坤刚直耿价，留意于正学。居家的日子，给学生讲学。所有著述，常有新意。当初在朝任职的时候，他与尚书孙丕扬友善。后来孙丕扬又为吏部官，几次推荐吕坤为左都御史，没有得到答复，他说："我以八十高龄的老臣担保吕坤，希望我能够亲自看见起用吕坤的效果。如没有效果，我甘愿受失举的罪行，死也不会遗憾。"已，又荐举天下三大贤者，沈鲤、郭正域，其中一人即为吕坤。孙丕扬前后推荐，上疏二十多次，皇帝最后还是不予采纳。福王封国河南，赐有庄田四万顷。吕坤在籍，上疏说："国初分封亲藩二十四个，赐田没有达万顷的。河南已经封了周、赵、伊、徽、郑、唐、崇、潞八王，如果都取田达四万以上，就占两河郡县的一半，希望圣明裁减。"又向执政上书陈说这事。正好遇上廷臣也据理力争，终于减了一半。他去世后，天启初年，赠刑部尚书。

陈邦瞻传

【题解】

陈邦瞻（？～1623年），字德远，高安（今江西高安）人，明朝史学家。代表作有《宋史纪事本末》和《元史纪事本末》。原先有山东临朐冯琦曾草创《宋史纪事本末》，未成而卒；另外，南京的侍御史沈越，用纪事本末体编录宋代史事，题名《事纪》。后来由冯琦的弟子刘曰梧、应天府丞徐申创议，请陈邦瞻对冯、沈这两部未完稿加以增订完成。此书约在万历二十二年撰成，共计二十八卷，一百零九日，纪事起于宋太祖代国，迄于文天祥、谢枋得之死。书中实际涉及宋、辽、金和元四朝史事，所以题为《宋史纪事本末》，估计是以宋为正统的思想在作怪。《宋史纪事本末》严格恪守袁枢的体例，分目纪事，条理清楚，比之庞杂的宋史，此点更为突出。前人说，"读《通鉴》者不可无袁枢之书，读《宋史》者亦不可无此一编"。崇祯年间，张溥将《宋史纪事本末》析为一百零九卷，每卷末附上自己的论断，即今流传的本子。《元史纪事本末》二十七篇，成于万历三十四年，其中《律令之定》一篇是臧懋循补撰的。此书与《宋史纪事本末》比较，体例不够严谨，内容也不太丰富，因为编者将宋亡以前的元代史事归入宋编，明朝建立之后的事迹又被划入明史的范围，致使此书叙事过于简略，另外对史实的考证和处理不够精当。但是此书对于元代的历法、科举、学校制度以及漕运、河渠都有较详的记载，可供参考。《元史纪事本末》原为六卷二十七篇，黄克士重刻时并为四卷。张溥又将其分为二十七卷，并于卷后加了史论。

【原文】

陈邦瞻，字德远，高安人。万历二十六年进士。授南京大理寺评事。历南京吏部郎中，出为浙江参政。进福建按察使，迁右布政使。改补河南，分理彰德诸府。开水田千顷，建滏阳书院，集诸生讲习。士民祠祀之。就改左布政使。以右副都御史巡抚广西。

上林土官黄德勋弟德隆及子祚胤叛德勋，投田州土酋岑懋仁。懋仁纳之，袭破上林，杀德勋，掠妻子金帛。守臣问状，诡言德勋病亡，乞以祚胤继。邦瞻请讨于朝。会光宗嗣位，即擢邦瞻兵部右侍郎，总督两广军务兼巡抚广东，遂移师讨擒之。海寇林莘老啸聚万余人侵掠海滨，邦瞻扼之，不得逞。澳夷筑室青州，奸民与通，时侵内地，邦瞻燔其巢。召拜工部右侍郎。未上，改兵部，进左。

天启二年五月疏陈四事，中言："客氏既出复入，乃陛下过举。辅臣不封还内降，引义固争，致罪谪言者，再蹈拒谏之失，其何解于人言？"疏入，忤旨谯让。寻兼户、工二部侍郎，专理军需。明年卒官。诏赠尚书。

邦瞻好学，敦风节。服官三十年，吏议不及。

【译文】

陈邦瞻，字德远，高安人。万历二十六年进士。授予南京大理寺评事。历任南京吏部郎中，离京任浙江参政。进而任福建按察使，改任右布政使。改补河南缺，分理彰德各府。开垦水田上千顷，建立滏阳书院，聚集众多学生讲习学问。士人百姓建祠祭祀他。改任左布政使。以右副都御史的这职巡抚广西。

上林土官黄德勋的弟弟黄德隆和儿子黄祚胤背叛黄德勋，投靠田州土酋岑懋仁。岑懋仁接受了他们，攻取上林，杀死黄德勋，夺走他的妻子、孩子和钱财。守臣询问情况，他们欺骗他说黄德勋是因病而死，并请求由祚胤继承他的位置。陈邦瞻向朝廷请求讨伐叛逆。适逢光宗继位，就提升他为兵部右侍郎，总督两广军务兼巡抚广东，于是陈邦瞻率军征讨并擒获叛逆。海上盗贼林莘老号召聚集了上万人侵扰掠夺沿海地区，邦瞻扼制了这件事，使他们没有能够得逞。水边的少数民族在青州建造房屋，奸民与他们相互勾结，经常侵扰内地，邦瞻烧毁了他们盘踞的地方。陈邦瞻被召回朝廷授予工部右侍郎。还未上任就改在兵部，晋升为左侍郎。

天启二年五月，陈邦瞻上疏陈述四件事，疏中说："客氏已经被逐出皇宫，又被召回，是陛下的错误之举。辅臣不传达陛下的旨意，据理力争，贬斥进言的人，重犯拒绝规劝的过失，那又如何了解别人的意见呢？"疏送入朝廷，被谴责为忤违圣旨。不久，任户部、工部两部侍郎，专门管理军需。第二年在任上去世。熹宗下诏赠他尚书职。

邦瞻好学，作风气节敦厚。做官三十年，从未遭到官吏们的议论。

左光斗传

【题解】

左光斗（1575～1625），明代桐城人。字遗直，号浮左，又号沧屿。万历三十五年（1607）进士，累官至左佥御史。刚直敢言。后因弹劾魏忠贤等，于天启五年与杨涟等被诬陷下狱，备受酷刑，死于狱中。左光斗曾出理屯田事务，提出了在北方发展农田水的三因十四条建议，从而使水稻开始在京都畿辅地区推广种植。他的农田水利措施包括浚川、疏渠、引流、设坝、择人、择将、兵屯等。

【原文】

左光斗，字遗直，桐城人。万历三十五年进士。除中书舍人。选授御史，巡视中城。捕治吏部豪恶吏，获假印七十余，假官一百余人，辇下震悚。

出理屯田，言："北人不知水利，一年而地荒，二年而民徙，三年而地与民尽矣。今欲使旱不为灾，涝不为害，唯有兴水利一法。"因条上三因十四议：曰因天之时，因地之利，因人之情；曰议浚川，议疏渠，议引流，议设坝，议建闸，议论陂，议相地，议筑塘，议招徕，议择人，议择将，议兵屯，议力田设科，议富民拜爵。其法犁然具备，诏悉允行。水利大兴，北人始知艺稻。邹元标尝曰："三十年前，都人不知稻草何物，今所在皆稻，种水田利也。"阉人刘朝称东宫令旨，索戚畹废庄。光斗不启封还之，曰："尺土皆殿下有，今日安敢私受。"阉人愤而去。

光宗崩，李选侍据乾清宫，追皇长子封皇后，光斗上言："内廷有乾清宫，犹外廷有皇极殿，惟天子御天得居之，惟皇后配天得共居之。其他妃嫔虽以次进御，不得恒居，非但避嫌，亦以别尊卑也。选侍既非嫡母，又非生母，俨然尊居正宫，而殿下乃退处慈庆，不得守几筵，行大礼，名分谓何？选侍事先皇无脱簪戒旦之德，于殿下无抚摩养育之恩，此其人，岂可以托圣躬者？且殿下春秋十六令矣，内辅以忠直老成，外辅以公孤卿贰，何虑乏人，尚须乳哺而襁负之哉？况睿哲初开，正宜不见可欲，何必托于妇人女子之手？及今不早断决，将借抚养之名，行专制之实。武氏之祸再见于今，将来有不忍言者。"时选侍欲专大权。廷臣笺奏，令先进乾清，然后进慈庆。得光斗笺，大怒，将加严谴，数遣使宣召光斗。光斗曰："我天子法官也，非天子召不赴。若辈何为者？"选侍益怒，邀熹宗至乾清议之。熹宗不肯往,使使取其笺视之。心以为善,趣择日移宫,光斗乃免。当是时,宫府危疑,人情畏惧,光斗与杨涟协心建议,排阉奴,扶冲主,宸极获正,两人力为多。由是朝野并称为"杨、左"。

未几,御史贾继春上书内阁,言帝不当薄待庶母。光斗闻之,即上言:"先帝宴驾,大臣从乾清宫奉皇上出居慈庆宫,臣等以为不宜避选侍。故臣于初二日具《慎守典礼肃清宫禁》一疏。宫中震怒,祸几不测。赖皇上保全,发臣疏于内阁。初五日,阁臣具揭再催,奉旨移宫。至初六日,皇上登极,驾还乾清。宫禁肃然,内外宁谧。夫皇上既当还宫,则选侍之当移,其理明白易晓。惟是移宫以后,自宜存大体,捐小过。若复株连蔓引,使宫闱不安,即于国体有损。乞立诛盗宝宫奴刘逊等,而尽宽其余。"帝乃宣谕百官,备述选侍凌虐圣母诸状。及召见又言:"朕与选侍有仇"。继春用是得罪去。

时廷臣议改元。或议削泰昌弗纪,或议去万历四十八年,即以今年为泰昌;或议以明年为泰昌,后年为天启。光斗力排其说,请从今年八月以前为万历,以后为泰昌,议遂定。孙如游由中旨入阁,抗疏请斥之。出督畿辅学政,力杜清寄,识鉴如神。

天启初,廷议起用熊廷弼,罪言官魏应嘉等。光斗独抗疏争之,言廷弼才优而量不宏,昔以守辽则有余,今以复辽则不足。已而廷弼竟败。三年秋,疏请召还文震孟、满朝荐、毛士龙、徐大相等,并乞召继春及港济世。济世亦论"移宫"事与光斗异者,疏上不纳。其年擢大理丞,进少卿。

明年二月拜左佥都御史。是时,韩爌、赵南星、高攀龙、杨涟、郑三俊、李邦华、魏大中诸人咸居要地。光斗与相得,务为危言敷论,甄别流品,正人咸赖之,而忌者浸不能容。光斗与给事中阮大铖同里,招之入京。会吏科都给事中缺,当迁者,首周古朴,次大铖,次大中。大铖邀中旨,勒士朴不迁,以为己地。赵南星恶之,欲例转大铖。大铖疑光斗发其谋,恨甚。熊明遇、徐良彦皆欲得佥都御史,而南星引光斗为之,两人亦恨光斗。江西人又以他故衔大中,遂共嗾给事中傅櫆劾光斗、大中与汪文言比而为奸。光斗疏辨,且抵櫆结东厂理刑傅继教为昆弟。櫆恚,再疏讦光斗。光斗乞罢,事得解。

杨涟劾魏忠贤,光斗与其谋,又与攀龙共发崔呈秀赃私,忠贤暨其党咸怒。及忠贤逐南星、攀龙、大中,次将及涟、光斗。光斗愤堪,草奏劾魏忠贤及魏广微三十二斩罪,拟十一月二日上之,先遣妻子南还。忠贤讄知,先二日假会推事与涟俱削籍。群小恨不已,复拘文言狱,入光斗名,遣使往逮。父老子弟拥马首号哭,声震原野,缇骑亦为雪涕。至则下诏狱酷讯。许显纯诬以受杨镐、熊廷弼贿,涟等初不承,已而恐以不承为酷刑所毙,冀下法司,得少缓死为后图,诸人俱自诬服。光斗坐赃二万。忠贤乃矫旨,仍令显纯五日一追比,不下法司,诸人始悔失计。容城孙奇逢者,节侠士也,与定兴鹿正以光斗有德于畿辅,倡议醵金,诸生争应之。得金数千,谋代输,缓其狱,而光斗与涟已同日为狱卒所毙,时五年七月二十有六日也,年五十一。

光斗既死,赃犹未竟。忠贤令抚按严追,系其群从十四人。长兄光霁坐累死,母以哭子死。都御史周应秋犹以所司承追不力,疏趣之,由是诸人家族尽破。及忠贤定《三朝要典》"移宫"一案以涟、光斗为罪魁,议开棺戮尸。有解之者,乃免。忠贤既诛,赠光斗右都御史,录其一子。已,再赠太子少保。福王时,追谥忠毅。

【译文】

左光斗,字遗直,桐城人。明万历三十五年(1607)考取进士,任中书舍人。后被授为御史,巡查中城吏治,逮捕法办了许多吏部的坏官吏,获得假印章七十多枚,假官一百多人,使京城为之震惊。

左光斗出任屯田方面的官员,他说:"北方人不知水利,一年地荒,二年耕者迁徙,到第三年人与地都没有了。现在要想使旱涝不能为灾,只有兴修水利这一条办法。"因此他上疏提出了三因十四条建议,即:根据天时、利用地利、依据人情。十四条为:论疏通河流、修治渠道、引水、建坝、修闸、修水库、查勘土地、修筑池塘、招徕农民、选人、选领导人员、军士屯田、设立垦田机构、富民用钱买爵。左光斗的建议清晰系统,皇帝下令按照这一建议执行。由此,水利事业大兴,北方人才知道种植水稻。邹元标曾说:"三十年前,京都的人不知道水稻是什么东西,现在到处都是水稻,全是兴修水田的好处。"太监刘朝号称东宫太子有令,向左光斗索要戚畹废庄。左光斗将太子的命令原封退回,说:"天下的寸尺土地都属于太子的,今天怎么能私自给人呢!"太监气愤的走了。

明光宗去世,李选侍占据乾清宫,强迫皇太子封皇后。光斗上奏说:"内廷有乾清宫,犹如外廷有皇极殿,只有天子能居住,皇后配天子才得以共同居住。其他嫔妃虽然也与天子以次相配,但不得长期居住,这不只是避嫌,也是为了区别尊卑上下之别。李选侍既不是皇子的长母,又不是亲生母亲,却泰然处于正宫,太子退居于慈庆宫,使得上下难行礼节,这还叫什么名分? 李选侍侍奉先皇帝没有成为皇后的德义,对太子又没有养育之恩。这样的人,怎能将皇太子托付给她呢?"况且,太子年已十六岁,内有忠厚老臣辅佐,外有公卿百官,怕没人,而须像照顾婴儿一样? 更何况太子正值长知识时,不应接触这些个人私欲的情况,因此,何必将太子托给妇道人手中? 现在不赶快决定,将来李氏必借抚养太子的名义,实行专制统治。武则天那样的祸害再出现于现在,将来就会有不忍言及此事的人。"当时李选侍想专揽大权,对大臣的奏疏,都让先进乾清宫,然后再转到慈庆宫的太子处。李氏得见光斗的奏章,非常恼怒,准备严加罚谴光斗。屡次派使者宣召光斗,光斗说:"我是皇帝的法官,没有天子的命令不去。你们要干什么?"李选侍更为愤怒,邀请熹宗到乾清宫商议。熹宗不肯去,让使者取来光斗的奏章,看后认为说的对,便要选择日子移宫,光斗才免于受李氏的打击。当时,宫廷政府相互猜疑,危机四伏,光斗与杨涟齐心建立,排除太监势力,扶持幼主,使皇位没有旁落。由于他们两人出力最大,所以,朝廷内外并称他们为"杨、左"。

过了不久,御史贾继春上书内阁,说皇帝不应该薄待庶母。光斗知道此事后,即向皇帝说:"先皇帝去世,大臣们从乾清宫奉皇帝居于慈庆宫,我们认为皇帝不应回避李选侍。所以,我们于初二日上奏《慎守典礼肃清宫禁疏》,宫中为之恼怒,几乎要降大罪于我们。幸得皇帝保护,将奏疏发至内阁。初五日,阁臣等上疏再次催促,便奉令移宫了。至初六日,皇帝即位,便驾临乾清宫。由此,宫内秩序井然,内外和睦。皇帝既然应当还住乾清宫,那么,李选侍就当迁出,这是极明白的道理。唯有移宫以后,应存大礼节而不计小的过失。若为小事牵引使内宫不安宁,则对国家会有损害。希望立刻诛杀盗宝宫奴刘逊等人,其他人则予以宽处。"皇帝便告谕群臣,详述了李选侍虐待皇帝母亲的各种罪状。到召见大家时又说:"我与李选侍有仇"。贾继春因此而获罪离去。

当时,朝臣议论改元。有人说可去掉泰昌不纪;有人说去掉万历四十八年,即以今年为泰昌;有人说以明年为泰昌,后年为天启。光斗力排众说,建议以今年八月以前为万历,以后为泰昌,议论便同意了他的意见。孙如游由中旨入内阁,光斗坚决反对请予以排斥。后来,光斗负责畿辅地区教育,杜绝各种请托,判事准确如神。

天启初年,朝廷议论要起用熊廷弼,治罪言官魏应喜等人。光斗独自坚持反对意见,说廷弼有优秀的才能,但气量不够宽宏,过去让他守备辽敌完全可以胜任,而现在让他去收复辽地却难以完成。不久,廷弼果然战败。天启三年(1623)秋,光斗上疏请召回文震孟、满朝荐、毛士龙、徐大相等加以任用。并请召回贾继春与范济世。济世也是"移宫"事件上与光斗持不同意见的人。这一奏疏未被皇帝采纳。当年,光斗被提升为大理丞,进为少卿。

天启四年二月,左光斗被授于左佥都御史。当时,韩爌、赵南星、高攀龙、杨涟,郑三俊、李邦华、魏大中等人都据有重要地位。光斗与他们政见相同,经常为国家前途品评人物,正人君子都信赖他们,嫉忌他们的人越法认为不能容忍了。光斗与给事中阮大铖为同乡,便将阮氏招入京中。正巧吏科都给事中缺职,应补升的人,首先应是周士朴,次为阮大铖,再次为大中。阮大铖求得上级命令,使士朴不能升任,而以为自己的准备。赵南星憎恶这样做,要按照规定处置大铖。大铖怀疑光斗发现了他计取名位的阴谋,非常恨光斗。熊明遇、徐良彦都想得到佥都御史之职,但赵南星却推荐左光斗任此职,因此二人也恨光斗。江西人又因其他事恨魏大中,丁是,他们共同向给事中傅櫆弹劾左光斗、大中与汪文言朋比为奸。光斗上疏辩解,而且诋毁傅櫆与东厂理刑傅继教结为兄弟。傅櫆为此也怨恨光斗,又上疏攻击光斗。光斗乞求免职,此事才算了结。

杨涟弹劾魏忠贤,光斗曾与之共谋,光斗又与攀龙共同揭发崔呈秀的脏私,忠贤与他的党徒都恨光斗。到忠贤驱逐了南星、攀龙、大中,下面将要涉及杨涟、光斗时,光斗愤怒至极,草拟上奏弹劾魏忠贤及魏广微三十二斩罪,准备十一月二日上奏,先送妻子儿子南返回老家。魏忠贤刺探知此事后,提前二天借会推事而将光斗与杨涟削籍。大家愤恨不已,接着又重构汪文言狱案,加入光斗之名,派遣使者去逮捕光斗。父老乡亲紧拥马前号哭,声震原野,连捕刑人员也为之落泪。至京则下狱中严刑拷问。许显纯诬陷他们受了杨镐、熊廷弼的贿赂,杨涟等人开始都不承认,不久又怕不承认被酷刑折磨死,他们寄希望于司法部门,为了缓死而图将来澄清事实,大家都冤招。光斗承认收贿二万。魏忠贤于是假托圣旨,仍令显纯五天一追究,不移交司法部门,大家这时才后悔失算了。容城孙奇逢是一仗义之士,与定兴鹿正因光斗对畿辅地区做了许多好事,便倡议大家凑钱,大家争相响应,凑钱达数千,计划代为交纳,以缓解光斗的刑狱,但这时,光斗与杨涟已与同一天被狱卒所杀,当时为天启五年(1625)七月二十六日,光斗年五十一岁。

光斗已死，贿赃之事并未完，魏忠贤令地方长官严加追究，逮捕光斗随从等十四人。他的大哥因此事连累而死，母亲因痛哭儿子而死去。都御史周应秋还认为有关部门追究不力，上疏要求撤去有关人员，由此，使许多人家破人亡。到魏忠贤定《三朝要典》时，"移宫"一案，定杨涟、光斗为罪魁祸首，建议开棺戮尸再行惩处，有人为之辩解，才未实行。等到魏忠贤被诛杀后，光斗被赠封为右都御史，录用他一个儿子为官。此后，又追赠光斗为太子少保。福王时，追赠谥号为忠毅。

孙元化传

【题解】

孙元化（1581～1632），字初阳，号火东。清嘉定（今上海市嘉定县）人。

孙元化曾跟随徐光启学习火器和数学，因此对西洋火炮应用于保卫边防甚有研究。1622年（天启二年）广宁失陷后，孙元化上备京、防边二策，详陈筑台制炮之术，深得孙承宗（1563～1625）经略辽东，孙元化随同前往。其后，孙承宗代王在晋任兵部尚兵经略蓟辽，他听从孙元化的意见，修筑城堡炮台、练兵屯田，大力加强防务。孙元化则仿制西洋巨炮。后来孙元化协助袁崇焕（1584～1630）镇守宁远。袁崇焕领导军民筑城坚守。发射西洋巨炮，屡次击退清军的进攻。崇祯初年，袁崇焕任兵部尚书督师蓟辽，又请求孙元化辅佐。

孙元化深受徐光启的重视。1630年（崇祯三年），皮岛副将刘兴治作乱时，徐光启上疏奏请"速召孙元化、王征于登州"，孙元化任登莱巡抚。1632年初（崇祯四年末）登州参将孔有德（？～1652）等起兵叛明，孙元化希望能加以招抚，命各郡县勿迎击。到孔有德部即将攻占登州时，孙元化仍派人招降。登州城在叛军里应外合之下陷落，孙元化等被执。明朝官军克复登州后，孙元化、王征、张焘等被一同解送京师（北京）。孙元化、张焘被处死刑。

孙元化受徐光启的影响，亦受洗入天主教。他曾出巨资在家乡嘉定建教堂和教士住宅。他与西方传教士关系颇佳。

孙元化著有《几何体论》一卷、《几何用法》一卷、《泰西算要》一卷、《西洋神机》二卷等。这些都是有关西方数学及火炮的著作。他还为意大利耶稣会士高一志（Alphonse Vagnoni，1566～1640）撰《则圣十篇》作序、毕谅济 Francois Sambiasi，1582～1649）著《睡答画答》校订。徐光启撰《勾股义》，亦得孙元化之助。

【原文】

元化，字初阳，嘉定人。天启间举于乡。所善西洋炮法，盖得之徐光启云。广宁覆没，条备京、防边二策。孙承宗请于朝，得赞画经略军前。主建炮台教练法，因请据宁远、前屯,以策干王在晋,在晋不能用。承宗行边,还奏,授兵部司务。承宗代在晋,遂破重关之非,筑台制炮,一如元化言。还授元化职方主事。已,元化赞画袁崇焕宁远。还朝,寻罢。

崇祯初,起武选员外郎,进职方郎中。崇焕已为经略,乞元化自辅,遂改元化山东右参议,整饬宁、前兵备。三年,皮岛副将刘兴治为乱,廷议复设登莱巡抚,遂擢元化右佥都御史任之,驻登州。明年,岛众杀兴治,元化奏副将黄龙代,汰其兵六千人。及有德反,朝野由是怨元化之不能讨也。贼纵元化还,诏逮之。首辅周延儒谋脱其死,不得也。则援其师光启入阁图之,卒不得,同张焘弃市。光兰、征充军。

【译文】

孙元化,字初阳,嘉定(今上海市嘉定县)人。明代天启年间乡试时考中举人。他所擅长的西洋炮法,是从徐光启学习而得的。清兵攻占广宁(今辽宁北镇)后,孙元化分条陈述备京、防边二策。孙承宗在朝廷请求给予他官职,因而他在前线任赞画经略职。他主张修建炮台、教授操练西洋炮法,请求据守宁远、前屯(今辽宁兴城、绥中西南),又向正在晋陈述政见,但王在晋没有任用他。孙承宗视察边防,回到京师(北京)把情况奏明皇帝,孙元化被授予兵部司务职。孙承宗接替王在晋的职务,于是打破了关口重叠的非议,修筑炮台、制造大炮,完全按照孙元化的主张。回朝,授孙元化职方主事职。过了一些时候,孙元化协助袁崇焕镇守宁远。孙元化回到朝廷,不久被免去官职。

崇祯初年,孙元化被起用为武选员外郎,又晋升为职方郎中。袁崇焕当时已任经略,请求孙元化辅佐,于是孙元化改任山东右参议,整顿宁远、前屯的兵员装备。崇祯三年(1630年),皮岛(今属朝鲜)副将刘兴治作乱,朝廷议决再设登莱巡抚,提拔孙元化以右佥都御史任登莱巡抚,驻登州。第二年,岛上的民众杀死刘兴治,孙元化奏请由黄龙任副将,淘汰冗兵六千人。到纪有德起兵反叛明朝,朝野因此而责备孙元化没有征讨叛军。叛军放回孙元化,朝廷发出诏书逮捕了他。首辅周延儒谋求为其开脱,以免其死,但没有成功,便请孙元化的老师徐光启入内阁以图援救,但仍没有成功。结果,孙元化和张焘一起在闹市被执行死刑,参议、宋光兰、佥事王征被充军。

徐光启传

【题解】

徐光启(1562~1633),字子先,号玄扈,南直隶(明代松江府直接隶属"南都"南京,故称"南直隶")松江府上海县人。出身于一个小商人兼小土地所有者家庭,幼年时代便接触到农业、手工业生产知识。徐光启一生勤劳俭朴,关心国计民生和有旺盛的求知欲,不能不说受影响于其家庭。二十一四十岁期间,先后以秀才和举人的资历在家乡和广东、广西等地,以课馆为生。万历二十八年(1600)结识意大利传教士利玛窦,并加入天主教。万历三十二年,以进士及第授翰林院庶吉士。此后在明廷担任过不少重要官职。崇祯五年(1632),终于位,时为太子太保、礼部尚书兼文渊阁大学士,年七十二岁。《明史》本传说他"盖棺之日,囊无余赀"。徐光启有治国济世的才干,但到他官位较高,掌握一定权力时,年纪已老;加之正值周延儒、温体仁二人把持朝政,其政治抱负无法得到施展。这对他个人来说,不能不说是一件遗憾的事。

徐光启

徐光启是明末的一位优秀科学家。他与利玛窦一起研究天文、历法、数字、地学、水利等学问。并和利玛窦等共同翻译了许多近代科学著作,如《几何原本》《测量法义》《泰西水法》等,成为中国介绍西方科学的先驱。他自己也有不少关于历算、测量方面的著作,如《测量异同》《勾股义》等。在科学技术研究方面,徐光启用力最勤,收罗最富的要算是在农业方面了。因此,在他的科学著作中也以《农政全书》为最重要。本书是他几十年心血的结晶,为一部集中国古代农业科学技术大成的著作。全书共六十卷,五十余万字,分农本、田制、农事、水利、农器、树艺、蚕桑、蚕桑广类、种植、牧养、制造和荒政十二大项。徐光启的学术思想在当时是比较先进的,对科学的认识和科学研究方法都提出了独到的见解。

【原文】

徐光启,字子先,上海人。万历二十五年举乡试第一,又七年成进士。由庶吉士历赞善。从西洋人利玛窦学天文、历算、火器,尽其术。遂遍习兵机、屯田、盐策、水利诸书。

杨镐四路丧师,京师大震。累疏请练兵自效。神宗壮之,超擢少詹事兼河南道御史。练兵通州,列上十议。时辽事方急,不能如所请。光启疏争,乃稍给以民兵戎械。

未几,熹宗即位。光启志不得展,请裁去,不听。既而以疾归。辽阳破,召起之。还朝,力请多铸西洋大炮,以资城守。帝善其言。方议用,而光启与兵部尚书崔景荣议不合,御史丘兆麟劾之,复移疾归。天启三年起故官,旋擢礼部右侍郎。五年,魏忠贤党智铤劾之,落职闲住。

崇祯元年召还,复申练兵之说。未几,以左侍郎理事。帝忧国用不足,敕廷臣献屯盐善策。光启言屯政在于垦荒、盐政在严禁私贩。帝褒纳之,擢本部尚书。时帝以日食失验,欲罪台官。光启言:"台官测候本郭守敬法。元时尝当食不食,守敬且尔,无怪台官之失占。臣闻历久必差,宜及时修正。"帝从其言,召西洋人龙华民、邓玉函、罗雅谷等推算历法，光启为监督。

四年春正月，光启进《日躔历指》一卷、《测天约说》二卷、《大测》二卷、《日躔表》二卷、《割圜八线表》六卷、《黄道升度》七卷、《黄赤距度表》一卷、《通率表》一卷。是冬十月辛丑朔，日食，复上测候四说。其辩时差里之法，最为详密。

五年五月以本官兼东阁大学士，入参机务，与郑以伟并命。寻加太子太保，进文渊阁。光启雅负经济财，有志用世。及柄用，年已老，值周延儒、温体仁专政，不能有所建白。明年十月卒。赠少保。

郑以伟，字子器，上饶人。万历二十九年进士。改庶吉士，授检讨，累迁少詹事。泰昌元年官礼部右侍郎。天启元年，光宗祔庙，当祧宪宗，太常少卿洪文衡以睿宗不当入庙，请祧奉玉芝宫，以伟不可而止，论者卒是文衡。寻以左侍郎协理詹事府。四年，以伟直讲筵，与珰忤，上疏告归。崇祯二年召拜礼部尚书。久之，与光启并相。再辞，不允。以伟修洁自好，书过目不忘。文章奥博，而票拟非其所长。尝曰："吾富于万卷，窘于数行，乃为后进所藐"。章疏中有"何况"二字，为人名也，拟旨提问，帝驳改始悟。自是词臣为帝轻，遂有馆员须历推知之谕，而阁臣不专用翰林矣。以伟累乞休，不允。明年六月，卒官。赠太子太保。御史言光启，以伟相继没，盖棺之日，束无余赀，请优恤以愧贪墨者。帝纳之，乃谥光启文定，以伟文恪。

其后二年，同安林釬为大学士，未半岁而卒。亦有言其清者，得谥文穆。釬，字实甫，万历四十四年殿试第三人，授编修。天启时，任国子司业。监生陆万龄请建魏忠贤祠于太学旁，具簿醵金，强釬为倡。釬援笔涂抹，即夕挂冠棂星门径归。忠贤矫旨削其籍。崇祯改元，起少詹事。九年由礼部侍郎入阁，有谨愿诚恪之称。

久之，帝念光启博学强识，索其家遗书。子骥入谢，进《农政全书》六十卷。诏令有司刊布，加赠太保，其孙为中书舍人。

【译文】

徐光启，字子先，上海人。万历二十五年（1597）省试考中第一名举人，七年后考中进士。由庶吉士做到赞善。曾跟从西洋人利玛窦学习天文、历算、火器、完全掌握其方法。继而全面学习军事、屯田、盐政、水利等各种书籍。

杨镐四路兵马丧失于辽东，京城大为震惊。徐光启几次上疏要求让自己去练兵以报效国家。神宗皇帝嘉许他的雄心壮志，越级提升为少詹事兼河南道御史。在通州练兵时，他上奏陈列了十条建议。当时辽东战事正吃紧，没有答应他的请求。徐光启上疏力争，才批准给了他少量民兵和武器军械。

没过多久，明熹宗即位。徐光启因自己的抱负不得施展，请求辞职而去，没获得批准。接着因病请假回乡。辽阳被攻破，熹宗下令起用他。回到朝中，他大力提议多铸造西洋大炮，以供守城用。熹宗同意他的看法。正考虑采纳他的建议，而徐光启与兵部尚书崔景荣的建议不一致，受到御史丘兆麟的弹劾。他又称病请假回家。天启三年（1623）以原官起用，接着升为礼部右侍郎。天启五年，魏忠贤勾结智铤弹劾他，终于丢掉了官职而闲居。

崇祯元年（1628）被召回朝廷，又提出练兵建议。不久，以左侍郎负责礼部事务。崇祯考虑国家财政困难，命朝廷大臣提出整理屯田和盐政的好办法。徐光启说，屯政的关键在于垦荒，盐政在于严禁私盐的贩卖。崇祯帝赞扬并采纳了他的意见，升他为礼部尚书。当时，皇帝因为日食预报发生错误，想要处分钦天监台官。徐光启说："钦天监预测天象是本照着郭守敬的方法，元代已经出现了应当发生日、月食而没有发生的情况。郭守敬尚且如此，所以不能责怪钦天监台官计算出差错。我听说，任何一种历法使用久了，就必定会出现差错，宜于及时修正。"崇祯帝听从其言，下诏请西洋人龙华民、邓玉函、罗雅谷等来推算，进行改历的工作。徐光启任监督。

崇祯四年春季正月，徐光启送上《日躔历指》一卷、《测天约说》二卷、《大测》二卷、《日躔表》二卷、《割圜八线表》六卷、《黄道升度》七卷、《黄赤距度表》一卷、《通率表》一卷。当年冬季十月初一日，发生日食，又进上测候四说，其中以论述时差里差的方法最为详细周密。

五年五月，以礼部尚书兼东阁大学士，入阁参预机要事务，与郑以伟同时被任命。随即加太子太保，进文渊阁。徐光启颇有治国经世的才干，而且立志用于当世。不过，到被信任而掌权时，年纪已老，又恰逢周延儒、温体仁独断专政，不能够有所倡议第二年十月去世。赐诰封少保。

郑以伟，字子器，上饶人。万历二十九年进士。改为庶吉士，授检讨，积功升少詹事。泰昌元年（1620）官任礼部右侍郎。天启元年，光宗的神主迁入祖庙，当承继为宪宗的后嗣，太常少卿洪文衡认为睿宗不应当入太庙，请求把其神主迁入玉芝宫，郑以伟认为不可而加以阻止，朝臣们议论结果是同意洪文衡的提议。随即以左侍郎协助治理詹事府。四年，郑以伟当值讲解儒家经义，违逆了宦官，上疏请求辞职回家。崇祯二年召拜为礼部尚书。过了一段时候，和徐光启并为宰相。再次辞职，不批准。郑以伟为人廉洁自好，读书过目可忘，撰写的文章精深渊博，但不善于拟写批答公文。他曾说："我腹中富有万卷书，但却受窘于几行公文，而被后仕者所看不起"。奏章疏文中有"何况"二字，郑以伟误认作是人名，在代皇帝草拟的圣旨中提出要归案审问。崇祯帝给以修正改错后，他才醒悟过来。从此，以文学见长的朝臣就被崇祯帝所轻视。于是乃有馆阁工作人员须历任过推知的上谕，而内阁大臣不再只选用翰林出身的人了。郑以伟屡次请求退休，不获批准。第二年六月，死于任上。追赠太子太保。御史说，徐光启、郑以伟相继去世，盖棺下葬时，口袋中没有多余的钱财，请朝廷加以优厚抚恤，以使贪赃枉法者感而羞愧。崇祯帝采纳御史意见，于是赐谥号徐光启为文定，郑以伟为文恪。

过了二年，同安人林釬任大学士，不到半年就去世。也有人说他廉洁奉公，得谥号文穆。林釬，字实甫，万历四十四年殿试第三名，授任编修。天启时（1621～1627），任国子司业。监生陆万龄提请在太学旁边建造一座魏忠贤生祠，聚凑了些钱，并强使林釬出来倡议。林釬提起笔来涂抹掉自己的名字，当晚即在棂星门挂冠而回家。魏忠贤伪造圣旨削去他的官职。崇祯即位，起用他为少詹事。崇祯九年，由礼部侍郎入阁，有诚实忠敬过了较长一段时候，皇帝想念到徐光启博学强识，要他的家属把遗留下的著作送上。徐光启的儿子徐骥入朝谢恩，进献上《农政全书》六十卷。崇祯帝下诏命令有关部门刊刻颁布，加赠太保，并录用他的孙子为中书舍人。

熊廷弼传

【题解】

熊廷弼(1569～1625)明代后叶著名边将，字飞白，号完冈。江夏(今湖北武昌)人。万历二十六年(1598)进士，初授保定推官，后巡按辽东。万历四十七年(1619)擢兵部右侍郎兼右佥都御史，经略辽东。当时后金(清)崛起，边事日频，熊廷弼乃整肃军纪，加强防务，招集流亡，训练士卒，"数月守备大固"，人心复稳，一度使后金不敢来犯。熹宗即位，魏忠贤专权，熊被排挤去职。天启元年(1621)，辽阳、沈阳相继失守，京师大震，朝廷再次起用熊廷弼为辽东经略，并进兵部尚书，兼右副都御史，驻山海关。但辽东军务的实权落入广宁(今辽宁北镇)巡抚王化贞手中。王化贞大言轻敌，又不听调度指挥，次年正月王化贞部队遇敌大溃败，只率五千人马的熊廷弼见势同王化贞同退入关。王化贞为阉党袒护，熊被魏忠贤冤杀。著有《已中书牍》《熊襄愍公集》。

【原文】

熊廷弼，字飞百，江夏人。万历二十五年举乡试第一。明年成进士，授保定推官，擢御史。

三十六年巡按辽东。巡抚赵楫与总兵官李成梁弃宽奠新疆八百里，徙编民六万家于内地。已，论功受赏，给事中宋一韩论之。下廷弼覆勘，具得弃地驱民状，劾两人罪，及先任按臣何尔健、康丕扬党庇。疏竟不下。时有诏兴屯，廷弼言辽多旷土，岁于额军八万中以三分屯种，可得粟百三十万石。帝优诏褒美，命推行于诸边。边将好捣巢，辄生衅端。廷弼言防边以守为上，缮垣建堡，有十五利，奏行之。岁大旱，廷弼行部金州，祷城隍神，约七日雨，不雨毁其庙。及至广宁，逾三日，大书白牌，封剑，使使往斩之。未至，风雷大作，雨如注，辽人以为神。在辽数年，杜馈遗，核军实，按劾将吏，不事姑息，风纪大振。

熊廷弼

督学南畿，严明有声。以杖死诸生事，与巡按御史荆养乔相讦奏。养乔投劾去，廷弼亦听勘归。

　　四十七年,杨镐既丧师,廷议以廷弼熟边事,起大理寺丞兼河南道御史,宣慰辽东。旋擢兵部右侍郎兼右佥都御史,代镐经略。未出京,开原失,廷弼上言:"辽左,京师肩背,河东,辽镇腹心,开原又河东根本。欲保辽东则开原必不可弃。敌未破开原时,北关、朝鲜犹足为腹背患,今已破开原,北关不敢不服,遣一介使,朝鲜不敢不从。既无腹背忧,必合东西之势以交攻,然则辽、沈何可守也?乞速遣将士,备刍粮,修器械,毋窘臣用,毋缓臣期,毋中格以沮臣气,毋旁挠以掣臣肘,毋独遗臣以艰危,以致误臣、误辽,兼误国也。"疏入,悉报允,且赐尚方剑重其权。甫出关,铁岭复失,沈阳及诸城堡军民一时尽窜,辽阳汹汹。廷弼兼程进,遇逃者,谕令归。斩逃将刘遇节、王捷、王文鼎,以祭死节士。诛贪将陈伦,劾罢总兵官李如桢,以李怀信代。督军士造战车,治火器,浚濠缮城,为守御计。令严法行,数月守备大固。乃上方略,请集兵十八万,分布叆阳、清河、抚顺、柴河、三岔儿、镇江诸要口,首尾相应,小警自为堵御,大敌互为应援。更挑精悍者为游徼,乘间掠零骑,扰耕牧,更番迭出,使敌疲于奔命,然后相机进剿。疏入,帝从之。

　　廷弼之初抵辽也,令佥事韩原善往抚沈阳,惮不肯行。继命佥事阎鸣泰,至虎皮驿恸哭而返。廷弼乃躬自巡历,自虎皮驿抵沈阳,复乘雪夜赴抚顺。总兵贺世贤以近敌沮之,廷弼曰:"冰雪满地,敌不料我来。"鼓吹入。时兵燹后,数百里无人迹,廷弼祭诸死事者而哭之。遂耀兵奉集,相度形势而还。所至招流移,缮守具,分置士马,由是人心复固。

　　廷弼身长七尺,有胆知兵,善左右射。自按辽即持守边议,至是主守御益坚。然性刚负气,好谩骂,不为人下,物情以故不甚附。

　　明年五月,我大清兵略地花岭。六月略王大人屯。八月略蒲河。将士失亡七百余人,诸将世贤等亦有斩获功。而给事中姚宗文腾谤于朝,廷弼遂不安其位。宗文者,故户科给事中,丁忧归。还朝,欲补官。而吏部题请诸疏率数年不下,宗文患之。假招来西部名,属当事荐己。疏屡上,不得命。宗文计穷,致书廷弼,令代请。廷弼不从,宗文由是怨。后夤缘复吏科,阅视辽东士马,与廷弼议多不合。辽东人刘国缙先为御史,坐大计谪官。辽事起,廷议用辽人,遂以兵部主事赞画军务。国缙主募辽人为兵,所募万七千余人,逃亡过半。廷弼闻于朝,国缙亦怨。廷弼为御史时,与国缙、宗文同在言路,意气相得,并以排东林、攻道学为事。国缙辈以故意望廷弼,廷弼不能如前,益相失。宗文故出国缙门下,两人益相比,而倾廷弼。及宗文归,疏陈辽土日蹙,诋廷弼废群策而雄独智,且曰:"军马不训练,将领不部署,人心不亲附,刑威有时穷,工作无时止。"复鼓其同类攻击,欲必去之。御史顾慥首劾廷弼出关逾年,漫无定画;蒲河失守,匿不上闻;荷戈之士徒供挑浚,尚方之剑逞志作威。

　　当是时,光宗崩,熹宗初立,朝端方多事,而封疆议起。御史冯三元劾廷弼无谋者八,欺君者三。谓不罢,辽必不保。诏下廷议。廷弼愤,抗疏极辨,且求罢。而御史张修德复劾其破坏辽阳。廷弼益愤,再疏自明,云"辽已转危为安,臣且之生致死"。遂缴还尚方剑,力求罢斥。给事中魏应嘉复劾之。朝议允廷弼去,以袁应泰代。廷弼乃上疏求勘,言:"辽师覆没,臣始驱羸卒数千,踉跄出关,至杏山,而铁岭又失。廷臣咸谓辽必亡,而今且地方安堵，举朝帖席，此非不操练，不部署者所能致也。若谓拥兵十万，不能斩将擒王，诚臣之罪。然求此于今日，亦岂易言。令箭催而张帅殒命，马上催而三路丧师，臣何敢复蹈前轨。"

三元、应嘉、修德等复连章极论，廷弼即请三人往勘。帝从之。御史吴应奇、给事中杨涟等力言不可，乃改命兵科给事中朱童蒙往。廷弼复上疏曰："臣蒙恩回籍听勘，行矣。但台省责臣以破坏之辽遗他人，臣不得不一一陈之于上。今朝堂议论，全不知兵。冬春之际，敌以冰雪稍缓，哄然言师老财匮，马上促战。及军败，始愀然不敢复言。比臣收拾甫定，而愀然者又复哄然责战矣。自有辽难以来，用武将，用文吏，何非台省所建白，何尝有一效。疆场事，当听疆场吏自为之。何用拾帖括语，徒乱人意，一不从，辄怫然怒哉！"及童蒙还奏，备陈廷弼功状，末言："臣入辽时，士民垂泣而道，谓数十万生灵皆廷弼一人所留，其罪何可轻议？独是廷弼受知最深，蒲河之役，敌攻沈阳，策马趋救，何其壮也；及见官兵驾弱，遽尔乞骸以归，将置君恩何地。廷弼功在存辽，微劳虽有可纪；罪在负君，大义实无所逃。此则罪浮于功者矣。"帝以廷弼力保危城，仍议起用。

天启元年，沈阳破，应泰死，廷臣复思廷弼。给事中郭巩力诋之，并及阁臣刘一燝。及辽阳破，河西军民尽奔，自塔山至闾阳二百余里，烟火断绝，京师大震。一燝曰："使廷弼在辽，当不至此。"御史江秉谦追言廷弼保守危辽功，兼以排挤劳臣为巩罪。帝乃治前劾廷弼者，贬三元、修德、应嘉、巩三秩，除宗文名。御史刘廷宣救之，亦被斥。乃复诏起廷弼于家，而擢王化贞为巡抚。

化贞，诸城人。万历四十一年进士。由户部主事历右参议，分守广宁。蒙古炒花诸部长乘机窥塞下。化贞抚之，皆不敢动。朱童蒙勘事还，极言化贞得西人心，勿轻调，隳抚事。化贞亦言辽事将坏，惟发帑金百万，亟款西人，则敌顾忌不敢深入。会辽、沈相继亡，廷议将起廷弼，御史方震孺请加化贞秩，便宜从事，令与薛国用同守河西。乃进化贞右佥都御史，巡抚广宁。广宁城在山隈，登山可俯瞰城内，恃三岔河为阻，而三岔之黄泥洼又水浅可涉。广宁止屖卒千，化贞招集散亡，复得万余人。激厉士民，联络西部，人心稍定。辽阳初失，远近震惊，谓河西必不能保。化贞提弱卒，守孤城，气不慑，时望赫然。中朝亦谓其才足倚，悉以河西事付之。而化贞又以登、莱、天津兵可不设，诸镇入卫兵可止。当事益信其有才，所奏请辄报可。时金、复诸卫军民及东山矿徒，多结砦自固，以待官军。其逃入朝鲜者，亦不下二万。化贞请鼓舞诸人，优以爵禄，俾自奋于功名；诏谕朝鲜，褒以忠义，勉之同仇。帝亦从之。

至六月，廷弼入朝，首请免言官贬谪，帝不可。乃建三方布置策：广宁用马步列垒河上，以形势格之，缀敌全力；天津、登、莱各置舟师，乘虚入南卫，动摇其人心，敌必内顾，而辽阳可复。于是登、莱议设巡抚如天津，以陶朗先为之；而山海特设经略，节制三方，一事权。遂进廷弼兵部尚书，兼右副都御史，驻山海关，经略辽东军务。廷弼因请尚方剑，请调兵二十余万，以兵马、刍糗、器械之属责成户、兵、工三部。白监军道臣高出、胡嘉栋，督饷郎中傅国无罪，请复官任事。议用辽人故赞画主事刘国缙为登莱招练副使，夔州同知佟卜年为登莱监军佥事，故临洮推官洪敷教为职方主事，让他们参与军前赞画，用收拾辽人心，并报允。七月，廷弼将启行，帝特赐麒麟服一，彩币四，宴之郊外，命文武大臣陪饯，异数也。又以京营选锋五千护廷弼行。

先是，袁应泰死，薛国用代为经略，病不任事。化贞乃部署诸将，沿河设六营，营置参将一人，守备二人，画地分守。西平、镇武、柳河、盘山诸要害，各置戍设防。议既上，廷弼不谓然，疏言："河窄难恃，堡小难容，今日但宜固守广宁。若驻兵河上，兵分则力弱。敌轻骑潜渡，直攻一营，力必不支。一营溃，则诸营俱溃，西平诸戍亦不能守。河上止宜置游徼兵，更番出入，示敌不测。不宜屯聚一处，为敌所乘。自河抵广宁，止宜多置烽堠；西平诸处止宜稍置戍兵，为传烽哨探之用。而大兵悉聚广宁，相度城外形势，犄角立营，深垒高栅以俟。盖辽阳去广宁三百六十里，非敌骑一日能到。有声息，我必预知。断不宜分兵防河，先为自弱之计也。"疏上，优旨褒答。会御史方震孺亦言防河六不足恃，议乃寝。而化贞以计不行，愠甚，尽委军事于廷弼。廷弼乃请申谕化贞，不得藉口节制，坐失事机。先是，四方援辽之师，化贞悉改为"平辽"，辽人多不悦。廷弼言："辽人未叛，乞改为'平东'或'征东'，以慰其心"。自是化贞与廷弼有隙，而经、抚不和之议起矣。

八月朔，廷弼言："三方建置，须联络朝鲜。请亟发敕使往劳彼国君臣，俾尽发八道之师，连营江上，助我声势。又发诏书悯恤辽人之避难彼国者，招集团练，别为一军，与朝鲜军合势。而我使臣即权驻义州，控制联络，俾与登、莱声息相通，于事有济。更宜发银六万两，分犒朝鲜及辽人，而臣给予空名劄付百道，俾承制拜除。其东山矿徒能结聚千人者，即署都司；五百人者，署守备。将一呼立应，而一二万劲兵可立致也。"因荐监军副使梁之垣生长海滨，习朝鲜事，可充命使。帝立从之，且命如行人奉使故事，赐一品服以宠其行。之垣乃列上重事权、定职掌八事，帝亦报可。

之垣方与所司议兵饷，而化贞所遣都司毛文龙已袭取镇江，奏捷。举朝大喜，亟命登、莱、天津发水师二万应文龙，化贞督广宁兵四万进据河上，合蒙古军乘机进取，而廷弼居中节制。命既下，经、抚各镇互观望，兵不果进。顷之，化贞备陈东西情形，言："敌弃辽阳不守，河东失陷将士日夜望官军至，即执敌将以降。而西部虎墩兔、炒花咸愿助兵。敌兵守海州不过二千，河上止辽卒三千。若潜师夜袭，势在必克。敌南防者闻而北归，我据险以击其惰，可尽也"。兵部尚书张鹤鸣以为然，奏言时不可失。御史徐卿伯复趣之，请令廷弼进驻广宁，蓟辽总督王象乾移镇山海。会化贞复驰奏："敌因官军收复镇江，遂驱掠四卫屯民。屯民据铁山死守，伤敌三四千人，敌围之益急。急宜赴救。"于是兵部愈促进师。化贞即以是月渡河。廷弼不得已出关，次右屯，而驰奏海州取易守难，不宜轻举。化贞卒无功而还。

化贞为人驵而愎，素不习兵，轻视大敌，好漫语。文武将吏进谏悉不入，与廷弼尤抵牾。妄意降敌者李永芳为内应，信西部言，谓虎墩兔助兵四十万，遂欲以不战取全胜。一切士马、甲仗、糗粮、营垒俱置不问，务为大言罔中朝。尚书鹤鸣深信之，所请无不允，以故廷弼不得行其志。广宁有兵十四万，而廷弼关上无一卒，徒拥经略虚号而已。延绥入卫兵不堪用，廷弼请罪其帅杜文焕，鹤鸣议宽之。廷弼请用十年，鹤鸣上驳议。廷弼奏遣之垣，鹤鸣故稽其饷。两人遂相怨，事事龃龉。而廷弼亦褊浅刚愎，有触必发，盛气相加，朝士多厌恶之。

毛文龙镇江之捷，化贞自谓发踪奇功，廷弼言："三方兵力未集，文龙发之太早，致敌恨辽人，屠戮四卫军民殆尽，灰东山之心，寒朝鲜之胆，夺河西之气，乱三方并进之谋，误属国联络之算，目为奇功，乃奇祸耳。"贻书京师，力诋化贞。朝士方以镇江为奇捷，闻其言，亦多不服。廷弼又显诋鹤鸣，谓："臣既任经略，四方援军宜听臣调遣，乃鹤鸣径自发戍，不令臣知。七月中，臣咨部问调军之数，经今两月，置不答。臣有经略名，无其实，辽左事惟枢臣与抚臣共为之"。鹤鸣益恨。至九月，化贞犹言虎墩兔兵四十万且至，请速济师。廷弼言："抚臣恃西部，欲以不战为战计。西部与我，进不同进。彼入北道，我入南道，相距二百余里。敌分兵来应，亦须我自撑拒。臣未敢轻视敌人，谓可不战胜也。臣初议三方布置，必使兵马、器械、舟车、刍茭无一不备，而后克期齐举，进足战，退亦足以守。今临事中乱，虽枢臣主谋于中，抚臣决策于外，卜一举成功，而臣犹有万一不必然之虑也。"既而西部竟不至，化贞兵亦不敢进。

廷弼既与化贞隙，中朝右化贞者多诋廷弼。给事中杨道寅谓出、嘉栋不宜用。御史徐景濂极誉化贞，刺廷弼，诋之垣道遥故乡，不称任使。御史苏琰则言廷弼宜驻广宁，不当远驻山海，因言登、莱水师无所用。廷弼怒，抗疏力诋三人。帝皆无所问。而帝于讲筵忽问："十年系叛族，何擢金事？国缙数经论列，何起用？嘉栋立功赎罪，何在天津？"廷弼知左右潜之，抗疏辨，语颇愤激。

是时，廷弼主守，谓辽人不可用，西部不可恃，永芳不可信，广宁多间谍可虞。化贞一切反之，绝口不言守，谓我一渡河，河东人必内应。且腾书中朝，言仲秋之月，可高枕而听捷音。识者知其必偾事，以疆场事重，无敢言其短者。

至十月，冰合，广宁人谓大清兵必渡河，纷然思窜。化贞乃与震孺计，分兵守镇武、西平、间阳、镇宁诸城堡，而以大军守广宁。鹤鸣亦以广宁可虑，请教廷弼出关。廷弼上言："枢臣第知经略一出，足镇人心；不知徒手之经略一出，其动摇人心更甚。且臣驻广宁，化贞驻何地？鹤鸣责经、抚协心同力，而枢臣与经臣独不当协心同力乎？为今日计，惟枢部俯同于臣，臣始得为陛下任东方事也。"其言甚切至，鹤鸣益不悦。廷弼乃复出关，至右屯，议以重兵内护广宁，外扼镇武、间阳。乃令刘渠以二万人守镇武，祁秉忠以万人守间阳。又令罗一贯以三千人守西平。复申令曰："敌来，越镇武一步者，文武将吏诛无赦。敌至广宁而镇武、间阳不夹攻，掠右屯饷道而三路不救援者，亦如之。"

部署甫定，化贞又信谍者言，遽发兵袭海州，旋亦引退。廷弼乃上言："抚臣之进，及今而五矣。八、九月间屡进屡止，犹未有疏请也。若十月二十五日之役，则拜疏辄行者也。臣疾趋出关，而抚臣归矣。西平之会，相与协心议守，掎角设营，而进兵之书又以晦日至矣。抚臣以十一月二日赴镇武，臣即以次日赴杜家屯，比至中途，而军马又遣还矣。初五日，抚臣又欲以轻兵袭牛庄，夺马圈守之，为明年进兵门户。时马圈无一敌兵，即得牛庄，我不能守，敌何损，我何益？会将吏力持不可，抚臣亦怏怏回矣。兵屡进屡退，敌已窥尽伎俩，而臣之虚名亦以轻出而损。愿陛下明谕抚臣，慎重举止，毋为敌人所笑。"化贞见疏不悦，驰奏辨。且曰："愿请兵六万，一举荡平。臣不敢贪天功，但厚赉从征将士，辽民赐复十年，海内得免加派，臣愿足矣。即有不称，亦必杀伤相当，敌不复振，保不为河西忧。"因请便宜行事。

时叶向高复当国，化贞座主也，颇右之。廷臣惟太仆少卿何乔远言宜专守广宁，御史夏之令言蒙古不可信，款赏无益，给事中赵时用言永芳必不可信，与廷弼合。余多右化贞，令毋受廷弼节制。而给事中李精白欲授化贞尚方剑，得便宜操纵。孙杰劾一爝以用出、嘉栋、十年为罪，而言廷弼不宜驻关内。廷弼愤，上言："臣以东西南北所欲杀之人，而适遭事机难处之会。诸臣能为封疆容则容之，不能为门户容则去之，何必内借阁部，外借抚道以相困。"又言："经、抚不和，恃有言官。言官交攻，恃有枢部。枢部佐斗，恃有阁臣。臣今无望矣。"帝以两臣争言，遣兵部堂官及给事中各一人往谕，抗违不遵者治罪。命既下，廷臣言遣官不便，乃下廷臣集议。

初，廷弼之出关也，化贞虑夺己兵权，佯以兵事委廷弼。廷弼上言："臣奉命控扼山海，非广宁所得私。抚臣不宜卸责于臣。"会震孺奏经、抚不和，中有化贞心惰意懒语，廷弼据以刺化贞，化贞益不悦。及化贞请一举荡平，廷弼乃言："宜如抚臣约，亟罢臣以鼓士气。"

当是时，中外举知经、抚不和，必误疆事，章日上。而鹤鸣笃信化贞，遂欲去廷弼。二年正月，员外郎徐大化希指劾廷弼大言罩世，嫉能妒功，不去必坏辽事。疏并下部，鹤鸣乃集廷臣大议。议撤廷弼者数人，余多请分任责成。鹤鸣独言化贞一去，毛文龙必不用命，辽人为兵者必溃，西部必解体，宜赐化贞尚方剑，专委以广宁，而撤廷弼他用。议上，帝不从，责吏、兵二部再奏。会大清兵逼西平，遂罢议，仍兼任二臣，责以功罪一体。

无何，西平围急。化贞信中军孙得功计，尽发广宁兵，畀得功及祖大寿往会秉忠进战。廷弼亦驰檄渠撤营赴援。二十二日遇大清兵平阳桥。锋始交，得功及参将鲍承先等先奔，镇武、闾阳兵遂大溃，渠、秉忠战没沙岭，大寿走觉华岛。西平守将一贯待援不至，与参将黑云鹤亦战殁。廷弼已离右屯，次闾阳。参议邢慎言劝急救广宁，为佥事韩初命所沮，遂退还。时大清兵顿沙岭不进。化贞素任得功为腹心，而得功潜降于大清，欲生缚化贞以为功，讹言敌已薄城。城中大乱奔走，参政高邦佐禁之，不能止。化贞方阖署理军书，不知也。参将江朝栋排闼入，化贞怒呵之。朝栋大呼曰："事急矣，请公速走"。化贞莫知所为。朝栋掖之出上马，二仆人徒步从，遂弃广宁，踉跄走。与廷弼遇大凌河。化贞哭，廷弼微笑曰："六万众一举荡平，竟何如？"化贞惭，议守宁远及前屯。廷弼曰："嘻，已晚，惟护溃民入关可耳。"乃以己所将五千人授化贞为殿，尽焚积聚。二十六日偕初命护溃民入关。化贞、出、嘉栋先后入，独邦佐自经死。得功率广宁叛将迎大清兵入广宁，化贞逃已两日矣。大清兵追逐化贞等二百里，不得食，乃还。报至，京师大震。鹤鸣恐，自请视师。

二月逮化贞，罢廷弼听勘。四月，刑部尚书王纪、左都御史邹元标、大理寺卿周应秋等奏上狱词，廷弼、化贞并论死。后当行刑，廷弼令汪文言贿内廷四万金祈缓，既而背之。魏忠贤大恨，誓速斩廷弼。及杨涟等下狱，诬以受廷弼贿，甚其罪。已，逻者获市人蒋应旸谓与廷弼子出入禁狱，阴谋叵测。忠贤愈欲速杀廷弼，其党门克新、郭兴治、石三畏、卓迈等遂希指趣之。会冯铨亦憾廷弼，与顾秉谦等侍讲筵，出市刊《辽东传》谮于帝曰："此廷弼所作，希脱罪耳。"帝怒，遂以五年八月弃市，传首九边。已，御史梁梦环谓廷弼侵盗军资十七万。御史刘徽谓廷弼家资百万，宜籍以佐军。忠贤即矫旨严追。罄赀不足，姻族家俱破。江夏知县王尔玉责廷弼子貂裘珍玩，不获，将挞之。其长子兆珪自到死，兆珪母称冤。尔玉去其两婢衣，挞之四十。远近莫不嗟愤。崇祯元年诏免追赃。其秋，工部主事徐尔一讼廷弼冤，曰：

廷弼以失陷封疆，至传首陈尸，籍产追赃。而臣考当年，第觉其罪无足据，而劳有足矜也。广宁兵十三万，粮数百万，尽属化贞。廷弼止援辽兵五千人，驻右屯，距广宁四十里耳。化贞忽同三四百万辽民一时尽溃，廷弼五千人，不同溃足矣，尚望其屹然坚壁哉！廷弼罪安在？化贞仗西部，廷弼云"必不足仗"。化贞信李永芳内附，廷弼云"必不足信"。无一事不力争，无一言不奇中，廷弼罪安在？且屡疏争各镇节制不行，屡疏争原派兵马不与。徒拥虚器，抱空名，廷弼罪安在？唐郭子仪、李光弼与九节度师同溃，自应收溃兵扼河阳桥，无再往河阳坐待思明缚去之理。今计广宁西，止关上一门限，不趣扼关门何待？史称慕容垂一军三万独全，亦无再驻淝水与晋人决战之理。廷弼能令五千人不散，至大凌河付与化贞，事政相类，宁得与化贞同日道乎！

所谓劳有足矜者：当三路同时陷没，开、铁、北关相继奔溃，廷弼经理不及一年，俄进筑奉集、沈阳，俄进屯虎皮驿，俄迎扼敌兵于横河上，于辽阳城下凿河列栅埋炮，屹然树金汤。令得竟所施，何至举榆口关外拱手授人！而今俱抹摋不论，乃其所由必死则有故矣。其才既笼盖一时，其气又陵厉一世，揭辩纷纷，致撄众怒，共起杀机，是则所由必杀其躯之道耳。当廷弼被勘被逮之时，天日辄为无光，足明其冤。乞赐昭雪，为劳臣劝。不从。明年五月，大学士韩爌等言：

廷弼遗骸至今不得归葬，从来国法所未有，今其子疏请归葬，臣等拟票许之。盖国典皇仁，并行不悖，理合如此。若廷弼罪状始末，亦有可言。皇祖朝，戊申己酉间，廷弼以御史按辽东，早以辽患为虑，请核地界，饬营伍，联络南、北关。大声疾呼，人莫为应。十年而验若左券，其可言者一。戊午己未，杨镐三路丧师，抚顺、清河陷没。皇祖用杨鹤言，召起廷弼代镐。一年余，修饬守具，边患稍宁。会皇祖宾天，廷议以廷弼无战功，攻使去，使袁应泰代，四阅月而辽亡。使廷弼在，未必至此，其可言者二。辽阳既失，先帝思廷弼言，再起之田间，复任经略。化贞主战，廷弼主守，群议皆是化贞。廷弼屡言玩师必败，奸细当防，莫有听者。徘徊踟蹰，以五千人驻右屯，化贞兵十三万驻广宁。广宁溃，右屯乃与俱溃，其可言者三。

假令廷弼于此时死守右屯，损躯殉封疆，岂非节烈奇男子。不然，支撑宁、前、锦、义间，扶伤救败，收拾残黎，犹可图桑榆之效。乃仓皇风鹤，偕化贞并马入关。其意以我固尝言之，言而不听，罪当末减。此则私心短见，杀身以此，杀身而无辞公论，亦以此。传首边庭，头足异处，亦足为临难鲜忠者之戒矣。然使诛廷弼者，按封疆失陷之条，偕同事诸臣，一体伏法，廷弼九原目瞑。乃先以贿赃拷坐杨涟、魏大中等，作清流陷阱；既而刊书惑众，借题曲杀。身死尚悬坐赃十七万，辱及妻孥，长子兆珪迫极自刭。斯则廷弼死未心服,海内忠臣义士亦多愤惋窃叹者。特以"封疆"二字,嗫不敢讼陈皇上之前。

臣等平心论之,自有辽事以来,诓官营私者何算。廷弼不取一金钱,不通一馈问,焦唇敝舌,争言大计。魏忠贤盗窃威福,士大夫靡然从风。廷弼以长系待决之人,屈曲则生,抗违则死,乃终不改其强直自遂之性,致独膺显戮,慷慨赴市,耿耿刚肠犹未尽泯。今纵不敢深言,而传首已逾三年,收葬原无禁例,圣明必当垂仁。臣所以娓娓及此者,以兹事虽属封疆,而实阴系朝中邪正本末。皇上天纵英哲,或不以臣等为大谬也。

诏许其子持首归葬。五年,化贞始伏诛。

【译文】

熊廷弼,字飞百,江夏人。万历二十五年参加乡试取得第一名。第二年中进士,授保定府推官,不久提升为御史。

万历三十六年熊廷弼受命巡按辽东。巡抚赵楫和总兵官李成梁抛弃宽奠一带新辟的八百里疆域,将哪里的六万登记在册的民户迁徙到内地。不久,论功行赏,给事中宋一韩对此事提出诘难。皇帝下令熊廷弼复查核实,结果查得到了赵、李两人放弃广阔疆域、驱赶百姓迁徙的详细情况,于是熊廷弼向朝廷揭发了他们两人的罪状,并涉及他的前任、巡按大臣何尔健、康丕扬对赵李两位同党的偏袒庇护。然而这一奏疏后来竟没有了下文。当时皇帝诏命要大兴屯田。熊廷弼上章说,辽东有很多荒地,每年只要让规定常驻哪里的八万军队中十分之三的士兵去屯田种粮,就可收获粮食一百三十万石。神宗皇帝特地下诏书褒扬称赞他,并命令在各边境地区推广实行。戍边的将领都喜欢不时主动出击去捣毁敌人的据点、巢穴,因此往往肇启边境争端。熊廷弼上书说,戍边应以防守为上策,在边境修筑垣墙、建造城堡,有十五大好处。皇帝批准了他的奏章让各地施行。有一年天大旱,熊廷弼巡行至金州,特地到城隍庙向城隍菩萨祈祷,约它在七天之内下雨,如不下雨就捣毁庙宇。熊廷弼继续巡行到广宁,这时超过约期已有三天,还没下雨。熊廷弼于是在一块白牌上写下大字,封了一把宝剑,派遣使者到金州去斩城隍菩萨。使者还未到金州,突然风雷大作,天降大雨如注。辽东百姓都觉得这事很神奇。熊廷弼在辽东数年,杜绝馈赠贿赂,仔细查核军队实际,考查、审决将领官员的政绩和讼狱,治事认真而不无原则宽容姑息,从而使哪里的风纪大为振作。

熊廷弼任南畿督学时,纪律严明有声誉。后因杖刑打死了在学生员一事而与巡按御史荆养乔互相攻讦。养乔自己请罪去职离开了朝廷,廷弼也接受勘查,罢职回家。

四十七年,杨镐在辽东大败之后,皇帝与大臣们商议后,认为熊廷弼熟悉边防事务,于是起复他为大理寺丞兼河南道御史,并命前去宣抚、慰劳辽东军民。不久又提升为兵部右侍郎兼右佥都御史,替代杨镐为辽东经略。熊廷弼还未离开京师,开原失守了,熊廷弼上奏说:"辽东,是京师的肩背;河东,是辽东驻军的腹心之地,而开原又是河东的根基所在。想要保住辽东,那么开原一定不能放弃。敌人没有攻占开原的时候,北关、朝鲜还足以构成对敌人腹背攻击的威胁,现在开原已被敌攻占,这样北关就不敢不臣服敌人,敌方只需派一使者到朝鲜,朝鲜也同样不敢不服从。敌人没有了背腹受夹击的忧虑,就一定汇集合东、西两边的力量交替向我进攻,这样一来,辽东、沈阳怎么还能守得住呢?请求马上调遣将士,备足粮草,整治兵械器具,不要让我所需要的军用有所困窘,不要让我急需的东西超过我所规定的日期,不要让小人在中间设阻、使事情不顺利而让我沮气,不要让人在一旁扰乱事情而使我的行动受到牵制,也不要只派遣我一人去对付这样艰难危急的局面,以致耽误我,耽误辽东乃至耽误国家啊!"奏疏送上后,皇帝全部允诺同意,并另赐尚方宝剑以加重他的权力。熊廷弼一行刚出山海关,铁岭又告失守,沈阳及其周围许多城堡的军民一时全部逃走,辽阳也是一片喧扰不安的景况。熊廷弼日夜兼程前进,遇到逃难的人,则劝谕他们回去。他处斩了逃将刘遇节、王捷、王文鼎,以祭奠那些保持节操而死去的人。又诛杀贪将陈伦,上奏劾罢总兵官李如桢,由李怀信接替。他监督军士们制造战车,修治火器,疏浚加深护城的壕沟,修缮加固城墙,为防御坚守做好充分的准备。他号令严明,依法办事,仅几个月哪里的防御守备就得到了极大的巩固和加强。于是他向皇帝递呈了他的方案计划:请求集兵十八万,将他们分布在瑷阳、清河、抚顺、柴河、三岔儿、镇江等重要地方,保持部队间的互相联结和首尾呼应,遇有敌人小的骚扰,则由当地驻军自己围堵抵御,若大敌进犯,则各地驻军互相呼应、支援。另外再挑选精悍的将士组成流动巡逻队,趁敌人不备之时去袭击、掳夺他们零散的骑兵,骚扰他们的耕种放牧,轮番频繁出击,使敌人防不胜防,疲于奔命。然后寻找机会举大军进剿。奏疏递入,皇帝同意这个计划。

熊廷弼刚到辽东时,曾命令金事韩原善前往沈阳抚慰哪里的军民,韩原善害怕,不肯去。廷弼又命金事阎鸣泰去。阎行至虎皮驿大哭而返。熊廷弼于是亲自前往巡视,从虎皮驿抵达沈阳,接着又乘大雪天气,夜赴抚顺。总兵贺世贤以沈阳抚顺一线离敌人近而想劝阻他不要夜间赶路,熊廷弼说:"现在冰雪满地,敌人一定不会想到我会来。"他们一行人吹号击鼓进入抚顺。当时正是兵燹之后,荒墟百里,没有人迹,熊廷弼设坛祭祀那些死去的将士,痛哭流涕。于是在奉集集中了部队以炫耀兵力,观察审度了双方形势后才返回。他所到一地即招募流离失所的逃亡者,将他们组织起来,又修缮整治防守的工事和器具,派驻部队配备战马,于是当地百姓的人心又重新稳定下来。

熊廷弼身高七尺,有胆量又懂军事,擅长左右开弓射箭。自从他于三十六年巡按辽东起,就坚持固守边境的主张,到这时他的固守边境防御敌进的主张更加坚决了。但是他秉性刚烈自负有意气,好骂人,不甘屈居于人下,因此人际关系不很好,附拥他的人不多。

第二年五月,清兵进略地花岭,六月进犯王大人屯,八月攻占蒲河。我方将士死亡七百多人,贺世贤等将领也勇猛杀敌而获得战功。但给事中姚崇文却向朝廷传送毁谤熊廷弼的文书,熊的位子于是不安稳。姚崇文,过去是户科给事中,因服父母丧而去职回家。期满后回到京师想补一官做。吏部几次为他题请公文,但等了几年都没有批下来,姚崇文很忧虑。他假借到西部去招来人马为名,嘱托一些当事者向上边推荐自己。奏疏不断送上,还是没有下达任命。姚崇文没有办法了,写信给熊廷弼,请他代为请情,熊廷弼没有同意,崇文因此就记恨在心。后来他攀附权要起复为吏科给事中,负责检查察看辽东的军队情况，与熙廷弼的意见、主意常常不合。辽东人刘国缙起先是御史，后因在考核外官的事上坐罪被贬谪。辽东边境战事发生后，朝廷商议要起用辽东本地人，于是任命刘国缙为兵部主事佐助策划军务。他主张招募辽人当兵，共招了一万七千余人，结果一大半人逃亡。熊廷弼报告了朝廷，刘国缙因此也怨恨熊。当初熊廷弼为御史时，曾与刘国缙、姚崇文同为谏官，互相意气相投，并以排挤东林，攻击道学为一致的事业。国缙、崇文因此寄冀望于廷弼，然而廷弼却不像以前那样和他们相投，于是更加失交。姚崇文从前出于刘国缙门下，两人也因此更加勾结一气，联合倾轧廷弼。等崇文回到京师后，他上书陈说了辽东地域日益缩小，诋毁熊廷弼从不听从别人的策略意见只坚持自己的主意正确，并攻讦熊廷弼"军马不训练，将领不部署，人心不亲附，严刑有时用到极点，工作则没有止境之时。"他们还鼓动自己的同伙攻击熊廷弼，一心想把熊搞下去。御史顾慥第一个出来弹劾廷弼，说他出关到辽东已经一年多，但至今没有一个完整的规划打算；蒲河失守，他封锁消息不让皇上知道；武装的将士白白地让他们去挑运泥土疏浚河道，皇帝赐予的尚书宝剑则用来炫耀自己的不凡并借以作威。

这时候正值光宗驾崩，熹宗初立，朝廷事情很多，而在辽东实行封疆的议论也起来了。御史冯三元奏劾熊廷弼八条无谋略、三条欺君的罪状，说不罢免熊，辽东一定保不住。皇帝下诏命群臣廷议。熊廷弼很愤恼，上书抗争竭力为自己辩护，并自请罢免去职。而御史张修德又揭发他破坏辽阳。熊廷弼更加气愤，再次上疏为自己辩白，说："辽东已经转危为安，而我将要由生到死"，于是向皇帝缴还尚方宝剑，力求停止对他的指责。给事中魏应嘉又一次弹劾他。朝廷大臣讨论后同意让熊廷弼去职，任命袁应泰代替他。廷弼于是上奏要求核查他的事，说："（杨镐主事时）辽东的军队大败覆没时，我才带领几千弱兵，匆匆忙忙出关应付危急局面。行至杏山，铁岭又告失守。当时朝廷大臣都说辽东一定要亡失了。但如今辽东百姓安居，不受骚扰，满朝安定平稳。这绝非是不操练、不部署所能取得的。如果说我是拥兵十万出征，而不能斩敌将、擒贼王，那确实是我的罪责。即使今天以此来要求我，这也不是简单说说的事。朝廷发令箭催促而使张帅捐躯丧命，督军在马背上催战而造成三路大军覆没，我怎么能敢再复蹈前辙呢？"

三元、应嘉、修德等再次接连上章极力劾论熊廷弼，熊于是要求他们三人前往辽东实地勘查。皇帝同意这意见。御史吴应奇，给事中杨涟等人上言竭力反对，于是改派兵科给事中朱童蒙前往。熊廷弼再次上疏说："我承蒙皇上恩典回家乡听候查勘，已经启程了。但朝廷台省指责我把败坏辽东的事推给了别人，我不得不一一向您陈说清楚。现在在朝堂发议论的人，都不真正懂得军事。冬春之季，敌人因为冰雪开始融化而稍有松缓，朝堂上便一片哄然，说敌师疲倦财用匮乏，立即催促作战。等到被战败，这些人便脸色变了，不敢再说什么。等到我收拾残局面刚刚定当，这些愀然不说话的人又开始说三道四、一片乱哄哄的追究作战者的罪责了。自有辽东战难以来，我启用武将以战，或改用文官以抚，那一次不是朝廷台省所倡议，但又何尝收到一点效果？疆场上的事，应当听凭疆场上的首领自行决策指挥，怎么能够用上面的柬帖约语来指导战事？这只能徒然的扰乱人意，疆场将帅一有不从，那些人就翻脸发怒了。"朱童蒙从辽东勘查后回京师上疏奏报，全面地陈述了熊廷弼在哪里的功劳,最后说:"我到辽东时,士子百姓都在道路边流泪哭泣,说几十万百姓都因为熊廷弼而获重生,怎么能够轻率地给他定罪?只是熊廷弼受朝廷知遇最深,蒲河那一仗,敌人进攻沈阳,熊骑马急驰往救,这是何等英勇的壮举;但等到看见官兵如此驽弱无能却又急忙请求退职回归关内,这样他把皇上对他的恩泽放到什么地方了?熊廷弼的功绩在于使辽东依然存在,这些微小的功劳可以记录;但他又背弃辜负君主,在大义上实在没有可以逃脱的。因此,相比之下,廷弼的罪还是比他的功大啊!"皇帝认为熊廷弼力保住辽东城市有功,而仍然决定起用他。

天启元年,沈阳被清兵攻破,袁应泰殉职自尽。朝廷又想起了熊廷弼。但给事中郭巩极力诋毁熊廷弼,并牵涉到内阁大臣刘一燝。不久辽阳又被攻破,河西的军队和百姓全部奔走逃亡,自塔山到闾阳二百多里地方,烟火断绝,旷无人迹。京师知道后大为震惊。刘一燝说:"假如有熊廷弼在辽东,肯定不至于到这种地步。"御史江秉谦又追言称颂廷弼当年坚守保卫危城辽东的功劳,同时给郭巩扣上排挤功臣的罪名。皇帝于是惩处以前弹劾熊廷弼的人,降冯三元、张修德、魏应嘉、郭巩等人三级官职,姚崇文除去名籍,六年内不准做官。御史刘廷宣上言申救他们,也遭贬斥。于是又一次下诏将廷弼从家中召回复职,同时提拔王化贞为巡抚。

王化贞,山东诸城人。万历四十一年进士。从户部主事当到右参议,分派主守广宁。蒙古炒花等部落的酋长乘清兵攻辽之机觊觎塞下这块地方。王化贞安抚他们,结果都不敢有所行动。朱童蒙去辽东勘查回来后,竭力称赞王化贞深得西部边境少数民族的人心,建议不要轻易调动,以免安抚之事被别人弄坏。王化贞也说辽东的局势将要恶化,只有从内库中取出金钱百万,去馈赠贿赂西部边境的少数民族,这样清兵才会有所顾忌而不敢贸然深入我内地。这时正逢辽阳、沈阳相继失守,朝廷商议要起用熊廷弼,御史方震孺上言请求加提王化贞官品,给他根据情势、自行处理事务的权力,命他与薛国用一起守卫河西。于是提王化贞为右佥都御史,巡抚广宁。广宁城地处山脚之下,登上山头可俯瞰城内,倚恃三岔河为险阻,但三岔河的黄泥洼一段河水浅少,人可淌水过来。广宁只有弱兵千余人,王化贞便招集流散逃亡的百姓,又得到了万余人。他激励战士居民,联络西部,使人心稍为安定。辽阳刚刚失陷之时,远近都感到震惊,认为河西一定也保不住了。王化贞虽率领弱兵,守卫孤城,但士气旺盛,毫不退怕,一时声望赫然。朝廷也认为王化贞的才能能够倚仗,于是将河西事务全部交他处理。这时王化贞又提出登州、莱州、天津三地可不设部队,各镇派到卫所的兵也可停止不派。朝廷主管的人更加相信化贞有才能,他所奏请的事都迅速上报批准。当时金州、复州等卫所的军民及东山的矿工,也多建营扎砦加强自卫,等待官兵的到来。其中逃入朝鲜的人,也有2万多。王化贞奏请朝廷鼓舞激励这些奋起自卫的人,用爵位俸禄去吸引他们,让他们奋发追求功名;同时又请皇帝下诏书告谕朝鲜,用忠义之道嘉奖他们,勉励他们和大明同仇敌忾。皇帝也同意了。

到六月,熊廷弼入朝,首先请求皇帝免除对言官的贬谪,皇帝没同意。于是他提出从三个方面布置防卫的策略:在广宁用骑兵和步卒沿河建垒列营,以强大的优势包围进击敌人,牵制住敌人的全部力量;天津、登州、莱州三地多派置水师,乘虚进入南卫,动摇敌方人心，敌人必然要分兵守卫自己的内院，这样辽阳就可以收复。于是决定跟天津一样，在登州、莱州设置巡抚，任命陶郎先担任；又在山海关特设经略，管辖天津、登州、莱州三方，统一权力。接着提升熊廷弼为兵部尚书，兼右副都御史，驻山海关，统一指挥辽东事务。熊廷弼于是向皇帝请求尚方宝剑，并请调集二十万军队，所需兵器马匹、粮草军用及各种器械分别责成户部、兵部、工部负责筹供。他又为监军道臣高出、胡嘉栋，督饷郎中傅国辩白，说他们无罪，请求皇帝让他们复官任职。他还提议起用辽东人原赞画主事刘国缙为登、莱招练副使，蓟州同知佟卜年为登、莱监军金事，原临洮推官洪敷教为职方主事让他们参与军前赞画，用以收拢辽东人心。上述各项一起奏报皇帝均得到允许。七月，廷弼即将启行，皇帝特意赏赐他一套绣有麒麟的朝服及彩币四枚，并在郊外设宴，命令朝廷文武大臣陪酒钱行。这实际是不正常的数象。又从京师部队中挑选了五千战士作为前锋为熊廷弼护行。

在此之前，袁应泰死后薛国用曾代任经略的职务，但因身体有病他并没具体管事。王化贞就命令诸将领沿三岔河设六个军营，每营设参将一人，守备二人，划定地界分守。西平、镇武、柳河、盘山等要害地方，都设置营垒防守。这一建议送上后，熊廷弼不同意这样做，上疏说："河道窄细难以倚恃，营堡窄小难容众兵，现在只适宜固守广宁。如果沿河岸驻兵，兵力分散力量就弱了。敌人轻骑出击，偷渡过河，集中力量攻打一个营寨，我方力量一定坚持不了。一个营寨溃败，那么其他营寨也都一起溃败，连西平等成所也都会守不住。河上只适宜组织游击部队，轮番出击敌人，让敌人感到变幻莫测。不适宜将部队集中在一个地方，让敌人有机可乘。自河西到广宁，只适宜多置烽火台；西平等要害处也只宜派置少数的成兵，作为燃施烽烟报警及放哨、侦察敌情之用。而将大部队全部集中在广宁，根据城外的形势，互为犄角立营扎寨，筑高垒建高栅以等候敌人。因为辽阳距广宁三百六十里，不是敌骑一日间能到达的。他们一有行动的声息，我们一定能预先知道。因此决不能分散兵力，沿河防守，先做出自己削弱自己的行动来。"奏疏送上，皇帝给予优旨嘉奖。正巧御史方震孺也上章指出沿河设防有六点不可靠之处，于是这一计划就告寝息止。而王化贞因为计划没批准，很生气，就把军务全部推给廷弼。熊廷弼于是奏请皇帝告谕王化贞，不得借口要受上级节制而坐失事机。在此之前，各地来支援辽东的部队，王化贞都将它们的旗号改作"平辽"，辽东军民见了大多都不高兴。熊廷弼上言说："辽东百姓并未背叛朝廷，乞求将旗号改为'平东'或'征东'，以慰抚哪里的民心。"自此之后，王化贞与熊廷弼便有了嫌隙，而经略和巡抚两人不和的议论也起来了。

八月初一，廷弼上言说："三方布置防卫之事，须联络朝解方面。请马上派遣使者前往慰劳朝鲜的国君和大臣，让他们将八道的军队全部发出，在江边连营扎寨，以助我声势。同时发诏书安抚体恤那些逃到哪里去避难的辽东人，将他们招集起来组成团练，成为另外一支军事力量，和朝鲜军联合。而我方使臣还需暂且驻在义州，控制联络，使朝鲜方面与登州、莱州能声息相通，这对我事业有好处。另外还应当发银六万两，分别犒劳朝鲜和辽东百姓，而我则给他们空着名字的公文札子一百道，让他们能按礼制填名拜授官职。对于东山矿工，凡有能力结聚组织千人队伍的人，即可让他代理都司职务，结聚五百人的,可代理守备。将军一招呼立即响应,这样,一、二万生力军立即可以组得了。"熊廷弼推荐监军副使梁之垣,因他生于长于海滨,又熟悉朝鲜情况,可以充任派往朝鲜的朝廷命使,皇帝马上同意,并命令按照过去行人奉持皇帝旨令出使邻邦的例子,赏赐梁之垣一品官服,以示对这次出使的重视。梁之垣于是上章提出要给他处事大权、分定各人职掌等八条要求,皇帝也即予同意。

梁之垣正与同僚下属商议兵饷一事时,王化贞所派遣的都司毛文龙袭击敌军夺回了镇江,向朝廷报捷。满朝都非常高兴,于是皇帝又急命登、莱、天津三地发水师二万去支援毛文龙,王化贞统率四万广宁兵进驻河上,联合蒙古的部队乘机向清兵占领的地方进取,而熊廷弼则居中统辖指挥。但命令下达后,经略,巡抚和各镇军都互相观望,部队没有前进。没多久,王化贞上疏详细陈述东西方面的形势情况,说:"敌人放弃辽阳不再防守,滞留河东失陷区的将士们日夜盼望官军的到来,官军一到,他们就会抓了敌人将领来投降反正。而西部虎墩兔、炒花等部落也都愿意出兵相助。敌人守卫海州不过两千人,驻扎河上也只有三千辽东本地的士卒。若秘密发兵、夜间袭击,必然能攻克。在南部防守的敌人知道了一定会北归增援,我方占据险要之地去袭击长途跋涉、已疲惫不堪的敌人,即可将敌人全部消灭。"兵部尚书张鹤鸣认为这方案很好,就上奏说这是难得的机会,时不可失。御史徐卿也极称这事,请皇帝命令熊廷弼进驻广宁,蓟辽总督王象乾移师镇守山海关。这时王化贞又一次急驰奏章称:"敌人因我官军收复了镇江,于是纵兵驱马掳掠四卫屯垦之民。屯民们占据铁山坚守且伤敌三、四千人,敌人包围他们愈加紧迫,应当赶快前去援救。"于是兵部更加催促部队进发。王化贞当即在这个月渡河。熊廷弼不得已也只能出关,驻扎在右屯,同时急驰奏章称海州攻取容易坚守困难,不应当草率轻举。王化贞最后无功而还。

王化贞为人固板而又执拗,向来不熟悉兵事,却又轻敌,好说大话。义武将史向他进谏他从不听纳,与熊廷弼尤其抵触不相容。他一厢情愿地以为投降敌人的李永芳会当官军的内应,又相信西部人所讲的,虎墩兔会出援军四十万,于是就想以不战而取全胜。所有兵器马匹、士兵卫队、军队粮草、建营扎寨等事他一概置之不问,专门讲大话欺骗朝廷。兵部尚书张鹤鸣对他深信不疑,他所提请的要求没有不同意的,这样熊廷弼就不能实行自己的主张了。广宁有十四万军队,而熊廷弼在山海关却没有属他指挥的一兵一卒,只是空挂了经略的名号而已。从延绥来到卫所的士兵不堪任用,延弼要求追究其主帅杜文焕的罪责,但张鹤鸣却决定宽恕他。熊廷弼请求任用佟卜年,张鹤鸣又上书反对。熊廷弼上奏请求派遣梁之垣出使朝鲜,张鹤鸣又故意拖延给他粮饷。两人于是互相怨恨,事事意见不合。熊廷弼也心胸浅窄而又强硬执拗,脾气火爆,一触即发,又盛气逼人,因此朝中群臣很多人都厌恶他。

毛文龙的镇江大捷,王化贞自称是运筹帷幄而决战千里的一大奇功。熊廷弼说:"我军三方兵力还未集中,毛文龙发兵出击太早了,致使敌人更加怨恨辽东百姓,将四卫军民几乎屠杀完了,使东山的矿工们丧失信心,使朝鲜为之胆寒,河西三军闻之丧气,打乱了三方并进击敌的策略,耽误了和属国联络合作的计划,还把它看成是奇功,实际是大祸啊!"他向京师送去书信,极力诋毁王化贞。这时朝廷群臣正以镇江大捷为满足,听到熊廷弼的话,很多人不服气。熊又公开诋毁张鹤鸣,说:"我既然担任经略,四方来的援军当然应该听我调遣指挥,但鹤鸣却自己调发军队,不让我知道。七月中旬,我曾向兵部咨问调军的数目,至今已经两个月了,兵部还置之不答。我只有经略之名而无其实,辽东事务全由枢臣张鹤鸣与抚臣王化贞两人策划决定。"鹤鸣因此更加怨恨熊廷弼。到九月,王化贞还说虎墩兔四十万援军马上就要来,请求迅速派人去接引他们。熊廷弼说:"抚臣依恃西部,想以不打仗为这次战争的计谋。但西部和我,进军的时候并不是真的一起前进。他们从北部入,我部从南方入,相距二百多里。敌人分兵来迎击,还是需要我部自己支撑拒敌。我不敢轻视敌人,讲什么可以不战而胜的话。我当初建议三方面共同备战,一定要将兵马、器械、车船、粮草等全部准备充足,然后限定日期一起举事,进则足以能战,退也足以能守。如今事到临头内部却乱了,虽然有枢臣在朝中出谋策划,在外有抚臣做决策,估计能一举成功,但我还是有万一不成功的忧虑。"后来西部援兵始终没有来,王化贞的部队也就不敢前进。

熊廷弼和王化贞有嫌隙之后,朝廷中和王化贞好的人都攻击熊廷弼。给事中杨道寅称高出、胡嘉栋不适宜起用。御史徐景濂极力赞誉王化贞,指责熊廷弼,诬蔑梁之垣出使朝鲜是逍遥故乡,极不称职。御史苏琰则讲熊廷弼应该镇守广宁而不当远驻山海关,进而又说登州、莱州的水师没有用处。熊廷弼大怒,上疏谏辩,极力反驳杨道寅等三人。皇帝对争吵的双方都没有置问。只是有次在讲席上皇帝忽然发问:"佟卜年是叛徒,怎么提拔为金事了?刘国缙多次被议论,怎么起用了?胡嘉栋命他立功赎罪,怎么跑到天津去了?"熊廷弼知道皇帝的左右随从大臣在进他的谗言,于是又上疏抗争辩白,言词很愤慨激烈。

这时,熊廷弼主张坚守,并说辽东人不能用,西部少数民族的力量不能依靠,李永芳不可相信,广宁多间谍可能贻误大事。王化贞则一切反而行之,绝口不讲防守,说只要我一渡河,河东的百姓必定会起而响应。他还致书朝廷,大言称仲秋八月,大家可高枕而卧等听大捷的佳音。有见识的人知道他这样做一定败事,但因为疆场之事关系重大,没有人敢出来讲他的话不可信。

到十月,河道的冰结严实了,广宁的百姓认为清兵一定会渡河来犯,纷纷然都想逃跑。王化贞于是与方震孺计议,分兵守卫镇武、西平、闾阳、镇宁等城堡,而以重兵镇守广宁。张鹤鸣也认为广宁值得担忧,就请皇帝下令让熊廷弼出关。廷弼上言说:"中枢大臣只知经略一出,就能镇定人心,而不知道手下并无一兵一卒的经略一出来,更会动摇人心。况且我若驻守广宁,王化贞驻扎到哪里去?张鹤鸣责成经略、巡抚要同心协力,而他与我难道就不要同心协力了吗?为今日大计,只有张鹤鸣诚恳地和我一起合作,我才能为陛下真正担当起委交的辽东事务。"他的言辞十分恳切得当,鹤鸣却更加不高兴了。熊廷弼于是又一次出关,到右屯,计划用重兵内守广宁,外扼镇武、闾阳。下令刘渠带领二万人驻守镇武,祁秉忠率一万兵马驻守闾阳。又命罗一贯率兵三千守西平。并重申军令说:"敌人来犯,若跨过镇武一步,文武将吏一律诛杀无赦。若敌人到广宁而镇武、闾阳军不合力夹攻，他们掠劫右屯输运粮饷的大道而广宁、镇武、闾阳三路兵马不来救援者，也如前处理。"

部署刚停当，王化贞又听信间谍的话，突然发兵袭击海州，接着很快又引兵退回。熊廷弼就上言说："抚臣王化贞的出袭，连这次已经是第五次了。八、九月间他多次出兵旋又引回，事前。从来没有上疏奏请过。像十月二十五日这一次他刚将疏章交我而实际已经出兵了。我急忙带兵出关，又见他引兵归来了。西平的那次会上，大家曾互相协调，讨论防守之事，决定犄角设营，互相支援，这事刚定而他的进兵之书又在月底送到了。他在十一月初二日赴镇武，我即在第二天到杜家屯，刚行至中途，抚臣的部队又遣回了。初五日，他又想用轻兵去袭击牛庄，夺回马圈固守，作为明年进攻收复辽东的门户。当时马圈并无敌人一兵一卒，即使得到牛庄，我方也守不住，那么敌人有什么损失，我方又有什么好处？正巧其他将领官吏也竭力反对，抚臣于是只能快快而回。王化贞率兵屡进屡退，敌人已经看透了他的伎俩，而我的名声也因他的轻率出兵而受到损害。希望陛下再次明确告谕抚臣，举止行为要慎重，不要让敌人耻笑。"王化贞见了熊的上疏十分不高兴，急驰上章辩白，扬言："我愿意请求率兵六万，一举荡平敌人。我不敢贪天之功占为己有，只希望事成之后能厚赏跟我征战的将士，免除辽东百姓十年的徭役，免除全国正税之外的一切加派，如此，我的愿望就满足了。即使有不胜任，也一定能杀伤相当多的敌人，敌人便不再能重振，保证不再构成对河西的威胁。"于是请求给他随机自行处事的权力。

这时正是叶向高重掌朝内大权，叶是王化贞的当年的主考老师，自然十分照顾他。朝廷大臣中只有太仆少卿何乔远上言说辽东事务应该专守广宁；御史夏之令上言认为蒙古不能相信，款待、赏赐他们没有好处，给事中赵时用上言谓李永芳一定不能相信他，这几位的意见和熊廷弼相一致。其余的人大多向着王化贞，窜攒王不要听熊廷弼管辖指挥。而给事中李精白还上言请皇帝授王化贞尚方宝剑，得以自行处事。孙杰则以刘一爆起用高出、胡嘉栋、佟卜年有罪而弹劾他，并说熊廷弼不宜驻在关内。廷弼十分气愤，上言说："我作为一名东西南北都想要杀的人，又偏偏遇上了难以处理的时候。诸位大臣若为国家疆域考虑而宽容待事则可容纳我，若因不能被门户朋党所容则可除去我，何必内借阁部，外借巡抚来困扰我？"又说："经略、巡抚不和，可以由言官做出评判；言官意见不一、互相交攻，可依赖枢院六部的裁决，而枢部的支持与反对，则有赖阁臣的公正。我如今是没有指望了。"皇帝见两位大臣互相争论，就派兵部堂官和给事中各一人前往劝谕，对违抗不遵守者则要治罪。命令下这后，群臣上言说派遣官员前往不合适，于是改交朝廷大臣集体议决。

当初熊廷弼出关时，王化贞担心熊要夺自己的兵权，就假装将有关部队的事情全部推给熊廷弼。熊上言说："我奉命控制扼守山海关，不是要将广宁作为私有。抚臣不应当将责任推卸给我。"正巧方震孺这时奏言经略、抚臣不和，其中有王化贞"心慵意懒"的话，熊廷弼就借此攻击王化贞，王化贞更加不高兴。等到王化贞大言一举荡平清兵，熊廷弼便说："应该顺遂满足抚臣的要求，马上罢免我以鼓舞士气！"

这时，朝廷内外都知道经略、巡抚不和，一定会耽误边疆的战事，因此每天都有奏章送上。而兵部尚书张鹤鸣非常相信王化贞，于是想罢免熊廷弼。天启二年正月，员外郎徐大化以莫须有的罪名参劾熊廷弼，说他以大话蒙骗世人，嫉能妒功，不罢免他一定会将辽东的大事弄坏。皇帝将奏疏一并下给六部，张鹤鸣于是召集朝廷大臣议决。讨论中认为要撤罢熊廷弼的有几位，其余的大部主张让他们分别承担责任去完成任务。只有张鹤鸣说王化贞若去职，毛文龙必然不肯再听命；辽东人担任军事指挥一定会使部队溃败，与蒙古的联盟必然解体，因此应该赐王化贞以尚方宝剑，并将广宁完全交付给他，而撤免熊廷弼另任他用。意见上报后，皇帝不同意，责成吏部、兵部重新讨论后再上报。这时适逢清兵进逼西平，于是停止了讨论，仍然同时任用熊廷弼和王化贞，令他们戴罪立功，以功赎罪。

不久，西平围困告急。王化贞听信中军孙得功的建议，将广宁的部队全部发出，交给得功和祖大寿前去和祁秉忠部会合，然后一起向西平进发作战。熊廷弼也急传命令给刘渠，令他拔营赴援。二十二日，官兵在平阳桥与清兵相遇。两军刚交锋，孙得功和参将鲍承先等就先逃跑，镇武、闾阳的部队于是大败，刘渠、祁秉忠在沙岭战死，祖大寿逃到觉华岛。西平守将罗一贯苦等援兵不来，和参将黑云鹤也战死疆场。熊廷弼已经离开右屯，停驻在闾阳。参议邢慎言提议马上去援救广宁，但被金事韩初命阻止，于是熊等回撤兵马。这时清兵屯驻在沙岭没有前进。王化贞一向将孙得功看成是自己的心腹，但孙得功已经暗中投降了清军，想活捉王化贞立功。他散布谣言说清兵已经迫近广宁城，于是城中顿时大乱，居民奔走相逃。参政高邦佐下令禁止，但已经没有办法阻止了。王化贞这时还关了衙署的大门在温习军书，不知道外面发生的事。参将江朝栋推门闯入，王化贞还生气呵斥他。朝栋大声呼喊说："事情危急了，请您赶快走吧！"王化贞呆住了，不知该做什么。江朝栋掖持着王化贞出衙署骑上马，两个仆人徒步跟在后面，于是放弃了广宁，踉跄逃走。王与熊廷弼在大凌河相遇。王化贞哭了，熊廷弼却不无得意的微笑说："六万军马能一举荡平，结果怎么样？"王化贞羞愧无言可答，就提议坚守宁远及前屯。熊廷弼说："嘻，已经晚了，现在只能保护溃乱的军民退入关内了。"于是把自己所率领的五千人马交给王化贞，让他殿后，将所有屯储的粮草军需全部焚毁，二十六日，熊廷弼和韩初命一起护送溃散的百姓入关。王化贞、高出、胡嘉栋等也先后回到关内，只有高邦佐自己上吊身亡。孙得功率领了广宁的叛将迎接清兵入广宁城，这时离王化贞逃跑已经两天了。清兵追击王化贞等人，追了二百多里，因为得不到后方给养而退回。大败的消息传到朝廷，京师大为震惊。张鹤鸣害怕了，自己请求到前线督察部队。

二月逮捕王化贞，罢免熊廷弼，令听候查勘。四月，刑部尚书王纪、左都御史邹元标、大理寺卿周应秋等向皇帝奏上案狱的案卷，熊廷弼、王化贞一起论死。后来当快执行处决的时候，熊廷弼叫汪文言用四万两黄金去向内官行贿，祈求宽缓对他的处决，后来受贿的人背叛了他。魏忠贤知道后非常恼恨，发誓要从速处斩熊廷弼。及至杨涟等逮捕入狱，魏又诬称他们接受了熊的贿赂，又增加了熊的罪状。不久，巡逻的卫士捉到一位叫蒋应旸的市民，他供称与熊廷弼的儿子曾几次出入禁中的监狱去，阴谋叵测。魏忠贤就更加想从快处死熊廷弼，他的党徒门克新、郭兴治、石三畏、卓迈等也以这些空口无凭的指控来催促这事。正巧冯铨也怨恨熊廷弼，他和顾秉谦等人侍奉皇帝讲席，就向皇帝出示市井的刊物《辽东传》进谗言说："这是熊廷弼所作，企图为自己开脱罪责。"皇帝十分生气，于是在天启五年八月将熊在闹市处斩，并暴尸街头，将首级递传九边示众。不久，御史梁梦环又说熊廷弼侵盗军资十七万，御史刘征更称熊廷弼拥有家资百万，应当全部没收以佐助军饷。魏忠贤假托圣旨，命严加追拿，但熊家的家产全部抄没还没有达到那一数目，于是连带他的联姻亲家也都破家被抄。江夏知县王尔玉向廷弼儿子索要貂裘珍玩，没有获得，就要鞭挞他。熊廷弼长子熊兆圭割颈自杀，兆圭的母亲大叫冤枉，王尔玉将其两名婢女褪去衣服，笞打四十下。远近百姓没有不感叹愤慨的。

崇祯元年，皇帝下诏免追熊廷弼的赃物。这年秋天，工部主事徐尔一上疏为熊廷弼辩冤，说：

熊廷弼因失陷辽东疆域，竟至传首九边，暴尸街头，籍没家产以充贪赃。而臣考察当年所发生之事，只觉得他的罪名没有足够的证据，但其劳苦却足以让人同情啊！广宁有部队十三万，贮积粮食数百万石，这些都属王化贞指挥和所有。熊廷弼只有外地来支援辽东的五千人马，驻在右屯，距广宁有四十里，王化贞忽然间同三、四百万辽东军民一起溃败逃跑，而熊廷弼五千人马不像他们一样溃败，这已经足够了，难道还要期望熊屹然挺立、坚守营垒吗？熊廷弼罪在哪里？王化贞一心倚仗西部，熊廷弼说："一定倚仗不住"；王化贞相信李永芳暗中拥附我，熊廷弼说："一定不能相信。"没有一件事他不力争去办好，没有一句话不是"不幸而言中"，熊廷弼罪在哪里？并且他多次上疏想争得对各镇的指挥管辖权，但都没获准；又多次上疏争取原来应派给的兵马，又不给。白白拥有空虚假的实衔，抱了一个空名，熊廷弼罪在哪里？唐朝郭子仪、李光弼与九个节度师一起溃败后，自然应该收拢溃散的兵卒扼守河阳桥，没有再去河阳坐等史思明来缚捉的道理。现在计算一下自广宁往西，只有山海关一个"门槛"，不迅速去扼守关门还等待什么？史书上称前秦慕容垂在淝水之役中只有他一支军队三万人得以保全，即如此也没有再去淝水与晋军决战的道理。熊廷弼能保持五千人的队伍不溃败，到大凌河又交付给王化贞指挥，事情正相类同，那么熊廷弼怎么能与王化贞同日而语，受到同样的处理呢？

所谓劳苦足以让人同情指的是：当杨镐的三路兵马同时陷没，开元、铁岭、北关相继失守溃败之后，熊廷弼主事管理不到一年时间，很快就进入奉集、沈阳，修筑哪里的城墙，接着又进兵屯驻虎皮驿，不久又迎击敌兵扼守住了横河，在辽阳城下开凿河道、建列栅栏、筑建炮台，使之固若金汤，不可动摇。假如能让他施展全部的才能，何至于将榆口关外拱手送给他人！如今这一切都抹杀不论，那他所以必死则一定有其他缘故啊！熊廷弼的才干超群出众，笼罩一时，其意气又盛发威凛，凌厉一世，接连不断揭责攻击他人，以致触犯众怒，令他们共起杀机，这就是引起他必然招来杀身之祸的道理呀。当熊廷弼被罢职待勘，被逮捕入狱之时，白天的太阳都黯淡无光，这足以证明他的冤屈。乞求恩赐为熊廷弼昭雪，作为对辛苦而有功劳的大臣的勉励。皇帝不同意。第二年五月，大学士韩爌等人又上言说：

熊廷弼的遗骸至今还不能获准归葬，这是自古至今国法所没有过的。现在他的儿子上疏请求归葬，我等打算票拟同意此事。因为国家典章和皇恩仁慈是互相平行不相背悖的，理应如此。至于熊廷弼罪状的原委，也有可以申说的。在神宗朝万历三十六、三十七年间，廷弼以御史安抚辽东，他早就为辽东的局势忧虑，于是请准在哪里核定地界，整饬部队，联络南、北关，大声疾呼要早做准备，但没有人响应他。十年之后就像持左券那样应验了。此为可说的第一点。万历四十六、四十七年，杨镐所率三路大军全部覆没，抚顺、清河失陷。神宗听用杨鹤的建议，起用熊廷弼替代杨镐。一年多时间，他修治好守备工事，使边境骚扰稍有平息。这时正逢皇祖神宗驾崩，朝廷议论认为熊廷弼无战功，攻击他迫使他去职，而让袁应泰代熊，结果四个多月辽阳便亡失了。假如廷弼在，未必会到这地步。这是可说的第二点。辽阳失陷后，先帝熹宗想起熊廷弼所讲的话，再将他从田间召回，又一次让他任经略。王化贞主战，熊廷弼主守，群臣舆论都认为王化贞对。熊廷弼多次说玩耍部队者必败，奸细应当严防，但没有听的人。熊徘徊踯躅，率五千人驻守右屯，而王化贞将兵十三万驻广宁。广宁溃败后，右屯才跟着一起溃败，这是可说的第三点。

假若让熊廷弼在那时死守右屯，为国家疆域捐躯殉职，岂不就成了节烈的伟男子？不这样的话，只要在宁、前、锦、义间支撑住，救扶伤员败将，收留慰抚流散逃亡的百姓，还可图得晚暮之年的欢乐。但竟风声鹤唳，仓皇逃窜，和王化贞一起并排骑马入关，他的意思是我曾经讲过这些事，但说了没有人听，论罪名当在定罪后减等处理。这是私心短见，遭杀身就是因这点，被杀之后没有人出来讲公道话，也是因为这点。将首级传遍边境，尸体头足异处，也足以成为在紧要关头不能保持忠贞的人的鉴戒。然而使熊廷弼受诛杀的这些罪名，按边界疆域失陷的条例，凡与廷弼同事的所有大臣，都应一体伏法，如此，熊在九泉之下才会瞑目。但那些人却先以受贿贪赃为名拷打织罪杨涟、魏大中等人，设下了一个让人一见就明白的陷阱，接着又刊印书册蛊惑众人，借题发挥，曲杀廷弼。他身死之后，还给挂上贪赃十七万的罪名，侮辱连及妻子儿女，长子熊兆圭被逼迫到极路，割颈自刎。这就是熊廷弼人虽死而心犹未服，而天下忠臣义士多有为他愤慨、惋惜暗叹不平的原因。因为这"封疆"二字，吓得大家都不敢在您皇上面前开口为他辩冤。

我等不存偏私、公正地来评论，自从有辽事以来，欺骗上官、营私舞弊的人多得无法计算。熊廷弼不贪取一枚金钱，不做一件进献行贿的事，焦唇烂舌，只是为国家大计进诤言。魏忠贤盗窃君主恩威、滥用权势，士大夫靡然风从，迅速附拥。熊廷弼作为长期关押狱中、等待处决的人，只要屈节附和魏氏就能获生，而抗违则必死，但他始终不改强硬正直、坚信自己正确的秉性，致使只他一人受到当众处决，他慷慨赴市，刚直心肠、耿耿忠心还未全部泯灭。现在即使不敢再进一步向深讲，但熊廷弼首级传边示众已超过三年了，人死后收尸归葬本来就无禁例。皇上圣明一定会垂恩降仁。我们之所以娓娓谈及这些，是因为这事从表面看封疆大臣的事，但其内中却暗连着朝中的邪正、本末。皇上您聪明英杰，不会认为我们这样作为大错吧！

皇帝下诏准许熊廷弼子将熊廷弼之首级取回归葬。崇祯五年，王化贞才伏法被处死。

袁崇焕传

【题解】

袁崇焕(1584~1630),明朝军事家。字元素,今广东东莞人,也有说是广西藤县人的。万历年间进士,历官到兵部尚书。天启二年(1622),他单骑出山海关考察形势,回京后自告奋勇愿意守卫辽东。他执法果敢,抗击后金坚决,防守边境的措施周到落实,兴建了宁远(今辽宁兴城)等城,多次击退后金军队的进攻。天启六年(1626),取得了宁远大捷,努尔哈赤在这场战役中伤死。袁崇焕被任命为辽东巡抚。为了赢得时间,他一度建议与后金议和,朝议不准。天启七年(1622),又获宁锦大捷,但因为他不归附阉党,所以不仅无功,反而被逼辞官。

崇祯元年(1628),被任命为兵部尚书兼右副都御史,督师蓟、辽,兼督天津、登州、莱州军务,赐尚方剑。崇祯二年(1629)闰四月,评议防守的功劳,加太子太保。六月,擅自斩了皮岛守将左都督毛文龙。几个月后,后金军队绕道从古北口进入长城,包围北京。袁崇焕星夜千里驰救。崇祯帝却中了后金设下的反间计,在召对时把袁崇焕逮捕关到诏狱。当时阉党的残余势力王永光等,正要制造大案为阉党报仇,因此乘机以擅主和议、专戮大帅两件事作为袁崇焕的罪名,把他判处死刑。崇祯三年(1630)八月,在闹市把他肢解,抄了家,兄弟妻子均流放三千里。从此明朝更没有防守边疆的人才了。

袁崇焕

【原文】

袁崇焕,字元素,东莞人。万历四十七年进士。授邵武知县。为人慷慨负胆略,好谈兵。遇老校退卒,辄与论塞上事,晓其扼塞情形,以边才自许。

天启二年正月,朝觐在都,御史侯恂请破格用之,遂擢兵部职方主事。无何,广宁师溃,廷议扼山海关,崇焕即单骑出阅关内外。部中失袁主事,讶之,家人亦莫知所往。已,还朝,具言关上形势。曰:“予我军马钱谷,我一人足守此。”廷臣益称其才,遂超擢佥事,监关外军,发帑金二十万,俾招募。时关外地悉为哈剌慎诸部所据,崇焕乃驻守关内。未几,诸部受款,经略王在晋令崇焕移驻中前所,监参将周守廉、游击左辅军,经理前屯卫事。寻令赴前屯安置辽人之失业者。崇焕即夜行荆棘虎豹中,以四鼓入城,将士莫不壮其胆。在晋深倚重之,题为宁前兵备金事。然崇焕薄在晋无远略,不尽遵其令。及在晋议筑重城八里铺,崇焕以为非策。争不得,奏记首辅叶向高。

十三山难民十余万,久困不能出。大学士孙承宗行边,崇焕请:"将五千人驻宁远,以壮十三山势,别遣骁将救之。宁远去山二百里,便则进据锦州,否则退守宁远,奈何委十万人置度外。"承宗谋于总督王象乾。象乾以关上军方丧气,议发插部护关者三千人往。承宗以为然,告在晋。在晋竟不能救,众遂没,脱归者仅六千人而已。及承宗驳重城议,集将吏谋所守。阎鸣泰主觉华,崇焕主宁远,在晋及张应吾、邢慎言持不可,承宗竟主崇焕议。已,承宗镇关门,益倚崇焕。崇焕内拊军民,外饬边备,劳绩大著。崇焕尝核虚伍,立斩一校。承宗怒曰:"监军可专杀耶?"崇焕顿首谢,其果于用法类此。

三年九月,承宗决守宁远。金事万有孚、刘诏力阻,不听,命满桂偕崇焕往。初,承宗令祖大寿筑宁远城,大寿度中朝不能远守,筑仅十一,且疏薄不中程。崇焕乃定规制:高三丈二尺,雉高六尺,址广三丈,上二丈四尺。大寿与参将高见、贺谦分督之。明年迄工,遂为关外重镇。桂,良将,而崇焕勤职,誓与城存亡;又善抚,将士乐为尽力。由是商旅辐辏,流移骈集,远近望为乐土。遭父忧,夺情视事。四年九月,偕大将马世龙、王世钦率水陆马步军万二千,东巡广宁,谒北镇祠,历十三山,抵右屯,遂由水道泛三岔河而还。寻以五防叙劳,进兵备副使,再进右参政。

崇焕之东巡也,请即复锦州、右屯诸城,承宗以为时未可,乃止。至五年夏,承宗与崇焕计,遣将分据锦州、松山、杏山、右屯及大、小凌河,缮城郭居之。自是宁远且为内地,开疆复二百里。十月,承宗罢,高第来代,谓关外必不可守,令尽撤锦、右诸城守具,移其将士于关内。督屯通判金启倧上书崇焕曰:"锦、右、大凌三城皆前锋要地。倘收兵退,既安之民庶复播迁,已得之封疆再沦没,关内外堪几次退守耶!"崇焕亦力争不可,言:"兵法有进无退。三城已复,安可轻撤。锦、右动摇,则宁、前震惊,关门亦失保障。今但择良将守之,必无他虑。"第意坚,且欲并撤宁、前二城。崇焕曰:"我宁前道也,官此,当死此,我必不去。"第无以难,乃撤锦州、右屯、大、小凌河及松山、杏山、塔山守具,尽驱屯兵入关,委弃米粟十余万。而死亡载途,哭声震野,民怨而军益不振。崇焕遂乞终制,不许。十二月进按察使,视事如故。

我大清知经略易与,六年正月,举大军西渡辽河,二十三日抵宁远。崇焕闻,即偕大将桂,副将左辅、朱梅,参将大寿,守备何可刚等集将士誓死守。崇焕更刺血为书,激以忠义。为之下拜,将士咸请效死。乃尽焚城外民居,携守具入城,清野以待。令同知程维楧诘奸,通判启倧具守卒食,辟道上行人。檄前屯守将赵率教、山海守将杨麒,将士逃至者悉斩,人心始定。明日,大军进攻,戴楯穴城,矢石不能退。崇焕令闽卒罗立,发西洋巨炮,伤城外军。明日,再攻,复被却。围遂解,而启倧亦以然炮死。

启倧起小吏,官经历,主赏功事,勤敏有志介。承宗重之,用为通判,核兵马钱粮,督城工,理军民词讼,大得众心。死,赠光禄少卿,世荫锦衣试百户。

初,中朝闻警,兵部尚书王永光大集廷臣议战守,无善策。经略第、总兵麒并拥兵关上,不救。中外谓宁远必不守。及崇焕以书闻,举朝大喜,立擢崇焕右金都御史,玺书奖励,桂等进秩有差。

我大清初解围,分兵数万略觉华岛,杀参将金冠等及军民数万。崇焕方完城,力竭不能救也。高第镇关门,大反承宗政务,折辱诸将,诸将咸解体。遇麒若偏裨,麒至,见侮其卒。至是坐失援,第、麟并褫官去,而以王之臣代第,赵率教代麒。

我大清举兵。所向无不摧破,诸将罔敢议战守。议战守,自崇焕始。三月复设辽东巡抚,以崇焕为之。魏忠贤遣其党刘应坤、纪用等出镇。崇焕抗疏谏,不纳。叙功,加兵部右侍郎,赉银币,世荫锦衣千户。

崇焕既解围,志渐骄,与桂不协,请移之他镇,乃召桂还。崇焕以之臣奏留桂,又与不协。中朝虑偾事,命之臣专督关内,以关外属崇焕,画关守。崇焕虞廷臣忌己,上言:"陛下以关内外分责二臣,用辽人守辽土,且守且战,且筑且屯。屯种所入,可渐减海运。大要坚壁清野以为体,乘间击瑕以为用。战虽不足,守则有余;守既有余,战无不足。顾勇猛图敌,敌必仇;奋迅立功,众必忌。任劳则必召怨,蒙罪始可有功。怨不深则劳不著,罪不大则功不成。谤书盈箧,毁言日至,从古已然,惟圣明与廷臣始终之。"帝优旨褒答。

其冬,崇焕偕应坤、用、率教巡历锦州、大、小凌河,议大兴屯田,渐复旧所弃旧土。忠贤与应坤等并因是荫锦衣,崇焕进所荫为指挥佥事。崇焕遂言:"辽左之坏,虽人心不固,亦缘失有形之险,无以固人心。兵不利野战,衹有凭坚城用大炮一策。今山海四城既新,当更修松山诸城,班军四万人,缺一不可。"帝报从之。

先是,八月中,我太祖高皇帝晏驾,崇焕遣使吊,且以觇虚实。我太宗文皇帝遣使报之,崇焕欲议和,以书附使者还报。我大清兵将讨朝鲜,欲因此阻其兵,得一意南下。七年正月,再遣使答之,遂大兴兵渡鸭绿江南讨。朝议以崇焕、之臣不相能,召之臣还,罢经略不设,以关内外尽属崇焕,与镇守中官应坤、用并便宜从事。崇焕锐意恢复,乃乘大军之出,遣将缮锦州、中左、人凌三城,而再使使持书议和。会朝鲜及毛文龙同告急,朝命崇焕发兵援。崇焕以水师援文龙,又遣左辅、赵率教、朱梅等九将将精卒九千先后逼三岔河,为牵制之势。而朝鲜已为大清所服,诸将乃还。

崇焕初议和,中朝不知。及奏报,优旨许之,后以为非计,频旨戒谕。崇焕欲藉是修故疆,持愈力。而朝鲜及文龙被兵,言官因谓和议所致。四月,崇焕上言:"关外四城虽延袤二百里,北负山,南阻海,广四十里尔。今屯兵六万,商民数十万,地隘人稠,安所得食?锦州、中左、大凌三城,修筑必不可已。业移商民,广开屯种。倘城不完而敌至,势必撤还,是弃垂成功也。故乘敌有事江东,姑以和之说缓之。敌知,则三城已完,战守又在关门四百里外,金汤益固矣。"帝优旨报闻。

时率教驻锦州,护版筑。朝命尤世禄来代,又以辅为前锋总兵官,驻大凌河。世禄未至,辅未入大凌,五月十一日,大清兵直抵锦州,四面合围。率教偕中官用婴城守,而遣使议和,欲缓师以待救。使三返不决,围益急。崇焕以宁远兵不可动,选精骑四千,令世禄、大寿将,绕出大军后决战。别遣水师东出,相牵制。且请发蓟镇、宣、大兵,东护关门。朝廷已命山海满桂移前屯,三屯孙祖寿移山海,宣府黑云龙移一片石,蓟辽总督阎鸣泰移关城;又发昌平、天津、保定兵驰赴上关;檄山西、河南、山东守臣整兵听调。世禄等将行,大清已于二十八日分兵趋宁远。崇焕与中官应坤、副使毕自肃督将士登陴守，列营濠内，用炮距击。而桂、世禄、大寿大战城外，士多死，桂身被数矢。大军亦旋引去，益兵攻锦州。以溽暑不能克，士卒多损伤，六月五日亦引还，因毁大、小凌河二城。时称宁、锦大捷，桂、率教功为多。忠贤因使其党论崇焕不救锦州为暮气，崇焕遂乞休。中外方争颂忠贤，崇焕不得已，亦请建祠，终不为所喜。七月遂允其归，而以王之臣代为督师兼辽东巡抚，驻宁远。及叙功，文武增秩赐荫者数百人，忠贤孙亦封伯，而崇焕止增一秩。尚书霍维华不平，疏乞让荫，忠贤亦不许。

未几，熹宗崩。庄烈帝即位，忠贤伏诛，削诸冒功者。廷臣争请召崇焕。其年十一月擢右都御史，视兵部添注左侍郎事。崇祯元年四月，命以兵部尚书兼右副都御史，督师蓟、辽，兼督登、莱、天津军务，所司敦促上道。七月，崇焕入都，先奏陈兵事。帝召见平台，慰劳甚至，咨以方略。对曰："方略已具疏中。臣受陛下特眷，愿假以便宜，计五年，全辽可复。"帝曰："复辽，朕不吝封侯赏。卿努力解天下倒悬，卿子孙亦受其福。"崇焕顿首谢。帝退少憩，给事中许誉卿叩以五年之略。崇焕言："圣心焦劳，聊以是相慰耳。"誉卿曰："上英明，安可漫对。异日按期责效，奈何？"崇焕怃然自失。顷之，帝出，即奏言："东事本不易竣。陛下既委臣，臣安敢辞难。但五年内，户部转军饷，工部给器械，吏部用人，兵部调兵选将，须中外事事相应，方克有济。"帝为饬四部臣，如其言。

崇焕又言："以臣之力，制全辽有余，调众口不足。一出国门，便成万里。忌能妒功，夫岂无人。即不以权力掣臣肘，亦能以意见乱臣谋。"帝起立倾听，谕之曰："卿无疑虑，朕自有主持。"大学士刘鸿训等请收还之臣、桂尚方剑，以赐崇焕，假之便宜。帝悉从之，赐崇焕酒馔而出。崇焕以前此熊廷弼、孙承宗皆为人排构，不得竟其志，上言："恢复之计，不外臣昔年以辽人守辽土，以辽土养辽人，守为正著，战为奇著，和为旁著之说。法在渐不在骤，在实不在虚。此臣与诸边臣所能为。至用人之人，与为人用之人，皆至尊司其钥。何以任而勿贰，信而勿疑？盖驭边臣与廷臣异，军中可惊可疑者殊多，但当论成败之大局，不必摘一言一行之微瑕。事任既重，为怨实多。诸有利于封疆者，皆不利于此身者也。况图敌之急，敌亦从而间之，是以为边臣甚难。陛下爱臣知臣，臣何必过疑惧，但中有所危，不敢不告，"帝优诏答之，赐蟒玉、银币，疏辞蟒玉不受。

是月，川、湖兵戍宁远者，以缺饷四月大噪，余十三营起应之，缚系巡抚毕自肃、总兵官朱梅、通判张世荣、推官苏涵淳于谯楼上。自肃伤重，兵备副使郭广初至，躬翼自肃，括抚赏及朋椿二万金以散，不厌，贷商民足五万，乃解。自肃疏引罪，走中左所。自经死。崇焕以八月初抵关，闻变驰与广密谋，宥首恶杨正朝、张思顺，令捕十五人戮之市；斩知谋中军吴国琦，责参将彭簪古，黜都司左良玉等四人。发正朝、思顺前锋立功，世荣、涵淳以贪虐致变，亦斥之。独都司程大乐一营不从变，特为奖励。一方乃靖。

关外大将四五人，事多掣肘。后定设二人，以梅镇宁远，大寿仍驻锦州。至是梅将解任，崇焕请合宁、锦为一镇，大寿仍驻锦州，加中军副将何可刚都督金事，代梅驻宁远，而移蓟镇率教于关门，关内外止设二大将。因极称三人之才，谓"臣自期五年，专藉此三人，当与臣相终始。届期不效，臣手戮三人，而身归死于司败"。帝可之，崇焕遂留镇宁远。

自肃既死，崇焕请停巡抚。及登莱巡抚孙国桢免，崇焕又请罢不设。帝亦报可。哈剌慎三十六家向受抚赏，后为插汉所迫，且岁饥，有叛志。崇焕召至于边，亲抚慰，皆听命。二年闰四月，叙春秋两防功，加太子太保，赐蟒衣、锦币，荫锦衣千户。

崇焕始受事，即欲诛毛文龙。文龙者，仁和人。以都司援朝鲜，逗留辽东。辽东失，自海道遁回，乘虚袭杀大清镇江守将，报巡抚王化贞，而不及经略熊廷弼，两人隙始开。用事者方主化贞，遂授文龙总兵，累加至左都督，挂将军印，赐尚方剑，设军镇皮岛如内地。皮岛亦谓之东江，在登、莱大海中，绵亘八十里，不生草木，远南岸，近北岸，北岸海面八十里即抵大清界，其东北海则朝鲜也。岛上兵本河东民，自天启元年河东失，民多逃岛中。文龙笼络其民为兵，分布哨船，联连登州，以为犄角计。中朝是之，岛事由此起。

四年五月，文龙遣将沿鸭绿江越长白山，侵大清国东偏，为守将击败，众尽歼。八月，遣兵从义州城西渡江，入岛中屯田。大清守将觉，潜师袭击，斩五百余级，岛中粮悉被焚。五年六月，遣兵袭耀州之官屯寨，败归。六年五月，遣兵袭鞍山驿，丧其卒千余。越数日，又遣兵袭撤尔河，攻城南，为大清守将所却。七年正月，大清兵征朝鲜，并规剿文龙。三月，大清兵克义州，分兵夜捣文龙于铁山。文龙败，遁归岛中。时大清恶文龙蹑后，故致讨朝鲜，以其助文龙为兵端。

顾文龙所居东江，形势虽足牵制，其人本无大略，往辄败衄，而岁糜饷无算；且惟务广招商贾，贩易禁物，名济朝鲜，实阑出塞，无事则鬻参贩布为业，有事亦罕得其用，工科给事中潘士闻劾文龙糜饷杀降，尚宝卿董茂忠请撤文龙，治兵关、宁。兵部议不可，而崇焕心弗善也，尝疏请遣部臣理饷。文龙恶文臣监制，抗疏驳之，崇焕不悦。及文龙来谒，接以宾礼，文龙又不让，崇焕谋益决。

至是，遂以阅兵为名，泛海抵双岛，文龙来会。崇焕与相燕饮，每至夜分，文龙不觉也。崇焕议更营制，设监司，文龙怫然。崇焕以归乡动之，文龙曰："向有此意，但惟我知东事东事毕，朝鲜衰弱，可袭而有也。"崇焕益不悦。以六月五日邀文龙观将士射，先设幄山上，令参将谢尚政等伏甲士幄外。文龙至，其部卒不得入。崇焕曰："予诘朝行，公当海外重寄，受予一拜。"交拜毕，登山。崇焕问从官姓名，多毛姓。文龙曰："此皆予孙。"崇焕笑，因曰："尔等积劳海外，月米止一斛，言之痛心，亦受予一拜，为国家尽力。"众皆顿首谢。

崇焕因诘文龙违令数事，文龙抗辩。崇焕厉色叱之，命去冠带絷缚，文龙犹倔强。崇焕曰："尔有十二斩罪，知之乎？祖制，大将在外，必命文臣监。尔专制一方，军马钱粮不受核，一当斩。人臣之罪莫大欺君，尔奏报尽欺罔，杀降人难民冒功，二当斩。人臣无将，将则必诛。尔奏有牧马登州取南京如反掌语，大逆不道，三当斩。每岁饷银数十万，不以给兵，月止散米三斗有半，侵盗军粮，四当斩。擅开马市于皮岛，私通外番，五当斩。部将数千人悉冒己姓，副将以下滥给札付千，走卒、舆夫尽金绯，六当斩。自宁远还，剽掠商船，自为盗贼，七当斩。强取民间子女，不知纪极，部下效尤，人不安室，八当斩。驱难民远窃人参，不从则饿死，岛上白骨如莽，九当斩。辇金京师，拜魏忠贤为父，塑冕旒像于岛中，十当斩。铁山之败，丧军无算，掩败为功，十一当斩。开镇八年，不能复寸土，观望养敌，十二当斩。"数毕，文龙丧魂魄不能言，但叩头乞免。崇焕召谕其部将曰："文龙罪状当斩否？"皆惶怖唯唯。中有称文龙数年劳苦者，崇焕叱之曰："文龙一布衣尔，官极品，满门封荫，足酬劳，何悖逆如是！"乃顿首请旨曰："臣今诛文龙以肃军。诸将中有若文龙者，悉诛。臣不能成功，皇上亦以诛文龙者诛臣。"遂取尚方剑斩之帐前。乃出谕其将士曰："诛止文龙，余无罪。"

当是时，文龙麾下健校悍卒数万，惮崇焕威，无一敢动者。于是命棺敛文龙。明日，具牲醴拜奠曰："昨斩尔，朝廷大法；今祭尔，僚友私情。"为下泪。乃分其卒二万八千为四协，以文龙子承祚、副将陈继盛、参将徐敷奏、游击刘兴祚主之。收文龙敕印、尚方剑，令继盛代掌。犒军士，檄抚诸岛，尽除文龙虐政。还镇，以其状上闻，末言，"文龙大将，非臣得擅诛，谨席槁待罪。"时崇祯二年五月也。帝骤闻，意殊骇，念既死，且方倚崇焕，乃优旨褒答。俄传谕暴文龙罪，以安崇焕心；其爪牙伏京师者，令所司捕。崇焕上言："文龙一匹夫，不法至此，以海外易为乱也。其众合老稚四万七千，妄称十万，且民多，兵不能二万，妄设将领千。今不宜更置帅，即以继盛摄之，于计便。"帝报可。

崇焕虽诛文龙，虑其部下为变，增饷银至十八万。然岛弁失主帅，心渐携，益不可用，其后致有叛去者。崇焕言："东江一镇，牵制所必资。今定两协，马军十营，步军五，岁饷银四十二万，米十三万六千。"帝颇以兵减饷增为疑，以崇焕故，特如其请。

崇焕在辽，与率教、大寿、可刚定兵制，渐及登、莱、天津，及定东江兵制，合四镇兵十五万三千有奇，马八万一千有奇，岁费度支四百八十余万，减旧一百二十余万。帝嘉奖之。

文龙既死，甫逾三月，我大清兵数十万分道入龙井关、大安口。崇焕闻，即督大寿、可刚等入卫。以十一月十日抵蓟州，所历抚宁、永平、迁安、丰润、玉田诸城，皆留兵守。帝闻其至，甚喜，温旨褒勉，发帑金犒将士，令尽统诸道援军。俄闻率教战殁，遵化、三屯营皆破，巡抚王元雅、总兵朱国彦自尽，大清兵越蓟州而西。崇焕惧，急引兵入护京师，营广渠门外。帝立召见，深加慰劳，咨以战守策，赐御馔及貂裘。崇焕以士马疲敝，请入休城中，不许。出与大军鏖战，互有杀伤。

时所入隘口乃蓟辽总理刘策所辖，而崇焕甫闻变即千里赴救，自谓有功无罪。然都人骤遭兵，怨谤纷起，谓崇焕纵敌拥兵。朝士因前通和议，诬其引敌胁和，将为城下之盟。帝颇闻之，不能无惑。会我大清设间，谓崇焕密有成约，令所获宦官知之，阴纵使去。其人奔告于帝，帝信之不疑。十二月朔再召对，遂缚下诏狱。大寿在旁，战栗失措，出即拥兵叛归。大寿当有罪，孙承宗欲杀之，爱其才，密令崇焕救解。大寿以故德崇焕，惧并诛，遂叛。帝取崇焕狱中手书，往召大寿，乃归命。

方崇焕在朝，尝与大学士钱龙锡语，微及欲杀毛文龙状。及崇焕欲成和议，龙锡尝移书止之。龙锡故主定逆案，魏忠贤遗党王永光、高捷、袁弘勋、史范辈谋兴大狱，为逆党报仇，见崇焕下吏，遂以擅主和议、专戮大帅二事为两人罪。捷首疏力攻，范、弘勋继之，必欲并诛龙锡。法司坐崇焕谋叛，龙锡亦论死。三年八月，遂磔崇焕于市。兄弟妻子流三千里，籍其家。崇焕无子，家亦无余赀，天下冤之。

崇焕既缚，大寿溃而去。武经略满桂以趣战急，与大清兵战，竟死，去缚崇焕时甫半月。初，崇焕妄杀文龙，至是帝误杀崇焕。自崇焕死，边事益无人，明亡征决矣。

【译文】

袁崇焕，字元素，广东东莞人。万历四十七年考取进士。为人慷慨大方，自认为有胆识韬略，喜欢谈论军事。遇到老年的军校或退役的老兵，常常和他们谈论边塞上的事，了解边防情况，把自己看作是治理边境的有用之才。

天启二年正月，在京师朝觐，御史侯恂建议破格使用他，于是提升为兵部职方主事。不久，广宁兵败，廷议扼守山海关，袁崇焕立即单骑跑到山海关内外视察。兵部不见了袁主事，很奇怪，家人亦不知道他去了哪里。察看以后，他回朝，详细地介绍了关上的情况。说："给我兵马钱粮，我一个人就可以守住此地。"廷臣更加称赞他的才能。于是越级提升为佥事，指挥关外的部队，拨国库银二十万给他招募军队。当时关外的地方，已经全部被哈剌慎各部族所占领，袁崇焕于是驻守关内。不久，各部族归附，经略王在晋命令袁崇焕移驻中前所，监督参将周守廉、游击左辅的军队，管理前屯卫的事。接着又命令他到前屯，安置失业的辽人。袁崇焕立即连夜起行，走过了到处荆棘丛生虎豹出没的路，四更天入城，将士们没有不佩服他的胆量的。王在晋深深的依靠他、重用他，提拔他为宁前兵备佥事。但是袁崇焕看不起王在晋没有远大的谋略，不完全遵从他的命令。及至王在晋提出在八里铺修筑重城时，袁崇焕认为这做法不策略。争论没有效果，袁崇焕把这情况报告给首辅叶向高。

十三山有十多万难民，被围困了很久都不能出来。大学士孙承宗巡视边境时，袁崇焕提出："率领五千人驻于宁远，以壮大十三山的声势，另外派猛将援救他们。宁远离山二百里，有机会则进据锦州，否则便退守宁远，为什么把十万人置之不顾。"孙承宗与总督王象乾商议。王象乾认为关上军队士气正低落，提出派插汉部护关的三千人前往。孙承宗认为合适，告诉了王在晋。王在晋竟然不能救援，这些难民便陷落了，能逃回来的仅有六千人。及到孙承宗批驳建重城的意见，召集将吏商议在哪里驻守时，阎鸣泰主张在觉华，袁崇焕主张在宁远，王在晋和张应吾、邢慎言则坚持不可以，孙承宗竟采用了袁崇焕的意见。不久，孙承宗镇守山海关，更加倚重袁崇焕。袁崇焕对内安抚军民，对外整饬边防战备，成绩非常显著。袁崇焕曾经查出虚报兵卒的情况，立即斩了一个校官。孙承宗发怒说："监军可以擅自杀人的吗？"袁崇焕叩头谢罪，他执法的果断都和这事相类似。

天启三年九月，孙承宗决定驻守宁远。佥事万有孚、刘诏极力劝阻，不听，命令满桂和袁崇焕前往。当初，孙承宗命令祖大寿修筑宁远城，祖大寿认为朝廷没有能力驻守到这么远，所以只建了十分之一，而且城墙疏薄不合规格。袁崇焕于是制定规格标准：高三丈二尺，雉堞高六尺，城基宽三丈，城头宽二丈四尺。由祖大寿和参将高见、贺谦分别督工。第二年工程完竣，宁远便成了关外的重镇。满桂是优秀的将领，而袁崇焕勤于职守，发誓与城共存亡；又关心部下，将官士卒都乐于为他尽力。因此商人从四方八面赶来贸易，流民移民聚集到这里，远近的人都把宁远当作乐土。袁崇焕父亲去世，朝廷不准他回

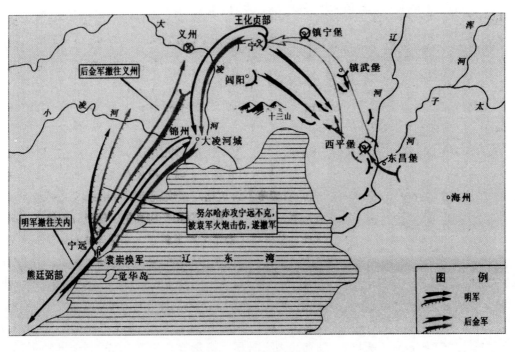

宁远之战作战经过示意图

家守制,让他素服办公。天启四年九月,袁崇焕与大将马世龙、王世钦带领水陆马步军一万二千人,向东巡视广宁,拜谒北镇祠,经十三山,到达右屯,然后由水路经三岔河回来。不久以五防的功劳,晋升兵备副使,再晋升右参政。

　　袁崇焕东巡时,建议立即收复锦州、右屯各城,孙承宗认为时机未成熟,这才作罢。天启五年夏,孙承宗与袁崇焕商议,派遣将官分别占据锦州、松山、杏山、右屯和大凌河、小凌河,修缮城廓进驻。从此宁远又变成了内地,收复了二百里疆土。十月,孙承宗罢官,高第接任,说关外一定守不住,命令把锦州、右屯各城的守备全部撤除,把哪里的将士移到关内。督屯通判金启倧写信给袁崇焕说:"锦州、右屯、大凌河三个城都足前锋要地,如果撤兵,已经安定了的民众又要再搬迁,已经得到的国土又要再次沦丧,关内外能经得起几次这样的退守啊呢!"袁崇焕亦极力争辩,认为不能这样做,他说:"兵法上强调进攻,不要轻易退却。三个城已经收复了,怎么可以轻易撤退。锦州、右屯动摇,则宁远、前屯会震惊,山海关这大门亦失去保障。现在只要选派良将驻守,一定不会发生什么问题。"高第坚持自己的意见,而且想一同撤掉宁远、前屯两个城。袁崇焕说:"我是宁前道,在这里做官,应当死守这里,我一定不撤走。"高第没有办法责难他,于是撤去锦州、右屯、大凌河、小凌河和松山、杏山的工事,把屯兵全部赶入关内,丢弃了米、粟十多万石。而兵民沿途死去、逃跑的不少,哭声震动了旷野,民众怨恨而士气更加不振。袁崇焕便请求回家守制,不准。十二月,晋升为按察使,照旧管理公事。

　　大清知道明政府的经略易于对付,天启六年正月,派大军向西渡过辽河,二十三日到了宁远。袁崇焕得讯，马上和大将满桂，副将左辅、朱梅、参将祖大寿，守备何可刚等召集将士，发誓死守宁远。袁崇焕更写血书，用忠义来激励将士，向他们下拜，将士们全都请求以死报效国家。于是把城外的民房全部烧掉，把防守的器械带入城中，坚壁清野等待清兵。命令同知程维模盘查奸细，通判金启倧准备守军的粮食，清除路上的行人。行文前屯守将赵率教、山海关守将杨麒，凡有逃到该处的将士，一律斩首，这样人心才安定下来。第二天，清兵大举进攻，戴着盾牌挖城，用弓箭、擂石都无法将之击退。袁崇焕命令福建兵罗立，发射西洋大炮，杀伤了城外敌军。第二天，再进攻，再被击退。对宁远的包围被打破了，而金启倧亦因为燃炮而死。

金启倧是小吏出身，官任经历，负责对军功的奖赏，为人聪明勤快有志气。孙承宗很看重他，任用他当通判，管核兵马钱粮，监督城池修建工程，审理军民的诉讼，很得人心。死后，赠光禄少卿，世代荫袭锦衣试百户。

起初，朝廷接到警报，兵部尚书王永光广泛召集廷臣商议作战防守的方略，没有好的办法。经略高第、总兵杨麒都拥兵山海关，不去援救。朝廷内外都认为宁远一定无法防守。当袁崇焕战报送到时，朝廷上下都非常高兴，立即提升袁崇焕为右金都御史，发玺书奖励，满桂等亦分别得到升级。

清兵开始解除对宁远的包围时，分了几万兵去夺取觉华岛，杀了参将金冠等和军民几万人。袁崇焕正在修复城池，没有兵力去救援。高第在山海关镇守，完全推翻了孙承宗的做法，折磨侮辱各将官，将官全都涣散了。高第对杨麒就像对偏裨将校一样，杨麒去到，被高第手下的士卒侮辱。到这时因为失于援救，高第、杨麒都被削去官职，而任命王之臣代替高第，赵率教代替杨麒。

清兵兴起以来，所到之处没有不被摧毁攻破的，明朝将官都不敢议论作战和防守的事。议论作战和防守的事，是从袁崇焕开始的。三月，再设辽东巡抚，由袁崇焕担任。魏忠贤派遣他的党羽刘应坤、纪用等到山海关镇守。袁崇焕极力上疏谏阻，不被采纳。评议功劳，加兵部右侍郎，赐给银币，世袭荫职锦衣千户。

袁崇焕解了宁远之围以后，渐渐骄傲起来，和满桂合不来，提出要把他调往别处，于是朝廷召了满桂回去。袁崇焕因为王之臣奏请挽留满桂，又和他不协调。朝廷顾虑因为意气误事，命令王之臣专负责指挥关内，以关外交给袁崇焕，两人划关分守。袁崇焕又恐怕廷臣嫉忌自己，上奏说："陛下以山海关内外分别责成两臣管辖，用辽人守辽土，一面防守一面进攻，一面筑城一面屯田。屯种的收入，可以逐渐减少海运粮食的数量。主要以坚壁清野为主，有机会则趁机攻击敌人防守薄弱的地方。虽然兵力不足以进攻，但用于防守则有余。防守既有余力，进攻的力量就不会不足。但是勇猛地进攻敌人，敌人一定会痛恨；很快便立了功，众人一定会嫉忌。任劳则一定招怨，戴罪才可以有功。被怨恨得不深则功劳不显著，戴的罪不大就立不了功。诽谤的章奏装满了箱子，诋毁的言词每日都会传来，自古以来都是这样，只希望皇上圣明和廷臣对我的信用能有始有终。"皇帝以温和的圣旨褒奖回答了他。

这年冬天，袁崇焕和刘应坤、纪用、赵率教巡视锦州、大凌河、小凌河，提出大兴屯田，逐渐收复高第所放弃了的旧地。魏忠贤和刘应坤等,都因此得到荫锦衣,袁崇焕的荫职升为指挥佥事。袁崇焕因此说:"辽左的衰败,虽然是因为人心不稳,但亦是因为没有险要的地形可守,没有办法稳定人心。军队不利于野外作战,只有凭恃坚固的城池使用大炮一个办法。现在山海关外四座城已经葺新,应当再修筑松山等城,调班军四万人守卫,缺一都不行。"皇上批复同意了他。

　　早些时候,在八月中,清太祖高皇帝驾崩,袁崇焕派使者前往吊唁,并观察对方的情况。太宗文皇帝遣使者回报,袁崇焕想议和,写信托使者带回。清兵正准备征讨朝鲜,也想借议和来阻挡他的军队,以便一心一意南下。七年正月,再派使者答复袁崇焕,便大举兴兵渡过鸭绿江南下征讨。朝议认为袁崇焕、王之臣互不合作,召回王之臣,撤了经略不设,把关内外全部交给袁崇焕,让他和镇守中官刘应坤、纪用一起,根据实际情况自行处理有关问题。袁崇焕立志要恢复国土,便乘清军大批出动的机会,派将官修缮锦州、中左、大凌三座城,并再派使者带信去议和。正好朝鲜和毛文龙同时告急,朝廷命令袁崇焕发兵援救。袁崇焕用水师支援毛文龙,又派左辅、赵率教、朱梅等九个将领领精兵九千人,先后逼迫三岔河,造成牵制的形势。但是朝鲜已经被清兵征服,各将领于是撤回。

　　袁崇焕开始议和的时候,明廷并不知道。及至奏报上呈,皇帝用温和的语句下圣旨准许了,后来又认为这做法不策略,接连下旨禁止。袁崇焕要借议和收复故土,更加极力坚持。而朝鲜和毛文龙被攻打,科道官便说这是议和所导致的。四月,袁崇焕上奏说:"关外四个城虽然延绵二百里,但北靠山,南到海,只有四十里宽。现在屯兵六万人,商民数十万人,地狭人稠,哪里去找粮食?锦州、中左、大凌三个城的修筑,一定不能停止。已经迁来的商人百姓,广泛开展了屯种。如果城池没有修好而敌人来到,势必要撤回,这是功败垂成。所以趁敌人在江东有战事,姑且用议和的办法拖延他们。等敌人知道,则三个城已经修建完好,战与守又在关门四百里以外,城池的防守更加巩固了。"皇帝用好言下旨说知道了。

　　当时赵率教驻守锦州,用护版修建城墙。朝廷派尤世禄来代替他,又用左辅为前锋总兵官,驻于大凌河。尤世禄未到,左辅亦未入大凌河,五月十一日,清兵直抵锦州,把它四面包围。赵率教和中官纪用环城守御,而派遣使者议和,希望拖延敌军等待援救。使者往返三次还未能有结果,围攻得更急。袁崇焕认为宁远的兵不能动用,选派了四千精锐的骑兵,令尤世禄、祖大寿率领,绕到清军的背后决战。另派水师向东出发,相互牵制。而且请求派蓟镇、宣府、大同的兵,东来保护关门。朝廷已经命令山海关满桂移驻前屯,三屯的孙祖寿移驻山海,宣府的黑云龙移驻一片石,蓟辽总督阎鸣泰移关城;又调昌平、天津、保定的兵迅速赶到上关;行文山西、河南、山东的守将整兵等待调动。尤世禄等将要出发,清军已经在二十八日分兵向宁远。袁崇焕和中官刘应坤、副使毕自肃督促将士登上女墙守卫,在壕沟内扎营,用炮反击。而满桂、尤世禄、祖大寿在城外大战,兵士很多战死,满桂身中数箭。清大军不久亦撤去,增兵攻锦州。由于天气潮湿闷热,不能攻克,士兵损伤较多,六月五日亦撤退,只毁了大、小凌河两座城。当时称这次是宁锦大捷,满桂、赵率教的功劳最多。魏忠贤于是指使他的党羽抨击袁崇焕不救援锦州是暮气,袁崇焕便请求辞官。这时朝廷内外争相颂扬魏忠贤,袁崇焕不得已,亦提出要建生祠,但始终得不到魏忠贤喜欢。七月,便准许他辞官回家,而用王之臣代任督师兼辽东巡抚,驻于宁远。及至评功,文武官员升级赐予荫职的有几百人,魏忠贤的孙亦因此封为伯,而袁崇焕只增加了一级俸禄。尚书霍维华抱不平,上疏要求把荫职让给袁崇焕,魏忠贤亦不准。

不久,熹宗驾崩。庄烈帝即位,魏忠贤伏法,革除了那些冒功的人。廷臣争相请求召用袁崇焕。这年十一月,提升袁崇焕为右都御史,负责兵部添注左侍郎事。崇祯元年四月,命令他以兵部尚书兼右副都御史,指挥蓟、辽的部队,兼负责登州、莱州、天津的军务,有关部门敦促他起程。七月,袁崇焕入京师,首先上奏陈述军务。皇帝在平台召见了他,亲切的慰劳,向他咨询用兵的方针策略。袁崇焕回答说:"方针策略已经写在奏疏里面。臣受陛下特别的关怀,希望能让我自行处理问题,预计五年,全辽地都可以得到收复。"皇帝说:"收复了辽地,朕不会吝惜封侯的赏赐。卿努力解救天下的危难,卿的子孙亦将因此得到福泽。"袁崇焕叩首谢恩。皇帝退下稍事休息,给事中许誉卿问他五年能收复辽地的策略。袁崇焕说:"皇上焦急劳累,姑且用这话安慰他罢了。"许誉卿说:"皇上英明,怎么可以随意应对。他日按期责问成效时,怎么办?"袁崇焕泄气地自觉失言。一会儿,皇上出来,袁崇焕马上奏说:"辽东的事本来不容易完成。陛下既然委托给了我,我怎敢因为困难而推辞。但五年之内,户部转解军饷,工部发给器械,吏部人事任用,兵部调兵选将,需要朝廷内外事事加以支持,才能收到成效"皇帝因此饬令四部大臣,听从袁崇焕的意见。

袁崇焕又说:"以臣的力量,制服全辽东有余,但不足以调和众人的议论。一离开国门,便成了远隔万里。难免有人会猜忌贤能嫉妒功劳。这些人即使不用权力牵制我,亦能够以意见打乱我的计划。"皇帝站起来用心地听着,晓谕他说:"卿家不要怀疑忧虑,朕自有主意。"人学士刘鸿训等提出收回王之臣、满桂的尚方剑,用来赐给袁崇焕,准他相度机宜自行处事。皇帝全部都依从了,赐袁崇焕酒菜才出。袁崇焕因为在此以前的熊廷弼、孙承宗都被人排挤陷害,不能完成他们的志向,上书说:"恢复疆土的计策,离不开臣当年用辽人守辽地,以辽地养辽人,以防守为主要手段,作战为出奇制胜的手段,议和为其他手段的说法。办法在于渐进而不在于急骤,在于务实而不在于空谈。这是臣和各边镇臣所能做到的。至于用人的人,和被人用的人,都由皇上掌握着。怎样才能任用他而不改变,相信他而不猜疑?因为驾驭边境的臣和朝廷的臣不同,军队里可惊可疑的事很多,所以只应当评论成败的大局,不必指摘一言一行的微小过失。事情的责任重,招致的怨恨一定多。各种对保卫疆土有利的事,都是对自身不利的。况且我们乘敌之危,敌人也会乘机离间我们,所以当边镇的臣很难。陛下爱臣了解臣,臣何必过于怀疑恐惧,但这当中存在着的危险,不敢不禀告。"皇帝委婉地下诏回答他,赐给蟒袍玉带、银币,上疏推辞了蟒袍玉带。

同月,四川、湖广到宁远戍守的兵,因为缺了四个月的饷,大声鼓噪,其余的十三营也起来响应,缚了巡抚毕自肃、总兵官朱梅、通判张世荣、推官苏涵淳在更楼上。毕自肃伤重,兵备副使郭广刚到,亲自保护毕自肃,收集了抚赏和朋辈的二万金来散发,兵士不满足，再向商人民众借贷，凑足五万两银，鼓噪的兵士才散去。毕自肃上疏承担罪责，走到中左所，自缢死。袁崇焕是八月初到关的，听说变乱，他赶去和郭广秘密商议，饶恕了首犯杨正朝、张思顺，命令逮捕了十五个人在闹市斩头，杀了知情的中军吴国琦，斥责参将彭簪古，罢免了都司左良玉等四个人。把杨正朝、张思顺发配到先头部队戴罪立功。张世荣、苏涵淳凶为贪婪暴虐导致了变乱，也斥责了他们。只有都司程大乐这一营没有跟从变乱，特别给予奖励。于是一方得以平静。

关外大将有四五人，事情常常互相牵制。后来确定设置两人，由朱梅镇守宁远，祖大寿仍然驻于锦州。这时朱梅将要卸任，袁崇焕请求把宁远、锦州合为一镇，祖大寿仍然驻守锦州，中军副将何可刚加任都督佥事，代替朱梅驻于宁远，而把蓟镇的赵率教移到山海关，关内外只设两名大将。袁崇焕极力称赞这三个人的才能，说："我自己预计五年，是专靠这三个人，他们应该始终和我在一起。到时如果不见成效，我亲手杀了这三个人，自己回来受死。"皇帝同意了，袁崇焕便留在宁远镇守。毕自肃已经死了，袁崇焕请求停派巡抚。及至登莱巡抚孙国桢被罢官，袁崇焕又请求不要再设，皇帝也批复同意，哈刺慎三十六家部族一向受朝廷的安抚赏赐，后来被插汉逼迫，这年又闹饥荒，便有反叛的意图。袁崇焕召他们到边关，亲自安抚慰问，使他们都听从了命令。崇祯二年闰四月，评议春秋两防的功劳，加封袁崇焕太子太保，赐给蟒衣、银币，荫职锦衣千户。

袁崇焕开始接受任命时，便想杀了毛文龙。毛文龙是仁和人，以都司的职位去援助朝鲜，逗留在辽东。辽东失陷，他从海道逃了回来，趁清军大举外出镇江兵力空虚，突然加以袭击，杀了驻守镇江的将领，将这事报告了巡抚王化贞，但没有向经略熊廷弼报告，两人之间开始发生矛盾。执政者当时正支持王化贞，因此授予毛文龙总兵的职位，又累加至左都督，挂将军印，赐给尚方剑，像内地一样设军镇守皮岛。皮岛又称为东江，在登州、莱州的海面上，绵延八十里，岛上草木不生，离南岸远，北岸近，北岸海面八十里外就是清的边界，岛东北面的海就是朝鲜。岛上的兵本来是河东的居民。自从天启元年河东失守，居民多数都逃到了皮岛。毛文龙拉拢他们当了兵，安排好哨船，连接登州，形成犄角之势。朝廷同意了这些做法，岛上的事就这样开始了。

崇祯四年五月，毛文龙派遣将领沿鸭绿江越过长白山，侵袭大清国的东面，被守将击败，部众全被歼灭。八月，派兵从义州城的西面渡江，进入岛中屯田。清守将发现后，埋伏部队袭击，斩首五百余级，岛中的粮食全部被烧毁。天启五年六月，派兵袭击耀州的官屯寨，战败回来。天启六年五月，派兵袭击鞍山驿，损失了士卒一千多人。过了几天，又派兵袭击撒尔河，进攻城南，被清守将击退。天启七年正月，大清兵征战朝鲜，并计划清剿毛文龙。三月，大清兵攻克义州，分兵在铁山夜捣毛文龙。毛文龙战败，逃回岛中。当时大清讨厌毛文龙骚扰他的后方，所以导致讨伐朝鲜，就是因为朝鲜帮助毛文龙挑起事端。

毛文龙所在的东江，从形势上看，虽然足以牵制敌人，但他这个人并没有什么谋略，每次出兵都打败仗，而每年浪费军饷无数；而且只着力于广泛招揽客商，贩卖违禁物品，名义上是接济朝鲜，实际上全部卖到塞外，平时从事买卖人参、布匹的行当，有事时亦难得见到他的作用。工科给事中潘士闻弹劾毛文龙浪费军饷,杀害投降过来的人。尚宝卿董茂忠提请撤去毛文龙,在山海关、宁远整顿军队。兵部认为不可行,而袁崇焕心里很不满意,曾经上疏请求兵部派官员前往管理军饷。毛文龙讨厌被文臣监督限制,极力上疏反驳,袁崇焕不高兴。及至毛文龙来谒见,袁崇焕用迎宾的礼节接待他,毛文龙又不谦让,袁崇焕的主意更加拿定了。

到这时,袁崇焕以阅兵为名,渡海到双岛,毛文龙来会见。袁崇焕和他饮宴,往往到深夜,毛文龙都不在意。袁崇焕提出改变军队的编制,设置监司,毛文龙很不高兴。袁崇焕用回乡来打动他,毛文龙说:"一向都有这个意愿,但只有我了解辽东的情况,等辽东的事完了,朝鲜衰弱,可以袭击而拥有它。"袁崇焕更加不高兴。在六月五日,邀请毛文龙观看将士射箭,先在山上设置了帐幕,命令参将谢尚政等埋伏武装的兵士在帐外。毛文龙来到,他部下的兵卒不准入内。袁崇焕说:"我明天便走了,你承担着海外重任,应当受我一拜。"互相拜了以后,登山。袁崇焕问跟从官员的姓名,多数姓毛。毛文龙说:"这些都是我的孙子。"袁崇焕笑笑,说:"你们在海外长期劳累,每月薪俸只有一斛米。说起来让人痛心,也该受我一拜,以为国家尽力。"大家都叩头致谢。

袁崇焕接着问毛文龙违抗命令的几件事,毛文龙极力争辩。袁崇焕严厉地斥责他,命令剥去他的冠带缚起来,毛文龙还不肯屈服。袁崇焕说:"你有十二项该斩的罪名,知道吗?祖宗定下来的规矩,凡大将在外,一定由文臣监察。你专制一方,军马钱粮不受查核,第一项该斩。人臣的罪,没有比欺君更大的事,你的奏报全部都是欺君罔上,杀投降的人和难民去冒认功劳,这是第二项该斩。人臣不能威胁皇上,威胁皇上一定要杀头。你奏章有牧马登州,攻取南京易如反掌的话,这是大逆不道,第三项该斩。每年饷银几十万,不发给兵士,每月只发米三斗半,这是侵吞盗窃军粮,第四项该斩。在皮岛擅自开设马市,私通外番,这是第五项该斩。部将几丁人,全部都冒认自己的姓,副将以下,随意写个纸条就授给千夫长,门下的走卒、轿夫都穿着金、紫色的衣服,这是第六项该斩。从宁远回来,抢掠商船,自己成了盗贼,这是第七项该斩。强逼夺取百姓子女,不顾法纪,部下仿效,使人不能安居,这是第八项该斩。驱赶难民到远处偷人参,不听从的就让他饿死,海岛上的白骨像草丛一样处处都是,这是第九项该斩。运钱去京都,拜魏忠贤为父,为他在岛上塑造戴天子冠饰的像,这是第十项该斩。铁山战败,损折军士无数,却掩盖败绩变为功劳,这是第十一项该斩。设军开镇守皮岛八年,不能收复一寸失土,观望情况纵容敌人,这是第十二项该斩。"数完以后,毛文龙丧魂失魄不能作声,只是叩头乞求免死。袁崇焕召集他的部将晓谕说:"毛文龙的罪状该不该杀?"他们都惊惶地赶快答应着。其中有说毛文龙几年来的劳苦的,袁崇焕斥责他说:"毛文龙一个平民罢了,现在官居极品,满门都封荫了官职,完全足以酬谢他的劳苦,为什么竟这样叛逆!"于是叩头请圣旨说:"臣今日杀毛文龙来整肃军队,各将领中如果有像毛文龙这样的,一律杀。臣不能成功,皇上亦像杀毛文龙那样杀臣。"便取出尚方剑,在帐前杀了毛文龙。这才出去晓谕他的将士说:"只杀毛文龙,其余的人没有罪。"

在这个时候,毛文龙麾下壮健的校尉、勇猛的士卒有几万人,害怕袁崇焕的威势,没有一个敢反抗的。于是下令用棺木收敛了毛文龙。第二天，袁崇焕备下酒肉拜祭说："昨天斩你，是朝廷的法度；今天祭你，是同事朋友的私情。"为他流下泪来。便将毛文龙的二万八千兵分为四协，任命毛文龙的儿子毛承祚、副将陈继盛、参将徐敷奏、游击刘兴祚率领他们。收缴了毛文龙的官印、尚方剑，命令陈继盛代为掌管。犒赏兵士，行文安抚各个岛，把毛文龙的暴政全部废除。袁崇焕回到宁远，把这些情况上报，最后说："毛文龙是大将，不是臣我能擅自杀掉的，现在我郑重地坐在草堆听候判罪。"当时是崇祯二年五月。皇帝突然听闻这消息，非常震惊，但想到毛文龙已经死了，而且正在倚靠袁崇焕，于是温和地下旨褒奖回答。不久，传谕公开毛文龙的罪，以安定袁崇焕的心；对毛文龙那些潜伏在京师的爪牙，命令有关部门加以逮捕。袁崇焕上言说："毛文龙只是一个普通的人，他能够如此不守法度，是因为在海外容易作乱。毛文龙所管辖的人，连老幼一共是四万七千人，他乱说是十万，而且百姓多，兵不到两万，又乱设将领千名。现在不适宜另置大将，就派陈继盛暂时统领，比较方便。"皇帝答复同意。

袁崇焕虽然杀了毛文龙，还是担心他的部下会作乱，所以将饷银增加到十八万。但是岛上兵士失去了主帅，心开始离散，更加不能使用，后来甚至有叛逃的。袁崇焕说："东江这个镇，是牵制敌人所必需的。现在确定他的编制是两协，马军十营，步军五营，每年饷银四十二万，米十三万六千。"皇帝有些怀疑为什么减了兵反而要增加饷银，但因为袁崇焕的缘故，特别给予照准。

袁崇焕在辽，和赵率教、祖大寿、何可刚一起制定军队的编制，慢慢地及于登州、莱州、天津，及至制定东江军队的编制，合四镇兵一共十五万三千多人，马八万一千多匹，每年军费开支四百八十多万，比原来减少一百二十多万。皇帝嘉奖了他们。

毛文龙死后，过了三个月，大清兵数十万分道进入龙井关、大安口。袁崇焕得讯，立即督祖大寿，何可刚等入京护卫。在十一月十日到达蓟州，所经过的抚宁、永平、迁安、丰润、玉田各城，都留兵把守。皇帝听说他们来到，非常高兴，亲切地下旨褒奖勉励，拨国库的银两犒劳将士，命令袁崇焕全部统领各道的援军。不久，听说赵率教战死，遵化、三屯营都被攻破，巡抚王元雅、总兵朱国彦自尽，大清兵越过蓟州向西进发。袁崇焕害怕，急忙领兵入内保护京师，驻扎在广渠门外。皇帝立即召见，极力慰劳，咨询战守的策略，赐给御用饭菜和貂裘。袁崇焕因为兵马疲乏，请求到城里休息，皇帝不准。出战清大军，双方苦战互有杀伤。

当时清军进入的关口，是蓟辽总理刘策所管辖的，而袁崇焕刚听到有事变，便立即从千里外赶来援救，所以自认为是有功无罪。但是京都的人突然遇到兵灾，纷纷说出许多怨恨诽谤的话，说袁崇焕拥有军队纵容敌军。朝臣因为他以前曾经议和，诬陷他引敌军来迫和，将要促成城下之盟。皇帝听得多了，没办法不怀疑。正好大清设下离间计，说和袁崇焕达成了密议，故意让被捕获的宦官知道，然后暗地里放他逃走。这个宦官跑回去告诉皇帝，皇帝毫不怀疑地相信了他。十二月初一再次召见，便缚了袁崇焕到诏狱。祖大寿在旁边，吓得全身发抖惊惶失措，一出去马上带兵叛逃回去。祖大寿曾经犯了罪，孙承宗想杀他，但爱惜他的才干，便悄悄地命令袁崇焕去解救他。祖大寿因此非常感激袁崇焕,害怕一起被杀,这才反叛。皇帝拿到了袁崇焕在监狱中写的亲笔信,去召祖大寿,祖大寿才回来接受命令。

当袁崇焕在朝时,曾经和大学士钱龙锡谈论,稍稍提到想杀毛文龙的情况。及至袁崇焕欲达成和议,钱龙锡曾经去信加以劝止。钱龙锡原来是主持判定逆案的。魏忠贤的残余势力王永光、高捷、袁弘勋、史䂮等策划制造大案,为逆党报仇,见袁崇焕坐牢,于是以擅自主张议和、专擅杀戮大帅两件事作为他们两人的罪状。高捷首先上疏极力攻击,史䂮、袁弘勋接着诋毁,一定要一起杀了钱龙锡。司法部门判处袁崇焕谋反,钱龙锡亦被判死罪。崇祯三年八月,就在市中心肢解了袁崇焕。袁崇焕的兄弟妻子都流放三千里,抄了他的家。袁崇焕没有儿子,家里也没有多余的财产。天下的人都觉得他冤枉。

袁崇焕已经被缚,祖大寿兵败撤走。武经略满桂因为被催逼着匆匆作战,在和大清兵交锋中死去,这时距离捆绑袁崇焕才刚刚半个月。当初,袁崇焕轻率地杀了毛文龙,到这时皇帝又误杀了袁崇焕。自袁崇焕死后,边关的事更加没有人能管理,明朝灭亡的征兆已经定了。

史可法传

【题解】

史可法(1602~1645),字宪之,号道邻。顺天大兴籍,河南祥符(今河南开封)人。崇祯进士,曾任西安府推官、右佥都御史、南京兵部尚书等,南明弘光政权中,任礼部尚书兼东阁大学士等职,史称"史阁部"。他是南明抗清名将。

明末,史可法曾参与镇压李自成义军。后总督漕运,兼抚淮、扬、凤、泗。在任上,他罢贪官、去冗员、浚南河,漕运渐有起色;又开屯田、召流亡、缮城郭,实行联防。明亡,南明弘光政权遣他督师扬州,抗击清军。他加强扬州至淮北的防御,调解镇将矛盾,亲赴淮北重镇清江浦,挥军克宿迁、邳州(今均属江苏)。清军困扬州,多次劝降,他都拒绝。他动员军民,身先士卒,屡败清兵。终因寡不敌众,战败被俘就义,牺牲时四十四岁。乾隆中追谥忠正。后人将他散佚的遗著整理辑成《史忠正公集》。

【原文】

史可法,字宪之,大兴籍,祥符人。世锦衣百户。祖应元举于乡,官黄平知州,有惠政。语其子从质曰:"我家必昌。"从质妻尹氏有身,梦文天祥入其舍,生可法。以孝闻。举崇祯元年进士,授西安府推官,稍迁户部主事,历员外郎、郎中。

八年迁右参议,分守池州、太平。其秋,总理侍郎卢象升大举讨贼。改可法副使,分巡安庆、池州,监江北诸军。黄梅贼掠宿松、潜山、太湖,将犯安庆,可法追击之潜山天堂寨。明年,祖宽破贼滁州,贼走河南。十二月,贼马守应合罗汝才、李万庆自郧阳东下。

可法驰驻太湖,扼其冲。

十年正月,贼从间道突安庆石牌,寻移桐城。参将潘可大击走贼,贼复为庐、凤军所扼,回桐城,掠四境。知县陈尔铭婴城守,可法与可大剿捕。贼走庐江,犯潜山,可法与左良玉败之枫香驿,贼乃窜潜山、太湖山中。三月,可大及副将程龙败殁于宿松。贼分其党摇天动别为一营,而合八营二十余万众,分屯桐城之练潭、石井、陶冲。总兵官牟文绶、刘良佐击败之挂车河。

当是时,陕寇聚漳、宁,分犯岷、洮、秦、楚、应、皖,群盗遍野。总理卢象升既改督宣、大,代以王家祯,祖宽关外兵亦北归。未几,上复以熊文灿代家祯,专抚贼。贼益狂逞,盘牙江北,南都震惊。七月擢可法右佥都御史,巡抚安庆、庐州、太平、池州四府,及河南之光州、光山、固始、罗田,湖广之蕲州、广

史可法

济、黄梅,江西之德化、湖口诸县,提督军务,设额兵万人。贼已东陷和州、含山、定远、六合,犯天长、盱眙,趋河南。可法奏免被灾田租。冬,部将汪云凤败贼潜山,京军复连破老回回舒城、庐江、贼遁入山。时监军佥事汤开远善击贼,可法东西驰御,贼稍稍避其锋。十一年夏,以平贼逾期。戴罪立功。

可法短小精悍,面黑,目烁烁有光。廉信,与下均劳苦。军行,士不饱不先食,未授衣不先御,以故得士死力。连败贼英山、六合,顺天王乞降。十二年夏,丁外艰去。服阕,起户部右侍郎兼右佥都御史。代朱大典总督漕运,巡抚凤阳、淮安、扬州,劾罢督粮道三人,增设漕储道一人,大浚南河,漕政大厘。拜南京兵部尚书,参赞机务,因武备久弛,奏行更新八事。

十七年四月朔,闻贼犯阙,誓师勤王。渡江抵浦口,闻北都既陷,缟衣发丧。会南都议立君,张慎言、吕大器、姜曰广等曰:"福王由崧,神宗孙也,伦序当立,而有七不可:贪、淫、酗酒、不孝、虐下、不读书、干预有司也。潞王常淓,神宗侄也,贤明当立"。移牒可法,可法亦以为然。凤阳总督马士英潜与阮大铖计议,主立福王,咨可法,可法以七不可告之。而士英已与黄得功、刘良佐、刘泽清、高杰发兵送福王至仪真,于是可法等迎王。五月朔,王谒孝陵、奉先殿,出居内守备府。群臣入朝,王色赧欲避。可法曰:"王毋避,宜正受"。既朝,议战守。可法曰:"王宜素服郊次,发师北征,示天下以必报仇之义"。王唯唯。明日再朝,出议监国事。张慎言曰:"国虚无人,可遂即大位"。可法曰:"太子存亡未卜,倘南来若何?"诚意伯刘孔昭曰:"今日既定,谁敢复更?"可法曰"徐之。"乃退。又明日,王监国,廷推阁臣,众举可法、高弘图、姜曰广。孔昭攘臂欲并列,众以本朝无勋臣入阁例,遏之。孔昭勃然曰:"即我不可,马士英何不可?"乃并推士英。又议起废,推郑三俊、刘宗周、徐石麒。孔昭举大铖,可法曰:"先帝钦定逆案,毋复言。"越二日,拜可法礼部

尚书兼东阁大学士,与士英、弘图并命。可法仍掌兵部事,士英仍督师凤阳。乃定京营制,如北都故事,侍卫及锦衣卫诸军,悉入伍操练。锦衣东西两司房,及南北两镇抚司官,不备设,以杜告密,安人心。

当是时,士英旦夕冀入相。及命下,大怒,以可法七不可书奏之王。而拥兵入觐,拜表即行。可法遂请督师,出镇淮、扬。十五日,王即位。明日,可法陛辞,加太子太保,改兵部尚书,武英殿大学士。士英即以是日入直,议分江北为四镇。东平伯刘泽清辖淮、海,驻淮北,经理山东一路。总兵官高杰辖徐、泗,驻泗水,经理开、归一路。总兵官刘良佐辖凤、寿,驻临淮,经理陈、杞一路。靖南伯黄得功辖滁、和,驻庐州,经理光、固一路。可法启行,即遣使访大行帝后梓宫及太子二王所在,奉命祭告凤、泗二陵。

可法去,士英、孔昭辈益无所惮。孔昭以慎言举吴甡,哗殿上,拔刀逐慎言。可法驰疏解,孔昭卒扼甡不用。可法祭二陵毕,上疏曰:"陛下践阼初,祗谒孝陵,哭泣尽哀,道路感动。若躬谒二陵,亲见泗、凤蒿莱满目,鸡犬无声,当益悲愤。愿慎终如始,处深宫广厦,则思东北诸陵魂魄之未安;享玉食大庖,则思东北诸陵麦饭之无展;膺图受禄,则念先帝之集木驭朽,何以忽遭危亡;早朝晏罢,则念先帝之克俭克勤,何以卒隳大业。战兢惕厉,无时怠荒,二祖列宗将默佑中兴。若晏处东南,不思远略,贤奸无辨,威断不灵,老成投簪,豪杰裹足,祖宗怨恫,天命潜移,东南一隅未可保也"。王嘉答之。

得功、泽清、杰争欲驻扬州。杰先至,大杀掠,尸横野。城中恟惧,登陴守,杰攻之浃月。泽清亦大掠淮上。临淮不纳良佐军,亦被攻。朝命可法往解,得功、良佐、泽清皆听命。乃诣杰。杰素惮可法,可法来,杰夜掘坎十百,埋暴骸。旦日朝可法帐中,辞色俱变,汗夹背。可法坦怀待之,接偏裨以温语,杰大喜过望。然杰亦自是易可法,用己甲士防卫,文檄必取视而后行。可法夷然为具疏,屯其众于瓜洲,杰又大喜。杰去,扬州以安,可法乃开府扬州。

六月,大清兵击败贼李自成,自成弃京师西走。青州诸郡县争杀伪官,据城自保。可法请颁监国、登极二诏,慰山东、河北军民心。开礼贤馆,招四方才智,以监纪推官应廷吉领其事。八月出巡淮安,阅泽清士马。返扬州,请饷为进取资。士英靳不发,可法疏趣之。因言:"迩者人才日耗,仕途日淆,由名心胜而实意不修,议论多而成功少。今事势更非昔比,必专主讨贼复仇。舍筹兵筹饷无议论,舍治兵治饷无人才。有撮拾浮谈、巧营华要者,罚无赦!"王优诏答之。

初,可法虞杰跋扈,驻得功仪真防之。九月朔,得功、杰构兵,曲在杰。赖可法调剂,事得解。北都降贼诸臣南还,可法言:"诸臣原籍北土者。宜令赴吏、兵二部录用。否则恐绝其南归之心。"又言:"北都之变,几属臣子皆有罪。在北者应从死,岂在南者非人臣?即臣可法谬典南枢,臣士英叨任凤督,未能悉东南甲疾趋北援,镇臣泽清、杰以兵力不支,折而南走。是首应重论者,臣等罪也。乃因圣明继统,铁钺未加,恩荣叠被。而独于在北诸臣毛举而概绳之,岂散秩间曹,责反重于南枢、凤督哉。宜摘罪状显著者,重惩示儆。若伪命未污,身被刑辱,可置勿问。其逃避北方、徘徊而后至者,许戴罪讨贼,赴臣军前酌用"。廷议并从之。

杰居扬州，桀骜甚。可法开诚布公，导以君臣大义。杰大感悟，奉约束。十月，杰帅师北征。可法赴清江浦，遣官屯田开封，为经略中原计。诸镇分汛地，自王家营而北至宿迁，最冲要，可法自任之，筑垒缘河南岸。十一月四日，舟次鹤镇，谍报我大清兵入宿迁。可法进至白洋河，令总兵官刘肇基往援。大清兵还攻邳州，肇基复援之，相持半月而解。时自成既走陕西，犹未灭，可法请颁讨贼诏书，言：

自三月以来，大仇在目，一矢未加。昔晋之东也，其君臣日图中原，而仅保江左；宋之南也，其君臣尽力楚、蜀，而仅保临安。盖偏安者，恢复之退步，未有志在偏安，而遽能自立者也。大变之初，黔黎洒泣，绅士悲哀，犹有朝气。今则兵骄饷绌，文恬武嬉，顿成暮气矣。河上之防，百未经理，人心不肃，威令不行。复仇之师不闻及关、陕，讨贼之诏不闻达燕、齐。君父之仇，置诸膜外。夫我即卑宫菲食，尝胆卧薪，聚才智精神，枕戈待旦，合方州物力，破釜沉舟，尚虞无救。以臣观庙堂谋画，百执事经营，殊未尽然。夫将所以能克敌者，气也；君所以能御将者，志也。庙堂志不奋，则行间气不鼓。夏少康不忘出窦之辱，汉光武不忘蒸薪之时。臣愿陛下为少康、光武，不愿左右在位，仅以晋元、宋高之说进也。

先皇帝死于贼，恭皇帝亦死于贼，此千古未有之痛也。在北诸臣，死节者无多；在南诸臣，讨贼者复少。此千古未有之耻也。庶民之家，父兄被杀，尚思穴胸断脰，得而甘心，况在朝廷，顾可漠置。臣愿陛下速发讨贼之诏，责臣与诸镇悉简精锐，直指秦关，悬上爵以待有功，假便宜而责成效，丝纶之布，痛切淋漓，庶海内忠臣义士，闻而感愤也。

国家遇此大变，陛下嗣登大宝，与先朝不同。诸臣但有罪之当诛，曾无功之足录。今恩外加恩未已，武臣腰玉，名器滥觞。自后宜慎重，务以爵禄待有功，庶猛将武夫有所激厉。兵行最苦无粮，搜括既不可行，劝输亦难为继。请将不急之工程，可已之繁费，朝夕之燕衎，左右之进献，一切报罢。即事关典礼，亦宜概从节省。盖贼一日未灭，即有深宫曲房，锦衣玉食，岂能安享！必刻刻在复仇雪耻，振举朝之精神，萃万方之物力，尽并于选将练兵一事，庶人心可鼓，天意可回。

可法每缮疏，循环讽诵，声泪俱下，闻者无不感泣。

比大清兵已下邳、宿，可法飞章报。士英谓人曰："渠欲叙防河将士功耳。"慢弗省。而诸镇逡巡无进师意，且数相攻。明年，是为大清顺治之二年，正月，饷缺，诸军皆饥。顷之，河上告警。诏良佐、得功率师扼颍、寿，杰进兵归、徐。杰至睢州，为许定国所杀。部下兵大乱，屠睢旁近二百里殆尽。变闻，可法流涕顿足叹曰："中原不可为矣"。遂如徐州，以总兵李本身为提督，统杰兵。本身者，杰甥也。以胡茂顺为督师中军，李成栋为徐州总兵，诸将各分地，又立杰子元爵为世子，请恤于朝。军乃定。杰军既还，于是大梁以南皆不守。士英忌可法威名，加故中允卫胤文兵部右侍郎，总督兴平军，以夺可法权。胤文，杰同乡也，陷贼南还，杰请为己监军。杰死，胤文承士英旨，疏诮可法。士英喜，故有是命，驻扬州。二月，可法还扬州。未至，得功来袭兴平军，城中大惧。可法遣官讲解，乃引去。

时大兵已取山东、河南北，逼淮南。四月朔，可法移军驻泗州，护祖陵。将行，左良玉称兵犯阙，召可法入援。渡江抵燕子矶，得功已败良玉军。可法乃趋天长，檄诸将救盱眙。俄报盱眙已降大清，泗州援将侯方岩全军没。可法一日夜奔还扬州。讹传定国兵将至，歼高氏部曲。城中人悉斩关出，舟楫一空。可法檄各镇兵，无一至者。二十日，大清兵大至，屯班竹园。明日，总兵李栖凤、监军副使高岐凤拔营出降，城中势益单。诸文武分陴拒守。旧城西门险要，可法自守之。作书寄母妻，且曰："死葬我高皇帝陵侧"。越二日，大清兵薄城下，炮击城西北隅，城遂破。可法自刎不殊，一参将拥可法出小东门，遂被执。可法大呼曰："我史督师也"。遂杀之。扬州知府任民育，同知曲从直、王缵爵，江都知县周志畏、罗伏龙，两淮盐运使杨振熙，监饷知县吴道正，江都县丞王志端，赏功副将汪思诚，幕客卢渭等皆死。

可法初以定策功加少保兼太子太保，以太后至加少傅兼太子太傅，叙江北战功加少师兼太子太师，擒剧盗程继孔功加太傅，皆力辞，不允。后以宫殿成，加太师，力辞，乃允。可法为督师，行不张盖，食不重味，夏不扇，冬不裘，寝不解衣。年四十余，无子，其妻欲置妾。太息曰："王事方殷，敢为儿女计乎！"岁除遣文牒，至夜半，倦索酒。庖人报胙肉已分给将士，无可佐者，乃取盐豉下之。可法素善饮，数斗不乱，在军中绝饮。是夕，进数十觥，思先帝，泫然泪下，凭几卧。比明，将士集辕门外，门不启，左右遥语其故。知府民育曰："相公此夕卧，不易得也。"命鼓人仍击四鼓，戒左右毋惊相公。须臾，可法寤，闻鼓声，大怒曰："谁犯吾令！"将士述民育意，乃获免。尝子处铃阁或舟中，有言宜警备者，曰："命在天"。可法死，觅其遗骸。天暑，众尸蒸变，不可辨识。逾年，家人举袍笏招魂，葬于扬州郭外之梅花岭。其后四方弄兵者，多假其名号以行，故时谓可法不死云。

可法无子，遗命以副将史德威为之后。有弟可程，崇祯十六年进士。擢庶吉士。京师陷，降贼，贼败，南归，可法请置之理。王以可法故，令养母。可程遂居南京，后流寓宜兴，阅四十年而卒。

【译文】

史可法，字宪之，大兴籍，祥符人。他的先世功荫锦衣卫百户。祖父史应元乡试中举，任黄平知州，施行宽仁之政。他对儿子史从质说："我们家必定会昌盛。"从质妻尹氏有身孕，梦见文天祥来到她的卧室，于是生下了史可法。可法以孝道闻名。崇祯元年考取进士，授为西安府推官，渐渐升为户部主事，又历官员外郎、郎中。

八年升右参议，分工驻守池州、太平。这年秋季，总理侍郎卢象升大举进讨盗贼。改可法为副使，分道巡视安庆、池州，监江北各军。黄梅的盗贼掳掠宿松、潜山、太湖，还准备进犯安庆，可法将他们追击到潜山天堂寨。第二年，祖宽在滁州攻破贼军，贼逃向河南。十二月，贼军马守应联合罗汝才、李万庆从郧阳东下。可法快马飞驰进驻太湖，控制了哪里的要冲。

十年正月，盗贼从小道突然来到安庆石牌，一会儿又改道去桐城。参将潘可大击退了贼军，贼又为庐、凤军扼制，回到桐城，掳掠四面村庄。知县陈尔铭环城守御，可法与可大进剿追捕。贼向庐江逃去，进犯潜山，可法与左良玉在枫香驿打败他们，贼便逃窜到潜山、太湖的深山里。三月，可大及他的副将程龙在宿松战败身亡。盗贼将其同党摇天动又另分为一营,而合计为八营二十多万人,分别屯守在桐城的练潭、石井、陶冲。总兵官牟文绶、刘良佐在挂车河击败他们。

正在此时,陕西的贼寇聚集在漳、宁一带,分道进犯岷、洮、秦、楚、应、皖,满山遍野到处是一伙伙强盗。总理卢象升既已改督宣、大,用王家祯来代替他的位置,祖宽统领的关外兵也北归。不多久,朝廷又以熊文灿来取代王家祯,专门招抚盗贼。贼愈发狂妄逞凶,盘牙交结在长江以北,南京震惊。七月,朝廷升可法为右金都御史,巡抚安庆、庐州、太平、池州四府,及河南的光州、光山、固始、罗田,湖广的蕲州、广济、黄梅,江西的德化、湖口各县,提督军务,设额定军兵一万多人。贼军已在东攻陷了和州、含山、定远、六合,又进犯天长、盱眙,急速转向河南。可法奏请取消受灾田亩的租税。冬天,可法部将汪云凤在潜山打败贼兵,京军又连破老回回占据的舒城、庐江,贼逃入山中。当时监军金事汤开远善于击杀贼兵,可法驰骋东西进行抵御,盗贼逐渐避开他们的锐势。十一月夏天,因可法平贼超过期限,朝廷命他戴罪立功。

史可法身躯矮小精悍,面色黝黑,目光炯炯有神。他廉洁诚实,能与部下一起吃苦耐劳。部队行军,士兵不饱他不先用餐,士兵未发冬衣他不先穿衣御寒,所以能够得到兵士们拼死的效力。他率兵在英山、六合连连打败贼军,顺天王前来乞求投降。十二年夏天,因奔父丧去职。服丧期满,起为户部右侍郎兼右金都御史。代朱大典总督漕运,巡抚凤阳、淮安、扬州,参劾罢免督粮道三人,增设漕储道一人,大力疏浚南河,使漕政大有改观。于是他晋升为南京兵部尚书,参谋协理军政大事。因武备长久松弛,可法上奏请实行革新八件事。

十七年四月初,听到盗贼进犯京城的消息,史可法发动将士,北上救援朝廷。渡江到浦口,闻讯北京已经沦陷,他身穿白色衣装为明朝发丧。这时南京大臣们正商讨重立君主之事,张慎言、吕大器、姜曰广等说:"福王朱由崧,神宗的孙子,按道德和次序来说应当立为君主,但他有七条不可立的理由:即贪、淫、酗酒、不孝、虐下、不读书、干预官府。潞王朱常淓,为神宗之侄,贤明应当立。"他们向可法发了一份文书,可法也同意这种看法。凤阳总督马士英暗中与阮大铖计议,主张立福王,询问史可法时,可法将七不可告诉他们。然而马士英已与黄得功、刘良佐、刘泽清、高杰发兵将福王送到了仪真,于是可法等只好前去迎接福王。五月初一,福王拜谒孝陵、奉先殿,出来居住在内守备府。群臣们入朝,福王神色忧惧,想避开去。可法说:"福王您不用回避,应该按正统接受王位。"君臣既已朝见过,便讨论战守事。可法说:"王应穿上素服在郊外小住,然后发兵北征,向天下人表示必定要报仇的决心。"福王连连称是。第二日再上朝,大臣们提出商议福王监国之事。张慎言说:"国君虚位无人,可以索性让福王即帝位。"可法说:"崇祯太子生死未卜,如果他们来到南京又怎么办呢?"诚意伯刘孔昭说:"今日既然确定了,谁敢再作更改?"可法说:"慢慢来。"便退下。又过了一日,福王监国,廷推内阁大臣,众臣们推举史可法、高弘图、姜曰广。刘孔昭将袖露臂争着要与他们并列,众人因为本朝没有勋臣入内阁的先例,制止了他入选。刘孔昭勃然大怒说:"就算我不行,那么马士英为什么不能入阁?"于是专推马士英。又讨论起用、罢废官员事,推出郑三俊、刘宗周、徐石麒。孔昭举荐阮大铖，可法说："先帝亲自审定的逆案，别再提了。"过了二日，朝廷任可法为礼部尚书兼东阁大学士，与马士英、高弘图一同任命。可法仍然掌管兵部事，马士英仍督理凤阳军务。可法定出京营的规制，照先前北京的事例，侍卫及锦衣卫各军，全部入伍操练。锦衣卫东、西两司房，及南北两镇抚司官，不完全设置，以杜绝告密，安定人心。

这时，马士英日夜期望入朝为相。到任命颁下，他大怒，就将史可法的"七不可"书报奏给福王。而且拥兵入朝，上奏章请福王即帝位。可法便请求督率军师，出外镇守淮、扬。十五日，福王即帝位。第二天，可法向弘光帝去辞别，加太子太保衔，改任兵部尚书、武英殿大学士。马士英就在这一天入朝就职，讨论将江北分成四个镇。东平伯刘泽清管辖淮、海二地，驻扎在淮北，治理山东一路。总兵官高杰管辖徐、泗二州，驻扎在泗水，治理开、归一路。总兵官刘良佐管辖凤、寿二地，驻于临淮，治理陈、杞一路。靖南伯黄得功管辖滁和二州，驻在庐州，治理光、固一路。可法启程北行，就派使者去探望了已故帝后的梓宫及太子、二诸王的住所，奉命祭告凤、泗二处皇陵。

史可法离开了南京，马士英、刘孔昭等人愈发无所畏惧。刘孔昭因为张慎言推举吴甡，在殿堂上大吵大闹，并拔刀追赶张慎言。可法急忙去疏导调解，刘孔昭最终还是压住吴甡不予进用。可法祭祀二处皇陵完毕，上疏说："陛下才即位时，只拜谒了孝陵，哭泣得极其悲伤，沿路的人都深深感动。如果亲自去拜谒凤、泗的二陵，亲眼看看凤、泗二地杂草满目，鸡犬无声，就会更加悲愤。我希望您能谨慎小心，始终如一，身处深宫大厦，就要想到东北各皇陵魂魄的不安；享用美食大厨，就要想到东北各陵连麦饭也无着落；您亲受瑞符，顺应天命继承大统，就要牢记先帝的艰苦继业，励精图治，为什么会忽遭危亡的命运；您早朝晚歇，就要牢记先帝的克俭克勤，为什么会最终断送了祖宗大业？战战兢兢，心存戒慎，任何时候都不懒惰放荡，二处先祖列宗将会默默地保佑当朝的中兴。如果心安理得地处于东南一角，不思远略，贤奸不辨，威断不灵，老成的人丢下簪子，弃官而去，英雄豪杰裹起其足，不敢向前，祖宗怨恨恐惧，天命暗暗远移，连东南一角也无法保住了。"福王赞许地答应了他。

黄得功、刘泽清、高杰都争着想进驻扬州。高杰先到，大肆抢杀，尸横遍野。城中人心震动恐惧，登上城墙进行拒守，高杰攻了二月。刘泽清也大掠淮安。临淮人拒绝接纳刘良佐的军队，也受到围攻。朝廷命令可法前去调解，黄得功、刘良佐、刘泽清都听从命令。于是可法去找高杰。高杰平时惧怕可法，可法来，高杰连夜掘了近百个坑，掩埋暴尸骸骨。天明后他到账中见可法，说话与神色都变了样，汗流浃背。可法敞开胸怀来对待他，用好言好语迎接了高杰的将佐，高杰大喜过望。然而也是从那时起，高杰开始轻慢可法，用自己的武装兵士将可法监视起来，奏章文书高杰都必须取去过目后再放行。但可法仍坦然地为他上奏疏，还将高杰的部队迁驻到瓜洲，高杰又满心欢喜。高杰离开后，扬州才得以安宁，可法于是在扬州开建府署。

六月，大清兵击败了盗贼李自成，李自成放弃北京向西逃走。青州各郡县争相斩杀贼军所封的官员，占据城市自我守护。可法请求颁布监国、即位二诏，以告慰山东、河北军民之心。开设礼贤馆，招徕四方才智兼备的人，以监纪推官应廷吉负责这件事。八月可法出巡淮安,视察了刘泽清的兵马。回到扬州,他向朝廷请求粮饷作为军队进发的经费。马士英就是舍不得发,可法上疏催促他。因此说:"近来人才日益耗竭,仕途日益搅乱,名义上似乎优越而实际上却并不完美,议论多而成功却很少。如今的事势更不能与往昔相比,必须专心致志地主持讨贼复仇。目前舍弃了筹兵筹饷就没有什么可以讨论的,丢开了治兵治饷也就无人才可言了。有拾取虚浮不实之言、巧谋显贵官职之人,必须严罚不赦!"福王用宽慰的诏书来回答他。

起初,可法担心高杰专横跋扈,让黄得功驻在仪真来防备他。九月初,黄得功、高杰交战,错误在高杰。依靠可法的调停,事情才得以解决。北京投降过盗贼的大臣们回到南京,可法说:"原籍在北京的各位大臣,应该命令他们去吏、兵二部报到录用,否则恐怕会断绝了他们南归朝廷之心。"又说:"北都的事变,凡属明朝的臣子都有罪。在北京的人应跟着殉身,难道在南方的不是人臣?就说我史可法荒谬地掌管着南京的要害部门,大臣马士英有愧地担任着凤阳总督,不能全力带东南的武力迅速去北京救援,镇臣刘泽清、高杰因为兵力不能支撑,竟折回南走。这首先要追究的,是我们这些人的罪。就是因为圣明的君主继承大统,一刑未加,却恩荣叠盖。然而独对在北各臣举出其细碎之事而一律给以制裁,难道对分散在清简部门或无一定职守人的责难反而要重于身居南京要枢、凤阳总督这种位置的人吗?应该挑出其中罪状显著的,重惩以示警诫。如果未被贼军的任命所玷污,身受刑罚侮辱的,可以置之不问。那些逃避北方,徘徊观望而后到南方来的人,允许他们戴罪征讨贼军,到我的军前酌情任用。"朝廷经过讨论同意了他的意见。

高杰驻在扬州,很是凶暴乖戾。可法对他开诚布公,用君臣大义来加以开导。高杰大为感悟,接受了他的管束。十月,高杰统帅军师北征。可法奔赴清江浦,派遣官员到开封去屯田,为筹划中原做打算。各镇分配汛地,从王家营往北到宿迁,是军事、交通最重要的地方,可法亲自承担,沿着河南岸筑起一道壁垒。十一月四日,可法的船停靠在鹤镇,侦知我大清兵进入宿迁。可法来到白洋河,命令总兵官刘肇基前去增援。大清兵返回攻打邳州,刘肇基又去救援邳州,相持了半个多月才解围。这时李自成已经逃到陕西,仍然未被歼灭,可法请求颁布讨贼诏书,他上言说:

自从三月以来,大仇在眼前,却一箭未加。过去晋朝东迁,他们的君臣日日想牟取中原,但仅保住了江左;宋朝南迁,他们的君臣竭尽全力收复楚、蜀,但只保住了临安。大凡偏安者,在恢复江山方面都只会退步,没有志在偏安,而最终能自立的人的。大变的初期,黎民哭泣,绅士悲哀,还有朝气。如今则兵士骄横,军饷不足,文官安逸,武将玩乐,顿时变成了暮气。河上的防备,多未治理,人心不恭,威令不行。复仇的军师听不到关、陕消息,征讨盗贼的诏书传不到燕、齐之地。君父的大仇,被置之度外。我们即便是住陋室少饮食,卧薪尝胆,养精蓄锐,枕戈待旦,聚集各方物力,破釜沉舟,怕仍无法挽救国家。以我看来,朝廷的谋划、众官员的经营,绝对是不够全面的。将领所以能克敌制胜的,是在于他的气势;君主所以能驾驭将士的,是由于他的志向。朝廷志向不奋发,行伍中的士气就不会鼓足。夏代少康不忘出地牢的耻辱,汉代光武帝不忘烧柴时的情景。我希望陛下做少康、光武,不希望左右在位大臣,只以晋元帝、宋高宗的说教来进献。

　　先皇帝死在盗贼手中,恭皇帝也死于盗贼之手。这是千古没有的仇痛。在北方的大臣们,以死殉节者不多;在南方的大臣们,征讨盗贼的又少。这是千古没有的耻辱。平民之家,父兄被杀,还想到穿胸断头,达到复仇的目的,才肯罢休甘心,何况人在朝廷,反而可以漠然处之?我希望陛下迅速颁发讨贼诏书,责成我与各位镇将挑选精锐部队,直接指向秦关,空出高爵厚禄来等待有功之人,给以因利乘便、见机行事之权而责成他们取得成效,诏书的宣布,痛彻淋漓,全国广大忠臣义士,听后无不感慨愤怒。

　　国家遭如此大变,陛下继统登上帝位,与先朝不同。大臣中只要有罪就应当给予处罚,尚未建功的人也要增补录用。如今恩外加恩未完,武臣腰间佩玉,甚至将名器也任意赏赐于人。自此之后应该慎重,务必以爵禄优待有功之臣,这样才能对广大猛将、武士有所激励。军队里最苦的莫过于缺乏粮饷,搜括既然不可行,鼓励纳税也难维持下去。请求将不紧要的工程、可停止的繁杂花费、早晚的宴饮,左右的进献,一切都通知作罢。即使是事关典法礼仪,也应该一律服从节省。盗贼一日不消灭,即便有深宫密室,锦衣美食,怎能安然享用!必须每时每刻牢记复仇雪耻,要振奋满朝的精神,聚集万方的物力,全部汇并到选将练兵一事上来,也许人心可以鼓起,天意可以回转。

　　可法每次抄写完奏疏,都循环背诵,声泪俱下,听者无不感伤哭泣。

　　接连着大清兵已攻下了邳州、宿迁,可法飞快上章奏报。马士英对人说:"他只不过想给防河的将士记功罢了。"轻视而不醒悟。而且各镇将又迟疑徘徊没有进军的意思,还多次相互攻击。第二年,这是大清顺治的第二年,正月,粮饷缺乏,各军都忍受着饥饿。不久,河上报告了敌警。弘光诏令刘良佐、黄得功率军控制颖州和寿州,高杰向归德、徐州进兵。高杰到睢州,被许定国杀害。他部下的军兵大乱,将睢州近旁约二百里内都残杀一净。变乱的消息传去,可法流着眼泪顿足长叹,说:"不能再在中原有所作为了!"于是他驰赴徐州,升总兵官李本身为提督,统帅高杰军兵。李木身此人,是高杰的外甥。可法以胡茂顺为督师中军,李成栋为徐州总兵,其他将领也各分守一地,又立高杰儿子高元爵为世子,还向朝廷请求抚恤。高杰的军队这才安定下来。高杰军返还原地以后,大梁以南于是都失守了。马士英妒忌史可法的威名,便给原来的中允卫胤文加官为兵部右侍郎,总督兴平军,以夺可法兵权。胤文,高杰的同乡,他攻破贼军南还,高杰请他作自己的监军。高杰死,胤文秉承马士英的旨意,上疏责备史可法。马士英为此高兴,所以有这项任命,并让他进驻扬州。二月,可法返还扬州。人还未到,黄得功便来袭击兴平军,城中人心恐惧。可法派官前去劝解,黄得功才引兵离去。

　　这时清兵已取下山东、黄河南北,正向淮南进逼。四月初,可法抽调军队进驻泗州,守护皇家祖陵。临行时,左良玉举兵进犯南京,朝廷召可法南下救援。可法渡长江抵达燕子矶,黄得功已打败了左良玉军。可法便去天长,传檄命众将救援盱眙。一会儿得到情报盱眙已降大清,泗州援将侯方岩全军覆没。可法在一天内连夜赶回扬州。扬州谣传许定国兵将到来,要杀尽高杰的余部。城中人闻讯都斩杀了守关人出城,舟楫被抢掠一空。可法传檄召各镇援兵,竟没有一人赶到。二十日,大清兵大批来到,驻兵斑竹园。第二日,总兵李栖凤、监军副使高岐凤拔营出降,城中力量更加单薄。各文武官员分别拒守在城墙上。旧城西门最为险要,可法亲自据守。他写书信寄于母亲、妻子,并且说:"我死后请将我安葬在明太祖皇陵旁边。"过了两天,大清兵兵逼扬州城下,用炮猛击城的西北角,城终于被攻破。可法割颈自杀没有成功,被一参将救下并将他拥出小东门,最后被清兵抓住。可法大声喊道:"我是史督师。"终于被杀害了。扬州知府任民育、同知曲从直、王缵爵,江都知县周志畏、罗伏龙,两淮盐运使杨振熙,监饷知县吴道正,江都县丞王志端,赏功副将汪思诚,幕客卢渭等都死。

可法起初因为拥立弘光之功加少保兼太子太保,因弘光母后到南京加少傅兼太子太傅,叙录江北战功时加少师兼太子太师,擒获势力强大的盗贼程继孔立功加太傅,但他都极力推辞,弘光不答应。后来因宫殿落成,给他加太师,他又极力推辞,这次弘光同意了。史可法作为督师,他行军不打遮阳御雨的伞,吃饭不用多种菜肴,夏天不扇扇子,冬天不穿皮衣,睡觉不解衣衫。年过四十,没有儿子,他妻子想为他娶妾。他叹息说:"公事正繁忙,怎敢为儿女之事计议啊!"除夕批答文件,到深夜,因疲倦命取酒喝。厨师报告肉食已分给了将士,没有可以下酒的菜肴,他就取盐豉下酒。可法平时善于饮酒,几斗酒下肚不会迷乱,但在军中他滴酒不沾。这一晚上,他喝了几十觥,思念先帝,不由得潸然泪下,便靠在茶几上熟睡了。一会儿天放明,将士聚集在辕门外,门不开,可法身边的将士远远地报告了门不开的原因。知府任民育说:"相公这夜能安睡,不容易有的啊!"命令鼓人重新击心下鼓,告诫左右将士不要惊醒相公。一会儿,可法醒来,听到鼓声,大怒说:"谁触犯了我的命令!"将士们转述了任民育的好意,才获宽免。可法曾孤身住在一个地方或船上,有人说应当设有警卫人员,可法道:"生死在天命。"可法死,寻觅他的遗骸。天正值酷暑,所有的尸体都受热变烂,无法辨认。过了一年,家人举着袍笏招魂,将他安葬在扬州城外的梅花岭下。以后四方弄兵的人,大多借他的名号行事,所以当时人都说可法没有死。

史可法没有儿子,遗嘱上命令以副将史德威作为他的后人。他有弟史可程,崇祯十六年中进士。升为庶吉士。京师失陷,投降贼军。贼败,可程南归,可法以公理处置他。福王因可法的缘故,命令他回家赡养母亲。可程就居住在南京,后来寄居宜兴,生活了四十年而去世。

陈子龙传

【题解】

陈子龙(1608~1647),明代文学家。字卧子,号轶符,晚年又号大樽。松江华亭(今上海松江县)人。崇祯进士,曾组织"几社"。清军破南京后,在松江起兵,联结太湖兵抗清。事泄,投水而死。

陈子龙主张诗文应有感而发,有复古倾向,承明后七子传统。其诗长于状物,妙于托意。清兵南下后所作,感伤时事,悲愤苍凉,风格一变。前人誉为明诗殿军。又能词,风格婉约浓逸。有《陈忠裕公全集》。

【原文】

陈子龙,字卧子,松江华亭人。生有异才,工举子业,兼治诗赋古文,取法魏、晋,骈体尤精妙,崇祯十年进士。选绍兴推官。

东阳诸生许都者,副使达道孙也。家富,任侠好施,阴以兵法部勒宾客子弟,思得一当。子龙尝荐诸上官,不用,东阳令以私憾之。适义乌奸人假中贵名招兵事发,都葬母山中,会者万人。或告监司王雄曰:"都反矣。"雄遽遣使收捕,都遂反。旬日间聚众数万,连陷东阳、义乌、浦江,遂逼郡城,既而引去。巡抚董象恒坐事逮,代者未至,巡按御史左光先以抚标兵,命子龙为监军讨之,稍有俘获。而游击蒋若来破其犯郡之兵,都乃率余卒三千保南砦。

雄欲抚贼,语子龙曰:"贼聚粮据险,官军不能仰攻,非旷日不克。我兵万人,止五日粮,奈何?"子龙曰:"都,旧识也,请往察之。"乃单骑入都营,责数其罪,谕令归降,待以不死。遂挟都见雄。复挟都走山中,散遣其众,而以二百人降。光先与东阳令善,竟斩都等六十余人于江浒。子龙争,不能得。

以定乱功,擢兵科给事中。命甫下而京师陷,乃事福王于南京。其年六月,言防江之策莫过水师,海舟议不可缓,请专委兵部主事何刚训练,从之。太仆少卿马绍愉奉使陛见,语及陈新甲主款事。王曰:"如此,新甲当恤。"廷臣无应者,独少詹事陈盟曰可。因命予恤,且追罪尝劾新甲者。廷臣惩刘孔昭殿上相争事,不敢言。子龙与同官李清交章力谏,事获已。

未几,列上防守要策,请召还故尚书郑三俊,都御史易应昌、房可壮、孙晋,并可之。又言:"中使四出搜巷。凡有女之家,黄纸贴额,持之而去,闾井骚然。明旨未经有司,中使私自搜采,甚非法纪。"乃命禁讹传诳惑者。子龙又言:"中兴之主,莫不身先士卒,故能光复旧物。今入国门再旬矣,人情泄沓,无异升平。清歌漏舟之中,痛饮焚屋之内,臣不知其所终。其始毕起于姑息一二武臣,以至凡百政令皆因循遵养,臣甚为之寒心也。"亦不听。明年二月乞终养去。

子龙与同邑夏允彝皆负重名,允彝死,子龙念祖母年九十,不忍割,遁为僧。寻以受鲁王部院职衔,结太湖兵,欲举事。事露被获,乘间投水死。

【译文】

陈子龙,字卧子,松江华亭(今上海淞江)人。生下来就有非凡的才能,擅长应试的时文,又兼写诗赋古文,取法魏晋,骈文尤其精妙。崇祯十年(1637)考取进士,选拔为绍兴(今属浙江)推官。

东阳儒生许都,是副使达道的孙子,家境富裕。他抑强扶弱,乐善好施,暗中按兵法训练家中门客和子弟,希望能有机会施展一下自己的才能。子龙向上司推荐他,没有接受。东阳县令因为私事对他怀恨在心。正好义乌有坏人假借中贵人的名义招募士兵的事被揭发，许都在山中葬母，前来聚会的有万余人。有人报告监司王雄说："许都反了。"王雄马上派人去逮捕，许都才真的造反了。十来天中间聚集了几万人，接连攻下了东阳、义乌、浦江，进逼郡城，不久，又退去。巡捕董象恒因事犯法，被逮捕，而替代他的人没有到达，巡按御史左光先因此总管军事，命令子龙作监军前去讨伐他，俘获不多。而游击蒋若来打败了来进犯郡城的部队，许都于是率领余下的三千人，退保南寨。

王雄想招安他们，对子龙说："贼寇聚集粮草，占据险地，官军不能仰攻，时间不久长，攻不下来。我们的军队有一万人，只有五天粮草，怎么办？"子龙说："许都原本是老相识，请让我前去探看一下。"于是一个人骑着马进入许都军营，指责数落他犯罪的行为，命令他归降，赦他不死。接着逼迫他一起去见王雄，又逼着他同到山中，遣散他的部下，只带了二百人归降。光先和东阳县令交好，竟然把许都等六十多人在江边杀掉了，子龙力争不能这样做，没有成功。

由于平定叛乱有功，子龙被提升为兵科给事中。命令刚下达，京都就陷落了，于是在南京辅助福王。那年六月，向福王上疏，提出江防之策，没有比训练水军更重要的，认为建造海船刻不容缓，请专门委托兵部主事何刚训练处理。得到采纳。太仆少卿马绍愉出使清廷回来，见到福王，说到陈新甲主和通好而被处死的事，福王说："这样，新甲应当给予抚恤。"朝廷大臣们没有说话，只有少詹事陈盟说："可以。"因此下诏给予抚恤，并且追究曾经弹劾陈新甲的人的罪责。朝廷大臣被刘孔昭殿上相争一事所苦，不敢说话。子龙和同官李清交互上奏，竭力进谏，事情才平息下去。

不久，又分条上奏防守要策，请召回老尚书郑三俊，都御史易应昌、房可壮、孙晋，都被采纳。又上奏："中使四处搜查街巷，凡有好女的人家，把黄纸贴在女孩额上，把她带走。百姓住处，一片骚乱。应下旨讲明，没有经过主管部门同意，太监私自搜查选取女子，属于非法。"于是福王下令查禁假传圣旨欺骗百姓的活动。子龙又奏："中兴的君主没有不身先士卒的，所以能光复旧业。现在大王入朝为君已经二十来天了，人们情绪松松垮垮，得过且过，和太平时期没有什么区别。就像在漏船中听唱动听的歌声，在大火焚烧的屋子里痛饮美酒一样。我不知道会有怎样的结果。祸事开始都出在姑息一两个武臣上，以至于上百个政令都因循守旧，没有变通，我很为这感到寒心。"这些话也没有使福王在意。第二年二月子龙就告第回乡了。

陈子龙和同乡夏允彝都有很高名望，允彝死后，子龙想到祖母年已九十，不忍心自杀，于是遁入空门做了和尚。不久，又接受了鲁王部院的官衔，连结太湖一带武装力量，想组织大规模抗清斗争，事情败露，被抓获。后乘人不备，投水而死。

罗钦顺传

【题解】

罗钦顺(1465~1547)是明代哲学家。曾官至南京吏部尚书。父丧以后,再未去做官,隐居家乡二十多年,潜心著书立说,足不入城市。

罗钦顺早年笃信佛学,后断然舍弃,归于儒学之门。他自称道学家,推崇程朱理学,反对陆王心学,实际上他与程朱的思想也有很大区别与矛盾。他认为"气"是宇宙万物的根本,"通天地,亘古今,无非一气而已;""理"是"气"运动变化的一定条理秩序,不是神秘莫测主宰一切的东西,认为"理"与"气"是一种东西,"除非别有一物,依于气而立,附于气以行也,"批判了朱熹"理与气是二物"的见解;他认为自然界最主要的规律是"生生之序"即运动变化的普遍性及自身的特殊性;他首先把人当作一个生物来看待,认为人是万物中的一物,但有与万物不同的特点,人心是思维的器官,但他认识不到人的社会性,认为人性是天命的,在认识论上陷入唯心主义的泥潭。他是一位富有战斗性的思想家,他对陆王等心学家甚至朱熹的某些观点都展开了批判。他在明朝最黑暗的时期,也为当时民间疾苦呐喊,想从改善道德风尚入手,拯救日薄西山的明王朝。

他的著作主要有《困知记》《续记》《记》《三续》《四续》等,此外有《整庵存稿》二十卷。

【原文】

罗钦顺,字允升,泰和人。弘治六年进士及第,授编修。迁南京国子监司业,与祭酒章懋以实行教士。未几,奉亲归,因乞终养。刘瑾怒,夺职为民。瑾诛,复官,迁南京太常少卿,再迁南京吏部右侍郎,入为吏部左侍郎。世宗即位,命摄尚书事。上疏言久任、超迁,法当疏通,不报。大礼议起,钦顺请慎大礼以全圣孝,不报。迁南京吏部尚书,省亲乞归。改礼部尚书,会居忧未及拜,再起礼部尚书,辞。又改吏部尚书,下诏敦促,再辞。许致仕,有司给禄米。时张璁、桂萼以议礼骤贵,秉政树党,屏逐正人。钦顺耻与同列,故屡诏不起。

里居二十余年,足不入城市,潜心格物致知之学。王守仁以心学立教,才知之士翕然师之。钦顺致书守仁,略曰:"圣门设教,文行兼资,博学于文,厥有明训。如谓学不资于外求,但当反观内省,则'正心诚意'四字亦何所不尽,必于入门之际,加以格物工夫哉?"守仁得书,亦以书报,大略谓:"理无内外,性无内外,故学无内外。讲习讨论,未尝非内也。反观内省,未尝遗外也。"反复二千余言。钦顺再以书辨曰:"执事云'格物者,格其心之物也,格其意之物也,格其知之物也。正心者,正其物之心也。诚意者,诚其物之意也。致知者,致其物之知也。'自有《大学》以来,未有此论。夫谓格其心之物,格其意之物,格其知之物,凡为物也三。谓正其物之心,诚其物之意,致其物之知,其为物也一而已矣。就三而论,以程子格物之训推之,犹可通也。以执事格物之训推之,不可通也。就一物而论,则所谓物,果何物耶?如必以为意之用,虽极安排之巧,终无可通之日也。又执事论学书有云:'吾心之良知,即所谓天理。致吾心良知之天理于事物,则事事物物皆得其理矣。致吾心之良知者,致知也,事事物物各得其理者,格物也。'审如所言,则《大学》当云:'格物在致知,不当云'致知在格物',与'物格而后知至'矣"。书未及达,守仁已殁。

钦顺为学,专力于穷理、存心、知性。初由释氏入,既悟其非,乃力排之,谓:"释氏之明心见性,与吾儒之尽心知性相似,而实不同。释氏之学,大抵有见于心,无见于性。今人明心之说,混于禅学,而不知有千里毫厘之谬。道之不明,将由于此,钦顺有忧焉。"为著《困知记》,自号整庵,年八十三卒,赠太子太保,谥文庄。

【译文】

罗钦顺,宇允升,泰和(今江西省太和县)人。弘治六年(1493)进士及第,授编修,升为南京国子监司业,与祭酒章懋以实际行动教育士人。不久,送父母归乡,因此乞求回家乡为父母养老。刘瑾很生气,剥夺了他的职务让他成为老百姓。刘瑾被杀以后,又给罗钦顺授官,迁南京太常少卿,再升为南京吏部右侍郎,入为吏部左侍郎。世宗继位,命罗钦顺辅佐尚书事务。他上疏说:"任职很久和超迁的,在法度上要疏通。"没有回音。又要议起大礼,罗钦顺请求慎重举行大礼,以全圣上之孝,也没有回答。迁为南京吏部尚书。探望父母,乞求归乡。又改派他为礼部尚书,正好赶上父亲的丧事,没有来得及拜授。再次起用任为礼部尚书,他辞谢不任,又改为吏部尚书。皇上下诏敦促,他再次提出辞职,才允许他退休,并让有司给予禄米。当时张璁、桂萼以讨论礼义突然显贵,把持政事,培养党徒,摒弃驱逐正直之人。罗钦顺耻与他们为伍,所以屡次下诏要他做官,他都不愿出来。

他在家乡隐居二十多年,足迹从未到过城市,潜心研究格物致知的学问。王守仁以"心学"立教,富有才学知识的士人都一致去师从王守仁的"心学"。罗钦顺写信给王守仁,大概说:"圣门确立教义,文与行两者兼顾,博学于文,才有明确的义训。如果说学习可以不借助外部事物,只应反观内省,那么'正心诚意'四个字,有什么不能穷尽的,还一定要在入门之际,加上格物的功夫呢?"王守仁接到罗钦顺的信后,也写了一封信回复他。大概说,"理没有内外之分,性没有内外之分,所以学也就没有内外之分。讲习讨论并非说'内'不需要,反观内省也不是说把'外'遗落一边不管。"他反复讨论了二千多字。罗钦顺又写信与王守仁辩论。罗钦顺说:"先生讲推究事物的道理,是推究其心中的事物;是推究其意念中的事物;是推究其知道的事物。正心,是正其物之心。诚意,是诚其物之意。获得知识,是获得其物的知识。自从有《大学》以来,还没有这样的论点。说什么推究自己心中的事物、推究自己意念中的事物、推究自己知识中的事物。这样的事物有三类,即正其物之心、诚其物之意、致其物之和。可这作为事物只有一类罢了。就事物有三类而言,用程子的推究事物道理之法推导,还可以讲通,拿先生推究事物道理的办法推论,就讲不通了。就一种事物来说,那所讲的事物究竟是什么事物呢？如果一定说它是被意念所用的,这样虽然安排得十分巧妙,但最终还是没有讲通的一天。另外先生讨论学习《书》时谈道：'我心中的良知,即所谓天理,获得我心中良知的天理到事物上,那么万事万物都得到其道理了。获得我心中的良知,就是获得知识。万事万物都得到其道理,就是推究事物的道理。'如果真像先生所说,那么《大学》应当是：'推究事物的道理,在于获得知识。'而不应该说：'获得知识,在于推究事物的道理,以及事物的道理被推究,这样才获得了知识。'罗钦顺的信还没到达王守仁的手中,王守仁就去世了。

罗钦顺做学问,致力于推究事理,存心知性。他最初是从佛教哪里入门的,后来省悟到佛说不对,于是全力排斥它。他说佛教的明心见性,与我们儒家的尽心知性相似,但本质上不一样。佛教的学说,大抵只能见于心而不见于性。现在的人讲明心之说,常混同于禅学,而并不知道有失之毫厘,差之千里的谬误。道学不能被人明了的原因,将由此产生,罗钦顺有点担忧。因此著《困知记》。他自号整庵。八十三岁那年去世。封赠太子太保,谥文庄。

陈献章传

【题解】

陈献章(1428～1500)是明代哲学家、学者。曾受学于吴与弼,绝意科举。曾应召,授翰林院检讨而归,以后长期在家乡讲学。

陈献章是宋代"心学"的继承者,继承陆九渊"心即理也"的观点,认为宇宙只是一埋的表现,这理便是心。他哲学思想的主要特征是提倡"主静",这与陆九渊的"心学"理论有直接承继之处。他认为"诚"(又称"道""理")是天地万物的本源,而诚却是"具于一心",实际上他是说天地万物是"心"的显现和派生物。在认识论方面,他提出了万事万物都当"求诸心"的主张,把人的认识活动规定为人心的自我体现;他认为这一认识主要靠"静坐"实现,为此,必须去掉一切人事作为,以求"自迸出"心中本有的"善端"。他与陆九龄有所不同之处在于"存养"方面不强调"去私欲",而提倡所谓"以自然为宗"。在他的思想中道家的影响占有重要地位。他的著述后人编为《白沙子全集》及《与林缉熙书》。

【原文】

陈献章,字公甫,新会人。举正统十二年乡试,再上礼部,不第。从吴与弼讲学。居半载归,读书穷日夜不辍。筑阳春台,静坐其中,数年无户外迹。久之,复游太学。祭酒邢让试和杨时《此日不再得》诗一篇,惊曰："龟山不如也。"赐言于朝,以为真儒复出。由是名震京师。给事中贺钦听其议论,即日抗疏解官,执弟子礼事献章。献章既归,四方来学者日进。广东布政使彭韶、总督朱英交荐,召至京,令就试吏部,屡辞疾不赴,疏乞终养，授翰林院检讨以归。至南安，知府张弼疑其拜官，与与弼不同。对曰："吴先生以布衣为石亨所荐，故不受职而求观秘书，冀在开悟主上耳。时宰不悟，先令受职然后观书，殊戾先生意，遂决去。献章听选国子生，何敢伪辞钓虚誉。"自是屡荐，卒不起。

献章之学，以静为生，其教学者，但令端坐澄心，于静中养出端倪。或劝之著述，不答。尝自言曰："吾年二十七，始从吴聘君学，于古圣贤之书无所不讲，然未知入处。比归白沙，专求用力之方，亦卒未有得。于是舍繁求约，静坐久之，然后见吾心之体隐然呈露，日用应酬随吾所欲，如马之卸勒也。"其学洒然独得，论者谓有鸢飞鱼跃之乐，而兰谿姜麟至以为"活孟子"云。

献章仪斡修伟，右颊有七黑子。母年二十四守节，献章事之至孝。母有念，辄心动即归。弘治十三年卒，年七十三。万历初，从祀孔庙，追谥文恭。

门人李承箕，字世卿，嘉鱼人。成化二十二年举乡试。往师献章，献章日与登涉山水，投壶赋诗，纵论古今事，独无一语及道。久之，承箕有所悟，辞归，隐居黄公山，不复仕，与兄进士承芳，皆好学，称嘉鱼二李。卒年五十四。

张诩，字廷实，南海人，亦师事献章。成化二十年举进士，授户部主事。寻丁忧，累荐不起。正德中，召为南京通政司参议。一谒孝陵即告归。献章谓其学以自然为宗，以忘己为大，以无欲为至。卒年六十。

【译文】

陈献章，字公甫，新会（今广东省新会县）人。举正统十二年（1447）乡试，再上礼部，没有及第。跟随吴与弼讲学。过了半年时间回来，白天黑夜读书从不停息。修筑阳春台，在其中静坐，好多年户外没有他的足迹。很久以后，再次游览太学。祭酒邢让让他和杨时《此日不再得》诗一篇考他，祭酒惊叹"龟山先生都不如啊。"在朝廷传扬他的事迹，认为是真正的儒者又出现了。由于名声震动京师。给事中贺钦听过他的议论，当天就坚持上疏辞去官职，行弟子礼侍奉陈献章。陈献章回家乡以后，每天都有四面八方来求学的人。广东布政使彭韶、总督朱英接连推荐他。陈献章被召到京城，命他去吏部考试。多次称说有病不去应试，上疏乞求养天年，授他翰林院检讨官回归乡里。到达南安，知府张弼怀疑他拜了官，与吴与弼不一样。他回答说："吴先生以一介布衣被石亨所举荐，所以不求职官而求观读秘书，希望主上开化顿悟罢了。可当时的负责人不明白他的意思，先命令他受职然后再去观读秘书，这大大违背了先生的胸意，于是他决然走掉了。献章只不过听选国子生，怎么敢说假话钓取虚誉呢？"从此后，屡次举荐他，他一直没有答应，到死再未得起用。

陈献章的学说，以静为主。他教学，仅仅让学生端坐澄心静气，从安静中培养出头绪。有人劝他写作著述，他不予回答。曾经自言自语说："我二十七岁的时候，才跟随吴聘君学习，对于古代圣贤的著作没有不讲的，但一直还不知道从何下手。等到回到白沙里，专门探求用力地方法，到现在也还是没有收获。于是我舍繁求约，静坐了很久以后，这才见我心的形体慢慢显露了出来，每天的日用之物和应酬来往，都随心所欲，像马带了笼头一样。"他的学问洒脱独得己意,评论的人说,他的学问有鸢飞鱼跃般的自由之乐趣,而兰谿的姜麟甚至认为他是"活孟子"。

陈献章仪表堂堂,才干杰出,和善伟岸,右脸颊有七颗黑痣。母亲二十四岁就守寡,陈献章侍奉母亲特别孝顺。母亲一有思念,他的心速加快,就会回到母亲身边。弘治十三年(1500)去世,享年七十三岁。万历初年,从祀孔庙,追谥为文恭。

陈献章的弟子李承箕,字世卿,嘉鱼(今湖北省嘉鱼县)人。成化二十二年(1486)举乡试。前往师从陈献章,陈献章每天与他跋山涉水,投壶赋诗,纵论古今之事,只是没有一句谈到道学。过了一段时间,李承箕有所顿悟,辞谢老师回到乡里,隐居黄公山,不再出来求取仕途之名。他和兄长进士李承芳,都好学,被称为嘉鱼二李。死时五十四岁。

张诩,字廷实,南海(今广东省南海县)人。也师从陈献章。成化二十四年(1488)举进士。授户部主事。不久遇丧事,多次举荐他,他都不出外做官。正德年间,召用他为南京通政司参议。拜谒了一次孝陵后,立即告退归乡。陈献章说张诩的学问以自然为宗旨,以忘己为最大,以无欲为至上。去世的时候六十岁。

湛若水传

【题解】

湛若水(1466~1560)是明代哲学家、理学代表人物。早年师事陈献章,无意于仕途。弘治末年登进士,授翰林院编修。官至南京礼、吏、兵三部尚书。他与王守仁同时讲学授徒,各自自立门户,当时有"王湛之学"之称。王守仁力主致良知,而湛若水以随处体验天理为宗,自称"阴阳与吾言心不同,阳明所谓心,指方寸而言。吾之所谓心者,体万物而不遗者也。"

湛若水认为"心也者包乎天地万物之外,而贯夫天地万物之中者也,中外非二也。"他注重实际,反对虚俘空谈;他希望用儒学的仁来治理国家疏导士人为学,在当时王学盛行之时具有一定影响。

他的著作主要有《二礼经传测》《春秋正传》《古乐经传》《甘泉新论》《湛甘泉集》等。

【原文】

湛若水,字元明,增城人。弘治五年举于乡,从陈献章游,不乐仕进。母命之出,乃入南京国子监。十八年会试,学士张元祯、杨廷和为考官,抚其卷曰:"非白沙之徒不能为此。"置第二。赐进士,选庶吉士,授翰林院编修。时王守仁在吏部讲学,若水与相应和。寻丁母忧,庐墓三年。筑西樵讲舍,士子来学者,先令习礼,然后听讲。

嘉靖初,入朝,上经筵讲学疏,谓圣学以求仁为要。已,复上疏言:"陛下初政,渐不克终。左右近侍争以声色异教蛊惑上心。大臣林俊、孙交等不得守法,多自引去,可为寒

心。亟请亲贤远奸,穷理讲学,以隆太平之业。"又疏言日讲不宜停止,报闻。明年进侍读,复疏言:"一二年间,天变地震,山崩川涌,人饥相食,殆无虚月。夫圣人不以屯否之时而后亲贤之训,明医不以深锢之疾而废元气之剂。宜博学修明先王之道者,日侍文华,以裨圣学。"已,迁南京国子监祭酒,作《心性图说》以教士。拜礼部侍郎。仿《大学衍义补》,《作格物通》。上于朝,历南京吏、礼、兵三部尚书。南京谷尚侈靡,为定丧葬之制颁行之。老,讲致仕。年九十五卒。

若水生平所至,必建书院以祀献章。年九十,犹为南京之游。过江西,安福邹守益,守仁弟子也,戒其同志曰:"甘泉先生来,吾辈尝宪老而不乞言,慎毋轻有所论辩。"若水初与守仁同讲学,后各立宗旨,守仁以致良知为宗,若水以随处体验天理为宗。守仁言若水之学为求之于外,若水亦谓守仁格物之说不可信者四。又曰:"阳明与吾言心不同。阳明所谓心,指方寸而言。吾之所谓心者,体万物而不遗者也,故以吾之说为外。"一时学者遂分王、湛之学。

湛氏门人最著者,永丰吕怀、德安何迁、婺源洪垣、归安唐枢。怀之言变化气质,迁之言知止,枢之言求真心,大约出入王、湛两家之间,而别为一义。垣则主于调停两家,而互救其失。皆不尽守师说也。怀,字汝德,南京太仆少卿。迁,字益之,南京刑部侍郎。垣,字峻之,温州府知府。枢,刑部主事,疏论李福达事,罢归,自有传。

蒋信,字卿实,常德人。年十四,居丧毁脊。与同郡冀元亨善,王守仁谪龙场,过其地,偕元亨事焉。嘉靖初,贡入京师,复师湛若水。若水为南祭酒,门下士多分教。至十一年,举进士,累官四川水利佥事。却播州士官贿,置妖道士于法,迁贵州提学副使。建书院二,禀群髦士其中。龙场故有守仁祠,为置祠田。坐擅离职守,除名。

信初从守仁游时,未以良知教。后从若水游最久。学得之湛氏为多。信践履笃实,不事虚谈。湖南学者宗其教,称之曰正学先生。卒年七十九。

明宜兴周冲,字道通,亦游王、湛之门。由举人授高安训导,至唐府纪善。尝曰:"湛之体认天理,即王之致良知也。"与信集师说为《新泉问辨录》。两家门人各相非笑,冲为疏通其旨焉。

【译文】

湛若水,字元明,增城(今广东省增城县)人。弘治五年(1492)举于乡,随陈献章求学,不愿意走仕进之路。他母亲下令让他回来,于是进入南京国子监。十八年(1505)举行会试,学士张元祯、杨廷和任考官,抚摸着他的卷子说:"不是陈献章的门徒,不能答出这样的卷子。"把他列为第二名。赐给他进士,选庶吉士,授翰林院编修。当时王守仁在吏部讲学。湛若水与王守仁互相应和。不久遇母亲去世,在墓上筑草屋守护三年。他筑建西樵讲舍,士人来求学的,先让他们学习礼义,然后再来听讲。

嘉靖初年,进入朝廷,上经筵讲学疏,说圣学以求得仁为最主要的事。已,又一次上疏说:"陛下刚开始执政,这样下去就没有好结果。左右近侍之人都争着拿声色异教蒙骗蛊惑皇上的身心。大臣林俊、孙文等人不能够遵守法度,经学自己招引去留,可能去做寒心之事。请陛下赶快亲近贤人,远避奸佞小人,穷究事理,讲习学问,以繁荣太平之工功业。"又上疏说,每天讲习不应该停止。皇上说知道了。第二年,升他为侍读,又上疏说:"一二年之内,天气变化,山川震动,山崩川涌,百姓饥饿得互相蚕食,大概没有好过的一个月。那圣贤之人不因为艰难困苦了才觉得贤人的训导是亲切的,高明的医生不因为严重的疾病而废弃元气的调养,应该广泛寻找研修详知先王之道的人,每天在文华殿侍候,以帮助圣上研讨学问。"已,迁南京国子监祭酒,创作《心性图说》,用来教育士人。拜礼部侍郎。仿照《大学衍义补》,创作《格物通》,进献到朝廷。历任南京吏、礼、兵三部尚书。南京的民俗,崇尚奢侈俘垮,他制定了丧葬制度,颁行南京。年老了,请求退休。九十五岁那年去世。

湛若水一生所到之处,他一定建造书院来祭祀陈献章。九十岁的年纪,还遍游南京各地。经过江西,王守仁的弟子、安福邹守益告诫自己的朋友们说:"甘泉先生(即湛若水)到来,我们大家应当尊敬仿效老者而不要请多说话,谨慎一点不要轻易与他进行辩论。"湛若水当初与王守仁一同讲学,后来各自自立门户宗旨,王守仁以致良知为宗旨,湛若水以随时随地体验天理为宗旨。王守仁说湛若水的学说是从外部追求的。湛若水也说王守仁的推究事物的道理之学说,有四条不足为信的理由。又说:"王守仁与我谈论的'心'不一样。王守仁所说的'心'是指方寸而言的。我所说的'心',是体察万物而不会有遗漏的心,所以他认为我的学说为外部的东西。"一时间学人于是分成王、湛之学说。

湛若水的弟子最有名的,是永丰吕怀、德安何迁、婺源洪垣、归安唐枢。吕怀专注变化气质方面,何迁主要谈论知止问题,唐枢专谈追求真心,大概出入于王守仁、湛若水两家学说之间,而另创新义。洪垣则注重于调和王守仁、湛若水两家学说,而互相取长补短。他们都并没有完全信守师说。吕怀、字汝德,为南京太仆少卿。何迁,字益之,为南京刑部侍郎。洪坦,字峻之,温州府知府。唐枢,为刑部土事,上疏评论李福达的事,被罢免回家,他自己在《明史》有传。

蒋信,字卿实,常德人。十四岁那年,居丧期间损伤了脊骨。与同郡的冀元亨友善,王守仁被谪贬龙场,经过他们家乡,他与冀元亨一同去师从人王守仁。嘉靖初年,被推荐进入京城,又师从湛若水。湛若水为南京国子监祭酒,门下的学人多分教。至十一年,举进士,任职四川水利金事。退还了播州土官的贿赂,把妖道绳之以法。迁为贵州提学副使。建了两座书院,收罗了不少俊秀士人于其中。龙场本来建有王守仁的祠堂,他又为此置办了祠田。因犯了擅离职守的错误,被除名。

蒋信当初跟随王守仁求学的时候,王守仁并没有把良知的学问教给他。后来他跟随湛若水求学最久,学习获得的东西之中,湛氏的最多。蒋信勤于实践,纯朴厚道,不尚虚浮空论。湖南学者以他的学说为至宗,称他为"正学先生"。去世那年七十九岁。

当时宜兴周冲,字道通,也在王守仁、湛若水门下求学。由举人授任高按训导,官至唐府纪善。曾说:"湛若水的体认天理,即就是王守仁的致良知说。"他与蒋信搜集师说,编成《新泉问辩录》。两家的信奉者、学生们互相非议嘲笑,周冲为他们疏通两家的旨趣罢了。

杨维桢传

【题解】

杨维桢(1269~1370)字廉夫,号铁崖。浙江会稽(今浙江绍兴)人。官至建德路总管府推官。晚年居松江。明太祖召他纂修礼、乐书志,推辞不赴。

其创作以诗歌为主,以拟古乐府见称于时。所作乐府或以史事、传说为题材,或取材元末时事,多宣扬伦理道德。诗风奇诡,文字过于藻饰,时号"铁崖体"。有《东维子文集》《铁崖先生古乐府》等传世。

【原文】

杨维桢,字廉夫,山阴人。母李,梦月中金钱坠怀,而生维桢。少时,日记书数千言。父宏,筑楼铁崖山中,绕楼植梅百株,聚书数万卷,去其梯,俾诵读楼上者五年,因自号"铁崖"。元泰定四年成进士,署天台尹,改钱清场盐司令。狷直忤物,十年不调。会修辽、金、宋三史成,维桢著《正统辩》千余言,总裁官欧阳元功读且叹曰:"百年后,公论定于此矣。"荐之而不果,转建德路总管府推官。擢江西儒学提举,未上,会兵乱,避地富春山,徙铁塘。张士诚累招之,不赴,遣其弟士信咨访之,因撰五论,具书复士诚,反复告以顺逆成败之说,士诚不能用也。又忤达识丞相,徙居松江之上,海内缙绅大夫与东南才俊之士,造门纳履无虚日。酒酣以往,笔墨横飞。或戴华阳巾,披羽衣坐船屋上,吹铁笛,作《梅花弄》。或呼侍儿歌《白雪》之辞,自倚琵琶和之。宾客皆蹁跹起舞,以为神仙中人。

洪武二年,太祖召诸儒纂礼乐书,以维桢前朝老文学,遣翰林詹同奉币诣门。维桢谢曰:"岂有老妇将就木,而再理嫁者邪?"明年,复遣有司敦促,赋《老客妇谣》一章进御,曰:"皇帝竭吾之能,不强吾所不能则可,否则有蹈海死耳。"帝许之,赐安车诣阙廷。留百有一十日,所纂叙例略定,即乞骸骨。帝成其志,仍给安车还山。史馆胄监之士祖帐西门外,宋濂赠之诗曰:"不受君王五色诏,白衣宣至白衣还",盖高之也。抵家卒,年七十五。

维桢诗名擅一时,号"铁崖体",与永嘉李孝光、茅山张羽、锡山倪瓒、昆山顾瑛为诗文友,碧桃叟释臻、知归叟释现、清容叟释信为方外友。张雨称其古乐府出入少陵、二李间,有旷世金石声。宋濂称其论撰,如睹商敦、周彝,云雷成文,而寒芒横逸。诗震荡陵厉,鬼没神施,尤号名家云。

维桢徙松江时,与华亭陆居仁及侨居钱惟善相倡和。惟善,字思复,钱塘人。至正元年,省试《罗刹江赋》,时锁院三千人,独惟善据枚乘《七发》辨钱塘江为曲江,由是得名,号曲江居士。官副提举。张士诚据吴,遂不仕。居仁,字宅之,中泰定三年乡试,隐居教授,自号云松野衲。两人既殁,与维桢同葬干山,人目为三高士墓。

【译文】

杨维桢,字廉夫,山阴(今浙江绍兴)人。母亲姓李,梦见月亮上金钱坠落怀中而生维桢。维桢小时,一天读书能记几千字。父亲杨宏,在铁崖山中造了一座楼,绕楼种上了百来株梅树,楼内集中了几万卷图书,撤去梯子,让他在楼上读了五年书,因此自号为"铁崖"。元泰定四年(1327)考取进士,授官天台尹,改任钱清场盐司令。他生性耿直,得罪于人,十年没有升迁。正值辽、金、宋三史编撰完稿,维桢写了千余字的《正统辩》,总裁官欧阳元功边读边叹说:"百年之后,公论已在此文中写定了。"要推荐他而没有办成。后维桢转任建德路总管府推官,提拔为江西儒学提举,尚未上任,碰上兵乱,避居富春山,迁居钱塘(今浙江杭州)。张士诚多次召见他,他不去。于是张士诚就派了他弟弟士信来向他请教,他因此写了五论,写信回复士诚,反复告诉他顺逆成败的道理,张士诚却不能采用。他又冒犯了丞相达识,搬迁到松江(即今吴淞江)边上,四方官员和东南一带才子们无日不来登门拜访。酒一喝得痛快,就笔墨横飞。有时头戴华阳巾,披着鸟羽制作的衣服坐在船上,吹铁笛,演奏《梅花弄》。有时呼唤侍儿歌唱《白雪》之辞,自己弹奏琵琶来相和。宾客们都翩翩起舞,仿佛是神仙一般。

洪武二年(1369),明太祖召集许多儒生编纂礼乐一类书籍,因为维桢是前朝老资格的文学之士,派了翰林詹同拿了礼物,登门拜访。维桢辞谢说:"哪有老太太快进棺材了,却再去出嫁的呀?"第二年,皇上又派了官员去催促。维桢写了一篇《老客妇谣》,呈给皇上,说:"皇帝能答应尽我所能地去干,不强迫我做我所不能的事就行,否则就只有跳海而死了。"皇上答应了,特赐一辆安车迎他到宫。住了一百一十天,编纂的体例大略定下以后,就请求回去。皇上满足了他的愿望,仍给安车送他回乡。史馆里留下来继续编纂的人在西门外设帐饯行,宋濂赠他诗一首说:"不受君王五色诏,白衣宣之白衣还。"这是刘他的推崇啊。回到家,就病故了,享年七十五岁。

杨维桢诗名独霸一时,称之为"铁崖体",和永嘉李孝光、茅山张羽、锡山倪瓒、昆山顾瑛是诗文上的朋友,和碧桃老人释臻、知归老人释现、清容老人释信作为佛门之友。张雨称他的古乐府在杜少陵和二李之间,有世所未有的金石之声。宋濂称他的文章好像让人看到商鼎周彝,云雷文饰而寒气横逸。诗则震荡昂扬,仿佛鬼设神施,尤其堪称名家。

维桢迁居松江时,和华亭陆居仁及侨居哪里的钱惟善相唱和。惟善,字思复,钱塘人,至正元年(1341),省里考试《罗刹江赋》,当时所有参试的三千人,只有惟善依据枚乘《七发》考辨钱塘江就是曲江,因此得名,别号"曲江居士"。他曾任副提举的官职。张士诚占据吴地(江、浙一带),才辞去官职。居仁,字宅之,泰定三年(1326)中举,隐居教书,自称"云松野衲"。两人死后,和维桢同葬于干山,人称三高士墓。

高启传

【题解】

高启(1336～1374),明代诗人。字季迪,长洲(今江苏苏州)人。元末隐居吴淞青丘,自号青丘子。明太祖时,应诏入朝,后因事被诛。

高启早有诗名,与杨基、张羽、徐贲合称"吴中四杰"。其诗师法汉魏晋唐,笔法细腻、文字晓畅、韵味深长,对明代诗歌影响较广。诗有《高太史大全集》,词有《扣舷集》,文有《凫藻集》。

【原文】

高启,字季迪,长洲人。博学工诗。张士诚据吴,启依外家,居吴淞江之青丘。洪武初,被荐,偕同县谢徽召修《元史》,授翰林院国史编修官,复命教授诸王。三年秋,帝御阙楼,启、徽俱入对,擢启户部右侍郎,徽吏部郎中。启自陈年少不敢当重任,徽亦固辞,乃见许。已,并赐白金放还。启尝赋诗,有所讽刺,帝嗛之未发也。及归,居青丘,授书自给。知府魏观为移其家郡中,旦夕延见,甚欢。观以改修府治,获谴。帝见启所作上梁文,因发怒,腰斩于市,年三十有九。

明初,吴下多诗人,启与杨基、张羽、徐贲称四杰,以配唐王、杨、卢、骆云。

【译文】

高启,字迪,长洲(今江苏苏州)人。学问渊博,擅长诗歌。张士诚占据吴地,高启寄居外祖母家,住在吴淞江的青丘。洪武初年,被举荐,一起和同县的谢徽受召编纂元史,皇上授予他翰林院国史编修官职,又让他教授自己的那些儿子。洪武三年(1370)秋天,皇上来到阙楼,高启和谢徽都被召入宫内应对太祖的问话,皇上提升高启为户部右侍郎,谢徽为吏部郎中。高启自己陈述年轻,不敢担当重任,谢徽也坚决推辞,才被允准。不久,一起赐银放回故里。高启曾赋诗,对皇上有所讽刺,皇上心里怀恨而没有发作。等到高启回家,住在青丘,教书自给。知府魏观替他把家迁到郡城,早晚约他叙谈,彼此都很快乐。后魏观因为改修知府衙门,受到谴责,皇上见到高启所写的上梁文,于是大怒,把他腰斩在市上,时年三十九岁。

明代初年,吴下(今江苏苏州)出了很多诗人,高启和杨基、张羽、徐贲被称为"四杰",可与唐代王、杨、卢、骆相匹配。

沈度传

【题解】

　　沈度(1357～1434),字民则,号自乐,华亭县(今属上海市松江区)人。以擅长书法被明成祖选入翰林,官至翰林学士。沈度善篆、隶、行、楷、八分等书体,以楷书最为有名。他的楷书规矩圆润,平整端庄。他的书法,由于帝王的喜好,对明清影响较大,形成所谓"馆阁体"。这种书体,规整有余,而缺乏个性,艺术价值不高。明成祖朱棣偏爱沈度的书法,朝廷的高文典册,御旨封诰,多出自沈度之手。传世书迹有《与镛翁书帖》《四箴帖》等。

　　其弟沈粲,亦善书,字风与其兄相近。行书流畅俏丽。其书迹有《自书御赐五咏》等。

【原文】

　　沈度,字民则。弟粲,字民望。松江华亭人。兄弟皆善书,度以婉丽胜,粲以道逸胜。度博涉经史,为文章绝去浮靡。洪武中,举文学,弗就。坐累谪云南,岷王具礼币聘之,数进谏,未几辞去。都督瞿能与偕入京师。成祖初即位,诏简能书者入翰林,给廪禄,度与吴县滕用亨、长乐陈登同与选。是时解缙、胡广、梁潜、王璲皆工书,度最为帝所赏,名出朝士右。日侍便殿,凡金版玉册,用之朝廷,藏秘府,颁属国,必命之书。遂由翰林典籍擢检讨,历修撰,迁待讲学士。粲自翰林待诏迁中书舍人,擢侍读,进阶大理少卿。兄弟并赐织金衣,镂姓名于象简,泥之以金。赠父母如其官,驰传归,告于墓。

　　昆山夏㫤者,字孟旸,与其弟㫤以善书画闻,同官中书舍人,时号大小中书,而度、粲号大小学士。

　　度性敦实,谦以下人,严取与。有训导介其友求书,请识姓字于上。度沉思曰:"得非曩奸奏有司者耶?"遽却之。其友固请,终不肯书姓名。其在内廷备顾问,必以正对。粲笃于事兄,己有赐,辄归其兄。

【译文】

　　沈度,字民则。他的弟弟沈粲,字民望。是松江府华亭县人。兄弟二人都擅长书法,沈度的字以婉转俏丽见长,沈粲的字以遒劲放逸取胜。沈度博览经书史籍,他写的文章绝没有浮华轻靡的弊病。洪武年间,地方官因他长于文学而荐举他,他谢绝了。因官司牵连,被流放到云南,在云南的岷王送来丰盛的礼物聘他到王府任职,他经常对岷王进行劝诫,不久就辞职而去。都督瞿能和他一起去京城。明成祖刚即位做皇帝,就下旨选拔擅长书法的人入翰林院,供给衣食俸禄,沈度与吴县人滕用亨、长乐县人陈登都被选中。当时在朝的大官解缙、胡广、梁潜、王璲等人都擅长书法,沈度却最受成祖赏识,因而名声很高，在各朝官之上。他每天都在便殿侍奉皇帝，凡是皇家的册封典册，用于朝廷的封诰，收藏在内府的文件，颁发各附属国的国书，都请他书写。于是由翰林典籍官提拔为翰林检讨，历任修撰，升任侍讲学士。他的弟弟沈粲自翰林待诏升任中书舍人，提拔为侍读，进官为大理少卿。兄弟二人都得到织金衣的赏赐，皇帝下令，把他们的名字刻在平版上，涂上金粉，追赠他们的父母和他们一样的官衔，特准乘驿马回乡，祭告他们的父母。

昆山县有个叫夏昺的人，字孟旸，和他的弟弟夏昺以擅长书法绘画闻名，兄弟二人都官至中书舍人，当时人称他们为"大小中书"，沈度和沈粲，当时人称他们为"大小学士。"

沈度的性格敦厚朴实，谦逊礼让，甘居人下，收授之间，非常严格。有位府学训导托沈度的朋友向沈度求字，并请写上赠某某字样。沈度沉思了一会儿，说道："这不是过去曾诬告上司官员的那个人吗？"马上加以拒绝。他的那位朋友仍坚持要他写，最终不肯落上那人的名款。他在朝廷备皇帝顾问，总是用忠正的言论回答问题。沈粲对哥哥非常尊敬，自己得到赏赐，都交给他哥哥。

王绂、夏景传

【题解】

王绂（1362～1416），一作王芾，字孟端，号友石、九龙山人，无锡人。洪武年间因事被谪成山西朔州。永乐年间，因其长于书法，曾在文渊阁任职，官至中书舍人。王绂是明初著名画家，擅长山水，山水学王蒙，竹石学仇瓒，尤其善画墨竹，人称明代第一。著作《友石山房集》。

夏景（1388～1470）年，初姓朱，后复姓夏，字仲昭，号自在居士，昆山县人。中进士后，官至太常寺卿。他也善画墨竹，师承王绂。他的画，用笔洒脱，墨色苍润，自成一家，名播远近，有"夏卿一个竹，西凉十锭金"之誉。

【原文】

王绂，字孟端，无锡人。博学，工歌诗，能书，写山木竹石，妙绝一时。洪武中，坐累戍朔州。永乐初，用荐，以善书供事文渊阁。久之，除中书舍人。

绂未仕时，与吴人韩奕为友，隐居九龙山，遂自号九龙山人。于书法，动以古人自期。画不苟作，游览之顷，酒酣握笔，长廊素壁淋漓沾洒。有投金币购片楮者，辄拂袖起，或闭门不纳，虽豪贵人勿顾也。有谏之者，绂曰："丈夫宜审所处，轻者如此，重者将何以哉！"在京师，月下闻吹箫声，乘兴写《石竹图》，明旦访其人赠之，则估客也。客以红氍毹馈，请再写一枝为配，绂索前画裂之，还其馈。一日退朝，黔国公沐晟从后呼其字，绂不应。同列语云曰："此黔国公也。"绂曰："我非不闻之，是必与我索画耳。"晟走及之，果以画请，绂舍之而已。逾数年，晟复以书来，绂始为作画。既而曰："我画直遗黔公不可。黔公客平仲微者,我友也,以友故与之,俟黔公与求则可耳。"其高介绝俗如此。

昆山夏景者,亦善画竹石,亚于绂。画竹一枝,直白金一锭,然人多以馈遗得之画竹一枝,直白金一锭,然人多以馈遗得之,景,字促昭,永乐十三年进士后改庶吉士,历官太常寺卿。景与上元张益,同中进士,同以文名,同善画竹。其后,景见益《石渠阁赋》,自谓不如,遂不复作赋。益见昶所画竹石,亦遂不复画竹。益死土木之难。

仲微,名显,钱塘人。尝知滕县事,谪戍云南。其为诗颇豪故自喜,云南诗人称平、居、陈、郭,显其一也。

【译文】

王绂,字孟端,是无锡县人。他博学多才,善于作诗,字写得很漂亮,又擅长绘画,山水竹石,称一时高手。洪武年间,因罪被发配朔州戍守边境。永乐初年,有人荐举,因擅长书法在文渊阁任职。过了很久,升任中书舍人。

王绂未做官以前,和吴县人韩奕交往,后隐居九龙山,于是自号为九龙山人。在书法方面,以古人为追求目标。在绘画方面,不肯轻易下笔,在游览山水的兴头上,酒酣耳热之际,拿起画笔,在长廊的粉壁上尽情挥洒。但如果有人拿着金钱求他一笔一画,他会拂袖而起,拒不答应,或者拒人于门外,即使是豪富权贵,他也不屑一顾。有人劝他不要这样,王绂说:"大丈夫应该重视操守,在这些小问题上如果像你劝说的那样,遇上重要事该如何处理呢!"他在京城的时候,有天夜里听见有人在月下吹箫,于是乘兴画了一幅《石竹图》,第二天早上,找到那个吹箫人,把那幅画送给他,那人却是个商人。商人送给他红地毯,请他再画一幅相配成双。王绂把赠送的那幅画要来,当面撕碎,把礼物退还给商人。有一天他退朝回寓所的路上,黔国公沐晟在后面喊他的字号,王绂不答应。王绂的同事对他说:"这是黔国公。"王绂说:"我并不是没有听到,他一定是向我要画的。"沐晟追上他以后,果然是请他作画,王绂只点了点头就算了。过了好几年,沐晟又写信来催,王绂才开始给他作画。画完以后,王绂说:"我的画如果直接送给黔国公,那显得我是巴结他,不行。黔国公的宾客平微仲,是我的朋友,因朋友的关系,我把画送给他,等黔国公向平微仲要好了。"他就是这样清高耿直,不随流俗。

昆山人夏景,也以擅长画竹石著称,名声稍低于王绂。他画一枝竹子,价值白银一锭,但是人们大多通过送礼来得到他的画。夏景字仲昭,永乐十三年考中进士,选入翰林院进修,为庶吉士,官至太常寺卿。夏昶和上元人张益同科中进士,都以文章著名,又都善于画竹子。后来夏景看到张益作的《石渠阁赋》,自认为赶不上他,于是不再作赋。张益看到夏景所画的竹石,也不再画竹。张益死于土木之变。

平仲微,名显,是钱塘县人。他曾任滕县县令,因事发配到云南。他的诗风豪放,颇以此自负,云南的诗人以平、居、陈、郭四家著称,平显是四家之一。

李梦阳传

【题解】

　　李梦阳(1473~1530),明代文学家。字献吉,号空同子,庆阳(今属甘肃)人。弘治进士,曾任户部郎中,因反对宦官刘瑾下狱。刘瑾败,迁江西提学副使。

　　李梦阳与何景明等互相呼应,号称"前七子"。其文学主张,倡言"文必秦汉,诗必盛唐",力主复古,反对当时台阁体诗文的弊端。其诗虽有抚时感事之作,由于偏重摹拟,流于肤廓。其复古主线,影响极大,有《空同集》。

【原文】

　　李梦阳,字献吉,庆阳人。父正,官周王府教授,徙居开封。母梦日堕怀而生,故名梦阳。弘治六年举陕西乡试第一,明年成进士,授户部主事。迁郎中,榷关,格势要,构下狱,得释。

　　十八年应诏上书,陈二病、三害、六渐,凡五千余言,极论得失。末言:"寿宁侯张鹤龄招纳无赖,罔利贼民,势如翼虎。"鹤龄奏辨,摘疏中"陛下厚张氏"语,诬梦阳讪母后为张氏,罪当斩。时皇后有宠,后母金夫人泣诉帝,帝不得已,系梦阳锦衣狱。寻宥出,夺俸。金夫人诉不已,帝弗听,召鹤龄闲处,切责之,鹤龄免冠叩头乃已。左右知帝护梦阳,请毋重罪,而予杖以泄金夫人愤。帝又弗许,谓尚书刘大夏曰:"若辈欲以杖毙梦阳耳,吾宁杀直臣快左右心乎!"他日,梦阳途遇寿宁侯,詈之,击以马棰,堕二齿,寿宁侯不敢校也。

　　孝宗崩,武宗立,刘瑾等八虎用事,尚书韩文与其僚语及而泣。梦阳进曰:"公大臣,何泣也?"文曰:"奈何?"曰:"比言官劾群奄,阁臣持其章甚力,公诚率诸大臣伏阙争,阁臣必应之,去若辈易耳。"文曰"善",属梦阳属草。会语泄,文等皆逐去。瑾深憾之,矫旨谪山西布政司经历,勒致仕。既而瑾复摭他事下梦阳狱,将杀之,康海为说瑾,乃免。

　　瑾诛,起故官,迁江西提学副使。令甲,副使属总督,梦阳与相抗,总督陈金恶之。监司五日会揖巡按御史,梦阳又不往揖,且敕诸生毋谒上官,即谒,长揖毋跪。御史江万实亦恶梦阳。淮王府校与诸生争,梦阳笞校。王怒,奏之,下御史按治。梦阳恐万实右王,讦万实。诏下总督金行勘,金檄布政使郑岳勘之。梦阳伪撰万实劾金疏以激怒金,并构岳子泒通贿事。宁王宸濠者浮慕梦阳,尝请撰《阳春书院记》,又恶岳,乃助梦阳劾岳。万实复奏梦阳短,及伪为奏章事。参政吴廷举亦与梦阳有隙,上疏论其侵官,不俟命径去。诏遣大理卿燕忠往鞫,召梦阳,羁广信狱。诸生万余为讼冤,不听。劾梦阳陵轹同列,挟制上官,遂以冠带闲住去。亦褫岳职,谪戍泒,夺廷举俸。治园池,招宾客,日纵侠少射猎繁台、晋丘间,自号空同子,名震四海。宸濠反诛,御史周宣劾梦阳党逆,被逮。大学士杨

二十五史

文学二十

明史

四一三九

廷如、尚书林俊力救之，坐前作《书院记》，削籍。顷之卒。子枝，进士。

梦阳才思雄骛，卓然以复古自命。弘治时，宰相李东阳主文柄，天下翕然宗之，梦阳独讥其萎弱。倡言文必秦、汉，诗必盛唐，非是者弗道。与何景明、徐祯卿、边贡、朱应登、顾玲、陈沂、郑善夫、康海、王九思等号十才子，又与景明、祯卿、贡、海、九思、王廷相号七才子。皆卑视一世，而梦阳尤甚。吴人黄省曾、越人周祚，千里致书，愿为弟子。迨嘉靖朝，李攀龙、王世贞出，复奉以为宗。天下推李、何、王、李为四大家，无不争效其体。华州王维桢以为七言律自杜甫以后，善用顿挫倒插之法，惟梦阳一人。而后有讥梦阳诗文者，则谓其模拟剽窃，得史迁、少陵之拟，而失其真云。

【译文】

李梦阳，字献吉，庆阳（今属甘肃）人。父李正，做过周王府教授，后迁居开封（今属河南）。李母梦见太阳掉入怀里而生子，所以取名为梦阳。弘治六年（1493），应陕西乡试，考取第一名，第二年，又中了进士。授官户部主事。后升为郎中，专管钱粮税收，与权贵做斗争，以致下狱，最后终于得到释放。

弘治十八年（1503），应皇帝诏书之命，上书论述二病、三害、六渐，共五千多字，透彻地阐明了治理上的得失，最后说："寿宁侯张鹤龄招纳无赖，谋利害民，那凶势就像老虎长了翅膀一样。"鹤龄上奏分辩，摘录李疏中"陛下厚张氏"的话语，诬陷梦阳讥讪母后，叫她"张氏"，并且提出按罪应当斩首。当时皇后获宠于皇上，皇后之母金夫人哭着向皇帝控诉梦阳，皇上不得已，把梦阳关在锦衣卫监狱之中。不久，对他实行宽大政策，放他出狱，取消了他的俸禄。金夫人不停地上疏皇帝，皇上不听，把鹤龄领到无人之处，严词责备他，直到鹤龄脱了帽，磕了头方才罢休。左右侍从知道皇帝护着梦阳，请不要判重刑，而用打板子来发泄

明武宗

金夫人的愤懑之情。皇上不许可，对尚书刘大夏说："你们这些人想用棍棒打死梦阳罢了。我难道愿意杀死正直之臣来使左右感到痛快吗！"有一天，梦阳在路上遇到寿宁侯，骂他，用马鞭子打他，打掉了两颗牙齿，寿宁侯也不敢计较。

孝宗死后，武宗登基，刘瑾等"八虎"专权。尚书韩文和他的同僚谈到此事，哭了起来。梦阳上前问："明公是大臣，为什么哭啊？"韩文说："那怎么办呢？"梦阳说："近来谏官弹劾阉党，阁臣很支持他们的奏章。明公如果率领各位大臣跪在殿下抗争，阁臣一定会响应的，除掉那帮人就容易了。"韩文说："好。"就让李梦阳起草奏章。不巧走漏了风声。韩文等都被赶走。刘瑾很恨梦阳，假传圣旨，把他贬为山西布政司经历，勒令他交出

官印。不久,刘瑾又拿别的事做借口,把梦阳打入监狱,要把他杀了。康海替他在刘瑾面前说情,才免于一死。

后来,刘瑾被杀,原先被罢官的重又得到起用。梦阳作了江西提学副使。按令,副使受总督管辖,梦阳却与他分庭抗礼,因此总督陈金很讨厌他。另外有一次,监司官在当月五日集会去拜揖巡按御史,梦阳又不去,并且命令在学诸生也不要去拜见上官,即使去了,也要站着行礼,不能下跪,因此御史江万实也很不喜欢梦阳。后来淮王府校官与学府诸生争吵,梦阳打了校官几十大板,淮王恼怒了,上奏皇上,皇上把案子送交御史查究治罪。梦阳恐江万实偏向淮王,就揭发万实的隐私。皇上又降旨让总督陈金进行查问,陈金又下令布政司郑岳勘查此案。梦阳伪造了万实弹劾陈金的奏疏来激怒陈金,并且罗织罪名,指控郑岳之子郑沄犯了通贿罪。宁王宸濠,仰慕梦阳之名,曾请他撰写《阳春书院记》,也讨厌郑岳,于是帮助梦阳弹劾郑岳。万实又上奏揭发梦阳短处以及伪造奏章的事。而参政吴廷举也跟梦阳有仇,上疏说他侵官,不听命令,径自离去。皇上下旨派大理卿燕忠前往审理,传讯梦阳,把他关在广信监狱。诸生一万多人替他鸣冤,燕忠不予理睬,弹劾梦阳欺压同僚,挟制上级,于是剥夺了他的职务,只给他保留一个官籍的空名,回家闲居。同时也剥夺了郑岳的职务,把郑沄发配边远地区,罢了吴廷举的官。

梦阳在家闲居以后,更加负气放纵,造园池,招宾客,每天带领一批好事的年轻人,在繁台、晋丘之间射箭打猎,自称"空同子",名震四海。宸濠因叛逆被杀,御史周宣弹劾李梦阳是他的同党余逆,于是被逮捕。大学士杨廷和、尚书林俊竭力营救推崇他,但牵涉到他曾为宸濠做过《阳春书院记》,被削去官籍,不久,病故。子名枝,考取进士。

李梦阳才思奔放,气度不凡,以复古为己任。弘治(1488~1505)年间,宰相李东阳为文坛领袖,天下文人全都拜倒在他脚下,独独梦阳讥笑他的作品柔弱而缺乏生气。他提倡文章一定要取法秦汉,诗歌一定要取法盛唐,不属于上述范围,闭口不提。他和何景明、徐祯卿、边贡、朱应登、顾璘、陈沂、郑善夫、康海、王九思号称"十才子",又和何景明、徐祯卿、边贡、康海、王九思、王廷相号称"七才子"。他们都是鄙视一世的人物,而李梦阳尤其厉害。吴地人黄省曾、越地人周祚,千里迢迢,寄来书信,愿做门下弟子。到了嘉靖年间,出了李攀龙、王世贞,这两人又把他们奉为宗师。天下人推崇李梦阳、何景明、王世贞、李攀龙为"四大家",没有不争相模仿他们的作品的。华州(今陕西华县)王维桢认为七言律诗从杜甫以后,善用顿挫倒插之法的,只有梦阳一人。而后来有人讥评李梦阳诗文,则是说他模拟剽窃古人作品,学到的只是司马迁、杜少陵的一点皮毛,而丢掉了最根本的东西,等等。

何景明传

【题解】

何景明(1483~1521),明代文学家。字仲默,号大复山人,河南信阳人。弘治进士,官至陕西提学副使。何景明与李梦阳同为"前七子"首领。他主张文宗秦、汉,古诗宗汉、魏,近体诗宗盛唐。在打击明代前期盛行的台阁体诗文及八股文方面有一定积极作用。多数作品思想平庸,艺术上缺乏特色。有《大复集》。

【原文】

何景明,字仲默,信阳人。八岁能诗古文。弘治十一年举于乡,年方十五,宗藩贵人争遣人负视,所至聚观若堵。十五年第进士,授中书舍人。与李梦阳辈倡诗古文,梦阳最雄骏,景明稍后出,相与颉颃。

正德改元,刘瑾窃柄。上书吏部尚书许进劝其秉政毋挠,语极激烈。已,遂谢病归。逾年,瑾尽免诸在告者官,景明坐罢。瑾诛,用李东阳荐,起故秩,直内阁制敕房。李梦阳下狱,众莫敢为直,景明上书吏部尚书杨一清救之。九年,乾清宫焚,疏言义子不当畜,边军不当留,番僧不当宠,宦官不当任。留中。久之,进吏部员外郎,直制敕如故。钱宁欲交欢,以古书索题,景明曰:"此名笔,毋污人手。"留经年,终掷还之。寻擢陕西提学副使。廖鹏弟太监銮镇关中,横甚,诸参随遇三司不下马,景明执挞之。其教诸生,专以经术世务。遴秀者于正学书院,亲为说经,不用诸家训诂,士始知有经学。嘉靖初,引疾归。未几,卒,年三十有九。

景明志操耿介,尚节义,鄙荣利,与梦阳并有国士风。两人为诗文,初相得甚欢,名成之后,互相诋诽。梦阳主模仿,景明则主创造,各树坚垒不相下。两人交游亦遂分左右祖。说者谓景明之才本逊梦阳,而其诗透逸稳称,视梦阳反为过之。然天下语诗文必并称"何、李",又与边贡、徐祯卿并称四杰。其特论,谓:"诗溺于陶,谢力振之,古诗之法于谢;文靡于隋,韩力振之,古文之法亡于韩。"钱谦益撰《列朝诗》,力诋之。

【译文】

何景明,字仲默,信阳(今属河南)人。八岁就能写诗和古文。弘治十一年(1498)在乡试中考取举人,年龄只有十五岁。受封的宗室贵人争派人背着他,要看一看少年才子的风采。所到之处,聚观的人像城墙一样围得水泄不通。他十五岁考取进士,授官中书舍人。他和李梦阳等人在诗文的主张和创作上互相唱和。梦阳的作品,风格最雄骏,景明稍后出现,与梦阳不相上下。

改元正德(1506)以后,宦官刘瑾窃取了朝廷大权。何景明给吏部尚书许进写信,劝勉他主持朝政,不要屈从刘瑾,话说得很激烈。不久,景明就告病回乡。过了一年,刘瑾把那些告发过他的官统统都罢免了,景明也在此案而被罢官。

刘瑾被诛杀后,由于李东阳的推荐,何景明恢复了原官,在内阁制敕房值班。李梦阳入狱后,大家不敢直言上奏来救梦阳,而何景明却写信给吏部尚书杨一清,把梦阳从监狱中救了出来。正德九年(1514),乾清宫发生火灾,景明向皇帝上疏,说义子不该收养,边防军队不应留驻京城,外国僧侣不应受到宠幸,宦官不应加以任用。皇上把奏章留在宫中,不交群臣议论,也不批答。过了很久,何景明被擢升为吏部员外郎,依然像过去那样在制敕房值班。钱宁想和他交好,拿古画让他题诗。何景明说:"这画是名家手笔,别让他人的手给玷污了。"过了一年,终究退还给了他。不久,景明又被提升为陕西提学副使。廖鹏的弟弟銮太监坐镇关中,十分专横跋扈,他的那些随从在路上遇见三司,连马也不下,景明把他们抓起来,狠加鞭笞。他教给诸生的,全是经术世务方面的学问。挑选其中的佼佼者集中在正学书院,亲自给他们讲解经书,不用各家注释,士人才知道有经学这一门学问。嘉靖初年(1522),请病假回家。不久,就病故了,享年三十九岁。

何景明为人光明正大,崇节操,讲义气,鄙视追名逐利,与李梦阳同有国士之风。两人写诗作文,开始时彼此投合,交情很好,成名之后互相毁谤,各不相让。梦阳主张模仿,景明则主张创造,各自筑起坚固的营垒,决不向对方低头。与两人相交的朋友,也分成了祖护李梦阳或祖护何景明两派。评论家说,何景明的文才本来不及梦阳,而他的诗秀丽飘逸,用词稳当,反而超过了梦阳。可是天下人说起诗文,一定要并称"何李",还把边贡、徐祯卿和他们一起称为"四杰"。何景明对古诗文的观点是:"诗到陶渊明时面临天顶之灾,谢灵运竭力振兴它,可是古诗之法也丢失在他手里;古文到了隋代,处于萎靡不振的状态,韩退之竭力振兴它,可是古文之法也在韩的手里消亡了。"钱谦益编纂《列朝诗》,极力诋毁他。

徐祯卿传

【题解】

徐祯卿(1479~1511),明代文学家。字昌谷,一字昌国,吴县(今属江苏)人。弘治进士,官至国子监博士徐祯卿诗学汉魏盛唐,为"前七子"之一。论诗重情贵实,提倡复古,著有《谈艺录》,颇多精警之见,影响明代文坛。有《迪功集》《迪功外集》。

【原文】

徐祯卿,字昌谷,吴县人。资颖特,家不蓄一书,而无所不通。自为诸生,已工诗歌。与里人唐寅善。寅言之沈周、杨循吉,由是知名。举弘治十八年进士。孝宗遣中使问祯卿与华亭陆深名,深遂得馆选,而祯卿以貌寝不与。授大理左寺副,坐失囚,贬国子博士。

祯卿少与祝允明、唐寅、文徵明齐名，号"吴中四才子"。其为诗，喜白居易、刘禹锡。既登第，与李梦阳、何景明游，悔其少作，改而趋汉、魏、盛唐，然故习犹在，梦阳识其守而未化。卒，年二十有三。

祯卿体癯神清，诗熔炼精警，为吴中诗人之冠，年虽不永，名满士林。子伯虬，举人，亦能诗。

【译文】

徐祯卿，字昌谷，吴县(今属江苏)人。天资聪颖过人，家里不藏一书，却能无所不通。从作太学诸生起，诗歌就已写得很好。他和同乡唐寅交好，唐寅把他介绍给沈周、杨循吉，从此成为知名人物。弘治十八年(1505)考取进士。孝宗皇帝派宦官问祯卿和华亭陆深的姓名，陆深于是得到了馆选的官职，而祯卿因为其貌不扬而没有给予同样的官职，只给了个大理寺左寺副的职位，还因犯了丢失囚犯的错误，被贬为国子博士。

徐祯卿年少时和祝允明、唐寅、文徵明齐名，号称"吴中四才子"。他写诗，喜欢学白居易、刘属锡。考中进士以后，与李梦阳、何景明交往，否定了自己少时作品，改而向汉、魏、盛唐的诗歌学习。可是旧习仍留在身上，梦阳讥笑他墨守成规，没有什么变化。他死时，年纪只有二十三岁。

祯卿体态清癯，诗作千锤百炼，出语精警，成为吴中诗人的魁首，虽然寿命不长，却已在众多文士中享有盛誉。

祝允明、唐寅传

【题解】

祝允明(1460~1526)，字希哲，号枝山、枝指生，长洲县(今江苏吴县)人。他于弘治五年中举后，连考进士不中，后官为福建兴宁知县、应天府通判。祝允明为人，玩世不恭，狂放不羁，不为礼教所束缚，因此官场不得意，郁郁而终。他是明代中期著名书法家，与文徵明、唐寅，徐祯卿称为"吴中四子"。他的小楷学钟繇、王羲之，古拙遒劲，有汉魏笔意；狂草学怀素、黄庭坚，用笔险劲，自具风神。传世书迹多种，如《前后赤壁赋》《书刘基诗》等，著有《怀星堂集》《祝氏集略》等。

唐寅(1470~1523)，字伯虎，一字子畏，号六如居士、桃花庵主等，吴县人。弘治十一年乡试第一名，因此人称他为"唐解元"。因会试牵连进科场舞弊案中，被剥夺考试资格回家。宁王宸濠礼聘至王府，唐寅觉察到宸濠蓄意反叛，佯狂得免祸。唐寅是明中期著名书画家，与沈周、文徵明、仇英称为明四大家。唐寅于画，擅长山水，兼工人物花鸟，笔力挺拔秀润，工笔、写意，俱臻妙境。书法亦佳，字风圆润秀丽。工诗文，诗学刘禹锡、白居易。著有《六如居士全集》。《明史》唐寅本传，对其书画艺术无一字述及，是为缺憾。

【原文】

祝允明，字希哲，长洲人。祖显，正统四年进士。内侍传旨试能文者四人，显与焉，入披门，知欲令教小内监也，不试而出。由给事中历山西参政，并有声。

允明以弘治五年举于乡，久之不第，授广东兴宁知县。捕戮盗魁三十余，邑以无警。稍迁应天通判，谢病归。嘉靖五年卒。

允明生而枝指，故自号枝山，又号枝指生。五岁作径尺字，九岁能诗。稍长，博览群书，文章有奇气，当筵疾书，思若涌泉。尤工书法，名动海内。好酒色六博，善新声，求文及书者踵至，多贿妓掩得之。恶礼法士，亦不问生产，有所入，辄召客豪饮，费尽乃已，或分与持去，不留一钱。晚益困，每出，追呼索道者相随于后，允明益自喜。所著诗文集六十卷，他杂著百馀卷。

唐伯虎

唐寅，字伯虎，一字子畏。性颖利，与里狂生张灵纵酒，不事诸生业。祝允明规之，乃闭户浃岁。举弘治十一年分试第一，座主梁储奇其文，还朝示学士程敏政，敏政亦奇之。未几，敏政总裁会试，江阴富人徐经贿其家僮，得试题。事露，言者劾敏政，语连寅，下诏狱，谪为吏。寅耻不就，归家益放浪。宁王宸濠厚币聘之，寅察其有异志，佯狂使酒，露其丑秽。宸濠不能堪，放还。筑室桃花坞，与客日般饮其中，年五十四而卒。

寅诗文，初尚才情，晚年颓然自放，谓后人知我不在此，论者伤之。吴中自枝山辈以放诞不羁为世所指目，而文才轻艳，倾动流辈，传说者憎益而附丽之，往往出名教外。

【译文】

祝允明，字希哲，长洲县人。他的祖父祝显，正统四年中进士。中进士后，太监传下圣旨，要考试善于做文章的，选拔四个人，祝显即属于四个中的一个，进入皇宫的披门，祝显知道是要他们教小太监读书，于是他不参加考试就退了出来。后来由给事中历任山西参政，为官很有名声。

祝允明在弘治五年考中举人，很久考不中进士，被任为广东省兴宁知县。在他任知县时，捕杀盗贼首领三十多人，县内盗贼销声匿迹。后来仅仅升他为应天府通判，他告病假回乡。嘉靖五年逝世。

祝允明生下来是个六指，因此自号为枝山，又号枝指生。五岁时就能写一尺见方的大字，九岁能写诗。稍大以后，博览群书，写文章不拘一格，文风奇特，往往在宴席上当场做文章，奋笔疾书，文思如泉水喷涌一样。尤其擅长书法，名声传遍海内。好饮酒嫖妓，也好下棋，又善于度新曲，向他求诗文、书法的人，多得踏破门槛，很多人是贿赂了妓女才得到。他讨厌那些循规守礼的人，对家庭的生计，从不过问，有了收入，就邀请宾客狂喝滥饮，把钱花光为止，或者把钱分给宾客拿去，自己一钱不留。晚年更陷于困境，每次出门，后面总是紧追着一大群讨债的人，祝允明却以此为乐。他著有诗文集六十卷，其他杂著一百多卷。

唐寅，字伯虎，又字子畏。他生来聪明伶俐，他和同街道的张灵整天狂喝滥饮，不从事任何生计。祝允明对他进行规劝，于是他关门闭户，成年不出门。弘治十一年参加乡试，以第一名考中举人，录取他的老师梁储，对他的文章非常欣赏，梁储回京后，把他的文章给学士程敏政看，程敏政也很欣赏。不久，程敏政会试主考官，江阴县富户徐经贿赂程家奴仆，偷出了考题。此事被揭露出来，检察官弹劾程敏政，并牵连上唐寅，被投入监狱，贬降他为办事吏员。唐寅以此为耻，拒不赴任，回家以后，更加放浪不羁。江西的宁王宸濠送来厚礼请他到王府任职，唐寅觉察到宸濠蓄意谋反，便装疯卖傻，纵情饮酒，甚至当众脱下裤子，露出隐私。宸濠不能忍受，才把他放回来。他回家以后，在桃花坞建筑房屋，和宾客整日在其中饮酒作乐，五十四岁时去世。

唐寅的诗文，初期的作品，才华横溢，到了晚年，颓废自放，认为后世人了解我并不在才华，人们深替他可惜。吴郡一带，自从祝允明等人因放浪不羁为当时人所病诟，加之他们的文风又轻佻艳丽，追随他们的人为之倾倒，人们的传说又添油加醋，于是人们认为他们的行为已越出礼教的规范。

文徵明传

【题解】

文徵明(1470~1559)，初名璧，字徵明，更字征仲，别号衡山，长洲(今江苏吴县)人。文徵明一生未中科举，正德末年，因李充嗣荐举，被任为翰林院待诏。因不附张璁、杨一清等执政大臣，弃官回乡。文徵明是明代著名的书画家。他少年时学文于吴宽，学书于李应祯，学画于沈周，与祝允明、唐寅、徐祯卿合称吴中四才子。他长于书法，行草、小楷尤精。存世书迹较多，著名的有书苏东坡的《赤壁赋》《与希古书帖》《与野亭书帖》等。又擅长绘画，以山水见长，亦工花卉、兰竹、人物。他的画师法宋元，多描写江南水乡风光和文人生活。他的书画，名重当代，门人亦多，形成吴门画派，与沈周、唐寅、仇英合称明四家。因其书画名重，求者众多，其中亦有门人冒名之作，文徵明亦听之任之。

《明史》文徵明传后附蔡羽、黄省曾、袁褒、王宠、陆师道、陈道复、王谷祥、彭年、何良俊、徐献忠、董宜阳、张之象等人的传记，这些人或长于诗文，或长于书画，遂一并译出。

《后赤壁赋》

【原文】

文徵明，长洲人，初名璧，以字行，更字征仲，别号衡山。父林，温州知府。叔父森，右佥都御史。林卒，吏民醵千金为赙。徵明年十六，悉却之。吏民修故却金亭，以配前守何文渊，而记其事。

徵明幼不慧，稍长，颖异挺发。学文于吴宽，学书于李应祯，学画于沈周，皆父友也。又与祝允明、唐寅、徐祯卿辈相切劘，名曰益著。其为人和而介，巡抚俞谏欲遗之金，指所衣蓝衫，谓曰："敝至此邪？"徵明佯不喻，曰："遭雨敝耳。"谏竟不敢言遗金事。宁王宸濠慕其名，贻书币聘之，辞病不赴。

正德末，巡抚李充嗣荐之，会徵明亦以岁贡生诣吏部试，奏授翰林院待诏。世宗立，预修《武宗实录》，侍经筵，岁时颁赐，与诸词臣齿。而是时专尚科目，徵明意不自得，连岁乞归。

先是，林知温州，识张璁诸生中。璁既得势，讽徵明附之，辞不就。杨一清召入辅政，徵明见独后。一清亟谓曰："子不知乃翁与我友耶？"徵明正色曰："先君弃不肖三十馀年，苟以一字及者，弗敢忘，实不知相公与先君友也。"一清有惭色，寻与璁谋，欲徙徵明官。徵明乞归益力，乃获致仕。四方乞诗文书画者，接踵于道，而富贵人不易得片楮，尤不肯与王府及中人，曰："此法所禁也。"周、徽诸王以宝玩为赠，不启封而还之。外国使者道吴门，望里肃拜，以不获见为恨。文笔遍天下，门下士赝作者颇多，徵明亦不禁。嘉靖三十八年卒，年九十矣。

长子彭，字寿承，国子博士。次子嘉，字休承，和州学正。并能诗，工书画篆刻，世其家。

吴中自吴宽、王鏊以文章领袖馆阁，一时名士沈周、祝允明辈与并驰骋，文风极盛。徵明及蔡羽、黄省曾、袁袠、皇甫冲兄弟稍后出。而徵明主风雅数十年，与之游者王宠、陆师道、陈道复、王谷祥、彭年、周天球、钱谷之属，亦皆以词翰名于世。

蔡羽,字九逵,由国子生授南京翰林院孔目。自号林屋山人,有《林屋》《南馆》二集。自负甚高,文法先秦、两汉。或谓其诗似李贺,羽曰:"吾诗求出魏、晋上,今乃为季贺邪!"其不肯屈抑如此。

黄省曾,字勉之。举乡试。从王守仁、湛若水游,又学诗于李梦阳。所著有《五岳山人集》。子姬水,字淳父,有文名,学书于祝允明。

袁袠,字永之,七岁能诗。举嘉靖五年进士,改庶吉士。张璁恶之,出为刑部主事,累迁广西提学佥士。两广自韩雍后,监司谒督府,率庭跪,袠独长揖。无何,谢病归。子尊尼,字鲁望,亦官山东提学副使,有文名。

王宠,字履吉,别号雅宜。少学于蔡羽,居林屋者三年,既而读书石湖。由诸生贡入国子,仅四十而卒。行楷得晋法,书无所不观。

陆师道,字子传。由进士授工部主事,改礼部,以养母请告归。归而游徵明门,称弟子。家居十四年,乃复起,累官尚宝少卿。善诗文,工小楷古篆绘事。人谓徵明四绝,不减赵孟頫,而师道并传之,其风尚亦略相似。平居不妄交游,长吏罕识其面。女字卿子,适赵宧光,夫妇皆有闻于时。

陈道复,名淳,以字行。祖琚,副都御史。淳受业徵明,以文行著,善书画,自号白阳山人。

王谷祥,字禄之。由进士改庶吉士,历官吏部员外郎。忤尚书汪铉,左迁真定通判以归。与师道俱有清望。

彭年,字孔嘉,其人亦长者。周天球,字公瑕;钱谷,字叔宝。天球以书,谷以画,皆继徵明表表吴中者也。

其后,华亭何良俊亦以岁贡生入国学。当路知其名,用蔡羽例,特授南京翰林院孔目。良俊,字元朗。少笃学,二十年不下楼,与弟良傅并负俊才。良傅举进士,官南京礼部郎中,而良俊犹滞场屋,与上海张芝象,同里徐献忠、董宜阳友善,并有声。及官南京,赵贞吉、王维桢相继掌院事,与相得甚欢。良俊居久之,慨然叹曰:"吾有清森阁在海上,藏书四万卷,名画百签,古法帖彝鼎数十种,弃此不居,而仆仆牛马走乎!"遂移疾归。海上中倭,复居金陵者数年,更买宅居吴闾。年七十始返故里。

徐献忠,守伯臣。嘉靖中,举于乡,官奉化知县。著书数百卷。卒年七十七,王世贞私谥曰贞宪。

董宜阳,字子元。

张之象,字月鹿。祖萱,湖广参议。父鸣谦,顺天通判。之象由诸生入国学,授浙江按察司知事,以吏隐自命。归益务撰著。晚居秀林山,罕入城市。卒年八十一。

【译文】

文徵明,长洲人,起初名叫文璧,字徵明,以字行世,因改字征仲,别号衡山。他的父亲文林,曾任温州知府。叔父文森,曾任右佥都御史。文林逝世后,当地官民凑集千金资助丧事。文徵明当时十六岁,全都谢绝了。官民整修原来的却金亭,用来纪念文林和前任知府何文渊，并刻碑记述他们的事迹。

文徵明小时候并不聪明，稍稍长大以后，却聪慧异常，灵气焕发。他向吴宽学习文章，向李应祯学习书法，向沈周学习绘画。这三人都是他父亲的朋友。他又和祝允明、唐寅、徐祯卿等人互相切磋学问和书画艺术，名声日益显著。他的为人，很随和但也很耿直。巡抚俞谏想送给他一些钱，指着他破衣烂衫说："怎么破成这样？"文徵明假装不明白他的用意，说道："被雨打坏的。"俞谏竟不敢提送给他钱的事。宁王朱宸濠仰慕他的名声，派人送来书信和礼物聘请他，文徵明称病不去。

正德末年，巡抚李充嗣向朝廷推荐他，正好当时文徵明以岁贡生的身份去吏部考官，任他为翰林院待诏。世宗即位，他曾参与撰修《武宗实录》，任经筵讲官，过年过节所得到的赏赐，与同在翰林的大臣相等。但当时崇尚科举出身，文徵明因自己不是进士出身，心里很不自在，连年请求离任回乡。

在此之前，他的父亲文林任温州知府时，曾在当时的秀才中发现了张璁。张璁得势以后，暗示文徵明投靠他，文徵明推辞，不去接近张璁。杨一清被征召为内阁执政大臣，文徵明最后才去拜见他。杨一清对文说："你难道不知道我和你父亲是朋友吗？"文徵明严肃地说："我的父亲去世已三十多年，如果他生前有一字提到您，我是不敢忘记的，我实在不知道相公您和我的父亲是朋友。"杨一清表情尴尬。不久他和张璁商量，要提升文徵明的官位，文徵明却加紧请求回乡，才获准退休。四面八方请求他的诗文书画的人，在路上一个接着一个，但是大官豪富要得到他片纸只字，十分不易，他尤其不肯给王府和宦官作书画，他说："这是国法所禁止的。"周王、徽王等诸王赠送他的宝物古玩，他当即原封退回。外国的使臣路过吴门，面对他的住地行政敬礼，因不能和他见面而深感遗憾。他的墨宝几乎遍布天下，他的门客不少人冒用他的名字作书画，文徵明也不加禁止。嘉靖三十八年去世，当时他已九十岁了。

他的长子文彭，字寿承，曾任国子博士，次子文嘉，字休承，曾任和州学正。二人都能写诗，擅长书法绘画和篆刻，能继承他们父亲的学业。

吴中地区，自从吴宽、王鏊以文章为翰林院领袖人物，一时的名家如沈周、祝允明等人与吴宽等人并驾齐驱，文风盛极一时。文徵明和蔡羽、黄省曾、袁袠、皇甫冲兄弟稍稍后起。但文徵明领袖文坛数十年，和他交游的有王宠、陆师道、王谷祥、彭年、周天球、钱谷等人，也都以文章书法著称于世。

蔡羽，字九逵，由国子生员任用为南京翰林院孔目。他自号林屋山人，著有《林屋》《南馆》二集。在诗文方面自视甚高，文章效法先秦、两汉，有人说他的诗风与李贺相似，蔡羽说："我作诗要求高出魏晋之上，现在仅仅像李贺吗？"他就是这样不肯屈就。

黄省曾，字勉之。乡试考中举人。他曾追随王守仁、湛若水，又向李梦阳学诗。著有《五岳山人集》。他的儿子黄姬水，字淳父，有文名，曾向祝允明学习书法。

袁袠，字永之，他七岁时即能作诗。嘉靖五年中进士，以庶吉士在翰林院进修。张璁讨厌他，把他赶出翰林院，任为刑部主事，后历升至广西提学佥事。两广自韩雍任总督之后，地方长官按察使、指挥使等去总督府拜见，一律在院中下跪，只有袁袠只拱拱手就算了。过了不久，称病离任回乡。他的儿子袁尊尼，字鲁望，官至山东提学副使，也有文名。

王宠，字履吉，别号雅宜。少年时曾从学于蔡羽，在林屋这个地方居住了三年，不久又去石湖读书。他由秀才保送到国子监深造，年仅四十岁就去世了。王宠的行书、楷书颇得晋人笔意，读书很博，无所不看。

陆师道，字子传。中进士后被任为工部主事，又改为礼部主事，以奉养母亲为由请假回乡。回家后，在文徵明门下学习，称为弟子。在家居住了十四年，才再度起用他，官至尚宝少卿。他擅长诗文，又长于小楷、古篆书以及绘画。人称文徵明诗文书画为四绝，成就不在赵孟頫之下，陈师道能继承文徵明的四绝，而且作风也与文徵明相似。平时不随便和人交往，官吏很少能见到他。他的女儿叫卿子，嫁给赵宦光，夫妇二人在当时很有名气。

陈道复，名谆，以字行世。他的祖父陈琚，曾任副都御史。陈谆受学于文徵明，以文章、品行著名。擅长书法绘画，自号白阳山人。

王谷祥，字禄之。中进士后，以庶吉士进翰林院进修，官至吏部员外郎。因得罪了吏部尚书汪铉，降为真定府通判，离任回乡。他和陈师道都有清官声望。

彭年，字孔嘉，为人忠实厚道。周天球，字公瑕；钱谷，字叔宝。周天球的书法，钱谷的绘画，在文徵明之后成为吴中地区的佼佼者。

后来，华亭的何良俊也以贡生入国子监深造。当权者知道他有名声，援蔡羽的先例，特任为南京翰林院孔目。何良俊，字元朗。少年时就专心学问，二十年不下书楼，和他的弟弟何良傅都有杰出的才能。何良傅考中进士，官至南京礼部郎中，但何良俊却屡考不中，和上海人张之象、同乡人徐献忠、董宜阳是朋友，都有名声。后来何良俊到南京任官，赵贞吉、王维桢相继主持翰林院事务，和何良俊关系很融洽。何良俊在南京住了很久，他感慨地说："我有一座清森楼在海滨，其中藏书四万卷、名画百幅，古代的碑帖、钟鼎彝器有几十种，放着这地方不住，何必在南京忙忙碌碌供人驱使呢？"于是称病离职回家。因海边遭受倭寇扰害，又回南京住了几年，在苏州购买宅第。七十岁时才回到故里。

徐献忠，字伯臣。嘉靖年间考中举人，官至奉化知县。著作有数百卷。七十七岁时去世，王世贞个人给他赠谥号为"贞宪"。

董宜阳，字子元。

张之象，字月鹿。他的祖父张萱，官至湖广参议。他的父亲鸣谦，官至顺天通判。张之象以秀才的身份入国子监读书，后任浙江按察司知事，因官位低下，自称为"吏隐"。离职回乡以后，更加专心从事著述。晚年住在秀林山，很少进城。终年八十一岁。

王慎中传

【题解】

王慎中（1509～1559），明代诗人、散文家。字道思，号遵岩居士。晋江（今属福建）

人。嘉靖进士,官至河南参政。

王慎中是明代"唐宋派"代表作家之一,推崇欧阳修、曾巩等人的散文,与唐顺之齐名,并称"王唐"。其文铺叙详明,部伍整密,语华赡而意深长。有《遵岩先生集》。

【原文】

王慎中,字道思,晋江人。四岁能诵诗,十八举嘉靖五年进士,授户部主事,寻改礼部祠祭司。时四方名士唐顺之、陈束、李开先、赵时春、任瀚、熊过、屠应楞、华察、陆铨、江以达、曾忭辈,咸在部曹,慎中与之讲习,学大进。

十二年,诏简部郎为翰林,众首拟慎中。大学士张孚敬欲一见,辞不赴,乃稍移吏部,为考功员外郎,进验封郎中。忌者谮之孚敬,因覆议真人张衍庆请封疏,谪常州通判。稍迁户部主事、礼部员外郎,并在南京。久之,擢山东提学佥事,改江西参议,进河南参政。侍郎王杲奉命振荒,以其事委慎中,还朝,荐慎中可重用。会二十年大计,吏部注慎中不及。而大学士夏言先尝为礼部尚书,慎中其属吏也,与相忤,遂内批不谨,落其职。

慎中为文,初主秦、汉,谓东京下无可取。已悟欧、曾作文之法,乃尽焚旧作,一意师仿,尤得力于曾巩。顺之初不服,久亦变而从之。壮年废弃,益肆力古文,演迤详赡,卓然成家,与顺之齐名,天下称之曰"王、唐",又曰"晋江、毗陵"。家居,问业者踵至。年五十一而终。李攀龙、王世贞后起,力排之,卒不能掩。攀龙,慎中提学山东时所赏拔者也。慎中初号遵岩居士,后号南江。

【译文】

王慎中,字道思,晋江(今属福建)人。四岁就能朗读诗歌,十八岁考取嘉靖五年(1526)进士,授官户部主事,不久,改任礼部祠祭司。当时四方名士唐顺之、陈束、李开先、赵时春、任瀚、熊过、屠应楞、华察、陆铨、江以达、曾忭一类人,都在礼部任职,慎中和他们一起讨论学习,学问大大长进。

嘉靖十二年(1533),皇帝下诏选拔部郎作翰林,大家猜测第一个就是王慎中。当时大学士张孚敬想见一见他,慎中借故推辞,没有去。于是小升吏部,作了考功员外郎,晋升为验封郎中。忌妒他的人在孚敬面前说他的坏话,因此,重议真人张衍庆的请封疏,把慎中贬谪为常州(今属江苏)通判。后来小升为户部主事、礼部员外郎,全在南京任职。过了好久,才被提升为山东提学佥事,改任江西参议,晋升为河南参政。侍郎王杲奉命到灾区救荒,把赈济灾民的事委托慎中去办。还朝后,向皇上推荐慎中可以重用。正遇上嘉靖帝即位二十年九庙火灾、皇太后去世等大事,吏部来不及登记审查。而大学士夏言先前曾做过礼部尚书,慎中是他的下属,跟他顶撞过,于是内批"不谨",削了他的官职。

王慎中写文章,开始主张取法秦、汉的名家名作,说东汉以后的作品没有可以取法的。但后来,领悟了欧阳修和曾巩写作古文的技巧,于是把自己的旧作付之一炬,专心专意学习效仿欧、曾的文章,尤其从曾巩哪里得到很大帮助。唐顺之起初不心服他的做法,后来也改变了主张,跟在他后边。到了壮年,被罢了官,更加用心写作古文,思路开阔,内容丰富,卓然成为古文一大家,和唐顺之齐名,天下人称之为"王、唐",又称之为"晋江、毗陵"。他在家闲居时,向他请教的人接踵而至。五十一岁去世。李攀龙、王世祯是后起的名人,他们全力贬低他,但终究不能掩盖他的成就。李攀龙是王慎中作山东提学佥事时所赏识提拔的人。王慎中最初号遵岩居士,后号南江。

茅坤传

【题解】

茅坤(1512~1601),明代散文家。字顺甫,号鹿门。归安(今浙江吴兴)人。嘉靖进士,官至大名兵备副使。后为人中伤,归家隐居五十余年。

茅坤为"唐宋派"代表作家,反对前后七子"文必秦汉"的主张,提倡学习唐宋古文,作品内容应能阐发"六经"之旨。所评选《唐八大家文钞》在当时和后世有很大影响。其文好摹拟,佳作不多。有《白华楼藏稿》《玉芝山房稿》,行世有《茅鹿门集》。

【原文】

茅坤,字顺甫,归安人。嘉靖十七年进士。历知青阳、丹徒二县。母忧,服阕,迁礼部主事,移吏部稽勋司,坐累,谪广平通判。屡迁广西兵备佥事,辖府江道。

坤雅好谈兵。瑶贼据鬼子诸砦,杀阳朔令。朝议大征,总督应槚以问坤。坤曰:"大征非兵十万不可,饷称之,今猝不能集,而贼已据险为备。计莫若鹏剿。倏入歼其魁,他部必詟,谋自全,此便计也。"槚善之,悉以兵事委坤。连破十七砦,晋秩二等。民立祠祀之。

迁大名兵备副使,总督杨博叹为奇才,特荐于朝。为忌者所中,追论其先任贪污状,落职归。时倭事方急,胡宗宪延之幕中,与筹兵事,奏请为福建副使。吏部持之,乃已。家人横于里,为巡按庞尚鹏所劾,遂褫寇带。坤既废,用心计治生,家大起。年九十,卒于万历二十九年。

坤善古文,最心折唐顺之。顺之喜唐、宋诸大家文,所著文编,唐、宋人自韩、柳、欧、三苏、曾、王八家外,无所取,故坤选《八大家文钞》。其书盛行海内,乡里小生无不知茅鹿门者。鹿门,坤别号也。

【译文】

茅坤,字顺甫,归安(今浙江吴兴)人。嘉靖十七年(1538)进士,历任青阳、丹徒两县知县。母死,服丧期满,升礼部主事,改任吏部稽勋司,因亏欠犯罪,被贬为广平(今河北永年)通判。又逐渐升为广西备佥事,管辖府江道。

茅坤平素喜好谈兵。瑶贼占据了鬼子各处山寨,杀了阳朔县令。朝廷商讨大规模出征之事,总督应槚向茅坤征求意见。茅坤说:"大规模出征,没有十万兵马是不行的,粮饷要足够。现在仓促之间,不能筹集,而贼人早已占据险地,做了准备。不如用鹯剿之计,突然疾速杀入,消灭他们的首领,其他各部必定会惊恐万状,只好图谋保全自己,这就好办了。"应槚认为他的计策好,把进剿之事全交给茅坤去办。结果,连破十七寨,官升二级,哪里的百姓立了祠堂来纪念他。

后茅坤升为大名(今属河北)兵备副使。总督杨博惊叹他是一个奇才,特别向朝廷推荐,由于被妒忌他的人所攻击,追究他先前贪污的事,结果落职而归。而当时倭寇来犯,形势紧急,胡宗宪把他请到军营中,和他商讨打仗之事,并奏请皇上任命他作福建副使。吏部坚持己见,才作罢了。他家人在乡里横行不法,被巡抚庞尚鹏所弹劾,于是剥夺了他的官籍。茅坤被贬为庶民后,把心用在经商上,家业大发。他在万历二十九年(1601)病故,享年九十。

茅坤擅长古文,最佩服唐顺之。顺之喜好唐、宋各大家的文章,他所编纂的文集,唐宋人从韩、柳、欧、三苏、曾、王八家外,没有什么选取的,所以茅坤选编了《八大家文钞》。此书风行海内,连乡里小孩子,也没有不知道茅鹿门的。鹿门,是茅坤的别号。

谢榛传

【题解】

谢榛(1495~1575),明代文学家。字茂秦,号四溟山人,山东临清(今属山东)人。布衣终身,以诗闻名于当世,曾漫游秦、晋、燕、赵。

谢榛为"后七子"之一,主张诗法盛唐,强调真情、超悟与独创,其诗论主要见于《四溟诗话》中。其诗长于律、绝,多写旅途困顿和飘游中凄苦情怀,词句精妙,风度端凝。有《四溟集》。

【原文】

谢榛,字茂秦,临清人。眇一目。年十六,作乐府商调,少年争歌之。已,折节读书,刻意为歌诗。西游彰德,为赵康王所宾礼。入京师,脱卢柟于狱。

李攀龙、王世贞辈结诗社,榛为长,攀龙次之。及攀龙名大炽,榛与论生平,颇相镌责,攀龙遂贻书绝交。世贞辈右攀龙,力相排挤,削其名于七子之列。然榛游道日广,秦、晋诸王争延致,大河南、北皆称谢榛先生。赵康王卒,榛乃旧。

万历元年冬,复游彰德,王曾孙穆王亦宾礼之。酒阑乐止,命所爱贾姬独奏琵琶,则榛所制《竹枝词》也。榛方倾听,王命姬出拜,光华射人,藉地而坐,竟十章。榛曰:"此山人里言耳,请更制,以备房中之奏。"诘朝上新词十四阕,姬悉按而谱之。明年元旦,便殿奏伎。酒止送客,即盛礼而归姬于榛。榛游燕、赵间,至大名,客请赋寿诗百章,成八十余首,投笔而逝。

当七子结社之始,尚论有唐诸家,各有所重。榛曰:"取李、杜十四家最胜者,熟读之以会神气,歌咏之以求声调,玩味之以哀精华。得此三要,则浩乎诨论,不必塑谪仙而画少陵也。"诸人心师其言,厥后虽合力摈榛,其称诗指要,实自榛发也。

【译文】

谢榛,字茂秦,临清人。一眼失明。十六岁时,创作乐府商调,被年轻人争相歌唱。以后专心读书,虚心向人求教,孜孜不倦于诗歌创作。他曾西游彰德(今河南安阳),受到赵康王的礼遇。进京以后,把卢柟从监狱中救了出来。

李攀龙、王世贞等人组织诗社,谢榛位居首席,攀龙排在第二。等到攀龙名声大振,谢榛和他论资排辈,互相颇有些苛求指责的意思。李攀龙于是给他写了绝交信。王世贞等人偏祖攀龙,全力排挤谢榛,把他从七子的行列中除名。可是谢榛交游之道日益宽广,秦王、晋王等人争着延请他到府内做客,黄河南北的人都称他谢榛先生。赵康王死后,谢榛才回归故里。

万历元年(1573)冬天,谢榛又去彰德,康王曾孙穆王也把他作为贵宾来加以招待。在一次宴会上,酒宴将尽,乐声停止时,穆王叫他所宠爱的贾姬独奏琵琶,原来弹奏的是谢榛所做的《竹枝词》。谢榛正在聚精会神倾听的时候,穆王叫贾姬出来拜见客人,神采奕奕,耀人眼目,席地而坐,弹完十个乐章。谢榛说:"这是隐士们的玩意儿,请让我另写新篇,以备房中之奏。"第二天早晨,献上新词十四阕,贾姬全都一一谱了曲子。第二年元旦,在便殿演奏。酒筵结束,送走客人时,就以盛大的礼仪把贾姬送归谢榛。谢榛去燕赵之地游历,到了大名(今属河北),客人请他赋寿诗一百篇,他写完八十多首,就落笔去世了。

当七子刚组织诗社的时候,曾经评论过唐代诸多名家,各个都有自己的推崇人物。谢榛说:"选取李杜十四家最上乘的作品,加以熟读,来领会它的神气,反复咏唱来求取它的声调,细细玩味来提取它的精华。获得了这作诗的三要术,就可以写出意境深沉浑厚的诗作,不必去模仿李谪仙和杜少陵了。"大家在心里都把他的话当作写诗的指南。其后,尽管一起合力排挤谢榛,但他们谈诗的那一套基本理论,却来源于谢榛。

李攀龙传

【题解】

李攀龙(1514~1570),明代文学家。字于鳞,号沧溟。历城(今山东济南)人。嘉靖进士,官至河南按察使。

李攀龙与王世贞等人同为明代"后七子"首领。认为文自秦汉,诗自盛唐以下都不足观,倡导模拟、复古。所作诗文多模仿古人。少数作品有现实内容,有一定艺术感染力。有《沧溟集》。

【原文】

李攀龙,字于鳞,历城人。九岁而孤,家贫,自奋于学。稍长为诸生,与友人许邦才、殷士儋学为诗歌。已,益厌训诂学,日读古书,里人共目为狂生。举嘉靖二十三年进士,授刑部主事。历员外郎、郎中,稍迁顺德知府,有善政。上官交荐,擢陕西提学副使。乡人殷学为巡抚,檄令属文,攀龙怫然曰:"文可檄致邪?"拒不应。会其地数震,攀龙心悸,念母思归,遂谢病。故事,外官谢病不再起,吏部重其才,用何景明例,特予告归。予告者,例得再起。

攀龙既归,构白雪楼,名日益高。宾客造门,率谢不见。大吏至,亦然。以是得简傲声。独故交殷、许辈过从靡间。时徐中行亦家居,坐客恒满,二人闻之,交相得也。归田将十年,隆庆改元,荐起浙江副使,改参政,擢河南按察使。攀龙至是摧亢为和,宾客亦稍稍进。无何,奔母丧归,哀毁得疾,疾少间,一日心痛卒。

攀龙之始官刑曹也,与濮州李先芳、临清谢榛、孝丰吴维岳辈倡诗社。王世贞初释褐,先芳引入社,遂与攀龙定交。明年,先芳出为外吏。又二年,宗臣、梁有誉入,是为五子。未几,徐中行、吴国伦亦至,乃改称七子。诸人多少年,才高气锐,互相标榜,视当世无人。七才子之名播天下,摈先芳、维岳不与,已而榛亦被摈,攀龙遂为之魁。其持论谓文自西京,诗自天宝而下,俱无足观,于本朝独推李梦阳。诸子翕然和之,非是,则诋为宋学。攀龙才思劲鸷,名最高,独心重世贞,天下亦并称王、李。又与李梦阳、何景明并称何、李、王、李。其为诗,务以声调胜,所拟乐府,或更古数字为己作,文则聱牙戟口,读者至不能终篇。好之者推为一代宗匠,亦多受世抉摘云。自号沧溟。

【译文】

李攀龙,字于鳞,历城(今山东济南)人。九岁丧父,家境清贫,主动奋发学习。稍大一些,就成了太学诸生,和朋友许邦才、殷士儋一起学习写诗。不久更喜欢上了训诂之学,每天研读古书,邻里们都把他看成"狂生"。嘉靖二十三年(1544)考取进士,授予刑部主事的官职。历任员外郎、郎中,逐步升到顺德知府,有好的政绩。上级官员交相荐举,提升为陕西提学副使。同乡人殷学作了巡抚大人,用榜文命他作文。李攀龙不高兴地说:"文章是可以下命令写得的吗?"拒不答应。正好哪里发生了几次地震,攀龙心里吃惊,思念母亲,想回故乡,于是托病辞官。按过去的老例,地方官有病辞退,就不再起用。但吏部看重李攀龙的才能,援用何景明的先例,特别准许他告假而归。准予告假,按例还要起用。

李攀龙归家后,造了白雪楼,名声越来越高。宾客前来登门拜访,都一概谢绝不见,大官来了,也这样。因此有了简慢高傲的名声。独有姓殷和姓李一辈老朋友来往亲密无间。当时徐中行也闲居在家,客人总是满座。两人彼此了解以后,成了知己朋友。归居田园近十年光景,隆庆元年(1567),被荐起用作浙江副使,后改任参政,又提升为河南按察使。攀龙到这时才放下高傲的姿态,变得平易近人了,宾客也渐渐多了起来。不久,母死奔丧,归家后悲痛过度而得病。后来,病稍见起色,一天,突然心痛而死。

攀龙起初在刑部做官时,和濮州李先芳、临清谢榛、孝丰吴维岳等创立诗社。王世贞刚脱去布衣,换上官服,先芳就介绍他入社,于是和攀龙作了朋友。第二年,先芳出京做地方官。又过了两年,宗臣、梁有誉加入诗社,称为"五子"。不久,徐中行、吴国伦也来加入,才改称"七子"。他们大多是年轻后生,才高气壮,互相标榜,把当代人看得无人可与他们相比。七才子有名声远播于天下。他们把先芳、维岳排除在外,后来,其中的谢榛也被排除,李攀龙就成了魁首。他的理论是文章从西汉以后,诗歌从天宝以后都不值得阅读,在当代只推崇李梦阳。其余的人也都一律附和他的主张,不这样说就诋毁为"宋学"。攀龙才思横溢,名声最大,心中独独推崇王世贞,天下人也并称他们为王、李。又和李梦阳、何景明并称为何、李、王、李。李攀龙作诗,一定要以声调取胜,所模仿的乐府诗,有的只更改几个字就作为自己的作品,文章则写得佶屈聱牙,让人难以读完。爱好他文章的人推他为一代宗匠,可也多方面地受到世人的挑剔、批评。攀龙自取号"沧溟"。

王世贞传

【题解】

王世贞(1526~1590),明代文学家、史学家。字元美,号凤州,弇州山人。太仓(今属江苏)人。嘉靖进士,官至南京刑部尚书。

王世贞与李攀龙同为明代"后七子"首领,主张文必秦汉,诗必盛唐,强调诗的格调,倡导复古模拟。晚年文学思想有较大变化,觉察到复古的流弊。《艺苑卮言》是其早期论著。

其诗取材宏博,颇具匠心。词受传统束缚较大,题材狭窄。对戏曲也颇有研究。有《弇州山人四部稿》等书传世。

王世贞在史学方面有很大抱负,其著述有《弇山堂别集》一百卷,弟子衰集的《弇山史料》一百卷、《嘉靖以来首辅传》八卷。以及编辑的《明野史稿》一百卷、《皇明名臣琬琰录》等书。

【原文】

王世贞,字元美,太仓人,右都御史忬子也。生有异禀,书过目,终身不忘。年十九,举嘉靖二十六年进士。授刑部主事,世贞好为诗古文,官京师,入王宗沐、李先芳、吴维岳等诗社,又与李攀龙、宗臣、梁有誉、徐中行、吴国伦辈相倡和,绍述何、李,名日益盛。屡迁员外郎、郎中。

奸人阎姓者犯法,匿锦衣都督陆炳家,世贞搜得之。炳介严嵩以请,不许。杨继盛下吏,时进汤药。其妻讼夫冤,为代草;既死,复棺殓之。嵩大恨。吏部两拟提学皆不用,用为青州兵备副使。父忬以滦河失事,嵩构之,论死系狱。世贞解官奔赴,与弟世懋日蒲伏嵩门,涕泣求贷。嵩阴持忬狱,而时为谩语以宽之。两人又日囚服跽道旁,遮诸贵人舆,搏颡乞救。诸贵人畏嵩不敢言,忬竟死西市。兄弟哀号欲绝,持丧归,蔬食三年,不入内寝。既除服,犹却冠带,苴履葛巾,不赴宴会。

隆庆元年八月,兄弟伏阙讼父冤,言为嵩所害。大学士徐阶左右之,复忬官。世贞意不欲出,会诏求直言,疏陈法祖宗、正殿名、广恩义、宽禁例、修典章、推德意、昭爵赏、练兵实八事,以应诏。无何,吏部用言官荐,令以副使涖大名。迁浙江右参政,山西按察使。母忧归,服除,补湖广,旋改广西右布政使,入为太仆卿。

王世贞《艳异编》书影

万历二年九月以右副都御史抚治郧阳,数条奏屯田、戍守、兵食事宜,咸切大计。有奸僧伪称乐平王次子,奉高皇帝御容、金牒,行游天下。世贞曰:"宗藩不得出城,而诪张如此,必伪也。"捕讯之,服辜。

张居正枋国,以世贞同年生,有意引之,世贞不甚亲附。所部荆州地震,引《京房占》,谓臣道太盛,坤维不宁,用以讽居正。居正妇弟辱江陵令,世贞论奏不少贷。居正积不能堪,会迁南京大理卿,为给事中杨节所劾,即取旨罢之。后起应天府尹,复被劾罢。居正殁,起南京刑部右侍郎,辞疾不赴。久之,所善王锡爵秉政,起南京兵部右侍郎。先是,世贞为副都御史及大理卿,应天尹与侍郎,品皆正三。世贞通理前俸,得考满荫子。比擢南京刑部尚书,御史黄仁荣言世贞先被劾,不当计俸,据故力争。世贞乃三疏移疾归。二十一年卒于家。

世贞始与李攀龙狎主文盟,攀龙殁,独操柄二十年。才最高,地望最显,声华意气笼盖海内。一时士大夫及山人、词客、衲子、羽流,莫不奔走门下。片言褒赏,声价骤起。其持论,文必西汉,词必盛唐,大历以后书勿读,而藻饰太甚,晚年,攻者渐起。世贞顾渐造平淡。病亟时,刘凤往视,见其手《苏子瞻集》,讽习不置也。

世贞自号凤洲,又号弇州山人。其所与游者,大抵见其集中,各为标目。曰前五子者,攀龙、中行、有誉、国伦、臣也。后五子则南昌余曰德、蒲坼魏裳、歙汪道昆、铜梁张佳胤、新蔡张九一也。广五子则昆山俞允文、濬卢柟、濮州李先芳、孝丰吴维岳、顺德欧大任也。续五子则阳曲王道行、东明石星、从化黎民表、南昌朱多煃、常熟赵用贤也。末五子则京山李维桢、鄞屠隆、南乐魏允中、兰溪胡应麟,而用贤复与焉。其所去取,颇以好恶为高下。

王世贞,字元美,太仓(今属江苏)人,是右都御史王忬的儿子。生下来就有特殊的天赋,书一过目,终身不忘。十九岁时,考取嘉靖二十六年(1547)进士,授官刑部主事。王世贞喜欢作诗写古文,在京都做官,加入王宗沐、李先芳、吴维岳等人的诗社,又和李攀龙、宗臣、梁有誉、徐中行、吴国伦等人相倡和,继承何景明、李梦阳的主张,名声越来越大。在官职上接连升为员外郎、郎中。

坏人闫某犯了法,藏在锦衣都督陆炳家里,王世贞搜查逮捕了他。陆炳通过严嵩请求释放闫某,世贞没有答应。杨继盛入狱受审,世贞经常送去汤药。继盛妻子为夫告状申冤,世贞代为起草状子;继盛死后,又用棺装殓了他。严嵩对此咬牙切齿。吏部两次打算任命世贞作提学,都未被批准,而让他去做青州(今山东潍坊)兵备副使。世贞父亲在滦河出了事故,严嵩罗织罪名,判他死刑,关进狱中。世贞辞官奔赴京城,和弟弟世懋每天俯伏在严嵩府门前,哭着请求宽大处理。严嵩暗里坚持对王忬的原判,却表面上时时说些欺骗的话来宽慰他们。他们又每天穿囚服跪在路旁,挡住那些达官贵人的车子,磕着头乞求救他父亲。那些达官贵人害怕严嵩,不敢说话。王忬终于被斩首示众。兄弟号啕大哭,悲痛欲绝,护送父亲灵柩归家,守丧吃素三年,三年中不入内室就寝。守丧期满,仍不着官服,穿草鞋,戴葛巾,不赴宴会。

隆庆元年(1567)八月,世贞兄弟俩向皇上申诉父冤,说被严嵩所害。大学士徐阶处理此事,恢复了王忬的官位。世贞本不想再出山做官,正值皇上传下诏书,让臣下直言进谏,于是世贞上疏,陈述法祖宗、正殿名、广恩义、宽禁例、修典章、推德意、昭爵赏、练兵实八条建议,来响应皇上的诏告。不久,由言官推荐,吏部任命他作副使,去大名(今属河北)上任。接着升为浙江右参政,山西按察使。因母亲亡故,回家守丧。守丧期满,调往湖广做官,接着改任广西右布政使,入京任太仆卿。

万历二年(1574)九月,以右副都御史的头衔安抚治理郧阳(今湖北郧县),几次向皇上分条陈述屯田、戍守、兵食等事宜,都是切实可行的重大建议。当时有一个坏和尚,冒充是乐平王的二儿子,带了高皇帝的遗像和世系家谱,行游天下。王世贞说:"受分封的宗室不能随便出城,而他却这样胡来,一定是假的。"把他抓来审讯,承认犯了欺骗之罪。

张居正主持国政,因为世贞是他同期进士,有意提拔他,世贞却对他不很亲近。世贞所管辖的荆州发生地震,引用《京房占》卜,说臣下势力太甚,地的四角就不得安宁,用来委婉地规劝居正。居正的内弟欺辱江陵县令,世贞向皇上告发,一点也不宽容。张居正忍不下去了,正好世贞升任南京大理卿,被给事中杨节所弹劾,就以皇上的旨意,把他罢了官。后起用为应天府尹,又被弹劾罢官。张居正死后,起用王世贞为南京刑部右侍郎,告病不去赴任。过了好久,与世贞交好的王锡爵主持国政,起用他为南京兵部右侍郎。在这之前,王世贞做过副都御史和大理寺卿、应天尹和侍郎,官品都是正三品。世贞计算全部任职时间,够规定可以封子。等提升为南京刑部尚书,御史黄仁荣说世贞早先被弹劾,罢官期间不应计算官龄,依据惯例,和世贞力争。世贞三次上疏后告病归家。万历二十一年(1593),寿终正寝。

王世贞开始时和李攀龙交互主持文坛,攀龙死后,独主文坛二十年。他文才最高,地位、威望最突出,誉满海内,气势逼人。一时间士大夫和隐士、词人、和尚、道士等,无不奔走于世贞的门下,只要世贞一句褒奖的话,声价骤然提高了。他的理论主张是:文必秦汉,诗必盛唐。大历(766~779)以后的作品不要去读。可是他的诗文,过分雕琢辞藻。晚年,攻击他的人渐渐多起来,而王世贞诗文的风格也渐趋平淡。他病得很厉害时,刘凤前去看望,见他手里拿着《苏子瞻集》,讽咏玩味个不停呢。

世贞自号"凤洲",又号"弇州山人"。那些跟他交往的人,大都在他集中可以见到,并且各自作为标目。集中说的前五子是李攀龙、徐中行、梁有誉、吴国伦、宗臣,后五子则是南昌的余曰德、蒲坼的魏裳、歙县汪道昆、铜梁张佳胤、新蔡张九一。广五子又是昆山俞允文、浚县卢柟、濮州李先芳、孝丰吴维岳、顺德欧大任。续五子则是曲阳王道行、东明石星、从化黎民表、南昌朱多煃、常熟赵用贤。末五子是京山李维桢、鄞县屠隆、南乐魏允中、兰溪胡应麟,赵用贤又在其中。他所肯定和否定的,颇有些以个人好恶来衡量高下的味道。

归有光传

【题解】

归有光(1507~1571),明代散文家。字熙甫,昆山(今属江苏)人。人称震川先生。嘉靖进士,官南京太仆寺丞。

归有光反对前、后七子"文必秦汉,诗必盛唐"的复古运动,认为唐宋元的文章"其力足以追数千载之上而与之颉颃",对拘泥古人的创作方法进行了批判。与王慎中等人被称为"唐宋派"。其文即事抒情,结构精巧,言简意赅,影响极大。有《震川先生集》。

【原文】

归有光,字熙甫,昆山人。九岁能属文,弱冠尽通《五经》《三史》诸书,师事同邑魏校。嘉靖十九年举乡试,八上春官不第。徙居嘉定安亭江上,读书谈道。学徒常数百人,称为震川先生。

四十四年始成进士,授长兴知县。用古教化为治。每听讼,引妇女儿童案前,刺刺作吴语,断讫遣去,不具狱。大吏令不便,辄寝阁不行。有所击断,直行己意。大吏多恶之,调顺德通判,专辖马政。明世,进士为令无迁悴者,名为迁,实重抑之也。隆庆四年,大学士高拱、赵贞吉雅知有光,引为南京大仆丞,留掌内阁制敕房,修《世宗实录》,卒官。

有光为古文,原本经术,好《太史公书》,得其神理。时王世贞主盟文坛,有光力相抵排,目为妄庸巨子。世贞大憾,其后亦心折有光,为之赞曰:"千载有公,继韩、欧阳。余岂异趋,久而自伤。"其推重如此。

有光少子子慕,字季思。举万历十九年乡试,再被放,即屏居江村,与无锡高攀龙最善。其殁也,巡按御史祁彪佳请于朝,赠翰林待诏。

有光制举义,湛深经术,卓然成大家。后德清胡友信与齐名,世并称"归、胡"。

【译文】

归有光,字熙甫,昆山(今属江苏)人。九岁就能写文章,到二十岁,"五经""三史"等书全已通晓,拜本地魏校做老师。嘉靖十九年(1540)考取举人,以后考了八次进士都没有中。迁居嘉定安亭江边,读书谈道。学生常常有几百人,称他震川先生。嘉靖四十四年(1565),才考取进士,授官长兴(今浙江湖州)知县。他用古代的一套政教理论和做法来进行治理。每次审理案件,把妇女儿童领到案前,说着尖细的吴语,断完案,把人打发走,不写判决书。上级的命令不切实际,就束之高阁,不去执行。与上司有所争执,就径自照自己的意思办。大官们大多不喜欢他,调作顺德(今属广东)通判,专管马政。明代,进士作县令没有晋升副职的。因此,调任通判名为提升,实际上是很重的贬谪。隆庆四年(1570),大学士高拱、赵贞吉平素与有光交好,引荐他作南京太仆丞,掌管内阁制敕房,编撰《世宗实录》,死在任上。

归有光作古文,以经术为本,喜欢太史公的《史记》,参透其中的神理。当时王世贞为文坛盟主,有光尽力和他分庭抗礼,把他看作狂妄而平庸的大人物。世贞心里很不痛快,但以后也对有光佩服得五体投地,给他写赞语说:"千年才出了你这样的人才,来继承韩愈、欧阳修的古文传统,我哪里是走的另一条路,只是自伤长久以来没有什么成就啊!"他就是这样推崇归有光。

有光的小儿子子慕,字季思。万历十九年(1591),考取举人,第二年未中进士就隐居江村,和无锡高攀龙最好。他死时巡按御史祁彪佳向朝廷请示,赐他翰林待诏。

归有光在特种经学研究上有很深的造诣,卓然成为经学大师,后来的德清县胡友信和他齐名,世人并称他们为"归、胡"。

董其昌传

【题解】

董其昌(1555~1636),字玄宰,号思白,又号香光居士,华亭(今上海市松江区)人。万历十七年中进士,历官轮输林院偏修、湖广副使、湖广学政、太常卿、礼部左右侍郎、南京礼部尚书。董其昌是晚明著名书画家。他的书法,初学米芾,后又学唐人,上溯魏晋,形成自己的独特书风。他的书法作品,秀丽超逸,布局疏宕有致,对明末清初的书坛影响很大。书迹存世很多,刻帖有《小玉烟堂帖》《汲古堂帖》《书种堂帖》《来仲楼法帖》《世春堂帖》等。著名的作品有《邵康节无名公使并程朱赞》《孝经》《书古人侍》《传赞》等。他的绘画，擅长山水，学董源、巨然、黄公望、仉赞等，不重写实，画风清润明秀。在绘画上标榜士气，把古代山水画家分为南北宗，推崇南宗，贬抑北派，这是一种偏见。著有《画禅室随笔》《容台文集》等。在于董其昌书画名重，求书画者很多，他常常请人代笔，因而存世的伪作甚多。

在当时同以书法著名的人有：华亭人莫如忠、莫是龙父子、临邑人邢侗及其妹慈静、顺天人米万钟、晋江人张瑞图等人，附于《董其昌传》后，今一并译出。

【原文】

董其昌，字元宰，松江华亭人。举万历十七年进士，改庶吉士。礼部侍郎田一俊以者教习卒官，其昌请假，走数千里，护其丧归葬。还授编修。皇长子出阁，充讲官，因事启沃，皇长子每目属之。坐失执政意，出为湖广副使，移疾归。起故官，督湖文学政，不徇请嘱，为势家年怨，嗾生儒数百人鼓噪，毁其公署。其昌即拜疏求去，帝不许，而令所司按治，其昌卒谢事归。起山东副使、登莱兵备、河南参政，并不赴。

光宗立，问："旧讲官董先生安在？"乃召为太常少卿，掌国子司业事。天启二年所擢本寺卿，兼侍读学士。时修《神宗实录》，命往南方采辑先趄章疏及遗事，其昌广搜博征，录成三百本。又采留中之疏切于国本、藩封、人才、风俗、河渠、食货、吏治、边防者，别为四十卷。仿史赞之例，每篇系以笔断。书成表进，有诏褒美，宣付史馆。明年秋，擢礼部右侍郎，协理詹事府事，寻转左侍郎。五年正月拜南京礼部尚书。时政在奄竖，党祸酷烈。其昌深自引远，逾年请告归。崇祯四年起故官，掌詹事府事。居三年，屡疏乞体，诏加太子太保致仕。又二年卒，年八十有三。赠太子太傅。福王时，谥文敏。

其昌天才俊逸，少负重名。初，华亭自沈度、沈粲以后，南安知府强弼，詹事陆深、布政莫如忠及子是龙皆以善书称。其昌后出，超越诸家。始以米芾为宗，后自成一家，名闻外国。其画集宋、元诸家之长，行以己意，潇洒生动，非人力所及也。四方金石之刻，得其制作手书，以为二绝。造请无虚日，尺素短札，流布人间，争购宝之。精于品题，收藏家得片语只字以为重。性和易，通禅理，萧闲吐纳，终日无俗语。人拟之米芾，赵孟頫云。同时以善书名者，临邑邢侗，顺天米万钟、晋江张瑞图，时人谓邢、张、米、董，又曰南董、北米。然三人者，不逮其昌远甚。

莫如忠，字子良。嘉靖十七年进士。累官浙江布政使。洁修自好。夏言死，经纪其丧。善草书，诗文有体要。是龙，字云卿，后以字行，更字廷韩。十岁能文，长善书。皇甫汸，王世贞辈亟称之。以贡生终。

邢侗，字子愿。万历二年进士，终陕西行太仆卿。家资巨万，筑来禽馆于古犁丘，减产奉客，遂致中落。妹慈静，善仿兄书。

米万钟，字友石。万历二十三年进士，历官江西近察使。天启五年，魏忠贤党仉文焕劾之，遂削籍。崇祯初，起太仆少卿，卒官。

张瑞图者，官至大学士，逆案中人也。

【译文】

董其昌,字玄宰,是松江府华亭县人。万历十七年考中进士,改为庶吉士。礼部侍郎田一俊教习庶吉士,死于任所,董其昌请假,奔走数千里路,把田一俊的灵柩护送回乡安葬。回来以后,被任为编修官。皇帝的长子就学读书,董其昌充任讲官,他在讲书中借史事随时对他进行启发诱导,皇长子不时报以会心的一瞥。由于董其昌未按执政大臣的意志行事,被外任为湖广副使,董其昌称病回乡。后来起用,官得原职,提督湖广学政。因他不徇私情开后门,受到有权势人的怨恨,他们唆使数百个生儒闹事,捣毁了他的衙门。董其昌当即上奏朝廷,请求离职,皇帝不允许,下令有关部门对闹事的生儒审查处治,董其昌终于辞职回乡。朝廷起用他为山东副使,登莱兵备,河南参政,他都不去上任。

光宗即位后,问道:"原来的讲官董其昌先生现在哪里?"于是朝廷征召他为太常少卿,掌国子司业事。天启二年,提升为太常卿,兼侍读学士。当时修撰《神宗实录》,派他去南方搜集神宗朝时大臣的奏章和遗闻佚事,董其昌文事搜集,记录有三百本之多。他又选择没有批复的奏章中有关太子、藩封、人才、风俗、河渠、食货、吏治、边防的论述,分门别类,录成四十卷。他仿效史书论赞的体例,每篇之后都附以自己的论断。书编成后,上表进呈,皇帝下旨,加以褒奖,命交给史馆备用。第二年秋天,提升他为礼部右侍郎,协助詹事府事务,不久特为礼部左侍郎。天启五年正月,晋升为南京礼部尚书。当时朝政被宦官把持,对东林党残酷迫害。董其昌遇事则远远躲开,过了一年即请假回乡。崇祯四年,起用为原官,并掌詹事府事。在任三年,多次上奏请求退休,皇帝下旨给他加太子太保衔准予退休。又过了两年就去世了,终年八十三年,追赠太子太傅。福王在位时,赠谥号为"文敏"。

董其昌天资过人,少年时就有很高的声望。当初,华亭地方的人物,从沈度、沈粲以后,南安知府张弼、詹事陆深、布政使莫如忠及其儿子莫是龙,都以擅长书法著称。董其昌后起,超越各家。他起初学习米芾,后自成一体,名闻外国。他的绘画,在集宋、元各家的长处的基础上,自创新意,形成潇洒生动的画风,这并非人力可以达到的。四面八方的金石刻词,如果能得到他的撰文和书丹,被认为是"二绝"。每天都有许多人来求书画,他的一小幅画或一封短信,流传到社会上,人们竞相购买珍藏。他又精于书画鉴赏,收藏家得到他有关的片言只字,都十分重视。他生性随和,平易近人,精通佛理,谈吐高雅,整日无一句世俗语。人们把他比作米芾、赵孟頫。同时以书法著名的人,有临邑的邢侗、顺天的米万钟、晋江的张瑞图,当时人称之为邢、张、米、董,又称之为南董、北米。但其他三人,成就远不及董其昌。

莫如忠,字子良。嘉靖十七年中进士,官至浙江布政使。为人洁身自好。夏言死后,经营他的丧事。擅长草书,诗文也规整得体。莫是龙,字云卿,后以字通行,又改字廷韩。他十岁时就能写文章,长大以后也擅长书法。皇甫汸、王世贞等人对他交口称赞。临终仍是贡生。

邢侗,字子愿。万历二年中进士,官至陕西行太仆卿。他有巨万家产,在古犁丘上修筑来禽馆。他不惜出卖家产招待宾客,因此家道衰落。他的妹妹慈静,善于模仿他的书体。

米万钟,字友石。万历二十三年中进士,官至江西按察使。天启五年,遭魏忠贤的党羽倪文焕的弹劾,于是被免官。崇祯初年,起用为太仆少卿,死于官任。

张瑞图这个人,官至大学士,是名列逆案的宦官党羽。

徐渭传

【题解】

徐渭(1521~1593),字文长,号天池生,晚年号青藤道士,山阴县(今浙江省绍兴市)人。一生科场不利,秀才出身,多次乡试不第,故一生没做过官。中年做浙闽总督胡宗宪的幕僚,颇得赏识。胡宗宪下狱,徐渭惧祸而发狂,杀死妻子,被判死刑,乡人张元忭营救,得以免死。后游历北边诸边塞,郁郁而终。

徐渭是明代中期的博学多才的艺术家。工书法,以行草见长,运笔超逸圆浑,纵逸飞动,源于苏轼、米芾,而形成自己的书风。善绘画,以花鸟著称,用笔放纵,水墨酣畅,重写意神似,不规于笔画之间,对后世大写意画有较大影响。同时他还是戏曲作家和戏曲理论家,著有《南词叙录》和《四声猿》杂剧。诗文亦称一时之妙,诗有李贺之奇,文有苏轼之辩,著有《徐文长全集》《徐文长佚稿》等。

【原文】

徐渭,字文长,山阴人。十余岁仿扬雄《解嘲》和《释毁》,长师同里季本。为诸生,有盛名。总督胡宗宪招致幕府,与歙余寅、鄞沈明臣同管书记。宗宪得白鹿,将献诸朝,令渭草表,并他客草寄所善学士,择其尤上之。学士以渭表进,世宗大悦,益宠异宗宪,宗宪以是益重渭。宗宪尝宴将吏于烂柯山,酒酣乐作,明臣作《铙歌》十章,中有云"狭苍短兵相接处,杀人如草不闻声。"宗宪起,将其须曰:"何物沈生,雄快乃尔!"即令刻于石,宠礼与渭埒。督府势严重,将吏莫敢仰视。渭角巾布衣,长揖纵谈。幕中有急需,夜深开戟门以待。渭或醉不至,宗宪顾善之。寅、明臣亦颇负崖岸,以侃直见礼。

渭知兵,好奇计,宗宪禽徐海,诱王直,皆预其谋。籍宗宪势,颇横。及宗宪下狱,渭惧祸,遂发狂,引巨锥刺耳,深数寸,又以椎碎肾囊,皆不死。已,又击杀继妻,论死系狱,里人张元忭力救得免。乃游金陵,抵宣、辽,纵观诸边阨塞,善李成梁诸子。入京师,主元忭。元忭导以礼法,渭不能从,久之怒而去。后元忭卒,白衣往吊,抚棺恸哭,不告姓名去。

渭天才超轶,诗文绝出伦辈。善草书,工写花草竹石。尝自言:"吾书第一,诗次之,文次之,画又次之。"当嘉靖时,王、李倡七子社,谢榛以布衣被摈。渭愤其以轩冕压韦布,誓不入二人党。后二十年,公安袁宏道游越中,得渭残帙以示祭酒陶望龄,相与激赏,刻其集行世。

【译文】

徐渭,字文长,是山阴县人。十多岁时即模仿扬雄的《解嘲》,作《释毁》一文,长大以后,拜同乡季本为师。在做秀才时,即很有名气。总督胡宗宪聘请他为幕僚,他和歙县人余寅,鄞县人沈明臣共同掌管文书。胡宗宪得到一头白鹿,将要献给朝廷,让徐渭起草进献表文,胡宗宪将他作的表文和其他幕僚所做的表文一起寄给和胡宗宪关系很好的一位学士,请他选择其中最好的一篇进呈。这位学士选中了徐渭的表文进上,明世宗看了以后很满意,于是更加宠信胡宗宪,胡宗宪因此也更加敬重徐渭。胡宗宪曾在烂柯山宴请部下的将领,酒席进入高潮,乐队奏起乐曲,沈明臣当场作了《铙歌》十首,其中有两句说:"狭巷短兵相接处,杀人如草不闻声。"胡宗宪听罢,站起来走到沈明臣身业,将着他的胡子说:"沈先生真有你的,诗句这样雄壮痛快!"当场命令将此《铙歌》刻碑上石,胡宗宪对沈明臣和徐渭一样爱重。总督官高位显,威风凛凛,气氛严肃,将吏在胡宗宪面前,不敢抬头正眼相看,徐渭却以平民的装束,和胡宗宪彼此彬彬有礼,纵情畅谈。总督府如有紧急事情要徐渭办理,即使在深夜里也会大开府门,等待徐渭。有时因徐渭喝醉酒,不能前来,胡宗宪还去看望他。余寅、沈明臣二人也自视甚高,以耿直受到礼遇。

徐渭懂得军事,好出奇计,胡宗宪捕获海盗徐海,诱捕王直,徐渭都参与谋划。徐渭依仗胡宗宪的势力,专横无礼。后来胡宗宪因事被捕入狱,徐渭担心大祸临头,因害怕而发狂,用大锥刺自己的耳部,刺进好几寸深,又用锤子砸碎阴囊,但都没有致命。不久又把续娶的妻子杀死,被判为死罪,监禁等待处决,他的同乡张元忭极力营救,徐渭才没被处死。后来徐渭游历金陵,又北至宣府、辽州,考察边塞的形势,在考察边塞时,结交了李成梁的几个儿子。又进京,住在张元忭家。张元忭引导他遵循礼法,徐渭听不进去,过了很久,怒气冲冲地离去。后来张元忭逝世,徐渭身穿孝服去吊唁,手扶尸棺,大声痛哭,没向丧家说出自己的姓名走开了。

徐渭的天赋很高,诗文的成就超出同时代的文人。他又擅长草书,兼工绘画,善画花草竹石。他曾自我评价说:"我的书法是第一,诗词第二,文章第三,绘画第四。"他生于嘉靖年间,当时王世贞、李攀龙倡导成立"七子社",诗人谢榛因是平头百姓被排斥。徐渭气愤他们以官势压百姓,发誓不加入他们一派。过了二十年,公安人袁宏道游历浙江,得到徐渭著作的残篇,拿给国子监祭酒陶望龄看,二人非常欣赏,于是把他的文章刊刻传世。

袁宏道传

【题解】

袁宏道(1568~1610),明代文学家。字中郎,号石公,湖广公安(今属湖北)人。万历进士,官吏部郎中。

袁宏道与兄宗道、弟中道,号"公安三袁",在明代文坛占有重要地位,称为"公安派"。其中宏道成就最高,其思想受李贽影响较深,重视戏曲小说和民歌的地位;于诗文反对摹拟、复古主张,强调抒写"性灵"。"性灵说"在当时极具影响。其文真率自然,清新流畅,卓然成家。有《袁中郎全集。》

【原文】

袁宏道,字中郎,公安人。与兄宗道、弟中道并有才名,时称"三袁"。宗道,字伯修。万历十四年会试第一。授庶吉士,进编修,卒官右庶子。泰昌时,追录光宗讲官,赠礼部右侍郎。

宏道年十六为诸生,即结社城南,为之长。间为诗歌古文,有声里中。举万历二十年进士。归家,下帷读书。诗文主妙语。选吴县知县,听断敏决,公庭鲜事。与士大夫谈说诗文,以风雅自命。已而解官去。起授顺天教,历国子助教、礼部主事,谢病归。久之,起故官。寻以请望抉吏部验封主事,改文选。寻移考功员外郎,立岁终考察群吏法,言:"外官三岁一察,京官六岁,武官五岁,此曹安得独免?"疏上,报可,遂为定制。迁稽勋郎中,后谢病归,数月卒。

中道,字小修。十余岁,作《黄山》《雪》二赋,五千余言,长益豪迈,从两兄宦游京师,多交四方名士,足迹半天下。万历三十一年始举于乡。又十四年乃成进士。由徽州教授,历国子博士、南京礼部主事。天启四年进南京吏部郎中,卒于官。

先是,王、李之学盛行,袁氏兄弟独心非之。宗道在馆中,与同馆黄辉力排其说。于唐好白乐天,于宋好苏轼,名其斋曰"白苏"。至宏道,益矫以请新轻俊,学者多舍王、李而从之,目为"公安体"。然戏谑嘲笑,间杂俚语,空疏者便之。其后,王、李风渐息,而钟、谭之说大炽。钟、谭者,钟惺、谭元春也。

【译文】

袁宏道,字中郎,公安(今属湖北)人。与哥哥宗道、弟弟中道,在文才上都很有名,当时人称为"三袁"。宗道,字伯修,万历十四年(1586),会试第一,授官庶吉士,后提升为编修,死在作右庶子官的任上。泰昌年间,追认他为光宗讲官,赠予礼部右侍郎的称号。

宏道年十六时成为太学诸生,就在城南组织文社,当了领袖,不时写些诗词歌赋和古文,在本地很有名声。万历二十年(1592),中进士。回到家乡,闭门读书。诗文主张妙悟。被选拔为吴县(今江苏)知县,断敏捷,公堂事少。和士大夫谈说诗文,以风流儒雅自居。不久,辞官而去。后又起用为顺天(今北京)教授,历任国子助教、礼部主事,因病辞职归家。好久以后,又起用作原官。接着凭清高的声望,提拔为吏部验封主事,改任文选官。不久担任考功员外郎,制定年终考察群吏法,说:"外官三年一察,京官六年一察,武官五年一察,这班渎职之人还怎么能独独免于考察?"奏疏送上去,获得批准,于是成为固定的制度。升为稽勋郎中后,病辞回家,几月后就去世了。

袁中道,字小修,十多岁时写了《黄山》和《雪》两篇赋,五千多字。长大以后,更加豪放不羁,跟着两个哥哥,游历京都,多多结交四方名士,足迹遍及半个天下。万历三十一年(1603)才考取举人,又过四年才中了进士。历任徽州教授、国子博士、南京礼部主事。天启四年(1624)晋升南京吏部郎中,死在任上。

先前,王世贞、李攀龙的学术理论盛行一时,袁氏兄弟独独反对他们的主张。宗道在学馆中,和同馆黄辉,竭力否定他们的理论。他们在唐代诗人中喜好白居易,宋代喜好苏轼,把他的斋命名为"白苏"。到了宏道,更用诗文的清新轻俊来纠正李、王的偏颇。读书人中有好多舍弃王、李之说而站在袁氏史弟一边,称他们的作品为"公安体"。可是文章戏谑嘲笑,还夹杂俚语,给不学无术之辈提供了方便。其后,王、李的影响渐渐消失,而钟、谭的主张又大大时行起来。钟、谭就是钟惺和谭元春。

钟惺传

【题解】

钟惺(1574~1624),明代文学家。字伯敬,号退谷,湖广竟陵(今湖北天门)人。万历进士,官至福建提学金事。又辞官归家,晚年入寺院。

钟惺与同乡谭元春共选《唐诗归》和《古诗归》,名扬一时,形成"竟陵派"。于诗文反对拟古,主张抒写"性灵",又以公安派的作品为轻率,倡导、幽深孤峭的风格。其作品追求形式上的险辟,流于冷涩。有《隐秀轩集》等。

【原文】

钟惺,字伯敬,竟陵人。万历三十八年进士。授行人,稍迁工部主事,寻改南京礼部,进郎中,擢福建提学金事,以父忧归,卒于家。

惺貌寝,赢不胜衣,为人不严冷,不喜按俗客,由此得谢人事。官南都,僦秦淮水阁读史,恒至丙夜,有所见即笔之,名曰《史怀》。晚逃于禅以卒。

自宏道矫王、李诗之弊,倡以"清真",惺复矫其弊,变而为幽深孤峭。与同里谭元春评选唐人之诗为《唐诗归》,又评选隋以前诗为《古诗归》。钟、谭之名满天下,谓之"竟陵体"。然两人学不甚富,其识解多僻,大为通人所识。

元春,字友夏,名辈后于惺,以《诗归》故,与齐名。至天启七年始举乡试第一,惺已前卒矣。

【译文】

钟惺,字伯敬,竟陵(今湖北天门)人。万历三十八年(1610)考取进士。授官行人,小升为工部主事,不久又改在礼部任职,晋升为郎中。后又提拔为福建提学金事,因为父病故,归家守丧,后在家去世。

钟惺其貌不扬,弱不胜衣,为人严肃,对人冷漠,不喜接待一般俗客,因此能够摆脱纷杂的人事。在南京做官时,租赁了秦淮水阁来读史,常常到半夜。有了心得体会就写下来,叫作《史怀》。晚年皈依佛门而死。

自从袁宏道纠正王、李诗作的弊病,提倡"清真"以来,钟惺又纠正公安诗派的弊病,诗风一变而幽深孤峭。他和同乡谭元春评选唐人之诗,编了《唐诗归》。钟惺、谭元春名满天下,他们的作品称之为"竟陵体"。可是这两人学识不很丰富,见解多有偏颇,大为学识渊博的人所讥笑。

元春,字友夏,名辈在钟惺之后,因为编选《诗归》的缘故,和钟惺齐名。到天启七年(1627),才考取乡试第一名。这时钟惺早已死了。

张溥传

【题解】

张溥(1602~1641),明末文学家。字天如,太仓(今属江苏)人。崇祯进士,授庶吉士。与同邑张采齐名,时称"娄东二张"。曾组织"复社",进行文学与社会活动。

文学方面,张溥反对公安派,竟陵派逃避现实与追求"幽深孤峭,"提倡兴古复学,主张文章应"务为有用。"其散文明快爽放,风格质朴。曾辑《汉魏六朝三百名家集》。对各家均有所论列有《七录斋集》。

【原文】

张溥,字天如,太仓人。伯父辅之,南京工部尚书。溥幼嗜学。所读书必手抄,抄已,朗诵一过,即焚之,又抄,如是者六七,始已。左手握管处,指掌成茧。冬日手破,日沃汤数次。后名读书斋名"七录",以此也。与同里张采共学齐名,号"娄东二张"。

崇祯元年以选贡生入都,采方成进士,两人名彻都下。已而采官临川;溥归,集郡中名士相与复古学,名其文社曰复社。四年成进士,改庶吉士。以葬亲乞假归。读书若经生,无间寒署。四方啖名者争走其门,尽名为复社。溥亦倾身结纳,交游日广,声气通朝右。所品题甲乙,颇能为荣辱。诸奔走附丽者,辄自矜曰"吾以嗣东林也。"执政大僚由此恶之。

里人陆文声者,输赀为监生,求入社不许,采又尝以事挟之。文声诣阙言:"风俗之弊,皆原于士子。溥、采为主盟,倡复社,知天下。"温体仁方枋国事,下所司。迁延久之,提学御史倪元珙、兵备参议冯元杨、太仓知州周仲连言复社无可罪,三人皆贬斥,严旨穷究不已。闽人周之夔者,尝为苏州推官,坐事罢去,疑溥为之,恨其。闻文声讦溥,遂伏阙言溥等把持计典,己罢职实其所为,因及复社恣横状。章下,巡抚纱国维等言之夔去官,无预溥事,亦被旨谯。

至十四年,溥己卒,而事犹未竟。刑部侍郎蔡奕琛坐党薛国观系狱,未知溥卒也,讦溥遥握朝柄,己罪由溥,因言采结党乱政。诏责溥、采回奏,采上言:"复社非臣事,然臣与溥生平相淬砺,死避网罗,负义图全,谊不出此。念溥日解经论文,矢心报称,曾未一日服官,怀忠入地。即今严纶之下,并不得泣血自明,良足哀悼。"当是时,体仁已前罢,继者张至发、薛国观皆不喜东林,故所司不敢复奏。及是,至发、国观亦相继罢,而周延儒当国,溥座主也,其获再相,溥有力焉,故采疏上,事即得解。

明年,御史刘熙祚、给事中姜采交章言溥砥行博闻,所纂述经史,有功职学,宜取备乙夜观。帝御经筵,问及二人,延儒对曰:"读书好秀才。"帝曰:"溥己卒,采小臣,言官何为荐之?"延儒曰:"二人好读书,能文章。言官为举子时读其文,又以其用未竟,故惜之耳。"帝曰:"亦未免偏。"延儒言:"诚如职谕,溥与黄道周皆偏,因善读书,以故惜者众。"帝颔之,遂有诏征溥遗书,而道周亦复官。有司先后录上三千余卷,帝悉留览。

溥诗文敏捷。四方徵索者,不起草,对客挥毫,俄顷立就,以故名高一时。卒时,年止四十。

【译文】

张溥,字天如,江苏太仓太人(今属江苏)。伯父辅之,任南京工部尚书。张溥自幼酷爱学习。他所读的书一定要亲手抄录,抄完,朗读一遍,就把它烧了,又抄第二次,这样六、七遍,才告一段落。右手握笔的地方,手指和手掌都起了老茧。冬天手冻裂了,每天用热水盥洗几次。后来,把书斋叫作"七录",就是因为这个缘故。他和同乡张采一起学习,名声一样大。当时被称为"娄东二张。"

崇祯元年(1628),张溥为选贡生进入京都,张采刚考取进士,两人名声已响彻京城。不久,张采去临川(今属江西)做官,张溥回归故里,聚集郡中名士一起复兴古学,给他们的文社取名为"复社"。崇祯四年(1631),张溥考取进士,转为庶吉士。因葬亲,请假回家,像经生一样孜孜不倦地读书,一年四季,从不间断。四方慕名而来的人争着奔走在他的门下,都称为复社中人。张溥也主动接纳,和他们结交。这样张溥的交游越来越广,声气直通朝廷。他所品题的优劣等级颇有权威,能给人带来荣誉或耻辱。那些奔走依附的人,动不动就自夸说:"我参加复社是为了继承东林的传统。"执掌朝政的达官贵人,因此很厌恶他们。

同乡人陆文声,出钱捐了个监生,请求加入复社,没有得到允许,张采又曾经因事拷打过他。他上京上告说:"风俗的流弊都起源于读书人。张溥、张采做盟主,组织复社,扰乱天下。"温体仁正主持国政,把案子送交所管辖的有关部门。拖延了好久,提学御史倪元珙、兵备参议冯元扬、太仓知州周仲连说复社没有什么可指责判罪的,结果三人都连遭贬斥,下了一道严厉的圣旨,要彻底查究下去。福建人周之夔,曾做过苏州推官,因事被罢官,怀疑是张溥暗中计算他,十分恨他。听说文声揭发张溥,于是也上京诬告说张溥等人把持财权,自己被罢官实际上是他造成的,乘机又说到了复社恣意横行,为所欲为的情况。案文下达后，巡抚张望国维等说之夔的去官和张溥没有关系，也被皇上下旨叱责。

到了崇祯十四年(1641)，张溥已去世，而事情尚未完结。邢部侍郎蔡奕琛因犯与薛国观结党之罪而入狱，不知张溥已死，揭发攻击张溥遥控朝廷大权，自己犯罪，根在张溥，趁势又说张采结党乱政。皇上下旨责令张溥、张采回奏此事。张采上奏说："复社与我无关。可是我和张溥一生以品行学问互相砥砺，为了逃避死亡，违背道义，以求保全自己，我们明白事理，决不会这样去做。想起张溥日夜讲经论文，决心报效皇上，却没有做一天官，怀抱忠心，命赴黄泉。在今天严酷的法律面前，不能悲愤地为自己辩白，实在值得哀痛。"前一时期，温体仁已罢了官，继承人张至发、薛国观都不喜欢东林，所以主管此案的官吏不敢再上奏。到了此时，至发、国观都相继罢官，由周延儒主持朝政，他是张溥的座上客，再次获得宰相地位，张溥是出了力的，所以张采一上疏，事情就得到解决。

第二年，御史刘熙祚、给事中姜埰交替上奏章说张溥砥砺品行，见识广博，他所编纂阐述的经史，为研究孔圣儒学立下功劳，应该取来作为夜读的资料。皇上来到经筵听讲，问到张溥、张采二人情况，延儒回答说："是读书的好秀才。"皇上说："张溥已过世，张采是个小官，言官为什么要推荐他?"延儒说："他们二人喜欢读书，能写文章。言官还是举子时读过他们的文章，又因为他们的才能没有充分发挥，所以才怜惜他们。"皇上说："未免有些偏激吧。"延儒说："确实如皇上说的那样。张溥和黄道周都偏激，因为善于读书，所以怜惜他们的人多。"皇上点了点头，于是下诏征集张溥的遗作，而道周也恢复了官职。主管征书的官吏抄录呈现上三千多卷张溥的著作，皇上一一都加以浏览。

张溥写诗作文，文思敏捷。四面八方的人前来征稿，张溥不打草稿，对客挥笔，顷刻之间，就写成了，因此名声响彻一时。死时，年仅四十岁。

王祎传

【题解】

王祎(1322~1373)，字子充，义乌(今属浙江)人，明代文学家、史学家、历算家。从小敏捷聪慧，年轻时便写得一手好文章。元代末年隐居青岩山，后为明太祖朱元璋征召为中书省掾史，与宋濂同为总裁官，以元十三朝实录和《经世大典》为基础，撰成《元史》。书成之后被擢升为翰林待制，并兼任国史院的编修官等职。

洪武五年(1372)，云南尚为元朝统辖之地，明朝打算派使节赴云南谕降梁王归顺新朝天子朱元璋，王祎奉命前往。适逢元朝派遣大臣脱脱到云南征饷。闻知王祎来此劝降云南王，决意加害王祎，当脱脱威逼利诱欲使王祎屈服而遭到严词驳斥之后，便将王祎杀害。

王祎能诗善文，著有《王忠文公集》《大事记续编》《卮辞》等著作。

在自然科学方面，王祎撰有《重修革象新书》二卷。这部书论述了天文学、光学和数学等方面的一些内容，其中包括宇宙理论、恒星观测、光的直线传播与成像原理、圆周率计算等。

【原文】

王祎，字子充，义乌人。幼敏慧，及长，身长岳立，屹有伟度。师柳贯、黄潜，遂以文章名世。睹元政衰敝，为书七八千言上时宰。危素、张起岩并荐，不报。隐青岩山，著书，名日盛。

太祖取婺州，召见，用为中书省掾史。征江西，棉献颂。太祖喜曰："江南有二儒，卿与宋濂耳。学问之博，卿不如濂；才思之雄，濂不如卿。"太祖创礼贤馆，李文忠荐祎及许元、王天锡，召置馆中。旋授江南儒学提举司校理。累迁侍礼郎，掌起居注。同知南康府事，多惠政，赐金带宠之。太祖将即位，召还，议礼。坐事忤旨，出为漳州府通判。

洪武元年八月上疏言："祈天永命之要，在忠厚以存心，宽大以为政，法天道，顺人心。雷霆霜雪，可暂不可常。浙西既平，科敛当减。"太祖嘉纳之，然不能尽从也。

明年修《元史》，命祎与濂为总裁。祎史事擅长，裁烦剔秽，力任笔削。书成，擢翰林待制，同知制诰兼国史院编修官。奉诏预教大本堂，经明理达，善开导。召对殿廷，必赐座，从容宴语。未久，奉使吐蕃，未至，召还。

五年正月议招谕云南，命祎赍诏往。至则谕梁王，亟宜奉版图归职方，不然天讨且夕至。王不听，馆别室。他日，又谕曰："朝廷以云南百万生灵，不欲歼於锋刃。若恃险远，抗明命，龙骧鹢舻，会战昆明，悔无及矣。"梁王骇服，即为改馆。会元遣脱脱征饷，胁王以危言，必欲杀祎。王不得已出祎见之，脱脱欲屈祎，祎叱曰："天既讫汝元命，我朝实代之。汝爝火余烬，敢与日月争明邪！且我与汝皆使也，岂为汝屈！"或劝脱脱曰："王公素负重名，不可害。"脱脱攘臂曰："今虽孔圣，义不得存。"祎顾王曰："汝杀我，天兵继至，汝祸不旋踵矣。"遂遇害，时十二月二十四日也。梁王遣使致祭，具衣冠敛之。建文中，祎子绅讼祎事，诏赠翰林学士，谥文节。正统中，改谥忠文。成化中，命建祠祀之。

【译文】

王祎，字子充，义乌人。自幼聪明伶俐，成人后，体魄魁梧，身材伟岸。从师柳贯、黄潜，以擅长写文章而著称于世。王祎目睹当时元朝政府的破败情形，写下了七、八千字的文章上呈当朝宰相，虽经危素与张起岩共同举荐，但没有任何结果。于是王祎隐居青岩山，潜心著书立说，其名声愈来愈大。

明太祖朱元璋攻克婺州之后，召见王祎，委任他为中书省掾史。征讨江西时，王祎撰颂文献呈朱元璋，明太祖高兴地说："江南有两位大学者，你和宋濂。论学问之渊博，你不如宋濂；论才思之敏捷，宋濂却不如你。"朱元璋当时创建了礼贤馆，李文忠推荐王祎、许元和王天锡到馆中任职，获朱元璋批准。接着授予王祎以江南儒学提举司校理之职，后升迁为侍礼郎，负责编撰帝王的言行录，同时还兼任南康府事务，施政仁慈，受赐金带以褒奖之。朱元璋将登基时，召回商议礼仪之事，因为一些事违背圣旨，而出任漳州府通判。

洪武元年八月王祎向明太祖上呈奏章说:"祈求上天保祐永世太平之根本,在于皇上心地忠厚、为政宽容,顺天道、合民心。施行暴政,采取严厉手段治国,虽可暂时获得平静,但不能保持长久。现在浙西一带既已平定,应当减少哪里的课敛税收。"朱元璋赞许地采纳了王祎的意见,但没有完全接受他的主张。

洪武二年计划编修《元史》,任命王祎与宋濂为总负责人。王祎对于书写历史颇为擅长,他从浩繁的史料中,剔除枝节,突显主干,胜任了修改定稿的主编之职。《元史》编成之后,他被提升为翰林待制,同时兼任制诰及国史院编修官等职。王祎还奉命预行教授大本堂,他的讲授不仅循循善诱,而且清楚通达。应召赴朝廷面见皇上,每次都受到皇上赐座,王祎均能够与皇上从容不迫、轻松自在地交谈。不久,王祎奉命出使吐蕃,尚未抵达目的地,便被召还。

洪武五年正月,朝廷商议招降云南一事,任命王祎持谕降书前往云南征招。到达云南后,王祎向梁王递交谕降书,声称云南王应当从速将其所属版图归顺明朝,否则明朝的征讨大军不日将征伐云南。云南王不听王祎的降谕,并把他安顿在一家普通的住所。过了几天,王祎再次告诫云南王,说:"朝廷顾及云南百万民众的性命,不忍使他们丧生于刀刃之下。如果你试图恃仗云南距中原路途遥远且地势险要,而违抗明朝的意旨,到时候明朝之威武大军开进昆明,你就后悔莫及了。"梁王闻听此言,被王祎的威吓所慑服,并随即请王祎移住高级的客店。此时,恰逢元朝派遣其大臣脱脱前来云南征饷。脱脱便以危言胁迫梁王,决意要谋害王祎。梁王迫不得已,带王祎去见脱脱,脱脱欲使王祎屈服,王祎正言叱责道:"上天已经决定结束你们元朝的命运,让我明朝取而代之,你们这些残火余烬,怎么敢与日月相争辉!况且你和我都是各自朝廷的使者,我岂能被你所屈服!"有人劝说脱脱道:"王公素负重名,你不可杀害他。"脱脱挥臂而说:"今天纵然是孔夫子在此,他也不得活命。"王祎转而对梁王说:"你要杀我,明朝的大军必然相继开到,你的大祸亦将接踵而至。"于是王祎就义,当时为十二月二十四日。梁王指派使者前往祭奠,并使之衣冠完整地入殓。建文年间,王祎之子王绅向朝廷申诉王祎的事迹,皇上下诏追赠王祎为翰林学士,并赐封号"文节"。正统年间,改封"忠文"。成化年间,又传旨修建祠堂以祭祀王祎的英灵。

沈周传

【题解】

沈周(1427~1509),字启南,号石田,晚号白石翁,江苏吴县人。一生隐居不仕。他是明中叶著名画家,与唐寅、文徵明、仇英被称为明代四大家。他的画艺得自家传,后又学董源、巨然、吴镇,自成一家。他擅长画山水,早年多画小幅,晚年始拓为大幅。他用笔豪放，沉厚，于豪放之中又有细腻之笔。明人王稚登《丹青志》列其画为神品，称明代第一。沈周又长于诗文书法，他文拟《左传》，诗学白居易、苏轼、陆游，字学黄庭坚。著有《石田集》《客座新闻》等。

【原文】

沈周，字启南，长洲人。祖澄，永乐间举人材。不就。所居曰西庄，日置酒牧宾，人拟之顾仲瑛。伯父贞吉，父恒吉，并抗隐。构有竹居，兄弟读书其中，工诗善画，藏获亦解文墨。邑人陈孟贤者，陈五经继之子也。周少从之游，得其指授。年十一，游南都，作百韵诗，上巡抚侍郎崔恭。面试《凤凰台赋》，援笔立就，恭大嗟异。及长，书无所不览。文摹左氏，诗拟白居易、苏轼、陆游，字仿黄庭坚，并为世所爱重。尤工于画，评谓为明世第一。

郡守欲荐周贤良，周筮《易》，得《遁》之九五，遂决意隐遁。所居有水竹亭馆之胜，图书鼎彝充牣错列，四方名士过从无虚日，风流文彩照映一时。奉亲至孝，父殁，或劝之仕，对曰："若不知母氏以我为命耶？奈何离膝下。"居恒厌入城市，于郭外置行窝，有事一造之。晚年，匿迹唯恐不深，先后巡抚王恕、彭礼咸礼敬之，欲留幕下，并以母老辞。

有郡守征画工绘屋壁，里人疾周者，入其姓名，遂被摄。或劝周谒倡费游以免，周曰："往役，义也，谒贵游，不更辱乎！"卒供役而还。已而守入觐，铨曹问曰："沈先生无恙乎？"守不知所对，漫应曰："无恙。"见内阁，李东阳曰："沈先生有牍乎？"守益愕，复漫应曰："有而未至。"守出，仓皇谒侍郎吴宽，问："沈先生何人？"宽备言其状。询左右，乃画壁生也。比还，谒周舍，再拜引咎，素饭，饭之而去。周以母故，终身不远游。母年九十九而终，周亦八十矣。又三年，以正德四年卒。

【译文】

沈周，字启南，是长洲人。他的祖父沈澄，永乐年间地方官以人才科目推荐他，他不应荐。他住的地方叫作西庄，整日设宴招待朋友，人们比他为顾仲瑛。沈周的伯父沈贞吉、父亲沈恒吉，都隐居不肯出来做官。他们建造了有竹居，兄弟二人在里面读书，他们诗写得很好，又擅长绘画，连他们的奴仆也粗通文墨。同乡有个叫陈孟贤的人，是陈五经（字继之）的儿子。沈周小时候跟他学习，指示做学问的门径。沈周十一岁时，去南京游历，作了一首百韵诗，呈送巡抚侍郎崔恭。崔恭当面让他做《凤凰台赋》，沈周提起笔来，不加思索，马上就写成了，使崔恭大为惊异。他长大以后，什么样的书他都读过。他的文章模仿《左传》，诗模仿白居易、苏轼、陆游、书法模仿黄庭坚，他的诗文书法，很受当时人的喜爱。他最长于绘画，评论界认为他是明代第一家。

郡太守想以贤良的科目推荐沈周，他用《易》卦占卜，占得《遁》卦的九五，于是决心隐居不仕。他居住的地方有潺潺流水，茂林修竹，亭台馆阁，美不胜收，图书字画，钟鼎彝器，充满左右，四面八方的著名学者经常和他来往，文采风流，天下闻名。他对双亲特别孝敬，父亲逝世后，有人劝他出来做官，他回答说："你不知道我母亲把我看作命根子吗？我怎么能离开她老人家。"他平时很讨厌进城，于是在城外找了一处临时住所，有事就去一趟。他到了晚年,唯恐隐居得不深,担心外人了解他的踪迹,先后任江南巡抚的王恕、彭礼等人都对他优礼有加,想留他做幕僚,他以母亲年老谢绝了。

有位郡太守征召画工绘饰墙壁,沈周同乡中疾恨他的人,把他的名字报上去,于是沈周被抓去服役。有人劝沈周,让他去走走权贵的门路,可以免去服役,沈周说:"我前去服役,这是我的义务,如果去走权贵的门路,不是自找侮辱吗!"终于服完役后才回家。不久,那位郡太守进京朝见皇帝,吏部官员问他:"沈先生身体好吗?"那位郡太守不知怎样回答,就漫不经心地说:"他身体很好。"他又见到内阁学士李东阳,李问他:"沈先生有书信让你带来吗?"郡太守愕然不知所措,又胡答胡应地说:"有书信,但还没送到。"他退出以后,慌慌张张去拜访侍郎吴宽,问道:"沈先生是什么人?"吴宽详细地向他说了沈周的情况。郡太守问左右的人,才知道就是绘饰墙壁的那个画工。郡守回到任所,去沈周家拜访,当面一再道歉,并要在沈家吃饭,沈周招待他以后,郡守才离去。沈周因侍奉母亲,一生不出远门。他母亲九十九岁时逝世,当时沈周也八十岁了。又过了三年,正德四年逝世。

滑寿传

【题解】

滑寿,字伯仁,晚号撄宁生,祖籍河南襄城,生长于江苏仪真(今仪征),后迁居浙江余姚。幼习儒,工诗文。曾拜名医王居中为师,精研医经,认为《素问》错简多,遂按脏象、经络、脉候、病能、摄生、论治、色脉、针刺、阴阳、标本、运气,荟萃十二项分类摘抄,集为《读素问钞》三卷,便于检阅。又撰《难经本义》二卷,订误、疏义。滑氏主张精研医经以掌握医学机要,"浚其源则流长"。内科诊治多仿李东垣,针法则尽得东平高洞阳之传。精于诊而审于方,治愈疑症顽疾甚众。其治疗验案数十则,载入朱右《撄宁生传》。滑氏认为"医莫先于脉",乃撰《诊家枢要》一卷,其中归纳出"举""按""寻"切脉三法,以及浮、沉、迟、数、虚、实、洪、微、弦缓、滑、涩、长、短、大、小、紧、弱、动、伏、促、结、芤、革、濡、牢、散、细、代等二十九种脉象及其主病,且对持脉要领和察脉法,以及妇人、小儿脉法,颇有独到见解。滑氏认为督、任二经皆有专穴,调节十二经气血,"宜与十二经并论",遂采撷《素问》《灵枢》有关经穴专论,著成《十四经发挥》三卷,释名训义,附有经穴图。见于著录的医书还有《读伤寒论抄》(按:一作《伤寒例钞》)三卷、《本草发挥》一卷、《脉诀》一卷、《痔瘘篇》《医韵》等,均佚。滑氏以儒者善解经义之长,对诸医经文多加阐发、归纳、考订,被誉为"医师一代之良"。明洪武(1386~1398)年间卒,终年七十多岁。

【原文】

滑寿,字伯仁,先世襄城人,徙仪真,后又徙余姚。幼警敏好学,能诗。京口王居中,名医也。寿从之学,授《素问》《难经》。既卒业,请于师曰:"《素问》详矣,多错简。愚将分藏象、经度等为十类,类抄而读之。《难经》又本《素问》《灵枢》,其间荣卫藏府与夫经络腧穴,辩之博矣,而缺误亦多。愚将本其义旨,注而读之可乎?"居中跃然称善。自是寿学日进。寿又参会张仲景、刘守真、李明之三家而会通之,所治疾无不中。

既学针法于东平高洞阳,尝言:"人身六脉虽皆有系属。惟督、任二经,则苞乎腹背,有专穴,诸经满而溢者,此则受之,宜与十二经并论。"乃取《内经》"骨空"诸论及《灵枢篇》所述经脉,著《十四经发挥》三卷,通考隧穴六百四十有七。他如《读伤寒论抄》《诊家枢要》《痔瘘篇》,又采诸书《本草》为《医韵》,皆有功于世。

晚自号撄宁生。江、浙间无不知撄宁生者。年七十余,容色如童孺,行步矫捷,饮酒无算。天台朱右撷其治疾神效者数十事为作传,故其著述益有称于世。

【译文】

滑寿,字伯仁,祖先是襄城人,迁居仪真,后又迁居余姚。少年时机敏好学,会诗文。京口有位名医叫王居中,滑寿跟从他学习医术。王居中教他《素问》《难经》等经典医著。学完经典后,他向老师提出自己的看法:"《素问》虽详但多错简,我想把它的内容分为脏象、经度等十类,分类摘抄,方便研读。《难经》是根据《素问》《灵枢》经义阐发而成,其中对荣卫脏腑与经络腧穴辨析虽博,但缺误亦多,我想探求其义旨,作注阐述,以供阅读,这样行吗?"王居中听后,高兴地连声道"好"。从此之后,滑寿学业日进。他又参合张仲景、刘守真、李明之三家之说,加以融会贯通,所治疾病,没有不好的。

在向东平高洞阳学习针法之后,滑寿曾说:"人体手足六脉皆分阴阳而相互系属,只有督、任二经,循行于腹背,各有专穴。六脉诸经气血满溢时,由督、任二经受之。因此,督任二经宜与十二经相提并论。"于是采录《内经·素问》"骨空"诸论及《灵枢》所述经脉内容,著成《十四经发挥》三卷,通考腧穴六四七个。其他医著有《读伤寒论抄》《诊家枢要》《痔瘘篇》,又采录有关诸书本草内容撰成《医韵》,上述著作皆有功于人类。

晚年自号"撄宁生"。江苏、浙江一带没有不知撄宁生的。七十多岁时,颜面娇嫩如童婴,行走矫健敏捷,尚能饮酒无数。天台人朱右采撷滑寿治病有神效的验案数十例,撰成《撄宁生传》,所以他的著述更为世人所称道。

葛乾孙传

【题解】

葛乾孙(公元 1305~1353 年),字可久,长洲(今江苏苏州)人。其父葛应雷为当时名医,曾撰《医家会同》,官任浙江医学提举,对传播北方张元素、刘完素学说颇有贡献。葛乾孙为人倜傥温雅,好击刺之术。习儒,兼通阴阳、律历、星命,但屡试不第,乃传父业,治病多奇验。精于医理,熟谙刘河间、张从正之说。元名医项昕,曾从其学。著有《医学启蒙》《经络十二论》,今均佚。尚有题名葛氏撰《十药神书》,为治肺结核专书。书中仅录十首良方,如十灰散、花蕊石散、独参汤、保元汤等,至今临床仍在使用,且疗效颇佳。

【原文】

葛乾孙,字可久,长洲人。父应雷,以医名。时北方刘守真、张洁古之学未行于南。有李姓者,中州名医,官吴下,与应雷谈论,大骇叹,因授以张、刘书。自是江南有二家学。乾孙体貌魁硕,好击刺战阵法。后折节读书,兼通阴阳、律历、星命之术。屡试不偶,乃传父业。然不肯为人治疾,或施之,辄着奇效,名与金华朱丹溪埒。富家女病四支痿痹,目瞪不能食,众医治罔效。乾孙命悉去房中香奁、流苏之属,掘地坎,置女其中。久之,女手足动,能出声。投药一丸,明日女自坎中出矣。盖此女嗜香,脾为香气所蚀,故得是症。其疗病奇中如此。

【译文】

葛乾孙,字可久,长洲人。其父葛应雷,以医名世。当时,北方名医刘守真、张洁古的学说在江南还未流行。有位姓李的中州名医,来吴县做官,与葛应雷谈论医学。他十分敬佩葛应雷的学问,便拿出张、刘的医书相赠。从此,张、刘二家学说才开始在江南传播开来。

葛乾孙体貌魁梧高大,爱好击刺、战阵诸法。后来改志攻读经书,兼通阴阳、律历、星命之术。多次应试,皆不中,乃传父业,专攻医学。然而,他一般不肯为人治病,有时施治则有奇效,医名与金华的朱丹溪相当。有位富家女患四肢痿痹病症,目瞪,不能饮食,许多医生诊治均无效,葛乾孙命人将她房中的香奁、流苏等东西全部搬走,挖一地坑,把病人放在坑中。过了很久一段时间,她手足能活动,口中发出声音。葛乾孙又给病人吃了一丸药。次日,病人自己从坑里爬出来。这是因为此女嗜香,脾脏被香气所侵蚀,所以得了此症。他治病皆像这样有奇效。

倪维德传

【题解】

倪维德(1303~1377),元末明初医学家。字仲贤,吴县(今属江苏)人。祖籍大梁(今河南开封),后迁居吴县。晚年在敕山建别墅,自号敕山老人。世代业医,祖、父皆为名医。倪维德自幼习儒,但淡于功名,热衷医学。当时的医生多宗《和剂局方》,与病多不合,遂研习金元诸大家之说,施于临床,疗效显著。贫人求治,不仅授药,而且还赠送煎药罐。主张医者当通习伤寒、内伤、妇女、小儿治法,不可单业某一科,故他治病,各科兼精。

他感叹眼科专书缺乏,乃编撰《原机启微》两卷(1370),为今存较早的眼科专著。书中论眼病机理及治则,又述方剂配伍与药物炮炙。其治学不拘一家之言,处方不执一说。他认为刘完素、张子和主攻,李东垣主补中气,是随时间推移而产生的治病学说。曾校订李东垣《试效方》行世。

【原文】

倪维德,字仲贤,吴县人。祖、父皆以医显。维德幼嗜学,已乃业医,以《内经》为宗。病大观以来,医者率用裴宗元、陈师文《和剂局方》,故方新病多不合。乃求金人刘完素、张从正、李杲三家书读之,出而治疾,无不立效。

周万户子,八岁昏眊,不识饥饱寒暑,以土炭自塞其口。诊之曰:"此慢脾风也。脾藏智,脾慢则智短。"以疏风助脾剂投之,即愈。

顾显卿右耳下生瘿,大与首同,痛不可忍,诊之曰:"此手足阳经受邪也。"饮之药,逾月愈。

刘子正妻病气厥,或哭或笑,人以为祟。诊之曰:"两手脉俱沉,胃脘必有所积,积则痛。"问之果然,以生熟水导之,吐痰涎数升愈。

盛架阁妻左右肩臂奇痒,延及头面,不可禁,灼之以艾,则暂止。诊之曰:"左脉沉,右脉浮且盛,此滋味过盛所致也。"投以剂,旋愈。

林仲实以劳得热疾,热随日出入为进退,暄盛则增剧,夜凉及雨则否,如是者二年,诊之曰:"此七情内伤,阳气不升,阴火渐炽。故温则进,凉则退。"投以东垣内伤之剂,亦立愈,他所疗治,多类此。

常言:"刘、张二氏多主攻,李氏惟调护中气主补,盖随时推移,不得不然。"故其主方不执一说。常患眼科杂出方论,无全书,著《元机启微》。又校订东垣《试效方》,并刊行于世。洪武十年卒,年七十五。

【译文】

倪维德,字仲贤,吴县人。祖父、父亲皆以医闻名。倪维德自幼嗜爱学习,后来专攻医学,并以《内经》为行医宗旨。北宋大观年间以来,医生多数采用裴宗元、陈师文《和剂局方》来治疗疾病,所以古方新病多不会合。于是,倪氏检寻金代名医刘完素、张从正、李杲三家著作,认真研读,并将三家治法应用于临床,治病效果,立竿见影。

周万户的儿子,八岁,头脑迷糊,眼睛昏花,不知饥饱寒暑,用泥土、木炭堵塞自己的嘴巴。倪维德为他诊断,说:"这是慢脾风病。脾藏智,脾慢则智短。"投以疏风助脾剂,服后即愈。顾显卿右耳下生瘿瘤,形大如头,痛不可忍。倪氏诊后说:"这是手足少阳经受邪所致。"给病人配药,服药一个多月病愈。刘子正妻患气厥病,又哭又笑,人们以为是鬼魔作怪。倪氏诊病后说:"病人两手脉俱沉,胃脘内一定有积滞,积滞不通则痛。"询问病史,果然如此,遂用新汲水和百沸水混合以导滞,病人吐出数升痰涎愈。

盛架阁妻左、右两肩及臂奇痒,并扩散至头面,止不住,用艾火烧灼可暂时止住。倪氏诊病后说："病人左脉沉,右脉浮且有力,这是过食肥厚滋味所致。"遂处方,病人服药后即愈。

林仲实因劳损患热病,热象随日出、日入而变化,晴天阳盛则热象加剧,夜间及雨天寒凉则热退,这样已有二年。倪维德诊病后说："这是由于七情内伤,阳气不升,阴火渐炽所致。所以有温则进,凉则退的征象。"遂配给李东垣治内伤的方药,病人服后立愈。他所疗治的病例,大都如此。

倪维德常说："刘完素、张从正俩人多主攻,李东垣只调护中气主补,这是随时代病症变化而提出的治病主张,要适时疗病不得不如此。"所以,他处方不执泥一说。他又经常担忧眼科方论杂出,没有较系统的专科全书,于是编撰了眼科专著《元机启微》。又校订李东垣《试效方》,并刊行于世。明洪武十年死,年终七十五岁。

王履传

【题解】

王履(1332 一?),元末明初医家。字安道,号畸叟,又号抱独山人,昆山(今属江苏)人。精诗文,兼工丹青,以医名世。公元 1371 年任秦王府良医所医正。认为张仲景《伤寒论》为伤寒而设,虽可用其法治温病,亦不过借用,而非仲景立法本意,乃撰《伤寒立法考》,备常论变,惜原文已佚。王氏精研伤寒,认为《伤寒论》中阳明、少阴、太阴、厥阴诸篇必有脱简,乃删去重复,补缺增订为三百九十七法。考辨医经,探本溯源,对《内经》《本草经》《难经》《伤寒论》等医典加以阐述和发挥,并评述二十多位古代名医,明确提出伤寒、温病有别,指出温病乃"感天地恶毒异气","温暑及时行寒疫、湿疟、风温、温毒、瘟疫等,决不可以伤寒六经诸病为通治,"主张外感伤寒宗仲景之法,而温病治疗应采用后人清里热之剂,为后世温病学派和温病学理论的先驱人物之一。其论述二十一篇,合为《医经溯洄集》(一作《溯洄集》)一卷,另有《伤寒三百九十七法辩》《百病钩玄》《医韵统》等,均佚。其子王伯继承医业,门人许谌亦有医名。

【原文】

王履,字安道,昆山人。学医于金华朱彦修,尽得其术。尝谓张仲景《伤寒论》为诸家祖,后人不能出其范围。且《素问》云"伤寒为病热",言常不言变,至仲景始分寒热,然义犹未尽。乃备常与主变,作《伤寒立法考》。又谓"阳明篇"无目痛,"少阴篇"言胸背满言痛,"太阴篇"无咽干,"阙阴篇"无囊缩,必有脱简。乃取三百九十七法,去其重复者二百三十八条,复增益之,仍为三百九十七法。极论内外伤经旨异同,并"中风中暑辨",名曰《溯洄集》,凡二十一篇。又著《百病钩玄》二十卷,《医韵统》一百卷,医家宗之。

履工诗文,兼善绘事。尝游华山绝顶,作图四十幅,记四篇,诗一百五十首,为时

【译文】

王履，字安道，昆山人。向金华名医朱彦修学习，尽得其医术。曾说张仲景《伤寒论》为医学诸家之祖，后人不能超出它的范围。而《素问》说"伤寒为病热"，只讲其常不讲其变。到了张仲景才开始区分伤寒与温热，但言犹未尽。于是，王氏撰《伤寒立法考》，既言常又言变。又认为《伤寒论》"阳明篇"无目痛，"少阴篇"只讲胸背满而不讲胸背痛，"太阴篇"无咽干，"厥阴篇"无阴囊上缩，一定有脱简。于是，选取《伤寒论》三百九十七法，删去其中重复内容二百三十八条，又依数增补，仍为三百九十七法。主要讨论内外伤疾病在经典医著中的不同论述，并收载"中风中暑辩"一文，合为一书，名叫《溯洄集》，共有论文二十一篇。另著有《百病钩玄》二十卷、《医韵统》一百卷，后世医家大加推崇。

王履精通诗文，还善于绘画。曾经在游华山顶峰时，挥毫作画四十幅，作游记四篇、诗一百五十首，为当时人所称道。

张三丰传

【题解】

张三丰，名全一，又名君宝，辽东懿州人。其生卒年不详，生平事迹颇具传奇色彩。在道教历史上具有重要地位。民间传说中张三丰先求师于少林寺，后被逐出。传说他武艺高强，为一代武林泰斗，并开创了武当派。

【原文】

张三丰，辽东懿州人，名全一，一名君宝，三丰其号也。以其不饰边幅，又号张邋遢。颀而伟，龟形鹤背，大耳圆目，须髯如戟。寒暑惟一衲一蓑，所啖，升斗辄尽，或数日一食，或数月不食。书经目不忘，游处无恒，或云能一日千里。善嬉谐，旁若无人。尝游武当诸岩壑，语人曰："此山，异日必大兴。"时五龙、南岩、紫霄俱毁於兵，三丰与其徒去荆榛，辟瓦砾，创草庐居之，已而舍去。

太祖故闻其名，洪武二十四年遣使觅之不得。后居宝鸡之金台观，一日自言当死，留颂而逝，县人共棺殓之。及葬，闻棺内有声，启视则复活。乃游四川，见蜀献王。复入武当，历襄、汉，踪迹益奇幻。

永乐中，成祖遣给事中胡濙偕内侍朱祥赍玺书香币往访，遍历荒徼，积数年不遇。乃命工部侍郎郭琏、隆平侯张信等，督丁夫三十馀万人，大营武当宫观，费以百万计。既成，赐名太和太岳山，设官铸印以守，竟符三丰言。

或言三丰金时人，元初与刘秉忠同师，后学道于鹿邑之太清宫，然皆不可考。天顺三年,英宗赐诰,赠为通微显化真人,终莫测其存亡也。

【译文】

张三丰

张三丰,辽东懿州人,名字叫全一,又有个名字叫君宝,三丰是他的号。因为他不修边幅,又叫张邋遢。高而壮,形状像龟,背象鹤,大耳朵圆眼睛,胡子就像钢叉。不论天冷天热,都穿一件衲衣,戴一顶蓑帽,吃起饭来,一升一斗一下就吃光,或者却是几天吃一顿,或几个月也不吃。看书过目不忘,游历的地方没有一定,有的人说他能一天走一千里路。喜欢开玩笑,就像旁边没有人似的。曾经去武当几个岩壁、山壑游玩,对人说:"这座山,以后有一天一定会大大兴旺。"当时五龙、南岩、紫霄都在战争中被毁,三丰同他的徒弟一道,砍去荆棘,挖掉瓦片,建了个草屋住下,后来又不住了。

明太祖以前就听说过他,洪武二十四年派人找他找不到。后来住在宝鸡的金台观,一天自己说要死了,留下一首颂死去,县里的人一起收埋了他。等到安葬的时候,听见棺内有声音,打开一看他又活了。又去四川游历,见蜀献王。又进入武当山,游历襄阳、汉阳,踪迹更奇幻了。

永乐年中,明成祖派给事中胡濙与内侍朱祥带着诏书和香钱去拜访他,找遍了地方,几年也找不到。便命工部侍郎郭琎、隆平侯张信等,督促三十多万人,大造武当山的宫观,花的钱要以一百万计算。建成之后,赐名叫太和太岳山,设了官位,铸了印来守护,这最终应验了张三丰的话。

有人说三丰是金代的人,元代初年与刘秉忠同学一个老师,后来在鹿邑的太清宫学道,但这些都不可考证。天顺三年,明英宗发布诰文,赠他为通微显化真人,始终不知道他是死了还是活着。

戴思恭传

【题解】

戴思恭(1324~1405),明初医学家。字原礼,一作无礼,婺州浦江马剑九灵山(今属浙江诸暨)人。戴氏幼年习儒,旁涉星象、堪舆、风鉴之术,尤嗜医药,志在济世活人。洪

武年间因医名被朝廷征为御医,治效斐然,颇得太祖朱元璋器重,后升为太医院院使。永乐初(1403)因老辞归。晚年著《证治要诀》十二卷,以丹溪学说为本,集《内经》《难经》《伤寒论》直至宋元名医二十二家的学术经验,参以作者个人心得,论述了多种内科杂病兼及疮疡、妇科、五官科等病症诊治。论述病因,列证辨析,阐明治法方药,内容简明实用,检阅十分方便,对后世影响较大。另有《证治要诀类方》(简称《证治类方》)四卷,所论持之有据,且时出新意。尚有《类证用药》一卷,已佚。

【原文】

戴思恭,字原礼,浦江人,以字行。受学于义乌朱震亨。震亨师金华许谦,得朱子之传,又学医于宋内侍钱塘罗知悌。知悌得之荆山浮屠,浮屠则河间刘守真门人也。震亨医学大行,时称为丹溪先生。爱思恭才敏,尽以医术授之。

洪武中,征为御医,所疗治立效,太祖爱重之。燕王患瘕,太祖遣思恭往治,见他医所用药良是,念何以不效,乃问王何嗜。曰:"嗜生芹。"思恭曰:"得之矣。"投一剂,夜暴下,皆细蝗也。晋王疾,思恭疗之愈。已,复发,即卒。太祖怒,逮治王府诸医。思恭从容进曰:"臣前奉命视王疾,启王曰:'今即愈,但毒在膏肓,恐复作不可疗也。'今果然矣。"诸医由是免死。思恭时已老,风雨辄免朝。太祖不豫,少间,出御右顺门,治诸医侍疾无状者,独慰思恭曰:"汝仁义人也,毋恐。"已而太祖崩,太孙嗣位,罪诸医,独擢思恭太医院使。

永乐初,以年老乞归。三年夏,复征入,免其拜,特召乃进见。其年冬,复乞骸骨,遣官护送,赍金币,逾月而卒,处八十有二,遣行人致祭。所著有《证治要诀》《证治类元》《类证用药》诸书,皆隐木括丹溪之旨。又订正丹溪《金匮钩玄》三卷,附以己意。人谓无愧其师云。

【译文】

戴思恭,字原礼,浦江人,字原礼更为通用。曾跟从义乌朱震亨(丹溪)学医。朱震亨老师金华人许谦,得朱熹之学四传弟子,精通理学。朱氏又向南宋内侍钱塘名医罗知悌学医。罗知悌则学医于荆山浮屠,而荆山浮屠是金代河间名医刘守真的学生。朱震亨医名大振,当时人们都称他为"丹溪先生"。朱丹溪爱戴氏才思敏捷,把自己所有的学术经验全部传授给他。

明洪武年间,戴氏被朝廷征召御医,所治病症,马上见效。太祖朱元璋对他很器重。燕王患瘕病,太祖派思恭前往诊治,发现其他医生所开药方都不错,考虑为什么没效的原因,于是询问燕王有什么嗜好,燕王说:"爱吃生芹。"思恭说:"病因找到了。"于是开药一剂,病人服后夜间暴泻,尽是细小的蝗虫。晋王生病,思恭治后痊愈。后来复发而死。太祖大怒,将晋王府的侍医都逮捕治罪。戴思恭从容不迫地向太祖申辩说:"我以前奉命给晋王诊病,曾告诉晋王:'病虽然现在好了,但毒邪内伏膏肓深处,恐怕复发后不能再治好了。'现在果然如此。"晋王府的侍医因此被免去死罪。这时,思恭年岁已老,朝廷批准他凡遇风雨天可以免于上朝。太祖患病,不多时出御右顺门,把那些治疗不力的御医交狱司治罪,独抚慰思恭说:"你是仁义之人,不要害怕。"后来,太祖病亡,太孙惠帝继位,将那些御医治罪,独擢升戴思恭为太医院使。

永乐初,戴氏因年老辞官归乡。永乐三年夏,朝廷又召他入京,免他跪拜,平时住旅舍中,有特召始觐见皇帝。这年冬天,戴氏再次请求返乡,朝廷允准,赠给金币,并派官员护送回乡。一个多月后,戴思恭去世,终年八十二岁。皇帝派行人前往祭奠。戴氏著有《证治要诀》《证治类元》《类证用药》等书,都是根据朱丹溪学说改写而成的。还校订朱丹溪《金匮钩玄》三卷附上自己的见解。人们都说他无愧于老师朱丹溪。

盛寅传

【题解】

盛寅(1375~1411),明医学家。字启东,吴江(今属江苏)人。似王宾处学得医术,王宾则尽得戴原礼之传,故盛寅间接继承戴原礼之学,又钻研《内经》以下诸家方书,遂医名大震。明永乐初,为医学正科。后因治太监胀病奇验,被成祖召见试诊,言其患风湿病,遂授御医之职。太子妃月经十月未行,众医误诊为妊娠,只有盛氏提出异议,诊为血疾,投破血剂,瘀血大下而愈。后避祸出任南京太医院职,宣宗时召还。善诗赋,著有《流光集》,已佚。医著有《医经秘旨》两卷,记录作者历经治验方药,并阐明疑似之理,对后学颇有启迪。

【原文】

盛寅,字启东,吴江人。受业于郡人王宾。初,宾与金华戴原礼游,冀得其医术。原礼笑曰:"吾固无所吝,君独不能少屈乎?"宾谢曰:"吾老矣,不能复居弟子列。"他日伺原礼出,窃发其书以去,遂得其传。将死,无子,以授寅。寅既得原礼之学,复讨究《内经》以下诸方书,医大有名。

永乐初,为医学正科。坐累,输作天寿山。列侯监工者,见而奇之,令主书算。先是有中使督花鸟于江南,主寅舍,病胀,寅愈之。适遇诸途,惊曰:"盛先生固无恙耶!予所事太监,正苦胀,盍与我视之。"既视,投以药立愈。会成祖较射西苑,太监往侍。成祖遥望见,愕然曰:"谓汝死矣,安得生?"太监具以告,因盛称寅,即召入便殿,令诊脉。寅奏,上脉有风湿病,帝大然之,进药果效,遂授御医。一日,雪霁,召见。帝语白沟河战胜状,气色甚厉。寅曰:"是殆有天命耳。"帝不怿,起而视雪。寅复吟唐人诗"长安有贫者,宜瑞不宜多"句,闻者咋舌。他日,与同官对弈御药房。帝猝至,两人敛枰伏地,谢死罪。帝命终之,且坐以观,寅三胜。帝喜,命赋诗,立就。帝益喜,赐象牙棋枰并词一阕。帝晚年犹欲出塞,寅以帝春秋高,劝毋行。不纳,果有榆木川之变。

仁宗在东宫时，妃张氏经期不至者十月，众医以妊身贺。寅独谓不然，出言病状。妃遥闻之曰："医言甚当。有此人何不令早视我？"及疏方，乃破血剂。东宫怒，不用。数日病益甚，命寅再视，书疏方如前。妃令进药，而东宫虑堕胎，械寅以待。已而血大下，病旋愈。当寅之被系也，阖门惶怖曰："是殆磔死。"既三日，红仗前导还邸舍，赏赐甚厚。

寅与袁忠彻素为东宫所恶，既愈妃疾，而怒犹未解，惧甚。忠彻晓相术，知仁宗寿不永，密告寅，寅犹畏祸。及仁宗嗣位，求出为南京太医院。宣宗立，召还。正统六年卒。两京太医院皆祀寅。寅弟宏亦精药论，子孙传其业。

初，寅晨直御医房，忽昏眩欲死，募人疗寅，莫能应。一草泽医人应之，一服而愈。帝问状，其人曰："寅空心入药房，猝中药毒。能和解诸药者，甘草也。"帝问寅，果空腹入，乃厚赐草泽医人。

【译文】

盛寅，字启东，吴江人。在同乡王宾医生处接受医学训练。从前，王宾曾与金华戴原礼交往，希望学到戴氏的医术。戴原礼笑着说："我本来没有什么可吝惜的，只是先生不能稍微委屈些吗？"王宾抱歉地说："我老了，不能再加入你的学生行列。"某日，趁戴原礼外出，私自拿戴氏的医书离去，遂得戴原礼医术之传。王宾年老将死，膝下无子，遂将所得戴氏医书传授给盛寅。盛寅得到戴原礼之学后，又研究《内经》以下历代方书，行医治病很有名气。

永乐初，盛寅任医学正科之职。后因官司牵连，被派往天寿山修筑山陵。工地监工看见后都很奇怪，令他掌管书算。在这之前，有一位去江南督征花鸟的朝廷使者宦官，住在盛寅的房子里，患胀病，盛寅把他的病治愈。这次，恰好在路上碰见，惊讶地说："盛先生原本于官司无干！我侍奉的太监，正为胀病感到痛苦，你何不随我前往替他诊视一下。"盛寅诊视后，配药，病人服后，胀病即愈。正值成祖在西苑校场练射，这位太监前往服侍。成祖远远看见他，非常惊讶，说："都说你死了，怎么还活着？"太监把前后缘由都告诉了成祖，对盛寅大加赞赏，皇帝随即召盛寅进便殿，令他诊脉。盛寅诊后报告：皇上脉象主风湿病。皇帝非常赞同，服药后果然有效，于是授盛寅御医之职。一天，雪后转晴，皇帝召见。皇帝谈起白沟河之战胜利的样子，表情严肃。盛寅说："这大概是天意。"皇帝不高兴，起身去看雪。盛寅又吟诵唐人"长安有贫者，宜瑞不宜多"的诗句，听到的人都吃惊说不出话来。又有一天，盛寅与同僚在御药房下棋。皇帝突然到来，两人收起棋盘，趴在地上，乞求死罪。皇帝命他俩起来接着把棋下完，还坐在旁边观看，盛寅胜三局。皇帝高兴，命盛寅赋诗，很快赋成。皇帝更为高兴，赏他象牙棋盘，并赠词一阕。皇帝晚年还想出塞巡幸，盛寅认为皇上年事已高，劝他不要成行。皇上不听，果然有榆木川病亡之变。

仁宗在东宫为太子时，其妃张氏月经十个月不来，许多医生都诊为妊娠，向太子贺喜。只有盛寅认为不对，道出病因症状。王妃远远听到后，说："这位医生说得非常对。有这样高明的医生为什么不叫他早点为我诊病？"等盛氏开出处方，一看是破血剂，太子恼怒,弃之不用。几天后王妃病情加重,又命盛寅再来诊视,他的处方与前次相同。王妃令他进药,而太子担心会堕胎,准备把盛寅加以桎梏,等用药的结果。后来,王妃服药后瘀血大下,病很快就好了。在盛寅被拘时,全家害怕,都说:"这回差不多要被分尸而死。"三天之后,太子令红仗开路送盛寅回住宅,赏赐非常丰厚。

盛寅与袁忠彻平素少都为太子所厌恶,虽然已经治好了太子妃的疾病,但怒气还没消,非常害怕。袁忠彻懂相术,预知仁宗寿命不长,秘密地告诉盛寅,盛寅还是害怕惹祸。等到仁宗继承帝位,盛寅请求派出到南京太医院任职。后来宣宗登基,召盛寅还京。正统六年死。北京、南京太医院都祭祀盛寅。他的弟弟盛宏亦精通医药,其子孙后代继承他的医业。

当初,盛寅早晨在御医房值班,忽然头昏眼花,病重欲死,召聘医生抢救他,都没有用。有一民间医生应聘,一服药就救了他。皇帝询问情况,那人说:"盛寅空腹入药房,突然中了药毒。能和解诸药之毒的东西是甘草。"皇上问盛寅,果然如此,于是重赏那位民间医生。

凌云传

【题解】

凌云,字汉章,浙江归安人(今浙江吴兴县)。明代著名医生,擅长针灸疗法。他年轻时游历泰山,在那儿结识了一位医术高明的道人,授他针疗法,由于他勤于为别人治病,又善于钻研和总结临床经验,因此也具有高超的医术,能治疗多种疑难疾病,凡经他治疗的,没有不见效的,而且对医理有独到的见解。因此,他在当时的名望很高。明孝宗召他进京,用衣服遮住穴位的铜人考验他,他针针都中所刺穴位,被孝宗赐为御医。享年七十七岁。

【原文】

凌云,字汉章,归安人。为诸生,弃去。北游泰山,古庙前遇病人,气垂绝,云嗟叹久之。一道人忽曰:"汝欲生之乎?"曰:"然"。道人针其左股,立苏,曰:"此人毒气内侵,非死也,毒散自生耳。"因授云针术,治疾无不效。

里人病嗽,绝食五日,从投以补剂,益甚。云曰:"此寒温积也,穴在顶针之必晕绝,逾时始苏。"命四人分牵其发,拿忽倾侧,乃针,果晕绝。家人皆哭,云言笑自始。顷之,气渐苏,复加补,始出针,呕积痰斗许,病即除。

有男子病后舌吐,云兄亦知医,谓云曰:"此病后近女色太蚤也,舌者心之苗,肾水竭,不能制心火,病在阴虚。其穴在右股太阳,是当以阳攻阴。"云曰:"然"。如其穴针之,舌吐如故。云曰:"此知泻不知补也。"被数剂,舌渐复故。

淮阳王病风三载,请于朝,召四方名医,治不效。云投以针,不三日,行步如故。

金华富家女,少寡,得狂疾,至裸形野立。云视曰:"是谓丧心。五针其心,心正心知耻。蔽之帐中,慰以好言释其愧,可不发。"乃令二人坚持,用凉水喷面,针之果愈。

吴江妇临产,胎不下者三日,呼号求死。云针刺其心,针出,儿应手下。主人喜,问故?曰:"抱心生也。手针痛则拿。"取儿掌视之,有针痕。

孝宗闻云名,召至京,命太医官出铜人,蔽以衣而试之。所刺无不中,乃授御医。年七十七,卒于家。子孙传其术,海内称针法者,曰归安凌氏。

【译文】

凌云,字汉章,归安人(今浙江省吴兴县)人。生员出身,年轻时弃学北游,当游历至泰山(今山东省境内的泰山)时,在一所古庙前遇见一病人,生命垂危,似乎快要断气。凌云在病者身旁叹息很久。有一道人忽然对他说:"你想使他生还吗?"凌云答道:"是的。"道人便用针刺病者的左大腿,病者立刻死而更生了。道人说:"此人是因毒气侵入体内,并非真死,毒气散发掉,他就自然恢复健康。"从此以后,道人教授凌云针刺疗术,他用此医术为人治病,没有一个不见效的。

乡里有一人患咳嗽病,五日不进饭食,很多人都给他服滋补药剂,结果咳嗽更加厉害。凌云看了说:"此人是风寒湿积的缘故,穴位在头顶部,针刺之后必然发生昏厥现象,但过一会儿就开始苏醒。"他命令四个人分别牵住病者的头发,使头部稳定而不左右倾侧,然后进行针治,果然病者昏厥过去了。他家里的人见了都哭泣,而凌云却谈笑自如。不一会,病者渐渐苏醒更生,此时再予补剂,并起书刺入头顶上的针,病者呕出许多积在肚子里的痰,此后病即除去。

有一男子病后遗留下舌吐症。凌云的哥哥也知医术,他对凌云说:"此人病后因迷恋女色太盛。舌头是心中之苗,肾脏水枯竭,不能遏制心火,病灶在阴虚,其穴位在右大腿的太阳经,应当以阳攻阴法治疗。"凌云说:"是"。如所说的穴位用针刺,舌吐症则依然如故。凌云说:"这是只知道泻而不知道补的道理。"后来服用了数剂补药,舌头渐渐恢复如常。

淮阳王患风瘫病三年,请朝廷,召集各地著名医生来为他治疗,然而医治都无效果。凌云给以扎针治疗,不到三天,淮阳王就行走如常了。

金华府治(今浙江省金华县),有一富裕人家的妇女,年纪很轻就死了丈夫,得了风狂性的精神病,甚至赤身裸体站在野外。凌云看了说:"这是因为悲痛丧心所致。我用针扎她的心,心病治好了,就必然知道羞耻了。将她隐蔽在帐子里,用好话安慰她,解释光着身子是羞愧的行为,可以不再发病。"于是命令二人维持护理,用冷水喷她的脸,并扎针医治,果然痊愈。

吴江有个妇女快要生小孩儿,胎儿三天生不下来。产妇疼痛难忍,大声叫喊要求让她死去。凌云用针刺她的心部,针一拨出,小儿随手而出。主人很高兴,问他是何原因?凌云说:"这是因为胎儿的手抱着心生。针针时,手被刺痛而放开。"拿新生儿的手掌看,果然有针眼痕迹。

　　明孝宗朱祐樘听到凌云的名声,召他到京城,命令太医官拿出针灸铜人,给它穿上衣服以遮盖上面的穴位,进行试验。凌云所扎下针,没有不刺中穴位的,于是授凌云为御医。凌云七十七岁,在家中去世。他的针疗技术传给了他的子孙,四海之内凡称针刺疗法者,都数归安的凌氏。

周述学传

【题解】

　　周述学字继志,别号云渊子,先世汝南,后迁居山阴(今浙江绍兴),明代中后期(十六世纪)著名科学家。他读书"好深湛之思,尤邃于历学",又曾到今江苏、北京等地游历,"遍取业天官氏之书",进行学习与研究,与当时著名天文数学家唐顺之、顾应祥等讨论历法问题,颇有心得。

　　周述学是一位博学者,对于星占、数学、地理学、航海术以及各种迷信、兵法等都有研究,但主要是研究天文历法,著有《历草》《中星测》《天文图学》《神道大编历宗通议》《神道大编历宗算会》等书,特别是后两书有抄本流传至今,从中可以看出内容和资料之丰富,且包括他本人的一些研究成果。他对计时器的研究颇有成绩,改进沙漏的工作等都很有名。

　　周述学一生没有做官,虽有人向朝廷推荐过他,但是他予以谢绝。只在胡宗宪幕中当过幕宾,并参加了打击倭寇窜扰沿海的战斗,"卒成海上之功"。

【原文】

　　周述学,字继志,山阴人。读书好深湛之思,尤邃于历学,撰《中经》。用中国之算,测西域之占。又推究五纬细行,为《星道五图》,于是七曜皆有道可求。与武进唐顺之论历,取历代史志之议,正其讹舛,删其繁芜,又撰《大统万年二历通议》,以补历代之所未及。自历以外,图书、皇极、律吕、山经、水志、分野、舆地、算法、太乙、壬遁、演禽、风角、鸟占、兵符、阵法、卦影、禄命、建除、葬术、五运六气、海道针经,莫不各有成书,凡一千多卷,统名为《神道大编》。

　　嘉靖中,锦衣陆炳访士于经历沈炼,炼举述学。炳礼聘至京,服其英伟,荐之兵部尚书赵锦。锦就访边事,述学曰:今岁主有边兵,应在乾艮。艮为辽东,乾则宣、大二镇,京师可无虞也。"已而果然。锦将荐诸朝,会仇鸾闻其名欲致之,述学识其必败,乃还里。总督胡宗宪征倭,招致幕中,亦不能荐,以布衣终。

【译文】

　　周述学,字继志,山阴县人。读书喜好极深刻的思考,特别精深于历法,著《中经》。

使用中国的算法,预测西域之古验。又推算研究五颗行星的微细运行,完成《星道五图》,于是日月和五星都有轨道可求。与武进(今江苏常州市)唐顺之讨论历法,摘取历代史志之议论,订正它们的错误,删去它们的繁芜,又撰著《大统万年二历通议》,以补充历代之所未及。在历法之外,对图书、皇极、律吕、山经、水志、分野、舆地、算法、太乙、壬遁、演禽、风角、鸟占、兵符、阵法、卦影、禄命、建除、葬术、五运六气、海道针经,都有成书,总共一千多卷,统名为《神道大编》。

嘉靖中,锦衣卫的陆炳寻访人才于经历(锦衣卫官名)沈炼,沈炼推举了周述学。陆炳以礼聘请述学到京师(今北京市),佩服他的英伟,又推荐给兵部尚书赵锦。赵锦同他商议边防之事,述学说:"今年属于边境有兵事之年,应在乾,艮两方。艮为辽东(指今东北南部一带),乾则为宣化镇和大同镇,京师可以无忧虑。"结果就是这样。赵锦将要把周述学推荐给朝廷,这时仇鸾知道了他的名声打算招聘,而述学识别出仇鸾必定垮台,于是回了家乡。总督胡宗宪征讨倭寇,把述学招到幕中,也未能向朝廷推荐,以平民终其一生。

张正常传

【题解】

张正常,字仲纪,贵溪龙虎山人,汉代张道陵的四十二世孙。元时曾赐号为天师。明洪武元年,明太祖改授他为正一嗣教真人。张正常其子孙,虽世代修道,但也贪恋官位品级,屡有讨封之举。他们并无任何神异之处,只是依据道家秘籍,干点祈祷雨雪、驱鬼求神的事罢了。

【原文】

张正常,字仲纪,汉张道陵四十二世孙也。世居贵溪龙虎山。元时赐号天师。太祖克南昌,正常遣使上谒,已而两入。洪武元年入贺即位。太祖曰:"天有师乎?"乃改授正一嗣教真人,赐银印,秩视二品。设寮佐,曰赞教,曰掌书。定为制。

长子宇初嗣。建文时,坐不法,夺印诰。成祖即位,复之。宇初尝受道法於长春真人刘渊然,后与渊然不协,相诋讦。永乐八年卒,弟宇清嗣。宣德初,渊然进号大真人,宇清入朝恳礼部尚书胡滢为之请,亦加号崇谦守静。

再传至曾孙元吉,年幼,敕其祖母护持,而赠其父留纲为真人,封母高氏为元君。景泰五年入朝,乞给道童四百二十人度牒。滢复为请,许之。寻欲得大真人号,滢为请,又许之。天顺七年再乞给道童三百五十人度牒,礼部尚书姚夔持不可,诏许度百五十人。

宪宗立,元吉复乞加母封,改太元君为太夫人,以吏部言不许,乃止。初,元吉已赐号冲虚守素昭祖崇法安恬乐静玄同大真人,母慈惠静淑太元君,至是加元吉号体元悟法渊默静虚阐道弘法妙应大真人，母慈和端惠贞淑太真君。然元吉素凶顽，至僭用乘舆器服，擅易制书。夺良家子女，逼取人财物。家置狱，前后杀四十馀人，有一家三人者。事闻，宪宗怒，械元吉至京会百官廷讯，论死。于是刑部尚书陆瑜等请停袭，去真人号，不许。命仍旧制，择其族人授之，有妄称天师，印行符箓者，罪不贷。时成化五年四月也。元吉坐系二年，竟以黈缘免死，杖百，发肃州军，寻释为庶人。

族人元颜嗣，弘治中卒。子彦頨嗣，嘉靖二年进号大真人。彦頨知天子好神仙，遣其徒十馀人乘传诣云南、四川采取遗经、古器进上方，且以蟒衣玉带遗镇守中贵，为云南巡抚欧阳重所劾，不问。十六年祷雪内庭有验，赐金冠玉带、蟒衣银币，易金印，敕称卿不名。彦頨入朝所经，邮传供应或后期，常山知县吴襄等至下按臣治。

传子永绪，嘉靖末卒，无子。吏部主事郭谏臣乘穆宗初政，上章请夺其世封，下江西守臣议，巡抚任士凭等力言宜革，乃去真人号，改授上清观提点，秩五品，给铜印，以其宗人国祥为之。万历五年，冯保用事，复国祥故封，仍予金印。国祥传至应京。崇祯十四年，帝以天下多故，召应京有所祈祷。既至，命赐宴。礼臣言："天顺中制，真人不与宴，但赐筵席。会应京奉有优旨，请仿宴法王佛子例，宴于灵济宫，以内官主席。"从之。明年三月，应京请加三官封号，中外一体尊奉。礼官力驳其谬，事得寝。

张氏自正常以来，无他神异，专恃符箓祈雨驱鬼，间有小验。顾代相传袭，阅世既久，卒莫废去云。

【译文】

张正常，字仲纪，汉代张道陵的四十二世孙。世代居住在贵溪龙虎山。元代时赐号为天师。明太祖攻克南昌，正常派人去谒见，后来两次进入朝廷。洪武元年去朝廷中祝贺皇帝即位。太祖说："天会有老师吗?"于是改授他为正一嗣教真人，赐他银印，等级就像二品。设立寮佐，一叫赞教，一叫掌书。定下来成为制度。

长子宇初继承他真人的位置。建文时代，因为犯法，剥夺了他的印诰。成祖即位后，又加以恢复。宇初曾经受道法于长春真人刘渊然，后来与渊然不合，相互诋毁攻击。永乐八年卒，弟弟宇清继承真人之位。宣德初，刘渊然被封为大真人，宇清入朝恳求礼部尚书胡淡为他去请求，也被封号为崇谦守静。

再传到曾孙元吉，年纪很小，让他祖母养护他，而赠他父亲留纲号为真人，封母亲高氏为元君。景泰五年入朝，请求准许让四百二十个儿童入道。胡淡又帮他要求，得到批准。不久想得到大真人的封号，胡淡又帮他要求，又得到批准。天顺七年再请求允许三百五十个儿童入道，礼部尚书姚夔不同意，皇帝下诏同意一百五十人入道。

宪宗即位，元吉又要求给他母亲加封，改太元君为太夫人，因为吏部不同意，才作罢。当初，元吉已赐号"冲虚守素昭祖崇法安恬乐静玄同大真人"，母亲为"慈惠静淑太元君"，到这时又加封元吉号为体元悟法渊默静虚阐道弘法妙应大真人"，母亲为"慈和端惠贞淑太真君"。但是元吉素来凶横，以至于使用皇帝才能使用的东事和器物、衣服。擅自改动皇帝诏书。抢夺良家子女，逼要人家财物。家中设置公狱，前后杀人四十多个，有一家被杀三口人的。事情听说后，宪宗发怒了，把元吉捆到京城，召集百官在廷中审问，判处死罪。于是刑部尚书陆瑜等请求停止他的袭封，去掉真人的封号，不同意。命令依照原来的制度，选择他家族的人授予，有妄自称天师，印行道教秘籍的，罪不宽恕。这是成化五年四月的事。元吉被判关押二年，最后被免除一死，打一百下，发配肃州军中，不久释放，成为普通老百姓。

同族之人元庆即真人位，弘治年中死。儿子彦頨继位，嘉靖二年进号大真人。彦頨知道天子喜爱神仙，派他的徒弟十几个人去云南、四川取遗经、古器回来上贡，并且用蟒衣玉带送给镇守中的权贵，被云南巡抚欧阳重所弹劾，皇帝不加追究。天顺十六年在内廷祈祷雪，应验，皇帝赐给他金冠玉带、蟒衣银币，换了金印，下诏称他为卿，而不称名。

儿子永绪，嘉靖末年死，没有孩子。吏部主事郭谏臣乘着明穆宗刚刚执政，上章请求夺去他的世代的封号。穆宗把这一建议让江西的守臣拿去讨论，巡抚任士凭等竭力主张应该免去，于是便去掉真人的封号，改授上清观提点，官阶是五品，给予铜印，让他们族中的国祥提任。万历五年，冯保掌权，又恢复国祥以前的封号，仍然赐给他金印。国祥应诏到应京。崇祯十四年，皇帝因为天下多事，召他到应京进行祈祷。到了之后，命令赐他宴席。礼臣说：“天顺中的制度，真人不参与宴会，只赐他筵席就可以了。如今应京奉旨，请仿照宴请法王佛子之例，宴请于灵济宫，让内官主持宴会。”听从。第二年三月，应京请加三官神封号，中外共同尊奉。礼官竭力驳斥他的荒谬，事才作罢。

张氏自张正常以来，没有其他神异之处，专靠道家秘籍，祈祷下雨，驱逐鬼神，偶尔有一点成功。只是因为世世代代传承沿袭，经过的时间长了，最终也不能加以废除罢了。

刘渊然传

【题解】

刘渊然，赣县人。从小就入祥符宫当道士。传说他颇有道术，能呼风唤雨。明仁宗赐他为长春真人，宣德初，又进封大真人。刘渊然为人清静，淡泊自守，为多代皇帝所尊重。长寿，死后有异状。

【原文】

刘渊然者，赣县人。幼为祥符宫道士，颇能呼召风雷。洪武二十六年，太祖闻其名，召至，赐号高道，馆朝天宫。永乐中，从至北京。仁宗立，赐号长春真人，给二品印诰，与正一真人等。宣德初，进大真人。七年乞归朝天宫，御制山水图歌赐之。卒年八十二，阅七日入殓，端坐如生。渊然有道术，为人清静自守，故为累朝所礼。

其徒有邵以正者，云南人，早得法於渊然。渊然请老，荐之，召为道箓司左元义。正统中，迁左正一，领京师道教事。景泰时，赐号悟元养素凝神冲默阐微振法通妙真人。天顺三年将行庆成宴。故事,真人列二品班末,至是,帝曰:"殿上宴文武官,真人安得与。"其送筵席与之,遂为制。

又有沈道宁者,亦有道术。仁宗初,命为混元纯一冲虚湛寂清静无为承宣布泽助国佐民广大至道高士,阶正三品,赐以法服。

时有浮屠智光者,亦赐号圆融妙慧净觉弘济辅国光范衍教灌顶广善大国师,赐以金印。智光,武定人。洪武时,奉命两使乌斯藏诸国。永乐时,又使乌斯藏,迎尚师哈立麻,遂通番国诸经,多所译解。历事六朝,宠锡冠群僧,与渊然辈淡泊自甘,不失戒行。迨成化、正德、嘉靖朝,邪妄杂进,恩宠滥加,所由与先朝异矣。

【译文】

刘渊然,赣县人。小时候是祥符宫的道士,颇能呼风唤雷。洪武二十六年,明太祖听说了他的名字,召他去,赐号高道,住在朝天宫。永乐中,跟着太祖来到北京。明仁宗即位,赐号长春真人,给予二品印诰,与正一真人相等。宣德初,晋封为大真人。宣德七年请求归还朝天宫,仁宗画了山水图歌送给他。死时八十二岁,过了七天下葬,笔直地坐着,如同活着。刘渊然有道术,为人清静,坚持操守,所以被好多代皇帝所尊重。

他的徒弟有一个叫邵以正的,云南人,以前从刘渊然哪里得到道法。刘渊然请求退休,推荐他,被召为道箓司左元义。正统年中,高迁为左正一,统领京师道教之事。景泰时,赐号悟元养素凝神冲默阐微振法通妙真人。天顺三年,将要行祝设宴。按老规矩,真人列在二品的末尾,这时,皇帝说:"殿上宴请文武百官,真人怎么能参与呢?"把酒菜送到他哪里去。从此便成了制度。

又有一个叫沈道宁的,也有道术,仁宗初年,命名他为混元纯一冲虚湛寂清静无为承宣布泽助国佐民广大至道高士,级别在三品,赐给他法服。

当时有一个僧人叫智光,也赐号圆融妙慧净觉弘济辅国光范衍教灌顶广善大国师,赐给他金印。智光,武定人。洪武年时,奉命两次出使乌斯藏等国。永乐年时,又一次出使乌斯藏,迎回和尚哈立麻,于是学通了蕃国的一些经籍,作了不少翻译。在六个皇帝的朝中呆过,受到的宠爱高于众僧之上。与刘渊然一类的人一样淡泊自守,不失去戒规条例。到了成化、正德、嘉靖几朝,邪恶之人纷纷得势,皇帝的恩宠施予太滥,风气与以前皇帝的时代不同了。

李时珍传

【题解】

李时珍(1518~1593),明朝杰出的医学家。字东璧,号濒湖,蕲州(今湖北蕲春)人,任职楚王府奉祠正。

家中世代行医，李时珍继承家学，尤其着重研究药物和临床实践，经常上山采药，向农民、渔夫、樵夫、药农、江湖郎中等请教，并亲尝草药；又参考了历代有关医学的书籍八百多种，对药物加以鉴别、考证，纠正了古代本草书籍中药名、品种、产地、作用的某些错漏和繁复混乱，三易其稿，写成了《本草纲目》，总结了十六世纪以前我国丰富的药物经验，对后世药物学的发展做出了重大贡献，此外还有《濒湖脉学》《奇经八脉考》流传于世。

李时珍

【原文】

李时珍，字东璧，蕲州人。好读医书，医家《本草》，自神农所传止三百六十五种，梁陶弘景所增亦如之，唐苏恭增一百一十四种，宋刘翰又增一百二十种，至掌禹锡、唐慎微辈，先后增补合一千五百五十八种，时称大备。然品类既烦，名称多杂，或一物而析为二三，或二物而混为一品，时珍病之。乃穷搜博采，芟烦补阙，历三十年，阅书八百余家，稿三易而成书，曰《本草纲目》。增药三百七十四种，厘为一十六部，合成五十二卷。首标正名为纲，余各附释为目，次比集解详其出产、形色，又次以气味、主治附方。书成，将上之朝，时珍遽卒。未几，神宗诏修国史，购四方书籍。其子建元以父遗表及是书来献，天子嘉之，命刊行天下，自是士大夫家有其书。时珍官楚王府奉祠正。子建中，四川蓬溪知县。

【译文】

李时珍，字东璧，蕲州人。好读医书，医家《本草》，自神农所传下来的只有三百六十五种，梁朝陶弘景所增加的亦差不多，唐朝苏恭增加一百一十四种，宋朝刘翰又增加一百二十种，至掌禹锡、唐慎微等人时，先后增补共计一千五百五十八种，当时已经认为是最齐备了。但是品种既烦多，名称又很复杂，或者一种分析为两三种，或者两种不同的混为一类，李时珍很不满意，于是尽力搜寻广泛采集，削除繁复杂乱补入缺漏，经过了三十年，看书八百多家，三易其稿而写成一本，称《本草纲目》。增加药三百七十四种，整理改定为一十六部，合成五十二卷。首先标出正名作为纲，其余各附解释为目，其次以集解的形式详细注明其产地、形状颜色，又再次是气味、主治的病并附药方。书写完，将要送上朝，李时珍突然死了。不久，神宗下诏修纂国史，购买各地的书籍。李时珍的儿子建元把父亲的遗表和这本书拿来献上，天子嘉奖他，命令刊印发行全国，从此士大夫家里有了这本书。李时珍的官职是楚王府奉祠正。儿子李建中，是四川蓬溪知县。

列女传

【题解】

《明史》的《列女传》分三卷,篇幅较大,所收集的妇女事迹也五花八门,但总的来说还是割体疗亲、夫死殉身、决不改嫁、宁死不受污辱一类。明代统治者是非常看重列女的,他们企图通过对节烈一类的妇女进行褒扬奖赏,来达到宣扬封建礼教的目的,为维护封建统治服务。

【原文】

妇人之行,不出于闺门,故《诗》载《关雎》《葛覃》《桃夭》《芣苢》,皆处常履顺,贞静和平,而内行之修,王化之行,具可考见。其变者,《行露》《柏舟》,一二见而已。刘向传列女,取行事可为鉴戒,不存一操。范氏宗之,亦采才行高秀者,非独贵节烈也。魏、隋而降,史家乃多取患难颠沛,杀身殉义之事。盖轶近之情,忽庸行而尚奇激,国制所褒,志乘所录,与夫里巷所称道,流俗所震骇,胥以至奇至苦为难能。而文人墨客往往借倜傥非常之行,以发其伟丽激越跌宕可喜之思,故其传尤远,而其事尤著。然至性所存,伦常所系,正气之不至于沦斁,而斯人之所以异于禽兽,载笔者宜莫之敢忽也。

明兴,著为规条,巡方督学岁上其事。大者赐祠祀,次亦树坊表,乌头绰楔,照耀井间,乃至僻壤下户之女,亦能以贞白自砥。其著于实录及郡邑志者,不下万余人,虽间有以文艺显,要之节烈为多。呜呼! 何其盛也。岂非声教所被,廉耻之分明,故名节重而蹈义勇欤。

今掇其尤者,或以年次,或以类从,具著于篇,视前史殆将倍之。然而姓名湮灭者,尚不可胜计,存其什一,亦足以示劝云。

月娥,西域人,元武昌尹职马禄丁女也。少聪慧,听诸兄诵说经史,辄通大义。长适芜湖葛通甫,事上抚下,一秉礼法。长姒卢率诸妇女,悉受其教。

太祖渡江之六年,伪汉兵自上游而下,卢曰:"太平有城郭,且严兵守,可恃。"使月娥挟诸妇女往避之。未几,寇至,城陷,月娥叹曰:"吾生诗礼家,可失节于贼邪!"抱幼女赴水死。诸妇女相从投水者九人,方盛暑,尸七日不浮,颜色如生。乡人为巨穴合葬之故居之南,题曰十女墓。娥弟丁鹤年,幼通经史,皆娥口授也。后通甫与卢皆死于寇。

刘孝妇,新乐韩太初妻。太初,元时为知印。洪武初,例徙和州,挈家行。刘事姑谨,姑道病,刺血和药以进。抵和州,夫卒,刘种蔬给姑食。越二年,姑患风疾不能起,昼夜奉汤药,驱蚊蝇不离侧。姑体腐,蛆生席间,为啮蛆,蛆不复生。及姑疾笃,刲肉食之,少苏,逾月而卒,殡之舍侧。欲还葬舅家,力不能举丧,哀号五载,太祖闻之,遣中使赐衣一袭,钞二十锭,命有司还其丧,旌门间,复徭役。

同时甄氏，栾城李大妻，事姑孝。姑寿九十一卒，甄庐墓三年，旦暮悲号，亦被旌。

孝女诸娥，山阴人。父士吉，洪武初为粮长。有黠而逋赋者，诬士吉于官，论死，二子炳、焕亦罹罪。娥方八岁，昼夜号哭，与舅陶山长走京师诉冤。时有令，冤者非卧钉板，勿与勘问。娥辗转其上，几毙，事乃闻，勘之，仅戍一兄而止。娥重伤卒，里人哀之，肖像配曹娥庙。

唐方妻，浙新昌丁氏女，名锦孥。洪武中，方为山东佥事，坐法死，妻子当没为官婢。有司按籍取之，监护者见丁色美，借梳掠发，丁以梳掷地，其人取掠之，持还丁。丁骂不受，谓家人曰：“此辈无礼，必辱我，非死无以全节。”肩舆过阴泽，崖峭水深，跃出赴水，衣厚不能沉，从容以手敛裙，随流而没，年二十八，时称其处为夫人潭。

郑煁妻石氏。煁，浦江郑泳孙也。洪武初，李文忠荐诸朝，屡迁藏库提点，坐法死。石当遣配，泣曰：“我义门妇也，可辱身以辱门乎！”不食死。

杨氏，慈溪人，字同邑郑子珠。洪武中，子珠父仲徽戍云南。明制，子成丁者随遣，子珠亦在戍中。杨年甫十六，闻子珠母老弟幼，请于父母，适郑养姑，以待子珠之返。子珠竟卒戍所，杨与姑抚诸叔成立，以夫从子孔武为嗣，苦节五十余年。

其后，郑焕妻张氏，嫁未旬日；泰然妻严氏生子一兰，方孩抱；杙妻王氏事夫痈病，狂不省人事，服勤八年弗怠；三人皆杨氏夫族，先后早寡，皆以节闻。万历中，知府邹希贤题曰郑氏节门，以比浦江郑氏义门云。

贞女韩氏，保宁人。元末明玉珍据蜀，贞女虑见掠，伪为男子服，混迹民间。既而被驱入伍，转战七年，人莫知其处女也。后从玉珍破云南还，遇其叔父赎归成都，始改装而行，同时从军者莫不惊异。洪武四年嫁于尹氏妇。成都人以韩贞女称。

其后有黄善聪者，南京人。年十三失母，父贩香庐、凤间，令善聪为男子装从游数年。父死，善聪习其业，变姓名曰张胜。有李英者，亦贩香，与为伴侣者逾年，不知其为女。后偕返南京省其姊。姊初不之识，诘知其故，怒詈曰：“男女乱群，辱我甚矣。”拒不纳。善聪以死自誓。乃呼邻妪察之，果处子也。相持痛哭，立为改装。明日，英来，知为女，怏怏如失，归告母求婚。善聪不从，曰：“若归英，如瓜李何？”邻里交劝，执益坚。有司闻之，助以聘，判为夫妇。

姚孝女，余姚人，适吴氏。母出汲，虎衔之去，女追掣虎尾，虎欲前，女掣益力，尾遂脱，虎负痛跃去。负母还，药之获愈，奉其母二十年。

后成化间，武康有蔡孝女，随母入山采药。虎据其母，女折树枝格斗三百余步。虎舍其母，伤女，血喷丈，竹叶为赤，女亦获全。

后招远有孝女，不知其姓。父采石南山，为蟒所吞。女哭之，愿见父尸同死。俄顷大雷电击蟒堕女前，腹裂见父尸。女负土掩埋，触石而死。

卢佳娘，福清李广妻，婚甫十月，广暴卒，卢恸绝复苏，见广口鼻出恶血，悉恬食之。既殓，哭辄僵仆，积五六日，家人防懈，潜入寝室自经。后其县有游政妻倪氏殉夫，亦然。

又有施氏，滁州彭禾妻。正德元年，禾得疾不起，握手诀曰：“疾愈甚，知必死。汝无子，择婿而嫁，毋守死，徒自苦也。”施泣曰：“君尚不知妾乎！愿先君死。”禾固止之，因取禾所呕血尽吞之，以见志。及禾殁，即自经。

吴氏，潞州廪生卢清妻。舅姑殁于临洺，寄瘗旅次。清授徒自给，后失廪，充掾于汴，愤耻发狂死。吴闻讣，痛绝，哭曰："吾舅姑委骨于北，良人死，忍令终不返乎！"乃寄幼孤于姊兄，鬻次女为资，独抵临，觅舅姑瘗处不得，号泣中野。忽一丈夫至，则清所授徒也，为指示，收二骸以归。复冒暑之汴，负夫骨还。三丧毕举，忍饿无他志。学正刘崧言于知州马暾，赎其女，厚恤之。年七十五乃卒。

后有毕氏，河间郑节妻。年饥，携家景州就食，舅姑相继亡，节亦寻殁，俱藁葬景州。氏年三十三，无子女，独归里中，忍饥冻，昼夜纺织，积数年，市地城北八里庄，独之景州，负舅姑及夫骨还葬。

石孝女，新昌人。襁褓时，父潜坐事籍没，系京狱。母吴以漏籍获免，依兄弟为生。一日，父脱归，匿吴家。吴兄弟惧连坐，杀置大窖中，母不敢言。及女长，问母曰："我无父族何也？"母告之故，女大悲愤。

永乐初，年十六，舅氏主婚配族子。女白母曰："杀我父者，吴也。奈何为父雠婚？"母曰："事非我主，奈何？"女领而不答。嫁之日，方礼宾，女自经室中。母仰天哭曰："吾女之死，不欲为雠人妇也。"号恸数日亦死。有司闻之，治杀潜者罪。

汤慧信，上海人。通孝经、列女传，嫁华亭郑林。林卒，妇年二十五，一女七岁。郑族利其居，迫使妇家，妇曰："我郑家妇，何归乎？"族知不可夺，贸其居于巨室。妇泣曰："我收夫骨于兹土，与同存亡，奈何弃之。"欲自尽，巨室义而去之。妇寻自计曰："族利我财耳。"乃出家资，尽畀族人，躬绩纴以给。

岁大水，居荒野沮洳中。其女适人者，操舟来迎，不许。请暂憩舟中，亦不许，曰："我守此六十年，因巨浸以从汝父，所甘心焉，复何往！"母女方相牵未舍，水至，汤竟溺死。

义婢妙聪，保安右卫指挥张孟吉家婢也。永乐中，调兵操宣府，孟吉在行。北寇入掠，妻李谓夫妹曰："我命妇，与若皆宦门女，义不可辱。"相挈投井中，妙聪亦随入，见二人俱未死，以李有娠，恐水冷有所害，遂负之于背。贼退，孟吉弟仲吉求三人井中，以索引嫂妹出，而婢则死矣。

徐孝女，嘉善徐远女也，年六岁，母患臁疮。女问母何以得愈，母谩曰："儿吮之乃愈。"女遂请吮，母难之。女悲啼不已，母不得已听之，吮数日，果愈。

高氏女，武邑人，适诸生陈和。和早卒，高独持门户，奉翁姑甚孝。及宣德时，翁姑并殁，氏以礼殡葬，时年五十矣。泣谓子刚曰："我父，洪武间举家客河南虞城。父死，旅葬城北，母以枣木小车辋识之。比还家，母亦死，弟懦不能自振。吾三十年不敢言者，以汝王母在堂，当朝夕侍养也。今大事已毕，欲舁吾父遗骸归合葬。"刚唯唯，随母至虞城，抵葬所，冢累累不能辨。氏以发系马鞍逆行，自朝及夕，至一小冢，鞍重不能前，即开其冢，所识车辋宛然。远近观者咸惊异，助之归，启母窆同葬。

孙义妇，慈溪人。归定海黄谊昭，生子湝。未几夫卒，孙育之成立，求兄女为配。甫三年，生二子，湝亦卒。

时田赋皆令民自输，孙姑妇相率携幼子输赋南京，诉尚书蹇义，言："县苦潮患，十年九荒,乞筑海塘障之。"义见其孤苦,诘曰:"何为不嫁?"对曰:"饿死事极小,失节事极大。"义嗟叹久之,次日即为奏请,遣官偕有司相度成之,起自龙山,迄於观海,永免潮患。慈溪人庙祀之塘上。

义姑万氏,名义颙,字祖心,鄞人,宁波卫指挥佥事钟女。幼贞静,善读书。两兄文、武,皆袭世职,战死,旁无期功之亲。继母曹氏,两嫂陈氏、吴氏,皆盛年孀居。吴遗腹仅六月,姑旦暮拜天哭告曰:"万氏绝矣,愿天赐一男,继忠臣后,我矢不嫁,共抚之。"已果生男,名之曰全。姑喜曰:"万氏有后矣。"乃与诸嫠共守,名阀来聘,皆谢绝之,训全读书,迄底成立。全嗣职,传子禧、孙椿,皆奉姑训惟谨。姑年七十余卒。姑之祖斌及父兄并死王事,母及二嫂守贞数十年,姑更以义著。乡人重之,称为四忠三节一义之门。

后有陈义姑者,沙县陈穗女。年十八,父母相继卒,遗二男,长七岁,次五岁。亲族利其有,日眈眈于旁。姑矢志抚弟,居常置帚数十。族兄弟暮夜叩门,姑燃帚照之,亟启户具酒食款。叩者告曰:"吾辈夜行灭火,就求烛耳。"自此窥伺者绝意。及二弟毕婚,年四十五乃嫁,终无子。二弟迎归,母事之。

郭氏,大田人。邓茂七之乱,乡人结寨东岩。寨破,郭褓幼儿走,且有身,为贼所驱。郭奋骂,投百尺岩下,与儿俱碎乱石间,胎及肠胃进出,狼藉岩下。贼据高瞰之,皆叹曰:"真烈妇也!"瘗之去。

同时有幼溪女,失其姓名。茂七破沙县,匿草间,为二贼所获。遇溪桥,贞女曰:"扶我过,当从一人而终。"二贼争趋挽,至桥半,女视溪流湍急,拽二贼投水中,俱溺死。

程氏,扬州胡尚绚妻,尚绚婴危疾,妇刲腕肉啗之,不能咽而卒。妇号恸不食二日。怀孕四月矣,或曰:"得男可延夫嗣,徒死何为?"答曰:"吾亦知之,倘生女,徒苟活数月耳。"因复食,弥月果生男。

明年殇,即前语翁姑曰:"媳不能常侍奉,有弟姒在,无悲也。"复绝食,越二日其姑抚之曰:"尔父母家二百里内,若不俟面诀乎?"妇曰:"可急迎之。"日饮米汤一匙以待。逾十有二日,父母遣幼弟至,妇曰:"是可白吾志。"自是滴水不入口,徐简奁中簪珥,令办后事,以其余散家人并邻姬尝通问者,复自卜曰:"十八、九日皆良,吾当逝。向曾刲肉救夫,夫不可救,以灰和之置床头,附吾左碗,以示全归。"遂卒。

王妙凤,吴县人。适吴奎。姑有淫行。正统中,奎商于外。姑与所私饮,并欲污之,命妙凤取酒,挚瓶不进。频促之,不得已而入。姑所私戏玲其臂。妙凤愤,拔刀斫臂不殊,再斫乃绝。父母欲讼之官,妙凤曰:"死则死耳,岂有妇讼姑理邪?"逾旬卒。

唐贵梅者,贵池人。适同里朱姓。姑与富商私,见贵梅悦之,以金帛赂其姑,诲妇淫者百端勿听,加棰楚勿听,继以炮烙,终不听。乃以不孝讼于官。通判某受商赂,拷之几死者数矣。商冀其改节,复令姑保出之。亲党劝妇首实,妇曰:"若尔,妾之名幸全,如播姑之恶何?"夜易服,自经后园梅树下。及旦姑起,且将挞之。至园中乃知其死,尸悬树三日,颜如生。

其后,嘉靖二十三年,有嘉定张氏者,嫁汪客之子。其姑多与人私,诸恶少中有胡岩者,最桀黠,群党皆听其指使。于是与姑谋,遣其子入县为卒,而岩等日夕纵饮。一日,呼妇共坐,不听。岩从后攫其梳,妇折梳掷地。顷之,岩径入犯妇。妇大呼杀人,以杵击岩。岩怒走出,妇自投于地,哭终夜不绝,气息仅属。诘旦,岩与姑恐事洩,縶诸床足守之。明日召诸恶少酣饮。二鼓共缚妇,槌斧交下。妇痛苦宛转曰:"何不以利刃刺我。"一人乃前刺其颈,一人刺其肋,又斫其阴。举尸欲焚之,尸重不可举,乃火其室。邻里救火者踹门入,见嚇然死人,惊闻于官。官逮小女奴及诸恶少鞠之,具得其实,皆以次受刑。妇死时年十九。邑故有烈妇祠,妇死前三日,祠旁人闻空中鼓乐声,火炎炎从祠柱中出,人以为贞妇死事之徵云。

陈氏,祥符人。字杨瑄,未嫁而瑄卒。女请死,父母不许,欲往哭,又不许。私剪发,属媒氏置瑄怀。汴俗聘女,以金书生年月日畀男家,号订婚帖。瑄母乃以帖裹其发,置瑄怀以葬。女遂素服以居。亡何,父母谋改聘,女缢死。后五十三年,至正德中,瑄侄永康改葬瑄,求陈骨合焉。二骨朽矣,发及定婚帖鲜完如故。葬三年,岐谷、丫瓜产墓上。

张氏,秀水人。年十四,受同邑诸生刘伯春聘。伯春负才名,必欲举于乡而后娶。未几卒,女号泣绝发,自为诗祭之。持服三年,不逾阃,不茹荤。服阕,即绝饮食,父母强谕之,终不食,旬日而卒。年二十,舅姑迎柩合葬焉。

又有江夏欧阳金贞者,父梧,授《孝经》《列女传》。稍长,字罗钦仰,从梧之官拓城。梧艰归,舟次仪真,钦仰堕水死。金贞年甫十四,惊哭欲赴水从之,父母持不许。又欲自缢,父母曰:"汝未嫁,何得尔?"对曰:"女自分无活理,即如父母言,愿终身称未亡人。"大声哀号不止。及殓,剪发系夫右臂以殉。抵家,告父母曰:"有妇,以事姑也。姑既失子,可并令无妇乎?愿归罗,以毕所事。"父母从之。后父知广元县,姑病卒,女乃归宁。有讽他适者,曰:"事姑毕矣,更何待?"女曰:"我昔殓罗郎时,有一束发缠其手,谁能掘冢开棺,取发还我,则易志矣。"遂止。生平独卧一楼,年六十余卒。

庄氏,海康吴金童妻。成化初,广西流寇掠乡邑,庄随夫避新会,佣刘铭家。铭见庄美,欲犯之。屡诱不从。乃令党梁狗同金童入海捕鱼,没水死。越三日不还,庄求之海滨,尸浮岸侧,手足被缚,肿腐莫可辨。庄以衣识之,归携女赴水,抱夫尸而没。翼日,三尸随流绕铭门,去而复还。土人感异殡祭之,然莫知铭杀也,后梁狗漏言,有司并捕考,处以极刑。

唐氏,汝阳陈旺妻,随其夫以歌舞逐食四方。正德三年秋,旺携妻及女环儿、侄成儿至江夏九峰山。有史聪者,亦以傀儡为业。见妇、女皆艳丽,而旺且老,因绐旺至青山,夜杀之。明日,聪独返,携其妇、女、幼侄入武昌山吴王祠,持利刃胁唐。唐曰:"汝杀吾夫,吾不能杀汝以复仇,忍从汝乱邪?"遂遇害。贼裹以席,置荆棘中。明日,徙襄衣园,贼又迫环儿,临以刃。环儿哭且詈,声振林木,贼亦杀之,瘗粪壤中而去。其年冬至,贼被酒,成儿潜出告官,擒于葛店市,伏诛。

王氏,慈溪人。聘于陈,而夫佳病,其父母娶妇慰之。及门,即入侍汤药。未几,佳卒,王年甫十七,矢志不嫁。姑张氏曰:"未成礼固守,无名。"女曰:"入陈氏门,经事君子,何谓无名?"姑乃使其二女从容讽之。妇不答,截发毁容。姑终欲强之,窘辱万状。二小姑陵之若婢,稍不顺即爪其面,姑闻复加棰楚。女口不出怨言,曰:"不逼嫁,为婢亦甘也。"夜寝处小姑床下，受湿得伛疾，私自幸曰："我知免矣。"鞠从子梅为嗣，教之。成化初领乡荐，卒昌其家。

后有易氏，分宜人，嫁安福王世昌。时世昌已遘疾，奄奄十余月，易事之，衣不解带，世昌死，除丧犹缟素。姑怜之，谓："汝犹处子，可终累乎？"跪泣曰："是何言哉？父母许我王氏，即终身王氏妇矣。"自是独处一楼，不窥外户四十余年。方世昌疾，所吐痰血，辄手一布囊盛之，卒后，用所盛囊为枕，枕之终身。

徐氏，慈溪人，定海金杰妻也。成化中，杰兄以罪逮入京，杰往请代，濒行，徐已有身，杰谓曰："予去，生死不可知，若生男善抚之，金氏鬼庶得食也。"已而悔曰："我儿误汝，吾增无还理，即死，善事后人。"徐泣曰："君以义往，上必义君，君两兄弟当同归，无过苦也。即可君言，妾有死耳，敢忘嘱托呼？"已果生男，无何兄得还，杰竟瘦死。徐抚孤恸曰："我本欲从汝父地下，奈金氏何？"强营葬事。服阕，父母劝他适适，发断指自誓，食澹茹苦六十余年，视子孙再世成立，乃卒。

龚烈妇，江阴人。年十七嫁刘玉，家贫，力作养姑。姑亡，相夫营葬。夫又亡，无以为敛。里有羡妇色者，欲助以棺。龚觉其意，辞之。既又强之，龚恐无以自脱，乃以所生六岁男、三岁女寄食母家。是夜，积麦禾屋中，举火自焚，抱夫尸死。

又江氏，蒙城王可道妻。夫贫，负贩糊口，死不能敛。比邻诸生李云蟾合钱敛之，卜日以葬。及期，率众至其家，阒然无声，厨下灯微明，趋视之饮食毕具，盖以待异棺者，妇已缢死灶旁矣。众惊叹，复合钱并葬之。

会稽范氏二女，幼好读书，并通《列女传》。长适江，一月寡。次将归傅，而夫亡。二女同守节，筑高垣，围田十亩，穿井其中，为屋三楹以居。当种获，父启圭窦率佣以入，余日则塞其窦，共汲井灌田。如是者三十年。自为茔于屋后，成化中卒，竟合葬焉。族人即其田立祠以祀。

又有丁美音，溆浦丁正明女。幼受夏学程聘，年十八将嫁，学程死，美音誓不再嫁。父母曰："未嫁守节，非礼也。何自苦如此？"美音啮指滴血，吁天自矢。当道交旌之，赍以银币约百金，乃构室独居，鬻田自赡，事舅姑，养父母。乡人名其田为贞女田。

成氏，无锡人，定陶教谕缙女，登封训导尤辅妻也。辅游学靖江，成从焉。江水夜溢，家人仓卒升屋，成整衣欲上，问："尔等衣邪？"众谢不暇。成曰："安有男女裸，而尚可俱生邪？我独留死耳。"众号哭请，不应。厥明，水退，坐死榻上。

后崇祯中，兴安大水，漂没庐舍。有结筏自救者，邻里多附之。二女附一朽木，倏沈倏浮，引筏救之，年皆十六七，问其姓氏不答。二女见筏上男子有裸者，叹曰："吾姊妹倚木不死，冀有善地可存也，今若此，何用生为！"携手跃入波中死。

章银儿，兰溪人。幼丧父，独与母居。邑多火灾，室尽毁，结茅以栖母。母方疾，邻居又火，银儿出视，众呼令疾避。银儿曰："母疾不能动，何可独避。"亟返入庐，欲扶母出，烈焰忽覆其庐，众莫能救。火光中，遥见银儿抱其母，宛转同焚死，时弘治元年三月也。

义妹茅氏，慈溪人。年十四，父母亡，独与兄嫂居。其兄病瘘卧。值倭入县，嫂出奔，呼与偕行。女曰："我室女，将安之！且俱去，谁扶吾兄者！"贼至，纵火，女力扶其兄避于空室,竟被燔灼并死。

张维妻凌氏,慈溪人。弘治中,维举于乡,卒。妇年二十五,子四岁亦卒。其兄讽之改图,妇痛哭啮唇,嚘血洒地,终身不归宁。舅姑慰之曰:“不幸绝嗣,日计无赖,吾二人景逼矣,尔年尚远,何以为活?”妇曰:“耻辱事重,饿死甘之。”乃出簪珥为舅纳妾,果得子,喜曰:“张氏不绝,亡夫墓门且有寒食矣。”后舅病疯,姑双目瞽,妇纺织供养,二十年不衰。

后有杜氏,贵池曹桂妻。年二十四,夫亡,遗腹生女,悲苦无计。日讽姑为舅纳妾,果生一子。产后,妾死,桂以己女托于族母,而自乳其叔。逾年翁丧,劝者曰:“汝辛苦抚孤,宁能以叔后汝乎?”杜曰:“叔后吾翁,异日生二子,即以一子后我夫,吾志毕矣。”后卒如其言。

史氏,杞县人。字孔弘业,未嫁而夫卒。欲往殉之,母不许。女七日不食,母持茗逼之饮,双蛾适堕杯中死,女指示曰:“物意孚我心,母独不谅人邪!”母知不可夺,翌日制素衣缟裳,送之孔氏。及暮,辞舅姑,整衣自经死。白气缕缕腾屋上,达旦始消。

又有林端娘者,瓯宁人,字陈廷策。闻廷策讣,寄声曰:“勿殓,吾将就死。”父曰:“而虽许字,未纳币也。”对曰:“既许矣,何币之问?”父谨防之。曰:“女奚所不可死,顾死夫家箧耳。”父曰:“婿家贫,无以周身。”曰:“身非所恤。”又曰:“婿家贫,孰为标名?”曰:“名非所求。”遂往哭奠毕,自克死期,理帛自经,三拱而绝。陈故家青阳山下,山下人言妇将尽时,山鸣三昼夜。

窦妙善,京师崇文坊人。年十五,为工部主事余姚姜荣妾。正德中,荣以瑞州通判摄府事。华林贼起,寇瑞,荣出走。贼入城,执其妻及婢数人,问荣所在。时妙善居别室,急取府印,开后窗投荷池。衣鲜衣前曰:“太守统援兵数千,出东门捕尔等,且夕授首,安得执吾婢?”贼意其夫人也,解前所执数人,独与妙善出城。

适所驱隶中,有盛豹者父子被掠,其子叩头乞纵父,贼许之。妙善曰:“是有力,当以舁我,何得遽纵。”贼从之。行数里,妙善视前后无贼,低语豹曰:“我所以留汝者,以太守不知印处,欲藉汝告。今当令汝归,幸语太守,自此前行遇井,即毕命矣。”呼贼曰:“是人不善舁,可仍纵之,易善舁者。”贼又从之。行至花坞遇井,妙善曰:“吾渴不可忍,可汲水置井傍,吾将饮。”贼如其言,妙善至井傍,跳身以入,贼惊救不得而去。

豹入城告荣取印,引至花坞,觅井,果得妙善尸,越七年,郡县上其事,诏建特祠,赐额贞烈。

贾氏,庆云诸生陈俞妻。正德六年,兵变,值舅病卒,家人挽之避,痛哭曰:“舅尚未敛,妇何惜一死。”身服斩衰不解。兵至,纵火迫之出,骂不绝口,刃及身无完肤,与舅尸同烬。年二十五。

鄞县诸生李珂妻胡氏,年十八归珂。阅七年,珂死,遗男女各一,胡誓不逾阈。邻火作,珂兄珮往救之,曰:“阿姆来,吾乃出。”珮使妻陈往,妇以七岁男自牖付之,属曰:“幸念吾夫,善视之。”陈曰:“婶将何如?”绐之曰:“取少首饰即出。”陈去,胡即累衣箱塞户,抱三岁女端坐火中死。

叶氏,定海人。许聘慈溪翁姓,而父母俱殁,遂育于翁。年十四,翁资产日落,且失其姑,舅待之如奴,劳勤万状,略无怨色。舅以子幼,欲鬻之罗姓者,叶恚曰:"我非货也,何辗转贸易为?"日哽咽垂涕。既知不可免,伪为喜色,舅遂宽之。夜月上,绐诸姒曰:"月色甚佳,盍少犹夷乎?"趋门外良久,诸姒并劝曰:"夜既半矣,盍就寝。"遂入,及晨觅之,则氏已浮尸于河矣,起之色如生。

胡贵贞,乐平人。生时,父母欲不举,其邻曾媪救之归,与子天福同乳,欲俟其长而配焉。天福年十八,父母继亡,家甚落。贵贞父将夺以姻富家,女曰:"我鞠于曾,妇于曾,分姑媳,恩母子,可以饥寒弃之邪?"乃依从姑以居,革舍单浅,外人未尝识其面。其兄乘天福未婚,曳以归,出视求聘者金宝笄饰。女知不免,潜入房缢死。

孙氏,吴县卫廷圭妻。随夫商贩,寓浔阳小江口。宁王陷九江,廷圭适他往,所亲急邀共逃。孙谓两女金莲、玉莲曰:"我辈异乡人,汝父不在,逃将安之?今贼已劫邻家矣,奈何?"女曰:"生死不相离,要当为父全此身耳。"于是母子共一长绳自束,赴河死。

江氏,余干夏璞妻。正德闻,贼至,抱方晬弟走,不得脱。贼将缚之,曰:"诚愿与将军俱,顾吾父年老,惟一弟,幸得全之。"贼以为信,纵令置所抱儿,出遂大声骂贼,投桥下死。

后隆庆中,有高明严氏,贼掠其境,随兄出避,遇贼,刃及其兄。女跪泣曰:"父早朝,孀母坚守,恃此一兄,杀之则祀殄矣,请以身代。"贼悯然为纳刃。既而欲污之,则曰:"请释吾兄即配汝。"及兄去,执不从,竟剖腹而死。

欧阳氏,九江人,彭泽王佳传妻也。事姑至孝。夫亡,氏年方十八,抚遗腹子,纺织为生。父母迫之嫁,乃针刺其额,为誓死守节字,墨涅之,深入肤里,里人称为黑头节妇。

又徐氏,乌程人。年十六,嫁潘顺。未期而夫病笃,顾徐曰:"母老,汝年少,奈何?"徐泣下,即引刀断左小指,以死誓。夫死,布衣长斋。年七十八卒。遗命取断指入棺中。家人出其指,所染爪红色尚存。

冯氏,宣城刘庆妻。年十九,夫亡,誓守节。其娣姒讽之曰:"守未易言,非咬断铁钉者不能。"冯即投袂起,拔壁上钉啮之,骎然有齿痕。复抉臂肉,钉著壁上曰:"脱有异志,此即狗彘肉不若。"已而遗腹生子,日大贤。长娶李氏,大贤又夭,姑妇相守至老。卒,取视壁钉肉,尚韧不腐,齿痕如新。

方氏,金华军士袁坚妻。坚嗜酒败家,卒殡城北濠上。方贫无所依,乃即殡处置棺,寝处其中,饥则出饮于濠。久之不复出,则死矣。郡守刘范为封土祭之。

又叶氏,兰溪人,适神武中卫舍人许伸。伸家素饶於财,以不检,荡且尽,携妻投所亲,卒于通州。氏守尸,昼夜跪哭。或遗之食,或馈金,或劝以改嫁,俱却不应。水浆不入口者十四日,竟死尸傍,年二十余。州人为买棺合葬。

潘氏,海宁人。年十六,归许钊,生子淮。甫期年,钊卒,既殓,潘自经。死已两日矣,有老妪过之曰:"是可活也。"投之药,更苏。钊族兄欲不利于孤,嗾潘改适,潘毁容自矢。族兄者,夜率势家仆数十人诬以债,推门入。潘负子,冒风雨,逾垣逸。前距大河,追者迫,潘号恸投于河。适有木浮至,凭以渡,达母家,遂止不归。淮年十九,始归。

淮补诸生,娶妇生五子。潘年五十,宗人聚而祝,族兄者亦至,潘曰:"氏所以得有今日,赖伯氏玉成。"目淮酌酒饮伯,卒爵,北向拜曰:"未亡人,三十年来濒死者数矣,而顾强生，独以淮故耳。今幸成立，且多子，复何憾。"语毕入室。顷之宴撤，诸宗人同淮入谢，则缢死室中矣。

杨氏，桐城吴仲淇妻。仲淇卒，家贫，舅欲更嫁之。杨曰："即饥死，必与舅姑俱。"舅不能夺。数年，家益贫，舅谋于其父母，将以偿债。杨仰天呼曰："以吾口累舅姑，不孝。无所助于贫，不仁。失节则不义。吾有死而已。"因咽发而死。

张烈妇，芜湖诸生缪釜妻。年十八，归釜。越四年，釜病，属张善自托。张泣曰："夫以吾有二心乎？有子则守志奉主，妻道也。无子则洁身殉夫，妇节也。"乃沐浴更衣，阖户自缢。阅日，而釜乃卒。

又蔡烈妇，松阳叶三妻。三负薪为业，蔡小心敬事。三久病，织纴供药饵，病笃，执妇手诀曰："及我生而嫁，无受三年苦。"妇梳洗更衣，袖刀前曰："我先嫁矣。"刎颈死。三惊叹，寻死。

又郑氏，安陆赵钰妻。性刚烈，闺房中言动不涉非礼。某寡妇更适人，馈以茶饼。郑怒，命倾之。夫戏曰："若勿骂，幸夫不死耳。"郑正色曰："君勿忧，我岂为此者。"后钰疾将死，回视郑，瞪目不瞑。郑曰："君得毋疑我乎？"即自缢于床楣。钰少苏，回盼，出泪而绝。

王烈妇，上元人。夫嗜酒废业，僦居破屋一间，以竹篷隔内外。妇日塞户，坐门扉绩麻自给。夫与博徒李游。李悦妇姿，谋乱之。夫被酒，以狂言铦妇，妇奔母家避之。夫逼之归，夜持酒脯与李俱至，引妇坐，妇骇走且骂。夫以威挟之，妇坚拒，大被搒笞。妇度不免，夜携幼女坐河干，恸哭投河死。是夜，大风雨，尸不漂没。及曙，女尚熟睡草间。

又许烈妇，松江人许初女。夫饮博不治生。诸博徒聚谋曰："若妇少艾，曷不共我辈欢，日可得钱治酒。"夫即以意喻妇，妇叱之，屡加棰挞不从。一日，诸恶少以酒肴进。妇走避邻妪家，泣顾怀中女曰："而父不才，吾安能观颜自存，俟汝之成也。"少间，闻阖户声。妪观之，则拔刀刎颈仆地矣。父挈医来视，取热鸡皮封之，复抓去。明旦气绝，年二十五。

慈溪沈氏六节妇。章氏，祚妻。周氏，希鲁妻。冯氏，信魁妻。柴氏，惟瑞妻。孟氏，弘量妻。孙氏，琳妻。所居名沈思桥，近海。族众两千人，多骁黠善斗。嘉靖中，倭贼入犯，屡歼其魁，夺还虏掠。贼深仇之。一日，贼大至，沈氏豪誓于众曰："无出妇女，无辇货财，共以死守，违者诛。"章亦集族中妇女誓曰："男子死斗，妇人死义，无为贼辱。"众竦息听命。贼围合，群妇聚一楼以待。既而贼入，章先出投于河，周与冯从之。柴方为夫砺刃，即以刃斫贼，旋自刃。孟与孙为贼所得，夺贼刃自刺死。时宗妇死者三十余人，而此六人尤烈。

黄氏，沙县王珣妻。嘉靖中，倭乱，流劫其乡。乡之比邻，皆操舟为业。贼至，众妇登舟，匿舱中，黄兀坐其外。众妇呼之曰"不虞贼见乎？"黄曰："篷窗安坐，恐贼至不得脱，我居外，便投水耳。"贼至，黄跃入水中死。

时同县罗举妻张氏，从夫避乱岩穴间。贼至，张与妾及妾子俱为所获。贼见张美，欲犯之，不从。至中途，张解发自缢，贼断之。张又解行缠，贼又觉之，徒跣驱至营。贼魁欲留之，张厉声曰："速赐一死。"贼曰："不畏死，吾杀汝妾。"张引颈曰："请代妾，留抚孩婴。"贼曰："吾杀孩婴。"张引颈曰："请代孩婴，存夫嗣。"贼令牵出杀之。张先行，了无惧色。贼方犹豫，张骂不绝口，遂遇害。投尸于河，数日尸浮如生。

张氏，政和游铨妻。倭寇将至，妇数语其女曰："妇道惟节是尚，值变之穷，有溺与刃耳，汝谨识之。"铨闻，以为不祥。妇曰："使妇与女能如此，祥孰大焉。"未几，贼陷政和，张度不脱，连呼女曰："省前海乎？"女颔之，即赴井。张含笑随之，并死。

又叶氏，松溪江华妻，陈氏，叶弟惠胜妻，偕里人避倭长潭。值岁除，里妪觅刀为幼男剃发弗得，叶出诸怀中。众问故，曰："以备急耳。"及倭围长潭，执二妇，共系一绳。叶谓陈曰："我二人被执，纵生还，亦被恶名，死为愈。"陈唯唯。叶探刀于怀，则已失，各抱幼女跳潭中死。

同时林寿妻范氏，亦与众妇匿山坞。倭搜得众妇，偕至水南，范独与抗。或谓姑顺之，家且来赎。答曰："身可赎，辱可赎哉！我则宁死。"贼闻言，杀其幼女恐之，不为动。曰："并及汝矣。"厉声曰："固我愿也！"贼杀之。

刘氏二女，兴化人。嘉靖四十一年与里中妇同为倭所掠，系路傍神祠中。倭饮酣，遍视系中，先取其姊。姊厉声曰："我名家女也，肯污贼乎？"倭笑慰之曰："若从我，当询父母归汝。"女曰："父母未可知，此时尚论归耶？"倭尚抚背作款曲状。女怒，大骂。时黄昏，倭方纵火，女即赴火死。已复侵其妹，妹又大骂。倭露刃胁之，不为动，曰："欲杀，即杀。"倭欲强犯之，女绐曰："吾固愿从，俟姊骨烬乃可，否则不忍也。"倭喜负薪益火，火炽，女又赴火死。时同死者四十七人，二女为最。

孙烈女，五河人。性贞静，不苟嬉笑。母朱卒，继母李携前夫子郑州儿来。州儿恃母欲私女，尝以手挑之，忿批其颊。一日，女方治面，州儿从后搂之。女揪发觅刃，州儿啮其臂得脱。女奔诉于姊，触地恸哭曰："母不幸，父又他出，贼子敢辱我，必刃之而后死。"姊曲抚慰。乃以臂痕示李，使戒饬之。州儿不悛，绐李曰："儿采薪，臂力不胜，置遗束于路。"李往取之，归则户扃甚严。从母舒氏亦趋至，曰："初闻如小犊悲鸣，继又响震如雷，必有异。"并力启之，州儿死阈下，项几断，女亦倚壁死。盖州儿诳母出，调女。女阳诺而使之闭门，既蹑其后杀之也。

又蔡烈女，上元人。少孤，与祖母居。一日，祖母出，有逐仆为僧者来乞食，挑之，不从。挟以刃，女徒手搏之，受伤十余处，骂不绝，宛转死灶下。贼遁去，官行验，忽来首伏。官怪问故。贼曰："女拘我至此。"遂抵罪。

陈谏妻李氏，番禺人。谏，嘉靖十一年进士。为太平推官，两月卒，其弟扶榇归。李曰："吾少嫠也，岂可与叔万里同归哉！"遂不食死。

胡氏，会稽人。字同里沈鈇。将嫁，而鈇遭父链难，二兄衮、褒杖死塞上，鈇与兄襄并逮系宣府狱。总督杨顺逢严嵩意，必欲置二子死，榜掠数百，令夜分具二子病状。会顺为给事中吴时来所劾，就槛车去，襄等乃得释。自是病呕血，扶父丧归，比服阕始婚，胡年已二十七。逾六月，鈇卒，胡哀哭不绝声，尽出奁具治丧事。有他讽者，断发鏊面绝之。终日一室中，即同产非时不见。晚染疾，家人将迎医，告其父曰："寡妇之手岂可令他人视。"不药而卒，年五十一。以襄子嗣。

戴氏，莆田人，名清。归蔡本澄，年甫十四。居二年，本澄以世籍戍辽东，买妾代妇行。戴父与约曰："辽左天末，五年不归，吾女当改嫁矣。"至期，父语清如约。泣不从，独居十有五年。本澄归，生一子，未晬，父子相继亡。清哀毁几绝。父潜受吴氏聘，清闻之曰："人呼女蔡本澄妇耳，何又云吴耶？"即往父家，使绝婚。吴讼之官，令守节，表曰寡妇清之门。

时莆又有欧茂仁妻胡氏，守节严苦，内外重之。郡有狱久不断，人曰："太守可问胡寡妇。"守乃过妇问之，一言而决。

胡氏，鄞许元忱妻。元忱为徐祝师养子，习巫祝事。胡鄙之，劝夫改业，且劝归许宗。未果，而元忱疫死。氏殡之许氏庐，苦卧柩傍，夜拥一刀卧。里某求氏为偶，氏毁面截鬖发，断左手三指，流血淋漓，某惊遁。族妇尊行抱持之，大恸，因立应后者，令子之。氏服丧三年，不浣不栉。毕葬，乃为子娶妇。夫有弟少流移于外，复为返之，许氏赖以复起。

蒋烈妇，丹阳姜士进妻。幼颖悟，喜读书。弟文立方就外傅，夜归，辄以饼饵啖之，令诵日所授书，悉能记忆，久之遂能文。归士进数年，士进病瘵死。妇屑金和酒饮之，并饮盐卤。其父数侦知，奔救免。不食者十二日，父启其齿饮之药，复不死。

礼部尚书宝，士进从父也，知妇嗜读书，多置古图史于其寝所，令续刘向列女传。妇许诺，家人备之益谨。一日，女命于缊帐前掘坎埋大缸贮水，笑谓家人："吾将种白莲于此，此花出泥淖无所染，令亡者知予心耳。"于是日纂辑不懈。书将成，防者稍不戒，则濡首缸中死矣。

为文脱稿即毁，所存《烈女传》及《哭夫文》四篇、《梦夫赋》一篇，皆文立窃而得之者。御史闻于朝，榜其门曰文章贞节。初，其兄见女能文，以李易安、朱淑真比之，辄嚬蹙曰"易安更嫁，而淑真不怜其夫，虽能文，大节亏矣。"其幼时志操已如此。

杨玉英，建宁人。涉猎书史，善吟咏。年十八，许字官时中。时中有非意之狱，父母改受他聘。玉英闻之，嘱其婢曰："吾箧有佩囊、布鞵诸物，异日以遗官官人。"婢弗悟，诺之。于是窃入寝室，自经死，目不瞑。时中闻讣，具礼往祭，以手掩之，遂瞑。婢出所遗物，付父母启之，得诗云："昆山一片玉，既售与卞和。和足苦被刖，玉坚不可磨。若再付他人，其如平生何！"

又张蝉云，蒲城人，许字俞桧。万历中，桧被诬系狱。女闻可贿脱，谋诸母，欲货妆奁助之，母不可，曰："汝未嫁，何为若此。"女方食，即以碗掷地，恚不语。入暮自缢死。

彭氏，安丘人。幼字王枚皋。未嫁，枚皋卒，誓不再适。潍县丁道平密嘱其父欲娶之。彭察知，六日不食。道平悔而止，心敬女节烈，后闻其疾革不起，赠以棺。彭语父曰："可束苇埋我，亟还丁氏棺，地下欲见王枚皋也。"遂死。

又刘氏，颍州刘梅女，许聘李之本。之本殁，女泣血不食，语父曰："儿为李郎服三年，需弟稍长，然后殉。寄语翁，且勿为郎置椁。"遂尽去铅华，教弟读书，亲正句读。越一年，梅潜许田家。女闻，中夜开箧，取李币，挑灯制衣，衣之，缢死。知府谢诏临其丧，邻里吊者如市。田家亦具奠赙，举酒方酹，柩前承灌瓦盆划然而碎，起高丈余，绕檐如蝶堕。观者震色。

邵氏，丹阳大侠邵方家婢也。方子仪，令婢视之。故相徐阶、高拱并家居，方以策干阶,阶不用,即走谒拱,为营复相,名倾中外。万历初,拱罢,张居正属巡抚张佳胤捕杀方,并逮仪。仪甫三岁,捕者以日暮未发,闭方所居宅,守之。

方女夫武进沈应奎,义烈士,负气有力,时为诸生,念仪死,邵氏绝,将往救之。而府推官与应奎善,固邀饮,夜分乃罢。武进距方居五十里,应奎逾城出,夜半抵方家,逾墙入,婢方坐灯,抱仪泣曰:"安得沈郎来,属以此子。"应奎仓卒前,婢立以仪授之,顿首曰:"邵氏之祀在君矣。此子生,婢死无憾。"应奎匿仪去,晨谒推官。

旦日,捕者失仪,系婢毒掠,终无言。或言于守曰:"必应奎匿之。"奎所善推官在坐,大笑曰:"冤哉!应奎夜饮于余,晨又谒余也。"会有为方解者,事乃寝,婢抚其子以老。

丁氏,五河王序礼妻。序礼弟序爵客外,为贼所杀,其妻郭氏怀孕未即殉。及生子越月,投缳死。时丁氏适生女,泣谓序礼曰:"叔不幸客死,娣复殉,弃孤不义,责在君与妾也。妾初举女,后尚有期,孤亡则斩叔之嗣,且负娣矣。"遂弃女乳侄。未几,序礼亦死,竟无子女。氏年方少,抚侄长,绝无怨悔。

尤氏,昆山贡生镛女。嫁诸生赵一凤,早死,将殉之,顾二子方襁褓,为强食。二子复殇,恸曰:"可以从夫矣。"痛夫未葬,即营窀穸。恶少年艳其色,訾其目曰:"彼盼美而流,乌能久也。"妇闻之,夜取石灰手目,血出立枯。置棺自随。夫葬毕,即自缢,或解之,乃触石裂额,趋卧棺中死。

项贞女,秀水人。国子生道亨女,字吴江周应祁。精女工,解琴瑟,通列女传,事祖母及母极孝。年十九,闻周病瘵,即持斋、燃香灯礼佛,默有所祝,侍女辈窃听,微闻以身代语。一日,谓乳媪曰:"未嫁而夫亡,当奈何?"曰:"未成妇,改字无害。"女正容曰:"昔贤以一剑许人,犹不忍负,况身乎?"及讣闻,父母秘其事,然传吴江人来,女已喻。祖母属其母入视,女留母坐,色甚温,母释然去。夜伺诸婢熟睡,独起以素丝约发,衣内外悉易以缟,而纫其下裳。检衣物当劳诸婢者,名标之,列诸床上。大书于几曰:"上告父母,儿不得奉一日欢,今为周郎死矣。"遂自缢。两家父母从其志,竟合葬焉。

李氏,寿昌人。年十三,受翁应兆聘。应兆暴卒,女尽取备嫁衣饰焚之,以身赴火,为父母救止。乃赴翁家,哀告舅姑乞立嗣,复乞一小楼,设夫位,坐卧于旁,奠食相对,非姑不接面。舅亡,家落,忍饥纺织以养姑。未几,姑亦亡,邻火大起,夜半达旦,延百余家。邻妇趋上楼,劝之避,妇曰:"此正我接命时也。"抱夫木主待焚。须臾四面皆烬,小楼独存。

玉亭县君,伊府宗室典柄女。年二十四,适杨仞。不两月仞卒,号恸不食。或劝以舅姑年老,且有遗孕,乃忍死襄事。及生男,家日落。万历二十一年,河南大饥,宗禄久缺,纺织三日,不得一餐,母子相持恸哭。夜分梦神语曰:"汝节行上闻于天,当有以相助。"晨兴,母子述所梦皆符,颇怪之。其子曰:"取屋后土作坯,易粟。"其日掘土,得钱数百。自是,每掘辄得钱。一日,舍旁地陷,得石炭一窖,取以供爨。延两月余,官俸亦至,人以为苦节所感。

马节妇,年十六,归平湖诸生刘濂。十七而寡。翁家甚贫,利其再适,必欲夺其志。不与饮食,百计挫之,志益厉。尝闭门自经,或救之,则系绝而坠于地死矣。急解之,渐苏。翁又阴纳沈氏聘，其姑诱与俱出，令女奴抱持纳沈舟。妇投河不得，疾呼天救我。须臾风雨昼晦，疾雷击舟，欲覆者数四。沈惧，乃旋舟还之。事闻于县，县令妇别居。时父兄尽殁，无可归，假寓一学舍，官赡之以老。

王氏，东莞叶其瑞妻。其瑞贫，操舟往来邻境，一月一归。妇纺织易食。万历二十四年，岭南大饥，民多鬻妻子。其瑞将鬻妇博罗民家，券成，载其人俱来。入门见氏羸甚，问之，不餍鬻数日矣。其瑞泣语之故，且示之金，妇笑而许之。及舟发宝潭，跃入潭中死。两岸观者如堵，皆谓水迅，尸流无所底。其瑞至，从上流哭数声，尸忽涌出，去所投处，已逆流数十步矣。

谭氏，南海方存业妻。生子三月，夫亡，悲号欲殉。母及姑交止之，且讽改适。氏垂涕曰："吾久不乐生，特念姑与儿耳。"哽咽流涕不止，二人不敢复言。及子七岁，遣就塾师，先令拜姑，微示嘱托意，窃自喜曰："吾今可以遂志矣。"一日，媒氏至，复劝改适，氏愈愤，中夜缢死。

又张氏，临清林与岐妻。夫亡，欲自缢，舅姑慰之曰："尔死，如遗孤何？"氏以衣物倩乳妪育其子，三月，知子安乳妪，遂不食死。

李烈妇，余姚吴江妻。年二十，夫与舅俱卒，家酷贫，妇纺织养姑，已恒冻馁。有黄某者，谋娶之，贿夫族某使饵其姑，未即从。某乃阴与黄及父家约，诡称其母暴病，肩舆来迎。妇仓卒升舆，既及门，非父家也。姑亦寻至，布几席，速使成礼。妇佯曰："所以不欲嫁者，为姑老无依耳。姑既许，复何言。然妾自夫殁未尝带膏，今愿一洗沐。"又问："聘财几何？"姑以数对。曰："亟怀之去，姑在，我即从人，殊报颜也。"众喜，促姑行，为具汤。汤至，久不出，辟户视之，则缢死矣。

其后，崇祯十五年，余姚又有黄烈妇者，金一龙妻。夫早殁，黄截指自誓，立从子为嗣，与姑相依。熊氏子欲娶之，母党利其财，绐令还家，间道送于熊。黄知势不可挽，愿搜括所有以偿聘金，不听，相持至夜深，引刀自刎未殒。其姑闻之，急趋视，黄曰："妇所以未即死者，欲姑一面耳，今复何求。"遂刎喉以绝。郡邑闻之，毙熊氏子狱中。

谢烈妇，名玉华，番禺曹世兴妻。世兴为冯氏塾师，甫成婚，即负笈往。亡何病归，不能起，妇誓不改适。曹族之老嘉之，议分祭田以赡。或谓妇年方盛，当俟襄事毕，令归宁，妇佯诺，及期，驾舆欲行，多作诀语，徐入室闭户，以刀自断其颈。家人亟穴板入，血流满衣，尚未绝，见诸人入，亟以左手从断处探喉出之，右手引刀一割，乃瞑。

张氏，桐城李栋妻。栋死无子，张自经于床。母救之，奋身起，引斧斫左臂者三。家人夺斧，抑而坐之蓐间，张瞶闷不语。家人稍退，张遽掩身出户投于水。水方冰，以首触穴入，遂死。

邑又有烈妇王氏，高文学妻。文学死，父道美来吊，谓王曰："无过哀。事有三等，在汝自为之。"王辍泣问之，父曰："其一从夫地下为烈，次则冰霜以事翁姑为节，三则恒人事也。"王即键户，绝粒不食，越七日而死。

又有戚家妇者，宝应人。甫合卺，而夫暴殁。妇哭之哀，投门外汪中死。后人名其死所为戚家汪云。

金氏，通渭刘大俊妻。年十九，夫病风痹，金扶浴温泉。暴风雨，山水陡发，夫不能动，令金急走。金号泣坚持不肯舍，并溺死。尸流数十里而出，手犹挽夫不释云。

又应山诸生王芳妻杨氏。芳醉坠塘中，氏赴水救之。夫入水益深，氏追深处偕死。

王氏，山阴沈伯变妻。议婚数年，伯变病厉，手挛发秃，父母有他意。女问："沈郎病始何日？"父曰："初许时固佳儿，今乃病。"女曰："既许而病，命也，违命不祥。"竟归之。伯变病且恚，王奉事无少怠。居八年卒，嗣其从子。更出簪珥佐舅买妾，更得子。逾年，舅姑相继亡，王独抚二幼孤，鬻手食之，并成立。

李孝妇，临武人，名中姑，适江西桂廷凤。姑邓患痰疾，将不起，妇涕泣忧悼。闻有言乳肉可疗者，心识之。一日，煮药，爇香祷灶神，自割一乳，昏仆于地，气已绝。廷凤呼药不至，出视，见血满流地，大惊呼救，倾骇城市，邑长佐诣其庐，命亟治。俄有僧踵门曰："以室中薪艾传之，即愈。"如其言，果苏，比求僧不复见矣。乃取乳和药奉姑，姑竟获全。

又洪氏，怀宁章崇雅妻。崇雅早卒，洪守志十年。姑许，疾不能起，洪剜乳肉为羹而饮之，获愈，余肉投池中，不令人知。数日后，群鸭自水中冲出，鸣噪回翔，小童获以告姑。姑起视之，乳血犹淋漓也。其夫兄崇古亦早亡，妪朱氏誓死靡他，妯娌相守五十年云。

倪氏，兴化陆鳌妻。性纯孝，舅早世，悯姑老，朝夕侍寝处，与夫暌异者十五年。姑鼻患疽垂毙，躬为吮治，不愈，乃夜焚香告天，割左臂肉以进，姑啖之愈。远近称孝妇。

刘氏，张能信妻，太仆卿宪宠女，工部尚书九德妇也。性至孝，姑病十年，侍汤药不离侧。及病剧，举刀刲臂，侍婢惊持之。舅闻，嘱医言病不宜近腥腻，力止之。逾日，竟刲肉煮糜以进，则姑已不能食，乃大悔恨曰："医绐我，使姑未鉴我心。"复刲肉寸许，恸哭奠簆前，将阖棺，取所奠置棺中曰："妇不获复事我姑，以此肉伴姑侧，犹身事姑也。"乡人莫不称其孝。

徐贞女，宣城人。少字施之济，年十五，里豪汤一泰艳之，倚从了祭酒宾尹，强委命焉。女父子仁不受，夜趣施舁女归。一泰恚甚，胁有司摄施妇，欲庭夺以归，先使人捽济父子及媒妁数人，殴之府门，有司莫能制。徐氏被摄，候理，次城东旅舍，惧不免。夜伺人静，投池中死，衣上下缝纫不见寸体。观者皆泣下，共舁古庙，盛夏郁蒸，蝇不敢近。郡守张德明临视，立祠城东祀之。

林贞女，侯官人。父舜道，官参政。女幼许长乐副都御史陈省子长源，既纳币，长源卒。女蓬首削脂泽，称疾卧床，哭无声而神伤。或谓未成妇，何自苦。答曰："予名氏、岁月饰而楼之以归陈，忍自昧哉！"固请于父，欲赴陈丧，父为达其意。陈父答曰："以凶归，所不忍，以好归，畴与主之？姑俟丧除。"女大悲咤曰："是欲缓之，觊夺吾志也。"遂不食，积七日，呕血死。

王贞女，昆山人，太仆卿宇之孙，诸生述之女，字侍郎顾章志孙同吉。未几，同吉卒。女即去饰，白衣至父母前，不言亦不泣，若促驾行者。父母有难色，使妪告其舅姑，舅姑扫庭内待之。女既至，拜枢而不哭，敛容见舅姑，有终焉之意。姑含泪曰："儿不幸早亡，奈何累新妇。"女闻姑称新妇，泪簌簌下，遂留执妇道不去。早晚跪奠枢前，视姑眠食外，辄自屏一室，虽至戚遣女奴候视，皆谢绝，曰："吾义不见门以外人。"后姑病，女服勤，昼夜不懈。及病剧，女入候床前，出视药灶，往来再三，若有所为。群婢窥之而莫得其迹，姑既进药则睡，觉而病立间，呼女曰："向饮氏者何药？乃速愈如是。"欲执其手劳之，女缩手有难进之状。姑怪起视，已断一指煮药中矣。姑叹曰："吾以天夺吾子，常忧老无所倚。今妇不惜支体以疗吾疾，岂不胜有子耶！"流涕久之。人皆称贞孝女去。

倪美玉，年十八归董绪。绪居丧过毁得疾，谓妻曰："吾无兄弟，又无子。吾死，父母祀绝矣。当以吾屋为小宗祠，置祀田数亩，小宗人递主之，春秋享祀，吾父母获与焉，吾无憾矣。汝必以此意告我叔父而行之。"绪卒，倪立从子为后。治丧毕，携其女及田二亩嘱其姒曰："以此累姆。"及夫叔父自外郡至，泣拜致夫命，叔父如其言。事竣，妇出拜谢，即入室卧不食。居数日，沐浴整衣曰："亡夫召我矣。"举手别父母亲属而逝，年二十二。

刘烈女，钱塘人。少字吴嘉谏。邻富儿张阿官屡窥之，一夕缘梯入。女呼父母共执之，将讼官，张之从子倡言刘女诲淫，缚人取财。人多信之。女呼告父曰："贼污我名，不可活矣，我当求直耳。"即自缢。盛暑待验，暴日下无尸气。嘉谏初惑人言，不哭。徐察之，知其诬也，伏尸大恸。女目忽开，流血泪数行，若对泣者。张延讼师丁二执前说，女傅魂于二曰："若以笔污我，我先杀汝。"二立死。时江涛震吼，岸土裂崩数十丈，人以为女冤所致。有司遂杖杀阿官及从子。

上海某氏，既嫁，夫患疯癫，舅姑谋夺以妻少子。妇觉，密告其夫，夫泣遣之归宁。妇潜制殁具，夫既死，舅姑不以告，不阖棺，露置水滨，以俗忌恶疾也。妇闻，盂饭沦难，偕幼妹至棺所，抱尸浴之，敛以衣衾，阖棺设祭。祭毕，与妹诀，以巾幂面，投水死。

谷氏，余姚史茂妻。父以茂有文学，赘之于家。数日，邻人宋思徵责于父，见氏美，遂指逋钱为聘物，讼之官。知县马从龙察其诬，杖遣之。及谷下阶，茂将扶以行。谷故未尝出闺阁，见隶人林立，而夫以身近己，惭发赪，推茂远之。从龙望见，以谷意不属茂也，立改判归思。思即率众拥舆中而去，谷母随之至思舍。谷呼号求速死，断发属母遗茂。思族妇十余人，环相劝慰，不可解，乘间缢死。从龙闻之大惊，捕思，思亡去。茂感妻义，终身不娶。

于氏，颖州邓任妻。任病，家贫，药饵不给，氏罄嫁笥救之。阅六月病革，氏聘簪二，绾一于夫发，自绾其一，抚任颈哽咽曰："妾必不负君。"纳指任口中，令啮为信。任殁三日，缢死。

州又有台氏，诸生张云鹏妻。夫病，氏单衣蔬食，祷天愿代，割臂为糜以进。夫病危，许以身殉，订期三日。夫付红帨为诀，氏号泣受之。越三日，结所授帨就缢，侍婢救不死，恨曰："何物奴，败我事！令我负三日约。"自是，水浆不入口，举声一号，热血迸流。至七日，顿足曰："迟矣，郎得毋疑我。"母偶出栉沐，扃户缢死。

胡氏，诸城人，遂平知县丽明孙女也。年十七，归诸生李敬中，生一女而夫卒。初哭踊甚哀，比三日不哭，盥栉拜舅姑堂下，家人怪之，从容答曰："妇不幸失所天，无子，将从死者地下，不得复事舅姑，幸强饭自爱。他日叔有子，为亡人立嗣，岁时奠麦饭足矣。"姑及其母泣止之，不可，乃焚香告柩前，顾家人曰："洗含汝等亲之，不可近男子。"遂入户自经，母与姑槌门痛哭疾呼，终不顾而死。

荆娲，陕西淳化人，姓高氏。兄起凤，邑诸生。崇祯五年，流贼掠继母秦氏及荆娲去，起凤驰赴贼营请赎。贼索二马，起凤倾赀得一马，予之。贼止还其母。起凤与妹诀曰："我去，汝即死。"贼令劝妹从己，且欲留为书记。起凤大骂不从，被杀。百计胁荆娲，大骂求死。贼悦其色，割发裂衣以恐之。娲益骂不已，贼乃杀之，年甫十六。巡按吴甡上其事，兄妹皆旌。

黄日芳妾李氏、陈氏。日芳知霍丘县，崇祯八年，计簿入郡。流贼突至，围城。二人相谓曰："主君未还，城必不守，我两人独有一死耳。"密缝内外衣甚固，城陷，南望再拜，携赴藏天涧死。越三日，日芳至，号哭涧侧。两尸应声浮出，颜色如生，手尚相援。

蕲水李氏，诸生何之旦妻。流贼至蕲，执而逼之去，不从，则众挟之。李骂益厉，啮贼求死。贼怒，刺之，创遍体，未尝有惧色，贼断其颈死。

从婢阿来抱李幼女，守哭。贼夺女将杀之，不与，伏地以身庇之。刺数十创，婢、女俱死。

万氏，和州儒士姚守中妻，泉州知府庆女孙也。生六子，皆有室。崇祯八年，流贼陷其城，恸哭孀姑前，命诸妇曰："我等女子也，誓必死节。"诸子环泣，急麾之曰："汝辈男子，当图存宗祀，何泣焉？"长子承舜泣曰："儿读书，惟识忠孝字耳，愿为厉鬼杀贼，何忍母独死。"遂负母投于塘。诸妇女相随死者十数人，仅存子希舜，求其尸，共聚塘坳，无一相离者。

流贼陷和州，王氏一时五烈妇：王用宾妻尹氏，用贤妻杜氏，用聘妻鲁氏，用极妻戴氏，又王氏良器女，刘台妻也。五人同匿城西别墅，誓偕死。及贼登埤，呼声震地。五人相持泣曰："亟死亟死，毋污贼刃。"结缳，缳断，适用贤所佩剑挂壁上，杜趋拔之，争磨以刭，次第死。

州又有女，失其姓，与诸妇共匿明伦堂后。其四人已为贼执，用帛牵之。独此女不肯就执，多方迫之不得。四妇劝之，泣曰："我处女也，可同男子去耶？"以头抢地。贼搴其足而曳之，女大骂。贼怒，一手搴足，以刀从下劈之，体裂为四。

陈氏，泾阳王生妻。有子方晬，生疾将死，以遗孩属陈。陈曰："吾当生死以之。"流贼至，陈抱子避楼上。贼烧楼，陈从楼檐跳下，不死。贼视其色丽，挟之马上，陈跃身坠地者再。最后以索缚之，行数里，陈力断所系索，并鞯坠焉。贼知不可夺，乃杀之。贼退，家人收其尸，子呱呱怀中，两手犹坚抱如故。

鸡泽二李氏。一同邑田蕴玺妻。遇乱，蕴玺兄弟被杀。李抱女同姒王抱男而逃。王足创难行，令李速去。李曰："良人兄弟俱死，当存此予以留田氏后。"遂弃己女，抱其子赴城，得无恙。一嫁曲周郭某。遭乱，举家走匿。翁姑旋被杀，李携幼男及夫弟方七岁者共逃，力罢，不能俱全。或教之舍叔而抱男，李曰："翁姑死矣，叔岂再得乎！子虽难舍，然吾夫在外，或未死，尚可期也。"竟弃男，负叔而走。

宋德成妻姜氏，临清人。德成知赞皇县，寇入署，姜投井。贼出之，逼令食，骂曰："待官兵剿汝，醢为脯，吾当食之。"以簪自剔一目示贼曰："吾废人也，速杀为幸。"贼怒杀之。

石氏女，失其邑里，随父守仁寓五河。崇祯十年，流贼突至，执欲污之。女抱槐树厉声骂贼。贼使数人牵之不解，斲其两手，骂如初。又断其足，愈骂不绝，痛仆地佯死。贼就褫其衣，女以口啮贼指，断其三，含血升许喷贼，乃瞑。贼拥薪焚之，厥后所焚地，血痕耿耿，遇雨则燥，旸则湿。村人骇异，掘去之，色亦入土三尺许。

又当涂举人吴昌祚妻谢氏，为乱卒所掠。谢以手抱树，大骂不止。卒怒，断其附树之指，复拾断指掷卒面，卒磔杀之。

周彦敬妻庄氏。彦敬，楼霞知县。氏读书知大义，乱起，乡人悉窜山穴中。庄以男女无别，有难色。彦敬强之曰："不入，且见杀。"庄曰："无礼不如死，君疑我难死乎！"即引刀自裁。彦敬感其义，终身不复娶。

唐烈妻陈氏。烈，孝感诸生。崇祯十年，从夫避难山砦。贼突至，夫与子俱散，陈独行山谷间，砦人曰："非唐氏妪乎？事迫矣，可急入保。"陈问夫与子未至，曰："未也。"陈泣曰："我茕茕一妇人，靡因而至。诸君虽怜而生我，我何面目安兹土耶！夫存亡未知，依人以生不贞，弃夫之难不义。失贞与义，何以为人！吾其行也。"卒不入。已，贼至，逼去不从，大骂死。

又刘氏，怀宁人，应天府丞颜素之孙妇也。崇祯末，乱兵焚掠江市。其舅与夫先在南京。刘子身出避，仓皇无所之，见男妇杂走登舟，慨然曰："吾侪妇人，保姆不在，义不出帷，敢乱群乎！"遂投江死。

唐氏，广济潘龙跃妻。崇祯十三年避贼灵果山。贼至，加刀龙跃颈，索钱。唐跪泣，乞以身代夫，不许。女巽跪泣，乞以身代父。唐知夫不免，投于塘，女从之。贼怆然释其夫。

又颜氏，长乐诸生黄应运妻。城陷，兵至其家，欲杀应运生母詹氏，颜泣诉，愿身代。及颜方受刃，妾曾又奔号曰："此我主母，无所出，愿杀我以全其命。"卒感其义，两释之。

颍州卢氏，王瀚妻。家贫，春织终岁。崇祯十四年大饥，夫患疫。氏语夫曰："君死，我当从。"及夫死，时溽暑，氏求亲戚敛钱以葬曰："我当死，但酷热无衣棺，恐更为亲戚累，迟之秋爽耳。"闻者哈之。及秋，尽粜其新谷，置粗布衣，余买酒蔬祀夫墓。归至家，市犁数十进姑，并贻姊娌，语人曰："我可死矣。"夜半自缢。

于氏，汝州张铎妻。崇祯十四年，贼破城，氏谓两婢曰："吾辈今日必死，曷若先出击贼，杀贼而毙，不失为义烈鬼。于是执梃而前，贼先入者三，出不意，悉为所踣。群贼怒，攒刺之，皆死。

萧氏，万安赖南叔妻。夫早丧，无子，遗一女。寇大起，筑室与女共居。盗突至，率女持利刃遮门，詈曰："昔宁化曾氏妇，立砦杀贼。汝谓我刃不利邪！犯我必杀汝。"贼怒，纵火焚之，二人咸烬。

又杨氏，安定举人张国惕妾。崇祯十六年，贼贺锦攻城急。国惕与守者议，丁壮登陴，女子运石。杨先倡，城中女子从之，须臾四城皆遍。及城陷，杨死谯楼旁。事定，家人获其尸，两手犹抱石不脱。

仲氏女，湖州人，随父贾汉阳。崇祯中，汉阳陷，从群妇将出城，贼守门者止之。有顷，贼大肆淫掠，见女美，执之。女离面披发，大骂。贼具马，命二贼挟之上，连坠伤额，终不肯往。贼露刃迫之曰："身往何如头往?"笑曰："头往善。"遂被害。

邝抱义妻何氏。抱义,临武诸生。崇祯末,氏为贼所执,乃垢面蓬发给以病疫,贼惧释之。及贼退,家人咸喜,何泣曰："平昔谒拜伯叔,犹赪颜汗发。今匿身不固,以面目对贼,牵臂引裾,虽免污辱,何以为人!"竟忿恚不食死。

汤祖契妻赵氏。祖契,睢州诸生。氏知书,有志节。崇祯十五年,贼陷太康,将抵睢。氏语家人曰："州为兵冲,未易保也。脱变起,有死耳。"及城破,属祖契负其母以逃,而己阖户自经,家人解之,投井,复为家人所阻,怒曰："贼至不死,非节也,死不以时,非义也。"贼至,环刃相向,牵之出,厉声诃贼,遂遇害。

萧来凤妻倪氏。来凤,商城贡生,慷慨有大节。贼逼受职。不屈死,倪自经从之。

又有宋愈亨,深泽举人,寇至投井死。妻王氏曰："夫既如此,吾敢相负。"媳韩生男甫六日,愿从死,相对缢。

邵氏,邹县张一桂妻,同妾李氏遇贼。欲迫李行,邵骂曰："亡夫以妾托我,岂令受贼辱。"贼怒杀之。李知不免,绐曰："我有簪珥埋后园井旁。"贼随李发之,至则曰："主母为我死,我岂独生。"即投井。贼下井扶之,李披发破面骂不已,扭其衣欲令并死井底,叫声若雷。贼知不可强,乃刃之。

梁以樟妻张氏,大兴人。以樟知商丘县。崇祯十五年,流贼围商丘,急积薪楼下,集婢女其上,俱令就缢。谓子燮曰："汝父城守,命不可知,宗祀惟汝是赖。"属乳媪匿民家。自缢死。家人举火,诸尸俱烬。

郑完我母石氏,甘州卫人。完我,南阳府同知,既之官,妻王氏奉局家居。崇祯十六年,贼围甘州,石预戒家人积薪室中。及城陷,携王及一孙女纵火自焚。寇退,出尸灰烬间,姑媳牵挽不释手。女距三尺许,覆以瓮,启视色如生。

郭氏,长治宋体道妻。崇祯十五年,任国琦作乱,同居诸妇皆罗跪,呼郭不出,独匿塊垣。贼怒,诘其不跪,瞪目厉声曰："我跪亦死,不跪亦死,已安排不活矣。"贼加数刃,迄死骂不绝口。

姚氏,桐城人,湘潭知县之骐女,诸生吴道震妻。年十九,夫亡,以子德坚在襁褓,忍死抚之。越二十六年,至崇祯末,流贼掠桐城。兄孙林奉母避潜山,氏偕行。贼奄至,孙林格斗死,德坚负氏逃。氏曰："事急矣,汝书生焉能负我远行,倘贼追及,即俱死,汝不能全母,顾反绝父祀乎!"叱之去,德坚泣弗忍,氏推之坠层崖下。须臾贼至,叱曰："出金可免。"氏曰："我流离远道,安得有金。"贼令解衣验之,骂曰："何物贼奴,敢作此语!"贼怒,刃交下死。

李氏,定州人,广平教授元荐女,归同里郝生。崇祯十六年,州被兵。生将奉亲避山中,留李与二子居其母家。生控马将发,李哭拜马前,指庭中井诀曰："若有变,即洁身此中,以衣袂为识,旁有白线一行者,即我也。"比城破,藏二子他所,入井死。兵退,生出其尸,颜色如生。

丘氏,孝感刘应景妻。崇祯末,为贼所执,逼从,不可。贼曰："刃汝。"丘曰："得死为幸。"贼注油满瓮,渍其衣,语同类曰："此妇倔强,将燕之。"丘哂曰："若谓死溺、死焚、死刃有间乎？官兵且夕至，若求如我，得哉！"贼怒，束于木焚之，火炽，骂不绝口。

同邑乾氏，年十七，归高文焕。文焕卒，无子，拔刀自裁。母及姑救之，越三日复苏。自是断荤，日不再食。崇祯十六年，闻贼陷德安，将及孝感。从子高骞将扶避山砦，氏曰："吾老矣，岂复出门求活。行吾四十年前之志，可也。"投后园池中死。

邑又有黄氏，张挺然妻。崇祯末，贼帅白旺陷德安，授挺然伪掌旅，黄泣止之，不听。贼令挺然取妇为质，黄携十岁儿匿青山砦。挺然诱以利，劫以兵，且使亲戚招之，皆不听。已而破砦，焚己居以穷黄，黄匿愈深，竟不可得。挺然寄儿金簪，儿以绾发，黄怒，拔弃之曰："何以为贼物污首！"久之，贼败，挺然走死襄阳，黄耕织以抚其子，乡人义之。

刘长庚妾雷氏。长庚为同州诸生。贼陷潼关，将及州，长庚拜家庙，召妻及二子曰："汝年长，且有子，当逃。"召雷及所生女曰："汝年少，当从吾死。"雷曰："妾志也。"长庚携酒登楼，谓妾曰："汝平日不饮，今当共醉。"妾欣然引满。长庚且饮且歌，夜半遍题四壁，拔刀示妾曰："可以行乎？"对曰："请先之。"夺刀自刎。长庚乃解系条，缢于梁。女方七岁，横刀于壁，以颈就之而死。

邵氏，商州人，布政使可立女，侍郎洛南薛国用子匡伦妻也。流贼将至，避之母家。商州陷，贼驱使执爨，骂曰："吾大家女，嫁大臣子，肯为狗贼作饭耶！"贼怒，斫其足，骂益厉，断舌寸磔之。

关陈谏妻吕氏。陈谏，云梦诸生。族有安氏者，殉其夫关坤，吕每谈及，辄感慨希嘘曰："妇人义当如是。"崇祯末，寇陷邻郡，吕谓夫曰："贼焰方张，不如早为之所。"取鱼网结其体甚固。俄寇至，俾缝衣，吕投剪破贼面，骂曰："贼敢辱我针黹乎！手可断，衣不可缝。"贼怒，磔之，投于水。

邵氏，曲周李纯盛妻。寇至，姑姊妹俱避地洞中。邵为寇所得，问洞所在。绐之行，寇喜随之，径往井旁，投井死。洞中五十余人俱获免。

王氏，宛平刘应龙妻。年十六，嫁应龙。家贫，以女红养舅姑。应龙父子相继亡，王事姑抚子，阅二十年，贼陷都城，泣拜其姑曰："留长孙奉事祖母，妇死已决。"遂携幼子投井死。

吴之瑞妻张氏。之瑞，宿松诸生。福王时，城陷，军士欲污之。张恐祸及夫与子，绐曰："此吾家塾师，携其子在此，吾丑之，若遣去，则惟命。"夫与二子去已远，张乃厉声唾骂，撞石死。

韩鼎允妻刘氏。鼎允为怀宁诸生。福王时，城溃，舅姑双柩殡于堂，刘守不去。贼欲剖棺。刘抱棺号哭。贼释之。一女年十三，贼欲纵火，而数盼其女。刘绐之曰："苟不惊先柩，女非所惜也。"贼喜投炬，携女去。刘送女，目门外池示之，女即投池死。贼怒，刃刘，刘骂不绝口死。

江都程氏六烈。程煜节者，江都诸生也。其祖姑有适林者，其姑有适李者，其叔母曰刘氏、邹氏、胡氏。而煜节之妹曰程娥，未字。城被围，与刘约俱死，各以大带置袖中。城破，女理发更衣，再拜别其母，遂缢死。刘有女甫一岁，啼甚惨。刘乳之，复以糕饵一器置女侧，乃死。邹与胡亦同死。适林者，投井死，适李者，遭掠，绐卒至井旁，大骂投井死。

张氏,江都史著馨妻。年二十六,夫亡。及城陷,抚其子泣曰:"向也抚孤为难,今也全节为大。儿其善图,吾不能顾矣。"遂赴水死。

又兰氏,孙道升继妻。其前妻女曰四,兰所生女曰七,皆家古氏。次曰存,孙女曰巽,皆未嫁。其弟道乾、道新并先卒。道乾妻王氏,子天麟妻丁氏,道新妻古氏,其从弟子启先妻董氏。江都之围,诸妇女各手一刃一绳自随。城破,巽先缢死。兰时五十四,引绳自缢死。王氏、丁氏投舍后汪中死。古氏亦五十四,守节三十年,头颈白,投井死。有女嫁于吴,生女曰睿,方八岁,适在外家,从死于井。董氏以带系门枢,缢死。存病足,力疾投井死。董氏之娣,有祖母曰陈氏,方寄居,与董氏同处,亦自缢死。四与七同缢于床死。

同时有张廷铉者,妻薛氏,城破自缢死。廷铉之妹曰五,遇卒鞭挞使从己,大呼曰:"杀即杀,何鞭为!"遂杀死。

张秉纯妻刘氏。秉纯,和州诸生。家故贫,氏操井臼,处之怡然。国亡,秉纯绝粒死。氏一勺水不入口,阅十有六日,肌骨销铄,命子扶至柩前祭拜,痛哭而绝。

陶氏,当涂孙士毅妻,守节十年。南都覆,为卒所掠,缚其手介刃于两指之间,曰:"从我则完,否则裂。"陶曰:"义不以身辱,速尽为惠。"兵不忍杀,稍创其指,血流竟手,曰:"从乎?"曰:"不从。"卒怒,裂其手而下,且剐其胸。寸磔死。陶母奔护,亦被杀。

田氏,仪真李铁匠妻,姿甚美。高杰步卒掠江上,执犯之,田以死拒。挟马上,至城南小桥,马不能渡。田绐卒牵衣行,观中流急湍,曳二卒赴水,并溺死。

王氏,和州诸生张侣颜妻。南都不守,刘良佐部卒肆掠。氏同母匿朝阳洞,卒攻洞急,氏以子付母曰:"贼势汹汹,我少妇,即苟免,何面目回夫家。此张氏一线,善抚之。"言讫,挺身跳洞外,洞高数十仞,乳石巉岩若锋刃,碎身死焉。

方氏,桐城钱秉镫妻。避寇寓南都。岁祲,饘粥不给,以女红易米食其夫,己与婢仆杂食糠粃。客过,洁茗治馔,取诸簪珥,与秉镫游者,未尝知其贫也。秉镫与阮大铖同里,有隙,避吴中。方挈子女追寻,得之。已而吴中亦乱,方知不免,乃密纫上下服,抱女赴水死。

陆氏,嘉定黄应爵妻。少丧夫,家贫,纺织自给逾三十年。甫殁,嘉定城破。子道弘妻,亡其姓,持二女仓卒欲赴井。长女曰:"若使母先投,必恋念吾二女,不如先之。"乃挽妹叵入,道弘妻继之,并溺死。

于氏,丹阳荆漴妻。漴父大澈为乱兵所杀。于闻变,知不免,谓漴曰:"请先杀妾。"漴不忍,怒曰:"君不自杀,欲留为乱兵污耶!"漴恸哭从之。

项淑美,淳安人,适方希文。希文好蓄书。杭州不守,大帅方国安溃兵掠江浒,数百里无宁宇。希文避山间,载书以往。会幼子病疹,希文出延医,淑美与一姬一婢处。是夕,乱兵突至,纵火肆掠。婢挽淑美衣,欲与俱出,正色叱曰:"出则死于兵,不出死于火,等死耳,死火不辱。"时姬已先去,见火炽复入,呼曰:"火至,奈何弗出?"淑美不应,急取书堆左右,高与身等,坐其中。须臾火迫,书尽焚,遂死。贼退,希文归,则余烬旋而成堆,若护其骨者。一动,灰即散,乃收骨瘗先兆。

先是，有慈溪王氏，归同里方姓。甫逾月，火起，延及其屋。夫适他出，氏坚坐小楼不下，遂被焚，骸骨俱烬，惟心独存。夫归，捧之长号，未顷即化。

甬上四烈妇。钱塘张氏，鄞县举人杨文瓒妻。国变后，文瓒与兄文琦，友华夏、屠献宸，俱坐死。张纫箴联其首，棺殓毕，即盛服题绝命诗，遍拜族戚。吞脑子不死，以佩带自缢而卒。文琦妻沈氏亦自缢。夏继妻陆氏结帨于梁，引颈就缢，身肥重，帨绝堕地。时炎暑，流汗沾衣，乃坐而摇扇，谓其人曰："余且一凉。"既复取帨结之而尽。有司闻杨、华三妇之缢，遗丐妇四人至献宸家，防其妻朱氏甚严。朱不得间，阳为欢笑以接之，且时时诮三妇之徒自苦也。数日，防者稍懈，因谓之曰："我将一浴，汝侪可暂屏。"丐妇听之，阖户自尽。时称"甬上四烈妇"。

夏氏，黔国公沐天波侍女也。沙定州之乱，天波出走，母陈、妻焦亦避外舍。惧贼迫，焦谓姑曰："吾辈皆命妇，可陷贼手乎！"举火自焚死。夏归其母家，获免。后天波自永昌还，夏复归府，则已剃为尼矣。天波感其义，俾佐内政。及天波从从缅甸，夏遂自经。时城中大乱，死者载道，尸为乌犬所食，血肉狼藉，夏尸弃十余日，独无犯者。

【译文】

妇女的行动，不走出闺门，所以《诗经》记载的《关雎》《葛覃》《桃夭》《芣苢》，都是在平常的生活情况中，表现为贞静和平，而内心品德的美好，王者教育的品行，都可从中看出来。写有变故的生活的，象《行露》《柏舟》一二篇而已。刘向为列女写传，取其做人处世时可以作为参照的例子，不在于统一操守。范晔继承了他的做法，也采集了才学品行高尚优秀的，不是只看重节烈的。魏、隋以后，历史学家多吸收患难颠沛的时候，杀身殉义的事情。大概怀念近世人物的情绪，忽略了平常的行为而崇尚奇异激烈，国家制度所褒奖的，志乘一类史书所记录的，跟那些里巷所称赞的，流俗所感到震撼的，都把极端奇异极端艰苦看作难能可贵的事迹。而文人墨客往往借倜傥不寻常的品行，来抒发他们伟丽激越跌宕可喜的想法，因此，它们就被传得特别远，这类事迹也就特别明显。但是人的本性所在，伦常所赖以维系的正气不至于沦丧，而使人跟禽兽有所区别的，记录历史的人应该不要忽略了它们。

明代建立后，写成了规矩条例，巡方督学一类官员每年都要向朝廷汇报她们的事迹。大的赏赐造祠祭祀，次一等的也树牌坊表彰，乌黑顶端的两根木柱，照耀市井乡里，以至于使偏僻地方下等人家的女子，也能用坚贞洁白来要求自己。这类人物被写进实录和郡邑志一类书籍的，不下于一万多人，虽然其中有因为文学技艺出名的，总的来说是节烈一类占了多数。啊，多么兴盛。这难道不是因为有了声威教育，使廉耻分明，才造成重视名声气节而去做出义勇的事情出来的吗？

现在捡拾其中突出的，或者以年代排列，或者以类排列，都写在书里，跟从前的史书相比，差不多多出一倍。但是，湮没了姓名的，还不计其数，保存其中的十分之一，也可以表示规劝的用意了。

月娥，西域人，元代武昌尹职马禄丁的女儿。从小聪明，听兄长们诵读说解经籍史书，就能明白大概意思。长大后嫁给芜湖人葛通甫，侍奉长辈抚育晚辈，都依据礼制法度。年纪最大的卢氏及各位媳妇女子，都受到她的影响。

太祖渡江后的第六年，伪汉的士兵从上游往下而来，卢氏说："太平县有城墙，并且有重兵把守，可以依靠。"让月娥带领各位媳妇女子去哪里躲避一下。没多久，强盗来了，城市陷落，月娥叹息道："我出生在讲究诗书礼仪的人家，能被贼寇夺去节操吗！"抱着小女儿跳水死了。各位媳妇女儿跟着跳水的有九个人，当时正是盛暑，尸体七天没浮出来，皮肤颜色都跟活着时一样。乡里人挖了个巨大的墓穴合葬在故居的南边，题名为十女墓。月娥弟弟丁鹤年，自幼精通经学历史，都是月娥口授的。后来葛通甫和卢氏都死在贼寇手中。

刘孝妇，新乐人韩太初的妻子。韩太初，元代做过知印。明洪武初年，按惯例流放和州，带领家人同去。刘氏侍奉婆婆很恭谨，婆婆在路上生病了，她刺出血拌在药里给她婆婆吃。到了和州，丈夫死了，刘氏种了蔬菜给婆婆吃。过了两年，婆婆患了风病不能起来，她日夜侍候汤药，不离身旁的为她驱赶蚊子苍蝇。婆婆身体腐烂，在席子上长蛆了。等到婆婆病重，割下身上的肉给婆婆吃，稍微苏醒了一些，一个月以后死去，把灵柩停放在屋旁。想把她运回去葬在公公的坟里，没有能力举丧事，悲哀哭喊了五年。太祖听说这事后，派遣中使赏赐衣服一套、钞二十锭，命令有关官吏送回她的灵柩，树了牌坊表彰，并且免去租税徭役。

同时有个甄氏，栾城人李大的妻子，服侍婆婆孝顺。婆婆九十一岁去世，甄氏守了三年墓，早晚悲哀哭喊，也被表彰了。

孝女诸娥，山阴人。父亲诸士吉，洪武初年任粮长。有狡猾而拖欠赋税的人。向官府诬告诸士吉，论罪要处死，两个儿子炳、焕也遭了难。当时娥才八岁，日夜喊叫哭泣，跟舅舅陶山长到京师诉冤。当时有命令，诉冤的人不躺在钉板上，不给调查审问。娥躺在上面翻滚，几乎死去，事情才传上去，调查核对以后，仅让她的一个兄长去当兵就算完事。诸娥因为受了重伤而死，乡里人可怜她，把她的肖像挂在曹娥庙里。

唐方的妻子，浙江新昌人丁氏的女儿，名锦孥。洪武中年，唐方任山东佥事，犯法被处死，妻子孩子应当没收为官府的奴婢。有关官吏按登记提取她们，监护的人见丁氏相貌美好，向她借梳子梳头，丁氏把梳子掷在地上，那人拾去梳了梳，拿着还给丁氏。丁氏骂着不接，对家里人说："这种人没有礼貌，一定要污辱我，不死不能保全节操。"坐在轿子里经过阴泽，悬崖陡峭水又很深，她跳出来投进水求死，衣服太厚沉不下去，她沉着地用手收紧裙子，随着水流沉没了，这时二十八岁，当时人称这个地方为夫人潭。

郑楒的妻子石氏。郑楒，浦江人郑泳的孙子。洪武初年，李文忠把他推荐给朝廷，屡次升迁后做到藏库提点，因犯法处死。石氏应当被发配给别人，哭着说："我是忠义人家的妻子，能污辱自己来污辱家门吗！"绝食而死。

杨氏，慈溪人，许配给同邑人郑子珠。洪武中年，郑子珠父亲郑仲徽驻守云南。明朝制度，儿子成年后随父流放，郑子珠也要去驻守。杨氏当时十六岁，听说子珠母亲年老弟弟又小，请求父母，把她嫁给郑家好赡养婆婆，等待郑子珠回家。郑子珠最后死在驻守的地方,杨氏与婆婆抚育几位叔叔长大成人,把丈夫的堂侄子作为继承人,艰苦守节五十多年。

稍后,郑焕的妻子张氏,嫁出去还没有十天;泰然的妻子严氏生了儿子叫一兰,还是个需要抱着的婴孩;杕的妻子王氏侍候丈夫癫痫病,丈夫发疯不省人事,服侍勤劳八年不松懈;三人都是杨氏丈夫的家族里人,先后早年守寡,都以节操出名。万历中年,知府邹希贤题匾说"郑氏节门",来比拟浦江郑氏义门。

贞女韩氏,保宁人。元代末年明玉珍占据四川,贞女担忧被抢掠,化装为男子的打扮,混在百姓当中。后来被驱赶着进了军队,转战七年,没有人知道她是女的。后来跟从明玉珍破云南回来,碰到她的叔父赎回成都,才改回打扮走路,同时从军的人无不惊异。洪武四年嫁给尹氏做妻子。成都人以韩贞女称呼她。

比她晚有黄善聪,南京人。十三岁时死了母亲,父亲在庐、凤一带贩卖香,让善聪改为男子装束跟他一起游了好几年。父亲死后,善聪继续做贩香这个职业,把姓名改变为张胜。有个人叫李英的,也在贩香,跟她做伴做了一年多,不知道她是女的。后来陪她回南京看望她姐姐。姐姐开始不认识她,追问她的缘故后,怒骂道:"男女淫乱群居,太污辱我了。"拒不接纳她。善聪用死来发誓。于是叫了邻居老太太来检查她,真的是处女。互相拉着手痛哭,立即改换了装束。第二天,李英来,知道她是女的,快快如有所失,回家告诉母亲让她来求婚。善聪不答应,说:"如果嫁给李英,怎么解释瓜田李下?"邻里都来规劝,她更加坚持。有关官吏听说这件事后,赞助了聘礼,把他们判为夫妻。

姚孝女,余姚人,嫁给吴氏。母亲出去打水,老虎把她衔了去,女子追上去扯住老虎尾巴,老虎想往前,女子扯得越有力,尾巴于是断了,老虎负着痛跳走了。她背着母亲回家,服药以后痊愈了,奉养她母亲二十年。

后来成化年间,武康有个蔡孝女,跟母亲进山采药。老虎抓住了她母亲,女子折下树枝跟老虎格斗了三百多步路。老虎放下她母亲,咬伤了女子,血喷出一丈多远,竹叶都被染红了,女子也活了下来。

后来招远有个孝女,不知道她的姓。父亲在南山采石头,被蟒蛇吞下去了。女子大哭,请求看见父亲的尸体她也一同去死。顿时大雷电把蟒蛇击落在女子面前,蛇腹开裂见到父亲的尸体。女子背土掩埋,自己触在石头上死去。

卢佳娘,福清人李广的妻子。结婚才十个月,李广突然死了,卢悲痛得死过去又复苏,看见李广口鼻都出了黑血,她全部给舐吃了。装殓的时候,常常哭得僵仆在地,继续了五六天,家里人提防松懈时,偷偷进卧室上吊死了。后来她那个县有游政的妻子倪氏陪丈夫而死,也这样。

又有施氏,滁州人彭禾的妻子。正德元年,彭禾生病起不来,握着手诀别说:"病得非常疲惫,知道我一定要死的。你没有儿子,选个女婿嫁过去,不要守着死人,白白苦了自己。"施氏哭着说:"您还不了解我吗?我希望比您先死。"彭禾阻止了她,就把彭禾吐出来的血都吞了下去,来表示志向。等到彭氏一死,就上吊了。

吴氏,潞州廪生卢清的妻子。公婆死在临洺,寄埋在外地。卢清靠教授学生来自给,后来没有了教职，在汴充当文书，感到愤怒耻辱发疯死了。吴氏听到讣告，悲痛欲绝，哭着说："我公婆的遗骨留在北方，丈夫又死了，忍心让他最后回不了家吗？"于是把最小的孩子寄放在姐姐哥哥家，把第二个女儿卖了作为本钱，一个人到了临洺，没找到公婆埋葬的地方，在田野中呼喊哭泣。突然有一个男人来了，是卢清教过的学生，告诉了她，收拾了两具骸骨回家。又冒着暑天到了汴，背着丈夫的遗骨回家。三件丧事办完后，她忍着饥饿没有别的打算。学正刘崧告诉了知州马曖，赎还了她女儿，给个丰厚的抚恤。她七十五岁才去世。

后来有个毕氏，河间人邓节的妻子。这年闹饥荒，带着全家到景州找饭吃；公婆相继去世，邓节不久也死了，都用草裹着埋葬在景州。毕氏这年三十三岁，没有子女，独自回到家乡，忍受着饥饿寒冷，日夜纺织，连续了好几年，在城北八里庄买了地，一个人到景州，背了公婆和丈夫的尸骨回来埋葬。

石孝女，新昌人。还在婴儿时，父亲石潜因为犯罪全家被抄收，关在京都的监狱中。母亲吴氏因为漏了登记得以免罪，投靠她的兄弟过生活。一天，父亲逃回了家，藏到吴家。吴氏兄弟们害怕被牵连，把他杀了放在大窖中，母亲不敢说出来。等到女儿长大，问母亲说："我为什么没有父亲的家族呢？"母亲告诉了她缘故，女儿非常悲愤。

永乐初年，女子十六岁，由舅舅主婚嫁给他同族的儿子。女子对母亲说："杀我父亲的是吴家。怎么能做父亲仇人家的媳妇呢？"母亲说："事情不由我做主，怎么办呢？"女子点头不答。到了出嫁那一天，正在接待宾客，女子在屋里上吊死了。母亲仰天哭道："我女儿的死，是因为不愿意做仇人的媳妇啊。"喊叫悲痛了好几天后也死了。有关官员听到这事，给杀死石潜的人依罪判了刑。

汤慧信，上少人。精通《孝经》《列女传》，嫁给华亭人邓林。邓林死了，他妻子这年二十五岁，有一个女儿七岁。邓家想从她住的房子上获得好处，迫使她回家，她说："我是邓家的媳妇，回哪里去呢？"族人明白没法改变她，就把她住的房子卖给了一户大家族。妇人哭着说："我从这土地上收拾我丈夫的遗骨，与之同存亡，怎么能抛弃他。"想要自尽，大家族认为她很义气就不买房子了。妇人不久自己考虑后说："族人想要我财产罢了。"于是拿出家里的资产，全部给了族里的人，自己靠纺织缝纫养活。

这年发大水，她住在荒野水泽中间。她已经出嫁的女儿，划着船来迎接她，她不答应。请她暂时到船上休息，也不同意，说："我守在这里六十年，借这大水去跟从你父亲，是我心甘情愿的，又要到哪里去！"母女正在互相拉拉扯扯没有放开，水来了，汤氏竟被溺死了。

徐孝女，嘉善人徐远的女儿。六岁时，母亲患臁疮。女儿问母亲怎么样能够痊愈，母亲骗她说："你吮它才愈。"女儿于是请求让她吮，母亲不答应她，女儿悲哀哭泣个不停，母亲不得已由她去，吮了几天，真的好了。

高氏女，武邑人，嫁给诸生陈和。陈和早死，高氏一个人支撑门户，奉养公婆很孝顺。到宣德时，公婆都死了，高氏依礼仪殡葬，当时已经五十八岁了。她哭着对儿子陈刚说："我父亲，洪武年间全家客居河南虞城。父亲死后，在旅途中葬在城北，母亲用枣木小车辆作了标记。等到回家后，母亲也死了，弟弟软弱不能够自己料理生活。我三十年不敢说出来，是因为你王母还健在，应该早晚侍候赡养。现在大事已经完成，想要抬着我父亲的遗骨回去埋葬。"陈刚唯唯答应，跟随母亲到了虞城，到达埋葬地，只见坟墓很多分辨不出来。高氏用头发系在马鞍上倒着走，从早上到晚上，到了一座小坟墓，马鞍太重不能再往前，就挖开这坟墓，所做的标记车辆还好好的在哪里。远近看的人都感到惊异，帮助她归葬，她打开母亲的坟墓，一同归葬。

孙义妇，慈溪人。嫁给定海人黄谊昭，生了儿子叫渭。没过多久丈夫死了，孙氏把儿子养育成人，求哥哥的女儿嫁给他。才三年，生了两个儿子，渭也死了。

当时田租赋税都让百姓自己送，孙氏婆媳一道带着小儿子到南京送赋税，告诉尚书蹇义说："县里受涨潮的苦难，十年九荒，请求筑海塘来抵挡它。"蹇义见她们孤苦，责备说："为什么不嫁人？"回答说："饿死事情很小，失节事情就很大。"蹇义嗟叹了很久，第二日就替她们向皇帝奏请，派遣官员偕同有关官吏一道，根据情况促成此事，从龙山开始，到观海止，永远避免了涨潮的危害。慈溪人在塘上建造了庙宇来祭祀。

义婆万氏，名义颢，字祖心，鄞人，宁波卫指挥佥事万钟的女儿。自幼坚贞宁静，善于读书。两个哥哥文、武，都继承了世职，战争中死去，没有近亲。继母曹氏，两位嫂子陈氏、吴氏，都年轻守寡。吴氏在丈夫死时怀孕已经六个月，婆婆早晚拜天哭着说："万家绝后了，希望上天赏赐一个儿子，继续忠臣的后代。我矢志不嫁，一起抚养他。"后来真的生了儿子，取名为全。婆婆高兴地说："万家有后代了。"于是与寡妇们一起守护着他，名门来下聘，都谢绝了，教育全读书，一直到他长大成人。全继承了职位，传给儿子禧、孙子椿，接受婆婆的教训都很恭敬谨慎。婆婆七十多岁时去世。婆婆的祖父万斌及父亲哥哥都是为了帝王的事业而死的，母亲及两位嫂子遵守贞操几十年，婆婆更是以义著名。家乡人尊重她们，称为四忠三节一义之门。

后来有个叫陈义姑的，沙县人陈穗的女儿。十八岁时，父母相继死了，留下两个儿子，大的七岁，小的五岁。亲戚族人想从她的富有上得些好处，每天在旁边虎视眈眈。义姑矢志抚养弟弟，日常准备了几十把笤帚。同族兄弟晚上叩门，义姑点燃笤帚照着他们，急忙开门准备酒食款待他们。叩门的人告诉她说："我们这些人走夜路灭了火，来借蜡烛的。"从此窥探伺机的人才打消了念头。等到两个弟弟结完了婚，她四十五岁，这才嫁人，最后没有儿子。两个弟弟把她接回了家，像对待母亲一样待她。

郭氏，大田人。邓茂七作乱，乡里人在东岩结成寨子。寨子被攻破，郭氏把小儿子裹在襁褓里逃走，并且有了身孕，被贼人驱赶着。郭氏大骂，跳下百尺高的岩石下面，跟儿子一起都摔在乱石中间，胎儿和肠胃迸了出来，杂乱地散落在岩下。贼人站在高处看见了，都叹息说："真是个烈妇！"把她们埋葬后离开。

同时有个幼溪的女子，忘了她的姓名。邓茂七攻破沙县，她藏在草丛中，被两个贼人抓获。路过一座溪桥，贞女说："扶我过去，我要跟从一个人过一辈子。"两个贼人争着上前挽她，到了桥中央，女子看着溪流很湍急，就拽着两个贼人跳进水里，都溺死了。

程氏，扬州人胡尚绸的妻子。胡尚绸患了危险的疫病，他妻子割下手腕肉给他吃，没法下咽就死了。他妻子喊叫悲痛两天不吃饭。她怀孕已经四个月了,有人说:"生个儿子可以延续丈夫的后代,白白地死掉为了什么?"回答说:"我也知道这事,如果生个女儿,白白地活了几个月。"于是又开始吃饭,满月时真的生了个儿子。

第二年儿子夭折了,她前去对公婆说:"媳妇不能长久侍候奉养,有嫂子弟妹们在,不要悲伤。"又绝食,过了两天她婆婆抚着她说:"你父母家在二百里以内,你不等着当面跟他们告别吗?"媳妇说:"可以赶快把他们接来。"超过十二天后,父母派遣小弟弟来了,媳妇说:"这就可以表明我的志向了。"从此一滴水都不入口,慢慢拿出匣子中的簪环首饰,让办后事用,把其余东西分给家里人以及曾来问候的邻居老太太,还自己选择说:"十八、九日都好,我应该死。从前曾剜肉救丈夫,丈夫没救成,拿石灰和在一起放在床头,贴在我的左手腕上,以表示全部都去了。"就死了。

王妙凤,吴县人。嫁给吴奎。婆婆有淫秽的行为。正统中年,吴奎在外地做生意。婆婆跟她的相好一起喝酒,并且想污辱她,叫妙凤去拿酒,她拿着酒瓶不进屋。多次催促后,不得已才进去。婆婆的相好开玩笑地扭了一下她的手臂。妙凤气愤,拔出刀砍手臂,没断,砍了第二刀才断。她父母想告到官府,妙凤说:"死就死了,难道有媳妇告婆婆的道理吗?"一个多月后死去。

唐贵梅是贵池人。嫁给同里一姓朱的人。婆婆跟一个官商相好,看到贵梅后就喜欢上了她,拿金银绢帛贿赂她婆婆,她婆婆千方百计教她淫荡她不答应,拿鞭子打她不答应,继续用炮烙,最终也没答应。于是用不孝的罪名告到官府。通判某人受了商人的贿赂,把她拷打得快要死去就有好几次。商人希望她改变气节,又让婆婆把她保释出来。亲戚族人劝媳妇说出实情,媳妇说:"如果这样,我的名声侥幸保全了,传扬了婆婆的罪恶怎么办?"晚上换了衣服在后园梅树下上吊了。等早上婆婆起来,又想要鞭打她。到了园中才知道她已经死了,尸体悬挂在树上三天,脸色跟活着时一样。

在她之后,嘉靖二十三年,有个嘉定人张氏,嫁给汪客的儿子。她婆婆跟好多人相好,几位恶少中,有个叫胡岩的,最狠毒狡猾,众帮伙都听他指使。于是跟她婆婆商量,打发她儿子到县里当兵,而胡岩等人白天晚上放纵饮酒。一天,叫媳妇一起坐,不答应。胡岩从身后抢过去她的梳子,媳妇折断了梳子掷在地上。一会儿后,胡岩径直进屋侵犯媳妇。媳妇大叫杀人,用杵子打胡岩。胡岩气愤地逃了出来,媳妇跌坐在地上,整夜哭个不停,只有微弱的气息。第二天早晨,胡岩与婆婆害怕事情泄露,把她捆在床脚上守着她。第二天叫了恶少们痛饮。二鼓时一齐来捆绑媳妇,木棒斧头一齐用。媳妇痛苦地扭动着说:"为什么不用锋利的刀子刺我。"一个人于是上前刺她的脖子,一个人刺她的胁部,又击她的阴部。想抬尸体去烧了她,尸体太重抬不起来,就把她的房子放了火。邻里来救火的人推开门进去,清楚地看见死人,赶快去报告了官府。官府逮捕了小女奴和恶少们去审问,都清楚了实情,全部根据罪恶轻重受到刑罚。媳妇死的时候十九岁。这个城镇原来有座烈妇祠,媳妇死以前三天,祠旁边的人听见空中有鼓乐声,火势炎炎地从祠里的柱子中冒出,人们以为是贞妇要死的征兆。

陈氏,祥符人。许配给杨瑄没有嫁过去杨瑄就死了。女子请求去死,父母不同意,想要去哭丧,又不同意。暗中剪了头发,托媒人放在杨瑄怀里。汴梁风俗向女子下聘,用金字书写出生年月日给男方家,叫作定婚帖。杨瑄母亲于是用婚帖裹着她的头发,放在杨瑄的怀里一起埋葬了。女子于是穿着素色衣服生活。没过多久,父母商量改聘,女子就上吊死了。五十三年以后,到正德中年,杨瑄的侄子永康要改葬杨瑄请求把陈氏的遗骨与他合葬。两具遗骨都已腐朽了,头发及订婚帖子新鲜完好跟从前一样。葬后三年,坟上长出歧谷、丫瓜。

张氏,秀水人。十四岁时,接受了同县诸生刘伯春的聘礼。刘伯春享有才名,一定想要考上乡试以后再娶。没多久就死了,女子哭喊着弄断头发,自己写了诗来祭奠他。服丧的三年里,不走出闺房,不吃荤油。服满后,就不吃不喝,父母严厉地劝告她,还是不吃,十多天后死去。当时二十岁,公婆接过灵柩把她与自己儿子的合葬了。

又有个江夏人欧阳金贞,父亲欧阳梧,传授她《孝经》《列女传》。稍长大些,许配给罗钦仰,跟欧阳梧到他做官的柘城生活。欧阳梧为了奔丧回家,船停泊在仪真,罗钦仰坠水死了。金贞才十四岁,惊诧哭泣着想跳水跟他去死,父母拉住不让去。又想上吊,父母说:"你还没有出嫁,为什么要这样呢?"回答说:"我自己的名分上已经没有活下去的道理了,即使像父母所说的,我也愿意终身称未亡人。"大声哭喊不停。等到收殓,剪下头发系在丈夫的右臂上一起埋葬。回到家里,告诉父母说:"有媳妇,是为了侍奉婆婆的。婆婆已经死了儿子,能让她又没有媳妇吗?希望让我去罗家,以完成我的职责。"父母同意了她。后来父亲任广元县知府,她婆婆病死,女儿才回娘家居住。有人规劝她改嫁,说:"侍奉婆婆已经结束了,还等什么呢?"女子说:"我从前收殓罗郎时,有一束头发缠在他的手上,谁能够掘开坟墓打开棺材,把头发拿回给我,我就改变志向不再守寡。"于是就只好算了。生平独自睡一座楼房,六十多岁时去世。

庄氏,海康人吴金童的妻子。成化初年,广西流寇抢劫乡邑,庄氏跟随丈夫躲到新会,在刘铭家做工。刘铭见庄氏美貌,想要侵犯她,屡次引诱都不答应。于是命令同伙梁狗跟金童入海捕鱼,落水淹死了。过了三天没有回来,庄氏到海边去寻找,尸体浮到岸边,手脚都被捆住,肿胀腐烂都分辨不出来了。庄氏凭衣服认了出来,回去带了女儿赴水,抱着丈夫的尸体沉没。第二天,三具尸体随着水流绕到刘铭的门口,搬开后又回来。读书做官的人都感慨惊异为他们殡葬祭奠,但不知道是刘铭杀害的,后来梁狗说漏了话,有关官吏把他们一起逮捕审问,处以极刑。

唐氏,汝阳人陈旺的妻子,随着她丈夫凭歌舞在各地挣饭吃。正德三年秋天,陈旺带着妻子及女儿环儿、侄子成儿到江夏九峰山。有个叫史聪的人,也以耍傀儡戏为业。见唐氏和她女儿都长得艳丽,而陈旺快老了,就哄骗陈旺到青山,夜里杀了他。第二天,史聪一个人回去,带着陈旺的妻子、女儿、小侄子进武昌山的吴王祠,拿着刀子胁迫唐氏。唐氏说:"你杀了我丈夫,我没法杀了你来复仇,难道能够跟你淫乱吗?"就被杀害了。杀人贼用席子把尸体裹起来,放在荆棘丛中。第二天,转移到蓑衣园,贼人又强迫环儿,用刀子逼着她。环儿边哭边骂,声音振动了林中的树林,贼人把她也杀了,把她埋在粪土中离开了。这年冬至,贼人喝醉了酒,成儿偷跑出去告到官府,在葛店市捉住了他,被诛杀。

王氏，慈溪人。聘给了陈氏，而丈夫陈佳生病，他父母娶过她去以安慰他。一进门，就进去侍候汤药。没过多久，陈佳死了，王氏这年才十七岁，矢志不嫁。婆婆张氏说："没有成婚礼就守寡，没有名分。"王氏女子说："进了陈家门，已经侍奉过君子了，怎么叫没有名分？"婆婆于是让她的两个女儿慢慢地劝说她。媳妇不答应，剪了头发毁坏容貌。婆婆还想强迫她，百般刁难侮辱。两个小姑像对女仆那样欺凌她，稍微不顺心就抓她的脸，婆婆听说后又用鞭子抽打她，女子口不出怨言，说："不要逼我改嫁，做女仆也心甘情愿。"晚上睡在小姑的床下，因为受潮湿得了佝偻病，她还私下庆幸说："我知道这下可以免了。"抚养堂侄子陈梅作为继承人，教导他。成化初年受到了乡荐，最后使她家昌盛起来。

后来有个易氏，分宜人，嫁给安福人王世昌。当时王世昌已经患病，十多个月里奄奄一息，易氏侍奉他，衣不解带。王世昌死后，她服丧期满后还穿白色素色的衣服。婆婆可怜她，对她说："你还是处女，能终身受累吗？"她跪着哭泣说："这是什么话？父母把我许配给王家，就终身都是王家的媳妇了。"从此独住一座楼，不窥视门外四十多年。当年王世昌生病，所吐的痰血，都用手拿一个布袋盛起来。他死后，用盛着痰血的布袋做枕头，一辈子都枕着它。

徐氏，慈溪人，定海人金杰的妻子。成化年间，金杰哥因为犯罪被逮捕押到京城，金杰去请求让他代替。临走时，徐氏已有身孕，金杰对她说："我去后，是生是死不知道，如果生个儿子就好好抚养他，使得金家的鬼魂也能得到点祭奠的食物。"说完又后悔地说："我差点耽误了你，我去后没有活着回来的可能，假如死了，好好对待以后的丈夫。"徐氏哭着说："您为了义气去的，皇帝一定会认为您很义气，您兄弟应该一同回来，不要太痛苦了。即便像您所说的，我也只有去死，怎么敢忘记托付呢？"后来真的生了儿子，没过多久，哥哥回到家里，金杰竟病死在监狱里。徐氏抚摸着孤儿痛哭着说："我本来想跟你父亲去地下，金氏后代怎么办？"努力料理了丧葬事情。服丧期满后，父母劝她改嫁，她剪了头发割断手指发誓，含辛茹苦六十年，看着子孙出世并成家立业，才去世。

龚烈妇，江阴人。十七岁嫁给刘玉，家里穷，努力做事来赡养婆婆。婆婆死后，帮助丈夫料理丧葬。丈夫又死了，没有钱收殓。乡里有羡慕妇人姿色的，想送给她棺材。龚氏察觉他的用意后，推辞了他。接着又强迫她，龚氏害怕没法摆脱，就把自己生的六岁儿子、三岁女儿寄住在母亲家。这夜，把麦秆堆积在屋里，点火自焚，抱着丈夫的尸体死了。

又有个江氏，蒙城人王可道的妻子。丈夫家里穷，做小贩养家糊口，死后没有能力收殓。紧邻居诸生李云蟾凑钱收殓了他，选择日期埋葬了他。到了这日期，领着众人到她家，没有一点动静，厨房里的灯微微有点亮，走过去见吃的喝的都准备好了，正是为了等待抬棺材的人，妇人已经吊死在灶旁了。众人惊叹，又凑钱把他们一起埋葬了。

会稽人范氏的两个女儿，从小喜爱读书，都通晓《列女传》。长女嫁给姓江的人，一个月后就守寡了。次女准备嫁给傅家，而丈夫死了。两个女儿一起守节，筑起高墙，围了十亩田，在里边挖了井，造了三间房子居住。逢耕种收获的时期，父亲打开墙上的三角门领着佣人们进去，其他日子就关闭那门，两人一起从井里打水浇灌田地。这样过了三十年。自己在屋后造了坟墓，成化中年去世，最后合葬在哪里。族里人就在那田上建了座祠来祭祀。

又有丁美音,溆浦人丁正明的女儿。小时候接受了夏学程的聘礼,十八岁时正准备出嫁,夏学程死了,美音发誓不改嫁。父母说:"没有出嫁就守节,是不合礼仪的。为什么要这样苦自己呢?"美音咬手指出血,指天自誓。做官的人不断表彰她,送给她的银币约有一百金,于是造了房子一个人居住,买了田来养活自己,侍奉公婆,赡养父母。乡人把她的田叫作贞女田。

成氏,无锡人,定陶教谕成缙的女儿,登封训导尤辅的妻子。尤辅游学到靖江,成氏跟着他一起去。夜里江水满了出来,家里人慌忙上屋,成氏整理好衣服想上去,问:"你们要穿衣服吗?"众人哭喊着请求她上去,她不答应。第二天天亮后,水势退走,她坐着死在床上。

后来崇祯中年,兴安发大水,淹没了房屋。有人结成筏子自救,邻里们就依附着他。两个女子抱着一截朽木,忽沉忽浮,把筏撑过去救出她们,年纪都在十六七岁,问她们的姓名却不回答。两个女子看见筏上有裸体的男子,叹息说:"我们姐妹靠着木头没有死,是希望有好的地方可以活下去,现在是这样,还活着干什么!"携手跳进波浪中死了。

章银儿,兰溪人。自幼死了父亲,一个人跟母亲住在一起。所在城镇常有火灾,房子都被烧完了,她盖了茅草屋让母亲住。母亲正在生病,邻居又失火,银儿出来看,众人喊她赶快躲避。银儿说:"母亲生病不能动,怎能独自逃跑。"赶快返回屋里,想要搀扶母亲出来,烈焰忽然覆盖了她的屋子,众人没法抢救他们。火光中,远远看见银儿抱着她母亲,扭动着一起烧死了,当时是弘治元年三月。

义妹茅氏,慈溪人。十四岁,父母去世,一个人跟哥哥嫂子住在一起。她哥哥生身体萎缩的病卧床不起。正值倭寇到了她所在县,嫂子逃跑,喊她一起走。茅氏女子说:"我是没有出嫁的女子,能去哪儿?再说一起去,谁来扶助我哥哥!"贼人到后,在她家放火,女子用力扶着她哥哥避到这屋里,最后都被火烤死了。

张维的妻子凌氏,慈溪人。弘治中年,张维在乡试中考上了举人后,死了。他妻子当年二十五岁,四岁的儿子也死了。她哥哥规劝她改嫁,妇人痛哭着咬破了嘴唇,血滴在地上,发誓终身不回娘家。公婆劝慰她说:"我们不幸死了后代,日常生活没有依赖,我们两个人日子不多了,你的年月还长着,靠什么生活呢?"媳妇说:"耻辱的事情重大,宁愿饿死了也心甘情愿。"于是拿出簪子耳饰替公公纳妾,果然生了个儿子,高兴地说:"张家不再绝后,死去的丈夫坟墓前会有清明节祭奠了。"后来公公得了疯病,婆婆双眼瞎了,媳妇靠纺织供养他们,二十年里没有间断过。

后来有个杜氏,贵池人曹桂的妻子。二十四岁时丈夫死去,遗腹生了个女儿,悲痛艰苦没法解脱。每天规劝婆婆替公公纳妾,果然生了一个儿子。产后,妾死了,杜氏把自己的女儿托付给同族的一个母亲,而自己哺乳她的叔叔。过了一年多公公去世,劝她的人说:"你辛苦地抚养孤儿,难道能把叔叔当作你的后代吗?"杜氏说:"叔叔是我公公的后代,将来生两个儿子,就把一个儿子当作我丈夫的后代,我的志愿就实现了。"后来终于像她所说的。

史氏，杞县人，许配给孔弘业，没有出嫁丈夫就死了。她想去殉葬，母亲不允许。女儿七天不吃饭，母亲拿着茶水逼着他喝下去，两只飞蛾正好落到杯里死了，女儿指着让母亲看，说："物体的意思还相信我的心，母亲难道就不理解我吗？"母亲知道不可能改变她的想法，第二天制作了白色的衣裳，把她送到孔家。到了傍晚，辞别公婆，整理好衣服上吊自杀。白气缭缭地升腾到屋上，到早晨才开始消失。

又有个林端娘，瓯宁人，许配给陈廷策。听说陈廷策的死讯，让人传话说："先不要装殓，我要去跟他死在一起。"父亲说："你虽然已经许配，但还没有收聘礼。"她回答说："既然已经许配了，还要什么聘礼？"父亲小心地提防着她。说："我什么地方不可以死，只是考虑到死在丈夫家才正确合乎礼仪罢了。"父亲说："女婿家里穷，没有办法周全身体。"她说："身体不是我所考虑的。"又说："女婿家里穷，谁替你树立名声？"她说："名声不是我所追求的。"于是去哭泣奠奠完毕后，自己选好了死的日期，准备绢帛上吊自杀，绕了三圈才吊死了。陈氏的老家在青阳山下，山下的人说妇人快死时，山响了三天三夜。

窦妙善，京师崇文坊人。十五岁时，成为工部主事余姚人姜荣的妾。正德中年，姜荣以瑞州道通判摄行府里的事务。华林出现了盗贼，侵犯瑞州，姜荣逃走了。贼进城后，捉住他的妻子和女仆好几个人，问姜荣在什么地方。当时妙善住在另外的屋子里，急忙取出知府大印，打开后窗扔进荷花池。穿着鲜艳的衣服走上前来说："太守统领着军队好几千人，出了东门去追捕你们，早晚你们得把脑袋交出来，怎么敢抓我的女仆呢？"贼人以为她就是姜荣的夫人，放开刚才所抓的几个人，跟妙善一个人出了城。

正好被驱使的俘虏中，有叫盛豹的父子也被抢劫，他儿子叩头乞求放了他的父亲，贼人同意了她。妙善说："这人是有力气的，应当让他来抬着我走，为什么这么急着放掉？"贼人同意了她。走了几里，妙善看前后没有贼人，低声告诉盛豹说："我之所以留下你，是因为太守不知道印在哪里，想请你告诉他。现在会让你回去，希望告诉太守，从这里往前会遇到水井，我就死了。"喊贼人说："这人不会抬，还是把他放了，换个会抬的。"贼人又听从了她。走到花坞遇到水井，妙善说："我口渴得受不了啦，可以把水提上来放在井边，我要喝。"贼人照她说的做了，妙善走到井边，跳了进去，贼人急忙抢救已经来不及了，就离开了。

盛豹进城告诉姜荣取印的地方，带到花坞，找井，果然找到妙善的尸体。过了七年，郡县把这事报告朝廷，下诏令建造专门祠堂，赏赐贞烈的匾额。

贾氏，庆云诸生陈俞的妻子。正德六年，有兵变，正值公公病死了，家里人拉着她逃避，她痛哭说："公公还没有收殓，媳妇为什么要吝惜死。"身穿大孝不脱下来。兵来后，放火强迫她出来，她骂不绝口，刀子割得她身体没有完整的皮肤，她跟公公的尸体一同化为灰烬。当时她二十五岁。

鄞县诸生李珂的妻子胡氏，十八岁时嫁给李珂。过了七年，李珂死了，留下一个男孩一个女孩，胡氏发誓不离开门口。邻家起火，李珂的哥哥李珮去救火，她说："阿姆来，我才出去。"李珮让妻子陈氏去，妇人把七岁的儿子从窗户递给她，嘱咐说："希望照顾我丈夫，好好对待他。"陈氏说："婶子要怎么样？"哄骗她说："取些首饰就出来。"陈氏离开后，胡氏就叠起衣箱塞住门口,抱着三岁的女儿端坐在火中被烧死了。

叶氏,定海人。许配给慈溪一个姓翁的人,而父母都死了,就由翁家养育。十四岁时,翁家资产日渐衰落,并且又死了婆婆,公公待他像待奴仆一样,劳累万状,她一点埋怨的样子也没有。公公因为儿子年幼,想把她卖给一个姓罗的人,叶氏生气地说:"我不是货物,为什么要转手贸易呢?"每日哽咽流泪。已经明白要免不了的,装出高兴的样子,公公于是放松了对她的提防。晚上月亮升起来时,哄骗各位妯娌说:"月色很好,为什么不去散一下步呢?"走出门外过了很久。各位妯娌都劝她说:"已经半夜了,为什么不去睡觉。"于是回屋,到早晨找她,叶氏已经浮尸河上了,捞起来看见颜色跟活着一样。

胡贵贞,乐平人。出生的时候,父母想不养活她了,他们的邻居曾老太婆把她救了回来,跟儿子天福一同哺乳,想让她长大后配给他。天福十八岁时,父母相继死去,家里很败落。贵贞父亲想夺回去嫁给富家,女儿说:"我由曾家抚养,做曾家的媳妇,名分上是婆婆媳妇,恩情如同母子,可以因为饥寒贫穷就抛弃她吗?"于是跟婆婆住在一起,草屋单薄浅陋,但外人都没有见过她的面。她的哥哥乘着天福还没有成婚,把她拽了回家,让她出来看看求聘人的金银财宝簪子首饰。女子知道避免不了,潜进房里上吊死了。

孙氏,吴县人卫廷珪的妻子。随着丈夫经商贩卖,住在浔阳小江口。宁王攻占九江,卫廷珪正好去了别处,亲近的人急忙请孙氏一起逃跑。孙氏对两个女儿金莲、玉莲说:"我们是异乡人,你们父亲不在,能逃到哪儿去?现在贼人已经抢劫邻居家了,怎么办?"女儿们说:"生死不分离,总之应该为了父亲保全这身体。"于是母子用同一条长绳捆在一起,走到河里淹死了。

江氏,余干人夏璞的妻子。正德年间,贼人来了,她抱着刚满周岁的弟弟逃走,逃不掉。贼人准备捆了她,她说:"我真的想跟将军一起走,担心我父亲年老,只有一个弟,希望能够给他一条活命。"贼人信以为真,由她安置好怀抱里的小孩,一出城就大声骂贼人,跳到桥下死了。

后来隆庆中年,有高明人严氏,贼人抢掠她的家乡,她跟着哥哥出逃,路上遇到贼人,拿着刀子抵住她哥哥。女子跪着哭泣说:"父亲早死,寡母坚定地守节,只靠我这一个哥哥了,杀了他祭祀就灭了,请求让我来代替。"贼人一怜悯就收了刀子。过后想污辱她,她就说:"请你放了我哥哥就配给你。"等到哥哥去后,坚持不顺从,最后被切开肚子而死。

欧阳氏,九江人,彭泽人王佳傅的妻子。侍奉婆婆非常孝顺。丈夫死后,欧阳氏才十八岁,抚养遗腹子,以纺织为生。父母强迫她改嫁,就用针刺她的额头,发誓死守节字,用墨填黑它,都渗透到皮肤里去了,乡里人称她为黑额节妇。

又有徐氏,乌程人。十六岁时嫁给潘顺。没有到时间,丈夫就病重了,对徐氏说:"母亲年老,你年纪还轻,怎么办?"徐氏流下了眼泪,当即用刀子砍断左手小指头,用死来发誓。丈夫死后,穿着粗布衣服吃长斋。七十八岁去世。遗嘱里让取出砍下来的断指放进棺材中。家里人拿出她的手指,在指甲上染的红色都还在。

冯氏,宣城人刘庆的妻子。十九岁上,丈夫死了,发誓守节。她的妯娌们规劝她说:"守寡不是随便说的,不是能咬断铁钉的人是做不到的。"冯氏就捽袖而起,拨出墙上的钉子咬了起来，骦的一声咬出齿印。又割下一块手臂上的肉，钉在墙上说："如果有别的志向，这就连猪狗的肉都不如。"不久生了个遗腹子，叫大贤。长大后娶李氏为妻，大贤又夭折了，婆婆与媳妇相互厮守到老。她死后，拿下墙上钉的肉，还很坚韧没有腐烂，钉子上的牙印跟新的一样。

方氏，金华军士袁坚的妻子。袁坚因为嗜酒败了家，死后棺材停放在城北护城河上。方氏贫穷没有依靠，于是就到停放棺材的地方安顿好棺材，睡在里边，饿了就出来到护城河上喝水。很久没有再出来，原来已经死了。郡守刘范替她埋上土祭祀。

又有个叶氏，兰溪人。嫁给神武中卫舍人许伸。许伸家素来有很多财产，因为不检点，快要浪费完了，他带着妻子去投奔亲戚，死在通州。叶氏守着尸体，日夜跪哭。有人送给她食物，有人送给她金子，有人劝她改嫁，都推却了不答应。水米不进地过了十四天，最终死在尸首旁边，当时二十岁。州人替她买了棺材让他们夫妻合葬。

潘氏，海宁人。十六岁嫁给许钊，生了儿子淮。才一整年，许钊死了，收殓后，潘氏上吊了。死后两天，有个老太婆经过说："还可以救活。"给她服下药，又苏醒了过来。许钊的堂哥想害孤儿，怂恿潘氏改嫁，潘氏毁坏了面貌发誓。堂哥晚上率领有势力人家的几十个仆人，诬陷她欠他们债，砸门进去。潘氏背着儿子，冒着风雨，越墙逃跑了。前面挡着大河，追的人又逼近了，潘氏喊叫着悲痛地跳进河里。正好有木头漂来，凭着它渡了过去，到了母亲家里，就住下不再回去。许淮十九岁时，才回家去。

许淮补了诸生，娶妻生子。潘氏五十岁时，宗族里的人聚集在一起为她祝寿，堂哥也到了。潘氏说："潘氏所以能有今天，靠伯父玉成。"眼睛示意许淮倒酒跟伯父喝，喝完一杯后，向北方叩头说："未亡人，三十年来好几次濒于死亡，但还是念着勉强活下来，只是因为淮的缘故。现在幸好已经成家立业，并且有好几个儿子，又有什么遗憾的呢？"说完进屋去了。一会儿宴会结束了，各位同宗族的人跟淮一起进去面谢，却已经在屋里上吊死了。

杨氏，桐城人吴仲琪的妻子。吴仲琪死后，家里穷，公公想把她改嫁了。杨氏说："即使饿死，也一定与公婆在一起。"公公没法改变她的想法。几年后，家里更穷了，公公跟她父母商量，想用她去抵债。杨氏仰天呼叫说："因为我的嘴连累公婆，这是不孝；没有办法帮助穷困，是不仁爱。失去节操就不义了。我只有去死罢了。"接着因为吞咽头发而死。

张烈妇，芜湖诸生缪釜的妻子。十八岁时嫁给缪釜。过了四年，缪釜生病了，嘱咐张氏好好照顾自己。张氏哭着说："丈夫以为我有二心吗？有儿子就谨守志向侍奉主人，这是妻子的道义。没有儿子就洁身跟丈夫一道去死，这是妻子的贞节。"于是沐浴更衣，关上门上吊了。过了一天，缪釜才死。

又有个蔡烈妇，松阳人叶三的妻子。叶三以打柴作为职业，蔡氏小心恭敬地服侍。叶三长期生病，她靠纺织来供给他吃药的费用。病重后，他拉着妻子的手诀别说："我一死你就改嫁吧，不要受三年服丧的苦。"妻子梳洗后换了衣服，袖里掖着刀子上前说："我先嫁了。"刎颈死了。叶三惊叹，很快也死了。

又有个郑氏，安陆人赵钰的妻子。性情刚烈，闺房里言语举动都不涉及不合礼仪的事情。有个寡妇改嫁，赠送给她茶饼。郑氏发怒，命令倒了它。丈夫跟她开玩笑说："你不要骂，好在丈夫是不会死的。"郑氏正色说道："您不要担忧，我岂是做这种事的人！"后来赵钰病得快死了，回头看着郑氏，瞪着眼睛不合上。郑氏说："您能不怀疑我吗？"当即在床楣上吊了。赵钰稍稍苏醒，回头看见，流着泪死了。

王烈妇，上元人。丈夫因嗜酒不干活，挤着住在一间破屋里，用竹篷隔出内外。他妻子每天关着门，坐在门扇后边靠织麻养活自己。丈夫跟赌徒李氏交往。李喜欢他妻子的姿色，想跟她做淫秽行为。丈夫被灌醉了酒，他用狂言勾引妇人，妇人跑到母亲家躲避。丈夫逼她回去，夜里拿着酒跟李一起回家，让妇人坐，妇人惊骇地边跑边骂。丈夫用威力胁迫她，她坚决拒绝，被猛烈地抽打。妇人估计避免不了，夜里带着幼女坐在河岸上，痛哭着跳河死了。这夜，刮大风下大雨，尸体没有漂没。到第二天天亮，女儿还在草丛里熟睡。

又有个许烈妇，松江人许初的女儿。丈夫喝酒赌博不料理生活。几位赌徒聚在一起商量说："你妻子年轻美好，何不让我们一起取乐。你每天可以得钱喝酒呢？"丈夫就把这个意思告诉妻子，他妻子斥责他，多次被鞭打她都不顺从。一天，几位恶少准备了酒菜来到她家。妇人逃到邻居一老太太家里躲起来，哭着对怀抱中的女儿说："你父亲不成器，我怎么能厚着脸皮活着呢，只是想等着你长大啊。"过了一会儿，听见关门声。老太太窥视一下，看见她拔出刀子割脖子倒在地上了。父亲拉医生来看，拿了热的鸡皮封闭伤口，她又抓掉鸡皮。第二天断了气，当时二十五岁。

慈溪沈家六个节妇。章氏，是沈祚的妻子。周氏，是沈希鲁的妻子。冯氏，是沈信魁的妻子。柴氏，是沈惟瑞的妻子。孟氏，是沈弘量的妻子。孙氏，是沈琳的妻子。她们住的地方叫沈思桥，离海很近。家族里有两千人，大多骁勇狡黠善于打仗。嘉靖中年，倭寇来侵犯，他们屡次打死其中的头目，夺回了被抢掠的东西。倭寇非常恨他们。一天，来了很多倭贼，沈家在众人面前发豪誓说："不要送走妻子女儿，不要运走货物财产，一起以死守卫，违反的杀。"章氏也集中了族里的妇女发誓说："男子拼死打仗，妇人拼死坚持道义，不能被贼人污辱。"众人屏声静气地听从命令。贼人包围过来，妇女们聚集在一座楼上等待。一会儿贼人进来了，章氏先出去跳进河里，周氏与冯氏跟着跳。柴氏正在替丈夫磨刀，就用刀砍贼人，马上自杀了。孟氏与孙氏被贼人抓获，夺过贼人的刀把自己刺死了。当时同一宗族死去的妇女有三十多人，而这六人尤其壮烈。

黄氏，沙县人王珣的妻子。嘉靖年中，倭寇扰乱，到处抢劫她的家乡。她家乡附近的人，都以开船为业。贼人到后，妇女们上了船，藏在船舱中，黄氏一个人坐在外面。众妇女喊她说："不怕贼人看见吗？"黄氏说："在篷窗里安稳地坐着，担心贼人来了逃不掉，我坐在外边，跳水方便。"贼人一来，黄氏跃进水中淹死了。

当时同县人罗举的妻子张氏，跟从丈夫到岩洞里避乱。贼人来后，张氏与妾及妾的儿子都被抓住。贼人见张氏美貌，想侵犯她，不答应。到了半路，张氏解下头发上吊，贼人砍断头发。张氏又解开脚上的缠布，贼人又发觉了，把她赤着脚赶到营地。贼人头目想留下她，张氏厉声说："赶快赏我一死。"贼说："不怕死，我杀你的妾。"张氏伸出脖子说:"请让我代替妾,留下她抚养孩子。"贼说:"我杀了孩子。"张氏伸出脖子说:"请让我代替孩子,保存我丈夫的后代。"贼令人牵出去杀了她。张氏走在前边,没有一点害怕的样子。贼正在犹豫,张氏骂不绝口,于是遇害了。把她的尸体投进河里,几天后尸体浮出来跟活着似的。

张氏,政和人游铨的妻子。倭寇快来时,张氏几次跟她女儿说:"妇道只有节操最高尚,碰到变故无路可走时,只有溺水和刀子,你好好记住。"游铨听后,认为不吉利。他妻子说:"如果你妻子和女儿能这样,哪种情况更吉祥?"没过多久,贼人攻陷了政和,张氏估计逃脱不了,连忙呼她女儿说:"还记得从前教你的吗?"女儿点头答应,就跳井了,张氏含着笑跟着她跳了下去,一齐死了。

又有叶氏,松溪人江华的妻子,陈氏,叶氏弟弟叶惠胜的妻子,跟同里人到长潭躲避倭寇。正值年底,同里一老太太找刀子替小儿子剪头发没找着,叶氏从怀中掏出来。众人问她缘故,说:"为了防备危急。"等到倭寇包围了长潭,捉住了两个媳妇,被拴在一条绳子上。叶氏对陈氏说:"我们两个人被绑,即使活着回去,也披上了坏名声,还不如死了。"陈氏同意。叶氏从怀里掏刀子,却已经丢了,各自抱着年幼的女儿跳到潭中死了。

同时林寿的妻子范氏,也与众妇人藏匿在山坞里。倭寇搜到了众妇人,带着到了水的南边,范氏一个人与他们抵抗。有人劝她姑且顺着他们,家里快来赎还了。回答说:"身子可以赎买,污辱可以赎买吗!我却宁愿死了。"贼人听到这话,就杀了她年幼的女儿恐吓她,她不为所动。说:"也要轮到你的。"她厉声说:"正是我希望的。"贼人杀了她。

刘氏的两个女儿,兴化人。嘉靖四十一年跟同里妇人一起被倭寇抢劫,被拴在路边的神祠中。倭寇喝酒喝得高兴,看了一遍拴着的人,先取出她的姐姐。姐姐厉声说:"我是名门的女儿,能被贼人污辱吗?"倭寇笑着安慰她说:"你如果顺从我,就问你父母把你放回去。"女子说:"父母下落不明,这时候还说什么回去?"倭寇还抚摸她的背脊做出体贴关心的样子。女子愤怒,大骂。当时是黄昏,倭寇正在放火,女子就冲进火中死了。接着又侵犯妹妹,妹妹又大骂。倭寇抽出刀子威胁她,不为所动,说:"想杀就杀。"倭贼想强奸她,女子哄骗说:"我本来愿意顺从,等姐姐骨头烧成灰烬才可以,否则不忍心。"倭寇高兴地背柴火使火烧得更旺,火很炽烈时,女子又冲进火中死了。当时一同死的有四十七人,两个女子是最壮烈的。

孙烈女,五河人。性格贞静,不苟玩笑。母亲朱氏去世,继母李氏带着前夫的儿子郑州儿来了。州儿仗着母亲的骄纵,想跟女子私通,曾经用手挑逗她,她气愤地抽打了他的脸颊。一天,女子正在做面粉,州儿从身后搂住了她。女子揪着他头发找刀子,州儿咬了她的手臂逃脱了。女子跑去向姐姐告诉,踉地痛哭说:"母亲不幸,父亲又外出了,贼儿子敢污辱我,我一定要杀了他再去死。"姐姐委婉地抚慰他。于是把手臂上的伤痕给李氏看,让她告诫他要收敛些,州儿不改,哄骗李氏说:"我去砍柴,臂力不够,把柴担放在路上。"李氏去拿柴,回来时看见门的钥匙锁得紧紧的。叔母舒氏也跑来了,说:"开始时听见好像小牛犊的悲鸣,接着又响声震动像打雷,一定有怪事。"一齐用力打开房门,州儿死在门下,脖子差不多断了,女子也靠在墙壁上死了。大概是州儿把母亲骗出去,调戏女子。女子假装答应，让他去关门，这时走到他背后杀了他。

又有个蔡烈女，上元人。从小成了孤儿，跟祖母住在一起。一天，祖母外出，有个做仆人时被驱逐而做了僧人的人到她家讨吃的，挑逗她，不答应。用刀子要挟她，女子空手跟他搏斗，受伤十多处，骂个不停，挣扎着死在灶下。贼人逃跑了，官府来验尸，忽然来自首服罪。官吏奇怪地问他缘故。贼说："女子拘禁我到这里。"于是就抵罪了。

胡氏，会稽人。许配给了同里人沈㭾。快出嫁时，沈㭾的父亲沈炼死了，两个哥哥沈衮、沈褒在塞上被用棒打死了，沈㭾与哥哥沈襄都被逮捕关在宣府监狱。总督杨顺迎合严嵩的心意，一定要把两个人置于死地，拷打了好几百下，命令夜里报告这两人的病状。正好杨顺被给事中吴时来弹劾，用槛车抓走了，沈襄等人才得以释放。从此患上了吐血的病，护送父亲的丧事回家，等到服丧期满后才结婚，胡氏这时已经二十七岁。过了六个多月，沈㭾死了，胡氏悲哀哭泣声音没停过，把她的嫁妆都拿出来办丧事。有人规劝她改嫁，她就剪断头发用刀划伤脸面来拒绝。一天到晚呆在一间屋里，即使是同胞兄弟姐妹，不是特定的时间里也不见面。晚年时生了病，家里人要替她请医生，她告诉她父亲说："寡妇的手难道可以让别人看吗！"不吃药死了，当时五十一岁。把沈襄的儿子当作继承人。

戴氏，莆田人，名清。嫁给蔡本澄时，才十四岁。住了两年，蔡本澄因为世代籍贯，被派驻守辽东，买了个妾代替妻子出发了。戴清的父亲跟他约定说："辽东远在天边，你五年不回来，我女儿就要改嫁了。"到了期满时，父亲把约好的事告诉戴清。她哭着不答应，独居了十五年。蔡本澄回来后，生了一个儿子，没有满周岁，父子相继死去。清悲哀得毁坏了身体几乎死去。父亲暗中接受了吴氏的聘礼，清听说这事后说："别人都只叫我蔡本澄的媳妇，为什么又说吴呢？"马上到父亲家，让他退婚。吴氏告到官府让她守节，并且为她树了牌坊，叫"寡妇清之门"。

当时莆田又有欧茂仁的妻子胡氏，守节严格艰苦，里里外外的人都敬重她。郡衙门有长久断不了的案子，人们就说："太守可以去问胡寡妇。"太守于是去找她问办法，她一句话就解决了。

胡氏，鄞县许元忱的妻子。许元忱是徐祝师的养子，学习巫术祝祷一类事情。胡氏很看不起这种职业，劝他换个事做，并且劝他归附到许氏家族。没有结果，而许元忱得瘟疫死了。胡氏把他的棺材放在许家的房子里，自己睡在棺材旁边的苦草上，夜里抱着一把刀子睡。同里有个人求她做配偶，胡氏毁伤面容截断鬓发，砍断了左手三个指头，流血淋漓，那个人怕得逃走了。同家族里排行比她高的妇人抱住她，非常悲痛，因此当即答应她，让自己儿子做她的儿子。胡氏服丧三年，不洗澡不梳头。完成丧葬以后，就为儿子娶媳妇。丈夫有小弟弟流散移住在外地的，又找回来，许家靠她又兴旺起来。

蒋烈妇，丹阳人姜士进的妻子。自幼聪明懂事，喜欢读书。她弟弟文止在外边读书，晚上回来，就用饼食给他吃，让他背诵白天所教的书，她都能记住，时间长了就会写文章了。嫁给姜士进好几年，姜生病死了。他妻子把金屑和在酒里喝了，并喝了盐卤。她父亲多次查到，跑去救活了。有一次十二天不吃东西，父亲打开她的牙齿把药灌下去，又没死。

礼部尚书姜宝,是姜士进的叔叔,知道媳妇特别喜欢读书,把很多古代图书放在她的卧室里,让她续写刘向的《列女传》。媳妇同意了,家里人对她的防备更加小心。一天,她命人在她屋里的穗帐前面挖一个窟窿埋大缸贮水,笑着对家里人说:"我要在这里边种白莲,这种花出自泥淖但不受污染,让死去的人明白我的心啊。"于是每天编纂辑录毫不松懈。书快完成时,防备的人稍稍放松,她已经把头埋在水缸里淹死了。

她所写的文章,一脱稿就毁了,所保存下来的《烈女传》和《哭夫文》四篇、《梦夫赋》一篇,都是文止偷偷保存的。御史把事情报告朝廷,在她家的大门上写上大字:文章贞节。当初,她哥哥见她会写文章,拿李易安(清照)、朱淑真来比她,她就不乐意蹙着眉头说:"易安改嫁了,而淑真不满意她的丈夫,虽然会写文章,大节已经损伤了。"她幼小时候的志气操守已经是这样的了。

杨玉英,建宁人。涉猎书籍历史,善于吟咏作诗。十八岁时许配给官时中。官时中由于没有意想不到的事情被卷进官司中,父母改接了别的聘礼。杨玉英听说这事后,嘱咐他的女仆说:"我的箱子里有佩囊、布鞋等东西,将来用来送给官官人。"女仆不明白,答应了她。于是悄悄进屋,上吊死了,眼睛都没闭上。官时中听到死讯,准备了礼物去祭奠,用手掩一下,就合上了。女仆拿出她遗留的东西,交给父母打开,看见有一首诗说:"昆山一片玉,既售与卞和。和足苦被刖,玉坚不可磨。若再付他人,其如平生何!"

又有张蝉云,蒲城人,许配给俞桧。万历中年,俞桧被人诬陷关进牢狱。女子听说可以通过贿赂开脱,跟她母亲商量,想卖掉妆奁去帮助他。母亲不答应,说:"你没有嫁,为什么这样。"女子正在吃饭,就把碗掷到地上,气得不说话。到了傍晚上吊死了。

彭氏,安丘人。小时候许配给王枚皋。没有出嫁,王枚皋死了,发誓不再嫁人。淮县人丁道平秘密嘱咐她父亲想娶她。彭氏觉察到后,六天不吃饭。丁道平因为后悔就打消了念头,心里尊敬女子节烈,后来听说她病重好不了,赠给她棺材。彭氏对父亲说:"可以用芦苇捆起来埋掉我,赶快还丁氏棺材,想到地下去见王枚皋。"就死了。

又有个刘氏,颍州刘梅的女儿,许配聘给了李之本。李之本死后,刘氏女子哭出血来,不吃饭,对父亲说:"我为李郎服表三年,要等到弟弟稍微长大些,然后去死。传话给公公,先不要为郎准备外层棺材。"于是把化妆品都去掉;教弟弟读书,亲自纠正句读。过了一年,刘梅悄悄把她许配给田家。女子听说后,半夜开了箱子,取出李家送的织丝品,点着灯制作衣服,做成后穿在身上,上吊死了。知府谢诏去看给她办的丧事,邻里吊唁的人多得像集市。田家也准备了祭奠礼物,举起酒正准备洒祭,灵柩前面接水的瓦盆划地破碎了,飞起来有一丈多高,绕着屋檐像蝴蝶一样坠落。看的人震惊变色。

邵氏,丹阳大侠邵方家的女仆。邵方的儿子邵仪,让女仆看管。前宰相徐阶、高拱都住在家乡,邵方用策问去干谒徐阶,徐阶没有接受,又去干谒高拱,为他谋求复职为宰相,名声倾倒中外。万历初年,高拱罢相,张居正命令巡抚张佳胤逮捕并杀掉邵方,一同逮捕邵仪。邵仪才三岁,逮捕的人因为天晚了没有出发,封闭了邵方居住的宅第,守住它。

邵方女儿的丈夫武进人沈应奎,是仗义刚烈的人,负乞有力,当时是诸生(县学学生),考虑到邵仪死了,邵家就绝后了,想要去救他。而府里推官跟应奎友好,坚持邀他喝酒,到了晚上才完。武进离邵方住所五十里,应奎越城出去,半夜到了邵方家,跳墙进去,女仆正坐在灯下,抱着邵仪哭着说道:"怎能让沈郎来,把这孩子托给他。"应奎慌忙上前,女仆立即把邵仪交给他,叩头说:"邵家的祭祀香火靠您了。这孩子活着,奴婢死了也不遗憾。"应奎藏着邵仪离开了,早晨又去谒见推官。

第二天天亮,搜捕的人没有找到邵仪,捆了女仆毒打她,一直不说话。有人跟太守说:"一定是应奎藏了他。"跟应奎友好的推官当时在座,大笑说:"冤枉!应奎昨夜在我那里喝酒,早晨又来见我。"正好有人替邵方解脱的,事情才平静下去,女仆抚养他的儿子,直到去世。

丁氏,五河人王序礼的妻子。王序礼的弟弟王序爵客居外地,被贼人杀害,他妻子郭氏因为怀孕没有马上陪着他去死。等到生了儿子一个多月后,上吊死了,当时丁氏正好生了女儿,哭着对王序礼说:"叔叔不幸客死他乡,婶子又殉死了,抛弃孤儿不抚养,责任在您与我。我第一次生了女儿,以后还有希望,孤儿死了就等于斩断了叔叔的继承人,而对不起婶子了。"于是抛弃了女儿哺乳侄子。没过多久,王序礼也死了,最后竟没有子女。丁氏正年轻,抚养侄子长大,一点都没有埋怨后悔。

尤氏,昆山贡生尤镛的女儿。嫁给诸生赵一凤,早死,她想跟着他去死,想到两个儿子正在襁褓里,勉强吃饭。两个儿子又夭折了,她悲痛地说:"可以跟随丈夫了。"她悲痛丈夫没有埋葬,就料理墓穴。坏少年羡慕她的姿色,骂她的眼睛说:"那眼睛黑白分明美好而流转,怎能长久(守寡)呢。"妇人听说后,夜里拿石灰用手揉眼睛,流出血来眼珠立即枯干了。把棺材放在身边。丈夫葬完后,就上吊了,有人把她解下来,就把头撞在石头上,撞裂了额头,跑过去躺在棺材中死了。

项贞女,秀水人。国子监学生项道亨的女儿,许配给吴江人周应祁。精于女红,会弹奏琴瑟,通晓《列女传》,侍奉祖母和母亲极其孝顺。十九岁时,听说周氏生病了,就吃斋、点香灯礼拜佛像,默默地祈祷,侍女们偷听,稳隐听说用自己代替的话。一天,她对乳母说:"没有出嫁丈夫就死了,应当怎么办?"乳母说:"没有成为妻子,改嫁是没有关系的。"女儿严肃地说:"古代贤人把一把剑送给别人,还不忍心辜负,何况是身体呢?"等到死讯来了,父母把它保密起来不让她知道,但是有人说吴江有人来了,女子已经明白了。祖母让她母亲进屋去看看,女子留母亲坐下,表情很温顺,母亲放心地去了。夜里等女仆们都熟睡了,独自起来用白色丝线扎住头发,里外衣服都是白色的,并且缝住了裤子。检点好要赏给各个女仆的衣物,标上名字,排列在床上。在案几上写上大字说:"上告父母,我不能让你们过一天高兴的日子,今天为了周郎去死了。"就上吊了。两家父母顺从了她的志向,最后把他们合葬了。

李氏,寿昌人。十三岁时,接受了翁应兆的聘定。翁应兆突然死了,女子把准备出嫁的衣服饰品全部拿出来烧了,自己要冲进火中,被父母抢救阻止了。于是奔赴翁家。悲痛地告诉公婆请求为她立个继承人,又要求给她一座小楼,设置她丈夫的牌位,她坐卧在它旁边,祭奠饮食都面对着面,除了婆婆谁也不见面。公公死后,家里衰落,她忍着饥饿靠纺织来赡养婆婆。没过多久，婆婆也死了，邻居家起了大火，从半夜一直到第二天天亮，延及了一百多家。邻居媳妇跑上楼，劝她躲一下，李氏说："这正是让我交出生命的时候。"抱着丈夫的木偶像等待着火烧。顷刻间四周都化为灰烬，只有小楼完好。

玉亭县君，伊府宗室典柄的女儿。二十四岁嫁给杨仞。没到两个月杨仞死了，哭喊悲痛不吃饭。有人用公婆年老，而且又有遗孕来劝慰她，这才忍痛不死来帮助料理丧事。等到生了儿子，家庭日益衰落。万历二十一年，河南大饥荒，宗族的俸禄长久空缺，纺织三天，换不了一顿饭，母子抱头痛哭。夜里梦见神人跟她说："你的节操品行上天已经知道了，应该会有东西帮助你们的。"早晨起床后，母子所讲的梦都一样，感到很奇怪。她儿子说："挖出屋后边的土做成土坯，可以换点粟米。"当天挖土，得到数百钱。从此，每次挖掘都得到钱。一天，房子旁边土地陷落，得到一窖煤，拿来烧饭用。这样延续了两个多月，官府俸禄也送到了，人们认为这是艰苦的守节所感化而来的。

马节妇，十六岁，嫁给平湖诸生刘濂。十七岁守寡。公婆家很穷，想从她改嫁中得到好处，所以一定想要剥夺她的志向。不给她吃喝，千方百计刁难她，她意志反倒更加坚定。曾经关上门上吊，有人救她，却断了绳子摔到地下昏死过去。急忙解救她，渐渐苏醒。公公又暗中接受了沈家的聘礼，她婆婆诱骗她一同出门，让女奴硬抱着放进沈家的船中。妇人跳河不成，大叫天救我。马上就风雨阴暗，急雷击船，很多次差点倾覆。沈家害怕，就把船掉回头把她送了回来。事情让县里知道了，县里让马节妇分出去居住。当时她父亲兄弟都死光了，没有地方可去，借住在一处学校的房屋里，官府赡养她到死。

王氏，东莞县叶其瑞的妻子。叶其瑞家里穷，驾着船在邻近地区往来，一个月回一次家。妻子靠纺织换点食物。万历二十四年，岭南大饥荒，百姓大多卖掉妻子儿女。叶其瑞准备把妻子卖给博罗一户百姓家，文书写成后，用船把那个人载来了。那人进门后看见王氏非常赢弱，问她原因，已经有好几天没有吃粥了。叶其瑞哭着告诉她原委，并且给她看金子，他妻子笑着答应了他。等到船开到宝潭，跳进潭中死了。两岸观看的人山人海，都说水流很快，尸体漂流不会停住。叶其瑞到后，在上游哭了几声，尸体突然涌了出来，离开跳水的地方，已经往上游走了几十步。

谭氏，南海人方存业的妻子。生儿子三个月后，丈夫死了，悲痛哭号想要殉死。母亲和婆婆相继阻止她并且规劝她改嫁。谭氏流着眼泪说："我早就不喜欢活着了，只是眷念婆婆与儿子。"哽咽着不停地流泪，二人不敢说。等到儿子七岁，让他去私塾读书，先让他拜见婆婆，暗示托付的意思，暗自高兴说："我现在可以实现志愿了。"一天，媒人来了，又劝她改嫁，谭氏更加气愤，半夜上吊死了。

又有个张氏，临清人林与岐的妻子。丈夫死后，想要上吊，公公婆婆安慰她说："你死了，遗孤怎么办呢？"张氏拿出衣物请乳母养育她的儿子，三个月后，知道儿子与乳母相处和谐，于是绝食死了。

李烈妇，余姚人吴江的妻子。二十岁时，丈夫与公公都死了，家里特别穷，妇人靠纺织赡养婆婆，自己常常挨冻受饿。有个姓黄的人，想要娶她，贿赂了丈夫家族中的一个人让他诱说她婆婆，没有马上答应。那人于是暗中与黄氏及她父亲家约定，谎称她母亲突然得病,抬着轿子来接。妇人慌忙坐上轿子,等到了门口,一看不是父亲的家。婆婆也马上来到了,布置好案桌酒席,让他们赶快完成婚礼。妇人假装说:"我不愿意改嫁,是因为婆婆年老没有依靠。婆婆既然答应了,我又有什么话说。但是我自从丈夫死后没有解开过衣带,现在希望洗一下头。"又问道:"下聘的钱财是多少?"婆婆把数目告诉她。她说:"赶快抱回去。婆婆在这里,我去跟从别人,非常不好意思的。"众人高兴,催促婆婆快走,替她准备了热水。热水送到后,久等不出,打开门一看,已经上吊死了。

后来,崇祯十五年,余姚又有个黄烈妇,是金一龙的妻子。丈夫早死,黄氏截断手指发誓,立叔叔的儿子作为继承人,跟婆婆相依为命。熊氏家有个儿子想娶她,母亲家族想从中获利,哄她回家,抄小路送到熊家。黄氏明白挽回不了局面,愿意拿出她所有的东西来偿还聘金,不答应,相持到了深夜,拿刀自刎没死成。她的婆婆听说后,急忙跑去看她,黄氏说:"媳妇之所以没有马上死掉,是因为想见一面婆婆,现在还有什么要求的呢。"于是割喉咙死了。郡邑听说这件事后,把熊氏家的儿子关在监狱中,他死在狱中。

谢烈妇,名玉华,番禺人曹世兴的妻子。曹世兴做冯家私塾的教师,才结婚,就挑着书箱去了。没有多久因病回家,活不了了,他妻子发誓不改嫁。曹家的老人们嘉奖她,商议分给她祭田来养活。有人说女人年纪还轻,应当等帮助料理完丧事后,让她回娘家,妇人假装同意。到了期满,驾车快走时,告别各位嫂嫂,说了许多分别的话,慢慢地进屋关了门,用刀子砍断自己的脖子。家里人赶快挖了木板洞进去,血流满衣,还没有断气,看见人们进来,赶快用左手从砍断的地方探出喉咙,右手用刀一割,才合上了眼。

张氏,桐城人李栋的妻子。李栋死后没有儿子,张氏在床上上吊。母亲救她,她跃身起来,用斧头斫了三刀左臂。家里人夺下斧头,压他坐在草褥上,张氏闭着眼睛沉默不语。家人走开了一些,张突然掩身出门跳进水里。水刚刚结了冰,用头撞了个洞进去,就死了。

同邑又有个烈妇王氏,高文学的妻子。高文学死后,父亲王道美来吊丧,对王氏说:"不要太悲哀。事情可以分为三等,在于你好自为之。"王氏止住哭问他,父亲说:"第一等跟从丈夫到地下是烈,第二等就是像冰霜一样要求自己同时侍奉公婆是节,第三等就是通常人所做的。"王氏马上关上门,绝粒不吃,过了七天死了。

又有个戚家妇,宝应人。才成婚合卺,而丈夫突然死了。妻子哭得很悲哀,跳进门外水汪中死了。后人命名她死的地方为戚家汪。

金氏,通渭人刘大俊的妻子。十九岁时,丈夫得了风痹病,金氏扶着他洗温泉浴。突然来了大风雨,山里的水陡然暴发,丈夫没法动,让金氏赶快跑。金氏呼喊哭泣着坚持不肯离开,一起淹死了。尸体漂流了几十里后浮出来,她的手还挽着丈夫不放。

又有应山诸生王芳的妻子杨氏。王芳喝醉了酒掉进池塘中,杨氏到水中救他。丈夫沉入水中越来越深,杨氏追到深处一起死了。

王氏,山阴人沈伯燮的妻子。婚事商议了好几年,沈伯燮病得很重,手痉挛头也秃了,她父母有退婚的意图。女子问:"沈郎的病开始于哪一天?"父亲说:"当初许配时当然是一个好男子,现在才病的。"女子说:"许配以后才病的,这是命,违背命是不吉利的。"最后嫁给了他。沈伯燮有病又疲惫,王氏奉养侍候从不懈怠。八年后死去,把他叔叔的儿子立为继承人。又拿出簪子耳饰帮助公公买妾,又生了儿子。过了一年多,公婆相继去世,王氏一个人抚养两个年幼的孤儿,用两只手挣钱养活他们,都长大成人。

李孝妇,临武人,名中姑,嫁给江西人桂廷凤。婆婆邓氏患痰病,快起不来了,媳妇流着泪担忧悲伤。听有人说乳房的肉可以治疗,心里记住了。一天,煮药时,焚香祷告灶神,自己割下一只乳房,昏迷倒在地上,气已经断了。桂廷凤要药没到,出来一看,只见血流满地,大惊呼救,顷刻间震动了整个城市,邑长和辅佐官们都来到她的家,命令尽力治疗。不久有个僧人来到门口说:"把屋里的蕲艾傅上去,就好了。"照他说的做,果然苏醒,等到寻找僧人时再也见不着了。于是拿乳房肉拌在药里给婆婆吃,婆婆最后好了。

又洪氏,怀宁人章崇雅的妻子,崇雅早死,洪氏守志十年。婆婆许氏,生病很重没法医治了,洪氏剜下乳房的肉做成羹让她喝,病好了,其余的肉扔进池中,不让人知道。几天后,一群鸭子从水中衔出来,鸣叫回旋飞翔,小孩子得到后告诉婆婆。婆婆起来一看,乳肉血还在滴。她丈夫的哥哥章崇古也早死,嫂子朱氏誓死不改嫁,她们姑娌相守五十年。

倪氏,兴化人陆鳌的妻子。性情纯朴孝顺,公公早死,可怜婆婆年老,早晚侍候寝席,跟丈夫不同居地过了十五年。婆婆鼻子患了疮快要死了,她亲自为她吮出脓血治疗,没有好,于是夜晚焚香祷告上天,割下左臂的肉给她吃,婆婆吃后病好了。远近人都赞她为孝妇。

刘氏,张能信的妻子,太仆卿刘宪宠的女儿,工部尚书九德的妻子。性性非常孝顺,婆婆病了十年,她侍奉汤药不离身边。等到病重时,拿刀子割手臂,侍女震惊拉住她。公公听说后,嘱咐医生说这病不适合接近腥味,努力阻止她。过了一天多,最后还是割下肉煮成粥给婆婆吃,这时婆婆已经不能吃了,于是非常悔恨说:"医生哄骗我,使得婆婆没有看见我的心。"又割了一寸多肉,痛哭着祭奠在床前,快合上棺材时,把祭奠的东西放在棺材中说:"媳妇没有机会再侍奉我婆婆,用这肉伴在婆婆身边,如同亲身侍奉婆婆。"乡人没有不称赞她孝顺的。

徐贞女,宣城人。少时许配给施之济。十五岁时,同里有势力的人汤一泰羡慕她,恃仗着当祭酒的侄子汤宾尹,强迫听从安排。女子的父亲徐子仁不接受,夜里跑到施家把女儿抬嫁过去。汤一泰非常生气,胁迫有关官吏拘捕施氏的妻子,想在公堂上把她夺走,先指使人打了施之济父子和媒人等几个人,在府门前殴打他们,有关官吏制止不了。徐氏被拘捕后,等候审理,住在城东的旅馆里,害怕逃脱不了。夜里等到人们都睡着后,跳到水池中淹死了,衣服上下都缝住了见不着一寸身体。看见的人都哭得流下了泪,一起把她抬到古庙里,盛夏里郁闷气蒸,苍蝇都不敢靠近。郡守张德明到场看望,在城东立祠堂祭祀。

林贞女,侯官人。父亲林舜道,官做到参政(宰相)。女子幼年时许配长乐副都御史陈省的儿子陈长源,接受礼物后,陈长源死了。女子蓬乱着头发去掉化妆的脂泽,称疾卧床,哭泣没有声音但神情哀伤。有人问没有成为妇人,为什么要自己苦自己。回答说:

"我的姓名、出生年月都被装饰后放在匣子里给了陈家,能忍心欺骗自己吗!"坚持着请求父亲,想参加陈氏的丧葬,父亲替她传达了心意。陈家的父亲说:"因为丧事嫁过来,是我们不忍的,友好地嫁过来,谁能主持料理? 姑且等到丧期结束后再说。"女子很悲痛地叹息说:"那是想拖延,等待时机改变我的志向。"于是不吃饭,过了七天,吐血而死。

王贞女,昆山人,太仆卿王宇的孙女,诸生王述的女儿,许配给侍郎顾章志的孙子顾同吉。没过多久,顾同吉死了。女子立即去掉装饰物,穿着白色衣服来到父母面前,不说话也不哭泣,像是催促车子快点走。父母面有难色,让老太太去告诉她的公婆,公婆打扫庭院等她去。女子到后,拜了灵柩但没有哭,收敛表情来见公婆,有永远呆下去的意思。婆婆含泪说道:"儿子不幸早死,怎么能拖累了新妇。"女子听说婆婆称她新妇,眼泪簌簌地往下流,于是留下来主持妇人事务不离开。早晚跪在灵柩前祭奠,照顾婆婆睡觉吃饭以外,就把自己关在一间屋子里,即使是最亲的亲人派女奴来侍候看望,都谢绝了,说:"我按照道义不会见家门以外的人。"后来婆婆生病,女子服侍勤勉,日夜都不松懈。到病得厉害时,女子进去就在床前侍候,出来就看视药灶,走来走去,好像要做些什么。婢女们观察她但不知道究竟干了什么,婆婆吃了药就睡着了,一醒来病就好了,喊女子说:"从前给我喝的是什么药? 好得这样快。"想拉住她的手慰劳她,女子缩手有不想往前走的样子。婆婆奇怪地起来看,已经断了一个指头煮在药中了。婆婆叹息说:"我因为天意夺去了我的儿子,常常担忧年老了没有依靠。现在媳妇不吝惜肢体来治我的病,难道还比不上有儿子吗!"久久地流泪。人们都赞扬她为贞孝女。

倪美玉,十八岁时嫁给董绪。董绪因为服丧期间过于悲哀毁伤了身体得了病,对妻子说:"我没有兄弟,又没有儿子。我死后,父母的祭祀就断绝了。应该把我家的房子作为小的宗祠,配置几亩祭祀用的田地,让小宗人轮流主持,春秋享祀,我父亲得到祭祀,我也就没有遗憾了。你一定要把这个意思告诉我叔叔让他执行。"董绪死后,倪氏立侄子为后代。办理完丧事,携着她的女儿和二十亩田嘱咐她嫂子说:"把这些来拖累阿姆您。"等到丈夫的叔叔从外郡来,哭着拜托丈夫的命令,叔叔照她的话做了。事情完成后,妇人出来拜谢,接着就进屋不吃饭。过了几天,洗了澡换了衣服说:"死去的丈夫在召我了。"举手告别父母亲属,然后死去,这年二十二岁。

刘烈女,钱塘人。少年时许配给吴嘉谏。邻居的富家儿子张阿官屡次窥视她,一天晚上爬着梯子进来。女子喊父母来一起抓住了他,准备去打官司。张家的侄子先说刘氏女子教导淫秽,捆绑人为了得到钱财。人们大多相信他。女子喊着告诉父亲说:"贼人污蔑我名声,不能活了,我要向天帝诉讼来求得公道。"就上吊了,盛暑天等待着检验,在太阳下暴露没有尸体的气息。吴嘉谏开始被别人的话迷惑了,没有哭。慢慢观察,明白那是诬陷的,伏在尸体上十分悲痛。女子的眼睛忽然睁开,流了几行带血的泪,好像哭泣的人。张家请了讼师丁二坚持以前的说法,女子的灵魂对丁二说:"你用笔来污辱我,我先杀了你。"丁二立时死了。当时江中浪涛震吼,岸上的土地崩裂了几十丈,人们以为是女子的冤枉所造成的。有关官吏于是用棍子打死了张阿官和侄子。

上海某人,出嫁后,丈夫患疯癫病,公婆商量把她改嫁为他们小儿子的妻子。妇人觉察后,秘密地告诉她丈夫,丈夫哭着打发她回娘家去。妇人暗中制作收殓用具,丈夫死后公婆不把消息告诉她,不合上棺盖,放在水边的露天下,因为风俗忌讳恶病。妇人听说后,用碗盛着饭煮了鸡肉,偕同小妹妹到了放棺材的地方,抱着尸体把它洗了澡,用衣服被子装殓起来,盖上棺材,设置好祭品。祭完后,跟妹妹诀别,用巾帕蒙住脸,跳水死了。

谷氏,余姚人史茂的妻子。父亲因为史茂有文采学问,把他入赘到家里。几天后,邻居宋思向她父亲讨债,看到谷氏美貌,就把他欠的钱当作聘物。告到官府。知县马从龙考察后知道是诬告,用棍杖打了一顿。等到谷氏下台阶,史茂要扶着她走路。谷氏本来没有出过闺阁的房门,看见差人林立,而丈夫把身体靠近自己,惭愧得脸上发红,把史茂推到远处。马从龙以为谷氏对史茂没有意思,立即改判给了宋思。宋思就率领众人把她拥到轿中去了,谷母跟到宋思家。谷氏呼喊着乞求赶快去死,剪断头发托母亲送给史茂。宋思家族十多个媳妇,围着劝慰,都没法说通,她还是乘着间隙上吊死了。马从龙听说这事后很震惊,逮捕宋思,宋思逃走了。史茂被妻子的道义所感动,终身不娶。

于氏,颖州人邓任的妻子。邓任有病,家里穷,买不起药品,于氏拿出嫁妆里的所有东西来救他。过了六个月病危,于氏当时聘礼中有两枚簪子,把一枚插在丈夫头发上,自己也插了一枚,抚着邓任的脖子哽咽着说:"我一定不辜负您。"把手指塞进邓任口中,让他咬一下作为证据。邓任死后三天,她也上吊死了。

本州又有个台氏,诸生张云鹏的妻子。丈夫生病,台氏穿着单衣吃着粗粝的饭食,向天祷告愿意替代,割下臂肉做成粥进奉他吃。丈夫病危,答应自己为他去死,定下三天为期。丈夫交给他红色的手绢儿作为诀别,台氏哭喊着接受了。过了三天,结了所给她的手绢儿上吊,由于女仆抢救所以没死,生气地说:"什么奴婢,败我的事情!让我失信了三天的约会。"从此,水浆不吃,一喊出声,热血迸流。到了七天,顿脚说:"迟了,郎应该不要怀疑我。"母亲偶尔一次出去洗头,她就锁上门上吊死了。

胡氏,诸城人,遂平知县胡丽明的孙女。十七岁时嫁给诸生李敬中,生了一个女儿后丈夫死了。开始时哭着跳跃非常悲哀,三天后不再哭,盥洗梳头后在堂下拜见公婆,家里人感到奇怪,她慢慢回答说:"媳妇不幸失去了丈夫,没有孩子,正要跟从死者去地下,不可能继续侍奉公婆了,希望他们勉强吃饭爱护自己。将来叔叔有个儿子,为亡夫立为后代,每年按时祭奠麦饭就满足了。"婆婆和她母亲哭着阻止她,不答应,于是焚了香在灵柩前祷告,回头对家人说:"洗漱含饭一类装殓事情,你们亲手来办,不要让男子接近。"于是进门上吊了,母亲跟婆婆砸着门痛哭急呼,终于不顾地去死了。

荆娲,陕西淳化人,姓高。哥哥高起风,邑里的诸生。崇祯五年,流贼把继母秦氏和高荆娲抢劫去了,高起风骑着马去贼营请求赎还。贼人要两匹马,高起风拿出全部钱财买了一匹马,给了他们。贼人只放还了他的母亲。高起风跟妹妹诀别说:"我一离开,你就要死。"贼人命令他劝妹妹顺从自己,并且想留下他做文书。高起风大骂着不答应,被杀了。贼人千方百计胁迫荆娲,大骂着请求一死。贼人喜欢她的姿色,割掉她的头发,撕裂她的衣服来吓唬她。娲更加骂个不停,贼人于是杀了她,她才十六岁。巡按吴甡上奏黄日芳的妾李氏、陈氏。黄日芳任霍丘县知县时,崇祯八年,送统计的账簿到郡。流贼突然到了,围住城。两个人互相说:"主君还没有回来,城一定守不住,我们两个人只有一条死路。"把内外衣服缝得细密坚固,城失陷,对着南方拜,手拉着手跳了藏天涧死了。过了三天,黄日芳来了,在涧边哭喊。两具尸体应声浮出,颜色跟活着一样,手还互相拉着。

蕲水人李氏,诸生何之旦的妻子。流贼到了蕲水,抓住后逼着她去,不服从,就众人一起挟持她。李氏骂得更厉害,咬贼求死。贼人发怒,用刀刺她,遍体都是创伤,不曾有过惧怕的表情,贼人砍断她的脖子死了。

跟随的女仆阿来抱着李氏的小女儿,守着尸体哭。贼人要夺过女儿杀了她,不给,伏在地上用身体庇护她。被刺了几十处创伤,女仆、女儿都死了。

万氏,和州儒士姚守中的妻子,泉州知府万庆的孙女。生了六个儿子,都结婚成家了。崇祯八年,流贼攻陷了和州城,媳妇们在守寡的婆婆面前痛哭,命令各位媳妇们说:"我们都是女人,发誓一定为节操而死。"儿子们围着她哭泣,她急忙挥手让他们离开,说:"你们是男人,应当想办法保留宗庙的祭祀(活下去),为什么哭泣?"长子承舜哭着说:"儿子读书,只认识忠孝两个字,宁愿成了厉鬼去杀贼,怎能忍心让母亲独自去死。"于是背着母亲跳进水塘。各媳妇女儿孙女跟死的有十几个人,仅仅保存下儿子姚希舜,打捞出他们的尸体,都聚集在塘坳里,没有一人是单独分开的。

流贼攻陷和州,王家一时出了五个烈妇:王用宾的妻子尹氏,王用贤的妻子杜氏,王用聘的妻子鲁氏,王用极的妻子戴氏,还有王良器的女儿,即刘台的妻子。五个人一起藏在城西的别墅里,发誓一起去死。等到贼人登上城头,喊声震天。五个人互相拉着手哭着说:"快死快死,不要被贼人的刀子污染了。"结好环扣,环扣断了,正好王用贤的佩剑挂在墙壁上,杜氏跑过去拔下来,争着割脖子,一个个地死。

这州还有一个女子,不知道她的姓,跟媳妇们一起藏在明伦堂后边。其中四个人已经被贼人捉住,用绢帛牵着她们。只有这个女子不肯被捆。想方设法强迫她都没做到。四个媳妇规劝她,她哭着说:"我是处女,能跟男人去吗?"用头去撞地。贼人抓着她的脚拖着走,女子大骂。贼人发怒,一只手抓住脚,用刀子从下身劈她,身体被裂为四块。

陈氏,泾阳人王生的妻子。有个刚满周岁的儿子,王生病快要死去,把儿子嘱托给陈氏。陈氏说:"我会用性命来保护他。"流贼来后,陈氏抱着儿子躲到楼上。贼人烧楼,陈氏从楼檐上跳下去,没死。贼人见她姿色美丽,把她夹到马上,陈氏两次跃身掉到地上。最后用绳索束缚住她,走了几里路,陈氏用力挣断系着的绳索,跟马鞍一起摔在地上。贼人明白没法夺取过去,就杀了她。贼人退了以后,家里人收她的尸体,儿子还在怀中呱呱啼哭,她两只手还像原来那样紧紧抱着。

鸡泽有两个姓李的女人。一个是同邑人田蕴玺的妻子。遇到战乱,田蕴玺的兄弟都被杀了。李氏抱着女儿跟嫂子抱着儿子逃命。王氏有脚伤行走困难,让李氏快走。李氏说:"良人兄弟都死了,应该保住这孩子为田家留个后人。"于是抛弃了自己的女儿,抱着她的儿子跑进城里,才安全无恙。一个嫁给曲周人郭某。遭逢战乱,全家都逃走躲藏起来。公婆很快被杀掉了,李氏带着年幼的儿子和丈夫刚七岁的弟弟一起逃,逃得很疲惫,没法都保全。有人让她舍弃叔叔抱着儿子,李氏说:"公婆都死了,还能再有叔叔吗!儿子虽然难以割舍,但我丈夫在外面,可能没有死,还有希望的。"最后舍弃了儿子,背着叔叔逃走。

宋德成的妻子姜氏,临清人。宋德成在赞皇县当知县,贼寇杀进县衙门,姜氏跳了井,贼人把她救出来,逼着让她吃东西,她骂道:"等官兵来剿灭你们,腌了做成肉脯,我会吃它的。"用簪子自己刺瞎一只眼睛给贼人看说:"我是个残废的人,行行好赶快杀了我。"贼人愤怒地杀了她。

石氏女子,忘了哪里人,跟随父亲石守仁寓居在五河。崇祯十年,流贼突然来到,捉住她想污辱她。女子抱着槐树厉声骂贼。贼让几个人牵着她走,她两手不松开,砍断她的两只手,还是像开始时那样骂。又砍断了她的腿,更加骂个不停,疼痛得倒在地上佯装已死。贼人上前脱她的衣服,女子用嘴咬他的手指,咬断了三个手指,口里含了一升左右的血喷在贼人身上,才闭上眼睛。贼人抱了柴来烧她,后来所烧的地方,血痕微明,下雨时就干燥,出太阳就潮湿。村人害怕惊异,把它挖掉,颜色也入土三尺左右。

又当涂举人吴昌祚的妻子谢氏,被乱兵抢劫。谢氏用手抱住树木,大骂不止。士兵发怒,砍断她搂在树上的手指,又捡起断指掷到士兵面前,士兵用割裂肢体的方法杀了她。

周彦敬的妻子庄氏。周彦敬,栖霞知县。庄氏读书明白大义,暴乱发生后,乡人们都逃窜到洞中。庄氏因为他们男女没有区别,有为难的脸色。周彦敬强迫她说:"不进去,就要被杀掉。"庄氏说:"无礼不如死,您怀疑我怕死吗!"立即拿刀自杀了。周彦敬被她的义气所感动,终身不再娶妻。

唐烈的妻子陈氏。唐烈,孝感诸生。崇祯十年,跟随丈夫到山寨避难。贼人突然来到,丈夫与儿子都逃散了,陈氏独自在山谷里行走。寨里人说:"那不是唐家老太太吗?事情危急了,赶紧进来躲躲。"陈氏问丈夫与儿子来了没有,说:"没有。"陈氏哭着说:"我孤零零一个妇人,没有来由地到了。各位虽然同情我要救我性命,我有什么脸在这里安心呢!丈夫死活还不知道,依靠别人活着不坚贞,不顾丈夫有难不义气。失去了坚贞和义气,凭什么做人!我还是走吧。"终于没有进去。后来,贼人来了,逼她去,她不答应,大骂着被杀死。

又有个刘氏,怀宁人,应天府丞颜素的孙子媳妇。崇祯末年,乱兵焚烧抢掠江市。她公公与丈夫事前在南京。刘氏孑然一身出去躲避,仓皇间没有地方去,看见男人女人混杂着逃跑上船,感慨地说:"我们妇人,保姆不在身边,照道义不应该走出帷幕,能在乱群中吗!"就跳江死了。

唐氏,广济人潘龙跃的妻子。崇祯十三年到灵果山躲避贼人。贼人来后,把刀子架在潘龙跃脖子上,勒索钱财。唐氏跪着哭泣,乞求让自己代替丈夫,不答应。女儿潘巽也跪着哭泣,乞求让自己代替父亲,不答应。唐氏明白丈夫免不了一死,就跳进池塘,女儿跟着她跳下去。贼人悲伤地放了她丈夫。

又有个颜氏，长乐诸生黄应运的妻子。城市陷落，士兵到了她的家里，想杀了黄应运的生母詹氏。颜氏哭着诉说，希望自己代替。等到颜氏刚要被杀，妾曾氏又边跑边喊说："这是我家主母，没有孩子，希望杀了我来保全她的性命。"士兵被她们的义气感动，把两人都释放了。

颍州人卢氏，王瀚的妻子。家里穷，靠舂米纺织过日子。崇祯十四年大饥荒，丈夫患了瘟疫。卢氏对她丈夫说："您死了，我就跟着。"丈夫死时，正是潮湿的暑天，卢氏请求亲戚凑钱来埋葬时说："我也应该去死，只是天气酷热没有衣服棺材，怕更加拖累亲戚，推迟到秋天凉爽的时候。"听的人嘲笑她。到了秋天，把她新收的谷子都卖掉了，置办了粗布衣服，剩下的买了酒茶祭祀丈夫的坟墓。回到家里，买了几十个梨子送给婆婆和妯娌，跟人说："我可以死了。"半夜上吊了。

于氏，汝州人张铎的妻子。崇祯十四年，贼人破城，于氏对两个女仆说："我们今天一定会死，不如先出去袭击贼人，为杀贼而死，不失为义烈鬼。"于是拿着木棒往前去，贼人先进来三个，由于出乎意料，都被她们打倒。群贼愤怒，聚集过来刺她们，都死了。

萧氏，万安人赖南叔的妻子。丈夫早死，没有儿子，留下一个女儿。贼寇蜂涌出现，她们造了房子跟女儿住在一起。盗贼突然来到，她带着女儿拿着锋利的刀子拦住门口，咒骂道："古时候宁化人曾氏媳妇，建立寨子杀贼。你说我的刀子不锋利吗！侵犯我就一定杀了你。"贼人愤怒，纵火烧她们，两个人都化为灰烬。

又有个杨氏，安定举人张国憬的妾。崇祯十六年，贼人贺锦攻城攻得很危急。张国憬跟守卫的人商量，青壮男子登上城墙，女子运送石头。杨氏首先倡导，城里女子跟着她学，一会工夫四边城上都布置遍了。等到城市失陷，杨氏死在打更楼的旁边。事情平定后，家里人找到她的尸体，两只手还抱着石头不放。

仲氏女子，湖州人，随着父亲在汉阳做买卖。崇祯中年，汉阳失陷，跟着各位妇人准备出城，贼人守门的阻止了她们。一会儿，贼人大肆奸淫抢掠，见女子美貌，捉住她。女子用刀划了脸面披散着头发，大骂。贼人准备了马，命令两个贼人挟持她上马，连续几次坠下马伤了额头，始终不肯从。贼人抽刀子胁迫她说："身体去还是头去好？"她笑着说："头去好。"于是被害。

邝抱义的妻子何氏。邝抱义，临武诸生。崇祯末年，何氏被贼人捉住，于是垢面蓬发哄骗说得了瘟疫，贼人害怕就放了她。等到贼人退去，家里人都很高兴，何氏却哭着说："平时拜见伯父叔叔，还脸红出汗。现在藏不住身把脸面对着贼人，牵着手臂拉着裙裾，虽然免了污辱，还怎么做人！"最后气愤得不吃饭饿死了。

汤祖契的妻子赵氏。汤祖契，睢州诸生。赵氏读过书，有志气节操。崇祯十五年，贼人攻陷太康，快要抵达睢州。赵氏对家人说："睢州是兵家要道，不容保住。如果事变一产生，只有去死。"等到城市被破，嘱咐汤祖契背着他母亲逃跑，而自己关上门上吊，家里人解下了她，又跳井，又被家人拦住，她愤怒地说："贼人来了不去死，是没有节操，死得不是时候，是不义的。"贼人到后，四周都是刀子对着她，牵她出去，她厉声责骂贼人，就被杀害了。

萧来凤的妻子倪氏。萧来凤,商城贡生,慷慨有大气节。贼人逼他接受官职,不屈而死,倪氏接着上吊了。

又有宋愈亨,深泽举人。贼寇来后跳井死了。他妻子王氏说:"丈夫都已经这样了,我怎么能辜负他。"儿媳妇韩氏生了儿子才六天,愿意跟着死,面对面地上吊了。

邵氏,邹县人张一桂的妻子,跟妾李氏一块遇到贼人。贼人想强迫李氏跟他走,邵氏骂道:"死去的丈夫把妾托付给我,难道是让受贼人污辱。"贼人愤怒,杀了她。李氏知道摆脱不了,哄骗说:"我有簪子耳饰埋在后园井边。"贼人跟随李氏去挖出来,到后就说:"主母为我死了,我难道一个人活着。"说完跳进井里。贼人下井拉她,李氏披着头发弄破脸面骂个不停,扭着他的衣服想让他一起死在井底,叫声像打雷。贼人明白没法强迫,就用刀子杀了她。

梁以樟的妻子张氏,大兴人。梁以樟任商丘县知县。崇祯十五年,流贼包围商丘,急忙把木柴堆在楼下,把女仆们集中在上边,都让她们上吊。对儿子梁熥说:"你父亲在城上守卫,性命不知道保得住保不住,宗族祭祀只靠你了。"嘱咐乳母把他藏在百姓家里。她自己上吊死了。家里人点上火,尸体都烧成了灰烬。

郑完我的母亲石氏,甘州卫人。郑完我,南阳府同知,到任后,妻子王氏,奉养石氏,在家居住。崇祯十六年,贼人包围甘州,石氏预先让家人在屋里堆积好木柴。等到城陷,带着王氏和一个孙女跳进火里自焚。贼寇退后,在灰烬里找到尸体,婆媳牵挽着没有放手。孙女离她们三尺左右,覆盖着大瓮,打开一看颜色跟活着时一样。

郭氏,长治人宋体道的妻子。崇祯十五年,任国琦作乱,跟她住在一起的妇女们都被罚跪,叫郭氏,她不出来,独自藏在毁坏了的墙壁后面。贼人发怒,责备她不下跪,她瞪着眼睛厉声说:"我下跪也死,不下跪也死,已经不准备活下去了。"贼人砍了她好几刀,到死都骂不绝口。

姚氏,桐城人,湘潭知县姚之骐的女儿。诸生吴道震的妻子。十九岁时,丈夫死了,因为儿子坚德还在襁褓,忍住了死来抚养他。过了二十六年,到崇祯末年,流贼抢掠桐城。哥哥姚孙林陪着母亲躲避到潜山,姚氏也一起去。贼人突然来到,姚孙林在格斗中被杀死,德坚背着姚氏逃跑。姚氏说:"事情很危急了,你一个书生怎么能背我跑远路,如果贼人追上来,就都要死,你不能保全母亲,还想反而断绝了父亲的祭祀吗!"斥责他让他离开,德坚哭着不忍心,姚氏把他推到山崖下边。一会儿贼人赶到,叱责说:"拿出金子可以免死。"姚氏说:"我流离远道,哪里来的金子。"贼人让解开衣服检查她,她骂道:"什么贼奴,敢说这种话!"贼人发怒,一阵乱刀砍死。

李氏,定州人,广平教授李元荐的女儿,嫁给同里人郝生。崇祯十六年,定州遭战乱。郝生要陪亲人逃避到山里去,留下李氏与两个儿子住在她娘家。郝生骑上马正要出发,李氏哭着在马前叩头,指着庭院中的水井诀别说:"如果有变故,就在这里边清洁身体,用衣袖作为标记,旁边有一行白线的,就是我。"等到城破,在别人家里藏好两个儿子,跳进井里死了。兵退后,郝生捞出她的尸体,颜色跟生前一样。

丘氏,孝感人刘应景的妻子。崇祯末年,被贼人捉住,逼她顺从,不答应。贼人说:"用刀砍你。"丘氏说:"能死去很高兴。"贼人把油灌满一瓮,浸在她的衣服上,对同伙说:"这妇人很倔强,要焚烧她。"丘氏嘲笑地说:"你们认为淹死、烧死、用刀刺死有差别吗?官兵早晚会来,你们想要像我这样,是可以做到的!"贼人发怒,把她捆在树木上烧,火烧得很旺时,还骂不绝口。

同邑人乾氏,十七岁,嫁给高文焕。高文焕死后,没有儿子,她拔出刀子自杀。母亲和婆婆抢救她,过了三天才苏醒。从此不吃荤食,每天只吃一顿。崇祯十六年,听说贼人攻陷德安,快要到达孝感。侄子高骞要扶着她躲避到山寨里去,乾氏说:"我老了,难道还要出门寻找活路。实现我四十年前的志向,可以了。"跳进后园池中死了。

同邑又有黄氏,张挺然的妻子。崇祯末年,贼人元帅白旺攻陷德发,委任张挺然为伪掌旅。黄氏哭着劝阻他,不听。贼人命令张挺然叫了妻子去作为人质,黄氏,带着十岁的儿子躲到青山寨。张挺然用好处引诱,用士兵去抢劫,并且让亲戚招她,都不答应。不久破了寨子,烧了自己家的房子来使黄氏没法生活,黄氏藏得更深,最后还是没有找到。张挺然寄给儿子金簪,儿子用来绾头发,黄氏生气,拔出来扔了它说:"为什么要把贼人的东西来污辱头部!"很久以后,贼人失败,张挺然逃跑中死在襄阳,黄氏靠耕种纺织来养活她的儿子,乡人认为她很道义。

刘长庚的妾雷氏。刘长庚是同州诸生。贼人攻陷潼关,快要到达同州,刘长庚拜祭家庙,叫过妻子和两个儿子说:"你年纪大,并且有儿子,应当逃走。"叫过雷氏和她生的女儿说:"你年纪小,应当随我去死。"雷氏说:"这是我的志向。"刘长庚带着酒上楼,对妾说:"你平时不喝酒,今天应该一起醉。"妾欣然斟满酒。刘长庚边喝边唱歌,半夜题满了四壁,拔出刀子给妾说:"可以走了吗?"回答说:"请让我先走。"夺过刀自刎了。刘长庚于是解下所系的丝带,吊死在梁上。女儿才七岁,把刀子横在墙壁上,把脖子碰上去死了。

邵氏,商州人,布政司邵可立的女儿,侍郎洛南人薛国用的儿子薛匡伦的妻子。流贼快来了,逃避到母亲家里。商州陷落,贼人驱使她烧火做饭,骂道:"我是大家族的女儿,嫁给大官的儿子,肯为狗贼做饭吗!"贼人发怒,砍了她的脚,骂得更加厉害,割断了她的舌头并肢解了她。

关陈谏的妻子吕氏。关陈谏,云梦诸生。族人中有个安氏,陪她丈夫关坤死了,吕氏每次谈到,都感慨抽搭说:"妇人按道义应当这样。"崇祯末年,贼寇攻陷邻近的郡,吕氏对丈夫说:"贼人气焰正在高涨,不如早一点为自己准备好去处。"拿了渔网把自己身体结得非常牢固。不久贼寇来了,让她缝衣服,吕氏把剪子扔过去戳破了贼人脸面,骂道:"贼人敢污辱我的针线活吗!手可断,衣服不能缝。"贼人发怒,肢解了她,扔到水里。

邵氏,曲周人李纯盛的妻子。贼寇来了,婆婆姐妹都躲避到地洞里。邵氏被寇捉住,问她洞在哪里。哄骗他们走,贼人高兴地跟着她,她径直走到井边,跳井死了。洞里五十多人都避免了灾难。

王氏,宛平人刘应龙的妻子。十六岁嫁给刘应龙。家里穷,靠女红收入赡养公婆。

刘应龙父子相继死去，王氏侍候婆婆抚养儿子。过了二十年，贼人攻陷都城，她哭着拜别她的婆婆："留下长孙侍奉祖母，媳妇去死的思想是已经决定好的。"于是拉着幼小儿子跳进井里溺死了。

吴之瑞的妻子张氏。吴之瑞，宿松的诸生。福王时期，城池失陷，军中士兵想要污辱她。张氏害怕连累及丈夫和儿子，哄骗说："这是我家的私塾教师，领着他的儿子在这里。我感到羞耻，如果让他们离开，就听你的命令。"她丈夫与两个儿子走久后，张氏才厉声唾骂，头撞石头上死了。

韩鼎允的妻子刘氏。韩鼎允是怀宁诸生。福王时期，城市崩溃。公婆两具灵柩停放在堂屋上，刘氏守护着不离开。贼人想打开棺材，刘氏抱着棺材哭喊，贼人就放过了她。一个女儿十三岁，贼人想要放火，而几次看她的女儿。刘氏哄骗他说："如果不惊动先人灵柩，女儿不是我吝惜的。"贼人高兴地扔掉火把，带着女儿离开。刘氏送女儿，看看门外水池暗示她，女儿就跳进水池死了。贼人发怒，用刀子刺刘氏，刘氏骂不绝口死了。

江都程家六个烈女。程煜节是江都诸生。他的祖父的姐妹中有嫁给姓林的人的，他的父亲的姐妹中有嫁给姓李的人的，他的叔母叫刘氏、邹氏、胡氏。程煜节的妹妹叫程娥，还没有许配。城市被包围，她跟刘氏约定一起去死，各自把大带子放在衣袖里。破城后，女子梳理了头发更换了衣服，拜了两拜诀别她母亲，然后上吊死了。刘氏有个女儿才一岁，哭得很悲惨。刘氏喂她奶，又把糕饼点心一罐放在女儿身边，才去死。邹氏与胡氏也一起死掉。嫁给林氏的，跳井死了。嫁给李氏的，被抢掠，哄骗士兵来到井边，大骂着跳井死了。当时被称为一门六烈。

张氏，江都人史著馨的妻子。二十六岁时，丈夫死了。等到城市陷落，抚摸着她的儿子哭着说："从前抚养孤儿是困难的，现在保全节操是大事。儿子好好考虑，我不能照顾了。"就跳水死了。

又有个兰氏，孙道升的继妻。他的前妻女儿叫四，兰氏生的女儿叫七，都嫁给古家。次女叫存，孙女叫巽，都没有嫁人。他的弟弟孙道乾、孙道新都早死了。孙道乾的妻子王氏，儿子天麟的妻子丁氏，孙道新的妻子丁氏，他堂弟的儿子孙继先的妻子董氏。江都被包围时，媳妇们各自带着一把刀子一条绳子在身边。城破后，巽先上吊死了。兰氏当时五十四岁，拿着绳子上吊死了。王氏、丁氏跳进屋后水池中死了。古氏也是五十四岁，守节三十年，头发都白了，跳井死去。有个女儿嫁给吴家，生了女儿叫睿，才八岁，正在外婆家，跟着死在井里。董氏把带子系在门框上，上吊死了。存脚有病，努力跳到井里死掉。董氏家的小婶子，她的祖母叫陈氏，正寄居在她家，跟董氏在一起，也上吊死了。四与七一起吊死在床上。

同时有个叫张廷铉的，妻子薛氏，城破后上吊死了。张廷铉的妹妹叫五，遇到士兵，用鞭子抽她要她顺从自己，她大叫说："杀就杀，用鞭子抽什么！"就被杀死了。

张秉纯的妻子刘氏。张秉纯，和州诸生。家里向来贫穷，刘氏操持打水舂米，生活得很高兴。国家灭亡后，张秉纯绝食死了。刘氏一勺水都不喝，经历了十六天，肌肤骨头销铄，让儿子搀扶到灵柩前祭拜，痛哭而死。

陶氏,当涂人孙士毅的妻子,守节十年。南都覆灭,被士卒所劫持,捆了她的手把刀子夹在两个手指之间,说:"顺从我就没事,否则就裂开。"陶氏说:"为了道义不让身子受污辱,快杀掉我是你的恩惠。"士兵不忍心杀,稍微伤了一下她的手指,血流满了手,问她:"顺从吗?"回答:"不顺从。"士兵发怒,从她的手劈裂下去,并且剐割她的胸,一寸一寸把她割死。陶氏母亲跑过去护她,也被杀了。

田氏,仪真人李铁匠的妻子,姿色很美。高杰的步兵在长江上抢掠,捉住她要侵犯她,田氏以死抵抗。挟持到马上,到了城南小桥,马不能渡。田氏哄骗让士兵牵着她的衣服走路,看见中流湍急,拽两个士兵跳水,都被淹死了。

王氏,和州诸生张侣颜的妻子。南都守不住了,刘良佐手下士兵大肆抢掠。王氏同母亲藏匿在朝阳洞,士兵进攻朝阳洞,形势危急,王氏把儿子交托给母亲:"贼势汹汹的,我是个少妇,即使苟且不死,又有什么面目回到丈夫家去。这是张家的一条线,好好抚养他。"说完,挺身跳出洞外,洞高几十仞,乱岩巉岩好像锋利的刀刃,身体摔得粉碎,死了。

方氏,桐城人钱秉镫的妻子。为躲避贼寇寓居南都。年岁不吉利,饭粥都供应不上,靠做女红换米给她丈夫吃,自己跟仆人们一起吃糠麸。有客人来,准备清洁的茶水和酒席,都是用簪子耳饰卖来的钱换得的,跟钱秉镫交往的人,没有人知道他家的穷。钱秉镫跟阮太铖是同乡,有矛盾,躲避到吴中。方氏带着子女去追寻,找到了他。不久吴也乱起来,方氏知道逃脱不了一死,于是把上下衣服密密地缝起来,抱着女儿跳水死了。

陆氏,嘉定人黄应爵的妻子。少年丧夫,家里贫穷,靠纺织自给生活了三十多年。刚一去世,嘉定城被破。儿子道弘的妻子,忘掉了姓什么,抱着两个女儿慌忙想跳井。长女说:"如果让母亲先跳,一定眷念我们两个女儿,不如让我们先跳。"于是挽着妹妹急忙跳了下去,道弘的妻子跟着跳下,都淹死了。

于氏,丹阳人荆溓的妻子。荆溓的父亲大沩被乱兵杀死。于氏听说变故,知道免不了要死,对荆溓说:"请你先杀了我。"荆溓忍心,她生气地说:"您自己不杀,想留着让乱兵污辱吗!"荆溓痛哭着照办了。

项淑美,淳安人,嫁给方希文。方希文喜欢积累书籍,杭州守不住,大帅方国安的败兵在江边抢掠,数百里内闹得鸡犬不宁。方希文躲到山里,把书也载去。正好小儿子出麻疹,方希文出去请医生,淑美与一个老太婆一个女仆在一起。当夜,乱兵突然来到,放火抢掠。女仆挽住淑美的衣服,想跟她一起出去,她严肃地叱责说:"出去就死在士兵手里,不出去就死在火里,同样是死,死在火里不受耻辱。"当时老太太已经先出去了,见火旺了又进来,喊道:"火来了,为什么不出去?"淑美没答应,急忙拿书来堆在身边,堆得跟人一样高,人坐在中间。一会儿,火来了,书全都烧了,就死了。贼人撤后,方希文回来,看见灰烬转着成一堆,好像保护着她的骨头一样。他一痛哭,灰就散了,于是收了骨头埋葬在祖先的墓地里。

在此以前,有个慈溪人王氏,嫁给同里人一姓方人家,才超过一个月,起火了,烧到了她的房屋。丈夫正好外出去了,王氏坚持坐在小楼里不下来,就被烧掉。丈夫回来后,捧着它哭了很长时间，不一会儿就化了。

甬上四个烈妇。钱塘张氏，鄞县举人杨文瓒的妻子。国家改变后，杨文瓒与哥哥杨文琦，友人华夏、屠献宸，都被判死刑。张氏用针把他的头缝上去，用棺材收殓完毕，就穿上盛装题了绝命诗，拜见了所有亲戚族人。吞樟脑丸没死，用佩带上吊才死了。杨文琦的妻子沈氏也上吊了。夏华的继妻陆氏把汗巾结在梁上，伸了脖子上吊，因为身体太胖太重，汗巾断了人掉到地上。当时正是炎热的暑天，流的汗沾湿了衣服，于是坐着摇扇子，对她的家人说："我先凉快一下。"一会儿又拿了汗巾结上自尽了。有关官吏听说杨、华三个妇人上吊了，派了四个乞丐的妻子到屠献宸家，对他的妻子朱氏防备得很严密。朱氏没有机会，假装欢笑着接待她们，并且常常讥诮三个妇人的白白自讨苦吃。几天后，防备的人稍微松懈了些，于是对她们说："我要洗个澡，你们可以暂时回避一下。"乞丐的妻子们听了她的话，她关上门就自尽了。当时人称她们为"甬上四烈妇"。

夏氏，黔国公沐天波的侍女。沙定州叛乱，沐天波出逃，母亲陈氏、妻子焦氏也躲避到别的人家哪里。害怕贼人逼迫，焦氏对婆婆说："我们都是朝廷命妇，能落入贼人的手吗！"点上火把自己烧死了。夏氏回到她母亲家，没有被烧死。后来沐天波从永昌回家，夏氏又回到府里，却已经剃发做了尼姑了。沐天波被她的义气所感动，让她辅佐内政。等到沐天波跟着流亡缅甸，夏氏于是上吊。当时城里大乱，死人满路都是，尸体被乌鸦野狗所吃，血肉狼藉，夏氏尸体被弃置十多天，独独地没有被动过。

郑和传

【题解】

郑和，原姓马，字三保，回族，云南人。初事燕王，在"靖难之役"中有功，得赐姓郑，升为太监。历成祖、仁宗、宣宗三朝，先后七次奉命出使西洋，历经占城、爪哇、苏门答腊、暹罗、锡兰山、沙里湾泥、忽鲁漠斯、溜山、木骨都束等三十余国，先达波斯湾、红海口，到过非洲东岸赤道以南地区，开阔了中国的眼界，促进了中外交流，成为航海史上的杰出先驱者。

【原文】

郑和，云南人，世所谓三保太监也。初事燕王于藩邸，从起兵有功，累擢太监。

成祖疑惠帝亡海外，欲踪迹之，且欲耀兵异域，示中国富强。永乐三年六月，命和及其侪王景弘等通使西洋。将士卒二万七千百余人，多赍金币，造大舶修四十丈、广十八丈者六十二。自苏州刘家河泛海至福建，复自福建五虎门扬帆，首达占城，以次遍历诸番国，宣天子诏，因给赐群长，不服，则以武慑之。

五年九月，和等还，诸国使者随和朝见。和献所俘旧港酋长，帝大悦，爵赏有差。旧港者,故三佛齐国也。其酉陈祖义剽掠商旅,和使使招谕,祖义诈降,而潜谋邀劫。和大败其众,擒祖义。献俘,戮于都市。

六年九月,再往锡兰山,国王晋烈古奈儿诱和至国中,索金币,发兵劫和舟。和觇贼大众既出,国内虚,率所统二千余人,出不意,攻破其城,生擒亚烈苦奈儿及其妻子、官属。劫和舟者闻之还自救,官军复大破之。九年六月,献俘于朝,帝赦不诛,释归国。是时,交趾已破灭,郡县其地,诸邦益震慑,来者日多。

十年十一月,复命和等往使。至苏门答剌,其前伪王子苏干剌者,方谋弑主自立,怒和赐不及己,率兵邀击官军。和力战,追擒之喃渤利,并俘其妻子。以十三年七月还朝,帝大喜,赉诸将士有差。

十四年冬,满剌加、古里等十九国咸遣使朝贡。辞还,复命和等偕往,赐其君长,十七年七月还。十九年春复往,明年八月还。二十二正月,旧港酉长施济孙请袭宣慰使职,和赉敕印往赐之。比还,而成祖已晏驾。

洪熙元年二月,仁宗命和以下诸番军守备南京。南京设守备,自和始也。

宣德五年六月,帝以践阼岁久,而诸番国远者尤未朝贡,于是和、景弘复奉命历忽鲁谟斯等十七国而还。

和经事三朝,先后七奉使,所历占城、爪哇、真腊、旧港、暹罗、古里、满剌加、渤泥、苏门答剌、阿鲁、柯枝、大葛兰、小葛兰、西洋琐里、琐里、加异勒、阿拨把丹、南巫里、甘把里、锡兰山、喃渤利、彭亨、急兰丹、忽鲁谟斯、比剌、溜山、孙剌、木骨都束、麻林、剌撒、祖法儿、沙里湾泥、竹步、榜葛剌、天方、黎伐、那孤儿,凡三十余国。所取无名宝物不可胜计,而中国耗费亦不赀。自宣德以还,远方时有至者,要不如永乐时,而和亦老且死。

自和后,凡将命海表者,莫不盛称和以夸外番,故俗传三保太监下西洋,为明初盛事云。

【译文】

郑和,云南人,即世人所说的三宝太监。他起初在王府侍奉燕王,后因随燕王起兵靖难有功,历经升迁,当了太监。

成祖怀疑惠帝逃亡海外,打算查找他的踪迹,同时想向外国炫耀武力,显示中国的富强。永乐三年六月,成祖命郑和以及太监王景弘等人出使西洋。他们率领二万七千八百多名士卒,带了许多金银礼物,为此制造了大船六十二艘,各长四十四丈,宽八丈。他们从苏州刘家河由海路来到福建,再由福建五虎门扬帆出海,首先抵达占城,然后逐一走遍各国,宣布天子的诏命,赏赐当地的君长,如不服从,就采用武力威慑。

永乐五年九月,郑和等人回国,各国使者跟随郑和进京朝见。郑和进献俘获的旧港酉长,成祖大悦,赏赐爵位高低不等。旧港就是过去的三佛齐国,当地酉长陈祖义抢劫客商,郑和派使者前去招抚晓谕,陈祖义诈降,却暗中策划拦击抢劫。郑和大败旧港部众,捉住陈祖义。至此,郑和献上俘虏,在京城的街市上将他处死。

永乐六年九月,郑和再度前往锡兰山,国王亚烈苦奈儿把郑和诱至国中,勒索金银财物,出兵抢劫郑和的船只。郑和察知敌人的大部分兵力已经出动,国内空虚,便率领部下二千多人,出其不意,攻破锡兰山城,活捉亚烈苦奈儿及其妻子、儿女和官属。抢劫郑和船只的人闻讯回兵自救,明军又将他们打得大败。永乐九年六月,郑和在朝廷进献俘虏,成祖赦罪不杀,放亚烈苦奈儿回国。这时,交趾已经覆灭,当地成了明朝的郡县,各国愈加震恐慑服,前来朝见的日渐增多。

永乐十年十一月,成祖再命郑和等人出使。来到苏门答剌时,原先的伪王子苏干剌正在策划杀主自立。他恨郑和没有赏赐自己,便率兵截击明军。郑和奋力作战,追到喃渤利时将他捉获,同时俘虏了他的妻子儿女。郑和在永乐十三年七月回朝,成祖大喜,赏赐诸将士多少不等。

郑和下西洋

永乐十四年冬天,满剌加、古里等十九国都派遣使者朝贡。告辞回国时,成祖又命郑和等同往,赏赐该国君长,到永乐十七年七月回朝。永乐十九年春天郑和再度前往,次年八月回朝。永乐二十二年正月,旧港酋长施济孙请求承袭宣慰使的职务,郑和带着敕书和印信前去颁赐。及至郑和回朝,成祖已经去世。

洪熙元年二月,仁宗命郑和率领出使西洋的各国的军队担任南京守备。南京设置守备一职,由郑和开始。

宣德五年六月,宣宗登基岁久,但远离中国的各国仍未朝贡,于是郑和、王景弘再次奉命出使忽鲁谟斯等十七国,然后回朝。

郑和历经三朝,先后七次奉命出使,到过占城、爪哇、真腊、旧港、暹罗、古里、满剌加、渤泥、苏门答剌、阿鲁、柯枝、大葛兰、小葛兰、西洋琐里、琐里、加异勒、阿拨把丹、南巫里、甘把里、锡兰山、喃渤利、彭亨、急兰丹、忽鲁谟斯、比剌、溜山、孙剌、木骨都束、麻林、剌撒、祖法儿、沙里湾泥、竹步、榜葛剌、天方、黎伐、那孤儿,共三十多国。得到的不知名的宝物不计其数,而中国耗费的财物也数额巨大。从宣德年间以来,远方各国不时也有来中国的,但再不能与永乐时期相比,而郑和也快老死了。

自郑和后,凡是奉命出使海外的,无不极力称赞郑和,向外国夸耀,所以世俗把三宝太监下西洋传为明朝初年的盛事。

侯显传

【题解】

侯显,成祖时任司礼少监。奉使迎乌斯藏僧上师哈立麻进京,相继由陆路和水路出使尼八剌、地涌塔、榜葛剌诸国,并阻止沼纳朴儿对榜葛剌的侵犯。宣宗时再往乌斯藏以及必力工瓦、灵藏、思达藏等国。凡五使绝域,所历为今西藏和印度、孟加拉国、尼泊尔、不丹、锡金等国,为加强内地与西藏的联系,促进中外往来,做出贡献。

【原文】

当成祖时,锐意通四夷,奉使多用中贵。西洋则和、景弘,西域则李达,迤北则海童,而西番则率使侯显。

侯显者,司礼少监。帝闻乌思藏僧尚师哈立麻有道术,善幻化,欲致一见,因通迤西诸番。乃命显赍书币往迓,选壮士健马护行。元年四月奉使,陆行数万里,至四年十二月始与其僧偕来,诏驸马都尉沐昕迎之。帝延见奉天殿,宠赉优渥,仪仗、鞍马、什器多以金银为之,道路煊赫。

五年二月,建普度大斋于灵谷寺,为高帝、高后荐福。或言卿云、天花、甘露、甘雨、青鸟、青狮、白象、白鹤及舍利祥光连日毕见,又闻梵呗天乐自空而下。帝益大喜,廷臣表贺,学士胡广等咸献《圣孝瑞应歌》诗。乃封哈立麻万行具足十方最胜圆觉妙智慧善普应祐国演教如来大宝法王西天大善自在佛,领天下释教,给印诰,制如诸王,其徒三人亦封灌顶大国师,再宴奉天殿。显以奉使劳,擢太监。

十一年春,复奉命赐西番尼八剌、地涌塔二国。尼八剌王沙的新葛遣使随显入朝,表贡方物。诏封国王,赐诰印。

十三年七月,帝欲通榜葛剌诸国,复命显率舟师以行。其国即东印度之地,去中国绝远。其王赛佛丁遣使贡麒麟及诸方物,帝大悦,锡予有加。榜葛剌之西,有国曰沼纳朴儿者,地居五印度中,古佛国也,侵榜葛剌,赛佛丁告于朝。十八年九月,命显往宣谕,赐金币,遂罢兵。

宣德二年二月,使显赐诸番,遍历乌斯藏、必力工瓦、灵藏、思达藏诸国而还。途遇寇劫,督将士力战,多所斩获。还朝,录功升赏者四百六十余人。

显有才辨,强力敢任,五使绝域,劳绩与郑和亚。

【译文】

成祖在位时,锐意沟通周边的民族和国家,多任用显贵的宦官奉命出使。出使西洋的有郑和与王景弘,出使西域的有李达,出使西域以北的有海童,出使西番的有率使侯显。

侯显任司礼少监。成祖听说乌斯藏的僧人上师哈立麻道术高超，善于变化，想请来一见，借此沟通此地以西各番国，便命侯显携带书信和礼物前去迎接，并挑选勇士和健壮的马匹为他护行。永乐元年四月，显侯奉命出使，陆路行走数万里，到永乐四年十二月才与该僧人一同到来。成祖下诏命驸马都尉沐昕前去迎候，请哈立麻在奉天殿见面，恩赐优厚，仪仗、鞍马、器皿大多是金的银的，走在道路上气派显赫。

永乐五年二月，哈立麻在灵谷寺举行普度大斋，为高帝和高后祈福。有人说庆云、天花、甘露、甘雨、青鸟、青狮、白象、白鹤和舍利的吉祥光辉连日来都可看见，又听到诵经的天乐从天而降。成祖大喜，朝臣上表祝贺，学士胡广等人都进献题为《圣孝瑞应歌》的诗作。成祖于是封哈立麻为万行具足十方最胜圆觉妙智慧善普应祐国演教如来大宝法王西天大善自在佛，总领全国佛教，发给印信诰命，如诸王制度，他的三位弟子也封为灌顶大国师，并再次在奉天殿举行宴会。侯显因受命出使的功劳被提升为太监。

永乐十一年春天，侯显又受命出使，去西番尼八剌、池涌塔两国颁赐朝命。尼八剌王沙的新葛派使者跟随侯显进京朝见，上表进贡土产，成祖降诏封沙的新葛为国王，赐给诰命印信。

永乐十三年七月，成祖想沟通榜葛剌各国，又命侯显率领船只与军队出发。该国在东印度地区，离中国极为遥远。该国王塞佛丁派使者进贡麒麟和各种土产，成祖大悦，赏赐有加。榜葛剌的西面有一个名叫沼纳朴儿的国家，位于五印度中部，是古佛国，此国侵略榜葛剌，赛佛丁报告明朝。永乐十八年九月，成祖命侯显前去宣慰劝解，赐给金质的礼物，沼纳朴儿随即停止用兵。

宣德二年二月，宣宗又派侯显前往各番国颁赐朝命，侯显历经乌斯藏、必力工瓦、灵藏、思达藏各国而回。途中遇到寇贼劫掠，显侯督率将士奋力作战，杀死和俘虏的人很多。回朝后，有四百六十多人记功升官受赏。

侯显有才善辩，身强力壮，敢当大任，五次出使到极远的地域，功劳仅在郑和之下。

金英、兴安传

【题解】

金英，宣宗时任司礼太监，亲信用事，得赐免死诏。英宗时曾受命审理登录囚犯的罪状，遂成定制。后因贪赃，被废而不用。

兴安，司礼太监。英宗朝颇受宠任。英宗被俘后，反对京城南迁，与于谦等总理军务，主张改立太子。英宗复辟，削其官职。

【原文】

金英者，宣宗朝司礼太监也，亲信用事。宣德七年，赐英及范弘免死诏，辞极褒美。

英宗立，与兴安并贵幸。及王振擅权，英不敢与抗。正统十四年夏旱，命英理刑部、都察院狱囚，筑坛大理寺。英张黄盖，中坐，尚书以下左右列坐。自是六年一审录，制皆如此。

其秋，英宗北狩，中外大震。郕王使英、安等召廷臣问计，侍读徐珵倡议南迁，安叱之，令扶珵出，大言曰："敢言迁者斩！"遂入告太后，劝郕王任于谦治战守。或曰叱珵者，英也。

也先入寇，至德胜门，景帝赦安与李永昌于谦、石亨总理军务。永昌，亦司礼监近侍也。

景泰元年十一月，英犯赃罪，下狱论死。帝令禁锢之，终景帝世废不用，独任安。

内廷太监图

也先遣使议和，请迎上皇，廷议报使。帝不怿，令安出，呼群臣曰："公等欲报使，孰可者？孰为文天祥、富弼！"辞色俱厉。尚书王直面折之，安语塞。及遣都给事中李寔往，敕书不及迎上皇。寔惊，走白内阁，遇安。安复诟曰："若奉黄纸诏行耳，他何预！"及易储，人疑安预谋矣。

安有廉操，且知于谦贤，力护之。或言帝任于谦太过，安曰："为国分忧如于公者，宁有二人！"

英宗复辟，尽磔景帝所用太监王诚、舒良、张永、王勤等，谓其与黄竑构邪议，易太子，且与于谦、王文谋立外藩。于是给事、御史皆言安与诚、良等为党，宜同罪。帝宥之，但夺职。是时，中官坐诛者甚众，安仅获免云。

安佞佛，临没，遗命舂骨为灰，以供浮屠。

【译文】

金英，是宣宗朝的司礼太监，受到亲近信任，得以当权。宣德七年，宣宗赐给金英和范弘有罪免死的诏书，诏书对他们极力褒扬赞美。

英宗即位，金英与兴安都尊贵得宠。及至王振专擅大权，金英不敢与王振抗衡。正统十四年夏季发生旱灾，英宗命金英审理刑部和都察院在押的囚犯，在大理寺筑起审判的高台。金英在黄色的伞盖下居中而坐，尚书以下的官员都排列在两旁就座。从此每经六年便对囚犯的罪状进行一次审理登录，作为制度，一律如此。

当年秋天，英宗在土木堡被俘，朝廷内外大为震惊。郕王让金英和兴安等人召集朝臣询问对策，侍读徐珵倡议都城南迁，兴安加以呵斥，命人将徐珵扶出去，大声说："谁敢说迁都就杀死谁！"便进宫禀告太后，劝郕王任用于谦筹措战守事务。有人说呵斥徐珵的是金英。

也先入侵，抵达德胜门，景帝命兴安与李永昌同于谦、石亨总理军务。李永昌，也是司礼监的近侍宦官。

景泰元年十一月，金英贪赃犯罪，被押入狱，判了死罪。景帝命令对金英永不叙用，所以直到景帝一朝结束，金英始终遭到废弃，不得任用，而只任用兴安。

也先派使者议和，请朝廷迎接太上皇英宗，朝臣建议派使者回报。景帝很不高兴，让兴安出来对群臣喊道："诸公打算派使者回报，谁能担任使者？谁是天文祥、富弼！"声色俱厉。尚书王直当面驳斥，兴安答不上来。及至派都给事中李寔前往，敕书没有提到迎接太上皇英宗。李寔吃了一惊，跑去向内阁报告，遇到兴安。兴安又辱骂他说："你应按黄麻纸诏书办事，别的事与你有什么相干！"及至改立太子，人们怀疑兴安也参与了策划。

兴安操守清廉，并且知道于谦是出色的人才，尽力保护他。有人说景帝对于谦过于信任，兴安说："象于公这样为国分忧的，难道有第二个人吗？"

英宗重登帝位，将景帝任用的太监王诚、舒良、张永、王勤等人全部陈尸于众，说兴安与黄竑炮制邪恶的建议，改立太子，而且与于谦、王文策划另立外地的藩王。于是给事、御史都说兴安与王诚、舒良是一伙的，应该与他们同罪。英宗宽恕了兴安，只削去他的职务。这时，宦官因罪处死的人甚多，只有兴安得以不死。

兴安佞佛，临死时留下遗言，吩咐将自己的尸骨捣成灰末，放在寺院中保存。

曹吉祥传

【题解】

曹吉祥，滦州人，明权宦。正统初征麓川思任发时任监军，与朱勇等分道征兀良哈，与陈懋等往福建镇压邓茂七。景泰时与石亨勾结，发动"夺门之变"，迎英宗复位，得任司礼太监，总督三大营，气焰嚣张，朝野侧目，阁宦言官多被斥逐。门下厮养冒官者多至千人，朝官颇依附之。后因石亨事败，心不自安，谋率军发动宫廷政变，为马亮告发，事败被磔。政变前其子曹钦曾问："自古有宦官子弟为天子者乎？"其野心可见。

【原文】

曹吉祥，滦州人，素依王振。正统初，征麓川，为监军。征兀良哈，与成国公朱勇、太监刘永诚分道。又与宁阳侯陈懋等征邓茂七于福建。吉祥每出，辄选达官、跳荡卒隶帐下，师还畜于家，故家多藏甲。

景泰中，分掌京营。后与石亨结，帅兵迎英宗复位，迁司礼太监，总督三大营，嗣子钦、从子铉、铎、𤏡等皆官都督。钦进封昭武伯，门下厮养冒官者多至千百人，朝士亦有依附希进者。

权势与石亨埒，时并称曹、石。二人恶言官有言，共潜于帝，命吏部尚书王翱察核，年三十五以上者留，不及者调用。于是给事何玘等十三人改州判官，御史吴祯等二十三人改知县。会有风雷雨雹之变，帝乃悟，悉还其职。未几，二人争宠，有隙，御史杨瑄、张鹏劾之。吉祥乃复与亨合，乘间诉帝，帝为下瑄等诏狱，而逮治阁臣徐有贞、李贤等。承天门灾。帝命阁臣岳正草罪己诏，诏语激切。吉祥复诉正谤讪，帝又谪天，焰益张，朝野仄目。

久之，帝觉其奸，意稍稍疑。及李贤力言夺门非是，始大悟，疏吉祥。无何，石亨败，吉祥不自安，渐蓄异谋。日犒诸达官，金钱、谷帛恣所取。诸达官恐吉祥败而己随黜退也，皆愿尽力效死。钦问客冯益曰："自古有宦官子弟为天子者乎？"益曰："君家魏武，其人也。"钦大喜。

天顺五年七月，钦私掠家人曹福来，为言官所劾，帝令锦衣指挥逯杲按之，遍谕群臣。钦惊曰："前降敕，遂甫石将军，今复尔，殆矣。"谋遂决。

是时甘、凉告警，帝命怀宁侯孙镗西征，未发。吉祥使其党掌钦天监太常少卿汤序择是月庚子昧爽，钦拥兵入，而己以禁军应之。谋定，钦召诸达官夜饮。是夜，镗及恭顺侯吴瑾俱宿朝房。达官马亮恐事败，逸出，走告瑾。瑾趣镗由长安右门隙投疏入，帝急执吉祥于内，而敕皇城及京城九门闭弗启。钦知亮逸，中夜驰往逯杲家，杀杲，斫伤李贤于东朝房。以杲头示贤言："杲激我也。"又杀都御史寇深于西朝房。攻东、西长安门，不得入，纵火。守卫者拆河壖砖石塞诸门，贼往来叫呼门外。镗遣二子急召西征军，击钦于东长安门。钦走，攻东安门，道杀瑾，复纵火，门毁。门内聚薪益之，火炽，贼不得入。天渐曙，钦党稍稍散去。镗勒兵逐钦，斩铉、𤏡，镗子轼斫钦中膊。钦走突安定诸门，门尽闭。奔归家，拒战。会大雨如注，镗督诸军大呼入，钦投井死，遂杀铎，尽屠其家。越三日，磔吉祥于市。汤序、冯益及吉祥烟党皆伏诛，马亮以告反者，授都督。

【译文】

曹吉祥，滦州人，一向依附王振。正统初年，征讨麓川时担任监军，征讨兀良哈部时，与成国公朱勇、太监刘永诚分道进军，还与宁阳侯陈懋等人在福建征讨邓茂七。曹吉祥每次出兵，总挑选高官以及作战英勇的士卒，隶属帐下，回师后豢养在家中，所以家中隐藏了许多甲兵。

景泰年间，曹吉祥分管京营。后来他与石亨联合，率兵迎接英宗复位，升任司礼太监，总督三大营，嗣子曹钦、侄子曹铉、曹铎、曹𤏡等人都担任都督。曹钦进封昭武伯，手下驱使的冒滥官多达成千上万人，朝廷官员也有依附门下、希图升官的。

曹吉祥的权势与石亨相等，当时并称曹、石。两人憎厌言官发表言论，命令吏部尚书王翱实行核查，规定三十五岁以上的言官留任，不到三十五岁的调离改任。于是给事中何珏等十三人改任州判官，御史吴祯等二十三人改任知县。适逢出现风雷雨雹的灾变，英宗醒悟过来，让他们全部官复原职。没过多久，曹、石二人争宠，结下嫌隙，御史杨瑄、张鹏弹劾他们。曹吉祥这才又与石亨联合，乘机向英宗申诉。英宗颁诏将杨瑄等人下了诏狱，并拘捕惩治阁臣徐有贞、李贤等人。承天门发生火灾，英宗命阁臣岳正起草罪己诏，诏书语气激烈。曹吉祥、石亨又说岳正辞涉毁谤，英宗贬黜岳正。两人的气焰更为嚣张，朝野人士对他们不敢正眼相看了。

时间长了，英宗觉察到他们的奸谋，逐渐起了疑心。及至李贤极力陈诉夺门事件做得不对，英宗才彻底醒悟，疏远曹吉祥。没过多久，石亨垮台，曹吉祥内心不安，渐渐酝酿异谋。他天天犒劳各位高官，任意赠送金银、粮食、丝绸。各位高官唯恐曹吉祥垮台，自己随之遭受贬黜，都愿意誓死效力。曹钦问门客冯益说："自古以来有宦官子弟当天子的吗？"冯益说："你的本家魏武帝便是其人。"曹钦大喜。

天顺五年七月，曹钦私自拷打家人曹福来，遭到言官的弹劾。英宗命令锦衣卫指挥逯杲审查曹钦，颁布敕书，遍告群臣。曹钦吃惊地说："以前颁布敕书逮捕了石亨将军，现在又颁敕书，危险了。"便将异谋决定下来。

这时，甘、凉二卫报警，英宗命怀宁侯孙镗西征，尚未启程。曹吉祥指使党羽掌钦天监太常少卿汤序选定本月庚子日拂晓，由曹钦率兵进宫，自己率禁军接应。计议已定，曹钦召集各位高官参加夜宴。这天夜里，孙镗和恭顺侯吴瑾都在朝房过夜。高官马亮恐怕举事失败，便逃出来，跑去报告吴瑾。吴瑾催促孙镗从长安右门门缝把奏疏送进皇宫，英宗急忙在宫内拘捕了曹吉祥，敕令皇城和京城九门紧闭不开。曹钦得知马亮逃了，半夜骑马前往逯杲的家中，杀了逯杲，在东朝房砍伤李贤。他让李贤看逯杲的人头说："我是让逯杲激的。"又在西朝房杀了都御史寇深。他去攻打东、西长安门，无法入内，便放火烧门。守卫人员拆除河边的砖石堵住各个城门，叛贼在门外来回喊叫。孙镗派两个儿子急忙召集西征军，在长安门进击曹钦。曹钦退走，去攻打东安门，途中杀死吴瑾，又放火烧门，门被烧毁。门内守卫聚集柴禾，投到火中，火势炽烈，贼军无法进门。天渐渐亮了，曹钦的党羽逐渐散去。孙镗率兵追赶曹钦，杀了曹铉、曹镕，孙镗的儿子孙轼砍中曹钦的胳膊。曹钦逃跑，去冲安定各门，各门全部关闭。曹钦跑回家中，作战抵御。适逢大雨瓢泼，孙镗督促各军高喊着冲进来，曹钦跳井自杀。于是孙镗杀死曹铎，将他家全部屠灭。过了三天，在闹市车裂曹吉祥、汤序、冯益以及曹吉祥的姻亲党羽全部被杀。马亮是反叛的告发人，授职都督。

怀恩传

【题解】

怀恩，高密人，戴希文的儿子。《明孝宗实录》卷十弘治元年闰正月甲午条称其为苏州府人,本姓马,《国朝献征录》同。受宫刑入宫后得赐今名。宪宗时掌司礼监。为人忠厚,耿直敢言。曾救助弹劾梁芳的林俊,对宦官多所批评。宪宗末年因谏阻改立太子,被斥逐凤阳,为孝陵司香。孝宗时恢复原职,力主任用正直之人。

【原文】

怀恩,高密人,兵部侍郎戴纶族弟也。宣宗杀纶,并籍恩父太仆卿希文家。恩方幼,被宫为小黄门,赐名怀恩。宪宗朝,掌司礼监。时汪直理西厂,梁芳、韦兴等用事,恩班在前,性忠鲠无所挠,诸阉咸敬惮之。

员外郎林俊论芳及僧继晓下狱,帝欲诛之,恩固争。帝怒,投以砚曰:“若助俊讪我。”恩免冠伏地号哭,帝叱出之。恩遣人告镇抚司曰:“汝曹谄芳倾俊,俊死,汝曹何以生!”径归,称疾不起。帝怒解,遣医视恩,卒释俊。

会星变,罢诸传奉官。御马监王敏请留马房传奉者,帝许之。敏谒恩,恩大骂曰:“星变,专为我曹坏国政故。今甫欲正之,又为汝坏,天雷击汝矣!”敏愧恨,遂死。

进宝石者章瑾欲为锦衣卫镇抚,恩不可,曰:“镇抚掌诏狱,奈何以贿进!”

当是时,尚书王恕以直谏名,恩每叹曰:“天下忠义,斯人而已。”宪宗末,惑万贵妃言,欲易太子,恩固争。帝不怿,斥居凤阳。

孝宗立,召归。仍掌司礼监,力劝帝逐万安,用王恕。一时正人汇进,恩之力也。卒,赐祠额曰显忠。

【译文】

怀恩,高密人,兵部侍郎戴纶的族弟。宣宗诛杀戴纶,同时没收了怀恩的父亲太仆卿戴希文的家产。这时怀恩还很幼小,遭受宫刑,当了小黄门,赐名怀恩。宪宗在位时期,怀恩执掌司礼监。当时,汪直督理西厂,梁芳、韦兴等人当权,怀恩的职位排在他们前面,性情忠厚耿直,无所屈从,众宦官都敬畏他。

员外郎林俊将梁芳和僧人继晓判罪下狱,宪宗打算处死林俊,怀恩坚决反对。宪宗发怒,把砚台投出来打他说:“你帮助林俊毁谤我。”怀恩摘去朝冠,跪在地上哭号,宪宗将他呵斥出去。怀恩派人告诉镇抚司说:“你们巴结梁芳,陷害林俊,林俊死了,你们怎么活得了!”径直回家,推说有病,不肯任事。宪宗怒气消了,派医生给怀恩看病,终于放过林俊。

适逢星象异常,朝廷免除众传奉官,御马监王敏请求保留马房的传奉官,宪宗答应了。王敏去拜见怀恩,怀恩大骂说:“星象异常,就是因为我们这些宦官败坏国政!现在刚纠正过来,又被你破坏,天雷要轰你了!”王敏惭愧悔恨,于是死了。

章瑾进献宝石,请求担任锦衣卫镇抚,怀恩没有许可,说:“镇抚掌管皇上特旨关押犯人的监狱,怎能通过行贿得此职务!”

当此时,尚书王恕以直言敢谏知名,怀恩时常感叹说:“天下的忠义之士,只有此人而已。”宪宗末年,受万贵妃进言的迷惑,打算改立太子,怀恩坚决反对。宪宗不快,贬他住孝宗即位,将他召回。他仍然掌管司礼监,极力劝孝宗斥逐万安,任用王恕,一时间正直的人纷纷得到进用,全是怀恩努力的结果。怀恩死后,得赐祠庙匾额,题为显忠。

梁芳、钱能传

【题解】

梁芳,成化时的内侍宦官。日进珍宝以取悦万贵妃,其党羽以采办为名出监大镇。引李孜省与僧人继晓为奸利,借圣旨任官数千人,名为"传奉官"。耗费内库金帛甚巨,还劝宪宗改立太子。孝宗即位,贬至南京居住,旋即下狱,武宗时死去。

钱能,女真人,梁芳的党羽,为云南镇守太监。曾诱使安南进贡取道云南,向干崖、孟密诸土司索取财宝,强奸襄罕弄的孙女。事败后,宪宗不肯严惩,贬至南京安置,复钻营得任南京守备。

【原文】

梁芳者,宪宗朝内侍也。

贪黩谀佞,与韦兴比。而诏万贵妃,日进美珠珍宝悦妃意。其党钱能、韦眷、王敬等,争假采办名,出监大镇,帝以妃故,不问也。妖人李孜省、僧继晓皆由芳进,共为奸利。取中旨授官累数千人,名"传奉官",有白衣躐至太常卿者。

陕西巡抚郑时论芳被黜,陕民哭送之。帝闻颇悔,斥传奉官十人,系六人狱,诏自后传旨授官者俱覆奏,然不罪芳也。刑部员外郎林俊以劾芳及继晓下狱。

久之,帝视内帑,见累朝金七窖俱尽,谓芳及韦兴曰:"糜费帑藏,实由汝二人。"兴不敢对。芳曰:"建显灵宫及诸祠庙,为陛下祈万年福耳。"帝不怿曰:"吾不汝瑕,后之人将与汝计矣。"芳大惧,遂说贵妃劝帝废太子,而立兴王。会泰山累震,占者言应在东朝,帝惧,乃止。

孝宗立,谪芳居南京,寻下狱,兴亦斥退。正德初,群阉复荐兴司香太和山,兼分守湖广行都司地方。尚书刘大夏、给事中周玺、御史曹来旬谏,不听。兴遂复用,而芳卒废以死。

钱能,芳党也。

宪宗时,郑忠镇贵州,韦朗镇辽东,能镇云南,并恣从,而能尤横。贵州巡抚陈宣劾忠,因请尽撤诸镇监,帝不允。而云南巡按御史郭阳顾上疏誉能,请留之云南。

旧制,安南贡道出广西,后请改由云南,弗许也。能诈云安南捕盗兵入境,请遣指挥使郭景往谕其王,诏从之。能遂令景以玉带、彩缯、犬马遗王,给其贡使改道云南。边吏格之不得入,乃去。复遣景与指挥卢安等索宝货于干崖、孟密诸土司,至逼淫襄罕弄孙女,许为奏授宣抚。

逾三年,事发。诏巡抚都御史王恕廉之,捕景,景赴井死。再遣刑部郎中钟蕃往按,事皆实。帝宥能,而致其党九人于法。指挥姜和、李祥不就逮,能复上疏为二人求宥,帝曲从之。巡按御史甄希贤复劾能仗守矿千户一人死,亦不罪。召归,安置南京,复夤缘得南京守备。时恕为南京参赞尚书,能心惮恕,不敢肆,久之卒。

【译文】

梁芳,是宪宗朝的内侍宦官。

梁芳贪婪污浊,谄媚奸佞,与韦兴相近。他巴结万贵妃,经常进献美珠珍宝,讨万贵妃的喜欢。他的党羽钱能、韦眘、王敬等人,争先恐后地假借采办用品的名义,到外省担任大城镇的监军,宪宗因万贵妃的缘故,不加过问。妖人李孜省、僧人继晓都通过梁芳得以进用,共谋奸利。他由内廷发出诏旨,任命官员,累计达数千人,称作"传奉官",有从平民越级做到太常卿的。

陕西巡抚郑时论定梁芳的罪行,遭到贬黜,陕西百姓哭着送行。宪宗得知后颇觉后悔,罢免传奉官十人,将六人抓入监狱,下诏规定自此以后传旨任官时一律要再加核实上奏,却并不惩处梁芳。刑部员外郎林俊因弹劾梁芳与继晓被押入监狱。

很久以后,宪宗察看内库的金帛,看见历朝留下的七窖银两全部用光,就对梁芳和韦兴说:"浪费国库的钱财,实在是由于你们两人。"韦兴不敢搭话。梁芳说:"建造显灵宫以及各祠庙,为陛下祈求万年之福嘛!"宪宗不高兴地说:"我不指责你的过失,以后的人们也会与你计较。"梁芳大为恐惧,便说服万贵妃劝宪宗废黜太子,册立兴王。适逢泰山屡次震动,观测天象的人说应在太子身上,宪宗为之恐惧,这才作罢。

孝宗即位,将梁芳贬到南京居住,不久又抓进监狱,韦兴也被斥退。正德初年,众宦官又推荐韦兴掌管大和山的香火,兼分守湖广行都司地方。尚书刘大夏、给事中周玺、御史曹来旬进谏,武宗不听。于是韦兴再次得到任用,而梁终于在废黜中死去。

钱能,是梁芳的党羽。

宪宗时,郑忠镇守贵州,韦朗镇守辽东,钱能镇守云南,都任意而为,钱能尤其蛮横。贵州巡抚陈宣弹劾郑忠,因而请求一律撤销各镇监军,宪宗没有应允。云南巡按御史郭阳反而上疏称赞钱能,请将他留在云南。

根据以往的制度,安南进贡取道广西,后来请求改为取道云南,朝廷没有许可。钱能诈称安南捕盗兵入境,请求派指挥使郭景前晓去示安南王,宪宗下诏依言而行。于是,钱能让郭景把玉带、彩缯、犬马送给安南王,哄骗安南的贡使改为取道云南。由于境边将吏的抗击,贡使无法入境,只好离去。钱能又派郭景与指挥卢安等人向干崖、孟密各土司勒索财宝,甚至强行奸淫曩罕弄的孙女,答应奏请任命曩罕弄为宣抚。

三年多以后,事情败露。宪宗下诏命巡抚都御史王恕查访罪状,逮捕郭景,郭景投井而死。宪宗又派刑部郎中钟蕃前去按查,事情完全属实。宪宗宽恕了钱能,而将他的九个党羽法办。指挥姜和、李祥不肯接受逮捕,钱能又上疏替二人请求宽恕,宪宗曲意依从。巡按御史甄希贤又弹劾钱能杖打一名守矿千户致死,宪宗也不肯治罪。将钱能召回,贬至南京安置,钱能又钻营到南京守备的职务。当时王恕担任南京的参赞尚书,钱能心里忌惮王恕,不敢放肆。过了很久,钱能才死。

李广传

【题解】

明孝宗在位时是明中叶政治较为清明的时代,旧吏称为"弘治中兴"。但是即使如此,仍不免有奸臣当道之事,李广专权便是其中突出一例。吏书中说他"以符箓祷祀蛊帝,因为奸弊",被授以传奉官。授传奉官是明宪宗时的弊政,孝宗即位后予以废罢,而李广却又因宠得授。所幸李广只是倚仗权势一味贪敛,于朝政并无大的影响。孝宗对他始终深信不疑,直到他畏罪自杀后,还认为他有符箓异书,但找到的却是官员行贿的簿子,这无疑是"弘治中兴"的一个污点。

【原文】

李广,孝宗时太监也。以符箓祷祀蛊帝,因为奸弊,矫旨授传奉官,如成化间故事。四方争纳贿赂。又擅夺畿内民田,专盐利钜万。起大第,引玉朱山水,前后浇之。给事叶绅、御史张缙等文章论劾,帝不问。

李广

十一年,广劝帝建毓秀亭于万岁山。亭成,幼公主殇,未几,清宁宫灾。日者言广建亭犯岁忌,太皇太后恚曰:"今日李广,明日李广,果然祸及矣。"广惧,自杀。

帝疑广有异书,使使即其家索之,得赂籍以进,多文武大臣名,馈黄白米各千百石。帝惊曰:"广食几何?乃受米如许!"左右曰:"隐语耳,黄者金,白者银也。"帝怒,下法司究治。诸交结广者,走寿宁侯张鹤龄求解,乃寝勿治。广初死时,司设监太监为请祠额奠祭,及是,以大学士刘健等言,罢给祠额,犹赐祭。

【译文】

李广是明孝宗时的太监。他因为能做符箓法术和祈祷祭祀蛊惑孝宗,于是得以行其奸弊,按照成化年间的旧例,假借诏旨授予自己传奉官。各地争着向他交送贿赂。李广又擅自夺占京畿以内的民田,垄断贩盐之利以万万计。他建造巨大的府第,引玉泉山水,围绕于府第前后。给事中叶绅、御史张缙等人先后上奏章弹劾,孝宗却置之不问。

弘治十一年，李广劝孝宗在万岁山上修建毓秀亭。亭子建成后，小公主夭折。不久，清宁宫发生火灾。占卜的人说李广建毓秀亭犯了岁忌，太皇太后恼怒地说道："今天是李广如何如何，明天也是李广如何如何，果然招来祸事了。"李广因此惧罪自杀。

孝宗怀疑李广藏有异书，派使臣到他家中去找，得到了一本登记官员行贿的簿子献上。上面多有文武大臣的名字，写着馈送黄白米各有千百石的数字。孝宗惊异说道："李广能吃多少东西？就接受这么多米。"左右侍从说："这不过是隐语罢了。黄米指的是黄金，白米指的是白银。"孝宗发怒，命令司法部门追究治罪。那些交结李广的官员，前去寿宁侯张鹤龄处请求帮忙解脱，事情才被压住。李广刚死时，司设监太监替李广请赐祠堂额匾和送葬祭奠的用品，到这时，大学士刘健等人上言，不再赐给祠额，仍然赐给祭品。

蒋琮传

【题解】

蒋琮，大兴人，孝宗时为南京守备太监。早在成化年间，太监黄赐侵长江新生沙洲和瓦屑坝废地及石城门外湖地，江浦县民田沉入长江，仍责租税，蒋琮因之。南京御史姜绾等人予以弹劾，孝宗对蒋琮不加追问，反置御史十人入狱，贬斥多人。后因僭侈杀人、伤孝陵地脉等罪，充孝陵净军。

【原文】

蒋琮，大兴人。孝宗时，守备南京。

沿江芦场，旧隶三厂。成化初，江浦县田多沉于江，而濒江生沙洲六，民请耕之，以补沉江田额。洲与芦场近，又瓦屑坝废地及石城门外湖地故不隶三厂。太监黄赐为守备时，受奸民献，俱指为芦场，尽收其利。民已失业，而岁额租课，仍责偿之民。孝宗立，县民相率诉于朝，下南京御史姜绾等覆按。

弘治二年，绾等劾琮与民争利，且用揭帖抗诏旨。琮条辨绾疏，而泛及御史刘恺、方岳等及南京诸司违法事。给事中韩重因星变请斥琮及太监郭镛等，以弭天怒，未报。而太监陈祖生复奏户部主事卢锦、给事中方向私种南京后湖田事。后湖者，洪武时置黄册库其中，令主事、给事中各一人守之，百司不得至。岁久湖塞，锦、向于湖滩种蔬伐苇，给公用，故为祖生所奏。事下南京法司。适郭镛奉使两广，道南京，往观焉。御史孙惕等因劾镛擅游禁地。镛怒，归诉于帝，言府尹杨守随勘锦、向失出，御史不劾奏，独绳内臣。帝乃遣太监何穆、大理寺少卿杨谧再勘后湖田，并覆绾、琮讦奏事。

明年，奏上，褫锦职，谪守随、向以下官有差。又勘琮不当受献地，私嘱勘官，所讦事皆诬，绾等劾琮亦多不实，并宜逮治。诏逮绾等，御史伊宏、给事中陈宏等皆言不宜以一内臣而置御史十人于狱，不听。绾等镌级调外，而宥琮不问。时刘吉窃柄，素恶南京御史劾己,故兴此狱。尚书王恕、李敏、给事中赵竑、御史张宾先后言琮、绾同罪异罚失平,亦不纳,琮由是益无忌。久之,广洋卫指挥石文通奏琮僭侈杀人,掘聚宝山伤皇陵气,及殴杀商人诸罪。琮竟免死,充孝陵净军。

【译文】

蒋琮,大兴人。孝宗时担任南京守备。

长江沿岸的芦场,以往隶属三厂。成化初年,江浦县的许多田地沉入长江,而长江边上生出六个沙洲,百姓请求耕种,以弥补沉入长江田地的数额。沙洲离芦场很近,还有瓦屑坝荒废的土地和石城门外的湖地原来并不隶属三厂。太监黄赐担任守备时,接受奸民的进献,把这些土地都指为芦场所有,尽收其利。百姓失业后,每年租税的定额,仍然责成百姓交纳。孝宗即位,县民聚在一起向朝廷申诉,朝廷委派南京御史姜绾等人复核。

弘治二年,姜绾等人弹劾蒋琮与民争利,并且用公文揭帖抗拒诏书的旨意。蒋琮对姜绾的奏疏逐条争辩,广泛涉及御史刘恺、方岳等人以及南京各部门违法的事情。给事中韩重借星象异常要求斥逐蒋琮和太监郭镛等人,以消弭天怒,孝宗不做答复。同时,太监陈祖生又奏告户部主事卢锦、给事中方向私自种植南京后湖田地的事情。后湖在洪武年间绘入赋役黄册,存放在黄册库中,让主事、给事中各一人守护此库,百官不得进库。年头长了,湖面淤塞,卢锦、方向在湖滩地上稍微种了些蔬菜,割了些苇子,供公家使用,所以被陈祖生奏告。其事下达南京司法部门处理,适逢郭镛受命出使两广,途经南京,前去观光。御史孙惕等人因此弹劾郭镛擅自游览皇家园囿。郭镛发怒,回京向孝宗陈诉,说府尹杨守随查出卢锦、方向判案有误,御史不予弹劾上奏,只纠举宦官的过失。于是孝宗派太监何穆、大理寺少卿杨谧重新核定后湖的田地,并且审查姜绾与蒋琮互相揭发奏告的事情。

明年,何穆、杨谧呈上奏疏,孝宗解除卢锦的职务,将杨守随以下官员贬官各有差等。他们还核定蒋琮不应当接受进献土地之事,私下嘱咐核定事实的官员,说揭发的事情均属诬陷,姜绾等人弹劾蒋琮也多不属实,都应逮捕法办。孝宗下诏逮捕姜绾等人,御史伊宏、给事中陈惕等人都说不应该因一个宦官就将十位御史下狱,孝宗不听,将姜绾等人降级调出朝廷,却宽恕蒋琮,不加追究。当时,刘吉窃居权柄,早就憎恶南京御史曾经弹劾自己,所以挑选这个讼案。尚书王恕、李敏、给事中赵竑、御史张宾先后进言说蒋琮与姜绾同罪不同罚,有失公正,孝宗也不肯接受意见,从此蒋琮愈发无所顾忌。

很久以后,广洋卫指挥石文通奏告蒋琮超越本分,穷极奢侈,任意杀人,发掘聚宝山,伤了皇陵的地脉,以及打死商人等各种罪行。蒋琮最终免除一死,编排在宦官组成的驻守孝陵的军队里。

张永传

【题解】

张永，保定新城人。武宗时宦官"八虎"之一。初为刘瑾同党，后发生矛盾。率军讨伐朱置镭时，由杨一清策划，乘献俘之机奏诛刘瑾。一度至宣府、大同、延绥御边。随武宗亲征朱宸濠时，朱宸濠已为王守仁捉获，乃夺其功。世宗时被劾贬奉御，司香孝陵。后再度起用，不久死去。

【原文】

张永，保定新城人。正德初，总神机营，与瑾为党，已而恶其所为。瑾亦觉其不附己也，言于帝，将黜之南京。永知之，直趋帝前，诉瑾陷己。帝召瑾与质，方争辩，永辄奋拳殴瑾。帝令谷大用等置酒为解，由是二人益不合。

及置镭反，命永及右都御史杨一清往讨。帝戎服送之东华门，赐关防、金瓜、钢斧以行，宠遇甚盛。瑾亦忌之，而帝方向永，不能间也。师出，置镭已擒，永遂率五百骑抚定余党。还次灵州，与一清言，欲奏瑾不法事。一清曰"彼在上左右，公言能必入乎！不如以计诛之。"因为永画策，永大喜，语详《一清传》。

是时，瑾兄都督同知景祥死，京师籍籍谓瑾将以八月十五日俟百官送葬，因作乱。适永捷疏至，将以是日献俘，瑾使缓其期，欲俟事成并擒永。或以告永，永先期入献俘，是夜遂奏诛瑾。

于是英国公张懋、兵部尚书王敞等奏永辑宁中外，两建奇勋，遂封永兄富为泰安伯，弟容为安定伯。涿州男子王豸尝刺龙形及"人王"字于足，永以为妖人，擒之。兵部尚书何鉴乞加永封，下廷臣议。永欲身自封侯，引刘永诚、郑和故事风廷臣，内阁以非制格之。永意沮，乃辞免恩泽。吏部尚书杨一清言宜听永让，以成其贤，事竟已。久之，坐库官盗库银事，闲住。九年，北边有警，命永督宣府、大同、延绥等军御之，寇退乃还。

宁王宸濠反，帝南征，永率边兵两千先行。时王守仁已擒宸濠，槛车北上。永以帝意遮守仁，欲纵宸濠于鄱阳湖，俟帝至与战。守仁不可，于杭州诣永，永拒不见。守仁叱门者径入，大呼曰："我王守仁也，来与公议国家事，何拒我！"永为气慑。守仁因言江西荼毒已极，王师至，乱将不测。永大悟，乃曰："群小在侧，永来，欲保护圣躬耳，非欲攘功也。"因指江上槛车曰："此宜归我。"守仁曰："我何用此！"即付永，而与永偕还江西。时太监张忠等已从大江至南昌，方穷治逆党，见永至，大沮。永留数旬，促忠同归，江西赖以安。忠等屡谗守仁，亦赖永营解获免。

武宗崩，永督九门防变。世宗立，御史萧淮奏谷大用、丘聚辈蛊惑先帝，党恶为奸，并及永，诏永闲住。已而淮复劾永在江西不法事，再降永奉御，司香孝陵。然永在江西，实非有不法也。嘉靖八年，大学士杨一清言，永功大，不可泯，乃起永掌御用监，提督团营，未几卒。

【译文】

张永，保定新城人。正德初年，总领神机营，与刘瑾同伙，但后来憎恶刘瑾的作为了。刘瑾也察觉他不依附自己，就向武宗进言，准备将他贬到南京。张永得知消息后，直接赶到武宗面前，陈诉刘瑾陷害自己。武宗叫刘瑾来跟他对质，正争辩时，张永就奋身举拳，去打刘瑾。武宗令谷大用等人设宴为二人和解，从此二人更加不合。

及至朱寘鐇反叛，武宗命张永及右都御史杨一清前去讨伐。武宗身穿军装，到东华门送行，赐给关防、金瓜、钢斧，让他带着上路，对他甚为宠信优待。刘瑾也感嫉妒，但武宗这时看重张永，无法离间。军队出发后，朱寘鐇已被捉获，张永便率领五百人骑马去安抚平定朱寘鐇的余党。回军驻扎在灵州时，他告诉杨一清，打算奏报刘瑾的不法行为。杨一清说："他在皇上身边，您的话准能传到内宫去吗？不如用计杀他。"便替张永出谋划策，张永大喜，其事详见《杨一清传》。

这时，刘瑾的哥哥都督同知刘景祥死了，京城纷纷说刘瑾准备等百官在八月十五日送葬时，乘机作乱。适值张永报捷的奏疏传来，将在这一天进献俘虏，刘瑾让其事延期进行，打算事成后连张永一齐捉获。有人告诉了张永，张永提前进京进献俘虏，便在当天夜里奏准处死刘瑾。

于是英国公张懋、兵部尚书王敞等人奏称张永使朝廷内外获得安宁，建立了两项奇功，于是封张永的哥哥张富为泰安伯，弟弟张容为安定伯。涿州男子王弢曾经在脚上刺了龙形和"人王"二字，张永认为是妖邪之人，将他捉获。兵部尚书何鉴请求为张永加受封爵，武宗交给朝臣计议。张永想使自己封侯，援引刘永诚和郑和的旧例暗示朝臣，内阁以不属定制为理由加以抵制。张永知道无望，这才表示不必降恩封侯。吏部尚书杨一清建议张永表示推让，以成就他的美名，但最终未能实行。久后，张永因库官盗窃库银的事情获罪，命他闲住。正德九年，北部边疆告急，朝廷命张永督率宣府、大同、延绥的军队前去抵御，敌人退去后，张永才撤军回朝。

宁王朱宸濠反叛，武宗南征，张永率领两千边疆军队先行。当时，王守仁已经捉获朱宸濠，押在囚车里北上。张永遵照武宗的意思阻拦王守仁，打算在鄱阳湖一带放掉朱宸濠，等武宗到达后与他作战。王守仁认为不妥，到杭州去见张永，张永拒不相见。王守仁将守门人呵斥一番，径直走进去，大声喊道："我是王守仁，来与您商议国家的事情，怎么不让我进来！"张永在气势上为之震慑。于是王守仁说江西已经受尽残害，官军一到，很难说不发生骚乱。张永恍然大悟，便说："都是一群小人在皇上身边出的主意。我来这里，是要保护皇上，不想抢功。"便指着江边的囚车说："这应该归我。"王守仁说："我要这东西有什么用！"便交给张永，与张永一起返回江西。当时，太监张忠等人已经从长江来到南昌，正在追究逆党，见张永来了，大为沮丧。张永停留了几十天，催促张忠一同返回，江西赖以安宁。张忠等人多次说王守仁的坏话，也亏了张永营救开脱，才得以不死。

武宗去世，张永监督九门，以防事变。世宗即位，御史萧淮奏陈谷大用、丘聚一流人蛊惑先帝，勾结恶人，狼狈为奸，并且牵连到张永，世宗下诏命张永闲住。不久，萧淮又弹劾张永在江西干了违法的事情，世宗又贬张永为奉御，前往孝陵主持香光。然而，张永在江西实际没有干违法的事情。嘉靖八年，大学士杨一清等人说，张永功劳很大，不可埋没，世宗这才起用张永掌管御用监，提督团营。没过多久，张永死去。

谷大用、魏彬传

【题解】

此篇记载的都是主要活动在武宗时期的宦官。谷大用，正德初年提督东厂，为当时的宦官"八虎"之一。派员侦缉远近，天下为之恐惧。在安州设鹰房草场，夺取民田无数。受命总督军务，镇压刘六、刘七，历时经久，毫无建树，后冒功请赏，其弟得封为伯，子弟冒受升赏者不可胜记。世宗时被劾，终贬守康陵，家遭籍没。魏彬，刘瑾当权时掌管三千营，刘瑾死后代掌司礼监，亦正德宦官"八虎"之一。叙平定朱置镭功时，其弟得封为伯。世宗时被劾，令其闲住。其余尚述及豹房"三张"等多人。

【原文】

谷大用者，瑾掌司礼监时提督西厂，分遣官校远出侦事。江西南康民吴登显等，五月五日为竞渡，诬以擅造龙舟，籍其实，天下皆重足屏息。建鹰房草场于安州，夺民田无数。瑾诛，大用辞西厂。未几，帝复欲用之，大学士李东阳力谏乃止。

六年，刘六、刘七反，命大用总督军务，偕伏羌伯毛锐、兵部侍郎陆宪讨之。大用驻兵临清，召边将许泰、郄永、江彬、刘晖等入内地，听调遣，久之无功。会贼过镇江狼山，遇飓风，舟覆，陆宪兵至歼之，遂封大用弟大亮为永清伯。而先是平置镭时，其兄大宽已封高平伯矣，义子冒升赏者不可胜记。

世宗立，以迎立功赐金币。给事中阎闳极论之，寻降奉御，居南京。已，召守康陵。嘉靖十年，籍其实。

魏彬，当瑾时，总三千营。瑾诛，代掌司礼监。其年，叙宁夏功，封弟英镇安伯，马永成兄山亦封平凉伯。

世宗立，彬不自安，为英辞伯爵。诏改都督同知，世袭锦衣指挥使。给事中杨秉义、徐景嵩、吴严皆言彬附和逆瑾，结姻江彬，宜置极典，帝寡不问。已而御史复论之，始令闲住。

张忠，霸州人，正德时御马太监。与司祀张雄、东厂张锐并侍豹房，用事，时号"三张"，性皆凶悖。

忠利大盗张茂财，结为弟，引入豹房，侍帝蹴鞠。而雄至怨其父不爱己，至自宫，拒不见。同侪劝之，乃垂帘杖其父，然后相抱泣，其元人理如此。锐以捕妖言功，加禄至一百二十石。每缉事，先令逻卒诱人为奸，乃捕之，得贿则释，往往以危法中人。"

三人并交通宸濠，受臧贤、钱宁筹贿，以助成其叛。宁王反，忠劝帝亲征。其遮王守仁捷，谷纵宸濠鄱阳，待帝自战，皆忠之谋也。

是时，又有吴经者，尤亲昵。帝南征，经先至扬州。尝夜半燃炬通衢，遍入寡妇、处女家，掠以出，号哭震远近。许以金赎，贫者多自经。

先是，又有刘允者，以正德十年奉敕往迎乌斯藏僧，所赍金宝以百余地。廷臣交章谏，不听。

允至成都，治装岁余，费又数十万，公私匮竭。既至，为番人所袭，允走免，将士死者数百人，尽之亡其资。

及归，武宗已崩。世宗用御史王钧等言，张忠、天经发孝陵卫充军，张雄、张锐下都察院鞫治，允亦得罪。

世宗习见正德时宦侍之祸，即位后御近侍甚严，有罪，挞之至死，或陈尸示戒。张佐、鲍忠、麦福、黄锦辈，虽由兴邸旧人掌司礼监，督东厂，然皆谨饬，不敢大肆。帝又尽撤天下镇守内臣及典京营仓场者，终四十余年不复设，故内臣之势，惟嘉靖朝少杀云。

【译文】

谷大用，在刘瑾执掌司礼监时提督西厂，分派官吏将校远行各地侦察事情。江西南康百姓吴登显等人在五月五日进行龙舟比赛，谷大用诬陷吴登显等人擅自制造龙舟，没收他们的家产充分，天下人为之恐惧，都迭足而立，不敢大声喘气。谷大用在安州设置鹰房草场，侵夺民田，不可胜数。刘瑾被杀后，谷大用辞去西厂的职务。没过多久，武宗又打算任用他，由于大学士李东阳竭力劝谏，才算告吹。

正德六年，刘六和刘七造反，武宗命谷大用总督军务，与伏羌伯毛锐、兵总侍郎陆宪一起前去讨伐。谷大用驻扎在临清，把边防将领许泰、邳永、江彬、刘晖等召到内地，听候调遣，历时经久，毫无建树。适逢反军经过镇江狼山时遇到飓风，船只翻了陆宪率军赶到，予以歼灭，于是武宗封谷大用的弟弟谷大亮为永清伯，而在此之前，平定朱置镭时，谷大用的哥哥谷大宽已经被封为高平伯了。他的义子冒功受到提升奖赏，多得无法计算。

世宗即位，谷大用因迎立新君的功劳得赐金币。给事中阎闳极力论辩其事，谷大用不久被贬为奉御，南京居住，事后又叫他去守康陵，到嘉靖十年将他的家产没收充公。

魏彬在刘瑾当朝时总领三千营，刘瑾被杀后，代他掌管司礼监。当年，按等级封赏参与平定宁夏的功劳，其弟魏英被封为镇安伯，马永成的哥哥马山也受封为平凉伯。

世宗即位，魏彬心中不安，为魏英要求辞去镇安伯的爵位。世宗下诏改任魏英为都督同知，世袭锦衣卫指挥使。给事中杨秉义、徐景嵩、吴严都进言说魏彬附和逆阉刘瑾，与江彬结亲，应该处以极刑，世宗予以宽宥，不加追问。不久，御史又纠举他的罪责，世宗这才让他闲住。

张忠，霸州人，正德时为御马监太监，与司礼太监张雄、东厂太监张锐一起在豹房侍

候武宗,得以当权。当时号称"三张",三人都性格凶残乖戾。

张忠贪图大盗张茂的钱财,认他为弟弟,推荐他进了豹房,侍候武宗蹴鞠。张雄甚至怨恨父亲不疼爱自己,以致使他自阉,因而对父亲拒不见面。宦官劝他。他便放下帘幕,杖打自己的父亲,然后抱在一起哭泣,他就是这样不通人理。张锐因逮捕制造妖言者有功,增加的俸禄多至一百二十石。每当实行缉宗时,他先让巡逻士卒引诱人去作奸邪的事,然后予以逮捕,得到贿赂后就再把人放了,也往往用这种办法危害犯法的人。

这三人个都与朱宸濠交往,接受藏贤、钱宁等人的贿赂,因而助成朱宸濠的反叛,宁王朱宸濠造反后,张忠劝武宗亲征。拦截王守仁的捷报,想把朱宸濠入回鄱阳,等武宗自与朱宸濠作战,都是张忠的主意。

这时,还有一个名叫吴经的,与武宗尤为亲昵。武宗南征,吴经先来到扬州。有一次,他半夜里在大道上点起火把,到所有寡妇处女的家时,将她们抢出来,号哭声震远近。吴经提出可以用钱赎人,穷人大多自杀。

在此之前,还有一个名叫刘允的,在正德十年接受敕命,前去迎接乌斯藏的僧人。携带的金宝计有一百余万。朝臣接连上进呈奏章劝谏,武宗不听。

刘允来到成都,用一年多时间打点行装,其费又达数十万,公私为匮乏。抵达乌斯藏后,又遭到番人的袭击,刘允逃跑,保住性命,将士死了数百人,携带的物品全部丧失。

及至刘元回朝,武宗已经去世。世宗采用御史王钧等人的意见,将张忠、吴经发配到孝陵卫充军。张雄、张锐押到都察院审讯治罪,刘允也受到惩处。

世宗见正德年间宦官之祸太多,即位后约束近侍宦官非常严格。宦官犯了罪,有笞打至死的,有时还陈尸示众,以示警诫。张佐、鲍忠、麦福、黄锦一流,虽然是由兴王府的旧人掌管司礼监,提督东厂的,但都谨慎小心,不敢过于放肆。世宗又在全国范围内全部撤销担任镇守以及掌管京营仓库的宦官,在四十余年间始终不再设置这些职务,所以只有嘉靖一朝,宦官的势力稍有收敛。

李芳传

【题解】

李芳,穆宗朝内官监的太监。劾奏徐杲修卢沟桥时贪污,要求裁汰冒滥冗员,撤销上林苑监增设的皂隶,减少光禄夺每年增加的米盐和工部的物料,切谏穆宗不要耽于逸乐。司礼监的滕祥等人乘机罗织构陷,遂曹禁锢。刑部尚书毛恺等人说梁芳罪状不明,不知他犯了什么罪,穆宗以"事朕无礼"应之。就这样,一个史称"能持正见"的太监就被押入监狱,得释后仍充南京净军。

【原文】

李芳穆宗朝内官监太监也。帝初立,芳以能持正见信任。

初，世宗时，近役徐杲以营造躐官工部尚书，修卢沟桥，所侵盗万计。其属冒太仆少卿，苑马卿以下积衔者以百数。隆庆元年二月，芳劾之。时杲已削官，乃下狱遣戍，尽认具所冒冗员。又奏革上林苑监增设皂隶，减光禄岁增米盐及工部物料，以是大为同类所嫉。而是时，司礼诸阉滕祥、孟冲、陈洪方有宠，急饰奇技谣巧以悦帝意，作鳌山灯，导帝为长夜饮。芳切谏，帝不悦。祥等复媒蘖之，帝遂怒，勒芳闲住。二年十一月复杖芳八址，下刑部监禁待决。尚书毛恺等言："芳罪状未明，臣等莫如所坐。"帝曰"芳事朕无礼，其锢之。"

芳锢，祥等益横。前司礼太监黄锦人已革法，祥辄复予之。工部尚书雷礼劾祥；"传造采办器物及修补坛庙乐器，多自加征，糜费巨万。工厂存留大木，斩截任意。臣礼力不能争，乞早赐罢。"帝不罪祥，而令礼致仕，冲传旨下海户王户于镇抚司，论戍，法司不预闻。纳肃藩辅国将军缙㷬贿，越制得嗣封肃王。洪尤贪肆，内阁大臣亦有因之以进者，三人所糜国帑无算。帝享太庙，三人皆冠进贤冠，服祭服以从，爵赏辞谢与六卿埒，廷臣论劾者，太常少卿周怡以外补去，给事午石星、李己、陈吾德、御史詹仰庇尚宝承郑履淳，皆廷杖削籍。三人各法锦衣官至二十人，而芳独系狱。四年四月，刑科都给事舒化等以势审届期，请宥芳，乃得释，充南京净军。

【译文】

李芳是穆宗朝内官监的太监。穆宗刚刚即位，李芳因能够坚持正直的意见而受到信任。

起初，世宗在位时期，服役的工匠徐杲因善于营造而越交俐任工部尚书的官职，修卢沟桥时侵吞盗窃的财物数以万计。徐杲的下属得到太仆少卿、苑马卿以下职衔的有百数人。隆庆元年二月，梁芳提出弹劾。当时，徐杲已被削官，同时翻数裁汰冒滥的冗员。李芳又奏请革除上林苑监增设的皂隶，减少光禄夺每年增加的米、盐和工部的物料，因此大受宦官的嫉妒。而这时司礼监诸宦官滕祥、孟冲、陈洪正在得宠，争着通过新异的技艺和物品来取悦穆宗，制造了鳌山灯引导穆宗彻夜长饮。李芳直言劝谏，穆宗很不高兴，加之滕祥等人居中罗织陷害，于是穆宗发怒，命李芳居家闲住。隆庆二年十一月，李芳又被杖打八十，送交刑部监禁，听候裁决。尚书毛恺等人说："李芳的罪状尚不明确，臣等不知道他犯了什么罪。"穆宗说："李芳侍奉朕不讲礼法，就把他禁锢了吧。"

李芳被禁锢后，滕祥等人愈加横蛮。前司礼太监黄锦庇言的待遇已被撤销，滕祥却又给以恢复。工部尚书雷礼弹劾滕祥说："他传达旨意制造采办器物和修补祭坛宗庙的乐器，多自行增加处收物品的数额，浪费的东西数以万计，工厂留下来存放的大木材被任意截断。臣雷礼无力据理以争，请陛下及早赐旨加以制止。"神宗没有惩处滕祥，反而让雷礼辞官归居。孟冲传有将海户王印押进镇抚司，以戍边论处，司法部门无法参与过问。他接受肃藩辅国将军朱缙㷬的贿赂，使朱缙㷬得以越制受封为肃王。陈洪尤其贪婪妄为，内阁大臣也有通过他得以进用的。滕、孟、陈三人浪费国库的银不可胜数。神宗到太庙去行祭礼，三人都戴着进贤冠，穿着祭服，跟随前往，对他们的封爵赏赐以及他们表示辞让致谢的礼节与六卿相等。弹劾他们的朝臣，太常少卿周怡调集京城，外放补官，给事中石星、李己、陈吾德、御史詹仰庇、尚宝丞郑履淳都在朝堂上遭受杖打，被削除名籍。滕、孟、陈三人各荫锦衣官达二十人。唯有李芳长期押在监狱里。隆庆四年，刑科给事中舒化等认为小满至立秋间的热审即将到期，请求宽恕李芳，李芳这才释放出狱，发配到南京由宦官组成的军队里。

冯保传

【题解】

冯保，深州人。嘉靖时任司礼秉笔太监。隆庆时提督东厂，兼掌御马监事，以后妃之力得与顾命。万历时得任司礼掌印太监，内依太后，外依张居正，挟持幼帝，斥去大学士高拱，恃势招权，赏罚不出其口不得行。后太后归政，张居正死，由宦官张鲸张诚议，贬至南京安置，久之乃死。

【原文】

冯保，深州人。嘉靖中为司礼秉笔太监，隆庆元年提督东厂，兼掌御马监事。

时司礼掌印缺，保以次当得之。适不悦于穆宗，大学士高拱荐御用监陈洪代，保由是疾拱。及洪罢，拱复荐用孟冲。冲，故掌尚膳监者，例不当掌司礼。保疾拱弥甚，乃与张居正深相结，谋去之。会居正亦欲去拱专权，两人交益固。穆宗得疾，保密属居正预草遗诏，为拱所见，面责居正曰："我当国，奈何独与中人具遗诏！"居正面赤，谢过。拱益恶保，思逐之。

穆宗甫崩，保言于后妃，斥孟冲而夺其位，又矫遗诏与阁臣同受顾命。及帝登极，保升立宝座旁不下，举朝大骇。保既掌司礼，又督东厂，兼总内外，势益张。拱讽六科给事中程文、十三道御史刘良弼等交章数其奸，而给事中雒遵、陆树德又特疏论列。拱意疏下即拟旨逐保，而保匿其疏，亟与居正定谋，遂逐拱去。初，穆宗崩，拱于阁中大恸曰："十岁天子，如何治天下？"保潜于后妃曰："拱斥太子为十岁孩子，如何作人主。"后妃大惊，太子闻之亦色变。迨拱去，保憾犹未释。

万历元年正月，有王大臣者，伪为内侍服，入乾清宫，被获，下东厂。保欲缘此族拱，与居正谋，令家人辛儒饮食之，纳刃其袖中，俾言拱怨望，遣刺帝，大臣许之。逾日，锦衣都督朱希孝等会鞫，大臣疾呼曰："许我富贵，乃掠治我耶！且我何处识高阁老？"希孝惧，不敢鞫而罢。会廷臣杨博、葛守礼等保持之，居正亦迫众议微讽保。保意稍解，乃以生漆酒喑大臣，移送法司坐斩，拱获免。由是举朝皆恶保，而不肖者多因之以进。

慈圣太后遇帝严，保倚太后势数挟持帝，帝甚畏之。时与小内竖戏，见保入，辄正襟危坐曰："大伴来矣。"所昵孙海、客用为乾清宫管事牌子，屡诱帝夜游别宫，小衣窄袖，走马持刀,又数进奇巧之物,帝深宠幸。保白太后,召帝切责,帝长跪受教,惶惧甚。保属居正草帝罪已手诏,令颁示阁臣,词过挹损。帝年已十八,览之内惭,然迫于太后,不得不下。居正乃上疏切谏,又缘保意劾去司礼秉笔孙德秀、温太及掌兵仗局周海,而令诸内侍俱自陈。由是,保所不悦者斥退殆尽,时八年十一月也。

保善琴能书。帝屡赐牙章,曰"光明正大",曰"尔惟盐梅",曰"汝作舟楫",曰"鱼水相逢",曰"风云除会",所以待之甚隆。后保益横肆,即帝有所赏罚,非出保口,无敢行者。帝积不能堪,而保内倚太后,外倚居正,帝不能去也。然保亦时引大体:内阁产白莲,翰林院有双白燕,居正以进,保使使谓居正曰:"主上冲年,不可以异物启玩好。"又能约束其子弟,不敢肆恶,都人亦以是称之。

居正固有才,其所以得委任专国柄者,由保为之左右也。然保性贪,其私人锦衣指挥徐爵、内官张大受为保、居正交关语言,且数用计使两人相疑,旋复相好,两人皆在爵术中。事与筹划,因恃势招权利,大臣亦多与通。爵夜至禁门,守卫者不敢诘,其横如此。居正之夺情及杖吴中行,保有力焉。

已而居正死,其党益结保自固。居正以遗疏荐其座主潘晟入阁,保即遣官召之。御史雷士桢,王国,给事中王继先相继言其不可用,晟中途疏辞。内阁张四维度申时行不肯为晟下,拟旨允之,帝即报可,保时病起诉曰:"我小恙,遽无我耶!"皇太子生,保欲封伯爵,四维以无故事难之,拟荫弟侄一人都督佥事,保怒曰:"尔由谁得今日,而负我!"御史郭惟贤请召用吴中行等,保责其党护,谪之。吏部尚书王国光罢,保辄用其乡人梁梦龙代,爵、大受等窃权如故。

然是时太后久归政,保失所倚,帝又积怒保。东宫旧阉张鲸、张诚乘间陈其过恶,请令闲住。帝犹畏之,曰:"若大伴上殿来,朕奈何?"鲸曰:"既有旨,安敢复入!"乃从之。会御史李植、江东之弹章入,遂谪保奉御,南京安置,久之乃死。其弟佑、从子邦宁并官都督,削职下狱,瘐死。大受及其党周海、何忘等八人,贬小火者,司香孝陵,爵与大受子烟瘴永戍。尽籍其家,保金银百余万,珠宝瑰异称是。

保之发南京也,太后问故。帝曰:"老奴为张居正所惑,无他过,行且召还。"时潞王将婚,所需珠宝未备,太后间以为言,帝曰:"年来无耻臣僚,尽以献张、冯二家,其价骤贵。"太后曰:"已籍矣,必可得。"帝曰:"奴黠猾,先窃而逃,未能尽得也。"而其时,锦衣都督刘守有与僚属张昭、庞清、冯昕等,皆以籍罪人家多所隐,没得罪。

【译文】

冯保,深州人,嘉靖年间担任司礼秉笔太监,隆庆元年担任提督东厂兼掌御马监事。

当时,司礼监掌印缺员,按资望顺序冯保应该担当此职。恰巧他不得穆宗喜欢,大学士高拱推荐任用御用监陈洪取代冯保,冯保因此痛恨高拱。及至陈洪免职,高拱又推荐任用孟冲。孟冲原先是掌管尚膳监的,照例不应该掌管司礼监。冯保愈加痛恨高拱,便与张居正深相结纳,策划将他除去。正好张居正也想除去高拱,由自己专权,两人的交情越发牢靠。穆宗得病后,冯保秘密嘱咐张居正预先起草遗诏,被高拱见到,高拱当面责备张居正说："由我主持国政,你怎么单独与宦官准备遗诏!"张居正面色通红,承认错误。高拱更加憎恶冯保,想贬斥他。

穆宗刚刚去世,冯保向后妃进言,斥去孟冲,夺得其位,还假托遗诏的名义让自己与内阁大臣一起接受临终顾命的。及至神宗即位,冯保升到帝座旁站立不下,整个朝廷大为惊骇。冯保掌管司礼监后,又督率东厂,兼统内外,势力愈发强大。高拱暗示六科给事中程文和十三道御史刘良弼等人,轮流上疏斥责冯保奸邪,给事中雒遵、陆树强还特意上疏论定其人。高拱本想奏疏批下就起草诏书,斥逐冯保。但是,冯保隐藏了这些奏疏,急忙与张居正确定计划,于是排斥高拱离位。

起初,穆宗去世,高拱在内阁放声痛哭说："十岁的天子,怎么治理天下!"冯保向后妃诋毁他说："高拱把太子斥为十岁的孩子,怎么当得了君主。"后妃大惊,太子听了,也变了脸色。及至高拱离位,冯保仍然恨意未消。

万历元年正月,有一个名叫王大臣的,伪造内侍的服装,进乾清宫后就被捉获,押入东厂。冯保打算因此杀死高拱,经与张居正商量,吩咐家人辛儒给王大臣吃的喝的,把刀子放进他的袖子里,使他说高拱怨恨不满,派自己去刺杀神宗,王大臣答应了。过了一天,锦衣都督朱希孝举行会审,王大臣大喊："答应让我富贵,还要拷问我吗!而且我哪里认识高阁老?"朱希孝不敢审讯,草草收场。适逢朝臣杨博、葛守礼保护此人,张居正也迫于大家的议论,对冯保稍加暗示。冯保态度稍稍缓和,便用生漆酒把王大臣药成哑巴,移交司法部门判罪问斩,高拱得以免难。从此,整个朝廷都憎恶冯保,但不正派的官员多半通过冯保得到升迁。

慈圣太后待神宗很严,冯保依赖太后的势力,屡次挟持神宗,神宗非常怕他。有时神宗与小宦官玩耍,看见冯保进宫了,就正襟危坐,说："大伴来啦。"所亲近的人孙海、客用做成乾清宫的管事牌子,多次引诱神宗在夜间到别宫游玩,穿着窄袖短衣,骑马持刀而去,还进献奇巧之物,深受神宗的宠爱。冯保禀告太后,太后叫来神宗,痛加斥责,神宗直身跪在地上,接受教诲,非常惶恐。冯保嘱托张居正起草神宗的罪己手诏,吩咐颁发给内阁大臣去看,手诏的词句对自己过于贬抑。神宗已经十八岁,看了感到惭愧,但是迫于太后的压力,不得不批示发下,于是张居正上疏直言劝谏。又由于冯保想把司礼秉笔孙德秀、温太和掌兵仗局周海弹劾下去,因而让诸内侍一律陈述自己的态度。由此冯保不喜欢的人几乎被排斥一空,当时是万历八年十一月。

冯保擅长弹琴,懂得书法,神宗多次赐给他象牙印章,印文有"光明正大""尔惟盐梅""汝作舟楫""鱼水相逢""风云际会",待他礼数非常隆重。后来冯保更加横蛮放肆,即使是神宗决定的赏罚,只要冯保没有开口,就没人敢去实行。日子久了,神宗不能忍受,但冯保在内宫倚靠太后,在外朝倚靠张居正,神宗无法把他去掉。然而,冯保时而也做些识得大体的事情:内阁生出白莲,翰林院有一对白燕,张居正进献给神宗,冯保让人对张居正说:"主上年轻,不能用奇异之物引他喜爱。"还能约束子弟,使他们不敢肆意作恶,京城人也因此称赞他。

张居正本来有才,但之所以受到任用,独揽国政,却是由于冯保对他的帮助。然而,冯保生性贪婪,他私人的锦衣指挥徐爵、内官张大受,为冯保和张居正往来传话,几次用计,使两人互相猜疑,不久再归和好,他们两人都落入徐爵的圈套。徐爵遇事参与策划,借机仗势揽权取利,大臣也多与他勾结。徐爵夜间来到宫门前,守卫人员不敢盘问,其豪横如此。张居正服丧期间受命出仕以及杖打吴中行等人,都得力于冯保。

不久,张居正去世,其党羽越发结纳冯保,以图巩固自己的地位。张居正留下遗疏,推荐自己的主考官潘晟进内阁,冯保立即派官员召用潘晟。御史雷士桢、王国、给事中王继光相继说潘晟不可任用,潘晟中途上疏推辞。内阁张四维估计申时行不肯居于潘晟之下,便起草圣旨应允,神宗立即批复同意。当时冯保在病中起身骂道:“我有点小病,就以为我不在了吗!”皇太子降生,冯保希望得封伯爵,张四维用没有先例论难,准备允许恩荫弟侄一人为都督金事,冯保恼怒地说:“你靠谁才有今天,竟敢辜负我!”御史郭惟贤请求召用吴中行等人,冯保指责他袒护同党,将他贬黜。吏部尚书主国光免职,冯保就起用同乡梁梦龙接替他。徐爵和张大受等人仍然窃用权柄。

然而,这时太后归政已久,冯保失去依靠,神宗又积恨冯保。原来东宫的宦官张鲸、张诚乘机陈述冯保的罪过,请求命冯保闲住。神宗仍怕冯保,便说:“如果大伴到大殿上来,朕怎么办?”张鲸说:“颁发圣旨后,他怎敢再进大殿?”神宗这才照办。适逢御史李植、江东之弹劾冯保的奏章送进内宫,神宗便贬冯保为奉御,南京安置,过了许久,冯保才死。冯保的弟弟冯佑、侄子冯邦宁都担任都督,现削职下狱,囚死狱中。张大受及其同党周海、何忠等八人贬为小宦官,为孝陵管理香火,徐爵和张大受的儿子终生流配烟瘴之地。冯保的家产被全部没收充公,有金银百余万,珠宝奇异之物与此相称。

冯保启程前往南京时,太后询问其中的缘由,神宗说:“老奴受到张居正的迷惑,没有别的过失,不久就会召回。”当时,潞王准备结婚,需要的珠宝没有齐备,太后私下提到此事,神宗说:“近年来无耻的臣僚都把财物献给张居正、冯保两家,珠宝的价钱腾涨。”太后说:“已经没收了两家的财产,一定可以得到。”神宗说:“奴才狡猾,事先偷偷转移,没能全部得到。”当时,锦衣都督刘守有与属官张昭、庞清、冯昕等人,都乘没收罪人家产的机会,私吞了许多,因此受到罚处。

陈增、高淮传

【题解】

这是记叙万历朝矿盐税使的专传,重点不在记述传主的生平。

陈增奉敕至山东开矿,陷害知县韦国贤、吴宗尧、巡抚尹应元等。又受命至东昌征税,其党羽称奉旨搜罗金宝,募人告发,大商富户大多破产,就是杀人也无人敢问。凤阳巡抚劾其爪牙程守训贪赃论死后,因恐惧而上吊自杀。

【原文】

陈增,神宗朝矿税太监也。

万历十二年,房山县民史锦奏请开矿,下抚按查勘,不果行。十六年,中使祠五台山还,言紫荆关外广昌、灵丘有矿砂,可作银冶,帝闻之喜,以大学士申时行等言而止。十八年,易州民周言、张世才复言阜平、房山各产矿砂,请遣官开矿,时行等仍执不可。

至二十年,宁夏用兵,费帑金二百余万。其冬,朝鲜用兵,首尾八年,费帑金七百余万。二十七年,播州用兵,又费帑金二三百万。三大征接,国用大匮。而二十四年乾清、坤宁两宫灾,二十五年皇极、建极、中极三殿灾,营建乏资,计臣束手,矿税由此大兴矣。

其遣官自二十四年始。其后言矿者争走阙下,帝即命中官与其人偕往,天下在在有之。真、保、蓟、永则王亮,昌黎、迁安则田进,昌平、横岭、涞水、珠宝窝山则王忠,真定复益以王虎,并采山西平定、稷山,浙江则曹金,后代以刘忠,陕西则赵钦,山西则张忠,河南则鲁坤,广东则李凤、李敬,云南则杨荣,辽东则高淮,江西则潘相,福建则高采,湖广则陈奉,而增奉敕开采山东。通都大邑皆有税监,两淮则有盐监,广东则有珠监,或专遣,或兼摄。大珰小监纵横绎骚,吸髓饮血,以供进奉。大率入公帑者不及什一,而天下萧然,生灵涂炭矣。其最横者,增及陈奉、高淮。

二十四年,增始至山东,即劾福山知县韦国贤,帝为逮问削职。益都知县吴宗尧抗增,被陷,几死诏狱。巡抚尹应元奏增二十大罪,亦罚俸。

已,复命增兼征山东店税,与临清税盐马堂相争,帝为和解,使堂税临清,增税东昌。增益肆无忌,其党内阁中书程守训、中军官全治等,自江南北至浙江,大作奸弊,称奉密旨搜金宝,募人告密,诬大商巨室藏违禁物,所破灭什伯家,杀人莫改问。御史刘曰梧具以状闻,盐务少监鲁保亦奏守训等阻塞盐课,帝俱弗省。

久之,凤阳巡抚李三才劾守训奸脏,增惧,因搜得守训违禁珍宝及赇银四十余万闻于朝,命械入京鞫治,乃论死,而增肆恶山东者十年,至三十三年始死。

【译文】

陈增,是神宗朝的矿税太监。

万历十二年,房山县民史锦上奏请求开矿,神宗责成巡抚、巡按进行考查核实,未能实施。万历十六年,中使祭祠五台山回来说,紫荆关外的广昌、灵丘有矿砂,可以用来炼银,神宗闻讯大喜,但因大学士申时行等人进言而搁置不办。万历十八年,易州百姓周言、张世才,又说阜平、房山两地都出产矿砂,请朝廷派官开矿,申时行等人仍然执反对意见。

及至万历二十年,派兵讨伐宁夏叛军,消耗库银二百余万两。当年冬天,用兵讨伐朝鲜,前后八年,消耗库银七百余万两。万历二十七年,派兵讨伐播州叛军,又消耗库银二三百万两。三次大征讨前后相接,国家用度大为匮乏。其间,万历二十四年乾清、坤宁两宫发生火灾,万历二十五年皇极、建极、中极三殿发生火灾,缺乏营建资金,主管财物的官员束手无策，从此矿税大兴。

从万历二十四年开始，朝廷派官监税。此后，建议开矿的人争先恐后地赶往京城，神宗便命宦官与那些人一同前往，全国比比皆是。真、保、蓟、永各地有王亮，昌黎、迁安有田进，昌平、横岭、涞水、珠宝窝山有王忠，又在真定加派王虎，同时在山西平定、稷山采矿，浙江有曹金，后来换成刘忠，陕西有赵钦，山西有张忠，河南有鲁坤，广东有李凤、李敬，云南有杨荣，辽东有高淮，江西有潘相，福建有高采，湖广有陈奉，而陈增奉敕命在山东开矿。交通便利的城镇全有税监，两淮地区有盐监，广东有珠监，有专派的，有兼任的。大小宦官到处骚扰，吸血榨髓，以供进献朝廷。大致说，进入官库的税金不到十分之一，但全国萧条，生灵涂炭了。其中最为强横的矿监税使是陈增和陈奉、高淮。

万历二十四年，陈增刚到山东，就弹劾福山知县韦国贤，神宗为此将韦国贤逮捕查办，削去官职。益都知县吴宗尧抵制陈增，遭到陷害，几乎死在皇帝指令关押的监狱里。巡抚尹应元奏陈陈增的二十大罪，也被罚了俸禄。

事后，神宗又命陈增兼管山东店税的征收。陈增与临清税监马堂发生争执，神宗从中调解，使马堂在临清征税，陈增在东昌征税。陈增越发肆无忌惮，他的同党内阁中书程守训、中军官全治等人，从长江南北以至浙江地区，猖狂作恶舞弊，声称奉皇上密旨搜罗财宝，找人告密，诬蔑富商巨室窝藏违禁物品，毁灭的人家成十上百，就是杀人，也没人敢于过问。御史刘曰梧罗列他们的罪状上报，盐务少监鲁保也奏陈程守训等人妨碍盐税征收，神宗一概不加省查。

过了很久，凤阳巡抚李三才弹劾程守训贪赃。陈增心怀恐惧，便搜查出程守训的违禁财宝以及四十多万赃银，上报朝廷。神宗吩咐用刑具把程守训押到京城审讯惩处，于是判处死刑。而陈增在山东肆意作恶长达十年，到万历三十三年才死。

陈奉传

【题解】

明神宗派遣矿监税使四出搜刮民财，成为万历年间一大弊政。明神宗的所为只是为满足他的私欲，派出去的矿监税使都是身边亲信太监。这些矿监税使倚仗权势，肥饱私囊，无恶不作，陈奉便是其中突出的一个。他在湖广（今湖南、湖北）充矿税监二年，先后引起武昌、汉口、黄州、襄阳、宝庆、德安、湘潭各处民变十余起。朝廷内外官吏屡次上疏，请求将陈奉撤回，神宗却任其所为，置之不理。陈奉做为神宗的爪牙，既能为主子搜刮民财，自己从中渔利自有神宗默许，百姓的反抗，官吏的上言自然也就无济于事了。这篇传文叙事详明，是了解万历时贪黩腐败政治的重要史料。

【原文】

陈奉，御马监奉御也。万历二十七年二月，命征荆州店税，兼采兴国州矿洞丹砂，及钱厂鼓铸事。奉兼领数使，恣行威虐。每托巡历，鞭笞官吏，剽劫行旅。商民恨刺骨，伺奉自武昌抵荆州，聚数千人噪于途，竞掷瓦石击之。奉走免，遂诬襄阳知府李商畊、黄州知府赵文炜、荆州推官华钰、荆州知州高则巽、黄州经历车任重等煽乱。帝为逮钰、任重，而谪商畊等官。兴国州奸人漆有光，讦居民徐鼎等掘唐相李林甫妻杨氏墓，得黄金巨万。腾骧卫百户仇世亨奏之，帝命奉括进内库。奉因毒拷责偿，且悉发境内诸墓。巡按御史王立贤言所掘墓乃元吕文德妻，非林甫妻，奸人讦奏，语多不仇，请罢不治，而停他处开掘。不报。二十八年十二月，武昌民变。南京吏部主事吴中明奏言：“奉吓诈官民，僭称千岁。其党至直入民家，奸淫妇女，或掠入税监署中。王生之女、沈生之妻，皆被逼辱。以致士民公忿，万余人甘与奉同死，抚按三司护之数日，仅而得金。而巡抚支可大曲为蒙蔽。天下祸乱，将何所底！”大学士沈一贯亦言：“陈奉入楚，始而武昌一变，继之汉口、黄州、襄阳、武昌、宝庆、德安、湘潭等处，变经十起，几成大乱。立乞撤回，以收楚民之心。”帝皆置不问。

奉复使人开谷城矿，不获，胁其库金，为县民所逐。武昌兵备佥事冯应京劾奉十大罪，奉随诬奏，降应京杂职。奉又开枣阳矿，知县王之翰以显陵近，执不可。奉劾之翰及襄阳通判邸宅，推官何栋如，缇骑逮讯，并追逮应京。应京素有惠政，民号哭送之。奉又榜列应京罪状于衢。民切齿恨，多相聚围奉署，誓必杀奉。奉逃匿楚王府，众乃投奉党耿文登等十六人于江。以巡抚可大护奉，焚其辕门。事闻，一贯及给事中姚文蔚等请撤奉，不报。而御马监监丞李道方督理湖口船税，亦奏奉：“水沮商舟，陆截贩贾，征三解一，病国剥民。”帝始召奉归，而用一贯请，革可大职。奉在湖广二年，惨毒备至。及去，金宝财物巨万计。可大惧为民所掠，多与徒卫，导之出疆，楚民无不毒恨者。奉至京师，给事中陈维春、郭如星多极言其罪。帝不怿，降二人杂职。三十二年始释应京归，之翰卒瘐死。

【译文】

陈奉是御马监的奉御。万历二十七年二月，神宗命他征收荆州店铺之税，兼采办兴国州矿洞的丹砂以及钱厂铸钱之事。陈奉兼领几种使命，胡作非为仗势虐害百姓。往往借口巡历，鞭笞官吏，抢劫行旅。商民对他恨之入骨，等到陈奉从武昌抵达荆州，聚众数千人在途中鼓噪，争着抛掷瓦石击打陈奉等人。陈奉逃跑才得免祸，他于是诬告襄阳知府李商耕、黄州知府赵文炜、荆州推官华钰、荆门知州高则异、黄州经历车任重等煽动叛乱。神宗为此命逮华钰、车任重入狱，并且将李商耕等谪贬。兴国州奸邪之人漆有光，告发居民徐鼎等人发掘唐朝宰相李林甫之妻杨氏的坟墓，从墓中得到黄金以巨万计。腾骧卫百户仇世亨上奏了此事，神宗命令陈奉将这些黄金收入内府。陈奉因此毒刑撬打责令居民补偿黄金，并且将州境内的坟墓全都挖掘。巡按御史王立贤上言说所挖掘的坟墓乃是元朝人吕文德之妻坟墓，并非李林甫之妻的坟墓，奸邪之人告发的奏言，所说大都不能应验，请求停罢不再追治，并且停止在各处的挖掘。奏疏送上，神宗不予理睬。

万历二十八年十二月，武昌发生民变。南京吏部主事吴中明奏道：“陈奉威吓诈骗官民，犯上违制自称千岁。他的党羽甚至直接闯进百姓家中，奸淫妇女，或者将妇女抢掠到税监署之中。王生的女儿，沈生的妻子，都被他们逼辱。因而召致士民公愤，有万余人甘愿与陈奉同归于尽，巡抚、巡按和地方三司（布政使司、按察使司、都指挥使司）掩护了他好几天，才仅仅使他得以保全。但是巡抚支可大却歪曲事实为之蒙蔽朝廷。这样天下的祸乱，什么时候才将是个头！"大学士沈一贯也上言："陈奉入楚，开始便有武昌一次民变，随后汉口、黄州、襄阳、武昌、宝庆、德安、湘潭等处，民变发生十起，几乎酿成大乱。请立即将陈奉撤回，以此收拢湖广百姓之心。"神宗对此全都置之不理。

陈奉又派人开掘谷城的矿山，未有所获，胁索官府库金，被县内百姓所驱逐。武昌兵备佥事冯应京劾奏陈奉列举十大罪状，陈奉随后诬陷上奏，结果将冯应京降为杂职。陈奉又开掘枣阳矿山，知县王之翰因其他靠近显陵，坚持不同意开矿。陈奉劾奏王之翰和襄阳通判邸宅、推官何栋如，派缇骑将他们逮捕审讯，并且追究前事逮捕了冯应京。冯应京一向于民有惠政，百姓号哭着相送。陈奉又张榜开列冯应京的罪状张贴于街上。百姓对此切齿痛恨，又相聚包围了陈奉的官署，发誓一定要杀死陈奉。陈奉逃避躲藏到楚王府，众人于是陈奉的党羽耿文登等十六人投入江中。因为巡抚支可大维护陈奉，百姓们焚烧了巡抚的辕门。事情报知朝廷后，神宗不予回答。当时御马监监丞李道方督办湖口的船税，也上奏主陈奉在水路上拦阻商舟船，在陆路上拦截商贩，征收三成只有一成解送上缴，祸国殃民。明神宗这时才开始召回陈奉回京，又听沈一贯的奏请，革去支可大的职务。陈奉在湖广两年，残害毒祸商民无所不至其极。等到他离去时，搜刮的金银财宝货物数以巨万计。支可大怕被百姓截走，增派了护卫，带着陈奉等离开湖广，湖广百姓无不恨之入骨。陈奉到达京帅，给事中陈维春、郭如星再次竭力上言他的罪行。神宗很不高兴，将二人降为杂职。万历三十二年才释放了冯应京，王之翰则最终瘐死狱中。

梁永、杨荣传

【题解】

这是记叙万历年间矿监税使的专传，与上一篇合观，方为全璧。

梁永以税监名义到陕西征收名马宝物，违制私畜兵马，出入边塞。又请兼任镇守，率兵征收盐税，发掘历代陵寝，肆行劫掠，私宫良人，诬告地方官员，毒巡视陕西的官员几死，税额外增耗数倍。其徒私运重宝，被满朝荐截获，满朝荐受诬被捕，神宗令抚按护梁永回京。

杨荣妄奏阿瓦、猛密有宝井，得至云南开矿。所进不到十分之一，乃诬奏嫁祸给知府熊铎，后又诬陷当地官员多人。激起民变后，又打死数十人。对指挥使樊高明、贺瑞凤亦淫威相加。指挥使贺世勋等率冤民万人将他杀死。

本篇尚述矿监税使多人，其中苏杭织造局太监兼税务孙隆激起苏州民变，福建税监高采惹惹得万众奋起，要杀死他，都是矿监税使的典型事件。

【原文】

梁永,御马监监丞也。万历二十七年二月,命往陕西征收名马货物。

税监故不典兵,永独畜马五百匹,招致亡命,用千户乐纲出入边塞。富平知县王正志发其奸,并劾矿监赵钦,诏逮正志,瘐死诏狱中。渭南知县徐斗牛,廉吏也。永责赂,棰毙县吏卒,斗牛愤恨自缢死。巡抚贾待问奏之,帝顾使永会勘,永反劾西安同知宋贤,并劾待问有私,请皆勘。帝从之,而宥待问。

永又请兼镇守职衔,又请率兵巡花马池、庆阳诸盐池,征其课。缘是帅诸亡命,具旌盖鼓吹,巡行陕地。尽发历代陵寝,搜摸金玉,旁行劫掠,所至邑令皆逃。杖死县丞郑思颜、指挥刘应聘、诸生李洪远等。纵乐纲等肆为淫掠,私宫良家子数十人。税额外增耗数倍,蓝田等七关,岁得十万。复用奸人胡奉言,索咸阳冰片五十斤、羊毛一万斤、麝香二十斤,知县宋时际怒勿予。

咸宁人道行遇盗,迹之,税使役也,知县满朝荐捕得之。永诬时际、朝荐劫税粮,帝命逮时际,而以朝荐到官未久,镌秩一级。陕西巡抚顾其志尽发其奸,且言秦民万众共图杀永,大学士沈鲤、朱赓请械永归,以安众心。帝悉置不服,而释时际勿逮,复朝荐官。

会御史余懋衡方按陕西,永惧,使纲鸩懋衡几死。讼于朝,言官攻永者数十疏,永部下诸亡命乃稍稍散。其渠魁王九功、石君章等赍重宝,辎辇盈路,诈为上供物,持剑戟弓弩,结阵以行,而永所遣人解马匹者,已乘邮传先发。九功等急驰,欲追及,与同出关。朝荐疑其盗,见九功等后至无验,逻兵与格斗,追至渭南,杀数人,尽夺其装。永大窘,听乐纲谋,使人系疏发中驰奏:“九功等各贡名马、金珠、睛绿诸宝物,而咸宁知县朝荐承余御史指,伏兵渭南遮劫之,脔君章等,诬以盗。”帝怒曰:“御史鸩无恙,而朝荐代为报复,且劫贡物。”敕逮朝荐,而令抚按护永等还京,三十四年事也。

是年,杨荣为云南人所杀。

初,荣妄奏阿瓦、猛密诸番愿内属,其地有宝井,可岁益数十万,愿赐敕领其事,帝许之。既而荣所进不得什一,乃诬知府熊铎侵匿,下法司。又请诏丽江土知府木增献地听开采,巡按御史宋兴祖言:“太祖令木氏世守兹土,限石门以绝西域,守铁桥以断土蕃,奈何自撤藩蔽,生远人心!”不报。荣由是愈怙宠,诬劾寻甸知府蔡如川、赵州知州甘学书,皆下狱。已,又诬劾云南知府周铎,下法司提问。百姓恨荣入骨,相率燔税厂,杀委官张安民。荣弗悛,恣行威虐,杖毙数十人。

至是,怒指挥使樊高明后期,榜掠绝筋,枷以示众。又求马不获,系指挥使贺瑞凤,且言将尽捕六卫官。于是指挥贺世勋、韩光大等率冤民万人焚荣第,杀之,投火中,并杀其党二百余人。

事闻,帝为不食者数日,欲逮问守土官。大学士沈鲤揭争,且密属太监陈矩剖示。帝乃止诛世勋等,而用巡抚陈用宾议,令四川税使丘乘云兼摄云南事。

当是时,帝所遣中官,无不播虐逞凶者。

湖口税监李道劾降九江府经历樊圃充,又劾南康知府吴宝秀、星子知县吴一元,降临江知府顾起淹。

山西税监孙朝劾降夏县知县韩薰。给事中程绍以救薰镌一级，给事中李应策等复救之，遂削绍、薰职，巡抚魏允贞以阻挠罢去。

广东税监李凤劾逮乡官通判吴应鸿等。凤与珠监李敬相仇，巡按李时华恃敬援劾凤。给事中宋一韩言凤干没五千余万，他珍宝称是。吏部尚书李戴等言凤酿祸，致潮阳鼓噪，粤中人争欲杀之，帝不问。而敬恶亦不减于凤，采珠七八年，岁得珠近万两。其后珠池盗起，敬乃请罢采。

山西矿监张忠劾降夏县知县袁应春，又劾逮西城兵马戴文龙。

江西矿监潘相激浮梁景德镇民变，焚烧厂房。饶州通判陈奇可谕散之，相反劾逮奇可。相檄上饶县勘矿洞，知县李鸿戒邑人敢以食物市者死。相竟日饥渴，悉而归，乃螯鸿，罢其官。

横岭矿监王虎以广昌民变，劾降易州知州孙大祚。

苏杭织造太监兼管税务孙隆激民变，遍焚诸札、委税官家，隆急走杭州以免。

福建税监高采荐布政使陈性学，立擢巡抚。居闽十余年，广肆毒害。四十二年四月，万众汹汹，欲杀采。采率甲士二百余人，入逃巡抚袁一骥署，露刃劫之，令谕众退。复挟副使李思诚、佥事吕纯如等至私署要盟，始释一骥。复拘同知陈豸于署者久之。事闻，帝召还，命出豸，而一骥由此罢。

他若山东张晔、河南鲁坤、四川丘乘云辈，皆为民害。迨帝崩，始下遗诏，罢矿税，撤诸中使还京。

【译文】

梁永，是御马监监丞。万历二十七年二月，神宗让他前往陕西征收名马和货物。

原来，税监不掌管军事，唯独梁永养了五百匹马，招揽亡命之徒，指使千户乐纲出入边塞。富平知县王正志揭发他的奸行，并弹劾矿监赵钦，神宗下诏逮捕王正志，使他囚死在诏狱中。渭南知县徐斗牛是一位廉洁的官员，梁永索求贿赂，打死县里的吏卒，徐斗牛愤恨自缢而死。巡抚贾待问上奏此事，神宗却派梁永会同核查。梁永反而弹劾西安同知宋贤，并弹劾贾待问徇私，请求一律加以核查。神宗依言而行，却又宽饶了贾待问。

梁永又请求兼任镇守职衔，还请求率领军队巡视花马池、庆阳各盐池，征收盐税。由此，梁永率领那些亡命之徒，打着旗帜，举着伞盖，奏起军乐，巡行陕西地区。他悉数发掘历代帝王的陵墓，搜寻金银玉石，到处抢劫，所到之处，县令全都逃走。他用杖刑打死县丞郑思颜、指挥刘应聘、诸生李洪远等人，唆使乐纲等人肆意奸淫掳掠，私自阉割良家子弟数十人，在税额外增收弥补损耗的银两多达数倍，蓝田等七关每年收银十万两。他还采用奸人胡奉的主张，向咸阳索求冰片五十斤、羊毛一万斤、麝香二十斤，知县宋时际发怒，没有给他。

咸宁有人走路时遇见强盗，经追踪，原来是税使的差役，知县满朝荐将强盗捉住。梁永诬陷宋时际、满朝荐劫取税银，神宗命令逮捕宋时际，而认为满朝荐到任时间不长，削官一级。陕西巡抚顾其志将梁永的邪恶全部揭发出来，并且说陕西上万的民众都打算杀死梁永。大学士沈鲤、朱赓请求用刑具把梁永押回，以便安定民心，神宗一概压下，不做答复，同时免去宋时际的罪责，不予逮捕，恢复满朝荐的官职。

适逢御史余懋衡正在巡视陕西，梁永心怀恐惧，指使乐纲几乎把余懋衡毒死。余懋衡上告朝廷，言官上奏指责梁永的奏疏有几十份，梁永部下众亡命之徒这才逐渐散去。他们的首领王九功、石君章等人押送宝器，篷车满路，诈称运送上供物品，手持剑戟弓弩，结成阵列行进。这时，梁永派出的押马匹的人已经先乘驿站的马匹出发，王九功等人火速赶路，打算追上他们，一起出关。满朝荐怀疑他们是强盗，又见王九功等人后到，没有关凭文书，便让巡逻的士兵与他们格斗，追到渭南，杀了数人，夺走所有的行装。御史余懋衡将逮捕强盗及杀伤情况上报朝廷，梁永大为窘迫，采用乐纲的主意，派人把奏疏藏在头发中火速上奏称："王九功等人分别进贡名马、金珠、晴绿等各种宝物，咸宁知县满朝荐却秉承余御史的旨意，在渭南伏兵拦路抢劫宝物，将石君章等人碎尸，诬蔑他们是强盗。"神宗生气地说："御史中毒，安然无恙，满朝荐却替他报复，并且抢劫贡物。"便敕令逮捕满朝荐，命令巡抚、巡按护送梁永等人回京。这是万历三十四年的事情。

万历三十四年，杨荣被云南百姓杀死。

起初，杨荣虚奏阿瓦、猛密各番部愿意归附朝廷，说当地有宝井，每年可以增加几十万两白银，希望神宗颁赐诏旨，命他主管其事，神宗允诺。后来，杨荣进献的贡品还不到十分之一，便诬陷知府熊铎侵吞私藏，使他被送交司法部门。杨荣又请神宗下诏命令丽江土知府木增进献土地，听任开矿。巡按御史宋兴祖进言："太祖让木氏世代守护这片土地，以石门为界，堵塞西域的通道，防守铁桥，切断吐蕃的来路。怎能自撤屏障，使边远之人心生不满！"神宗不作答复。由此，杨荣愈发恃宠骄横，以不实之辞弹劾寻甸知府蔡如川、赵州知州甘学书，使二人被押入诏狱。事后，杨荣又以不实之辞弹劾云南知府周铎，使他受司法部门的提审。百姓对杨荣恨入骨髓，聚在一起，烧了税厂，杀死负责财务的官员张安民。杨荣不肯改悔，肆意施加淫威暴虐，用杖刑打死数千人。

杨荣

到这时，杨荣对指挥使樊高明迟到大为恼火，便加以鞭笞，打断了筋，上枷示众。杨荣又因索求马匹，没有得到，就将指挥使贺瑞凤抓起来，还说将把六卫官员全部逮捕。因此，指挥贺世勋、韩光大等人带领上万的冤民烧了杨荣的住宅，把他杀了，投到火中，同时杀死他的党羽二百多人。

事情上报朝廷后，神宗为此好几天没吃饭，打算逮捕追究当地的守官和土官。大学士沈鲤公然争论,同时暗中委托太监陈矩剖示情由。神宗这才不杀贺世勋等人,采用巡抚陈用宾的建议,让四川税使丘乘云兼理云南矿税事务。

当此时,神宗派的宦官,无不肆虐逞凶。

湖口税监李道弹劾九江府经历樊圃充以至降职,又弹劾南康知府吴宝秀、星子知县吴一元以至被逮,弹劾临江知府顾起淹以至降职。

山西税监孙朝弹劾夏县知县韩薰以至降职,给事中程绍因营救韩薰而被削职一级,给事中李应策等人再次营救韩薰,程绍、韩薰随即削职,巡抚魏允贞也因阻挠其事被免去官职。

广东税监李凤弹劾乡官通判吴应鸿等人以至被捕。李凤与珠池监李敬互相仇视,巡按李时华仗着李敬的应援弹劾李凤。给事中宋一韩说李凤侵吞白银五千余万两,其他珍宝与此相当。吏部尚书李戴等人说李凤酿成祸乱,致使潮阳喧闹生事,粤中百姓争着要杀死他,神宗不加追究。然而,李敬的恶行也不比李凤少。他监督采珠七八年间,每年得到近一万两的珠子。后来珠池盗贼兴起,李敬才请求停止采珠。

山西矿监张忠弹劾夏县知县袁应春以至降职,又弹劾西城兵马戴文龙以至被捕。

江西矿监潘相激起浮梁景德镇的民变,烧了厂房。饶州通判陈奇可开导变民,使之散去,潘相反而弹劾陈奇可以至被捕。潘相发文命令上饶县勘察矿洞,知县李鸿警告本县人,谁敢卖给潘相食物,就处死谁。潘相终日又饥又渴,疲惫而归,便毒害李鸿,使他罢官。

横岭矿监王虎因广昌发生民变,弹劾易州知州孙大祚以至降职。

苏杭织造局太监兼管税务的孙隆激起民变,烧掉所有由孙隆发放的税官委任书以及这些税官的住宅,孙隆慌忙逃到杭州,才得以不死。

福建税监高采推荐布政使陈性学,朝廷立即将陈性学提升为巡抚。高采在福建住了十年,到处肆意毒害百姓。万历四十二年四月,万众喧腾,要杀高采。高采率领二百多名甲士进入巡抚袁一骥的官署,抽刀劫持袁一骥,让他劝民众退去。他又挟制副使李思诚、佥事吕纯如等人到私宅订立盟约,才放了袁一骥。高采还把同知陈豸拘留在衙门里过了很长时间。事情上报朝廷后,神宗召回高采,命放出陈豸,但袁一骥因此罢官。

其他如山东张晔、河南鲁坤、四川丘乘云之辈,都是民众的祸害。及至神宗驾崩时,才颁布遗诏,命令停用矿监税使,把众多的中使撤回京城。

陈矩传

【题解】

陈矩,安肃人。神宗时先后任司礼监秉笔太监和掌印太监。为人公正宽容,能识大体。在"妖书"案中,只归罪嶽生光一人,拒绝请托,不事株连。税监杨荣被杀,神宗欲逮捕当地官员,因其言而不行,余亦多所平反。

【原文】

陈矩,安肃人。万历中为司礼监秉笔太监,二十六年提督东厂。

为人平恕,识大体。尝奉诏收书籍,中有侍郎吕坤所著《闺范图说》,帝以赐郑贵妃,妃自为序,锓诸木。时国本未定,或作《闺范图说》跋,名曰《忧危竑议》,大指言贵妃欲夺储位,坤阴助之,并及张养蒙、魏允贞等九人,语极荒诞。逾三年,皇太子立。

至三十一年十一月甲子昧爽,自朝房至勋戚大臣门,各有匿名书一帙,名曰《续忧危竑议》,言贵妃与大学士朱赓,戎政尚书王世扬、三边总督李汶、保定巡抚孙玮、少卿张养志、锦衣都督王之桢、千户王名世、王承恩等相结,谋易太子,其言益荒诞不经。矩获之以闻,大学士赓奏亦入。帝大怒,敕矩及锦衣卫大索,必得造妖书者。时大狱猝发,缉校交错都下,以风影系,所株连甚众。之桢欲陷锦衣指挥周嘉庆,首辅沈一贯欲陷次辅沈鲤、侍郎郭正域,俱使人属矩,矩正色拒之。

已而百户蒋臣捕嶽生光至。生光者,京师无赖人也,尝伪作富商包继志诗,有"郑主乘黄屋"之句,以胁国泰及继志金,故人疑而捕之。酷讯不承,妻妾子弟皆掠治无完肤。矩心念生光即冤,然前罪已当死,且狱无主名,上必怒甚,恐辗转攀累无已。礼部侍郎李廷机亦以生光前诗与妖书词合。乃具狱,生光坐凌迟死。鲤、正域、嘉庆及株连者,皆赖矩得全。

三十三年,掌司礼监,督厂如故。帝欲杖建言参政姜士昌,以矩谏而止。云南民杀税监杨荣,帝欲尽捕乱者,亦以矩言获免。明年奉诏虑囚,御史曹学程以阻封日本酋关白事,系狱且十年,法司请于矩,求出,矩谢不敢。已而密白之,竟得释,余亦多所平反。又明年卒,赐祠额曰清忠。

自冯保、张诚、张鲤相继获罪,其党有所惩,不敢大肆。帝亦恶其党盛,有缺多不补。迨晚年,用事者寥寥,东厂狱中至生青草。帝常膳旧以司礼轮供,后司礼无人,乾清宫管事牌子常云独办,以故侦卒稀简,中外相安。惟四方采榷者,帝实纵之,故贪残肆虐,民心愤怒,寻致祸乱云。

【译文】

陈矩,安肃人。万历年间担任司礼秉笔太监,万历二十六年提督东厂。

陈矩为人公正宽容，能识大体。有一次，陈矩接受诏命，收集书籍，其中有侍郎吕坤撰述的《闺范图说》，神宗将此稿赐给郑贵妃，郑贵妃自己写了序言，刊刻成书。当时，太子尚未确立，有人为《闺范图说》写了跋语，题为《忧危竑议》，大意说郑贵妃打算为自己的儿子夺取太子的地位，吕坤暗中帮助她，还涉及张养蒙、魏允贞等九人，说得极为荒诞。过了三年，皇太子得立。

到万历三十一年十一月甲子日拂晓，由朝房以至有功的皇戚和大臣的门前，分别放了无人署名的一函书，书名题为《续忧危竑议》，说郑贵妃与大学士朱赓、戎政尚书王世扬、三边总督李汶、保定巡抚孙玮、少卿张养志、锦衣都督王之桢、千户王名世、王承恩等人互相勾结，阴谋改立太子，说的话越发荒诞不经。陈矩得到此书，报告了神宗，大学士朱赓的奏折也进呈到宫里。神宗大怒，命陈矩以及锦衣卫大加搜索，一定要捉到制造妖书的人。当时，这一大案猝然出现，缉查人员在京城交相奔走，捕风捉影地抓人，株连的人为数甚多。王之桢想陷害锦衣指挥周嘉庆，首辅沈一贯想陷害次辅沈鲤和侍郎郭正域，都让人去托陈矩，陈矩态度严肃地加以拒绝。

不久，百户蒋臣将皦生光捉到。皦生光是京城的无赖之人，曾经冒富商包继志之名作诗，诗中有"郑主乘黄屋"的句子，以此勒索郑国泰和包继志的钱财，所以人们怀疑他，加以逮捕。经酷刑审讯，皦生光仍不承认，其妻姜子弟都被打得体无完肤。陈矩心想，即使皦生光冤枉，但仅前述罪行已应该处死，况且谳案中没有主犯的名字，皇上肯定非常生气，恐怕会辗转牵连，没有止境。礼部侍郎李廷机也认为皦生光以前的诗与妖书说的相合。于是决定定案，皦生光凌刑处死。沈鲤、郭正域、周嘉庆以及受株连的人，都幸亏陈矩才得以无事。

万历三十三年，陈矩仍然掌管司礼监，都督东厂。神宗打算杖责提出意见的参政姜士昌，因陈矩规劝，才算了事。云南百姓杀死税监杨荣，神宗打算逮捕所有闹事的人，也因陈矩进言没有实施。下一年，陈矩接受诏命审讯登记囚犯的罪状，御史曹学程因阻止日本酋长入朝奏事，在狱中押了将近十年，掌管刑狱的官员向陈矩请示，请求将他放了，陈矩予以谢绝，说是不敢做主。不久，他暗中向神宗说了，曹学程终于得以释放出狱，对其余诸事，也为许多人平反。第三年，陈矩去世，神宗为他的祠庙赐以写着清忠二字的匾额。

由冯保、张诚、张鲤相继受到惩处以来，他们的党羽在一定程度上吸取教训，不敢过分胡来。神宗也憎恶他们的党羽势力太盛，遇有缺员，多不补授。到神宗末年，当权的宦官寥寥无几，东厂的监狱以至长出青草。神宗日常进膳过去由司礼监轮流进奉，后来司礼监人手不够，由乾清宫管事牌子常云一人承办，因此宦官的密探稀少了，朝廷内外相安无事。只有各地采办贡物和征收专税的宦官，实际是神宗让他们干的，所以这些宦官贪婪残忍，肆行暴虐，致使百姓心怀愤怒怨恨，不久招来了祸乱。

王安传

【题解】

王安,雄县人。神宗时为皇长子伴读,尽心保护皇长子,使郑贵妃谋立己子落空。光宗时为司礼秉笔太监,劝施善政,拨发库银接济边防用度,并起用直臣。在"移官"案中,首发李选侍等人欲挟皇长子自重的阴谋,助朝臣迫使李选侍移居别宫。熹宗时被魏忠贤害死。

【原文】

王安,雄县人,初隶冯保名下。万历二十二年,陈矩荐于帝,命为皇长子伴读。时郑贵妃谋立己子,数使人摭皇长子过。安善调护,贵妃无所得。"挺击"事起,贵妃心惧。安为太子属草,下令旨,释群臣疑,以安贵妃,帝大悦。

光宗即位,擢司礼秉笔太监,遇之甚厚。安用其客中书舍人汪文言言,劝帝行善政,发帑金济边,起用直臣邹元标、王德完等,中外翕然称贤。大学士刘一燝、给事中杨涟、御史左光斗等皆重之。

初,西宫李选侍怙宠陵熹宗生母王才人,安内忿不平。及光宗崩,选侍与心腹阉李进忠等谋扶皇长子自重,安发其谋于涟。涟偕一燝等入临,安给选侍抱皇长子出,择吉即位,选侍移别宫去。事详一燝等传。熹宗心德安,言无不纳。

安为人刚直而疏,又善病,不能数见帝。魏忠贤始进,自结于安名下魏朝,朝日夕誉忠贤,安信之。及安怒朝与忠贤争客氏也,劝朝退,而忠贤、客氏日得志,忌安甚。

天启元年五月,帝命安掌司礼监,安以故事辞。安氏劝帝从其请,与忠贤谋杀之。忠贤犹豫未忍,客氏曰:"尔我孰若西李,而欲遗患耶?"忠贤意乃决。嗾给事中霍维华论安,降充南海子净军,而以刘朝为南海子提督,使杀安。刘朝者,李选侍私阉,故以移宫盗库下狱宥出者。既至,绝安食。安取篱落中芦菔啖之,三日犹不死,乃扑杀之。

安死三年,忠贤遂诬东林诸人与安交通,兴大狱,清流之祸烈矣。庄烈帝立,赐祠额曰昭忠。

【译文】

王安,雄县人,起初隶属在冯保名下。万历二十二年,陈矩把他推荐给神宗,神宗命他当了皇长子的伴读。当时,郑贵妃策划立自己的儿子为太子,多次让人挑剔皇太子的过错。王安尽心调解保护,郑贵妃没达到目的。张差手执木棍闯慈庆宫的"梃击"案发生后,郑贵妃心中恐惧。王安为太子起草并下达令旨,解去群臣的怀疑,使郑贵妃安心,神宗大悦。

光宗即位，提升王安为司礼秉笔太监，非常厚待他。王安采用门客中书舍人汪文言的建议，劝神宗实行各项善政，拨发库银接济边防用度，起用正直之臣邹元标、王德完等人，朝廷内外纷纷称许王安贤能，大学士刘一燝、给事中杨涟、御史左光斗等人都推重他。

起初，西宫的李选侍仗着受宠，欺侮熹宗的生母王才人，王安心中愤恨不满。及至光宗去世，李选侍与心腹宦官李进忠等人阴谋挟持皇长子以抬高身价，王安向杨涟揭发了他们的阴谋。杨涟与刘一燝等人进宫探问，王安哄骗李选侍抱出皇长子，选择吉日，让皇长子即位，将李选侍调到别的宫里去了。事情详见刘一燝等人的本传。熹宗心中感激王安，言无不听。

王安为人刚直，但不精明，身体又多病，不能经常见到熹宗。魏忠贤刚得进用时，自行交结王安名下的魏朝，魏朝日夜为魏忠贤延誉，王安信以为然。及至王安恼怒魏朝与魏忠贤争夺客氏，勒令魏朝退去，于是魏忠贤与客氏日渐得志，而二人对王安甚为嫉妒。

天启元年五月，熹宗命王安掌管司礼监，王安依照惯例表示辞让。客氏劝熹宗同意王安的请求，与魏忠贤谋划杀他。魏忠贤仍然犹豫，没下狠心，客氏说："你我比西宫的李选侍如何，还想留下后患吗！"魏忠贤这才下了决心，唆使给事中霍维华定了王安的罪，贬王安编入南海子由宦官组成的军队中，同时任命刘朝为南海子提督，指使他杀死王安。刘朝是李选侍的私属宦官，以往因迫使李选侍移出乾清宫的"移宫"案和盗窃内库物品被押入监狱，后来得到宽恕，才得以出狱。刘朝来到南海子后，不给王安进食。王安把生在篱笆间的萝卜拿来吃，三天还没有死，刘朝便将他杀死。

王安死后三年，魏忠贤便诬陷东林党人与王安勾结，造成大型讼案，朝中士大夫蒙受的祸患就非常严酷了。庄烈帝即位，为他的祠庙颁赐写着"昭忠"二字的匾额。

王体乾、李永贞传

【题解】

王体乾，昌平人，熹宗时为司礼秉笔太监。与魏忠贤害死王安。虽位居魏忠贤之上，却甘处其下。有意漏读杨涟弹劾魏忠贤疏中的切要之语，使杨涟得谴。害死大臣万𤏒。还冒荫锦衣官数人。庄烈帝时革职抄家。

李永贞，通州人。神宗因罪被押十八年，熹宗时夤缘依附魏忠贤，升为司礼系笔太监。奏章进呈后，先标识要点，再由魏忠贤议行。对付东林党人不遗余力。在三殿、信王邸工程中多所侵设。庄烈帝时因伪造李实弹劾高攀龙等七人的奏草，被处以死刑。

涂文辅熹宗时为客氏子授书，因阿附魏忠贤得由司礼秉笔历掌御马监、总督太仓、节慎二库。夺宁安大长公主宅第为官署，名为"户工总部"，势焰在众宦官之上。庄烈帝时贬至南京。

刘若愚，熹宗初年入内直房，主持公文书信。魏忠贤垮台后，先充孝陵净后，继坐大辟,久而得释,乃作《酌中志》一书以明冤屈。

【原文】

王体乾、李永贞、涂文辅,皆忠贤党。

体乾,昌平人,柔佞深险。熹宗初为尚膳太监,迁司礼秉笔。

王安之辞司礼掌印也,体乾急谋于客、魏夺之,而置安于死。用是一意附忠贤,为之尽力。故事,司礼掌印者,位东厂上。体乾避忠贤,独处其下,故忠贤一无所忌。杨涟劾忠贤疏上,帝命体乾诵之,置疏中切要语不读,涟遂得谴。万燝之死,出体乾意。

忠贤不识字,体乾与永贞等为之谋立。遇票红文书及票,动请御笔,体乾独奏,忠贤默然也。及忠贤冒陵工、殿工、边功等赏,体乾、永贞辈亦各荫锦衣官数人。尝疑选人钱受益、黄愿素为钱谦益、黄遵素兄弟,欲并禁锢,是阿媚忠贤如此。

及庄烈帝定逆案,革体乾职,籍其家。

永贞,通州人。万历中为内侍,犯法被系有十八年。光宗立,得释。

忠贤用事,引其党诸栋、史宾等为秉笔。永贞入栋幕,与忠贤掌班刘荣为死友。栋死,宾缘得通于忠贤,由文书房升秉笔太监,匝月五迁,与体乾、文辅及石元雅共为忠贤心腹。凡章奏入,永贞等先钤训款要,白忠贤议行。崔呈秀听献诸录,永贞等各置小册袖中。遇有处分,则争出册告曰:“此某录中人也。”故元得免者。永贞性贪,督三殿工,治信王邸,所侵没无算。

庄烈帝即立,永贞阳引退,行五十万金于体乾及司礼王永祚、王本政求援。三人恶其反覆,首于帝。永贞惧,遂亡去。既而被获,谪凤阳。等以伪草李实奏,逮至,伏诛。

文辅,初为客氏子侯国兴授读,谄附忠贤,由司礼秉笔历掌御马监,总督太仓、节慎二库。夺宁安大长公主第为廨,署曰“工户总部”。驺从常数百人,部郎以下皆庭参,势焰出诸阉上。庄烈帝立,复附徐应元,谪南京。

时有刘若愚者,故隶陈矩名下。善书,好学有文。天启初,李永贞取入内直房,主笔札。永贞多密谋,若愚心识之,不敢与外廷通。

忠贤退,若愚为杨维垣所劾,充孝陵净军。已,御史刘重庆以李实诬高攀龙等七人事劾实,实疏辨言系空印纸,乃忠贤逼取之,令永贞填书者。帝验书,墨在朱上,遂诛永贞,坐若愚大辟。久之,得释。

若愚当忠贤时,禄赐未尝一及。既幽囚,痛己之冤,而恨体乾、文辅辈之得漏网也,作《酌中志》以自明。凡四卷,见者怜之。

【译文】

王仁乾、李永贞、涂文辅都是魏忠贤的党羽。

王体乾,昌平人,阴柔奸邪,居心险恶。熹宗初年,王体乾为尚膳太监,升任司礼监兼笔太监。

王安推辞司礼监掌印太监职务时,王体乾急忙与客氏和魏忠贤计议,夺去其职,将王安置于死地。从此,王体乾一心依附魏忠贤,为他尽量出力。根据惯例,担任司礼监掌印太监的,职位在东厂主事太监之上。唯独王体乾回避魏忠贤,居于其下;所以魏忠贤毫无忌惮。杨涟弹劾魏忠贤的奏疏进呈后,熹宗命王体乾朗读,王体乾略过奏疏里切要的话不读,于是杨涟受到谴责。万燝被杖打而死,也是王体乾的主意。

魏忠贤不识字,王体乾与李永贞等人当他的主谋人,每当有文书司礼监承旨票拟批红或改写票拟时,动不动就请熹宗亲笔批示,由王体乾独自上奏,魏忠贤则保持沉默。及至魏忠贤冒贪修筑孝陵、建成三殿和甘镇奏捷的奖赏时,王体乾和李永贞一流也分别荫数人为锦衣官。他们还曾怀疑修补选的官员钱受益和黄愿素是钱谦益和黄尊素的兄弟,打算一律予以禁锢,他们就是这样巴结讨好魏忠贤。

及至庄烈帝定逆案时,王体乾被革职,家产被没收充公。

李永贞,通州人。万历年间是内侍宦官,因犯法被押十八年,光宗即位后被释放出来。当时,魏忠贤当权用事,引用党羽诸栋、史宾等人担任秉笔太监。李永贞投在诸栋幕下,与魏忠贤的掌班刘荣成了堪托生死的朋友。诸栋死后,李永贞通过钻营得以与魏忠贤交往,由文房升任秉笔太监,一月之内五次升官,与王体乾、涂文辅以及石元雅一起成为魏忠贤的心腹。奏章一经过进呈,李永贞等人先按条目写好要点,加盖印章,再禀报魏忠贤计议施行。崔呈秀进呈的诸党人名录,李永贞等人誊成小册子,放在袖子里,遇到需要处置的人事,就争着拿出小册来禀告说:"这是某人名录中的人。"所以没有幸免的人。李永贞生性贪婪,监督三殿工程,修整信王的府邸,侵吞的财物不可胜计。

庄烈帝即位,李永贞佯装引退,用十五万金向王体乾以及司礼监王永祚、王本政行贿,谋求授救。这三人憎恶李永贞反复无常,向庄烈帝坦白。李永贞为之恐惧,于是逃之夭夭。后来,李永贞被捉获,贬黜到凤阳。不久,由于伪造李实的奏稿,被逮捕至京城,伏法而死。

涂文辅,起初教客氏的儿子侯国兴读书,因巴结阿附魏忠贤,由司礼秉笔相继掌管御马监、总督太仓、节慎二库。他霸占宁安太长公主的宅第充当官署,题为"户工总部"。簇拥在车前车后的侍从通常有数百人,六部郎官以下的人均须公堂谒见参拜,其权势与气焰在众宦官之上。庄烈帝即位,涂文辅依附徐应元,被贬黜到南京。

当时有个叫刘若愚的人,以往隶属在陈矩的名下,擅长书法,喜欢读书,能写文章。天启安年,李永贞调刘若愚到内直房,主管公文书信。李永贞有许多密谋,刘若愚记在心中,不敢与朝官交往。

魏忠贤垮台后,刘若愚遭到杨维垣的弹劾,被发配到孝陵赂宦官组成的军队军里。事后,御史刘重庆就李实诬陷高攀等七人的事情来弹劾李实。李实上疏分辩说:"他的奏疏是盖印的白纸,是魏忠贤强行拿走的,让李永贞填写的。庄烈帝检验奏疏,墨字写在朱印上面,于是杀了李永贞,判刘若愚列刑。过了许久,刘若愚才获释放。

在魏忠贤当权时,刘若愚从没得到过一次官禄的赏赐。遭到囚禁后,他为自己的冤屈而痛心,深恨王体乾、涂文辅一流人得以漏网,写成《酌中志》一书,来表明自己的心迹。丛书共四卷,读过的人都同情他。

崔文升传

【题解】

崔文升,初为郑贵妃宫中的内侍宦官,光宗时升任司礼监秉笔太监,掌管御药房。光宗之死,有些朝臣认为是崔文升误用药物所致,被贬至南京。魏忠贤当权时,总督漕运兼管河道。庄烈帝时召回,再遭弹劾,即邀结同党在宫门前伏地号哭,结果充孝陵净军。事实上,崔文升是否有意毒害光宗,谁也说不清,魏忠贤则借此清除异己,有关争论迄明亡而止,这就是明末著名的三大案之一——红丸案。

【原文】

崔文升者,郑贵妃宫中内侍也。光宗立,升司礼秉笔,掌御药房。

时贵妃进帝美女四人,帝幸焉,既而有疾。文升用大黄药,益剧,不视朝。外廷汹汹,皆言文升受贵妃指,有异谋。给事中杨涟言:“陛下哀毁之余,万几劳瘁。文升误用伐药,又拘造流言,谓侍御蛊惑,损陛下令名。陛下奈何置贼臣于肘腋间哉!”然拘造之说,涟疑文升误用药,故为此以图御罪。其实出于文升果否,未知也。

未几,光宗服鸿胪丞李可灼红丸,遂崩。言者交攻可灼及阁臣方从哲,惟御史郑宗周等直指文升。给事中魏大中言文升之恶不下张差,御史吴牲亦谓其罪浮可灼。下廷议,可灼论戍,文升谪南京。

及忠贤用事,召文升总督漕运兼管河道。庄烈帝即位,召回。御史吴焕复劾之。疏甫上,文升即结同党伏宫门号哭,声彻御座。帝大怒,并其党皆杖一百,充孝陵净军。

【译文】

崔文升是郑贵妃宫中的内侍宦官,光宗即位后升任司礼监系笔太监,掌管御药房。当时,郑贵妃向光宗进献了四个美人,光宗与之厮混,后来就得了病。崔文升给光宗的药中用了大黄,光宗的病情愈发加剧,不能上朝了。朝臣议论不止,人声鼎沸,都说崔文升受郑贵妃的指使,有不轨的图谋。给事中杨涟说:“陛下为神宗居丧过于哀伤之外,又因日理万机而忧劳憔悴。崔文升误用危害身体的药物,又编造流言,说是由于随侍女的蛊惑造成的,损害陛下的美名。陛下怎么会把贼臣安置在自己的身边!”然而,罗织陷害者的说法认为杨涟怀疑崔文升误有药物,是故意这样说,为的是为他推卸罪责。其实,崔文升图谋毒害光宗确实与否,谁也不知道。

没过多久,光宗服用鸿胪丞李可灼的红丸药物,于是驾崩,进言者交相攻击李可灼及阁臣方从哲,只有御史郑宗周等人仍把矛头直指崔文升。给中事魏大中说崔文升的劣迹不在张差以下,御史吴牲也说他的罪责在李可灼之上。这些说交由百官当朝议论,结果到魏忠贤当权时,召用崔文升总督漕运,兼管河道。庄烈帝即位后,又将崔文升召回。御史吴焕再次弹劾崔文升。奏疏才经进呈,崔文升就邀结同党,在宫门前跪伏号哭,哭声直传到庄烈帝的就座处。庄烈帝大怒,将崔文升连同其党羽一律杖责一百,发配到孝陵由宦官组成的军队中。

张彝宪传

【题解】

张彝宪,崇祯时司礼太监。四年九月得建"户工总理"官署,稽察户、工两部收支,命郎中以下官员谒见,有意扣压边境军器,凡论谏者均贬戍。九年,守备南京,旋即死去。

【原文】

张彝宪,庄烈帝朝司礼太监也。

帝初即位,鉴魏忠贤祸败,尽撤诸方镇守中官,委任大臣。既而廷臣竞门户,兵败饷绌,不能赞一策,乃思复用近侍。

崇祯四年九月,遣王应朝等监视关、宁,又遣王坤宣府,刘文忠大同,刘允中山西,监视军马。而以彝宪有心计,令钩校户、工二部出入,如涂文辅故事,为之建署,名曰"户工总理",其权视外总督、内团营提督焉。

给事中宋可久、冯元飚等十余人论谏,不纳。吏部尚书闵洪学率朝臣具公疏争,帝曰:"苟群臣殚心为国,朕何事乎内臣!"众莫敢对。南京侍郎吕维祺疏责辅臣不能匡救,礼部侍郎李孙宸亦以召对力谏,俱不听。彝宪遂按行两部,踞尚书上,命郎中以下谒见。工部侍郎高弘图不为下,抗疏乞归,削籍去。彝宪益骄纵,故勒边镇军器不发。管盔甲主事孙肇兴恐稽滞军事,因劾其误国。帝命回奏,罪至遣戍。主事金铉、周镳皆以谏斥去。工部尚书周士朴以不赴彝宪期,被诘问,罢去。

是时,中珰势复大振。王坤至宣府,甫逾月,即劾巡按御史胡良机。帝落良机职,命坤按治。给事中魏呈润争之,亦谪外。坤性狂躁敢言,朝中大吏有欲倚之相倾挤者。于是坤抗疏劾修撰陈于泰,谓其盗窃科名,语侵周延儒。给事中傅朝佑言坤妄干弹劾之权,且其文辞练达,机锋挑激,必有阴邪险人主之,其意指温体仁,帝置不问。左副都御史王志道言:"近者内臣举动,几于手握皇纲,而辅臣终不敢一问。至于身被弹劾,犹忍辱不言,何以副明主之知?"皆备责延儒,欲以动帝。帝怒,削其籍。时帝方一意用内臣,故言者多得罪。

至八年八月始下诏曰:"往以廷臣不职,故委寄内侍。今兵制粗立,军饷稍清,尽撤监视、总理。"又明年,命彝宪守备南京,寻死。然帝卒用高起潜辈典兵监镇,驯至开关延贼,遂底灭亡。

【译文】

张彝宪,是庄烈帝朝的司礼太监。

庄烈帝刚即位时,吸取魏忠贤造成祸乱与损害的教训,把在各地担任镇守的宦官一律撤回,凡事委任大臣。后来,朝廷官员发生门户之争,战事屡败,军饷不足,却不能帮助想出一个对策来,于是庄烈帝想再度任用近侍宦官。

崇祯四年九月,庄烈帝派王应朝等人监视关、宁,又派王坤到宣府,刘文忠到大同,刘允中到山西,去监视军马。庄烈帝认为张彝宪善于谋划,让他稽查户、工两部的收支,依涂文辅的成例办事,为他建立官署,称作"户工总理",他的权力与地方上的总督和京城内的团营提督相当。

对此,给事中宋可久、冯元飚等十余人陈论谏阻,庄烈帝不肯采纳。吏部尚书闵洪学率领朝臣进呈连名上疏谏争,庄烈帝说:"如果群臣尽心为国,朕何必任用宦官!"大家不敢回答。南京侍郎吕维祺上疏责备内辅大臣不能匡救时政,礼部侍郎李孙宸再也接受召见,回答问题时极力劝谏,庄烈帝一概不听。于是,张彝宪巡行户、工两部,位居尚书之上,命郎中以下官员对自己实行谒见。工部侍郎高弘图不肯居张彝宪之下,直言上疏,请求辞官归居,结果削除名籍,去职离京。张彝宪越发骄横放纵,有意扣压边防城镇的军用器械,不肯送发。管盔甲主事孙肇兴害怕拖延军务,因此弹劾张彝宪误国。庄烈帝命令驳回奏疏,遣送他去戍边。主事金铉、周镳都因进谏而被贬离京。工部尚书周士朴因没有出席张彝宪约定的会见,遭到责问,被罢免官职。

这时,太监再度势力大振。王坤来到宣府才过了一个月,就弹劾巡按御史胡良机,庄烈帝将胡良机贬职,命王坤审讯惩处。给事中魏呈润为胡良机辩护,也被贬到外地。王坤性情狂妄浮躁,敢于进言,朝廷大臣有人打算依靠他互相倾轧排挤。于是,王坤上疏弹劾修撰陈于泰,说他盗用科举名目,言辞中牵连到周延儒。给事中傅朝佑说王坤妄用弹劾的职权,而且他使用的文辞老于世故,内含机锋,搬弄是非,一定有邪恶阴险的人当后台,意思是指温体仁,庄烈帝搁置不问。左副都御史王志道进言说:"近来宦官的举动,几乎手握朝纲,内辅大臣却始终不能稍加过问,以至自身遭到攻击,还忍受屈辱,不敢说出,怎以对得起明主的知遇!"大家都对周延儒责难备至,打算使庄烈帝动心。庄烈帝发怒,将王志道削除名籍。这时,庄烈帝一意任用宦官,所以进言的官员大多受到惩治。

到崇祯八年八月时,庄烈帝才下诏说:"以往因朝廷官员不能尽职,所以朕委任依靠内侍宦官。现在军制粗略建立起来,军饷逐渐有了眉目,应将监视、总理等职务全部撤销。"第二年,庄烈帝又命张彝宪担任南京守备,张彝宪旋即死去。然而,庄烈帝始终任用高起潜等宦官掌管军事,监视各地防务,逐渐导致开关迎贼,遂至灭亡。

高起潜传

【题解】

高起潜,崇祯朝内侍宦官。先后监军征讨孔有德,监视宁、锦诸军。守紫荆、倒马诸关时任总督,未尝一战,仅割死人首冒功。清军南下,拥兵不救,致使卢象升孤军战死。李自成攻打京城时,在赴任宁、前监军途中逃走。南明福王时任京营提督,后降清。

【原文】

高起潜,在内侍中以知兵称,帝委任之。五年,命偕其侪吕直,督诸将征孔有德于登州,明年凯旋。时流贼大炽,命太监陈大金、阎思印、谢文举、孙茂霖等为内中军,分入大帅曹文诏、左良玉、张应昌诸营,名曰监军,在边镇者,悉名监视,而起潜得监视宁、锦诸军。已而,诸监多侵克军资,临敌辄拥精兵先遁,诸将亦耻为之下,缘是皆无功。八年,尽撤诸镇内臣,惟起潜监视如故。

九年七月,复遣太监李国辅、许进忠等分守紫荆、倒马诸关,孙惟武、刘元斌防马水河。时兵部尚书张凤翼出督援军,宣大总督梁廷栋亦引兵南。特命起潜为总监,给金三万、赏功牌千,以司礼大珰张云汉、韩赞周副之。然起潜实未尝决一战,惟割死人首冒功而已。明年,起潜行部视师,令监司以下悉用军礼。永平道刘景耀、关内道杨于国疏争,被黜。既而与兵部尚书杨嗣昌比,致宣大总督卢象升孤军战死,又匿不言状,人多疾之。

十七年,李自成将犯阙,帝复命直潜监宁、前诸军,而以杜勋镇宣府,勋至镇即降贼。事闻,廷臣请急撤城守太监,忽传旨云:"杜勋骂贼殉难,予琫祠。"盖为内宦蒙蔽也。未几,勋从贼至。自成设黄幄,坐广宁门外,秦、晋二王左右席地坐,勋侍其下,呼城上请入见。守城诸珰缒上之,同入大内,盛称贼势,劝帝自为计。左右请留之,勋曰:"不返,则二王危。"及纵之出,复缒下。语守城诸珰曰:"吾曹富贵固在也。"俄而城陷,诸珰皆降。及贼败将遁,乃下令尽逐内竖,无贵贱老弱皆号哭,徒跣跛面流血。走出京城门,贼遂捆载其金帛珠宝西去。

初,内臣奉命守城,已有异志。令士卒皆持白杨杖,朱其外,贯铁环于端,使有声,格击则折。至是,贼即以其杖驱焉。广宁门之启,或曰太监曹化淳献之,或曰化淳实过东直门,而化淳入国朝,上疏奏辩甚力,时仓卒莫能明也。

起潜赴宁、前,中道弃关走。福王召为京营提督,后亦降于我大清。

【译文】

高起潜在宦官中以懂得用兵知名,庄烈帝便委任他处理军务。崇祯五年,庄烈帝命高起潜与宦官吕直督促各位将领到登州征讨孔有德,第二年凯旋。当时,流贼大盛,庄烈帝命太监陈大金、闫思印、谢文举、孙茂霖等人担任内中军,分别进驻大帅曹文诏、左良玉、张应昌各营,称作"监军",在边防各镇的,一律称作"监视"。而高起潜得以监视宁、锦各军。不久,各监军、监视大多侵吞克扣军费,遇到敌人就带领精兵率先逃跑,各位将领也耻于位居其下,因此都毫无建树。崇祯八年,庄烈帝一律撤回各镇宦官,只有高起潜仍然监视军务。

崇祯九年七月,庄烈帝又派太监李国辅、许进忠等人分别防守紫荆、倒马等关口,孙惟武、刘元斌防守马水河。当时,兵部尚书张凤翼离京监督援军,宣大总督梁廷栋亦领兵南进。庄烈帝特意命高起潜担任总监,拨给三万两白银,一千块赏功牌,任命司礼大宦官张云汉、韩赞周充任副职。然而,高起潜实际从没进行过一次决战,只是割下死人的头来冒功而已。明年,高起潜巡行所属各部,视察各军情况,庄烈帝让监司以下官员都采用军礼。永平道刘景耀、关内道杨于国上疏争辩,都被贬官。后来,高起潜与兵部尚书杨嗣昌勾结,导致宣大总督卢象升孤军战死,又隐瞒情况不报,许多人都痛恨他。

崇祯十七年,李自成进犯京城时,庄烈帝再度命高起潜充任宁、前各军的监军,同时委任杜勋镇守宣府。杜勋到宣府就投降敌军,事情上报朝廷后,朝廷官员请求赶紧撤回守城的太监,忽然传出圣旨说:"杜勋骂贼殉难,予以荫官建祠。"大概受了宦官的蒙蔽。不久,杜勋随敌军前来。李自成张设黄色的帷帐,坐在广宁门外,秦、晋二王在两侧席地而坐,杜勋在下首侍奉,向城上喊话,请求进城去见庄烈帝。守城的宦官用绳索把他吊上城来,与他一起进入大内。杜勋极力称道贼军势大,劝庄烈帝为自己做好打算。身边的人请求留下杜勋,杜勋说:"我不回去,秦、晋二王就危险了。"便把他放出来,再用绳索把他缒到地下。杜勋对守城的宦官们说:"我们的富贵当然还在。"一会儿,城被攻破,宦官都去投降。及至贼军战败,即将逃走,便下令驱逐所有的宦官。宦官不论贵贱老弱,都号啕哭泣,赤足步行,毁面流血,逃出京城大门。于是贼军捆好他们的金帛珠宝,用车拉着,向西去了。

起初,宦官奉命守城,已有二心。他们让士兵一律手持白杨木棒,外面涂成红色的,在木棒的一端穿上铁环,使之发出声响,一经格斗,就会折断。到这时,贼军就用这些木棒来驱赶宦官。广宁门的开启,有人说是由太监曹化淳献城开门的,有人说曹化淳实际在守东直门,而曹化淳进入清朝后,上疏极力申辩,当时仓猝间难以查明。

高起潜赶往宁、前,中途弃关逃走。福王召他担任京营提督,后来他也投降我清朝。

王承恩、方正化传

【题解】

本篇记载为明朝殉难的宦官事迹。王承恩在庄烈帝自杀的寿皇亭下自杀而死,方正化在出守之城陷后击杀数十人,承认自己就是总监,结果被杀。南明旌忠祠以王承恩为

【原文】

王承恩,太监曹化淳名下也,累官司礼秉笔太监。

崇祯十七年三月,李自成犯阙,帝命承恩提督京营。是时,事势已去,城陴守卒寥寥,贼架飞梯攻西直、平则、德胜三门。承恩见贼坎墙,急发炮击之,连毙数人,而诸珰泄泄自如。

帝召承恩,命亟整内官,备亲征。夜分,内城陷。天将曙,帝崩于寿皇亭,承恩自缢其下。

福王时,谥忠愍。本朝赐地六十亩,建祠立碑,旌其忠,附葬故主陵侧。

方正化,山东人。崇祯时,为司礼太监。十五年冬,畿辅被兵,命总督保定军务,有全城功,已而撤还。

十七年二月,复命出镇,正化顿首辞,帝不许。又顿首曰:"奴此行万无能为,不过一死报主恩尔。"帝亦垂涕遣之。

既至,与同知邵宗元等登陴共守。有诸事者,但曰:"我方寸已乱,诸公好为之。"及城陷,击杀数十人。贼问:"若为谁?"厉声曰:"我总监方公也!"贼攒刀斫杀之,其从奄皆死。

当内臣殉难者,更有司礼掌印太监高时明、司礼秉笔太监李凤翔、提督诸监局太监褚宪章、张国元四人。督东厂太监王之心家最富,即降,勒其赀,拷死。南渡时,建旌忠祠,祀诸死难者,以王承恩为正祀,内臣正化等附祀,而之心亦滥与焉。

【译文】

王承恩,隶属于太监曹化淳的名下,历官至司礼监秉笔太监。

崇祯十七年三月,李自成进攻京城,庄烈帝命王承恩提督京营。这时,大势已去,城头女墙后守城的士兵寥寥无几,李自成军架起云梯,进攻西、平则、德胜三门。王承恩见李自成军在挖城墙,急忙放炮轰击,一连打死数人,而诸宦官仍然显出一副闲散自如的样子。

庄烈帝召见王承恩,让他赶紧整顿宦官,以备亲征。半夜进分,内城被攻破了。天快亮时,庄烈帝在寿皇亭驾崩,王承恩就在亭下上吊而死。

南明福王时,王承恩追赠谥号为忠愍。本朝赐地六十亩,盖了祠堂,立了石碑,以表彰王承恩的忠心,将他附葬在故君陵墓的旁边。

方化正,山东人。崇祯年间,担任司礼太监。

崇祯十五年冬天,战事发展到京城附近地区,庄烈帝命方正化总监保定军务,方正化因保住保定城而立了功,不久,方正化撤回京城。

崇祯十七年二月,庄烈帝又命方正化出镇地方,方正化太地叩头,表示推辞,庄烈帝不肯应允。方正化又伏地叩头说:"奴才此行绝对无能为力,不过害得一死,报答主上的恩典。"庄烈帝也就流着眼泪打发他前去。

来到守地后，方正化与保定同知邵宗元等人登上城头，共城守城。有人来请示事情，方正化只是说："我的心已经乱啦，诸位好自为之。"城被攻破后，方正化击杀数十人。李自成问："你是谁？"方正化厉声说："我是总监方公！"李自成军抽刀齐下，将他砍死，随从宦官也都死去。

当时，殉难的宦官还有故司礼掌印太监高时明、司礼秉笔太监李凤翔、提督诸监局太监褚宪章、李国元四个人。提督东厂的太监王之心家中最富，投降李自成军后，李自成军强制他交出财产，他被拷打而死。明朝南渡时，修建旌忠祠，祭祀诸死难者，以王承恩为正祀，宦官方正化等人为附祀，而王之心也混在其中。

韩福传

【题解】

韩福在历史上的酷吏中比较特殊。他出仕之初，本来不是什么坏人，在宣化、大同一带，还曾"数条奏军民利病"，后来当大名知府，也颇有政绩，所以经朝臣们的引荐，得到任用。但是后来因为得到宦官刘瑾的赏识，他竟一变而成为一心服侍刘瑾的人。他变得十分贪酷，以致要把已经免了的租赋重新催征。朝中的大臣明知他是刘瑾的死党，当然屈从。这时刘瑾忽然出来装好人，把他召回。但是，朝廷对他并未给予什么处分。这是因为刘瑾在这时，已受了他几十万两银子的贿赂，装着不同意他的行为，实际还在包庇他。从这件事，很可以了解封建社会官场中的一些内情。

【原文】

韩福者，西安前卫人也。成化十七年进士。为御史，按宣府、大同，数争奏军民利病，边人悦之。弘治中，迁大名知府，奸盗屏迹，道不拾遗，政绩为畿辅冠。以卓异举，迁浙江左参政，病免。

武宗立，言官交荐，召为大理右少卿。正德二年以右佥都御史督苏、松粮储。未几，召入为右副都御史。坐累，下诏狱。狱上，刘瑾以同乡故，立命出之。召与语，大悦，即用为户部左侍郎。福故强干吏，所在著能声。至是受挫，为瑾所拔擢，遂精心事瑾，为效力。瑾亦时召与谋，委寄亚于彩。会湖广以缺饷告，命兼佥都御史往理之。瑾喜操切，福希指，益务为严苛。湖广民租自弘治改元后，逋六百余万石，皆遇灾蠲免。福欲追征之，劾所司摧科不力，自巡抚郑时以下凡千二百人。奏至，举朝骇愕，户部尚书刘玑等议如福言。瑾忽怒福，诏取旨报曰："湖广军民困敝，朕甚悯之。福任意苛敛，甚不称朕意，令自劾，吏部举堪代者以闻。"福引罪求罢，乃召还。四年，复命核辽东屯田。福性故刻深，所携同知刘玉等又奉行过当。军士不能堪，焚掠将吏及诸大姓家。守臣发帑抚慰之，乱始定。给事中徐仁等极论之。瑾迫公议，勒福致仕。明年瑾败，籍其赀，则福在湖广时所馈白金数十万两,封识宛然,遂遣戍固原。

【译文】

韩福,西安前卫人,成化十七年中进士。任御史,按察宣府、大同等地,多次上奏议论军民的疾苦及兴利之事,边境上人都欢迎他。弘治年间,升为大名知府,当地奸盗敛迹,路不拾遗,政绩在京畿一带号为第一。以政绩卓异被荐举,升为浙江左参政,因病免职。

武宗即位,不少官员纷纷举荐韩福,因此被征召为大理右少卿。正德二年以右金都御史奉命督察苏州、松江的粮食储备。不久,被召入京任右副都御史。因事连累,被捕下诏狱。案件呈上后,宦官刘瑾因为和他是同乡的缘故,马上命令释放。刘瑾召见韩福和他谈话,对他大为欣赏,马上任用韩福为户部左侍郎。韩福本是一个精明能干的官员,所到的地方以能力强而著称。到这时候受到了挫折,而被刘瑾所提拔,就一心追随刘瑾,为他出力。刘瑾也常常召他来商议事情,对他的信赖亚于钱彩。正好湖广上告军饷欠缺,朝廷命令韩福兼金都御史去处理。刘瑾喜欢操办急切,韩福附和他的意志,办事更加严厉苛刻。湖广地方百姓应交田租从弘治改元以来,共逃欠六百余万石,都因遇灾豁免。韩福却要加以追征,弹劾有关官员不出力追索,从巡抚郑时以下共一千二百位官吏都受到弹劾。他的上奏送到朝廷,朝中各官员都很惊讶,户部尚书刘玑等人认为应照韩福说的办。刘瑾忽然生韩福的气,在诏书上代皇帝批复说:"湖广的军人和百姓都很困苦,朕很怜悯他们。韩福任意苛刻地搜刮,很不合朕的意思,下令让他弹劾自己,让吏部推荐能代替他的人选上奏。"韩福自动认罪要求罢官,于是把他召还。四年,又命令他去查勘辽东的屯田。韩福本来性情刻薄,跟随他的同知刘玉等人又执行得过分。士兵们不能忍受,就焚烧掠夺将校、官吏及各大姓的家。当地镇守的官员动用库藏银钱安抚士兵,乱事才得平定。给事中徐仁等竭力弹纠此事。刘瑾迫于公议,强使韩福辞去官职。明年,刘瑾劣迹败露,韩廷搜抄他的家,发现韩福在湖广时所贿赂的银子几十万两,封签还保存着,因此把韩福发配到固原充军。

曹钦程传

【题解】

曹钦程在魏忠贤的死党中,最为卑鄙无耻。他本是一个贪虐和反复的小人。结识魏忠贤后,就"日夜走忠贤门,卑谄无所不至"。甚至他受到参奏,连魏忠贤也无法保护他时,他还恋恋不舍地向魏忠贤献媚。崇祯帝诛魏忠贤,本应将他斩决,但他在狱中还是肆无忌惮,抢夺别人的酒食,还趁李自成入京时越狱。至于他后来的去向,史籍上称他跟随李自成西走,"不知所终"。从这里多少也可以看到农民起义军中的成分并非纯而又纯,而是或多或少地混进了曹钦程式的人物。

曹钦程，江西德化人。举进士。授吴江知县，脏污狼藉，以淫刑博强项声。巡抚周起元劾之，贬秩，改顺天教授，调国子助教。诣附汪文言，得为工部主事。及文言败，钦程力挤之。由座主冯铨父事魏忠贤，为"十狗"之一。铨欲害御史张慎言、周宗建，令李鲁生草疏，属钦程上之，因及李应升、黄尊素，而荐鲁生及傅櫆、陈九畴、张讷、李蕃、李恒茂、梁梦环辈十余人。慎言等四人并削籍。

钦程于群小中尤无耻，日夜走忠贤门，卑谄无所不至，同类颇羞称之。钦程顾骄众人以忠贤亲己。给事中吴国华劾之，忠贤怒，除国华名，钦程益得志。给事中杨所修缘忠贤指，力荐其贤，遂由员外郎擢太仆少卿。后忠贤亦厌之，六年正月为给事中潘士闻所劾。忠贤责以败群，削其籍。濒行犹顿首忠贤前曰："君臣之义已绝，父子之恩难忘。"絮泣而去。忠贤诛，入逆案首等，论死。系狱久之，家人不多馈食，钦程掠他囚余食，日醉饱。李自成陷京师，钦程首破狱出降。自成败，随之西走，不知所终。福王时，定从贼案，钦程复列首等。

【译文】

曹钦程，江西德化人。考中进士，被授为吴江知县，贪赃受贿极为严重，却是乱用刑讯被认为不畏强暴。巡抚周起元劾奏他，把他贬秩，改为顺天教授，调任国子助教。他诣媚趋附汪文言，因此被任为工部主事。等到汪文言破败，曹钦程又竭力排挤他。曹钦程通过座主冯铨认魏忠贤为父，成为"十狗"之一。冯铨想陷害御史张慎言、周宗建，就叫李鲁生起草奏疏，让曹钦程上奏，因此株连到李应升、黄尊素，又荐举李鲁生和傅櫆、陈九畴、张讷、李蕃、李恒茂、梁梦环等十几个人。张慎言等四人因此都被削去官职。

曹钦程在那批小人中尤其无耻，日夜走向魏忠贤门庭，卑躬谄媚无所不至，连他的同类也羞于提到他。曹钦程却以此傲视众人，认为魏忠贤亲信自己。给事中吴国华劾奏他，魏忠贤发怒，削去吴国华官职，曹钦程因此更加得意。给事中杨所修附会魏忠贤的意志，竭力荐他贤能，因此由员外郎被升任太仆少卿。后来魏忠贤也讨厌他，天启六年正月被给事中潘士闻所劾奏。魏忠贤指责曹钦程败坏众人声望，削去他的名籍。临走还对魏忠贤叩首说："君臣之义虽已断绝，父子之恩却难于忘却。"哭泣着去了。魏忠贤伏法，曹钦程被列入逆案中的第一等，被判死罪。曹钦程在监狱里监禁甚久，家里人不再给他送饭，他抢夺其他囚犯吃剩的饭菜，每天醉饱。李自成攻陷京城，曹钦程首先冲破监狱出降。李自成失败，曹钦程跟着向西逃走，不知所终。福王时，定官员顺从李自成的案件，曹钦程又被列为第一等罪犯。

纪纲传

【题解】

明朝的成祖永乐皇帝是一个很有作为的皇帝,但他的残暴也是历史上少见的。因为他以藩王的身份起兵,夺取了建文帝的皇位,这在封建伦理上是不允许的。因此朝廷中有不少人并不心服。明成祖对这些人物,用了很多残酷手段加以镇压。在这些事件中,纪纲是一个积极的参与者。他本来是一个自愿依附成祖以求富贵的人,他的深文巧诋,诬害别人,无非是讨成祖的欢心。当他掌握了一部分权力以后,更是肆无忌惮,用种种手段,搜刮财物,甚至草菅人命。他的种种胡作非为,的确很惊人。至于他的被杀,据说是"谋不轨",其具体情况不明。看来,在永乐时代明朝的统治还是巩固的,纪纲未必敢有"谋反"的想法,也可能是他的许多胡作非为,涉及"僭乘舆",因此触怒了成祖而被诛杀。

【原文】

纪纲,临邑人,为诸生。燕王起兵过其县,纲叩马请自效。王与语,说之。纲善骑射,便辟诡黠,善钩人意向。王大爱幸,授忠义卫千户。既即帝位,擢锦衣卫指挥使,令典亲军,司诏狱。

都御史陈瑛灭建文朝忠臣数十族,亲属被戮者数万人。纲觇帝旨,广布校尉,日摘臣民阴事。帝悉下纲治,深文诬诋。帝以为忠,亲之若肺腑。擢都指挥佥事,仍掌锦衣。纲用指挥庄敬、袁江,千户王谦、李春等为羽翼,诬逮浙江按察使周新,致之死。帝所怒内侍及武臣下纲论死,辄将至家,洗沐好饮食之,阳为言:"见上必请赦若罪。"诱取金帛且尽,忽刑于市。

数使家人伪为诏,下诸方盐场,勒盐四百余万。还复称诏,夺官船二十、牛车四百辆,载入私第,弗予直。构陷大贾数十百家,罄其资乃已。诈取交址使珍奇。夺吏民田宅。籍故晋王、吴王,乾没金宝无算。得王冠服服之,高坐置酒,命优童奏乐奉觞,呼万岁,器物僭乘舆。欲买一女道士为妾,都督薛禄先得之,遇禄大内,挝其首,脑裂几死。恚都指挥哑失帖木不避道,诬以冒赏事,捶杀之。腐良家子数百人,充左右。诏选妃嫔,试可,令暂出待年,纲私纳其尤者。吴中故大豪沈万三,洪武时籍设,所漏赀尚富。其子文度蒲伏见纲,进黄金及龙角、龙文被、奇宝异锦,愿得为门下,岁时供奉。纲乃令文度求索吴中好女。文度因挟纲势,什五而中分之。

纲又多蓄亡命,造刀甲弓弩万计。端午,帝射柳,纲属镇抚庞瑛曰:"我故射不中,若折柳鼓噪,以觇众意。"瑛如其言,无敢纠者。纲喜曰:"是无能难我矣。"遂谋不轨。十四年七月,内侍仇纲者发其罪,命给事、御史廷劾,下都察院按治,具有状。即日磔纲于市,家属无少长皆戍边,列罪状颁示天下。其党敬、江、谦、春、瑛等,诛谴有差。

纪纲,临邑人,本是个秀才。燕王(成祖)起兵路过临邑,纪纲在马前叩头请求为燕王出力。燕王和他谈话,就很欣赏他。纪纲善于骑马射箭,性好阿谀,多诡计而且狡猾,善于揣摩别人的意图。燕王对他大为宠信,授职忠义卫千户。燕王登帝位后,又提拔他为锦衣卫指挥使,命令他掌握亲军,处理皇帝下令审办的案件。

都御史陈瑛杀死建文朝的忠臣几十族,亲属被杀的有几万人。纪纲窥测明成祖的意志,分派许多校尉,每天告发臣民们的隐私。成祖帝都让纪纲去处理,他深文周纳,加以诬陷和指责。成祖认为他忠心,亲信得像心腹一样。他把纪纲升为都指挥佥事,仍然掌管锦衣卫。纪纲任用指挥庄敬、袁江,千户王谦、李春等作为党羽,诬陷逮捕浙江按察使周新,致之死地。凡成祖所讨厌的宦官或武将被交付纪纲处死的,纪纲总是把他们领到家里,让他洗澡并把好酒好饭给他吃,外表说,"见到皇帝一定请求赦免你的罪",骗取光了他们的金帛,就突然押赴市上行刑。

纪纲几次叫家人伪称诏书,下到各处盐场,勒索盐四百余万斤。回来时又假称诏书,夺取官船二十艘,牛车四百辆,运进私宅,不给报酬。他还诬陷大商人几十几百家,搜刮完他们的财产才作罢。他还诈取交阯国使者的珍宝,夺取官吏和百姓的田宅。他查抄前晋王、吴王的财产时,吞没了无数金银财宝。他得到藩王的冠服后穿在身上,摆设酒宴高高坐在上边,命令伶人奏乐敬酒,呼万岁,所用器物竟与帝王无别。纪纲想买一个女道士做妾,却被都督薛禄先取去了,纪纲在宫中见到薛禄,就打他的头,薛禄头被打破几乎死去。纪纲因为都指挥哑失帖木不给他让路,就诬害他冒领奖赏,把他打死。纪纲还阉割了平民家子弟几百人,充当他的佣仆。成祖下诏选妃嫔,被选中的,叫她们暂时出宫等年龄合格后入选,纪纲都私自把其中最漂亮的纳为妾。吴地过去的大富豪沈万三,洪武时被抄家,所漏抄的财产还很多。沈万三的儿子沈文度偷偷见纪纲,送给他黄金和龙角、绣龙的被子及珍奇宝物,别致的锦,自愿投入纪纲门下,年年逢节进献财物。纪纲于是叫沈文度物色吴地的美女。沈文度倚仗纪纲的权势,掠取财物美女,对半分配。

纪纲又养着许多亡命之徒,私造刀甲弓弩以万计。逢到端午节,成祖射柳,纪纲嘱咐镇抚庞瑛说:"我故意不射中,你折断柳枝喧哗击鼓,假称射中,用来窥测众人的心思。"庞瑛照他的话做了,却没有人敢来纠正。纪纲高兴地说:"他们没有人能难为我了。"于是就谋图造反。永乐十四年七月,宦官中与纪纲有仇的人揭露了他的罪状,成祖命令给事中、御史在朝廷劾奏,下交都察院审问,都有事实。当天就将纪纲在市上诛杀分尸,家属不论老小都充军到边地,列举他的罪状公布于天下人。他的党羽庄敬、袁江、王谦、李春、庞瑛等按不同情况有的被杀,有的定罪。

门达传

【题解】

　　明代的锦衣卫,本是皇帝赖以察访官吏和民间私事的特务机构。因为他们得到皇帝的宠信,所以经常兴起大狱,为许多官员所震恐。特别是朝廷中发生重大权力之争时,锦衣卫的作用更显得突出。1457年代宗病重英宗复辟之际,史称"夺门之变"。英宗重新做了皇帝,势必大事镇压那些拥护景泰帝的朝臣。门达和逯杲,正是在这种情势下取得升官的机会。其中门达在开始时,因为任用谢通,处理刑狱还比较宽,一时得到一些较好的名声。但后来逯杲因为专事罗织,很快就权势显赫。门达开始时对逯杲并不满意,后来却模仿起逯杲的行径来。可是,他看到了逯杲的下场,知道武官们不好对付,弄不好有杀身的危险,于是专门对文官下手。他这样做,无非是以此牟取私利和发泄私愤。但皇帝反而因此以为他能干,使他更肆无忌惮。从他陷害大学士李贤的事看来,手段可以说无耻已极,但在朝的官员,竟没有人能揭发其事,这说明当时吏治的腐败。

【原文】

　　门达,丰润人。袭父职为锦衣卫百户。性机警沉鸷。正统末,进千户,理镇抚司刑。久之,迁指挥佥事,坐累解职。景泰七年复故官,佐理卫事兼镇抚理刑。天顺改元,与"夺门"功,进指挥同知。旋进指挥使,专任理刑。千户谢通者,浙江人也,佐达理司事,用法仁恕,达倚信之。重狱多平反,有罪者以下禁狱为幸,朝士翕然称达贤。然是时英宗虑廷臣党比,欲知外事,倚锦衣官校为耳目,由是逯杲得大幸,达反为之用。

　　逯杲者,安平人也,以锦衣卫校尉为达及刘敬腹心,从"夺门"。帝大治奸党,杲缚锦衣百户杨瑛,指为张永亲属,又执千户刘勤于朝,奏其讪上,两人并坐诛。用杨善荐,授本卫百户;以捕妖贼功,进副千户。又用曹吉祥荐,擢指挥佥事。帝以杲强鸷,委任之,杲乃摭群臣细故以称帝旨。英国公张懋、太平侯张瑾、外戚会昌侯孙继宗兄弟并侵官田,杲劾奏,还其田于官。懋等皆服罪,乃已。石亨恃宠不法,帝渐恶之,杲即伺其阴事。亨从子彪有罪下狱,命杲赴大同械其党都指挥朱谅等七十六人。杲因发彪弟庆他罪,连及者皆坐,杲进指挥同知。明年复奏亨怨望,怀不轨,亨下狱死。有诏尽革"夺门"功,达、杲言臣等俱特恩,非以亨故。帝优诏留任,以杲发亨奸,益加倚重。

　　杲益发舒,势出达上。白遣校尉侦视四方文武大吏、富家高门多进伎乐货贿以祈免,亲藩郡王亦然。无贿者辄执送达,锻炼成狱。天下朝觐官大半被谴,逮一人,数大家立破。四方奸民诈称校尉,乘传纵横,无所忌。彭城伯张瑾以葬妻称疾不朝,而与诸公侯饮私第。杲劾奏,几得重罪。杲所遣校尉诬宁府弋阳王奠壏母子乱,帝遣官往勘,事已白,靖王奠培等亦言无左验。帝怒责杲,杲执如初,帝竟赐奠壏母子死。方升尸出,大雷雨,平地水数尺，人咸以为冤。指挥使李斌尝构杀弘农卫千户陈安，为安家所诉。下巡按御史邢宥覆谳，石亨嘱宥薄斌罪。至是，校尉言："斌素藏妖书，谓其弟健当有大位，欲阴结外番为石亨报仇。"杲以闻。下锦衣狱，达坐斌谋反。帝两命廷臣会讯，畏杲不敢平反。斌兄弟置极刑，坐死者二十八人。

杲本由石亨、曹吉祥进，讦亨致死，复奏吉祥及其子钦阳事，吉祥、钦大恨。五年七月，钦反，入杲第斩之，取其首以去。事平，赠杲指挥使，给其子指挥佥事俸。

时达已掌卫事，仍兼理刑。杲被杀，达以守卫功，进都指挥佥事。初，杲给事达左右，及得志恣甚。达怒，力逐之。杲旋复官，欲倾达，达惴惴不敢纵。杲死，达势遂张。欲踵杲所为，盖布旗校于四方。告讦者日盛，中外重足立，帝益以为能。

外戚都指挥孙绍宗及军士六十七人冒讨曹钦功，达发其事。绍宗被责让，余悉下狱。盗窃户部山西司库金，巡城御史徐茂劾郎中赵昌、主事王珪、徐源疏纵。达治其事，皆下狱谪官。达以囚多，狱舍少，不能容，请城西武邑库隙地增置之，报可。御史樊英、主事郑瑛犯赃罪，给事中赵忠等报不以实。达劾其徇私，亦下狱谪官。给事中程万里等五人直登闻鼓，有军士妻诉冤，赊斋戒不为奏。达劾诸人蒙蔽，诏下达治。已，劾南京户部侍郎马谅，左都御史石璞，掌前府忻城伯赵荣，都督同知范雄、张斌老瞆，皆罢去。裕州民奏知州秦永昌衣黄衣阅兵。帝怒，命达遣官覆，籍其赀，戮永昌，榜示天下，并逮布政使侯臣，按察使吴中以下及先后巡按御史吴琬等四人下狱，臣等停俸，琬等谪县丞。御史李蕃按宣府，或告蕃擅挞军职，用军容迎送。御史杨琎按辽东，韩琪按山西，校尉言其妄作威福，皆下达治。蕃、琪并荷校死。陕西督储参政娄良，湖广参议李孟芳，陕西按察使钱博，福建佥事包瑛，陕西佥事李观，四川巡按田斌，云南巡按张祚，清军御史程万钟及刑部郎中冯维、孙琼，员外郎贝钿，给事中黄甄，皆为校尉所发下狱。瑛守官无玷，不胜愤，自缢死，其他多遣戍。湖广诸生马云罪黜，诈称锦衣镇抚，奉命葬亲，布政使孙毓等八人咸赆祭。事觉，法司请逮问，卒不罪云。达欲行督责之术，其同列吕贵曰："武臣不易犯，曹钦可鉴也。独文吏易裁耳。"达以为然，故文吏祸尤酷。

都指挥袁彬恃帝旧恩，不为达下。达深衔之，廉知彬妾父千户王钦诓人财，奏请下彬狱，论赎徒还职。有赵安者，初为锦衣力士役于彬，后谪戍铁岭卫，赦还，改府军前卫，有罪，下诏狱。达坐安改补府军由彬请托故，乃复捕彬，榜掠，诬彬受石亨、曹钦贿，用官木为私第，索内官督工者砖瓦，夺人子女为妾请罪名。军匠杨埙不平，击登闻鼓为彬讼冤，语侵达，诏并下达治。当是时，达害大学士李贤宠，又数规己，尝赞于帝，言贤受陆瑜金，酬以尚书。帝疑之，不下诏者半载。至是，拷掠埙，教以引贤，埙即谬曰："此李学士导我也。"达大喜，立奏闻，请法司会鞫埙午门外。帝遣中官裴当监视。达欲执贤并讯，当曰："大臣不可辱。"乃止。及讯，埙曰："吾小人，何由见李学士，此门锦衣教我。"达色沮不能言，彬亦历数达纳贿状，法司畏达不敢闻，坐彬绞输赎，埙斩。帝命彬赎毕调南京锦衣，而禁锢埙。

明年，帝疾笃，达知东宫局丞王纶当柄用，预为结纳。无何，宪宗嗣位，纶败，达坐调贵州都匀卫带俸差操。甫行，言官交章论其罪。命逮治，论斩系狱，没其赀巨万。指挥张山同谋杀人，罪如之。子序班升、从子千户清、壻指挥杨观及其党都指挥牛循等九人，谪戍、降调有差。后当审录，命贷达，发广西南丹卫充军，死。

【译文】

门达，丰润人，承袭父职任锦衣卫百户，他生性机警阴险狠毒。英宗正统末年，门达晋升锦衣卫千户，掌管镇抚司刑。经过较久的时间，又升为指挥金事，因事被连累免职。景帝景泰七年，恢复原官，助理锦衣卫事兼镇抚理刑。英宗天顺改元，门达因参与"夺门之变"的功劳，升为指挥同知。不久又升为指挥使，专任理刑之职。当时有锦衣卫千户叫谢通的，是浙江人，协助门达管理理刑事务，他执法宽大，门达很倚重他。因此重案多得平反，有罪的人把关进宫禁监狱为幸运，朝廷百官都一致称赞门达贤明。但这时英宗怕朝廷中群臣结党，想了解朝廷以外的事，靠锦衣卫的官校做耳目，因此逯杲大得宠幸，门达反而被逯杲所利用。

逯杲是安平人。因为任锦衣卫校尉成了门达和指挥刘敬的心腹，跟着参加了"夺门之变"。英宗大举惩办所谓奸党，逯杲就捆绑了锦衣百户杨瑛，说他是张永的亲属，又在朝廷上抓住了千户刘勤，上奏说他诽谤皇上，两人都因此被杀。逯杲因被杨善荐举，授锦衣卫百户；又因捕捉妖贼之功，晋升副千户。后又因曹吉祥荐举，升为指挥金事。英宗认为逯杲强悍，很信任他，逯杲就搜取群臣的小事上奏来使皇帝称心。英国公张懋、太平侯张瑾、外戚会昌侯孙继宗兄弟都侵吞官田，逯杲加以劾奏，把田还给国家。张懋等人都服罪，事情才算了结。石亨依仗宠幸行为不法，英宗逐渐讨厌他，逯杲就伺机探测他的隐私。石亨的侄子石彪有罪入狱，英宗命令逯杲到大同将他的同党都指挥朱谅等七十六人戴上刑具。逯杲就此揭发石彪之弟石庆其他罪状，被连累的都跟着受罚，逯杲因此升任指挥同知。第二年，他又劾奏石亨怨恨朝廷，心谋造反，石亨因此下狱死去。有诏书命令全部革去"夺门之变"的功劳，但门达、逯杲说他们自己得到特别的恩典，并不是因为石亨之故受赏。英宗下优厚的诏书把他们留任，因为逯杲拔发石亨奸情，更加倚重他。

逯杲更加得意，权势超出于门达之上。他建议派校尉到四方侦查事件，文武大官、富家豪门多数进献乐伎及财物以求免祸，亲王、郡王们也这样。没有送贿赂的常被捕捉送到门达处，罗织罪名定案。天下有朝见皇帝资格的官员大半受到指控，逮捕一人，有几大家立即破产。各地的坏人假称自己是校尉，坐着公家的驿车纵横奔走，毫无顾忌。彭城伯张瑾因为妻子下葬称病不去朝见，却和各公侯在私宅中饮酒。被逯杲劾奏，差点得了大罪。逯杲所派遣的校尉诬称宁府弋阳王朱奠壏母子淫乱，英宗派官前往查勘，事情已弄清，靖王朱奠培也说这事没有证据。英宗生气责备逯杲，杲仍固执开始时的意见，英宗竟赐朱奠壏母子自杀。朱奠壏死后，人们刚把尸首抬出，天就大雷雨，平地上积水几尺，人们都认为是冤枉。指挥使李斌曾经构陷杀害弘农卫千户陈安，被陈安家所控诉，朝廷下令巡按御史邢宥复查案卷，石亨曾嘱托邢宥减轻李斌的罪名。这时，逯杲派出的校尉说："李斌素来藏有妖书，说他的弟弟李健该当皇帝，想暗中勾结番邦为石亨报仇。"逯杲将此事上奏，案件被发往锦衣卫监狱，门达判李斌谋反。英宗两次命令朝廷臣子们集合审讯,朝臣都怕逯杲不敢为李斌平反。李斌兄弟被处极刑,连坐死的有二十八人。

逯杲本来由石亨、曹吉祥引进,却告发石亨致死,他又奏曹吉祥和他侄儿曹钦的隐私之事,曹吉祥、曹钦大为痛恨。天顺五年七月,曹钦谋反,进入逯杲宅第把他杀死,取了他的脑袋而去。事情平定后,朝廷追赠逯杲为指挥使,给他儿子指挥佥事的俸禄。

当时门达已掌管锦衣卫事务,仍然兼任理刑。逯杲被杀时,门达因守卫宫禁有功,升任都督指挥佥事。当初,逯杲在门达左右做事,及至他得志以后,很放肆。门达生气了,竭力驱逐他。逯杲不久就恢复官职,并且想倾挤门达,门达很惶恐不敢放纵。逯杲死后,门达的权势就嚣张起来。门达想继续逯杲的所作所为,更增设旗校派向四方。从此控告人的人日益多起来,朝廷内外都不自安,英宗却更认为门达有才能。

外戚都指挥孙绍宗和兵士六十七人冒称有讨平曹钦的功劳,门达揭发了此事。孙绍宗受到的斥责,其余的人都被关进监狱。这时,有人偷窃了户部山西司库的藏金,巡城御史徐茂劾奏郎中赵昌、主事王珪、徐源疏失纵容。门达处理这事,赵昌等人都下狱贬官。门达因为因犯多,监狱房子少,容不下,就请求在城西武邑库的空地上增设监狱,皇帝批示许可。御史攀英、主事郑英犯了贪赃罪,给事中赵忠奏报不合实情。门达劾奏赵忠徇私,也使之下狱贬官。给事中程万里等五人值班管登闻鼓,有个士兵的妻子去击鼓诉冤,正好奉上斋戒之时没有奏闻皇帝。门达就劾奏程万里等掩盖情况,英宗下诏叫门达处理。处理完毕后,门达又劾奏南京户部侍郎马谅、左都御史石璞、掌前府忻城伯赵荣、都督同知范雄、张斌年老糊涂,都被罢官。裕州百姓上奏说知州秦永昌穿着黄色衣服阅兵。英宗发怒,命令门达派官员查核,抄没秦永昌的家产,把秦永昌杀了,并出榜告诉天下,还逮捕布政使侯臣、按察使吴中以下和先后的巡按御史吴琬等四人下狱,侯臣被罚停俸,吴琬被贬为县丞。御史李蕃查察宣府了有人告发李蕃擅自杖责军人,并且来往用军队仪仗迎送。御史杨琎按察辽东,韩琪按察山西,校尉说他们妄自作威作福,这些案件都交给门达处理。李蕃、韩琪都戴枷致死。陕西督储参政娄良、湖广参议李孟芳,陕西按察使钱博、福建佥事包瑛、陕西佥事李观、四川巡按田斌、云南巡按张祚、清军御史程万钟及刑部郎中冯维、孙琼、员外郎贝钿、给事中黄甄等都被校尉所指控下狱。包瑛居官清白无瑕,不胜怨愤,自缢而死,其他诸人都被流放。湖广地方的秀才马云因罪被黜,却冒充锦衣镇抚,奉命安葬父母,布政使孙毓等八人都赠礼祭奠。事情被发觉后,执法官吏要求逮捕马云审问,但最终未将马云治罪。门达起初想实行对官吏的督察,他的同列吕贵说:"武官不好冒犯,曹钦的事可为鉴戒。只有文官好制裁。"门达相信他的话,所以文官招到的祸殃尤为残酷。

都指挥袁彬倚仗英宗对他的旧恩,不屈从门达,门达十分恨他。访察到袁彬小妾的父亲干户王钦敲诈别人财物,奏请把袁彬下狱,判处徒刑赎免,恢复旧职。这时,有个叫赵安的,起初当锦衣力士为袁彬服役,后被充军到铁岭卫,遇赦回来,改为府军前卫,他有了罪,被下诏命决定的监狱。门达判定赵安改补府军名额中,是由于袁彬为他请托之故,于是又逮捕袁彬,加以拷打,诬称袁彬受了石亨、曹钦的贿赂,用公家的木材盖私人住宅,又向督工的宦官索取砖瓦,抢夺人家女子做妾等罪名。军匠杨埙对此不平,敲击登闻鼓为袁彬诉冤,说话中涉及门达,英宗下诏一起交给门达办理。当这时候,门达忌妒大学士李贤的宠幸,又因李贤多次规劝自己,门达曾在英宗面前说李贤的坏话,讲李贤受了陆瑜的贿赂,因此授以尚书之职。英宗对此怀疑,有半年未对此事下诏表态。到这时候,拷打杨埙,叫他供引李贤,杨埙就胡说:"这是李学士教我干的。"门达大喜,立即上奏英宗,请求执法官员在午门外会审杨埙。英宗派太监裴当监视。门达要逮捕李贤一起审讯,裴当说:"大臣不可侮辱。"因此作罢。及至审问时,杨埙说:"我是个小人,哪能见李学士,这是门锦衣教我干的。"门达脸色沮丧不能再说,袁彬也历数门达纳贿的罪状,执法官们怕门达,不敢上奏皇帝,却判袁彬绞刑,允许输金赎免,判杨埙斩刑。英宗命令让袁彬交纳赎金后调南京锦衣卫,而监禁杨埙。

明年,英宗病重,门达知道东宫局丞王纶定会大受任用,就预先和他结交。不久,宪宗继位,王纶犯罪败露,门达因此被调贵州都匀卫,带俸办事。他刚走,御史等官纷纷上章议论门达的罪行。宪宗命令将门达逮捕处置,被判绞刑囚禁狱中,没收他的财产好多万。指挥张山和他同谋杀人,定罪也相同。门达的儿子序班门升、侄子千户门清,女婿指挥杨观以及门达的党羽都指挥牛循等九人,按罪行轻重有的被流放,有的被降级。后来复核时,宪宗命令宽赦门达,把他发配广西南丹卫充军,死去。

钱宁传

【题解】

明武宗正德皇帝是历史上著名的荒淫皇帝,他宠信宦官刘瑾,刘瑾虽然败露,但他后来所任用的人,也未必比刘瑾好多少。像钱宁其人,就是一个无赖,专门引诱明武宗从事一些荒唐的事。但这样的人,却很得武宗的欢心,以至认他为义子,让他更肆无忌惮。明朝的政治腐败,从朝廷内说,主要是宦官弄权;在地方上说则是藩王专横。钱宁其人本是一名宦官家奴,他又私通藩王,因此横行于一时。但是这些小人一方面互相勾结,另一方面又互相争权。钱宁勾结谋反的藩王宸濠,最后败露于江彬之手,而这个江彬,也是武宗的义子。他的行径和钱宁也没有什么不同,武宗死后也被诛杀。

【原文】

钱宁,不知所出,或云镇安人。幼鬻太监钱能家为奴,能嬖之,冒钱姓。能死,推恩家人,得为锦衣百户。

正德初,曲事刘瑾,得幸于帝。性狷狡,善射,拓左右弓。帝喜,赐国姓,为义子,传升锦衣千户。瑾败,以计免,历指挥使,掌南镇抚司。累迁左都督,掌锦衣卫事,典诏狱,言无不听,其名刺自称皇庶子。引乐工臧贤、回回人于永及诸番僧,以秘戏进。请于禁内建豹房、新寺,姿声伎为乐,复诱帝微行。帝在豹房,常醉枕宁卧。百官候朝,至晡莫得帝起居，密伺宁，宁来，则知驾将出矣。

太监张锐领东厂缉事，横甚，而宁典诏狱，势最炽，中外称曰"厂、卫"。司务林华、评事沈光大皆以杖系校尉，为宁所奏，逮下锦衣狱，黜光大，贬华一级。锦衣千户王注与宁昵，挞人至死，员外郎刘秉鉴持其狱急。宁匿注于家，而属东厂发刑部他事。尚书张子麟亟造谢宁，立释注，乃已。厂卫校卒至部院白事，称尚书子麟辈曰老尊长。太仆少卿赵经初以工部郎督乾清宫工，乾没帑金数十万。经死，宁佯遣校尉治丧，迫经妻扶柩出，姬妾、帑藏悉据有之。中官廖堂镇河南，其弟锦衣指挥鹏肆恶，为巡抚邓庠所劾，诏降级安置。鹏惧，使其嬖妾私事宁，得留任。

明武宗

宁子永安，六岁为都督。养子钱杰、钱靖等，俱冒国姓，授锦衣卫官。念富贵已极，帝无子，思结强藩自全。为宁王宸濠营复护卫，又遣人往宸濠所，有异谋。又令宸濠数进金银玩好于帝。谋召其世子司香太庙，为入嗣地。又以玉带、彩绮附其典宝万锐归，诈称上赐。凡宸濠所遣私人行贿京师，皆主伶人减贤家，由宁以达帝左右。

宸濠反，帝心疑宁。宁惧，白帝收宸濠所遣卢孔章，而归罪贤，谪戍边，使校尉杀之途以灭口，又致孔章瘐死，冀得自全。然卒中江彬计，使董皇店役。彬在道，尽白其通逆状。帝曰："黠奴，我固疑之。"乃羁之临清，驰收其妻子家属。帝还京，裸缚宁，籍其家，得玉带二千五百束、黄金十余万两、白金三千箱、胡椒数千石。世宗即位，磔宁于市。养子杰等十一人皆斩，子永安幼，免死，妻妾发功臣家为奴。

【译文】

钱宁的出身不详，有人说他是镇安人。小时卖给太监钱能家做奴仆，钱能宠信他，因此冒姓钱。钱能死后，朝廷施恩于他的家人，钱宁得任锦衣卫百户。

正德初年，钱宁卑躬屈节侍奉刘瑾，因此得到武宗宠信。钱宁性情狡猾，善于射箭，能左右两边开弓。武宗高兴，赏赐他姓朱，收为义子，传旨坠锦衣卫千户。刘瑾劣迹败露，钱宁用计免受追究，曾历任指挥使，掌握南镇抚司。钱宁又逐渐升任到左都督，掌管锦衣卫事务，主管皇帝特定的狱案，他说的话，武宗无不听从，他甚至在名帖上自称是皇帝的庶子。钱宁引荐乐工臧贤、回回人于永及一些番族僧人，进献房中术。他要求在宫禁里建豹房、新寺，引诱武宗恣情声色，还引诱武宗便服出宫游玩。武宗在豹房时，常常喝醉了酒枕着钱宁睡卧。朝廷众官等候上朝，到下午还不知武宗是否起身，就暗中窥测

钱宁,钱宁一到,就知道皇帝将要出来了。

太监张锐掌管东厂通缉人的事,很专横,而钱宁管着皇帝指令的狱案,气焰最嚣张,朝廷内外称作"厂、卫"。司务林华、评事沈光大都被杖责后囚禁在校尉哪里,被钱宁所劾奏,被逮捕并送进锦衣卫监狱,结果把沈光大罢黜,把林华贬官一级。锦衣卫千户王注和钱宁很亲密,王注打人致死,员外郎刘秉鉴追究其事很急。钱宁把王注藏在家里,而吩咐东厂告发刑部其他问题。刑部尚书张子麟马上去向钱宁道歉,并且立刻免去王注的罪名,事情才得以了结。东厂、锦衣卫的小吏和士兵到刑部和都察院通报事情,称呼尚书张子麟等人叫"老尊长"。太仆少卿赵经当初任工部郎督办乾清宫修缮工事,侵吞国库金数十万。赵经死后,钱宁假称派校尉给他办丧事,却迫使赵经的妻儿扶柩出宅,赵经的姬妾、库藏都被钱宁占有。宦官廖堂出镇河南,他的弟弟锦衣指挥廖鹏作恶,被巡抚邓庠所劾奏,武宗下诏降级处理。廖鹏害怕了,让他宠幸的小妾去私下伺候钱宁,竟得留任。

钱宁的儿子钱永安,六岁就当上都督。钱宁的养子钱杰、钱靖等,都冒用国姓(朱),授锦衣卫的官职。钱宁自以为富贵已极,想到武帝没有儿子,就勾结强有力的藩王来巩固自己的地位。他为宁王宸濠牟取护卫之权,又派人到宸濠哪里,有造反的阴谋。他又叫宸濠多次进献金银及珍奇的玩物给武宗。他想征召宸濠的世子在太庙中司香,作为继承皇位的台阶。他又把宸濠的玉带、彩色夏布托宸濠的典宝万铣带回,假称是皇帝赏赐的。凡是宸濠所派的私人到就城行贿,都住在伶人臧贤家中,通过钱宁分送武宗的左右。

宸濠反叛后,武宗心中怀疑钱宁。钱宁害怕了,奏请武宗逮宸濠所派来的卢孔章,而归罪臧贤,把臧贤发配边境充军,又派校尉在路上杀了臧贤灭口,又设法使卢孔章死在狱中,希望得保全自己。然而他最终还是中了江彬的计,使江彬去督管皇店的事。江彬在途中,上奏全部揭发了钱宁通逆的罪状。武宗说:"狡猾的奴才,我本来怀疑他。"于是把他拘留在临清,派人逮捕了钱宁的妻儿家属。武宗回到京城,把钱宁赤身捆绑,抄没他的家,得到玉带二千五百束、黄金十余万两、银子三千箱、胡椒几千石。世宗即位,把钱宁在市上分尸处死。钱宁的养子钱杰等十一人都被斩首,儿子钱永安因为年幼,免死,妻妾都发配到功臣家中当奴隶。

陆炳传

【题解】

陆炳是明朝嘉靖(1522～1566)年间的权臣,掌锦衣卫事,实际上就是人人惮畏的特务头子。锦衣卫是明朝的一个特殊军卫,它的北镇抚司掌管缉捕诏狱。按照制度,锦衣卫的长官不过是指挥使,但是历来有权臣位至都指挥使上,却仍不放手锦衣卫事之例。

不过，象陆炳这样，位至左都督，又加太保兼少傅者，则为有明一代所仅见，这也足以见其权势之盛。和明代有权势的武臣们一样，陆炳也以贪闻名，史书中说他"积赀数百万，营别宅十余所，庄园遍四方"。然而除去贪之外，陆炳居官并无过甚之恶迹，并且对士大夫折节有礼，不曾陷害一人，为朝士所称。《明史》将他列入《佞幸传》似有欠当。

【原文】

陆炳，其先平湖人。祖墀，以军籍隶锦衣卫为总旗。父松，袭职，从兴献王之国安陆，选为仪卫司典仗。世宗入承大统，松以从龙恩，迁锦衣副千户，累官后府都督佥事，协理锦衣事。

世宗始生，松妻为乳媪，炳幼从母入宫中。稍长，日侍左右。炳武健沉鸷，长身火色，行步类鹤。举嘉靖八年武会试，授锦衣副千户。松卒，袭指挥佥事。寻进署指挥使，掌南镇抚事。十八年从帝南幸，次卫辉。夜四更，行营火，从官仓猝不知帝所在。炳排闼负帝出，帝自是爱幸炳。屡擢都指挥同知，掌锦衣事。帝初嗣位，掌锦衣者朱宸，未久罢。代者骆安，继而王佐、陈寅，皆以兴邸旧人掌锦衣卫。佐尝保持张鹤龄兄弟狱，有贤声。寅亦谨厚不为恶。及炳代寅，权势远出诸人上。未几，擢署都督佥事，又以缉捕功，擢都督同知。

炳骤贵，同列多父行，炳阳敬事之，徐以计去其易己者。又能得阁臣夏言、严嵩欢，以故日益重。尝捶杀兵马指挥，为御史所纠，诏不问。言故昵炳，一日，御史劾炳诸不法事，言即拟指逮治。炳窘，行三千金求解不得，长跪泣谢罪，乃已。炳自是嫉言次骨。及嵩与言构，炳助嵩，发言与边将关节书，言罪死。嵩德炳，恣其所为，引与筹画，通贿赂。后仇鸾得宠，陵嵩出其上，独惮炳。炳曲奉之，不敢与钧礼，而私出金钱结其所亲爱，得鸾阴私。及鸾病亟，炳尽发其不轨状。帝大惊，立收鸾救印，鸾忧惧死，至剖棺戮尸。

炳先进左都督，录擒哈舟儿功，加太子太保，以发鸾密谋，加少保兼太子太傅，岁给伯禄。三十三年命入直西苑，与严嵩、朱希忠等侍修玄。三十五年三月赐进士恩荣宴，故事，锦衣列于西。帝以炳故，特命上坐，班二品之末。明年疏劾司礼中官李彬侵盗工所物料，营坟墓，僭拟山陵，与其党杜泰三人论斩，籍其赀，银四十余万，金珠珍宝无算。寻加炳太保兼少傅，掌锦衣如故。三公无兼三孤者，仅于炳见之。炳任豪恶吏为爪牙，悉知民间铢两奸。富人有小过辄收捕，没其家，积赀数百万，营别宅十余所，庄园遍四方，势倾天下。时严嵩父子尽揽曹事，炳无所不关说。文武大吏争走其门，岁入不赀，结权要，周旋善类，亦无所吝。帝数起大狱，炳多所保全，折节士大夫，未尝构陷一人，以故朝士多称之者。三十九年卒官。赠忠诚伯，谥武惠，祭葬有加，官其子绎为本卫指挥佥事。

隆庆初，用御史言，追论炳罪，削秩，籍其产，夺绎及弟太常少卿炜官，坐赃数十万，击绎等追偿，久之赀尽。万历三年，绎上章乞免。张居正等言，炳救驾有功，且律非谋反叛逆奸党，无籍没者，况籍没、追赃，二罪并坐，非律意。帝悯之，遂获免。

【译文】

陆炳的祖辈以前是平湖人,到他祖父陆墀,因属军籍隶于锦衣卫任总镇。父亲陆松袭替总旗之职,跟随兴献王前往封藩之地安陆,被选为王府仪卫司的典仗。明世宗入即皇位,陆松因随从龙兴得到皇恩,升为锦衣卫副千户,又逐渐升迁官至后军都督府都督佥事,协理锦衣卫事。

明世宗出生后,陆松之妻当了他的奶母,陆炳自幼便随母亲出入王宫中。年龄稍长后,便终日侍从于世宗左右。陆炳能武健壮沉稳凶猛,身高面红,走路如同鹤步。嘉靖八年,他参加武会试中选,授官锦衣卫副千户。陆松死后,他又袭职为指挥佥事,不久进职署指挥使,掌管南镇抚司之事。嘉靖十八年,陆炳随从世宗南行,到达卫辉,当天,夜间四更时,行宫起火,随从官员仓促之中不知道世宗在哪里。陆炳推倒门屏背着世宗而出。世宗从此对陆炳更加爱幸,不断升其官职至都指挥同知,仍然掌管锦衣卫之事。世宗刚刚即位时,掌管锦衣卫的是朱宸,不久被罢免。代替朱宸的是骆安,接着是王佐、陈寅,都因为是兴王府中的旧人而掌锦衣卫。王佐曾经维护过张鹤龄兄弟之狱,有贤德的名声。陈寅也为人谨慎忠厚不做恶事。待到陆炳代替陈寅后,权势远远超出诸人之上,不久,又升署都督佥事,后又因缉捕有功,升任都督同知。

陆炳骤然显贵,与他同级的官员多属父辈,陆炳表面上尊敬对待他们,慢慢用计策除掉那些看不起自己的人。他又能够讨得内阁大臣夏言、严嵩的欢心,因此权势一天比一天重。陆炳曾经捶杀兵马指挥,被御史纠劾,世宗下诏不让追问。夏言以往与陆炳颇近密,有一天,御史弹劾陆炳诸项不法之事,夏言立即拟写了诏旨准备将陆炳逮捕治罪。陆炳窘迫之中,想用三千金求得解脱而未成,在夏言面前长跪哭泣谢罪,事情才得以了结。陆炳从此对夏言恨之入骨。等到严嵩与夏言互相倾陷时,陆炳帮助严嵩,揭发出夏言与边将互通关节的书信,夏言被处死罪。严嵩感激陆炳,任他为所欲为,拉拢他一同筹划,私通贿赂。后来仇鸾得到世宗宠信,压制严嵩位出于其上,却单单忌惮陆炳。陆炳假意奉承他,不敢与他分庭抗礼,却暗中私自用金钱交仇鸾的亲信友好,得以掌握仇鸾的隐私之事。等到仇鸾病危时,陆炳将他图谋不轨的情况全部揭发出来,世宗大惊,立即收回给仇鸾的敕书印符,仇鸾忧惧而死,最终被剖棺戮尸。陆炳先是被进官左都督,论奖擒获哈舟儿的功劳,加太子太保,因揭发仇鸾的密谋,又加少保兼太子太傅,按年给伯爵俸禄。嘉靖三十三年,世宗命他到皇宫西苑值班,与严嵩、朱希忠等人随从侍于世宗修道教的玄坛。嘉靖三十五年三月,宫中举行赐进士的恩荣宴,按照惯例,锦衣卫官应排列于西侧,世宗因陆炳的缘故,特地命他到上坐,班位列于二品后面。第二年,陆炳上疏弹劾司礼监宦官李彬侵占监走工所的物料,营建坟墓,超越规制犯上准备建成皇帝山陵之制,结果与他同党杜泰三人都被处斩,抄没家产,有白银四十余万两,金珠珍宝不计其数。不久加陆炳太保兼少傅,依旧掌锦衣卫事。明代没有以三公兼三孤的情况,仅仅见于陆炳一人。陆炳任用豪强恶吏作为爪牙,将民间家财细事了解清楚,富有人家有小的过失便予收捕,抄没家产,陆炳因此积赞财数百万,营造外宅十余所,庄园遍布四方,权势倾于天下。当时严嵩父子独揽政事,陆炳事事都去通人情托门路。文武大臣们都争着到他家中讨好,他家中每岁所得不计其数,而他结交权要,照顾良善之人,也毫不吝惜。世宗多次制造大案,陆炳对案中牵连的人多方给以保全,对士大夫折节有礼,不曾陷害过一人,因此朝中士大夫有很多称赞他的人。嘉靖三十九年陆炳死于任上,被赠予忠诚伯,谥武惠,祭奠之礼也超过常制,授其子陆绎为本卫的指挥金事。

隆庆初年,采纳御史上言,追治陆炳的罪,削去他的爵秩,籍没他的家产,免去陆绎及他弟弟太常寺少卿陆炜的官职,处以赃物数十万之罚,将陆绎等系击狱追索补偿,慢慢家财一光。万历三年,陆绎上奏章请求免予追赃。张居正等说,陆炳救驾有功,况且法律规定若非谋反叛逆的奸党,没有予以籍没的,何况籍没、追赃,两罪同时处罚,不合法律本意。神宗也对陆绎感到同情,陆氏于是被免去追赃。

邵元节传

【题解】

邵元节,明朝道士。明世宗昏愦,喜好鬼神,元节乘机见用,大得恩宠,本传所记,可以反映当时君昏臣奸的状况。

【原文】

邵元节,贵溪人,龙虎山上清宫道士也。师事范文泰、李伯芳、黄太初,咸尽其术。宁王宸濠召之,辞不往。

世宗嗣位,惑内侍崔文等言,好鬼神事,日事斋醮。谏官屡以为言,不纳。嘉靖三年,徵元节入京,见于便殿,大加宠信,俾居显灵宫,专司祷祀。雨雪愆期,祷有验,封为清微妙济守静修真凝元衍范志默秉诚致一真人,统辖朝天、显灵、灵济三宫,总领道教,锡金、玉、银、象牙印各一。

六年乞还山,诏许驰传。未几,趋朝。有事南郊,命分献风云雷雨坛。预宴奉天殿,班二品。赠其父太常丞,母安人,并赠文泰真人,赐元节紫衣玉带。给事中高金论之,帝下金诏狱。敕建真人府于城西,以其孙启南为太常丞,曾孙时雍为太常博士。岁给元节禄百石,以校尉四十人供洒扫,赐庄田三十顷,蠲其租。又遣中使建道院于贵溪,赐名仙源宫。既成,乞假还山。中途上奏,言为大学士李时弟员外旼所侮。时上章引罪,旼下狱获谴。比还朝,舟至潞河,命中官迎入,赐蟒服及“阐教辅国”玉印。

先是,以皇嗣未建,数命元节建醮,以夏言为监礼使,文武大臣日再上香。越三年,皇子叠生,帝大喜,数加恩元节,拜礼部尚书,赐一品服。孙启南、徒陈善道等咸进秩,赠伯芳、太初为真人。

帝幸承天,元节病不能从。无何死,帝为出涕,赠少师,赐祭十坛,遣中官锦衣护丧还,有司营葬,用伯爵礼。礼官拟谥荣靖,不称旨,再拟文康。帝兼用之,曰文康荣靖。启南官至太常少卿。善道亦封清微阐教崇真卫道高士。隆庆初,削元节秩谥。

【译文】

邵元节,贵溪人,龙虎山上清宫道士。以范文泰、李伯芳、黄太初为师,学到了他们的全部道术。宁王宸濠召他,他辞绝不去。

世宗继承皇位,被内寺崔文等人的话所迷惑,喜好鬼神之事,每天都要斋醮,谏官经常劝阻,不听。嘉靖三年,召元节入京城,在便殿接见,大加宠爱,非常信任,使他住在显灵宫,专门主管祈祷祭祀。下雪的时期不对,祈祷验证,封为清微妙济守静修真凝元衍范志默秉诚致一真人,统管朝天、显灵、灵济三宫,总领道教,赐给他金、玉、银、象牙印各一个。

嘉靖六年,他请求还山,诏书准许他。没过多久,又来到朝中。命令分献风云雷雨坛。准备在奉天殿设宴,级别给予二品。赠他父亲为太常丞,母亲为安人,并赠文泰真人,赐给元节紫衣玉带。给事中高金有异议,皇帝把高金投进监狱。命令在城西建造真人府,以他的孙子启南为太常丞,曾孙时雍为太常博士。每年给元节俸禄一百石,让四十个校尉去当佣人,赐给他田地三十顷,免去租税。又派中使在贵溪建造道院,赐名仙源宫。建成后,请假回山。在中途上奏,说被大学士李时的弟弟员外李旼所欺侮。李时上章承担罪责,李旼被捕下狱,又获释放。等到还朝,船到潞河,命令中官迎接进宫,赐他蟒服和"阐教辅国"玉印。

这之前,皇帝的儿子未出生时,多次命令元节设醮,以夏言为监礼使,文武大臣每天上两次香。过了三年,皇子叠出生,皇帝非常高兴,多次赏赐元节,拜为礼部尚书,赐给他一品的服装。孙子启南、徒弟陈善道等都升了级别,赠伯芳、太初为真人。

皇帝巡幸承天,元节病了不能同去。不久去世,皇帝为他流了眼泪,赠他少师,赐祭十坛,派中官锦衣护送灵柩回去,官员为他安排葬礼,用伯爵的礼仪安葬。礼官打算谥他为荣靖,皇帝不满意,又拟谥文康。皇帝两个都用,谥号为文康荣靖。启南官做到太常少卿。善道也被封为清微阐教崇真卫道高士。隆庆初年,削掉了元节的品级和谥号。

陶仲文传

【题解】

本传的记述在客观上为我们记下了明代嘉靖年间社会的黑暗与腐朽,同时暴露了帝王的昏庸与荒唐。越是科学落后的国家越讲求迷信,越是专制的政权越专横,这两点事实贯穿在中国古代的许多历史著作中,而从本传短短的一千来字中看得便很清楚了。

陶仲文,初名典真,黄冈人。尝受符水诀于罗田万玉山,与邵元节善。

嘉靖中,由黄梅县吏为辽东库大使。秩满,需次京师,寓元节邸舍。元节年老,宫中黑眚见,治不效,因荐仲文于帝。以符水噀剑。绝宫中妖。庄敬太子患痘,祷之而瘥,帝深宠异。

十八年南巡,元节病,以仲文代。次卫辉,有旋风绕驾,帝问:"此何祥也?"对曰:"主火。"是夕行宫果火,宫人死者甚众。帝益异之,授神霄保国宣教高士,寻封神霄保国弘烈宣教振法通真忠孝秉一真人。明年八月欲令太子监国,专事静摄。太仆卿杨最疏谏,杖死,廷臣震慑。大臣争诇媚取容,神仙祷祀日亟。以仲文子世同为太常丞,子婿吴浚、从孙良辅为太常博士。帝有疾,既而瘳,喜仲文祈祷功,以特授少保、礼部尚书。久之,加少傅,仍兼少保。仲文起管库,不二岁登三孤,恩宠出元节上。乃请建雷坛于乡县,祝圣寿,以其徒臧宗仁为左至灵,驰驿往,督黄州同知郭显文监之。工稍稽,谪显文典史,遣工部郎何成代,督趋甚急,公私骚然。御史杨爵、郎中刘魁言及之。给事中周怡陈时事,有"日事祷祠"语。帝大怒,悉下诏狱,拷掠长系。吏部尚书熊浃谏乩仙,即命削籍。自是,中外争献符瑞,焚修、斋醮之事,无敢指及之者矣。

帝自二十年遭宫婢变,移居西内,日求长生,郊庙不亲,朝讲尽废,君臣不相接,独仲文得时见;见辄赐坐,称之为师而不名。心知臣下必议己,每下诏旨多愤疾之辞,廷臣莫知所指。小人顾可学、盛端明、朱隆禧辈,皆缘以进。其后,夏言以不冠香叶冠,积他衅至死。而严嵩以虔奉焚修蒙异眷者二十年。大同获谍者王三,帝归功上元,加仲文少师,仍兼少傅少保。一人兼领三孤,终明世,惟仲文而已。久之,授特进光禄大夫柱国兼支大学士俸,荫子世恩为尚宝丞。复以圣诞加恩,给伯爵俸,授其徒郭弘经、王永宁为高士。

时都御史胡缵宗下狱,株连数十人。二十九年春,京师灾异频见,帝以咨仲文。对言虑有冤狱,得雨方解。俄法司上缵宗等爰书,帝悉从轻典,果得雨。乃以平狱功,封仲文恭诚伯,岁禄千二百石,弘经、永宁封真人。仇鸾之追戮也,下诏称仲文功,增禄百石,荫子世昌国子生。三十二年,仲文曰:"齐河县道士张演升建大清桥,浚河得龙骨一,重千斤。又突出石沙一脉,长数丈,类有神相。"帝即发帑银助之。时建元岳湖广太和山,既成,遣英国公张溶往行安神礼,仲文偕顾可学建醮祈福。明年,圣诞,加恩,荫子锦衣百户。

帝益求长生,日夜祷祠,简文武大臣及祠臣入直西苑,供奉青词。四方奸人段朝用、龚可佩、蓝道行、王金、胡大顺、蓝田玉之属,咸以烧炼符咒荧惑天子,然不久皆败,独仲文恩宠日隆,久而不替,士大夫或缘以进。又创二龙不相见之说,青宫虚位者二十年。

三十五年,上皇考道号为三天金阙无上玉堂都仙法主玄元道德哲慧圣尊开真仁化大帝,皇妣号为三天金阙无上玉堂总仙法主玄元道德哲慧圣母天后掌仙妙化元君,帝自号灵霄上清统雷元阳妙一飞玄真君,后加号九天弘教普济生灵掌阴阳功过大道思仁紫极仙翁一阳真人元虚圆应开化伏魔忠孝帝君,再号太上大罗天仙紫极长生圣智昭灵统元证应玉虚总掌五雷大真人玄都境万寿帝君。明年，仲文有疾，乞还山，献上历年所赐蟒玉、金宝、法冠及白金万两。既归，帝念之不置，遣锦衣官存问，命有司以时加礼，改其子尚宝少卿世恩为太常丞兼道录司右演法，供事真人府。

仲文得宠二十年，位极人臣。然小心缜密，不敢恣肆。三十九年卒，年八十余。帝闻痛悼，葬祭视邵元节，特谥荣康惠肃。世恩后至太常卿。隆庆元年坐与王金伪制药物，下狱论死。仲文秩谥亦追削。

【译文】

陶仲文，原先叫陶典真，黄冈人。曾经受符水诀于罗田万玉山，与邵元节关系好。

嘉靖中，陶仲文由黄梅县吏当了辽东库大使。任满后，到京师，住在元节的住处。元节年纪大了，宫中黑看不见，治疗不见效，便推荐仲文给皇帝。他用符水喷在剑上，能断绝宫中的妖怪。庄敬太子患了病，祈祷后好了，皇帝很宠爱他。

嘉靖十八年皇帝南巡，元节病了，让仲文代替。经过卫辉停宿，有旋转风绕在皇帝的车旁，皇帝问："这是什么预兆？"仲文回答说："这是管火的。"这天晚上行宫中果然起火，宫人死得很多。皇帝更加对他感到奇异，授他为神霄保国宣教高士，不久又封为神霄保国弘烈宣教振法通真忠孝秉一真人。第二年八月打算让太子监国，专门从事静摄。太仆卿杨最上疏劝诫，被乱棍打死，朝廷中的臣子感到震惊、害怕。大臣争相谄媚，取得皇帝高兴，祈祷神仙之事越来越急迫。让仲文的儿子世同当太常丞，女婿吴浚、从孙良辅为太常博士。皇帝生了病，后来好了，喜欢仲文祈祷的作用，特地授予他为少保、礼部尚书。过了较长的时间，又加授他为少傅，仍兼少保。仲文起于管库，不到两年连任少师、少傅、少保三个重要职位，受到皇帝的恩宠超出邵元节之上。于是请求在乡县建造雷坛，祝福皇帝之寿。以他的徒弟臧宗仁为左至灵，驾车由驿站前去，让黄州同知郭显文监督他。工程略为拖延了一点，贬谪显文为典史，派工部郎何成代替他，督促得太急，公家私人都骚动不安。御史杨爵、郎中刘魁说到此事。给事中周怡陈述时事，有"天天热心于祝祷词庙"之语。皇帝大怒，全部抓进监狱，拷打关押。吏部尚书熊浃劝阻不要占卜仙人，立即命令开除。从此以后，朝廷内外的人都争相献符瑞、焚修、斋醮之事，没有敢于指责这些事的了。

皇帝从嘉靖二十年遭受宫婢之变后，移居到西边居住，天天求长生，不去祭祀郊庙，朝廷的讲论也废弃了。君臣之间不相接触，只有陶仲文可以时常见到。见面就准他坐下，称他为师，而不称名。心里知道臣下一定在议论自己，每次下诏都有很多愤疾之辞，朝廷之臣都不知道指的什么。小人顾可学、盛端明、朱隆禧之流，都因此而得以提升。后来，夏言因为不戴香叶帽子，加上其他过失，被处死。而严嵩则因为虔诚地信奉焚香修斋醮，而蒙受皇帝特殊的恩宠达二十年。在大同捕获间谍王三，皇帝将功劳归于信教，加授仲文少师之职，仍兼少傅少保。一人兼任少师、少傅、少保三职，明代从开始到最后，不过只有仲文一人。久而久之，授予他特进光禄大夫柱国兼领取大学士的俸禄。又让他的儿子世恩沾到好处，当尚宝丞。又以皇上生日再加恩宠，给予他伯爵的俸禄，授予他的徒弟当时都御史胡缵宗被关押在狱中,株连了数十个人。嘉靖二十九年春天,京师灾难怪异频繁出现,皇帝将这事去询问仲文。仲文回答狱中有冤案,下雨才能解脱。不久监狱长官上有关缵宗案件的材料,皇帝全部从轻发落,果然天下起雨来。于是以平定冤狱的功劳,封陶仲文为恭诚伯,一年的俸禄是一千二百石。弘经、永宁封为真人。仇鸾被追击杀死,皇帝下诏称为是仲文的功劳,增加俸禄一百石,又封其儿子世昌为国子生。嘉靖三十二年,仲文说:"齐河县道士张演升建造大清桥,在河中挖到龙骨一枚,重有一千斤。又鼓出石沙一脉,长有几丈,象有神相。"皇帝即便出钱赞助此事。当时建造元岳湖广太和山,建成之后,派英国公张溶去行安神礼,仲文同顾可学建醮祈福。第二年,皇上生日,再加以恩宠,任他儿子为锦衣百户。

皇帝更求长生,日夜祈祷祠观,让文武大臣和词臣去西苑值班,供奉青祠。四处的奸人段朝用、龚可佩、蓝道行、王金、胡大顺、蓝田玉之类,都用烧炼符咒来迷惑天子,然而不久都失宠,只有仲文受皇帝的恩宠日渐加重,长久不衰,士大夫有的也靠他提拔。又提出二龙不相见的说法,太子居住的青宫空了二十年。

嘉靖三十五年,上皇帝的父亲的道号为"三天金阙无上玉堂都仙法主玄元道德哲慧圣尊开真仁化大帝",皇帝母亲的号为"三天金阙无上玉堂总仙法主玄元道德哲慧圣母天后掌仙妙化元君",皇帝自号为"灵霄上清统雷元阳妙一飞玄真君",后来又加号为"九天弘教普济生灵掌阴阳功过大道思仁紫极仙翁一阳真人元虚圆应开化伏魔忠孝帝君",又号为"太上大罗天仙紫极长生圣智昭灵统元证应玉虚总掌五雷大真人玄都境万寿帝君"。第二年,陶仲文有病,请求还山,献出皇上多年来所赐给的蟒玉、金宝、法冠和白金万两。回去之后,皇帝思念他不能忘怀,派锦衣官去慰问,命当地负责官吏按时加以礼遇,改让他的儿子尚宝少卿陶世恩为太常丞兼道录司右演说道法,供职于真人府。

陶仲文得宠二十年,位子达到了作为臣子的顶点。然而小心谨慎,不敢放肆。嘉靖三十九年去世,年纪八十多岁。皇帝得知,沉痛哀悼,葬礼如同邵元节一样办理,特别谥号为荣康惠肃。陶世恩后来当到太常卿。隆庆元年,因为与王金伪造药物,关进监狱被判死刑。陶仲文的品级和谥号亦被追回削减。

陈宁传

【题解】

明太祖朱元璋在得天下之初,颇用严刑峻法,到了晚年,据说刑法就较宽了。所以清代赵翼在《二十二史札记》中,有《明祖用法最严》和《明祖晚年去严刑》两条,分论其事。这里说到的陈宁,死于洪武十三年(1380),正是明太祖用刑很严的时候。因此,陈宁的严酷,曾得到太祖的称赞。陈宁在开始被太祖任用时,还是较有见识的,他因为旱灾,坚持要对百姓免租。但天下已定,他却变得越来越残酷,甚至烧了铁来烙人,对自己儿子也不轻饶。这样残酷的行为,连明太祖也觉得不近人情。他勾结胡惟庸,以致被杀,这是统治者内部的斗争。不过,像这种人被杀,对人民来说,倒是去了一害。

【原文】

陈宁,茶陵人。元末为镇江小吏,从军至集庆,馆于军帅家。代军帅上书言事,太祖览之称善,召试檄文,词意雄伟,乃用为行省掾吏。时方四征,羽书旁午,宁酬答整暇,事无留滞,太祖益才之。淮安纳款,奉命征其兵,抵高邮,为吴人所获。宁抗论不屈,释还,擢广德知府。会大旱,乞免民租,不许。宁自诣太祖奏曰:"民饥如此,犹征租不已,是为张士诚驱民也。"太祖壮而听之。辛丑,除枢密院都事。癸卯,迁提刑按察司佥事。明年改浙东按察使。有小隶讼其隐过,宁已擢中书参议,太祖亲鞫之,宁首服,系应天狱一岁。吴元年,冬尽将决,太祖惜其才,命诸将数其罪而宥之,用为太仓市舶提举。

洪武元年,召拜司农卿,迁兵部尚书。明年出为松江知府。用严为治,积岁蠹弊。多所厘革。寻改山西行省参政。召拜参知政事,知吏、户、礼三部事。宁,初名亮,至是赐名宁。

三年,出事书知苏州。寻改浙江行省参政,未行,用胡惟庸荐,召为御史中丞。太祖尝御东阁,免冠而栉。宁与侍御史商入奏事,太祖见之,移移入便殿,遣人止宁毋入。栉已,整冠出阁,始命入见。六年,命兼领国子监事,俄拜右御史大夫。八月,遣释奠先师。丞相胡惟庸、参政冯冕、诚意伯刘基不陪祀而受胙,太祖以宁不举奏,亦停俸半月。自是,不预祭者不颁胙。久之,进左御史大夫。

宁有才气,而性特严刻。其在苏州征赋苛急,尝烧铁烙人肌肤。吏民苦之,号为陈烙铁。及居宪台,益务威严。太祖尝责之,宁不能改。其子孟麟亦数谏,宁怒,捶之数百,竟死。太祖深恶其不情,曰:"宁于其子如此,奚有于君父耶!"宁闻之惧,遂与惟庸通谋。十三年正月,惟庸事发,宁亦伏诛。

【译文】

陈宁,茶陵人。元代末年在镇江作小吏,后来跟随明太祖的军队到集庆,住在一个军官家里。曾代军官上书议论事情,明太祖看到了加以称赞,把他叫来命他写檄文,文章写得很雄伟,于是用他做行省的掾吏。当时正征伐四方,军中文书纷繁,陈宁一一回答,有条不紊,事情没有拖延的,明太祖更认为他有才能。淮安地方归顺明太祖,陈宁奉兵去淮安征发哪里的兵马,走到高邮,被张士诚的部下所俘获。陈宁说话毫不屈服,被释放回来,升任广德知府。此时逢到大旱灾,陈宁要求免去百姓的田租,明太祖不许。陈宁就自己到太祖面前奏道:"百姓饥饿到这地步,还是征收田租不止,这是驱赶百姓去归附张士诚。"太祖认为他有胆量,就听从了他的意见。辛丑年(元顺帝至正二十一年),陈宁任枢案院都事。癸卯年,升为提刑按察事金事。次年,改为浙东按察使。有一个小衙役告发陈宁的隐私过错,当时陈宁已升任中书参议,太祖亲自审问他,陈宁口供服罪,监禁在应天监狱一年。吴元年,冬天应将囚犯处决,太祖爱惜他的才能,命令各将领历数陈宁的罪状而赦免了他,用他做太仓市舶提举。

明太祖洪武元年陈宁被征召为司农卿,升任兵部尚书。明年出任松江知府。他办理公务很严,积年的弊政,大多得到改革。不久改任山西行省参政。又征召回京任参加政事,掌管吏、户礼三部事务。陈宁起初名叫陈亮,至这时,明太祖赐他名叫陈宁。

洪武三年,陈宁因事被外调为苏州知府。不久改为浙江行省参政,当未成行,因为胡惟庸的荐举,征召为御史中丞。太祖曾在东阁,脱去冠冕梳头。陈宁和侍御史商量进入奏请政事,太祖见了他们,便移到便殿,派人吩咐陈宁不要进去。太祖梳完了头,整好冠冕,才命令陈宁入见。洪武六年,陈宁奏命兼管国子监事宜。不久又任右御史大夫。这年八月,被派向孔子行释奠礼。丞相胡惟庸、参政冯冕、诚意伯刘基没有参加陪祭却领到了祭肉,太祖认为陈宁不举奏这件事,也被停俸半个月。从此,不参加祭典的,不发给祭肉。过了较久的时间,陈宁升为左御史大夫。

陈宁有才气,但性情特别严厉苛刻。他在苏州时征收田赋很苛急,曾经烧铁去烫人的皮肤。官吏百姓深以为苦,称他"陈铬铁"。到他进御史台后,更力求威严。太祖曾责备他,陈宁不能改。陈宁的儿子陈孟麟也多次劝谏,陈宁发怒,打了儿子几百下,竟致死亡。太祖深恨他不近人情,说:"陈宁对他儿子如此,哪能忠于君父?"陈宁听了害怕,就和胡惟庸通谋。洪武十三年正月,胡惟庸阴谋败露,陈宁也被处斩。

陈瑛传

【题解】

明成祖在攻下南京,取代建文帝以后,曾大规模地镇压建文帝的旧臣。据《明史》说,首先秉承意旨,大事屠杀的事,就是陈瑛开其端,而后一批人跟着掀起了许多大狱。《陈瑛传》中所记几次大狱,似乎成祖的态度还比较宽大,倒是陈瑛之语更为残忍。其实,这只是表面现象。陈瑛所谓"不以叛逆处此辈,则我等为无名",正道出了成祖的心理。因为成祖自己是"以篡得天下的",唯恐天下不服,才屡兴大狱。当然,陈瑛地受到重用,还不止镇压建文帝旧臣一事,他惯于秉承成祖意志,纠劾一些成祖所不满的人物。因此连太子(仁宗)也对他的专权很不满意。当然,明成祖也明知这种人不能长期任用,最后还是使他下狱死去。这也是明成祖笼络民心的一种手段。

【原文】

陈瑛,滁人。洪武中,以人才贡入太学。擢御史,出为山东按察使。建文元年调北平佥事。汤宗告瑛受燕王金钱,通密谋,逮谪广西。燕王称帝,召为都察院左副都御史,署院事。

瑛天性残忍,受帝宠任,益务深刻,专以搏系为能。甫莅事,即言:"陛下应天顺人,万姓率服,而廷臣有不顺命、效死建文者,如侍郎黄观,少卿廖升,修撰王叔英、纪善周是修、按察使王良、知县颜伯玮等,其心与叛逆无异,请追戮之。"帝曰:"朕诛奸臣,不过齐、黄数辈,后二十九人中如张㧑、王钝、郑赐、黄福、尹昌隆,皆宥而用之。况汝所言,有不与此数者,勿问。"后瑛阅方孝孺等狱词,遂簿观、叔英等家,给配其妻女,疏族外亲莫不连染。胡闰之狱,所籍数百家,号冤声彻天。两列御史皆掩泣,瑛亦色惨,谓人曰:"不以叛逆处此辈,则我等为无名。"于是诸忠臣无遗种矣。

永乐元年,擢左都御史,益以讦发为能。八月劾历城侯盛庸怨诽,当诛,庸自杀。二年,劾曹公李景隆谋不轨,又劾景隆弟增枝知景隆不臣不谏,多置庄产,蓄田仆,意叵测。俱收系。又劾长兴侯耿炳文僭,炳文自杀。劾驸马都尉梅殷邪谋,殷遇害。三年,行部尚书雒金言事忤帝意,瑛劾金贪暴,金坐诛死。又劾驸马都尉观尉胡观强取民间女子,取娼为妾,预景隆逆谋,以亲见宥不改。帝命勿活,罢观朝请。已又劾其怨望,逮下狱。八年,劾隆平侯张信占练湖及江阴官田,命三法司杂治之。

瑛为都御史数年,所论劾勋戚,大臣十余人,皆阴希帝指。其他所劾顺昌伯王佐,都督陈俊,指挥王恕、都督曹远,指挥房昭,佥都御史俞士吉,大理少卿袁复,御史车舒,都督王瑞,指挥林泉、牛谅,通政司参议贺银等,先后又数十人,俱得罪。帝以为能发奸,宠任之,然并知其残刻,所奏谳不尽从。中书舍人芮善弟夫妇为盗所杀,心疑其所亲,讼于官。刑部验非盗,纵之。善白帝刑部放出盗,帝命御史鞫访,果非盗。瑛因劾善妄奏,当下狱。帝曰:"兄弟同气,得贼唯恐逸之,善何罪,其勿问。"车里宣慰使刀暹答侵威远州地,执其知州刀算党以归。帝遣使谕之,刀暹答惧,归地及所执知州,遣弟刀腊等贡方物谢罪。瑛请先下刀腊法司,且逮治刀暹答。帝曰:"蛮僚之性稍不相得则相仇,改则已。今服罪而复治之,何以处不服者?"遂赦弗问。知嘉兴县李鉴廷见谢罪,帝问故。瑛言"鉴籍奸党姚瑄,瑄弟亨当连坐,而鉴释亨不籍,宜罪。"鉴言:"都察院文止籍瑄,未有亨名。"帝曰:"院文无名而不籍,不失为慎重。"鉴得免。户部人才高文雅言时政,因及建文事,辞意率直,帝命议行之。瑛劾文雅狂妄,请置之法。帝:"草野之人,何知忌讳,其言有可采,奈何以直而废之。瑛刻薄,非助朕为善者。"以文雅付吏部,量材授官。海运粮漂没,瑛请治官军罪,责之偿。帝曰:"海涛险恶,官军免溺死,幸矣。"悉释不问。瑛之奸险附会,一意苛刻,皆此类也。

帝北巡,皇太子监国。瑛言兵部主事李贞受皂隶叶转等四人金,请下贞狱。无何,贞妻系登闻鼓诉冤。皇太子命六部大臣廷鞫之,自辰至午,贞等不至,唯叶转至。讯之,云贞不承,不胜拷掠死,三皂隶皆笞死三日矣,贞实未尝受金。先是,袁纲、覃珩两御史俱至兵部索皂隶,贞猝无以应,两御史衔之,兴此狱。于是刑科给事中耿通等言瑛及纲、珩朋奸蒙蔽,擅杀无辜,请罪瑛。皇太子曰:"瑛大臣,盖为下所欺,不能觉察耳。"置勿问。械系纲、珩,以其罪状奏行在。又有学官坐事谪充太学膳夫者,皇太子令法司与改役,瑛格不行,中允刘子春等复劾瑛方命自恣。皇太子谓瑛曰:"卿用心刻薄,不明政体,殊非大臣之道。"时太子深恶瑛,以帝方宠任,无如何。久之,帝亦寖疏瑛。九年春,瑛得罪下狱死,天下快之。

帝以篡得天下，御下多用重典。瑛首承风旨，倾诬排陷者无算。一时臣工多效其所为，如纪纲、马麟、丁珏、秦政学、赵伟、李芳，皆以倾险闻。

【译文】

陈瑛，滁州人。洪武年间被认为是人才被贡入太学。升任御史，被派出为山东按察使。建文元年调为北平佥事。汤宗告发说陈瑛受了燕王金钱，通密谋，被逮捕贬官到广西。燕王称帝，陈瑛被召为都察院左副都御史，代理都察院事务。

陈瑛天性残忍，受到成祖宠信，做事更力求严刻，专门以打击别人为能事。刚上任，就说："皇上您应天顺人，百姓都归附您，而朝廷中臣子有的不顺从您的命令、为建文帝卖命的，像侍郎黄观、少卿廖异、修撰王叔英、纪善周是修、按察使王良、知县颜伯玮等人，他们的心迹跟叛逆没有不同，请求杀了他们。"成祖说："朕诛杀奸臣，不过是齐泰、黄子澄等几个人。后面二十九人中像张㥿、王钝、郑赐、黄福、尹昌隆，都予以赦免任用。何况你所说的，有些还不在这些名单中，不必追究。"后来陈瑛审阅方孝孺案的供词，就抄了黄观、王叔英的家，把他们的妻女发配，连他们疏远的宗族和亲戚也都受到连累。胡闰一案，所抄的有几百家，喊冤之声响彻于天。两列陪审的御史都哭了起来，陈瑛脸色也很悲哀，对别人说："不用叛逆罪处理这些人，那我们的行动就是没有道理了。"于是各忠臣从此没有后代了。

永乐元年，陈瑛被升任左都御史，更加以告发别人为能事。这年八月，他劾奏历城侯盛庸在埋怨诽谤，应当诛杀，盛庸自杀。永乐二年，陈瑛又劾奏曹国公李景隆险谋反叛，又劾奏李景隆的弟弟李增枝知道李景隆不守臣道而不加谏劝，又说李增枝买了多处田产，养着不少佃户和奴仆，心意不可测度。李景隆、李增枝一并被逮捕囚禁。陈瑛又劾奏长兴侯耿炳文僭用不合身份的器物，耿炳文自杀。他又劾奏驸马都尉梅殷有邪恶的阴谋，梅殷因此遇害。永乐三年，行部尚书雒金上奏事情触犯了成祖的意旨，陈瑛就劾奏雒金贪污暴虐，雒金因此被诛杀。陈瑛又劾奏驸马都尉胡观强取民间的女子，还娶妓女当妾。参与李景隆叛逆的阴谋，因为是皇家亲戚被恕却又不肯改恶。成祖命令不要处理，只是不准胡观参加朝会。此后，陈瑛又劾奏胡观埋怨朝廷，将胡观逮捕下狱。永乐八年，陈瑛劾奏隆平侯张信私占练湖和江险的官田，朝廷命令三大执法部门一起审问。

陈瑛做了几年都御史，他所劾奏的功臣外戚及大臣十多个人，都是暗中迎合成祖的意志。他所劾奏的其他人如顺昌伯王佐，都督陈俊，指挥王恕，都督曹远，指挥房昭，佥都御史俞士吉，大理少卿袁复，御史车舒、都督王瑞，指挥林泉、牛谅，通政司参议贺银等先后又有几十人，都有罪被惩处。成祖认为陈瑛能揭发奸情，所以宠信他，但也知道他残忍刻薄，因此对他所奏罪状的处理意见不都听从。中书舍人芮善的弟弟夫妇二人被人所杀，芮善怀疑是他亲近的人干的，向官府告发。刑部查验这不是小偷所为，把小偷放了。芮善向成祖说刑部故意放了小偷。成祖下令御史们审问，的确不是小偷干的。陈瑛就劾奏芮善胡乱奏闻，应当进监狱。成祖说："兄弟是同胞，抓到嫌疑犯，只怕逃走，芮善有什么罪,不必追究。"车里宣慰使刀暹答侵犯威远州地界,抓了知州刀算党回去。成祖派使者去晓谕刀暹答,刀暹答害怕了,送回侵占的土地以及所抓去的知州,派他弟弟刀腊等进贡方物谢罪。陈瑛请求先把刀腊送执法部门,而且捕捉刀暹答治罪。成祖说:"蛮人性情稍有不合就互相为仇。能改就好。现在已经服罪而还要治罪,将要怎样对待不服的人呢?"就赦免不予追究。嘉兴知县上朝廷见成祖谢罪,成祖问是什么原因。陈瑛说:"李鉴抄办奸党姚瑄的家,姚瑄的弟弟姚亨应当连同治罪,而李鉴放下姚亨家不抄,应当治罪。"李鉴说:"都察院的公文只叫抄姚瑄的家,没有姚亨的名字。"成祖说:"都察院公文没有名字而不予抄家,不失为慎重。"因此李鉴得免罪。户部所进人才高文雅言及当时政事,因而谈到建文帝的事,说话很直率,成祖命令采用高文雅的建议。陈瑛劾奏高文雅狂妄,请求将他治罪。成祖说:"民间的人哪懂得忌讳,他说的话有可以采用的,怎么能因为他直率而废弃不用? 陈瑛刻薄,不是帮助朕为善的人。"把高文雅分发吏部,量材授官。朝廷海道运南方粮食进京,陈瑛请求把运粮官军治罪,责使他们赔偿。成祖说:"海浪险恶,官军没有淹死,就算大幸。"全部不予追究。陈瑛的奸险和善于附会罪状,一味苛刻,都类似这样。

成祖巡视北方边境,皇太子监国。陈瑛说兵部主事李贞受了衙役叶转等四人的金钱,请求把李贞下狱。不久,李贞的妻子击登闻鼓诉冤。皇太子命令六部大臣在朝廷审问,从辰时到午时,李贞等不到,只有叶转到了。讯问他,他说:"李贞不承认,被拷打致死,三个衙役都被打死三天了,李贞实在没有接受金钱。此前,袁纲、覃珩两个御史都到兵部索要衙役,李贞猝然间无法满足其要求,两个御史恨他,所以兴起这狱案。"于是刑科给事中耿通等人上奏认为陈瑛和袁纲、覃珩结伙欺瞒事实,随意杀害无辜,要求把陈瑛治罪。皇太子说:"陈瑛是大臣,因为被下级所欺瞒,他没有觉察而已。"置之不问。把袁纲、覃珩上了枷锁,把他们的罪状奏送到成祖哪里。又有一个学官因事被贬作太学里的伙夫,皇太子命令执法机关改派他做其他事务,陈瑛搁置不予执行。中允刘子春等人又劾奏陈瑛不执行命令自行专断。皇太子对陈瑛说:"你用心太刻薄,不懂为政的大体,很不像大臣之道。"当时太子非常厌陈瑛,只因成祖刚宠任他,没有什么办法。后来,成祖也逐渐疏远陈瑛。永乐九年春天,陈瑛得罪下狱死去。天下人称快。

成祖用篡位的手段得了天下,对待臣下常用重法。陈瑛首先附会成祖意志,被他倾陷诬害排挤的人无数。一时朝廷中的臣子多模仿他的行为,像纪纲、马麟、丁珏、秦政学、赵伟、李芳,都以倾诈险毒闻名。

严嵩传

【题解】

严嵩(1480~1567 年),江西分宜人,进士出身。先后担任翰林院编修、翰林院侍讲、吏部左侍郎、礼部尚书、吏部尚书、武英殿大学士、谨身殿大学士、少傅兼太子少师、太常卿等官职。严嵩为人奸猾，虽无济世治国之功，但善于迎合皇帝心意，一心专干谄佞以取悦皇上之事，他也因此而窃权牟利，独揽大权，把持国政二十余年。严嵩先后陷害、排斥夏言、仇鸾等大臣，以恶子严士蕃为爪牙，操纵国事，吞没军饷，致使国力衰弱，战备弛废。后严嵩逐渐失去了世宗的宠信，被御史邹应龙所弹劾。其子严世蕃等被流放戍边。后又被诛杀，严嵩最终也被贬黜为民。

【原文】

严嵩，字惟中，分宜人。长身戍削，疏眉目，大音声。举弘治十八年进士，改庶吉士，授编修。移疾归，读书钤山十年，为诗古文辞，颇著清誉。还朝，久之进侍讲，署南京翰林院事。召为国子祭酒。

严嵩塑像

嘉靖七御历礼部右侍郎，奉世宗命祭告显陵，还言："臣恭上宝册及奉安神床，皆应时雨霁。又石产枣阳，群鹤集绕，碑入汉江，河流骤涨。请命辅臣撰文刻石，以纪天眷。"帝大悦，从之。迁吏部左侍郎，进南京礼部尚书，改吏部。

居南京五年，以贺万寿节至京师。会廷议更修《宋史》，辅臣请留嵩以礼部尚书兼翰林学士董其事。及夏言入内阁，命嵩还掌部事。帝将祀献皇帝明堂，以配上帝。已，又欲称宗入太庙。嵩与群臣议沮之，帝不悦，著《明堂或问》示廷臣。嵩惶恐，尽改前说，条书礼仪甚备。礼成，赐金币。自是，益务为佞悦。帝上皇天上帝尊号、宝册，寻加上高皇帝尊谥圣号以配，嵩乃奏庆云见，请受群臣朝贺。又为《庆云赋》《大礼告成颂》奏之，帝悦，命付史馆。寻加太子太保，从幸承天，赏赐与辅臣埒。

嵩归日骄。诸宗藩请卹乞封，挟取贿赂。子世蕃又数关说诸曹。南北给事、御史交章论贪污大臣，皆首嵩。嵩每被论，亟归诚于帝，事辄已。帝或以事谘嵩，所条对平无奇，帝必故称赏，欲以讽止言者。嵩科第先夏言，而位下之。始倚言，事之谨，尝置酒邀言，躬诣其第，言辞不见。嵩布席，展所具启，跽读。言谓嵩实下己，不疑也。帝以奉道尝御香叶冠，因刻沈水香冠五，赐言等。言不奉诏，帝怒甚。嵩因召对冠之，笼以轻纱。帝见，益内亲嵩。嵩遂倾言，斥之。言去，醮祀青词，非嵩无当帝意者。

二十一年八月拜武英殿大学士，入直文渊阁，仍掌礼部事。时嵩年六十余矣，精爽溢发，不异少壮。朝夕直西苑板房，未曾一归洗沐，帝益谓嵩勤。久之，请解部事，遂专直西苑。帝尝赐嵩银记，文曰"忠勤敏达"。寻加太子太傅。翟銮资序在嵩上，帝待之不如嵩。嵩讽言官论之，銮得罪去。吏部尚书许赞、礼部尚书张璧同入阁，皆不预闻票拟事，政事一归嵩。瓒尝叹曰："何夺我吏部,使我旁睨人。"嵩欲示厚同列,且塞言者意,因以显夏言短,乃请凡有宣召,乞与成国公朱希忠、京山侯崔元及瓒、璧偕入,如祖宗朝蹇、夏、三杨故事。帝不听,然心益喜嵩,累进吏部尚书、谨身殿大学士、少傅兼太子太师。

久之,帝微觉嵩横。时瓒老病罢,璧死,乃复用夏言,帝为加嵩少师以慰之。言至,复盛气陵嵩,颇斥逐其党,嵩不能救。子世蕃方官尚宝少卿,横行公卿间。言欲发其罪,嵩父子大惧,长跪榻下泣谢,乃已。知陆炳与言恶,遂与比而倾言。世蕃迁太常少卿,嵩犹畏言,疏遣归省墓。嵩寻加特进,再加华盖殿大学士。窥言失帝眷,用河套事拘言及曾铣,俱弃市。已而南京吏部尚书张治、国子祭酒李本以疏远擢入阁,益不敢预可否。嵩既倾杀言,益伪恭谨。言尝加上柱国,帝亦欲加嵩,嵩乃辞曰:"尊无二上,上非人臣所宜称。国初虽设此官,左相国达,功臣第一,亦止为左柱国。乞陛下免臣此官,著为令典,以昭臣节。"帝大喜,允其辞,而以世蕃为太常卿。

嵩无他才略,惟一意媚上,窃权罔利。帝英察自信,果刑戮,颇护己短,嵩以故得因事激帝怒,戕害人以成其私。张经、李天宠、王忬之死,嵩皆有力焉。前后劾嵩、世蕃者,谢瑜、叶经、童汉臣、赵锦、王宗茂、何维柏、王晔、陈垲、历汝进、沈錬、徐学诗、杨继盛、周铁、吴时来、张翀、董传策皆被谴。经、錬用他过置之死,继盛附张经疏尾杀之。他所不悦,假迁除考察以斥者甚众,皆未尝有迹也。

俺答薄都城,慢书求贡。帝召嵩与李本及礼部尚书徐阶入对西苑。嵩无所规画,委之礼部。帝悉用阶言,稍轻嵩。嵩复以间激帝怒,杖司业赵贞吉而谪之。兵部尚书丁汝夔受嵩指,不敢趣诸将战。寇退,帝欲杀汝夔。嵩惧其引己,谓汝夔曰:"我在,毋虑也。"汝夔临死始知为嵩绐。

大将军仇鸾,始为曾铣所劾,倚嵩倾铣,遂约为父子。已而鸾挟寇得帝重,嵩犹儿子蓄之,寝相恶。嵩密疏毁鸾,帝不听,而颇纳鸾所陈嵩父子过,少疏之。嵩当入直,不召者数矣。嵩见徐阶、李本入西内,即与俱入。至西华门,门者以非诏旨格之。嵩还第,父子对泣。时陆炳掌锦衣,与鸾争宠,嵩乃结炳共图鸾。会鸾病死,炳讦鸾阴事,帝追戮之。于是益信任嵩,遣所乘龙舟过海子召嵩,载直西内如故。世蕃寻迁工部左侍郎。倭寇江南,用赵文华督察军情,大纳贿赂以遗嵩,致寇乱益甚。及胡宗宪诱降汪直、徐海,文华乃言:"臣与宗宪策,臣师嵩所授也。"遂命嵩兼支尚书俸无谢,自是褒赐皆不谢。

帝尝以嵩直庐隘,撤小殿材为营室,植花木其中,朝夕赐御膳、法酒。嵩年八十,听以肩舆入禁苑。帝自十八年葬章圣太后后,即不亲朝,自二十年宫婢之变,即移居西苑万寿宫,不入大内,大臣希得谒见,惟嵩独承顾问,御札一日或数下,虽同列不获闻,以故嵩得逞志。然帝虽甚亲礼嵩,亦不尽信其言,间一取独断,或故示异同,欲以杀离其势。嵩父子独得帝窾要,欲有所救解,嵩必顺帝意痛诋之,而婉曲解释以中帝所不忍。即欲排陷者,必先称其善,而以微言中之,或触帝所耻与讳。以是移帝喜怒,往往不失。士大夫辐辏附嵩,时称文选郎中万采、职方郎中方祥等为嵩文武管家。尚书吴鹏、欧阳必进、高燿、许论辈,皆惴惴事嵩。

嵩握权久,遍引私人居要地。帝亦稍厌之,而渐亲徐阶。会阶所厚吴时来、张翀、董传策各疏论嵩,嵩因密请究主使者,下诏狱,穷治无所引。帝乃不问,而慰留嵩,然心不能无动,阶因得间倾嵩。吏部尚书缺,嵩力援欧阳必进为之,甫三月即斥去。赵文华忤旨获谴,嵩亦不能救。有诏二王就婚邸第,嵩力请留内。帝不悦,嵩亦不能力持。嵩虽警敏,能先意揣帝指,然帝所下手诏,语多不可晓,惟世蕃一览了然,答语无不中。及嵩妻欧阳氏死,世蕃当护丧归,嵩请留侍京邸。帝许之,然自是不得入直所代嵩票拟,而日纵淫乐于家。嵩受诏多不能答,遣使持问世蕃。值其方耽女乐,不以时答。中使相继促嵩,嵩不得已自为之,往往失旨。所进青词,又多假手他人不能工,以此积失帝欢。会万寿宫火,嵩请暂徙南城离宫,南城,英宗为太上皇时所居也,帝不悦。而徐阶营万寿宫甚称旨,帝益亲阶,顾问多不及嵩,即及嵩,祠祀而已。嵩惧,置酒要阶,使家人罗拜,举觞属曰:"嵩旦夕且死,此曹惟公乳哺之。"阶谢不敢。

未几,帝入方士蓝道行言,有意去嵩。御史邹应龙避雨内侍家,知其事,抗疏极论嵩父子不法,曰:"臣言不实,乞斩臣首以谢嵩、世蕃。"帝降旨慰嵩,而以嵩溺爱世蕃,负眷倚,令致仕,驰驿归,有司岁给米百石,下世蕃于理。嵩为世蕃请罪,且求解,帝不听。法司奏论世蕃及其子锦衣鹄、鸿,客罗龙文,戍边远。诏从之,特宥鸿为民,使侍嵩,而锢其奴严年于狱,擢应龙通政司参议。时四十一年五月也。龙文官中书,交关为奸利,而年最黠恶,士大夫竞称蓥山先生者也。

嵩既去,帝追念其赞元功,意忽忽不乐,谕阶欲遂传位,退居西内,专祈长生。阶极陈不可,帝曰:"卿等不欲,必皆奉君命,同辅玄修乃可。严嵩既退,其子世蕃已伏法,敢更言者,并应龙俱斩。"嵩知帝念己,乃赂帝左右,发道行阴事,系刑部,俾引阶。道行不承,坐论死,得释。嵩初归至南昌,值万寿节,使道士蓝田玉建醮铁柱宫。田玉善召鹤,嵩因取其符箓,并己祈鹤文上之,帝优诏褒答。嵩因言;"臣年八十有四,唯一子世蕃及孙鹄皆远戍,乞移便地就养,终臣余年。"不许。

其明年,南京御史林润奏:"江洋巨盗多入逃军罗龙文、严世蕃家。龙文居深山,乘轩衣蟒,有负险不臣之志。世蕃得罪后,与龙文日诽谤时政。其治第役众四千,道路皆言两人通倭,变且不测。"诏下润逮捕,下法司论斩,皆伏诛,黜嵩及诸孙皆为民。嵩窃政二十年,溺信恶子,流毒天下,人咸指目为奸臣。其坐世蕃大逆,则徐阶意也。又二年,嵩老病,寄食墓舍以死。

【译文】

严嵩,字惟中,分宜人。身材高而瘦削,眉目间隔很大,嗓音洪亮。中弘治十八年进士,改官庶吉士,授官翰林院编修。因病告归,在钤山读书十年,写作诗古文辞,颇有清高之誉。还朝后过了一段时间,进位翰林院侍讲,署理南京翰林院事。召为国子祭酒。

嘉靖七年,历官礼部右侍郎,奉世宗皇帝之命祭告显陵,归后上言:"臣恭上宝册及奉安神床,全都雨晴适时。又有石产于枣阳,群鹤聚集环绕,碑入于汉江,河流骤涨之祥瑞。请命令辅臣撰文刻石,以表记上天的眷佑。"世宗听了非常高兴,表示同意。迁官吏部左侍郎,升南京礼部尚书,改吏部尚书。

在南京住了五年，因祝贺万寿节来到京师。正赶上朝廷议改修《宋史》的事，辅臣要求留下严嵩以礼部尚书兼翰林学士掌管其事。及至夏言进入内阁，便命令严嵩回礼部掌管部中事务。世宗准备祭祀献皇帝（即明世宗的生父兴献王，世宗即位，追尊为"皇帝"）的明堂，以配享上帝。事毕，又想称献皇帝为"宗"而入于太庙。严嵩与群臣论议表示不赞成，世宗很不高兴，写了篇《明堂或问》以示廷臣。严嵩惶恐不安，完全改变了原来的主张，条例规划有关的礼仪很是完备。大礼举行完毕，赏赐给严嵩黄金币帛。从此以后，严嵩就专干谄佞以取悦皇帝的事了。世宗给皇天上帝上尊号和宝册，不久又给太祖高皇帝上尊号、谥号和圣号以配享皇天上帝，严嵩便上奏说出现了祥云，请皇帝接受群臣的朝贺。他又撰写了《庆云赋》《大礼告成赋》奏上，世宗非常高兴，吩咐送到史馆去。不久，又加严嵩太子太保，随从皇帝游幸承天府（今湖北钟祥，为世宗皇帝生父兴献王的封地），对他的赏赐与辅臣相埒。

严嵩归来之后，日益骄横。诸宗室藩王来礼部请求抚恤和封地，严嵩就要挟他们送贿赂。他儿子严世藩又屡次到礼部诸曹去通关节。南京、北京的给事中、御史交章论劾贪污大臣，都是以严嵩为首。严嵩每次被论劾，都是极力向世宗表白忠心，事情就算完了。世宗有时向严嵩咨询一些问题，他所答对的都是平淡无奇，而世宗必然故意称赏，想以此来暗示言官不要再批评他。严嵩中进士比夏言早，但官位比他低。开始他倚靠夏言，侍奉得很谨慎，有一次他设宴邀请夏言，亲自到夏言的府邸，夏言推辞不见他。严嵩铺席于地，打开所写的文启，跪下朗读。夏言以为严嵩确实对自己甘心低下，便毫无疑心。世宗由于信奉道教，曾经戴香叶冠，于是便用沉香木刻了五顶冠，送给夏言等。夏言不肯接受，世宗很是愤怒。严嵩趁着皇帝召问的时候戴上这顶冠，还用轻纱罩上。世宗见了，心里更加亲信严嵩了。于是严嵩便倾陷夏言，排斥出外。夏言走后，醮祀鬼神时用的青词，除了严嵩所写，没有能合世宗心意的。

嘉靖二十一年八月，拜官武英殿大学士，入值文渊阁，仍掌管礼部事务。当时严嵩已经六十多岁了，精神健旺，与少壮无异。每日早晚在西苑板房值班，未尝回家休息一日，世宗更认为严嵩勤勉了。过了些时候，严嵩请求解除自己的礼部事务，于是专门入值西苑。世宗曾经赏赐给严嵩一块银牌，上面的文字是"忠勤敏达"。不久加官太子少傅。翟銮的资格位序都在严嵩之上，世宗待他不如严嵩。严嵩暗示言官弹劾他，翟銮得罪而去。吏部尚书许赞、礼部尚书张璧与严嵩同时入阁，都不参与票拟（明代的重要文书，须由内阁先拟意见，书写于票签，送交皇帝批准，称票拟）之事，政事全部归于严嵩。许赞叹道："为什么夺去了我的吏部，使我在旁边看着别人。"严嵩想表示自己厚待同列，同时堵住别人的闲话，还显示夏言独断专行的缺点，便提议凡是皇帝宣召，请与成国公朱希忠、京山侯崔元，以及许赞、张璧一起入殿，如同祖宗朝蹇义、夏原吉和三杨（杨士奇、杨荣、杨溥）的旧例。世宗不同意，但心里愈发喜欢严嵩了，累进吏部尚书、谨身殿大学士、少傅兼太子少师。

时间一长，世宗稍微觉出严嵩的专横。当时，许赞因老病罢相，张璧已死，于是又重新起用夏言，但为严嵩加官少师以作安慰。夏言来至朝廷，依然对严嵩盛气凌人，对他的党羽颇加斥逐,严嵩无力挽救。他的儿子严世藩正当着尚宝少卿,横行于公卿之间。夏言想揭发严世蕃的罪恶。严嵩父子大为恐惧,长跪于夏言床下哭着谢罪,才算罢休。严嵩知道陆炳与夏言关系很坏,就与陆炳联合倾陷夏言。严世蕃迁官太常少卿,严嵩还依然惧怕夏言,上疏遣儿子回家省视祖坟。不久严嵩加官特进,再加为华盖殿大学士。他看出夏言失去皇帝的宠眷,便用河套事陷害夏言和曾铣(曾铣建议收复被鞑靼人占领的河套地区,夏言表示支持),俱被弃市。已而南京史部尚书张治、国子祭酒李本,由疏远之人拔擢入阁,更加不敢参与政事的可否。严嵩既已倾杀夏言,越发装成恭谨的样子。夏言曾经加官上柱国,世宗也想加给严嵩,严嵩便推辞道:"至尊没有两个上,上不是人臣所应该用作称呼的。国初虽然设置此官,但左相国徐达为功臣第一,也只不过为左柱国。乞请陛下免臣此官,载入法典,以昭示臣节。"世宗大喜,批准了他的辞谢,而以世蕃为太常卿。

严嵩没有别的才能,只是一心取媚皇上,窃权牟利。世宗苛察自信,使用刑戮武断,特别好袒护自己的短处,所以严嵩能借用事端激起他的恼怒,杀害别人以达到自己的目的。张经、李天龙、王忬的死,都是严嵩使的力气。前后弹劾严嵩、严世蕃的,有谢瑜、叶经、童汉臣、赵锦、王宗茂、何维柏、王晔、陈垲、厉汝进、沈炼、徐学诗、杨继盛、周铁、吴时来、张翀、董传策,都受到罪遣。叶经、沈炼用别的罪名置之于死,杨继盛附在张经所上疏的文尾而杀害。其他为他所不喜欢的人,借着改官、考察而被斥逐的有很多,都没有留下什么痕迹。

鞑靼首领俺答逼近都城,用很倨傲的口气来信索取贡品。世宗召严嵩、李本以及礼部尚书徐阶,到西苑应对。严嵩没有任何对策,都推诿给礼部。世宗全用徐阶的建议,对严嵩有些轻视。严嵩又借个机会激起世宗的恼怒,廷杖国子监司业赵贞吉而贬谪之。兵部尚书丁汝夔受严嵩指使,不敢督促诸将与鞑靼交战,敌人退去,世宗想处死丁汝夔。严嵩害怕牵扯出自己,对丁汝夔说:"有我在,你不必忧虑。"丁汝夔到死才明白受了严嵩的骗。

大将军仇鸾,开始被曾铣所弹劾,所以依赖严嵩来倾陷曾铣,于是相约为父子。已而仇鸾仗着鞑靼入侵得到皇帝的倚重,严嵩还把他当成儿子对待,但渐渐关系恶化。严嵩上密疏诋毁仇鸾,世宗不听,而对仇鸾所说的严氏父子的过恶倒很听得进去,于是对严氏父子有些疏远了。轮到严嵩入阁值班,世宗有很多次不召见。严嵩见徐阶、李本进入西内,就和他们一同进去。到了西华门,守门的以没有诏旨为由把他拦在门外。严嵩回到家中,父子相对哭泣。当时陆炳掌管锦衣卫,与仇鸾争宠,严嵩便勾结陆炳共同图谋仇鸾。正好仇鸾病死,陆炳攻讦仇鸾的一些不可见人的事,世宗追戮其尸。于是世宗更加信任严嵩,派遣自己所乘坐的龙舟过海子召严嵩,载他入值西内如故。严世蕃不久迁官为工部左侍郎。倭寇侵掠江南,用赵文华督察军情,他大收贿赂送给严嵩,以致寇乱越发严重。及至胡宗宪诱降汪直、徐海,赵文华竟说:"臣与胡宗宪的计策,是臣师严嵩所授。"于是命严嵩兼领尚书的薪俸而不必辞谢,从此一切褒奖赏赐都不须辞谢。

世宗曾认为严嵩入值时所居的庐屋太狭隘,便撤下小殿的木材为他营造屋室,在里面种上花木，早晚还赐以御膳、法酒。严嵩年已八十，允许他乘坐轿子进入禁苑。世宗自从嘉靖十八年葬章圣太后以后，就不再上朝，自二十年发生宫婢之变（应是二十一年，宫婢杨金英曾谋杀世宗，未遂被处死）之后，就移居西苑万寿宫，不入大内，大臣都很难得谒见。独独只有严嵩能承蒙召见，皇上的信札有时一日数下，虽然是同列也不知道内容，所以严嵩的阴谋才能得逞。然而世宗虽然对严嵩甚为亲密和礼敬，但对他的话也不完全相信，间或由自己独断，或者故意表示异同，想以此稍微杀杀他的势力。严嵩父子独独得知世宗的弱点，想要救解什么人，严嵩必然顺着世宗的意见狠狠诋毁，然后婉转解释，以使世宗不忍心惩处。如果是想要排挤陷害什么人，必先称道他的优点，然后以含蓄的语言来攻击他，或者讲他触犯世宗忌讳和感到耻辱的事。所以他操纵转移世宗的喜怒，往往不会失误。士大夫辐辏一般依附严嵩。当时称文选郎中万采、职方郎中方祥为严嵩的文武管家。尚书吴鹏、欧阳必进、高耀、许论之流，都小心惴惴地侍奉严嵩。

严嵩握权长久，到处引用自己的人占据重要位置。世宗也渐渐厌烦他，而逐渐亲信徐阶。正逢徐阶所厚待的吴时来、张翀、董传策各自上疏论劾严嵩，于是严嵩秘密向世宗请求追查他们背后的主使者，下入诏狱，用尽办法审讯，也无所牵引。世宗便不再追问，而安慰严嵩留任，但他心中也不能毫无所动，徐阶因此得以乘间倾倒严嵩。吏部尚书出缺，严嵩极力拉扯欧阳必进充任，但只过了三个月便被罢斥。赵文华忤旨获罪，严嵩也不能赦免。有诏命让两个王子就婚于王府，严嵩力请留在宫内。世宗听了不高兴，严嵩也不能极力坚持。严嵩虽然机敏，能事先揣摩世宗的意旨，但世宗所下的手诏，语言大多弄不明白什么意思，只有严世蕃一览了然，所答无不中意。及至严嵩的妻子欧阳氏去世，严世蕃应当护丧归乡，严嵩请求留侍于京城中的官邸。世宗答应了，但从此不能进入严嵩值班的地方代替严嵩起草票拟，只是每日在家放纵淫乐。严嵩接受世宗的手诏，大多不能回答，便派遣使者拿着去问严世蕃。有时正赶上他沉迷于女乐，不能及时回答。宫中使者相继催促严嵩，严嵩不得已，只好自己来写，结果往往不合皇上的旨意。所呈进的青词，又有很多是让别人代笔的，不能精美，因此他渐渐失去世宗的欢心。正赶上万寿宫失火，严嵩请世宗暂且迁往南城离宫。南城，是英宗当太上皇时住的地方，世宗感到很不愉快。而徐阶营建万寿宫让世宗非常满意，世宗便更加亲近徐阶，召见问对很多不找严嵩，即使召见严嵩，也不过是祠祀鬼神方面的事。严嵩畏惧了，便设酒宴邀请徐阶，让家中人围着他下拜，举杯嘱托道："严嵩旦夕间就会死掉，这些人全靠公养育了。"徐阶辞谢说不敢当。

不久，世宗听纳方士蓝道行的话，有意除去严嵩。御史邹应龙避雨到太监家，知道了这件事，抗疏极力弹劾严嵩父子无视法纪，道："臣言如若不实，请斩臣头以谢严嵩、世蕃。"世宗降旨安慰严嵩，而以严嵩溺爱世蕃，辜负圣上的信任，令其致仕，乘驿车归里，由官府每年给米百石，而下严世蕃于大理寺监狱。严嵩为世蕃请罪，并请求缓解。世宗不听。法官奏论严世蕃及其儿子锦衣严鹄、严鸿，门客罗龙文，流放戍守边疆。诏旨表示同意，但特别宽宥严鸿为民，让他侍奉严嵩，而监禁他的家奴严年于牢狱，擢邹应龙为通政司参议。这是嘉靖四十一年五月的事。罗龙文为官中书，交通关节，以为奸利，而严年最为狡黠恶毒,就是士大夫争着叫"萼山先生"的那个人。

严嵩既已去朝,世宗追念他赞助祠祀之功,心里忽忽不乐,告诉徐阶想传位于太子,自己退居西内,专心祈求长生。徐阶极力陈述不可。世宗道:"卿等如果不同意我退位,就必须遵奉我的旨意,一起帮助我修炼长生之道才行。严嵩已经退职,其子严世蕃已经伏法,敢有再提起这事的,连同邹应龙一起处斩!"严嵩知道世宗想念自己,便贿赂世宗的左右,揭发蓝道行的隐私之事,系刑部狱,指望他牵引出徐阶来。但蓝道行不承认,坐论死罪,但得到释放。严嵩刚刚回到南昌,正值万寿节,让道士蓝田玉在铁柱宫作法事。蓝田玉善于召鹤,严嵩便取符箓,和自己写的《祈鹤文》一起奏上。世宗降诏褒奖。严嵩借机上言:"臣年八十有四,只有一个儿子世蕃,和孙儿严鹄都流戍远方,乞请移至近便之地以就赡养,让臣终老天年。"世宗不答应。

第二年,南京御史林润上奏:"江洋大盗有很多逃配军罗龙文、严世蕃的家中。罗龙文居于深山之中,乘轩车,穿蟒袍,有凭仗险阻、割据不臣之心。严世蕃获罪之后,与罗龙文每天诽谤时政。他们修建府第,役使民众四千人,道路之上都说他两人沟通倭寇,即将变生不测。"诏下林润负责逮捕,下法司判斩,俱都伏诛,贬黜严嵩及诸孙为民。严嵩窃据政权二十年,溺信恶子,流毒天下,人们都指斥他为奸臣。而坐严世蕃以大逆不道之罪,则是徐阶的意思。又过了两年,严嵩老病,寄食于守墓的屋舍而死去。

鄢懋卿传

【题解】

嘉靖(1522~1566)末年,作为严嵩之党遭到弹劾谪戍的官吏中,鄢懋卿是著名的一个,他的出名,还不仅在他阿附严氏父子,而更在于他的市权纳贿,奢靡无度。史书中记述说他"至文锦被厕装,白金饰溺器","制五彩舆,令十二女子舁之",为时人所侧目。著名清官海瑞便曾与之抗争,并因之罢官,鄢懋犯的贪婪成性也实在是惊人的。严嵩败后,他被御史弹劾落职,见同党有人匿藏严氏银八万两,还想方设法从中骗来两万,结果事情败露,被发戍边卫。这实在是罪有应得的下场。

【原文】

鄢懋卿,丰城人。由行人擢御史,屡迁大理寺少卿。三十五年,转左金都御史,寻进左副都御史。懋卿以才自负,见严嵩柄政,深附之,为嵩父子所昵。会户部以两浙、两淮、长芦、河东盐政不举,请遣大臣一人总理,嵩逆用懋卿。旧制,大臣理盐政,无总四运司者。至是懋卿尽握天下利柄,倚严氏父子,所至嗜权纳贿,监司郡邑吏膝行蒲伏。

懋卿性奢侈,至以文锦被厕装。白金饰溺器。岁时馈遗严氏及诸权贵,不可胜纪。其按部,常与妻偕行,制五朵舆,令十二女子舁之,道路倾骇。淳安知县海瑞、慈溪知县霍

与瑕,以抗忤罢去。御史林润尝劾懋卿要索属吏,饭遗钜万,滥受民讼,勒富人贿,置酒高会,日费千金,虐杀不辜,怨咨载路,苛敛淮商,几至激变,五大罪。帝置不问。四十年召为刑部右侍郎。两淮余盐,岁征银六十万两,及懋卿增至一百万。懋卿去,巡盐御史徐旷极言其害,乃复六十万之旧。

嵩败,御史郑洛劾懋卿即及大理寺卿万采朋奸黩货,两人皆落职。既而采匿严氏银八万两,懋卿绐得其二万,事皆露,两人先后戍边。

【译文】

鄢懋卿是丰城人,原任官行人,后升为御史,逐渐升为大理寺少卿。嘉靖三十五年,改任左佥都御史,不久升任左副都御史。鄢懋卿以有才能自负,看到严嵩当权,便全心依附他,得到严嵩父子的亲近。当时正值户部因两浙、两淮、长芦、河东的盐政发生困难,请求派遣一名大臣前往总理盐政,严嵩于是任用了鄢懋卿。明朝旧制规定,大臣办理盐政,没有总理四盐运司的安排,这样一来鄢懋卿便全部掌握了全国财入货利的大权,倚仗严氏父子,所到之处鬻权纳贿,监司郡邑的官吏见他时都跪行蒲伏于地。

鄢懋卿生性奢侈,甚至用彩锦装饰厕所,用白银装饰便溺器皿。每年按时节送给严氏和诸位权贵的财物,不可胜计。他外出视察时,经常与妻子同行,专制成五彩舆,让十二个女子抬着,道路上人们看到无不惊骇。淳安知县海瑞,慈谿知县霍与瑕,都因对抗他被罢官而去。御史林润曾经弹劾鄢懋卿索要属吏,行贿送礼以巨万计,滥受民间诉讼,勒索富人贿赂,设置酒宴聚会,每年花费达千金,虐待杀戮无辜之人,怨声载道,苛敛淮商财物,几乎导至激变,共五大罪状。世宗置之不问。嘉靖四十年召授他为刑部右侍郎。两淮的余盐,每年征收白银六十万两,到鄢懋卿掌盐政时增加到一百万两。鄢懋卿离任后,巡盐御史徐旷竭力上言其害处,于是又恢复征收六十万两的旧制。

严嵩倒台后,御史郑洛弹劾鄢懋卿和大理寺卿万采朋党为奸,贪财黩货,两人被免去职务。既而万采私藏严氏银八万两,鄢懋卿骗来其中二万两,事情都败露,两人被先后戍边。

马士英传

【题解】

马士英(约 1591~1646 年),贵阳人。进士出身,历任严州、河南、大同的知府。崇祯五年,擢升为右佥都御史,巡抚宣化府。不久,因盗用公款贿赂朝中显贵,获罪流放戍边。崇祯十五年,复被起用为兵部侍郎兼右佥都御史。清兵攻占北京后,马士英拥兵策立福王,因此而得到南明福王的侍重和宠信,马士英为人贪鄙,没有远略。独揽大权,把持朝政,打击排斥史可法等忠良贤能之士,网罗重用阮大铖等奸猾狡诈之辈。清兵占领南京,福王投降以后，马士英先后投奔鲁王朱以海和唐王朱聿键，均遭拒绝。关于马士英之死，有几种说法，一说他投降清军后被杀，一说他在与清军作战时被杀。

【原文】

马士英，贵阳人。万历四十四年，与怀宁阮大铖同中会试。又三年，士英成进士，授南京户部主事。天启时，迁郎中，历知严州、河南、大同三府。崇祯三年，迁山西阳和道副使。五年，擢右佥都御史，巡抚宣府。到官甫一月，檄取公帑数千金，馈遗朝贵，为镇守太监王坤所发，坐遣戍。寻流寓南京。时大铖名挂逆案，失职久废，以避流贼至，与士英相结甚欢。

大铖机敏猾贼，有才藻。天启初，由行人擢给事中，以忧归。同邑左光斗为御史有声，大铖倚为重。四年春，吏科都给事中缺，大铖次当迁，光斗招之。而赵南星、高攀龙、杨涟等以察典近，大铖轻躁不可任，欲用魏大中。大铖至，使补工科。大铖心恨，阴结中珰寝推大中疏。吏部不得已，更上大铖名，即得请。大铖自是附魏忠贤，与霍维华、杨维垣、倪文焕为死友，造百官图，因文焕达诸忠贤。然畏东林攻己，未一月遽请急归。而大中掌吏科，大铖愤甚，私谓所亲曰："我犹善归，未知左氏何如耳。"已而杨、左诸人狱死，大铖对客诩诩自矜。寻召为太常少卿，至都，事忠贤极谨，而阴虑其不足恃，每进谒，辄厚贿忠贤阍人，还其刺。居数月，复乞归。忠贤既诛，大铖函两疏驰示维垣。其一专劾崔、魏。其一以七年合算为言，谓天启四年以后，乱政者忠贤，而翼以呈秀，四年以前，乱政者王安，而翼以东林。传语维垣，若时局大变，上劾崔、魏疏，脱未定，则上合算疏。会维垣方并指东林、崔、魏为邪党，与编修倪元璐相诋，得大铖疏，大喜，为投合算疏以自助。崇祯元年，起光禄卿。御史毛羽健劾其党邪，罢去。明年定逆案，论赎徒为民，终庄烈帝世，废斥十七年，郁郁不得志。

流寇逼皖，大铖避居南京，颇招纳游侠为谈兵说剑，觊以边才召。无锡顾杲、吴县杨廷枢、芜湖沈士柱、余姚黄宗义、鄞县万泰等，皆复社中名士，方聚讲南京，恶大铖甚，作《留都防乱揭》逐之。大铖惧，乃闭门谢客，独与士英深相结。周延儒内召，大铖辇金钱要之维扬，求湔濯。延儒曰："吾此行，谬为东林所推。子名在逆案，可乎？"大铖沉吟久之，曰："瑶草何如？"瑶草，士英别字也，延儒许之。十五年六月，凤阳总督高斗光以失五城逮治。礼部侍郎王锡衮荐士英才，延儒从中主之，遂起兵部右侍郎兼右佥都御史，总督庐、凤等处军务。

永城人刘超者，天启中以征安邦彦功，积官至四川遵义总兵官，坐罪免，数营复官不得。李自成围开封，超请募士寇协击，乃用为保定总兵官，令率兵赴救。超惮不敢行，宿留家中，以私怨杀御史魏景琦等三家，遂据城反。巡抚王汉讨之，被杀。帝乃命士英偕太监卢九德、河南总兵官陈永福进讨。明年四月，围其城，连战，贼屡挫，筑长围困之。超官贵州时，与士英相识，缘旧好乞降。士英佯许之，超出见，不肯去佩刀。士英笑曰："若既归朝，安用此？"手解其刀。已，潜去其亲信，遂就缚。献俘于朝，磔死。时流寇充斥，士英捍御数有功。

十七年三月，京师陷，帝崩，南京诸大臣闻变，仓卒议立君。而福王由崧、潞王常淓俱避贼至淮安，伦序当属福王。诸大臣虑福王立，或追怨"妖书"及"梃击""移宫"等案；潞王立，则无后患，且可邀功。阴主之者，废籍礼部侍郎钱谦益，力持其议者兵部侍郎吕大器，而右都御史张慎言、詹事姜曰广皆然之。前山东按察使佥事雷演祚、礼部员外郎周镳往来游说。时士英督师庐、凤，独以为不可，密与操江诚意伯刘孔昭，总兵高杰、刘泽清、黄得功、刘良佐等结，而公致书于参赞机务兵部尚书史可法，言伦序亲贤，无如福王。可法意未决。及廷臣集议，吏科给事中李沾探士英指，面折大器。士英亦自庐、凤拥兵迎福王至江上，诸大臣乃不敢言。王之立，士英力也。

当王监国时，廷推阁臣，刘孔昭攘臂欲得之，可法折以勋臣无入阁例。孔昭乃讼言："我不可，士英何不可？"于是进士英东阁大学士兼兵部尚书、都察院右副都御史，与可法及户部尚书高弘图并命，士英仍督师凤阳。士英大惧，令高杰、刘泽清等疏趣可法督师淮、扬，而士英留辅政，仍掌兵部，权震中外。寻论定策功，加太子太师，荫锦衣卫指挥佥事。九月，叙江北历年战功，加少傅兼太子太师、建极殿大学士，荫子如前。十二月，进少师。明年，进太保。当是时，中原郡县尽失，高杰死睢州，诸镇权侔无统。左良玉拥兵上流，跋扈有异志。而士英为人贪鄙无远略，复引用大铖，日事报复，招权罔利，以迄于亡。

初，可法、弘图及姜曰广、张慎言等皆宿德在位，将以次引海内人望，而士英必欲起大铖。有诏广搜人材，独言逆案不可轻议。士英令孔昭及侯汤国祚、伯赵之龙等攻慎言去之，而荐大铖知兵。初，大铖在南京，与守备太监韩赞周昵。京师陷，中贵人悉南奔，大铖因赞周遍结之，为群奄言东林当日所以危贵妃、福王者，俾备言于王，以潜倾可法等。群奄更极口称大铖才，士英亦言大铖从山中致书与定策谋，为白其附珰赞导无实迹。遂命大铖冠带陛见。大铖乃上守江策，陈三要、两合、十四隙疏，并自白孤忠被陷，痛诋孙慎行、魏大中、左光斗，且指大中为大逆。于是大学士姜曰广、侍郎吕大器、怀远侯常延龄等并言大铖逆案巨魁，不可召。士英为大铖奏辨，力攻曰广、大器，益募宗室统镂、建安王统鎞辈，连疏交攻。而以大学士高弘图为御史时尝诋东林，必当右己，乃言"弘图素知臣者"。弘图则言先帝钦定逆案一书，不可擅改。士英与争，弘图因乞罢。士英意稍折，迟回月余，用安远侯柳祚昌荐，中旨起大铖，部添注右侍郎。左都御史刘宗周言："杀大中者魏珰，大铖其主使也。即才果足用，臣虑党邪害正之才，终病世道，大铖进退，实系江左兴亡，乞寝成命。"有旨切责。未几，大铖兼佥都御史，巡阅江防。寻转左侍郎。明年二月进本部尚书兼右副都御史，仍阅江防。

吕大器、姜曰广、刘宗周、高弘图、徐石麒皆与士英龃龉，先后罢归。士英独握大柄，内倚中官田成辈，外结勋臣刘孔昭、朱国弼、柳祚昌，镇将刘泽清、刘良佐等，而一听大铖计。尽起逆案中杨维垣、虞廷陛、郭如闇、周昌晋、虞大复、徐复阳、陈以瑞、吴孔嘉；其死者悉予赠印，而与张捷、唐世济等比；若张孙振、袁弘勋、刘光斗皆得罪先朝，复置言路为爪牙。朝政浊乱，贿赂公行。四方警报狎至，士英身掌中枢，一无筹书，日以锄正人引凶党为务。

初，举朝以逆案攻大铖，大铖憾甚。及见北都从逆诸臣有附会清流者，因倡言曰："彼攻逆案,吾作顺案与之对。"以李自成伪国号曰顺也。士英因疏纠从逆光时亨等;时亨名附东林,故重劾之。大铖又诬逮顾杲及左光斗弟光先下狱,劾周镳、雷缜祚杀之。时有狂僧大悲出语不类,为总督京营戎政赵之龙所捕。大铖欲假以诛东林及素所不合者,因造十八罗汉、五十三参之目,书史可法、高弘图、姜曰广等姓名,内大悲袖中,海内人望,无不备列。钱谦益先已上疏颂士英,且为大铖讼冤修好矣,大铖憾不释,亦列焉,将穷治其事。狱词诡秘,朝士皆自危,而士英不欲兴大狱,乃当大悲妖言律斩而止。

　　张缙彦以本兵首从贼,贼败,缙彦窜归河南,自言集义勇收复列城,即授原官,总督河北、山西、河南军务,便宜行事。其他大僚降贼者,贿入,辄复其官。诸白丁、隶役输重赂,立跻大帅。都人为语曰:"职方贱如狗,都督满街走。"其刑赏倒乱如此。大清兵抵宿迁、邳州,未几引还。史可法以闻,士英大笑不止,坐客杨士聪问故。士英曰:"君以为诚有是事耶? 乃史公妙用也。岁将暮,防河将吏应叙功,耗费军资应稽算,此特为序功、稽算地耳。"侍讲卫允文兼给事中,监高杰军。杰死,允文窥士英指,论可法督师为赘。士英即擢允文兵部右侍郎,总督杰营将士以分其权,可法益不得展布。

　　先是,左良玉接监国诏书,不肯拜,袁继咸强之,乃开读如礼。而属承天守备何志孔、巡按御史黄澍入贺,阴伺朝廷动静。澍挟良玉势,当陛见,面数士英奸贪不法,且言尝受张献忠伪兵部尚书周文江重贿,为题授参将,罪当斩。志孔亦论士英罔上行私诸罪。司礼太监韩赞周叱志孔退,士英跪乞处分,澍举笏直击其背曰:"愿与奸臣同死。"士英大号呼,王摇首不言者久之,赞周即执志孔候命。王因澍言意颇动,夜谕赞周,欲令士英避位。士英伪引疾,而赂福邸旧奄田成等向王泣曰:"上非马公不得立,逐马公,天下将议上背恩矣。且马公去,谁念上者?"王默然,即慰留士英。士英亦畏良玉,请释志孔,而命澍速还湖广。故都督掌锦衣卫刘侨者,尝遣戎,由周文江贿张献忠,受伪命,为锦衣指挥使。及良玉复蕲、黄,侨削发逃去,澍持之急。而士英纳侨贿,令讦澍,遂复侨官,削澍职。寻以楚府中尉言,逮澍。良玉令部将群哗,欲下南京索饷,因保救澍。袁继咸为上疏代澍申理,士英不得已,乃免逮。澍遂匿良玉军中,良玉与士英由此有隙。及伪太子狱起,良玉遂假为兵端。

　　太子之来也,识者指其伪,而都下士民哗然是之。时又有童氏者,自称王妃,亦下狱。督抚、镇将交章争太子及童妃事。王亟出狱词,遍示中外,众论益籍籍,谓士英等朋奸,导王灭绝伦理。澍在良玉军中,日夜言太子冤状,请引兵除君侧恶。良玉亦上疏请全太子,斥士英等为奸臣。又以士英裁其饷,大憾,移檄远近,声士英罪。复上疏言:"自先帝之变,士英利灾擅权,事事为难。逆案先帝手定,士英首翻之。要典先帝手焚,士英复修之。越其杰贪婪遣戎,滥授节钺。张孙振赃污绞犯,骤畀京卿。他如袁弘勋、杨文骢、刘泌、王燧、黄鼎等,或行同狗彘,或罪等叛逆,皆用之当路。已为首辅,用腹心阮大铖为添注尚书。又募死士伏皇城,诡名禁军,动曰废立由我。陛下即位之初,恭俭明仁,士英百计逛惑,进优童艳女,伤损盛德。复引用大铖,睚眦杀人,如雷缜祚、周镳等,锻炼周内,株连蔓引。尤其甚者,借三案为题,凡生平不快意之人,一网打尽。今天下士民,重足解体。目今皇太子至,授受分明。大铖一手握定,抹杀识认之方拱乾,而信朋谋之刘正宗,忍以十七年嗣君,付诸幽囚。凡有血气,皆欲寸磔士英、大铖等,以谢先帝。乞立肆市朝,传首抒愤。"疏上,遂引兵而东。

士英惧,乃遣阮大铖、朱大典、黄得功、刘孔昭等御良玉,而撤江北刘良佐等兵,从之西。时大清兵日南下,大理少卿姚思孝,御史乔可聘、成友谦请无撤江北兵,亟守淮、扬。士英厉声叱曰:"若辈东林,犹藉口防江,欲纵左逆入犯耶?北兵至,犹可议款。左逆至,则若辈高官,我君臣独死耳!"力排思孝等议,淮、扬备御益弱。会良玉死,其子梦庚连陷郡县,率兵至采石。得功等与相持,大铖、孔昭方虚张捷音,以邀爵赏,而大清兵已破扬州,逼京城。

五月三日,王出走太平,奔得功军。孔昭斩关遁。明日,士英奉王母妃,以黔兵四百人为卫,走浙江。经广德州,知州赵景和疑其诈,闭门拒守。士英攻破,执景和杀之,大掠而去。走杭州,守臣以总兵府为母妃行宫。不数日,大铖、大典、方国安俱仓皇至,则得功已兵败死,王被擒。次日,请潞王监国,不受。未几,大兵至,王率众降,寻同田妃北去。此即大器等之所议欲立者也。

杭州既降,士英欲谒监国鲁王,鲁王诸臣力拒之。大铖投朱大典于金华,亦为士民所逐,大典乃送之严州总兵方国安军。士英,国安同乡也,先在其军中。大铖掀髯指掌,日谈兵,国安甚喜。而士英以南渡之坏,半由大铖,而己居恶名,颇以为恨。已,我兵击败士英、国安。无何,士英、国安率众渡钱塘,窥杭州,大兵击败之,溺江死者无算。士英拥残兵欲入闽,唐王以罪大不许。明年,大兵剿湖贼,士英与长兴伯吴日生俱擒获,诏俱斩之。事具国史。大铖偕谢三宾、宋之晋、苏壮等赴江干乞降,从大兵攻仙霞关,僵仆石上死。而野乘载士英遁至台州山寺为僧,为我兵搜获,大铖、国安先后降。寻唐王走顺昌。我大兵至,搜龙扛,得士英、大铖、国安父子请王出关为内应疏,遂骈斩士英、国安于延平城下。大铖方游山,自触石死,仍戮尸云。

【译文】

马士英,贵阳人。万历四十四年,与怀宁人阮大铖一同通过会试。又过了三年,马士英成了进士,授官南京户部主事。天启年间,迁官郎中,历任严州、河南、大同的知府。崇祯三年,迁官山西阳和道副使。五年,擢升为右佥都御史,巡抚宣化府。到任只有一个月,他便用公文提取公款数千两黄金,赠送给朝中显费,结果为镇守宣化的太监王坤所揭发,坐罪流放戍边。不久,他就流寓南京。当时阮大铖列名于逆案之中,丢官后一直未被起用,因为逃避流贼而来到南京,与马士英相交,甚是投合。

阮大铖机敏奸猾,有文才。天启初年,由行人升为给事中,因居丧而告归。同县的左光斗提任御史,有名声,阮大铖倚为靠山。天启四年春,吏科都给事中空缺,阮大铖按次序该迁此官,左光斗就招他回朝。而赵南星、高攀龙、杨涟等认为,阮大铖轻狂浮躁,不可信任,想任用魏大中。阮大铖到京,让他补工科。阮大铖心中恼恨,便暗自勾结太监把推荐魏大中的奏疏压下。吏部不得已,只好改上阮大铖的名字,很快得到批准。从此阮大铖就依附魏忠贤,与霍维华、杨维垣、倪文焕为生死之交,造《百官图》,通过倪文焕呈交给魏忠贤。但他害怕东林党人攻击自己，未过一月，忽然请假急忙告归。于是魏大中又掌管了吏科给事中。阮大铖气坏了，私下对亲近的人说："我还能安然归乡，不知他姓左的要怎么样呢！"不久，杨涟、左光斗诸人都下狱而死，阮大铖对客人还诩诩然自夸先知。不久，他被召为太常少卿，来至都城，侍奉魏忠贤极为恭谨，但又暗自盘算他不足以仗恃，每次进谒魏忠贤，都贿赂看门人不少钱，把自己投进的各刺要回来。过了几个月，他又请求归家。魏忠贤既已被诛死，阮大铖写好两篇奏疏，装上函套，驰马寄送杨维垣。其一专门弹劾崔呈秀和魏忠贤，其一以"七年合算"为根据，说天启四年以后乱政的是魏忠贤，而以崔呈秀为辅，天启四年以前乱政的是王安，而以东林党为辅。他传话给杨维垣：如果时局大变，就呈上弹劾崔魏的奏疏，倘若时局未定，就呈上"七年合算"的奏疏。恰好杨维垣正在把东林与崔魏同指为邪党，与编修倪元璐相攻讦，收到阮大铖的奏疏，喜出望外，便呈上"合算"疏以自助。崇祯元年，起用阮大铖为光禄卿。御史毛羽健弹劾他党同奸邪，罢免。明年定逆党之案，判徒刑，赎为民，整个庄烈帝这一代，他被废斥了十七年，郁郁不得志。

流寇逼近皖省，阮大铖避居于南京，极力招纳游侠之客为他谈兵说剑，希图能以边帅之才被招用。无锡人顾杲、吴县人杨廷枢、芜湖人沈士柱、余姚人黄宗羲、鄞县人万泰，都是复社中的名士，正在南京聚会讲学。他们恨透了阮大铖，便写下《留都防乱揭》驱逐他。阮大铖害怕了，便闭门谢客，只与马士英深相勾结。周延儒被朝廷召用为相，阮大铖用车辇送金钱，拦邀于扬州，请求甄清自己的罪名而起用。周延儒道："我这次进京，是东林党推举的，你的名字在逆案之中，我能办到吗？"阮大铖沉吟了好久，道："马瑶草可以吧？"瑶草，是马士英的别字，周延儒答应了。崇祯十五年六月，凤阳总督高斗光因丢失五城而被捕治罪，礼部侍郎王锡衮荐举马士英有才干，周延儒从中做主，于是起用马士英为兵部右侍郎兼右佥都御史，总督庐州、凤阳等处军务。

永城人刘超，天启年间以征讨安邦彦之功，累官至四川遵义总兵官，因犯罪而免职，屡次营求恢复官职而未成。李自成包围开封，刘超请求招募土寇协助讨击，便被起用为保定总兵官。命他率兵赴开封救援。刘超畏惮不敢启行，留宿在家中，因私仇而杀死御史魏景琦等三家，于是占领县城而造反。巡抚王汉征讨他，结果被杀。庄烈帝便命马士英偕同太监卢九德、河南总兵官陈永福进讨。次年四月，包围永城，接连交战，屡次挫败贼兵，便修筑长围来封锁。刘超任官贵州时，与马士英相识，便凭借旧交情求降。马士英假装应许。刘超出城相见，不肯解去佩刀。马士英笑道："你既然归顺朝廷，还用它干什么？"亲手解下他的佩刀。然后悄悄疏散了刘超的亲信，刘超于是被擒。献俘于朝廷，碎磔而死。当时流寇充斥各地，马士英捍御流寇，屡次建功。

崇祯十七年三月，京师沦陷，庄烈帝驾崩。南京诸大臣闻知事变，急忙议论确立君主。而福王朱由崧、潞王朱常淓因为避贼到了淮安，按照亲属顺序，应该立福王。诸大臣顾虑如果福王为帝，可能要追怨"妖书""梃击""移宫"等案（明神宗宠幸郑贵妃，屡次要废掉太子，立郑贵妃之子福王朱常洵为继嗣，于是当时朝廷与皇帝、郑氏之间发生所谓"争国本"的争议，其间出现了几件"大案"，都是与太子、福王有关的。万历三十一年十一月,北京一夜之间洒遍一篇叫《续忧危竑议》的短文,大意是神宗虽然立了太子,但官属不备,其实准备日后更换,而朝廷中不少大臣则准备在福王登极后靖难勤王。这就是所谓"妖书"。神宗大怒,借机成狱,逮治支持太子的朝臣。万历四十三年,有张差者持棍闯入太子宫,打伤太监,当时人怀疑出于郑贵妃指使,意图谋杀太子。后以处死张差为结。此为"梃击案"。万历四十八年,神宗死,太子即位,为光宗,即位一月,因病服鸿胪寺丞李可灼所进红丸,遂死。时人疑为郑贵妃指使下毒。此为"红丸案"。廷臣担心光宗的选侍李民操纵国政,迫令迁出正宫。此为"移宫案"。"争国本"斗争的结果是福王朱常洵回到封地,始终未能做成皇帝,而于崇祯十四年李自成攻破洛阳时被杀。福王朱由崧即朱常洵之子;如果立潞王为帝,则没有后患,而且可以邀功。暗自主张这种意见的,是已被废免的礼部侍郎钱谦益,极力坚持此议的,是兵部侍郎吕大器,而右都御史张慎言、詹事姜曰广都赞成。前山东按察使佥事雷缜祚、礼部员外部周镳,则往来游说。当时马士英督师于庐州、凤阳,独独表示不同意,暗自与操江都督诚意伯刘孔昭,总兵高杰、刘泽清、黄得功、刘良佐等人勾结,而公开写信给参赞机务兵部尚书史可法,说按照伦常次序,论亲论贤,都不如福王。史可法主意未定。及至廷臣集议,吏科给事中李沾揣摩马士英的意图,当面反对吕大器。马士英也从庐、凤拥兵迎接福王于长江之上,诸大臣这才不敢说话。福王的被立,是靠马士英的力量。

福王监国,廷议推举入阁大臣,刘孔昭攘臂而争,想要入阁。史可法驳斥他,说没有勋臣入阁的先例(刘孔昭为开国元勋刘伯温的后代,嗣诚意伯)。刘孔昭便争道:"我不可以,马士英有什么不可以?"于是提升马士英为东阁大学士兼兵部尚书、都察院右副都御史,与史可法及户部尚书高弘图同为阁臣,但他仍督师于凤阳。马士英大怒,命高杰、刘泽清等上疏促使史可法督师淮扬,而让马士英留在南京辅政,仍然掌管兵部,权震中外。不久,论定策立福王之功,加马士英太子太师,荫子锦衣卫指挥佥事。九月,叙马士英历年在江北的战功,加少傅兼太子太师、建极殿大学士,荫子如前。十二月,位进少师。次年,进太保。在那个时候,中原的郡县全部丢失,高杰死于睢州,诸镇军帅权力相侔,无有统帅。左良玉拥兵于长江上流,跋扈飞扬有不轨之志。而马士英为人贪鄙,没有远略,再加上引用阮大铖,每日只搞报复,招权纳贿,直到灭亡。

开初,史可法、高弘图及姜曰广、张慎言等,都以德望资历在相位,准备逐次引用海内名士,而马士英偏要起用阮大铖不可。有诏令广泛搜罗人才,特别提到不可再轻易提起魏忠贤逆案的事。马士英命刘孔昭及侯爵汤国祚、伯爵赵之龙等攻讦张慎言,逼他去朝,而举荐阮大铖懂军事。开初,阮大铖在南京,与守备太监韩赞周亲昵。京师陷落,太监们全往南逃,阮大铖通过韩赞周与他们广泛结交,对这些阉人们讲当年东林党如何反对郑贵妃与福王朱常洵,让他们详细地说给福王朱由崧,以此来倾覆史可法等人。群阉更是对福王极口称赞阮大铖的才能,马士英也说阮大铖从山中给他写信,拥立福王有他一份功劳,还为他辩白说依附魏忠贤的事查无实据。于是便命阮大铖冠带陛见。阮大铖便呈上守卫长江的方略,陈述"三要、两合、十四隙"的奏疏,并辩解自己孤忠被陷害,痛诋孙慎行、魏大中、左光斗,并指斥魏大中为大逆不道。正当此时,大詹士姜曰广、侍郎吕大器、怀远侯常延龄等一起上疏说阮大铖为叛逆案的罪魁,不可招用。马士英为阮大铖上奏辩白,极力攻讦姜曰广、吕大器,极力网罗宗室朱统镁、建安王朱统镂之辈,接连上疏攻讦。但他认为高弘图担任御史时曾诋斥过东林党,所以必然站在自己一边,便说"弘图一向是了解臣的"。高弘图则正言先帝钦定逆案一书,不可擅自更改。马士英与他争论,高弘图便请求罢官。马士英的图谋稍受挫折,迟回一个多月,用安远侯柳祚昌之荐,由福王颁旨起用阮大铖为兵部添注右侍郎。左都御史刘宗周上言:"杀害魏大中的是逆珰魏忠贤,阮大铖则是其主使者。即使他的才能果然可用,臣仍然顾虑他的党邪害正之才,终究要危害世道。阮大铖的进退,确实关系着江左的兴亡,请求放弃成命。"福王降旨切责刘宗周。未过多久,阮大铖兼右佥都御史,巡阅江防。不久又转兵部左侍郎。明年二月,进兵部尚书兼右副都御史,仍巡阅江防。

吕大器、姜曰广、刘宗周、高弘图、徐石麒都与马士英龃龉不合,先后罢官而归。马士英独揽大权,内倚宦官田成等辈,外结勋臣刘孔昭、朱国弼、柳祚昌,镇将刘泽清、刘良佐等,而一切全听阮大铖的主意。逆案中的杨维垣、虞廷陛、郭如闇、周昌晋、虞大复、徐复阳、陈以瑞、吴孔嘉全部被起用;已经死的全部予以赠恤,而与张捷、唐世济等同样对待;象张孙振、袁弘勋、刘光斗这些得罪于先朝的,又把他们安排为言官以做爪牙。朝政浊乱,贿赂公行。四方的警报接连而至,马士英身掌中枢,毫无筹划,每日专以诛锄正士、拉拢凶党为要务。

开初,满朝官员都以逆案事攻击阮大铖,阮大铖恨透了。及至见到北京投降过李自成的大臣有靠近清流的,便倡言道:"他们攻讦逆案,我就搞一个'顺案'和他们作对。"因为李自成的国号叫"顺"。于是马士英便上疏追纠投降李自成的光时亨等人;因为光时亨名列东林党中,所以狠狠攻劾。阮大铖又诬陷顾杲及左光斗的弟弟左光先,逮捕入狱;奏劾周镳、雷缜祚,杀害了他们。当时有个叫大悲的疯和尚,说话很不正常,被总督京营戎政赵之龙所逮捕。阮大铖企图借以谋锄东林党人和平素与自己不合的人,于是编造"十八罗汉、五十三参"之名目,写下史可法、高弘图、姜曰广等人姓名,放进大悲和尚的衣袖中,海内有名望的人,无不包罗其中。钱谦益已经上疏颂扬马士英,并且与阮大铖修好了,阮大铖冤气不解,也把他的名字列上,准备穷究其事。狱词写得很诡秘,朝臣人人自危,但马士英不想兴大狱,只是以妖言律判斩大悲了事。

张缙彦以兵部尚书首先投降李自成,李自成失败,张缙彦窜归河南,自称召集义勇,收复数城,马士英便授以原职,总督河北、山西、河南军务,便宜行事。其他投降过李自成的大官,只要送来贿赂,就官复原职。诸如白丁、隶役,送进重赂,立刻可以位至大帅。都城中的人编成歌谣说:"职方贱如狗,都督满街走。"其刑赏颠倒混乱到如此地步。大清兵抵宿迁、邳州,不久退走(按:实际上是史可法收复宿迁等地)。史可法奏闻,马士英大笑不止,坐客杨士聪问起缘故。马士英道:"你以为真有这事吗?这是史公打的绝妙算盘呀。快到年底了,防河的将吏应该叙功,耗费的军资应该稽算,他这不过是为了叙功、稽算先做安排罢了。"侍讲卫允文兼给事中,监高杰军。高杰死了,卫允文揣摩马士英的意图,弹劾史可法督师只能累赘军队。马士英便提拔卫允文为兵部右侍郎,总督高杰旧部将士,以分割史可法的军权,史可法更加不能施展自己的方略了。

开始,左良玉接到监国的福王诏书,不肯拜受,袁继咸强行要求,他才按礼仪开读。但他安排承天府守备何志孔、巡按御史黄澍入朝祝贺,暗中窥伺朝廷动静。黄澍依仗左良玉的势力,在陛见福王时,当面责数马士英奸贪不法,并说他曾接受张献忠伪兵部尚书周文江的重贿,为其题请授官参将,此罪当斩。何志孔也劾论马士英欺罔君上以行奸私等罪。司礼太监韩赞周叱令何志孔退下,马士英跪下请求处分,黄澍举起笏板击他的后背,道:"愿与奸臣同死!"马士英大声号呼,福王摇头不语了很久,韩赞周便揪住何志孔等候福王的命令。福王听了黄澍的话,心中颇有震动,夜间谕令韩赞周,想让马士英避位。马士英佯装告病,而贿赂福王藩邸时的旧阉官田成等,向福王哭泣道:"皇上没有马公就不会被立,驱逐了马公,天下将议论皇上忘恩负义了。况且马公如去,还有谁顾念皇上呢?"福王默然,便慰留马士英。马士英也怕左良玉,请求释放何志孔,而命黄澍立即返还湖广。故都督掌锦衣卫刘侨,曾因罪流放戍边,通过周文江行贿张献忠,接受伪朝任命,担任锦衣指挥使。及至左良玉收复蕲州、黄州,刘侨便削发逃掉了,黄澍追查得很严急。而马士英收纳了刘侨的贿赂,让他攻讦黄澍,于是恢复了刘侨的官,却削去了黄澍的职。不久又以楚王府中尉的话为借口,逮捕了黄澍。左良玉命令部将哗变,准备沿江而下到南京索取军饷,借以保救黄澍。袁继咸为左良玉上疏,代黄澍申理,马士英不得已,只好释放了黄澍。黄澍便隐匿在左良玉军营中,左良玉与马士英从此有了裂痕。及至伪太子案发生,左良玉便借以为起兵的理由。

太子来到南京,有见识的人认定是假的,但都城的士民却哗然认为是真的。当时又有个童氏,自称是王妃,也被下入牢狱。督抚、镇将纷纷上奏章。争辩太子和童妃的事。福王赶快拿出狱中供词,遍示中外,但众人更加藉藉有言,说是马士英朋比为奸,导引福王灭绝伦理。黄澍在左良玉军中,日夜讲说太子被冤之状,蒋求率兵诛除君侧奸恶。左良玉也上疏请求保全太子,斥马士英等为奸臣。他又因为马士英裁减他的军饷,非常恼恨,便向远近各处传送檄文,声讨马士英之罪。他又上疏言道:"自从发生先帝之变,马士英利用灾难擅夺大权,事事与先帝为难。逆案是先帝亲手所定,马士英首先翻案。《要典》为先帝亲手焚毁,马士英重新修复。越其杰因贪婪而戍边,滥授以节钺。张孙振因赃污而判绞,骤升为京卿。其他如袁弘勋、杨文骢、刘泌、王燧、黄鼎等,或品行如猪狗,或罪恶等叛逆,皆用之于要职。自己为首辅,用心腹阮大铖为添注尚书。又招募敢死之士潜伏皇城,伪立名目曰禁军,实为控制皇位之废立。陛下即位之初,恭俭明仁,马士英百计诳惑,呈进优童艳女,损伤盛德。又引用阮大铖,以睚眦之怨杀人,如雷缜祚、周镳等人,锻炼周内,株连蔓引。最为甚者,借'三大案'(指梃击、红丸、移宫之案)为题目,凡属平生不快意之人,一网打尽。令天下士民,重足而立,纷然解体。目前皇太子至都城,交代分明。阮大铖一手控制,对认识太子的方拱乾全然抹杀,而信赖朋比为谋的刘正宗,忍心将十七年的嗣君,付诸幽囚。凡有血有气之人,都想寸磔马士英、阮大铖等,以谢先帝。乞请立刻处死于市朝,传其首级,以抒公愤!"疏奏递上,便引兵而东下。

马士英大惧,便派遣阮大铖、朱大典、黄得功、刘孔昭等抵御左良玉,而撤回江北刘良佐等人的军队,相随西进。当时清军日益南逼,大理少卿姚思孝、御史乔可聘、成友谦请求不要撤回江北兵,要加紧守卫淮、扬。马士英厉声叱道:"你们东林党,还借口防御长江,想纵使左逆入犯京师吗?清兵来到,还可以议款求和;左逆如至,则你辈得了高官,我们君臣就只有死路一条了!"坚决排斥姚思孝等的建议,淮、扬的防御力量更加削弱了。正好左良玉病死,其子左梦庚连连攻陷州县,卒兵抵达采石。黄得功等与之相持,阮大铖、刘孔昭正在虚张捷报,以邀爵赏,清兵已经攻破扬州,直逼南京了。

五月三日,福王出逃至太平,奔入黄得功军中。刘孔昭斩关而逃。次日,马士英奉福王母及妃子,以贵州兵四百人为护卫,逃往浙江。路经广德州,知州赵景和疑其有诈,闭门拒守。马士英攻破州城,捉住并杀死赵景和,大掠而去。逃至杭州,守臣把总兵府充作王母、王妃的行宫。没过几天,阮大铖、朱大典、方国安全都仓皇逃来,原来黄得功已经兵败战死,福王当了俘虏。次日,请潞王朱常淓监国,被拒不接受。没多久,清兵来到,潞王率众投降,很快就同王母、王妃一起逃往北方去了。这就是吕大器等人所议论要立为皇帝的人!

杭州既已投降,马士英想去投靠已经监国的鲁王朱以海,鲁王的诸臣坚决拒绝。阮大铖投奔朱大典于金华,也为士民所驱逐,朱大典便送他到严州总兵方国安的军中。马士英是方国安的同乡,已经先在他军中了。阮大铖掀髯抵掌,整日谈论兵法,方国安很是高兴。而马士英认为南渡朝廷的败坏,一半是由于阮大铖,而恶名却落到自己身上,很是恼恨。不久,清兵击败马士英、方国安。接着马士英、方国安率军渡过钱塘江,窥伺杭州,又被清兵击败,淹死在江中的难以计算。马士英率残兵想进入福建,在福州称帝的唐王朱聿键因其罪大,不肯答应。明年,清兵剿灭"湖贼",马士英与长兴伯吴日生俱被擒获,有诏俱被斩首。此事详载于国史。阮大铖偕同谢三宾、宋之晋、苏壮等奔至长江沿岸请求归降,随从清兵攻仙霞关,阮大铖僵仆于石上而死。而野史中记载,说马士英逃到台州山寺中当了和尚,被清兵搜查捉获,阮大铖、方国安先后归降。不久唐王朱聿键逃往顺昌。清兵赶到,搜查龙扛,发现马士英、阮大铖、方国安父子请求唐王出关,而他们做内应的书信,于是并排斩杀马士英、方国安于延平城下。阮大铖当时正在游山,自己触石而死,仍为清兵戮尸云。

李自成、张献忠传

【题解】

李自成(1607~1645),明末农民起义领袖。本名鸿基,陕西米脂县李继迁寨人。出身贫苦农家,幼年时给地主牧羊,长大后在银川当驿卒。崇祯二年(1629)起义,后为闯王高迎祥部下闯将,英勇善战,颇有谋略。八年(1635)正月各路起义军荥阳大会师,商议御敌之汁。李自成提出分兵定向,四路攻战的方案,为众首领赞同。次年,高迎祥被俘就义,自成被推举为闯王。转战各地,数历艰险,于十五年(1642)率五十轻骑进入河南。其时河南灾荒严重,民不聊生。他用李岩等提出的"均田免赋"等口号,得到了广大人民的欢迎,"杀牛羊,备酒浆,开了城门迎闯王,闯王来了不纳粮"等歌谣到处传唱。部队迅速壮大到百万人,成为明末农民起义军的主力。崇祯十六年(1643)在襄阳称新顺王。同年,歼明陕西总督孙传庭主力,乘胜进占西安。十七年(1644)建立大顺政权,年号永昌。不久攻克北京,推翻明王朝。由于起义军领袖犯了胜利时骄傲的错误,丧失了警惕;部分领导人享乐腐化,军队纪律松弛,使战斗力大大削弱。当明将吴三桂勾结清兵入关,联合进攻农民军时,李自成迎战失利,随之退出北京,率军在河南、陕西等地抗击清兵。虽仍有数十万之众,

李自成

却士无斗志,难挽败局。永昌二年(1645)在湖北通山九宫山被地主武装杀害。余部继续坚持抗清斗争。

张献忠(1606~1646),明末农民起义领袖,字秉吾,号敬轩。延安柳树涧(今陕西定边东)人。出身贫苦。最初从军,因被人陷害革去军籍。崇祯三年(1630)在米脂参加农民起义军,自号八大王。最初隶属于王自用,后来自成一军。崇祯八年参加十三家农民起义军荥阳大会,和高迎祥大举东征,攻破凤阳,焚毁明代皇陵,声势渐大。后来转战河南、陕西、河北、安徽等地。崇祯十一年,暂时投降兵部尚书熊文灿,驻兵谷城,但拒绝裁减军队和调度。次年再度起义。崇祯十三进兵四川,用"以走制敌"办法,拖垮官军。次年出川,攻破襄阳,粉碎敌人的围攻。崇祯十六年攻破武昌,自称大西王,随即放弃武昌,攻克长沙,进入江西,受到湘、赣农民的大力支持。次年又回到四川,于成都建立大西政权,即王位,年号大顺,为巩固政权,严厉镇压了贵族、官僚、地主的反抗。大顺三年(1646)清军南下,他引兵抗拒,在西充凤凰山中箭,被俘遇害。余部继续坚持抗清斗争。

【原文】

李自成,米脂人,世居怀远堡李继迁寨。守忠,无子,祷于华山,梦神告曰:"以破军星为若子。"已,生自成。幼牧羊于邑大姓艾氏,及长,充银川驿卒。善骑射,斗很无赖,数犯法。知县晏子宾捕之,将置诸死,脱去为屠。天启末,魏忠贤党乔应甲为陕西巡抚,朱童蒙为延绥巡抚,贪黩不诘盗,盗由是始。

崇祯元年,陕西大饥,延绥缺饷,固原兵劫州库。白水贼王二,府谷贼王嘉胤,宜川贼王左挂、飞山虎、大红狼等,一时并起。有安塞马贼高迎祥者,自成舅也,与饥民王大梁聚众应之。迎祥自称闯王,大梁自称大梁王。二年春,诏以杨鹤为三边总督,捕之。参政刘

应遇击斩王二、王大梁,参政洪承畴击破王左挂,贼稍稍惧。会京师戒严,山西巡抚耿如杞勤王兵哗而西,延绥总兵吴自勉、甘肃巡抚梅之焕勤王兵亦溃,与群盗合。延绥巡抚张梦鲸恚死,承畴代之,召故总兵杜文焕督延绥、固原兵,便宜剿贼。

三年,王左挂、王子顺、苗美等战屡败,乞降。而王嘉胤掠延安、庆阳间,杨鹤抚之,不听,从神木渡河犯山西。是时,秦地所征曰新饷,曰均输,曰间架,其目日增,吏因缘为奸,民大困。以给事中刘懋议,裁驿站,山、陕游民仰驿糈者,无所得食,俱从贼,贼转盛。兵部郎中李继贞奏曰:"延民饥,将尽为盗,请以帑金十万振之。"帝不听。而嘉胤已袭破黄甫川、清水、木瓜三堡,陷府谷、河曲。又有神一元、不沾泥、可天飞、郝临庵、红军友、点灯子、李老柴、混天猴、独行狼诸贼,所在蜂起,或掠秦,或东入晋。屠陷城堡。官兵东西奔击,贼或降或死,旋灭旋炽。延安贼张献忠亦聚众据十八寨,称八大王。

四年,孤山副将曹文诏破贼河曲,王嘉胤遁去。已,复自岳阳突犯泽、潞,为左右所杀,其党共推王自用号紫金梁者为魁。自用结群贼老回回、曹操、八金刚、扫地王、射塌天、阎正虎、满天星、破甲锥、邢红狼、上天龙、蝎子块、过天星、混世王等及迎祥、献忠共三十六营,众二十余万,聚山西。自成乃与兄子过往从迎祥,与献忠等合,号闯将,未有名。杨鹤抚贼不效被逮,洪承畴代鹤,张福臻代承畴,督诸将曹文诏、杨嘉谟剿贼,所向克捷,陕地略定。而山西贼大盛,剽掠宁乡、石楼、稷山、闻喜、河津间。

五年,贼分道四出,连陷大宁、隰州、泽州、寿阳诸州县,全晋震动。乃罢巡抚宋统殷,以许鼎臣代之,与宣大总督张宗衡分督诸将。宗衡督虎大威、贺人龙、左良玉等兵八千人,驻平阳,责以平阳、泽、潞四十一州县。鼎臣督张应昌、颇希牧、艾万年兵七千人,驻汾州,责以汾、太、沁、辽三十八州县。贼亦转入磨盘山,分众为三:阎正虎据交城、文水,窥太原;邢红狼、上天龙据吴城,窥汾州;自用、献忠突沁州、武乡,陷辽州。

六年春,官兵共进力击。自用惧,乞降於故锦衣金事张道浚。约未定,阳和兵袭之。贼怒,败约去。会总兵官曹文诏率陕西兵至,偕诸将猛如虎、虎大威、颇希牧、艾万年、张应昌等合剿,屡战皆大克,前后杀混世王、满天星、姬关锁、翻山动、掌世王、显道神等,破自用、献忠、老回回、蝎子块、扫地王诸贼。其后,自用又为川将邓玘射杀之。山西三大盗俱败。

初,贼之破泽州也,分其众,南逾太行,掠济源、清化、修武,围怀庆。官军击之,贼遁走。别贼复阑入西山,大掠顺德、真定间。大名道卢象升力战却贼。贼自邢台摩天岭西下,抵武安,败总兵左良玉,河北三府焚劫殆遍。潞王上疏告急,兼请卫凤、泗陵寝。诏特遣总兵倪宠、王朴率京营兵六千人,与诸将并进。贼闻之,欲从河内走太行。文诏邀击之,不敢进。

贼之败于山西者,亦奔河北合营,迎祥、自成、献忠、曹操、老回回等俱备。京兵蹙其后,左良玉、汤九州等扼其前,连战于青店、石冈、石坡、牛尾、柳泉、猛虎村,屡败之。贼欲逸,阻于河,大困。贼素畏文诏,道浚,道浚先坐事遣戍,文诏转战秦、晋、河北,遇贼辄大克,御史复劾其骄倨,调大同总兵去。贼遂诡辞乞降,监军太监杨进朝信之,为入奏。会天寒河冰合,贼突从毛家寨策马径渡。河南诸军无扼河者,贼遂连陷渑池、伊阳、卢氏三县。河南巡抚玄默率诸将盛兵待之，贼窜入卢氏山中，由间道直走内乡，掠郧阳，又分掠南阳、汝宁，入枣阳、当阳，逼湖广。巡抚唐晖敛兵守境。犯归、巴、夷陵等处，破夔州，攻广元，逼四川，所在告急。

七年春，特设山、陕、河南、湖广、四川总督，专办贼，以延绥巡抚陈奇瑜为之，以卢象升抚治郧阳，为奇瑜破贼延水关有威名，而象升历战阵知兵也。于是奇瑜自均州入，与象升并进，师次乌林关，斩贼数千级。贼走汉南，奇瑜以湖广不足忧，引兵西击。

始，贼自渑池渡河，高迎祥最强，自成属焉。及入河南，自成与兄子过结李牟、俞彬、白广恩、李双喜、顾君恩、高杰等自为一军。过、杰善战，君恩善谋。及奇瑜兵至，献忠等奔商、雒，自成等陷於兴安之车箱峡。会大雨两月，马乏刍多死，弓矢皆脱，自成用君恩计，贿奇瑜左右，诈降。奇瑜意轻贼，许之，檄诸将按兵毋杀，所过州县为具粮传送。贼甫渡栈，即大噪，尽屠所过七州县。而略阳贼数万亦来会，贼势愈张。奇瑜坐削籍，而自成名始著矣。

已，洪承畴代奇瑜，李乔巡抚陕西，吴甡巡抚山西。大学士温体仁谓甡曰："流贼癣疥疾，勿忧也。"未几，西宁兵变，承畴甫受命而东，闻变遽返。迎祥、自成遂入巩昌、平凉、临洮、凤翔诸府数十州县。败贺人龙、张天礼军，杀固原道陆梦龙。围陇州四十余日，承畴檄总兵左光先与人龙合击，大破之。会朝廷亦命豫、楚、晋、蜀兵四道入陕，迎祥、自成遂窜入终南山。已而东出，陷陈州、灵宝、汜水、荥阳，闻左良玉将至，移壁梅山、溱水间。部贼拔上蔡，烧汝宁郛。乃命承畴出关追贼，与山东巡抚朱大典并力击，贼侦知之。

八年正月大会于荥阳。老回回、曹操、革里眼、左金王、改世王、射塌天、横天王、混十万、过天星、九条龙、顺天王及迎祥、献忠共十三家七十二营，议拒敌，未决。自成进曰："一夫犹奋，况十万众乎！官兵无能为也。宜分兵定所向，利钝听之天。"皆曰："善。"乃议革里眼、左金王当川、湖兵，横天王、混十万当陕兵，曹操、过天星扼河上，迎祥、献忠及自成等略东方，老回回、九条龙往来策应。陕兵锐，益以射塌天、改世王。所破城邑，子女玉帛惟均。众如自成言。

先是，南京兵部尚书吕维祺惧贼南犯，请加防凤阳陵寝，不报。及迎祥、献忠东下，江北兵单，固始霍丘俱失守。贼燔寿州，陷颍州，知州尹梦鳌、州判赵士宽战死，杀故尚书张鹤鸣。乘胜陷凤阳，焚皇陵，留守署正朱国相等皆战死。事闻，帝素服哭，遣官告庙。逮漕运都御史杨一鹏弃市，以朱大典代之，大征兵讨贼。贼乃大书帜曰古元真龙皇帝，合乐大饮。自成从献忠求皇陵监小阉善鼓吹者，献忠不与。自成怒，偕迎祥西趋归德，与曹操、过天星合，复入陕西。献忠独东下庐州。

承畴方驰至汝州，命诸将左良玉、汤九州、尤世威、徐来朝、陈永福、邓玘、张应昌分扼湖广、河南、郧阳诸关隘，召曹文诏为中军。文诏未至，玘以兵乱死。迎祥、自成从终南山出，大掠富平、宁州。老回回、献忠、曹操、蝎子块、过天星诸贼，闻承畴出关，先后皆走陕西，焚掠西安、平凉、凤翔诸郡。承畴亟还救，分遣诸将击老回回等，令副总兵刘成功、艾万年击迎祥、自成于宁州。万年中伏战死，文诏怒，复击之，亦中伏战死。群贼乘胜掠地，火照西安城中。承畴力御之泾阳、三原间，决死战，贼不得过。献忠、老回回等由他道转突朱阳关,守关将徐来臣军溃死,尤世威中箭遁。于是群贼皆出关,分十三营东犯,而迎祥、自成独留陕西。

时卢象升已改湖广巡抚,总理直隶、河南、山东、四川、湖广诸军务。诏承畴督关中,象升督关外。贼亦分兵,迎祥略武功、扶风以西,自成略富平、固州以东。承畴遣将追自成,小捷,至醴泉。贼将高杰通于自成妻邢氏,惧诛,挟之来降。承畴身追自成,大战渭南、临潼,自成大败东走。迎祥亦屡败,东逾华阴南原,绝岭,偕自成出朱阳关,与献忠合。冬十一月,群贼薄阌乡,左良玉、祖宽御之不克,遂陷陕州,进攻雒阳。河南巡抚陈必谦督良玉、宽援雒阳,献忠走嵩、汝。迎祥、自成走偃师、巩县,略鲁山、叶县,陷光州,象升击败之确山。

九年春,迎祥、自成攻庐州,不拔。陷含山、和州,杀知州黎弘业及在籍御史马如蛟等。又攻滁州,知州刘大巩、太仆卿李觉斯坚守不下。象升亲督祖宽、罗岱、杨世恩等来援,战于朱龙桥,贼大败,尸咽水不流。北攻寿州,故御史方震孺坚守。折而西,入归德,边将祖大乐破之。走密、登封,故总兵汤九州战死。分道犯南阳、裕州,必谦援南阳,象升援裕,令大乐等击贼,杀迎祥、自成精锐几尽。贼复分兵再入陕,迎祥由郧、襄趋兴安、汉中,自成由南山逾商、雒,走延绥,犯巩昌北境。诸将左光先、曹变蛟破之,自成走环县。未几,官军败于罗家山,尽亡士马器仗,总兵官俞冲霄被执。自成势复振,进围绥德,欲东渡河,山西兵遏之。复西掠米脂,呼知县边大绶,曰:“此吾故乡也,勿虐我父老。”遗之金,令修文庙。将袭榆林,河水骤长,贼淹死甚众,乃改道,从韩城而西。

时象升及大乐、宽等皆入援京师。孙传庭新除陕西巡抚,锐意灭贼。秋七月,擒迎祥于盩厔,献俘阙下,磔死。于是贼党乃共推自成为闯王矣。是月,犯阶、徽。未几,出沔、陇,犯凤翔,渡渭河。

十年犯泾阳、三原。蝎子块、过天星俱来会。传庭督变蛟连战七日,皆克,蝎子块降。自成与过天星奔秦州。入蜀,陷宁羌,破七盘关,陷广元,总兵官侯良柱战死,遂连陷昭化、剑州、梓潼、江油、黎雅、青川等州县。剑州知州徐尚卿、吏目李英俊、昭化知县王时化、郫县主簿张应奇、金堂典史潘梦科皆死。进攻成都,七日不克,巡抚王维章坐避贼征。

十一年春,官军败贼梓潼,自成奔白水,食尽。承畴、传庭合击于潼关原,大破之。自成尽亡其卒,独与刘宗敏、田见秀等十八骑溃围,窜伏商、洛山中。其年,献忠降,自成势益衰。承畴改蓟辽总督,传庭改保定总督。传庭以疾辞,逮下狱。二人去,自成稍得安。总理熊文灿方主抚,谍者或报自成死,益宽之。

十二年夏,献忠反谷城。自成大喜,出收众,众复大集。陕西总督郑崇俭发兵围之,令曰“围师必缺。”自成乃由缺走,突武关,往依献忠。献忠欲图之,觉,遁去。杨嗣昌督师夷陵,檄令降,自成出谩语。官军围自成于巴西、鱼腹诸山中,自成大困,欲自经,养子双喜劝而止。贼将多出降。刘宗敏者,蓝田锻工也,最骁勇,亦欲降。自成与步入从祠,顾而叹曰:“人言我当为天子,盍卜之,不吉,断我头以降。”宗敏诺,三卜三吉。宗敏还,杀其两妻,谓自成曰:“吾死从君矣。”军中壮士闻之,亦多杀妻子愿从者。自成乃尽焚辎重,轻骑由郧、均走河南。河南大旱,斛谷万钱,饥民从自成者数万。遂自南阳出,攻宜阳,杀知县唐启泰。攻永宁，杀知县武大烈，戕万安王采铤。攻偃师，知县徐日泰骂贼死。时十三年十二月也。

自成为人高颧深頯，鸱目曷鼻，声如豺。性猜忍，日斮人斩足剖心为戏。所过，民皆保坞堡不下。杞县举人李信者，逆案中尚书李精白子也，尝出粟振饥民，民德之曰："李公子活我。"会绳伎红娘子反，掳信，强委身焉。信逃归，官以为贼，囚狱中。红娘子来救，饥民应之，共出信。卢氏举人牛金星磨勘被斥，私入自成军为主谋，潜归，事泄坐斩，已，得末减。二人皆往投自成，自成大喜，改信名曰岩。金星又荐卜者宋献策，长三尺余，上谶记云："十八子，主神器。"自成大悦。岩因说曰："取天下以人心为本，请勿杀人，收天下心。"自成从之，屠戮为减。又散所掠财物振饥民，民受饷者，不辨岩、自成也，杂呼曰："李公子活我。"岩复造谣词曰："迎闯王，不纳粮。"使儿童歌以相煽，从自成者日众。

十四年正月攻河南，有营卒勾贼，城遂陷，福王常洵遇害。自成兵汋王血，杂鹿醢尝之，名"福禄酒"。王世子由崧裸而逃。自成发王邸金振饥民，遂移攻开封。时张献忠亦陷襄阳，戕襄王翊铭。王开封者周王恭枵，闻贼至，急发库金募死士，与巡抚都御史高名衡等固守。自成攻七昼夜，解去，屠密县。贼魁罗汝才、土寇袁时中皆归自成。时中众二十万，号小袁营。汝才即曹操，与献忠同降复叛去者也。

自成初为迎祥裨将，至是势大盛。帝以故尚书傅宗龙为陕西总督，使专办自成，别敕保定总督杨文岳会师。宗龙驰入关，与巡抚汪乔年调兵，兵已发尽，乃檄河南大将李国奇、贺人龙兵隶部下，亟出关。文岳率虎大威军俱至新蔡，与自成遇。人龙卒先奔，国奇、大威继之，宗龙、文岳以亲军筑垒自固。夜，文岳兵溃奔陈州，宗龙与贼持数日，食尽，突围走，被执死。自成陷叶县，杀副将刘国能，遂围左良玉于郾城。乔年代宗龙总督，出关，次襄城，自成尽锐攻之，乔年与副将李万庆皆死。自成剚刃诸生百九十人。遂乘胜陷南阳、邓州十四城，再围开封。巡抚名衡、总兵陈永福力拒之，射中自成目，炮殪上天龙等，自成益怒。

自成每攻城，不用古梯冲法，专取瓴甋，得一砖即归营卧，后者必斩。取砖已，即穿穴穴城。初仅容一人，渐至百十，次第傅土以出。过三五步，留一土柱，系以巨缍。穿毕，万人曳缍一呼，而柱折城崩矣。名衡于城上凿横道，听其下有声，用毒秽灌之，多死。贼乃即城坏处用火攻法，实药瓮中，火燃药发，当者辄糜碎，名曰放迸。

十五年正月，城半圮，贼用放迸法攻之，铁骑数千驰噪，伺城颓即拥入城。城故宋汴都，金人所重筑也。厚数丈，土坚，火外击，贼骑多歼，自成骇而去。南陷西华，寻屠陈州，副使关永杰、知州侯君擢皆骂贼死。归德、睢州、宁陵、太康数十郡县，悉残毁。商丘知县梁以樟创死复苏，全家歼焉。

已，复攻开封，筑长围为持久计。诏起孙传庭为总督，释故尚书侯恂命督师，召左良玉援开封。良玉至朱仙镇，大败，奔襄阳，诸军皆屯河北，不敢进。开封食尽。山东总兵刘泽清亦奉诏至。传庭知开封急，大会诸将西安，亟出关来救。未至，名衡等议决朱家寨口河灌贼，贼亦决马家口河欲灌城。秋九月癸未，天大雨，二口并决，声如雷，溃北门入，穿东南门出，注涡水。城中百万户皆没，得脱者惟周王、妃、世子及抚按以下不及二万人。

贼亦漂没万余,乃拔营西南去。

先是,有马守应称老回回、贺一龙称革里眼、贺锦称左金王、刘希尧称争世王、蔺养成称乱世王者,皆附自成,时号"革左五营"。自成乃西迎传庭兵,遇于南阳,传庭军溃走,豫人所谓柿园之败也。是时大清兵南侵,京师方告急,朝廷不暇复讨贼。自成乃收群贼,连营五百余里,再屠南阳,进攻汝宁。总兵虎大威中炮死,杨文岳被杀。自成乃胁崇王由樻使从军,遂由确山、信阳、泌阳向襄阳。左良玉望风南走,自成入襄阳。分徇属城及德安诸州县,皆下,再破夷陵、荆门州。自成自攻荆州,湘阴王俨钘遇害,烧献陵木城,穿毁宫殿。

十六年春陷承天。将发献陵,有声震山谷,惧而止。旁掠潜山、京山、云梦、黄陂、孝感等州县,皆下。先驱逼汉阳,良玉走九江。攻郧阳,抚治都御史徐起元及王光恩力守不下。光恩,贼反正者也。

自成自号奉天倡义大元帅,号罗汝才代天抚民威德大将军。分其众,曰标营,领兵百队;曰先、后、左、右营,各领兵三十余队。标营白帜黑纛,自成独白鬃大纛银浮屠;左营帜白,右绯,前黑,后黄,纛随其色。五营以序直昼夜,次第休息,巡徼严密。逃者谓之落草,磔之。收男子十五以上、四十以下者为兵。精兵一人,主刍、掌械、执爨者十人。军令不得藏白金,过城邑不得室处,妻子外不得携他妇人。寝兴悉用单布幕。绵甲厚百层,矢炮不能入。一兵倅马三四匹,冬则以茵褥籍其蹄。剖人腹为马槽以饲马,马见人,辄锯牙思噬若虎豹。军止,即出较骑射,曰站队。夜四鼓,蓐食以听令。所过崇冈峻坂,腾马直上。水惟惮黄河,若淮、泗、泾、渭,则万众翘足马背,或抱鬣缘尾,呼风而渡,马蹄所壅阏,水为不流。临阵,列马三万,名三堵墙。前者返顾,后者杀之。战久不胜,马兵佯败诱官兵,步卒长枪三万,击刺如飞,马兵回击,无不大胜。攻城,迎降者不杀,守一日杀十之三,二日杀十之七,三日屠之。凡杀人,束尸为燎,谓之打亮。城将陷,步兵万人环堞下,马兵巡徼,无一人得免。献忠虽至残忍,不逮也。诸营较所获,马骡者上赏,弓矢铅铳者次之,币帛又次之,珠玉为下。

自成不好酒色,脱粟粗粝,与其下共甘苦。汝才妻妾数十,被服纨绮,帐下女乐数部,厚自奉养,自成尝嗤鄙之。汝才众数十万,用山西举人吉珪为谋主。自成善攻,汝才善战,两人相须若左右手。自成下宛、叶,克梁、宋,兵强士附,有专制心,顾独忌汝才。乃召汝才所善贺一龙宴,缚之,晨以二十骑斩汝才于帐中,悉兼其众。

自成在中州,所略城辄焚毁之。及渡汉江,谋以荆、襄为根本,改襄阳曰襄京,修襄王宫殿居之。改禹州曰均平府,承天府曰扬武州,他府县多所更易。

牛金星教以创官爵名号,大行署置。自成无子,兄子过及妻弟高一功,迭居左右,亲信用事。田见秀、刘宗敏为权将军,李岩、贺锦、刘希尧等为制将军,张鼐、党守素等为威武将军,谷可成、任维荣等为果毅将军,凡五营二十二将。又置上相、左辅、右弼、六政府侍郎、郎中、从事等官。要地设防御使,府曰尹,州曰牧,县曰令。封崇王由樻襄阳伯、邵陵王在城枣阳伯、保宁王绍坛宣城伯、肃宁王术授顺义伯。以张国绅为上相,牛金星为左辅,来仪为右弼。国绅,安定人,尝官参政。既降,献文翔凤妻邓氏以媚自成。自成恶其伤同类，杀之，而归邓氏于其家。六政府侍郎则石首喻上猷、江陵萧应坤、招远杨永裕、米脂李振声、江陵邓岩忠、西安姚锡胤，寻以宣城丘之陶代振声为兵政府侍郎。其余受伪职者甚众，不具载。

使高一功、冯雄守襄阳，任继光守荆州，蔺养成、牛万才守夷陵，王文曜守澧州，白旺守安陆，萧云林守荆门，谢应龙守汉川，周凤梧守禹州。于是河南、湖广、江北诸贼莫不听命。自成既杀汝才、一龙，又袭杀养成，夺守应兵，击杀袁时中于杞县。献忠方据武昌，自成遣使贺，且胁之曰："老回回已降，曹操辈诛死，行及汝矣。"献忠大惧，南入长沙。

当是时，十三家七十二营诸大贼，降死殆尽，惟自成、献忠存，而自成独劲，遂自称曰新顺王。集牛金星等议兵所向。金星请先取河北，直走京师。杨永裕请下金陵，断燕都粮道。从事顾君恩曰："金陵居下流，事虽济，失之缓。直走京师，不胜，退安所归，失之急。关中，大王桑梓邦也，百二山河，得天下三分之二，宜先取之，建立基业。然后旁略三边，资其兵力，攻取山西，后向京师，庶几进战退守，万全无失。"自成从之。

传庭之败于柿园而归陕也，大治兵，制火车二万辆，募壮士，使白广恩、高杰将，欲俟贼饥而击之。朝议日督战，不得已出关。以牛成虎、卢光祖为前锋，由灵宝入洛。高杰为中军，檄广恩从新安来会。河南将陈永福守新滩，四川将秦翼明出商、洛，为掎角。前锋败贼渑池，至宝丰，再拔其城。次郏，自成率万骑还战，复大败，几被擒。会天大雨，道泞，粮车不进。自成遣轻骑出汝州，要截粮道。传庭乃分军三，令广恩从大道，令高杰亲随从间道，迎粮，令永福守营。传庭既行，永福兵亦争发，不可禁，遂为贼所蹂。至南阳，传庭还战，贼阵五重，官军克其三。已而稍却，火车奔，骑兵亦大奔。贼纵铁骑践之，传庭大败。自成空壁追，一日夜逾四百里，官军死者四万余人，失兵器辎重数十万。传庭奔河北，转趋潼关，气败沮不复振。

冬十月，自成陷潼关，传庭死，遂连破华阴、渭南、华、商、临潼。进攻西安，守将王根子开东门纳贼。自成执秦王存枢以为权将军，永寿王谊经为制将军。巡抚冯师孔以下死者十余人，布政使陆之祺等俱降。自成大掠三日，下令禁止。改西安曰长安，称西京。赐顾君恩女乐一部，赏入关策也。大发民，修长安城，开驰道。自成每三日亲赴教场校射，百姓望见黄龙纛，咸伏地呼万岁。诸将白广恩、高汝利、左光先、梁甫先后皆降。陈永福以先射中自成目，保山巅不敢下，自成折箭为誓，招之，亦降。惟高杰以窃自成妻走延安，为李过所追，折而东，渡宜川，绝蒲津以守。

自成兵所至风靡，乃诣米脂祭墓。向为官军所发，焚弃遗骸，筑土封之。求其宗人，赠金封爵以去。改延安府曰天保府，米脂曰天保县，清涧曰天波府。凤翔不下，屠之。始，自成入陕西，自谓故乡，毋有侵暴，未一月抄掠如故。又以士大夫必不附己，悉索诸荐绅，搒掠征其金，死者瘗一穴。榆林故死守，李过等不能克，自成大发兵攻陷之。副使都任，总兵王世国、尤世威等，俱不屈死。乘胜取宁夏，屠庆阳，执韩王亶墭。移攻兰州，甘肃巡抚林日瑞等亦死。进陷西宁，于是肃州、山丹、永昌、镇番、庄浪皆降，陕西地悉归自成。又遣贼渡河，陷平阳，杀宗室三百余人。高杰奔泽州。诏以余应桂总督三边，收边兵剿贼，然全陕已没，应桂不能进。

十七年正月庚寅朔，自成称王于西安，僭国号曰大顺，改元永昌，改名自晟。追尊其曾祖以下，加谥号，以李继迁为太祖。设天佑殿大学士，以牛金星为之。增置六政府尚书，设弘文馆、文谕院、谏议、直指使、从政、统会、尚契司、验马寺、知政使、书写房等官。以乾州宋企郊为吏政尚书、平湖陆之祺为户政尚书、真宁巩焴为礼政尚书、归安张嶙然为兵政尚书。复五等爵，大封功臣，侯刘宗敏以下九人，伯刘体纯以下七十二人，子三十人，男五十五人。定军制。有一马巉行列者斩之，马腾入田苗者斩之。籍步兵四十万，马兵六十万。兵政侍郎杨王休为都肄，出横门，至渭桥，金鼓动地。令弘文馆学士李化鳞等草檄驰谕远近，指斥乘舆。是日，大风霾，黄雾四塞。事闻，帝大惊，召廷臣议。大学士李建泰请督师，帝许之。

时山西自平阳陷，河津、稷山、荣河皆陷，他府县多望风送款。二月，自成渡河，破汾州，徇河曲、静乐，攻太原，执晋王求桂，巡抚蔡懋德死之。北徇忻、代，宁武总兵周遇吉战死。自成先遣游兵入故关，掠大名、真定而北。身率众贼并边东犯，陷大同，巡抚卫景瑗、总兵朱三乐死。自成杀代王传烯，代藩宗室殆尽。犯宣府，总兵姜瓖迎降，巡抚朱之冯死。遂犯阳和，由柳沟逼居庸，总兵官唐通、太监杜之秩迎降。

三月十三日焚昌平，总兵官李守镃死。始，贼欲侦京师虚实，往往阴遣人赍重货，贾贩都市，又令充部院诸掾吏，探刺机密。朝廷有谋议，数千里立驰报。及抵昌平，兵部发骑探贼，贼辄勾之降，无一还者。贼游骑至平则门，京师犹不知也。十七日，帝召问群臣，莫对，有泣者。俄顷贼环攻九门，门外先设三大营，悉降贼。京师久乏饷，乘陴者少，益以内侍。内侍专守城事，百司不敢问。

十八日，贼攻益急，自成驻彰义门外，遣降贼太监杜勋缒入见帝，求禅位。帝怒，叱之。下，诏亲征。日暝，太监曹化淳启彰义门，贼尽入。帝出宫，登煤山，望烽火彻天，叹息曰："苦我民耳。"徘徊久之，归乾清宫，令送太子及永王、定王于戚臣周奎、田弘遇第，剑击长公主，趣皇后自尽。十九日丁未，天未明，皇城不守，鸣钟集百官，无至者。乃复登煤山，书衣襟为遗诏，以帛自缢于山亭，帝遂崩。太监王承恩缢于侧。

自成毡笠缥衣，乘乌驳马，入承天门。伪丞相牛金星，尚书宋企郊、喻上猷，侍郎黎志升、张嶙然等骑而从。登皇极殿，据御座，下令大索帝后，期百官三日朝见。文臣自范景文、勋戚自刘文炳以下，殉节者四十余人。宫女魏氏投河，从者二百余人。象房象皆哀吼流泪。太子投周奎家，不得入，二王亦不能匿，先后拥至，皆不屈，自成羁之宫中。长公主绝而复苏，舁至，令贼刘宗敏疗治。

已，乃知帝后崩，自成命以宫扉载出，盛柳棺，置东华门外，百姓过者皆掩泣。越三日己酉，昧爽，成国公朱纯臣、大学士魏藻德率文武百官入贺，皆素服坐殿前。自成不出，群贼争戏侮，为椎背、脱帽，或举足加颈，相笑乐，百官慑服不敢动。太监王德化叱诸臣曰："国亡君丧，若曹不思殡先帝，乃在此耶！"因哭，内侍数十人皆哭，藻德等亦哭。顾君恩以告自成，改殓帝后，用衮冕袆翟，加苇厂云。大学士陈演劝进，不许。封太子为宋王。放刑部、锦衣卫系囚。

自成自居西安，建置官吏，至是益尽改官制。六部曰六政府，司官曰从事，六科曰谏议,十三道曰直指使,翰林院曰弘文馆,太仆寺曰验马寺,巡抚曰节度使,兵备曰防御使,知府州县曰尹、曰牧、曰令。召见朝官,自成南向坐,金星、宗敏、企郊等左右杂坐,以次呼名,分三等授职。自四品以下少詹事梁绍阳、杨观光等无不污伪命,三品以上独用故侍郎侯恂。其余勋戚、文武诸臣奎、纯臣、演、藻德等共八百余人,送宗敏等营中,拷掠责赇略,至灼肉折胫,备诸惨毒。藻德遇马世奇家人,泣曰:“吾不能为若主,今求死不得。”贼又编排甲,令五家养一贼,大纵淫掠,民不胜毒,缢死相望。征诸勋戚大臣金,金足辄杀之。焚太庙神主,迁太祖主于帝王庙。

时贼党已陷保定,李建泰降,畿内府县悉附。山东、河南遍设官吏,所至无违者。及淮,巡抚路振飞发兵拒之,乃去。自成谓真得天命,金星率贼众三表劝进,乃从之,令撰登极仪,诹吉日。及自成升御座,忽见白衣人长数丈,手剑怒视,座下龙爪鬣俱动,自成恐,亟下。铸金玺及永昌钱,皆不就。闻山海关总兵吴三桂兵起,乃谋归陕西。

初,三桂奉诏入援,至山海关,京师陷,犹豫不进。自成劫其父襄,作书招之,三桂欲降。至滦州,闻爱姬陈沅被刘宗敏掠去,愤甚,疾归山海,袭破贼将。自成怒,亲部贼十余万,执吴襄于军,东攻山海关,以别将从一片石越关外。三桂惧,乞降于我大清。四月二十二日,自成兵二十万,阵于关内,自北山亘海。我兵对贼置阵,三桂居右翼末,悉锐卒搏战,杀贼数千人,贼亦力斗,围开复合。战良久,我兵从三桂阵右突出,冲贼中坚,万马奔跃,飞矢雨堕,天大风,沙石飞走,击贼如雹。自成方挟太子登高冈观战,知为我兵,急策马下冈走。我兵追奔四十里,贼众大溃,自相践踏死者无算,僵尸遍野,沟水尽赤。自成奔永平,我兵逐之。三桂先驱至永平,自成杀吴襄,奔还京师。

时牛金星居守,诸降人往谒,执门生礼甚恭。金星曰:“讹言方起,诸君宜简出。”由是降者始惧,多窜伏矣。自成至,悉熔所拷索金及宫中帑藏、器皿,铸为饼,每饼千金,约数万

陈圆圆

饼,骡车载归西安。二十九日丙戌僭帝号于武英殿,追尊七代皆为帝后,立妻高氏为皇后。自成被冠冕,列仗受朝。金星代行郊天礼。是夕焚宫殿及九门城楼。诘旦,挟太子、二王西走,而使伪将军左光先、谷可成殿。

五月二日,我大清兵入京师,下令安辑百姓,为帝后发丧,议谥号,遣将偕三桂追自成。时福王已监国南京,大学士史可法督师讨贼。自成至定州,我兵追之,与战,斩谷可成,左光先伤足,贼负而逃。自成西走真定,益发众来攻,我兵复击之。自成中流矢创甚,

西逾故关,入山西。会我兵东返,自成乃鸠合溃散,走平阳。

李岩者,故劝自成以不杀收人心者也。及陷京师,保护懿安皇后令自尽。又独于士大夫无所拷掠,金星等大忌之。定州之败,河南州县多反正,自成召诸将议,岩请率兵往。金星阴告自成曰:"岩雄武有大略,非能久下人者。河南,岩故乡,假以大兵,必不可制。十八子之谶,得非岩乎?"因潜其欲反。自成令金星与岩饮,杀之,贼众俱解体。

自成归西安,复遣贼陷汉中,降总兵赵光远,进略保宁。时献忠以兵拒之,乃还。八月建祖祢庙成,将往祀,忽寒栗不能就礼。自成始以岩言,谬为仁义,及岩死,又屡败,复强很自用,伪尚书张第元、耿始然皆以小忤死。制铜铡,官吏坐赃,即铡斩。民盗一鸡者死。西人大惧。

顺治二年二月,我兵攻潼关,伪伯马世耀以六十万众迎战,败死。潼关破,自成遂弃西安,由龙驹寨走武冈,入襄阳,复走武昌。我兵两道追蹑,连蹙之邓州、承天、德安、武昌,穷追至贼老营,大破之者八。当是时,左良玉东下,武昌虚无人。自成屯五十余日,贼众尚五十余万,改江夏曰瑞符县。寻为我兵所迫,部众多降,或逃散。自成走咸宁、蒲圻,至通城,窜于九宫山。秋九月,自成留李过守寨,自率二十骑略食山中,为村民所困,不能脱,遂缢死。或曰村民方筑堡,见贼少,争前击之,人马俱陷泥淖中,自成脑中锄死,剥其衣,得龙衣金印,眇一目,村民乃大惊,谓为自成也。时我兵遣识自成者验其尸,朽莫辨。获自成两从父伪赵侯、伪襄南侯及自成妻妾二人,金印一。又获伪汝侯刘宗敏、伪总兵左光先、伪军师宋献策。于是斩自成从父及宗敏于军。牛金星、宋企郊等皆遁亡。

自成兄子过改名锦,偕诸贼帅奉高氏降于总督何腾蛟。时唐王立于闽,赐锦名赤心,封高氏忠义夫人,号其军曰忠贞营,隶腾蛟麾下。永明王时,赤心封兴国侯,寻死。

张献忠者,延安卫柳树涧人也,与李自成同岁生,长隶延绥镇为军,犯法当斩,主将陈洪范奇其状貌,为请于总兵官王威释之,乃逃去。

崇祯三年,陕西贼大起,王嘉胤据府谷,陷河曲。献忠以米脂十八寨应之,自称八大王。明年,嘉胤死,其党王自用复聚众三十六营,献忠及高迎祥、罗汝才、马守应等皆为之渠。其冬,洪承畴为总督,献忠及汝才皆就抚。已而叛入山西,偕群贼焚掠。寻扰河北,又偕渡河。自是,陕西、河南、湖广、四川、江北数千里地,皆被蹂躏。当此之时,贼渠率众无专主,遇官军,人自为斗,胜则争进,败则窜山谷不相顾。官军遇贼追杀,亦不知所逐何贼也。贼或分或合,东西奔突,势日强盛。

八年,十三家会荥阳,议敌官军。守应欲北渡,献忠嗤之,守应怒,李自成为解,乃定议。献忠始与高迎祥并起作贼,自成乃迎祥偏裨,不敢与献忠并。乃是遂相颉颃,与俱东掠,连破河南、江北诸县,焚皇陵。已而迎祥、自成西去。献忠独东,围庐州、舒城,俱不下。攻桐城,陷庐江,屠巢、无为、潜山、太湖、宿松诸城,应天巡抚张国维御之。献忠从英、霍遁,道麻城,合守应等入关,会迎祥于凤翔。已,复出商、洛,屯灵宝,以待迎祥。迎祥至,则合兵复东。总兵官左良玉、祖宽击之,献忠与迎祥分道走。宽追献忠,战于嵩县及九皋山,三战皆克,俘斩甚众。献忠恚,再合迎祥众还战,复大败。迎祥寻与自成入陕西,而守应、汝才诸贼,各盘踞郧阳、商、洛山中,不能救,献忠亦遁山中。

明年秋，叫督卢象升去，苗胙土巡抚湖广，不习兵。于是献忠自均州，守应自新野，蝎子块自唐县，并犯襄阳，众二十余万。总兵秦翼明兵寡不能御，湖广震动。献忠纠汝才、守应及闯塌天诸贼，顺流东下，与江北贼贺一龙、贺锦等合，烽火达淮、扬。南京兵部尚书范景文、操江都御史黄道直、总兵官杨御蕃分汛固守，安池道副使史可法亲率兵当贼冲。贼从间道犯安庆，连营百里，巡抚国维告警。诏左良玉、马爌、刘良佐合兵援之，遂大破贼。贼走潜山之天王古寨，国维檄良玉搜山，良玉不应，寻北去。贼乃复出太湖，连蕲、黄，败官军于鄹家店，杀参将程龙、陈于王等四十余人。会总兵官牟文绶偕良佐来援，复破贼。贼皆遁，献忠入湖广。

是时，河南、湖广贼十五家，惟献忠最狡黠骁勃，次则汝才。献忠尝伪为官兵，欲绐宛城，良玉适至，献忠仓皇走，前锋罗岱射之中额，良玉马追及，刃拂献忠面，马驰以免。会熊文灿为总理，刊檄抚贼。闯塌天者，本名刘国能，与献忠有郤，诣文灿降。献忠创甚，不能战，大恐。

十一年春，侦知陈洪范隶文灿麾下为总兵，大喜，因遣间赍重币献洪范曰："献忠蒙公大恩，得不死，公岂忘之邪？愿率所部降以自效。"洪范亦喜，为告文灿，受其降。巡按御史林铭球、分巡道王瑞梅与良玉谋，俟献忠至执之，文灿不可。献忠遂据谷城，请十万人饷，文灿不敢决。时群贼皆聚南阳，屠掠旁州县。文灿赴裕州，益大发檄抚贼。汝才以战败乞降于太和山监军太监李继改。明年，射塌天、混十万、过天星、关索、王光恩等十三家渠帅，先后俱降。陕西总督洪承畴、巡抚孙传庭复大破李自成，自成窜崤、函山中，朝廷皆谓贼扑剪殆尽。

献忠在谷城，训卒治甲仗，言者颇疑其欲反。帝方信兵部尚书杨嗣昌言，谓文灿能办贼，不复忧也。夏五月，献忠叛，杀知县阮之钿，隳谷城，陷房县，合汝才兵，杀知县郝景春。十三家降贼一时并叛，惟王光恩不从。献忠去房县，左良玉追击之，罗岱为前锋，至罗猴山，岱中伏死，良玉大败。

嗣昌已拜大学士，乃自请督师，帝大悦。十月朔，嗣昌至襄阳，集诸将议进兵。时群贼大掠，贺一龙、贺锦犯随、应、麻、黄，与官军相持。汝才及过天星窜伏漳、房、兴、远，献忠踞湖广、四川界，将西犯。嗣昌视东略稍缓，乃宿辎重襄阳，浚濠筑城甚固，令良玉专力剿献忠。

十三年闰正月，良玉击贼枸坪关，献忠遁，追至玛瑙山。贼据山拒敌，良玉先登，贺人龙、李国奇夹击，大败之，斩首千三百余级，擒献忠妻妾。湖广将张应元、汪之凤追败之水右坝。川将张令、方国安又邀击于岔溪。献忠奔柯家坪，张令逐北深入，被围，应元、之凤援之，复破贼。献忠率千余骑窜兴、归山中，势大蹙。

初，良玉之进兵也，与嗣昌议不合。献忠遣间说良玉，良玉乃围而弗攻。献忠因得与山民市盐刍米酪，收溃散，偃旗息鼓，益西走白羊山。时汝才及过天星从宁昌窥大昌、巫山，欲渡江，为官兵所扼。献忠至，遂与之合。献忠虽累败，气益盛，立马江岸，有不前赴者，辄戮之。贼争死斗，官军退走。贼毕渡，屯万顷山，归、巫大震。已而汝才、过天星犯开县不利，汝才东走，过天星复轶开县而西。诸将往复追逐，献忠乃悉众攻楚兵于土地岭，副将汪之凤战死。遂陷大昌，进屯开县，张令战死，石柱女土司秦良玉亦败。汝才复自东至，与献忠转趋达州。川抚邵捷春退扼涪江。贼北陷剑州，将入汉中。总兵官赵光远、贺人龙守阳平、百丈险，贼不得过，乃复走巴西。涪江师溃，捷春论死。献忠屠绵州，越成都，陷泸州，北渡陷永州，走汉川、德阳，入巴州。又自巴走达州，复至开县。

先是，嗣昌闻贼入川，进驻重庆。监军万元吉曰："贼或东突，不可无备，宜分中军间道出梓潼，扼归路。"嗣昌不听，拟令诸将尽赴泸州追贼。

十四年正月，总兵猛如虎、参将刘士杰追之开县之黄陵城，贼还战，官军大败，士杰及游击郭开等皆死。献忠果东出，令汝才拒郧抚袁继咸兵，自率轻骑，一日夜驰三百里，杀督师使者于道，取军符，绐陷襄阳城。献忠缚襄王翊铭置堂下，属之酒曰："我欲借王头，使杨嗣昌以陷藩诛，王其努力尽此酒。"遂杀之，并杀郧襄道张克俭、推官邝曰广，复得其所失妻妾。又去陷樊城、当阳、郑。合汝才入光州，残商城、罗山、息县、信阳、固始。分军犯茶山、应城、陷随州。伪张良玉帜，入泌阳。再攻应山，不克，去。攻郧阳，守将王光恩力战，始解。又拔郧西，群盗附者万计，遂东略地。

献忠自玛瑙山之败，心畏良玉，及屡胜，有骄色。秋八月，良玉追击之信阳，大破之，降贼众数万。献忠伤股，乘夜东奔，良玉急追之。会大雨，江溢道绝，官军不能进，献忠走免。已，复出商城，将向英山，又为副将王允成所破，众道散且尽，从骑止数十。时汝才已先与自成合，献忠遂投自成，自成以部曲遇之，不从。自成欲杀之，汝才谏曰："留之使扰汉南，分官军兵力。"乃阴与献忠五百骑，使遁去。道纠土贼一斗谷、瓦罐子等，众复盛，然犹佯推自成。先是，贼营革、左二贺陷含、巢、潜诸县，欲西合献忠，以湖广官兵沮不得达。及汴围急，督师丁启睿及左良玉皆往援汴，献忠乘间陷亳州，入英、霍山中，与革、左二贺相见，皆大喜。

明年合攻，陷舒城、六安，掠民益军。陷庐州，知府郑履祥死。陷无为、庐江，习水师于巢湖。太监卢九德以总兵官黄得功、刘良佐之兵战于夹山，败绩，江南大震。凤阳总督高斗光、安庆巡抚郑二阳逮治，诏起马士英代斗光。是秋，得功、良佐大破贼于潜山，献忠腹心妇竖尽走蕲水，革、左二贺北投自成。已，献忠复袭陷太湖。会良玉避自成东下，尽撤湖广兵自从，献忠闻之，又袭陷黄梅。

十六年春，连陷广济、蕲州、蕲水。入黄州，黄民尽逃，乃驱妇女铲城，寻杀之以填堑。麻城人汤志者，大姓奴也，杀诸生六十人，以城降贼。献忠改麻城为州。又西陷汉阳，全军从鸭蛋洲渡，陷武昌，执楚王华奎，笼而沈诸江，尽杀楚宗室。录男子二十以下、十五以上为兵，余皆杀之。由鹦鹉洲至道士洑，浮胔蔽江，逾月人脂厚累寸，鱼鳖不可食。献忠遂僭号，改武昌曰天授府，江夏曰上江县。据楚王第，铸西王之宝，伪设尚书、都督、巡抚等官。开科取士。以兴国州柯、陈两姓土官悍勇，招降之。题诗黄鹤楼。下令发楚邸金振饥民。蕲、黄等二十一州县悉附。

时李自成在襄阳，闻之忌且怒，贻书谯责。左良玉兵复西上，伪官吏多被擒杀。献忠惧，乃悉众趋岳州、长沙。于是监军道王瑞、沔阳知州章旷、武昌生员程天一、白灵寨长易道三皆起兵讨贼，蕲、黄、汉阳三府皆反正。献忠遂陷咸宁、蒲圻，逼岳州。沅抚李乾德、总兵孔希贵等据陈陵矶拒战，三战三克，歼其前部。献忠怒，百道并进，乾德等不支，皆走，岳州陷。献忠欲渡洞庭湖，卜于神，不吉，投珓而询。将渡，风大作，献忠怒，连巨舟千艘，载妇女焚之，水光夜如昼。骑而逼长沙，巡按刘熙祚奉吉王、惠王走衡州，总兵尹先民降，长沙陷。寻破衡州，吉王、惠王、桂王俱走永州。乃拆桂府材，载至长沙，造伪殿，而自追三王于永。熙祚命中军护三王入广西，身入永死守，城陷见杀。又陷宝庆、常德，发故督师杨嗣昌祖墓，斩其尸见血。攻道州，守备沈至绪战殁，其女再战，夺父尸还，城获全。遂东犯江西，陷吉安、袁州、建昌、抚州、永新、安福、万载、南丰诸府县。广东大震，南、韶属城官民尽逃。贼有献计取吴、越者，献忠惮良玉在，不听，决策入川中。

十七年春陷夔州，至万县，水涨，留屯三月。已，破涪州，败守道刘麟长、总兵曹英兵。进陷佛图关。破重庆，瑞王常浩遇害。是日，天无云而雷，贼有震者。献忠怒，发巨炮与天角。遂进陷成都，蜀王至澍率妃、夫人以下投于井，巡抚龙文光被杀。是时我大清兵已定京师，李自成遁归西安。南京诸臣尊立福王，命故大学士王应熊督川、湖军事，兵力弱，不能讨贼。献忠遂僭号大西国王，改元大顺。冬十一月庚寅，即伪位，以蜀王府为宫，名成都曰西京。用汪兆麟为左丞相，严锡命为右丞相。设六部五军都督府等官，王国麟、江鼎镇、龚完敬等为尚书。养子孙可望、艾能奇、刘文秀、李定国等皆为将军，赐姓张氏，分徇诸府州县，悉陷之。保宁、顺庆先已降自成，置官吏，献忠悉逐去。自成发兵攻，不克，遂据有全蜀。惟遵义一郡及黎州土司马金坚不下。

献忠黄面长身虎颔，人号黄虎。性狡谲，嗜杀，一日不杀人，辄悒悒不乐。诡开科取士，集于青羊宫，尽杀之，笔墨成丘冢。坑成都民于中园。杀各卫籍军九十八万。又遣四将军分屠各府县，名草杀。伪官朝会拜伏，呼癸数十下殿，癸所嗅者，引出斩之，名天杀。又创生剥皮法，皮未去而先绝者，刑者抵死。将卒以杀人多少叙功次，共杀男女六万万有奇。贼将有不忍至缢死者。伪都督张君用、王明等数十人，皆坐杀人少，剥皮死，并屠其家。胁川中士大夫使受伪职，叙州布政使尹伸、广元给事中吴宇英不屈死。诸受职者，后寻亦皆见杀。其惨虐无人理，不可胜纪。又用法移锦江，涸而阙之，深数丈，埋金宝亿万计，然后决堤放流，名水藏，曰："无为后人有也。"当是时，曾英、李占春、于大海、王祥、杨展、曹勋等义兵并起，故献忠诛杀益毒。川中民尽，乃谋窥西安。

顺治三年，献忠尽焚成都宫殿庐舍，夷其城，率众出川北，又欲尽杀川兵。伪将刘进忠故统川兵，闻之，率一军逃。会我大清兵至汉中，进忠来奔，乞为乡导。至盐亭界，大雾。献忠晓行，猝遇我兵于凤凰坡，中知坠马，蒲伏积薪下。于是我兵擒献忠出，斩之。

川中自遭献忠乱，列城内杂树成拱，狗食人肉若猛兽虎豹，啮人死辄弃去，不尽食也。民逃深山中，草衣木食久，遍体皆生毛。献忠既诛，贼党可望、能奇、文秀、定国等溃入川南，杀曾英、李乾德等，后皆降于永明王。

【译文】

李自成，米脂县人，世世代代居住在怀远堡李继迁寨。他的父亲李守忠因为没有儿子，就到华山去祷告，梦见神灵告诉说："让破军星做你的儿子。"那以后，就生了自成。小时在本县姓艾的富豪家放羊，长大后，当了银川驿站的驿卒。擅长骑马射箭，打斗凶狠刁钻强横，屡屡犯法。知县晏子宾逮捕了他，将要把他处死，李自成逃离后当了屠户。天启末年，魏忠贤的党羽乔应甲任陕西巡抚，朱童蒙任延绥巡抚，他们只顾贪图财利而不去查办盗贼，盗贼从此开始兴起。

崇祯元年，陕西大饥荒，延绥缺乏粮饷，固原的士兵抢劫州府的库房。白水的盗贼王二，府谷的盗贼王嘉胤，宜川的盗贼王左挂、飞山虎、大红狼等，同时一齐起事。有个叫高迎祥的安塞马贼，是自成的舅舅，与饥民王大梁一起聚众响应他们。迎祥自称"闯王"，大梁自称"大梁王"。崇祯二年春天，皇帝任命杨鹤为三边总督，缉捕他们。参政刘应遇出击斩杀了王二、王大梁，参政洪承畴打败王左挂，盗贼逐渐感到恐惧。恰巧京都因事戒严，山西巡抚耿如杞救援王朝的部队哗变后向西开拔，延绥总兵吴自勉、甘肃巡抚梅之焕的勤王部队也溃散了，与众盗贼的队伍会合。延绥巡抚张梦鲸被活活气死，洪承畴接替他，召用前总兵杜文焕督率延绥、固原的部队，命他因利乘便，相机剿贼。

崇祯三年，王左挂，王子顺、苗美等屡次战败，乞求投降。而王嘉胤在延安、庆阳之间抢掠，杨鹤招抚他们，不肯听从，竟从神木渡过黄河进犯山西。这时，秦地所征收的赋税有的叫"新饷"，有的叫"均输"，有的叫"间架"，名目日益增多，官吏借机作恶，牟取私利，百姓非常困苦。根据给事中刘懋的主张，削减了驿站，山、陕地区仰仗驿站吃饭的游民，无处觅食，就都追随盗贼，盗贼转而多起来。兵部郎中李继贞上书皇帝说："延安的民众闹饥荒，将要全去当盗贼了，请用十万两库银来赈济他们。"皇帝不采纳。这时王嘉胤已攻克黄甫川，清水、木瓜三座城堡，攻陷府谷、河曲。又有神一元、不沾泥、可天飞、郝临庵、红军友、点灯子、李老柴、混天猴及独行狼等盗贼，到处蜂拥而起，有的劫掠秦地，有的向东入晋，攻占城堡，残害人命。官军东西奔驰追击他们，盗贼有的投降有的战死，一会儿被消灭了，一会儿又兴旺起来。延安的盗贼张献忠也聚众盘踞十八个寨子，号称"八大王"。

崇祯四年，孤山副将曹文诏在河曲打败盗贼，王嘉胤逃走。随后，他又从岳阳突然进犯泽州、潞州，被他的左右随从杀死，同伙一致推举外号叫"紫金梁"的王自用当首领。王自用联合群贼老回回、曹操、八金钢、扫地王、射塌天、阎正虎、满天星、破甲锥、邢红狼、上天龙、蝎子块、过天星、混世王等及高迎祥、张献忠共三十六营，二十余万人，聚集在山西。李自成于是同侄子李过一道去追随高迎祥，与张献忠等会合，号称"闯将"，还没有什么名望。杨鹤因招抚盗贼无成效被朝廷逮捕，洪承畴接替杨鹤，张福臻接替洪承畴，监督曹文诏、杨嘉谟等将领清剿盗贼，所到之处都打了胜仗，陕西地区略为安定了。然而山西的盗贼却十分兴旺，他们在宁乡、石楼、稷山、闻喜、河津之间抢掠。

崇祯五年，流贼分路四面出击，接连攻陷大宁、隰州、泽州、寿阳等州县，整个山西都震动了。于是罢免了山西巡抚宋统殷，派许鼎臣接替他，许鼎臣与宣大总督张宗衡分别督率各部将领。宗衡督率虎大威、贺人龙、左良玉等部八千人，驻守平阳，负责平阳、泽州、潞州等四十一个州县的防务。鼎臣督率张应昌、颇希牧、艾万年等部七千人，驻守汾州，负责汾州、太原、沁州、辽州等三十八个州县的防务。流贼也转移到磨盘山，把部众分为三路:阎正虎占据交城、文水,窥伺太原;邢红狼、天上龙占据吴城,窥伺汾州;王自用、张献忠突袭沁州、武乡,攻破辽州。

崇祯六年春天,官军共同进兵,奋力出击。王自用感到害怕,就向前锦衣佥事张道浚乞降。条约还没有商定,阳和的军队袭击了王自用。贼寇发怒,毁约离去。恰巧总兵官曹文诏率领陕西的官军来到,会同猛如虎、虎大威、颇希牧、艾万年、张应昌等将领联合进剿,多次战斗都大胜,先后杀了混世王、满天星、姬关锁、翻山动、掌世王、显道神等人,打败了自用、献忠、老回回、蝎子块、扫地王等贼寇。这以后,自用又被四川将领邓玘射死。山西的三支强大的盗贼部队都被打败了。

当初,流贼攻破泽州时,分出一部分人,向南越过太行山,劫掠了济源、清化、修武等地,围攻怀庆。官军追击他们,流贼就逃走了。另外的流贼又窜入西山,在顺德、真定间大肆劫掠。大名道卢象升奋力作战打退了流贼。贼寇从邢台摩天岭西边下山,到达武安,打败总兵左良玉,黄河以北三府几乎全遭焚烧抢掠。潞王向皇帝上书告急,并请求保卫凤阳、泗州的皇家陵墓寝庙。皇帝下令特派总兵倪宠、王朴率领京城的守卫部队六千人,与众将领一道进剿。流贼听到这一消息后,想从河内奔向太行山。曹文诏截击了他们,于是不敢前进。

在山西战败的流贼,也逃往黄河以北汇合,高迎祥、李自成、张献忠、曹操、老回回等都到了。京城的官军在后面紧逼,左良玉、汤九州等部在前面扼守,连续在青店、石冈、石坡、牛尾、柳泉、猛虎村交战,多次打败流贼。贼寇想逃跑,被黄河拦阻,处境极为困难。流贼一向害怕曹文诏、张道浚,道浚先因事犯罪被谪贬戍边,曹文诏转战秦、晋及黄河以北地区,遇到盗贼就打大胜仗,御史再次弹劾他骄狂傲慢,被调到大同去当总兵。流贼于是诈称投降,监军太监杨进朝相信他们,替他们上奏朝廷。恰巧天气寒冷,黄河河面上全结了冰,流贼突然从毛家寨策马径直渡过黄河。河南各部官军没有扼守黄河的,流贼就连续攻陷渑池、伊阳、卢氏三县。河南巡抚玄默率领各将官以强大兵力对付他们,流贼逃入卢氏山中,由小道径自奔向内乡,劫掠郧阳,又分兵劫掠南阳、汝宁,攻入枣阳、当阳,侵逼湖广。巡抚唐晖聚集兵士守卫辖区。流贼进犯归州、巴东、夷陵等地,攻破夔州,进攻广元,逼近四川,所到之处纷纷告急。

崇祯七年春天,朝廷特别设置了山西、陕西、河南、湖广、四川总督,专门办理讨贼事宜,派延绥巡抚陈奇瑜担任此职,派卢象升安抚管理郧阳,因为奇瑜曾在延水关打败流贼,颇有威名,而象升经历战阵通晓军事。于是奇瑜从均州入湖广,与象升一起进军,部队驻扎在乌林关,杀死贼寇几千人。流贼逃奔汉南,奇瑜认为湖广不值得担心,就领兵向西进击。

当初,流贼从渑池渡黄河时,高迎祥部最强大,李自成隶属于他。等到进入河南后,自成和侄子李过联合李牟、俞彬、白广恩、李双喜、顾君恩、高杰等独自建立一支军队。李过、高杰善于作战,顾君恩擅长谋划。等到陈奇瑜的军队追来时,张献忠等奔往商、雒地区,李自成等在兴安的车箱峡陷入困境。赶巧下了两个月大雨,战马缺乏草料大多饿死,弓箭都脱落散架。自成采用君恩的计策,贿赂奇瑜身边的人,假装要投降。奇瑜思想上轻视流贼，就答应了，发文书晓谕各将领约束兵士不要追杀他们，所过州县准备好干粮递送给他们。贼兵刚刚过了栈道，立即大声喧嚷，杀遍了经过的七个州县。而且略阳的几万贼兵也来会合，流贼的势力更加扩大。奇瑜获罪被革职，而李自成的名声开始昭著。

接着，洪承畴接替陈奇瑜的职务，李乔任陕西巡抚，吴甡任山西巡抚。大学士温体仁对吴甡说："流贼只不过是轻微的祸害，不用担心。"不久，西宁官军哗变，洪承畴刚刚接受命令向东进发，听说兵变后急速返回。高迎祥、李自成于是进入巩昌、平凉、临洮、凤翔各府的几十个州县。打败贺人龙、张天礼的军队，杀了固原道的陆梦龙。围困陇州四十多天，洪承畴发文书命总兵左光先与贺人龙合力进击，大败流贼。恰巧朝廷也命令豫、楚、晋、蜀的驻军分四路进入陕西，高迎祥、李自成于是逃入终南山。随即向东出击，攻陷了陈州、灵宝、汜水、荥阳。听说左良玉将要来到，就把军营转移到梅山、溱水之间。部分流贼攻占了上蔡，烧了汝宁的外城。朝廷就命令洪承畴出潼关追赶流贼，与山东巡抚朱大典合力进击，流贼侦察到了这一情况。

崇祯八年正月贼寇在荥阳会师。老回回、曹操、革里眼、左金王、改世王、射塌天、横天王、混十万、过天星、九条龙、顺天王及迎祥、献忠共十三家七十二营，共同商量抵御敌人的办法，未做出决定。李自成献计说："一个人尚且要奋战，何况我们多达十万人呢！官军没有办法对付我们。应当分兵数路，各定进攻的方向，成败听凭天意。"大家都说："同意。"于是议定革里眼、左金王抵挡四川、湖广的官军，横天王、混十万抵挡陕西的官军，曹操、过天星扼守黄河，高迎祥、张献忠及李自成等夺取东部地区，老回回、九条龙往来接应，配合作战。因陕西的官军精锐，所以增派了射塌天、改世王。所攻占的城镇，获得的男女玉帛一律均分。大家都按照李自成提出的办法去做。

在这以前，南京兵部尚书吕维祺担心流贼向南方进犯，请求加强凤阳先帝陵墓寝殿的防卫，朝廷没给答复。等到高迎祥、张献忠率部东下，江北兵力单薄，固始、霍丘便都失守。流贼焚烧寿州，攻陷颍州，知州尹梦鳌、州判赵士宽战死，前任尚书张鹤鸣被杀。乘胜攻陷凤阳，焚烧皇陵，留守署正朱国相等人都战死了。此事上报朝廷后，皇帝穿着白色衣服痛哭，派官员到太庙祭告。逮捕漕运都御史杨一鹏，将他斩首示众，派朱大典接替他，大力征集军队以讨伐流贼。流贼就在旗帜上用大字写着"古元真龙皇帝"，众乐合奏，开怀畅饮。李自成向张献忠要看守皇陵的官署中擅长鼓吹乐的小太监，张献忠不给。自成发怒，同高迎祥一道西奔归德，与曹操、过天星会合，再次进入陕西。张献忠独自东下去了庐州。

洪承畴此时正赶到汝州，命令左良玉、汤九州、尤世威、徐来朝、陈永福、邓玘、张应昌诸将分别扼守湖广、河南、郧阳各个关口险要之处，征召曹文诏任中军。文诏还没有到任，邓玘就因军队叛乱而丧命。迎祥、自成从终南山出来，在富平、宁州大肆劫掠。老回回、献忠、曹操、蝎子块、过天星等流贼，听说洪承畴出潼关，先后都跑到陕西，焚烧抢掠西安、平凉、凤翔各郡。洪承畴急忙回师援救，分派各将士攻老回回等，命令副总兵刘成功、艾万年在宁州攻打迎祥、自成。艾万年中了埋伏战死，曹文诏发怒，再次进攻，也中埋伏战死了。群贼乘胜夺取地盘，杀人放火，火光照射到西安城里。洪承畴在泾阳、三原之间奋力抵御,决死战斗,流贼不能通过。献忠、老回回等从另一条路转攻朱阳关,守关将领徐来臣在军队溃败后死去,尤世威中箭逃跑。于是群贼都出了潼关,分为十三营向东进犯,而迎祥、自成则率部单独留在陕西。

这时卢象升已改任湖广巡抚,总揽直隶、河南、山东、四川、湖广等地军务。皇帝命令洪承畴督率关中诸军,卢象升督率关外诸军。流贼的部队也分开活动,高迎祥掠取武功、扶风以西地区,李自成掠取富平、固州以东地区。洪承畴派将领追击李自成,获小胜,进驻醴泉。贼将高杰和自成妻子邢氏私通,怕被诛杀,就挟持邢氏前来投降。洪承畴亲自追击李自成,在渭南、临潼激战,自成大败向东逃跑。迎祥也屡次战败,就向东越过华阴南面的原野,翻过山岭,同李自成一起出了朱阳关,与张献忠会合。冬季十一月,群贼迫近阌乡,左良玉、祖宽抵挡不住,于是贼寇攻陷了陕州,进而攻打雒阳。河南巡抚陈必谦督促左良玉、祖宽授救雒阳,张献忠撤往嵩县、汝州。迎祥、自成撤往偃师、巩县,夺取鲁山、叶县,攻占光州,卢象升在确山打败了他们。

崇祯九年春天,高迎祥、李自成攻打庐州,未能攻下。攻破了含山、和州,杀了知州黎弘业及居于本籍的御史马如蛟等人。又攻打滁州,知州刘大巩、太仆卿李觉斯坚守州城,没能攻下。卢象升亲自督率祖宽、罗岱、杨世恩等将领前来援救,双方在朱龙桥交战,贼寇大败,尸体充塞河道,河水因此断流。流贼向北攻打寿州,前任御史方震孺坚决守卫。转而向西,进入归德,边将祖大乐打败了他们。逃往密县、登封,前任总兵汤九州战死。贼寇又分路进犯南阳、裕州,陈必谦援救南阳,卢象升援救裕州,命令祖大乐等攻打贼寇,几乎把高迎祥、李自成的精锐部队杀尽。流贼重新分兵再次进入陕西,高迎祥从郧阳、襄阳奔向兴安、汉中,李自成从南山越过商、雒,奔往延绥,进犯巩昌北部地区。左光先、曹变蛟各将领打败了他,自成逃到环县。不久,官军在罗家山失败,人马器械全部丧失,总兵官俞冲霄被抓获。李自成的势力再次兴起,进军围攻绥德,想东渡黄河,山西的官军挡住了他。又向西夺取米脂,喊来知县边大绶,说道:"这是我的故乡,不许虐待我的父老乡亲!"留给他钱,叫他修建文庙。准备袭击榆林,黄河水暴涨,很多贼兵被淹死,于是改变进军路线,从韩城向西去。

当时卢象升及祖大乐、祖宽等都入京救援去了。孙传庭新任陕西巡抚,决心要剿灭流贼。秋季七月,在盩厔擒获高迎祥,押往京城到宫门前献俘,被肢解而死。于是贼徒们就共同推举李自成为闯王。这个月,进犯了阶州、徽州。不久,从汧州、陇州出发,进犯凤翔,渡过渭河。

崇祯十年,进犯泾阳、三原。蝎子块、过天星都来会合。孙传庭督率曹变蛟连续作战七天,都取得胜利,蝎子块投降。李自成与过天星逃往秦州。进入四川,攻陷宁羌,击破七盘关,占领广元,总兵官侯良柱战死,于是接连攻陷了昭化、剑州、梓潼、江油、黎雅、青川等州县。剑州知州徐尚卿、吏目李英俊、昭化知县王时化、郫县主簿张应奇、金堂典史潘梦科等都被杀死。进攻成都,七天没有攻下,巡抚王维章因犯躲避盗贼罪被惩治。

崇祯十一年春天,官军在梓潼打败流贼,李自成逃往白水,粮食已耗尽。洪承畴、孙传庭在潼关原野合力进击,大败贼寇。李自成丧失了全部人马,只同刘宗敏、田见秀等十八人骑马突围，逃到商、洛山中躲起来。这一年，张献忠投降朝廷，李自成的势力更加衰弱。洪承畴改任蓟辽总督，孙使庭改任保定总督。孙传庭托病推辞，被逮捕入狱。这两个人离去，李自成稍稍得以安定。总理熊文灿正主张招抚，有探子报告说自成死了，他就更加松懈了。

崇祯十二年夏天，张献忠在谷城造反。李自成非常高兴，出山招回部众，部众又大量聚集。陕西总督郑崇俭派兵包围他们，下令说"包围敌军一定要留缺口"。李自成就从缺口逃走，突破武关，去依附张献忠。张献忠想算计他，李自成发觉后逃走了。杨嗣昌在夷陵督率部队，发文书叫他投降，李自成谎言相欺。官军把李自成围困在巴西、鱼复的群山里，李自成的处境非常困难，想上吊自杀，被养子李双喜劝住。贼将大多出山投降。有个叫刘宗敏的人，是蓝田的铁匠，最勇猛，他也想投降。李自成同他走入一座乡野林间的神祠，望着他叹气说："有人说我应当做皇帝，何不去占卜一下，如果不吉利，你就砍下我的头去投降吧！"刘宗敏答应了，占卜了三次都吉利。刘宗敏回去，杀了他的两个妻子，对李自成说："我誓死跟随您了！"军队里的壮士听说后，也有许多人杀了妻子愿意追随。李自成于是把辎重全部烧掉，率领轻装的骑兵由郧阳、均州奔向河南。河南正闹大旱，一斛谷贵至一万钱，饥民跟随李自成的有好几万人。于是自成率众从南阳出发，攻打宜阳，杀了知县唐启泰。攻打永宁，杀了知县武大烈，还残害了万安王朱采𨱑。攻打偃师，知县徐日泰咒骂流贼后殉难。当时是崇祯十三年十二月。

李自成长得颧骨高突头顶凹陷，鹰鹰一般的眼，鹞鸟一样的鼻，声音像豺狼嗥叫。生性猜疑残忍，每天以杀人砍脚挖心来取乐。他经过的地方，百姓都守住土堡不出来。杞县有个叫李信的举人，是卷入叛逆案的尚书李精白的儿子，曾经拿出粮食赈济饥民，饥民感激他说："李公子救活了我！"正巧绳技女艺人红娘子造反，掳走了李信，强行嫁给他。李信逃了回来，官府却把他当强盗，囚禁在监狱里。红娘子来救人，饥民们响应她，一道救出了李信。卢氏举人牛金星参加会试，复核试卷时被斥退，偷偷地加入李自成的部队为他们出谋划策，后又秘密地回家，事情暴露被判斩首，随后，得以减刑免死。这两个人都去投奔李自成，自成非常高兴，把李信的名字改为李岩。牛金星又引荐一个搞占卜的宋献策，他身长才三尺多，献上预言未来的文字说："十八子，登帝位。"李自成非常高兴。李岩趁机进言道："夺取天下要以人心为根基，请不要杀人，以获取天下的民心。"李自成听从他，减少了杀戮。又散发抢来的财物赈济饥民，得到粮饷的饥民，分不清李岩、李自成，笼统地喊："李公子救活了我。"李岩又编歌谣说："迎闯王，不纳粮。"让儿童歌唱以煽动群众，追随李自成的人一天天增多。

崇祯十四年正月进攻河南府，有官军士兵勾结流贼，府城于是陷落，福王朱常洵遇害。李自成的士兵舀了福王的血，混在鹿肉酱里品尝，取名叫"福禄酒"。福王的长子朱由崧光着身子逃走。李自成散发王府的钱财赈济饥民，接着就移师进攻开封。当时张献忠也攻陷了襄阳，杀了襄王朱翊铭。在开封当王的周王朱恭枵，听说流贼来犯，急忙分发府库的钱财招募敢死队，与巡抚都御史高名衡等一起坚守。李自成攻打了七昼夜未能破城，就解围离去，屠戮了密县。流贼头目罗汝才、当地草寇袁时中都归附了李自成。袁时中所部多达二十万人，号称"小袁营"。罗汝才就是前面提过的曹操，他是和张献忠一道投降朝廷后又叛离的。

李自成当初是高迎祥的副将，到这时他的势力已非常强盛。皇帝任命前任尚书傅宗龙为陕西总督，让他专门处理进剿李自成的事，另外命令保定总督杨文岳前来与宗龙会师。傅宗龙飞马入潼关，与巡抚汪乔年一起调兵，兵已被派光了，于是发文书令河南大将李国奇、贺人龙的军队隶属其部下，急速出关。杨文岳率领虎大威的军队一起到达新蔡，与李自成遭遇。贺人龙的士兵先逃跑，李国奇、虎大威的部队也跟着逃跑，傅宗龙、杨文岳只好用亲兵修筑防御工事坚守。晚上，杨文岳的部队溃败逃到陈州，傅宗龙与流贼相持了几天，粮食耗尽，突围逃跑，被抓住杀死。李自成攻陷叶县，杀死副将刘国能，进而把左良玉围困在郾城。汪乔年接替傅宗龙的总督职务，率兵出关，驻扎在襄城，李自成调集所有精锐部队攻打他，乔年与副将李万庆都战死。李自成对一百九十名生员处以割鼻砍脚的酷刑。于是乘胜攻陷南阳、邓州等十四座城池，再次围攻开封。巡抚高名衡、总兵陈永福奋力抵御他们，放箭射中李自成的眼睛，发炮击毙了上天龙等人，李自成更加愤怒了。

李自成每次攻城，不采用古代架云梯冲击的办法，而专叫士兵挖取城砖，挖得一块砖的就回营休息，落后的必定砍头。取砖以后，就在城墙根打洞。开始仅能容纳一个人，逐渐可容纳百十人，挖时依次把土背出来。每隔三五步，留一根土柱，系上粗绳。洞挖完后，成千上万的人拉着绳子一声喊叫，土柱折断城墙也就崩塌了。高名衡在城上凿横向通道，听见下面有声响，就用加毒药的污水往下灌，弄死了不少人。流贼于是就在城墙崩坏的地方采用火攻的办法，在瓮中装满火药，点燃后火药爆炸，碰到的东西都被炸得粉碎，这方法叫作"放进"。

崇祯十五年正月，开封城墙倒塌了一半，流贼用"放进法"攻城，数千名铁甲骑兵奔驰叫嚷，只等城墙崩塌就涌进城里。这座城是以前宋朝的汴都，金人占领后又重新修筑过。城墙有好几丈厚，土质坚实，"放进"时，火药向外爆炸，流贼的骑兵多被炸死，自成震惊，率部撤离开封。向南攻陷西华，不久又屠掠陈州，副使关永杰、知州侯君擢都在痛骂流贼后殉难了。归德、睢州、宁陵、太康等几十个郡县，都被摧残焚毁了。商丘知县梁以樟负伤昏厥后又苏醒过来时，全家人已被杀了。

随后，自成又再次攻打开封，在城四周修筑长长的围子做长期围困的打算。皇帝下令起用孙传庭为总督，释放了前任尚书侯恂命他督率军队，征调左良玉援救开封。左良玉率部到朱仙镇，打了大败仗，逃往襄阳。各路官军都驻扎在黄河北岸，不敢前进。开封粮食吃光了。山东总兵刘泽清也奉诏命来到。孙传庭知道开封危急，在西安会合各路将领，急忙出关来救援。还未到达开封，高名衡等商议挖开朱家寨口黄河河堤来淹流贼，流贼也挖开马家口河堤准备淹开封城。秋季九月癸未那天，下大雨，两处同时决堤，狂涛声震如雷，冲破开封北门入城，穿城而过，从东南门涌出，流入涡水。城中百万户人家都被淹没，能够逃脱的只有周王、王妃、王长子及巡抚巡按以下官吏不到两万人。流贼也被淹死一万多人，于是转移营地往西南方而去。

在这之前,有称作老回回的马守应、称作革里眼的贺一龙、称作左金王的贺锦、称作争世王的刘希尧、称作乱世王的蔺养成等人,都归附李自成,当时号称"革左五营"。李自成于是向西迎击孙传庭的军队,在南阳遭遇,孙传庭的军队溃散逃走,这就是河南人所说的"柿园之败"这时大清军队向南侵犯,京城告急,朝廷无暇再去讨伐流贼。李自成于是趁势收聚群贼,军营相连长达五百余里,再次屠戮南阳,进攻汝宁。总兵虎大威中炮死去,杨文岳被杀。李自成胁迫崇王朱由橪参加贼军,于是从确山、信阳、泌阳向襄阳进兵。左良玉望风南逃,李自成进驻襄阳。分兵夺取襄阳府属下各城及德安各州县,都攻下了,第二次攻克夷陵、荆门州。李自成亲自攻打荆州,湘阴王朱俨铧被杀,焚烧了献陵的木城,凿毁了宫殿。

崇祯十六年春天攻陷承天。将要挖掘献陵,有声音震动山谷,感到害怕就停止了。夺取附近的潜山、京山、云梦、黄陂、孝感等州县,都攻占了。先头部队逼近汉阳,左良玉逃往九江。攻打郧阳,抚治都御史徐起元及王光恩奋力守卫未被攻破。王光恩,是从贼营归降朝廷的人。

李自成自称"奉天倡义大元帅",称罗汝才为"代天抚民威德大将军"。分编他的部队,有的叫标营,统领士兵一百队;有的叫先、后、左、右营,各统领士兵三十余队。标营用白色小旗和黑色大旗,唯独李自成用饰以白鬏毛的大旗,旗杆头用白银做成,左营的小旗白色,右营红色,前营黑色,后营黄色,各营大旗的颜色同小旗一样。五个营按顺序值班一昼夜,又依次休息,巡逻很严密。逃跑的叫作"落草",肢解处死。招收十五岁以上、四十岁以下的男子当兵。精兵一个,有喂马、掌管军械、做饭的人十个。军令规定,不许私藏银子,经过城镇不许进屋居住,除妻子外不许携带其他妇女。起居处全用单布帐幕。丝绵铠甲却有一百层厚,弓箭火炮都不能穿透。一个士兵有备用马三四匹,冬天就用垫子褥子等裹马蹄。剖开人腹当马槽来喂马,使马看见人,就像虎豹一样龇着利牙想咬人。军队驻扎时,就出去比赛骑马射箭,叫作"站队"。夜里四更时分,就在睡觉的草垫子上吃饭听候命令。所经过的高冈陡坡,都跃马直上。河流中只怕黄河,像淮河、泗水、泾水、渭河等,要渡河就上万人把脚跷到马背上,或者抱着马颈上的长毛、拉着马尾,呼啸着渡河,马蹄造成淤塞,河水为之不流。临到作战时,排出三万骑兵,名叫"三堵墙"。前面的若后退,后面的就杀了他。如久战不能取胜,骑兵就假装失败来引诱官军,然后用三万持长枪的步兵,飞快地出击猛刺,骑兵再回过头来冲击,没有不大获全胜的。每次攻城,投降的一律不杀,拒守一天杀十分之三,拒守两天杀十分之七,拒守三天就全部屠戮。大凡杀了人,就把尸体捆起来焚烧,叫作"打亮"。城池将要攻陷时,近万名步兵围在城墙下,骑兵来回巡查,没有一个人能幸免的。张献忠虽然十分残忍,也没有做到这地步。各营比较战利品,缴获马骡的得上赏,缴获弓箭铅弹火枪的低一等,缴获钱帛的又低一等,缴获珠玉的得最低赏。

李自成不好酒色,饭食粗糙,与部下同甘共苦。罗汝才有几十个妻妾,都穿华丽的丝绸衣服,营帐里设有几班歌舞伎,自我奉养优厚,李自成曾经嗤笑鄙视他。罗汝才部众数十万,用山西举人吉珪做主谋的人。李自成善于攻城,罗汝才善于作战,两人相互配合像左右手一样默契。李自成打下了宛、叶，攻克了梁、宋，兵力强大，士民归附，产生了专制的念头，但唯独顾忌罗汝才。于是召请和罗汝才要好的贺一龙宴饮，随即把他绑了，早晨派二十名骑兵到罗营杀了汝才，把他部队全兼并了。

李自成在中州时，所夺取的城镇全都焚毁。到他渡汉江后，打算以荆、襄作根基，改襄阳叫襄京，修缮襄王的宫殿，自己住进去。改禹州叫均平府，改承天府叫扬武州，其他府县很多更改了名称。

牛金星教他创制官爵名号，大举设置官职与任用官吏。李自成没有儿子，侄子李过和妻弟高一功，轮流在他身旁，亲近信任，执掌权力。田见秀、刘宗敏任权将军，李岩、贺锦、刘希尧等任制将军，张鼐、党守素等任威武将军，谷可成、任维荣等任果毅将军，共五营二十二将。又设立上相、左辅、右弼、六政府侍郎、郎中、从事等官职。险要的地方设置防御使，府长官叫"尹"，州长官叫"牧"，县长官叫"令"。封崇王朱由榓为襄阳伯、邵陵王朱在城为枣阳伯、保宁王朱绍圯为宣城伯、肃宁王朱术授为顺义伯。任命张国绅为上相，牛金星为左辅，来仪为右弼。张国绅是安定人，曾官至参政。投降以后，献文翔凤的妻子邓氏来讨好李自成。李自成讨厌他伤害同类，杀了他，而将邓氏送回文家。六政府侍郎是石首人喻上猷、江陵人萧应坤、招远人杨永裕、米脂人李振声、江陵人邓岩忠、西安人姚锡胤，不久让宣城人丘之陶接替李振声为兵政府侍郎。其他接受伪职的人很多，不全部记载了。

派遣高一功、冯雄驻守襄阳，任继光驻守荆州，蔺养成、牛万才驻守夷陵，王文曜驻守澧州，白旺驻守安陆，萧云林驻守荆门，谢应龙驻守汉川，周凤梧驻守禹州。在这时，河南、湖广、江北各路流贼没有不听从李自成命令的。李自成已杀了罗汝才、贺一龙，又击杀了蔺养成，夺了马守应的兵权，在杞县击杀了袁时中。张献忠正占据着武昌，李自成派使者去祝贺，并且威胁他说："老回回已被降服，曹操等人也杀掉了，将要轮到你了。"张献忠十分恐惧，赶紧南撤进入长沙。

在这时候，十三家七十二营各大贼首，或降或死，几乎全完了，只有李自成、张献忠的队伍还存在，而李自成特别坚强有力，于是自称为"新顺王"。召集牛金星等商议用兵的方向。牛金星请求先攻取河北，径直奔向京城。杨永裕请求攻克金陵，切断燕都的粮道。从事顾君恩说："金陵在长江下游，事情即使成功，也太缓慢了。径直奔向京都，如不能取胜，又退到何处，这方案过于急躁了。关中地区，是大王的故乡，山河险固之地，占了天下三分之二，应当先攻取哪里，建立事业的根基。然后向旁边夺取三边，凭借它的兵力，再攻取山西，最后向京都进兵，这样做也许进攻退守，都会万无一失。"李自成听从他的建议。

孙传庭在柿园战败后回到陕西，大力整治军队，制造以火攻敌的战车二万辆，招募勇士，让白广恩、高杰率领，想等到贼寇缺粮时进攻他们。朝廷的议论天天催促出战，不得已率部出关。命牛成虎、卢光祖为前锋，由灵宝进入洛阳。高杰为中军，发文书令白广恩从新安前来会合。河南将领陈永福驻守新滩，四川将领秦翼明从商、洛出兵，形成互相配合、夹击敌人的态势。前锋在渑池打败了流贼，追到宝丰，又攻下宝丰城。官军驻扎于郏县，李自成率领一万骑兵返回来交战，又大败，几乎被抓获。碰巧天下大雨，道路泥泞，粮车不能前进。李自成派轻骑兵从汝州出发，拦截运粮道路。孙传庭于是把军队分为三部，命令白广恩从大道走，命令高杰跟着自己从小路走，去迎接粮车，命令陈永福守卫军营。孙传庭出发后，陈永福的士兵也争着要出发，无法制止，于是就被贼寇跟踪。到了南阳，孙传庭掉回头作战，贼寇的阵势布置了五层，官军攻破了三层。随即逐渐退却，以火攻敌的战车败逃，骑兵也大量逃跑。流贼放纵铁甲骑兵践踏官军，孙传庭大败。李自成空了军营率全部人马追击，一昼夜超过四百里，官军死了四万多人，损失兵器辎重几十万。孙传庭逃到黄河北面，转而奔往潼关，精神崩溃情绪沮丧，再也振作不起来。

冬季十月，李自成攻陷潼关，孙传庭死去，于是连续攻克华阴、渭南、华县、商县、临潼。进而攻打西安，守将王根子打开东门迎接贼寇。李自成捉住秦王朱存枢任命他为权将军，任命永寿王朱谊经为制将军。巡抚冯师孔以下死了十余人，布政使陆之祺等全都投降。李自成让士兵大肆抢掠三天后，又下令禁止抢掠。将西安改名长安，称为西京。赐给顾恩君歌舞伎一队，奖励他献进兵关中的计策。大量征调民夫，整修长安城，开辟车马大道。李自成每三天一次亲自到教场考核射箭，老百姓望见黄龙大旗，都趴在地上喊万岁。白广恩、高汝利、左光先、梁甫各将领都先后投降。陈永福因为先前射伤过李自成的眼睛。守住山顶不敢下来，李自成折箭发誓，招抚他，也就投降了。只有高杰因为勾引李自成的妻子逃往延安，被李过追击，转而向东，在宜川渡过黄河、截断蒲津黄河渡口而防守。

李自成的军队所到之处无不望风披靡，于是到米脂祭拜祖墓。祖坟先前被官军挖开，遗骨破焚毁丢弃，李自成用土把墓封起来。找到族人，赠给金钱封赐爵位后才离开。改延安府为天保府，米脂为天保县，清涧为天波府。凤翔人不投降，就屠杀他们。起初，李自成进入陕西时，自己说这里是故乡，不会侵犯糟蹋，没过一个月照旧抢掠。又认为士大夫一定不会归附自己，把做过官的士大夫都抓来拷打，收缴他们的钱财，整死的人全埋在一个墓穴里。榆林因此而死守，李过等人不能攻克，李自成派了很多部队才攻陷它。副使都任、总兵王世国、尤世威等，都不肯屈服被杀死。乘胜攻取宁夏，屠戮了庆阳，抓住韩王朱亶塉。移师攻打兰州，甘肃巡抚林日瑞等也死去。进而攻陷西宁，于是肃州、山丹、永昌、镇番、庄浪都投降，陕西大地全部归李自成所有。又派贼寇渡过黄河，攻破平阳，杀掉明皇族三百多人。高杰逃往泽州。皇帝下令派余应桂任三边总督，收聚边防部队进剿流贼，然而整个陕西都陷落了，余应桂无法前去赴任。

崇祯十七年正月庚寅初一，李自成在西安称王，僭越地取国号为"大顺"，改元"永昌"，改名自晟。追尊他曾祖以下的祖先，都追加谥号，奉李继迁为太祖。设天佑殿大学士，让牛金星担任。增设六政府尚书，设立弘文馆、文谕院、谏议、直指使、从政、统会、尚契司、验马寺、知政使、书写房等官职。任命乾州人宋企郊为吏政尚书、平湖人陆之祺为户政尚书，真宁人巩焴为礼政尚书、归安人张嶙然为兵政尚书。恢复五等爵位，大封功臣，刘宗敏以下九人封侯，刘体纯以下七十二人封伯，封子爵的有三十人，男爵的五十五人。制定军规。凡有骑马扰乱队列的斩首，骑马奔入庄稼地的斩首。登记在册的步兵四十万人，骑兵六十万人。兵政侍郎杨王休任都肄，从横门出发，行至渭桥，锣鼓声震动大地。命令弘文馆学士李化鳞等起草檄文飞马传谕远近，指名斥责皇帝。这一天，大风夹着尘土，四周充满黄雾。听说事变情形后，皇帝非常震惊，召集大臣们商议。大学士李建泰请求统率军队，皇帝答应了。

当时山西自从平阳失陷后，河津、稷山、荥河都陷落了，其他的府县都望风归顺。二月，李自成渡过黄河，攻克汾州，夺取河曲、静乐，进攻太原，抓住晋王朱求桂，巡抚蔡懋德死于此役。向北夺取忻州、代州，宁武总兵周遇吉战死。李自成先派一支流动作战的军队进入故关，夺取大名、真定后北进。他亲自率领大部队挨近边境向东进犯，攻破大同，巡抚卫景瑗、总兵朱三乐战死。李自成杀代王朱传㷭，代王的宗族几乎被灭尽。进犯宣府，总兵姜瓖投降，巡抚朱之冯死亡。再进犯阳和，由柳沟迫近居庸，总兵官唐通、太监杜之秩投降。

三月十三日焚毁了昌平，总兵官李守镜死亡。当初，流贼想侦察京城虚实，往往暗地里派人载运贵重的货物，到京都贩卖，又让人冒充官府的各类属吏，刺探机密。朝廷有什么计划决策，立即从几千里外飞马回报。到贼寇抵达昌平，兵部派骑兵侦察贼情，流贼就引诱他们投降，结果没有一个返回的。当贼寇流动骑兵到达平则门时，京城的人还不知道哩。十七日，皇帝召集群臣询问贼情，没有人回答，却有人哭泣。不久流贼围攻九门，城门外原先设立的三个大营的人马，全部投降流贼。京城长期缺乏粮饷，登上城墙守卫的人不足，就用内侍去补充。内侍独揽守城防务，众官员都不敢过问。

十八日，流贼的攻势更急，李自成驻扎在彰义门外，派投降的太监杜勋缒入城中见皇帝，要求禅让帝位。皇帝大怒，呵斥他退下，下诏亲征。黄昏时，太监曹化淳打开彰义门，流贼全部进了城。皇帝走出皇宫，登上煤山，望见烽火连天，叹息说："苦了我的百姓啊！"徘徊了很久，回到乾清宫，下令护送太子及永王、定王到外戚大臣周奎、田弘遇的府第，用剑击杀长公主，催促皇后自杀。十九日丁未，天还没亮，皇城失守，敲钟召集众官员，没有人来。于是又登上煤山，在衣襟上写下遗诏，在山亭用丝巾上吊，皇帝于是驾崩。太监王承恩吊死在旁边。

李自成头戴毡笠身穿月白色衣衫，骑着黑花马，进入承天门。伪丞相牛金星，尚书宋企郊、喻上猷，侍郎黎志升、张嶙然等骑马跟随。李自成登上皇极殿，占据御座，下令大力搜索皇帝皇后，限令众官员三日后朝见。文臣自范景文、勋戚自刘文炳以下，殉节的有四十多人。宫女魏氏跳河自杀，跟从的有二百多人。象房里的大象都哀吼流泪。太子投奔周奎家，进不了门，两位王爷也无法躲藏，先后都被抓来了，都不屈服，李自成把他们关在宫里。长公主晕厥后又苏醒了，抬了出来，命令贼将刘宗敏找人治疗。

随后，才知道皇帝皇后已驾崩，李自成命令用宫中的门扇抬出去，用柳木棺盛殓，停放在东华门外，路过的百姓都掩面哭泣。三天以后的己酉日，天没亮，成国公朱纯臣、大学士魏藻德率领文武百官入朝祝贺，都穿着白色衣服坐在殿前。李自成不出来，群贼争相戏弄侮辱众官员，用槌打他们的背，摘掉他们的帽子，有的把脚放到大臣脖子上，开心取乐，众官员恐惧地趴在地上不敢动弹。太监王德化呵斥官员们说："国家灭亡、国君去世,你等不想法殡葬先帝,却呆在这里!"说完就哭了,内侍几十人都哭,魏德藻等人也哭了。顾君恩把这些情况报告李自成,就改殓了皇帝皇后,让他们穿上皇帝皇后的饰有雉羽的礼服,还在棺材上加盖了苇棚等等。大学士陈演劝李自成即帝位,没有答应。封太子为宋王。释放在刑部、锦衣卫关押的囚犯。

李自成从占领西安起,开始建立官吏制度,到这时更把朝廷的官制全改了。"六部"改叫"六政府","司官"叫"从事","六科"叫"谏议","十三道"叫"直指使","翰林院"叫"弘文","太仆寺"叫"验马寺","巡抚"叫"节度使","兵备"叫"防御使",知府州县长官分别叫尹、牧、令。召见朝廷官员,李自成面向南而坐,牛金星、刘宗敏、宋企郊等在李自成左右一起就座,按官职品级叫名字,分成三等授给职务。从四品以下的少詹事梁绍阳、杨观光等都可耻地接受了伪职,三品以上的只任用了前侍郎侯恂。其余有功劳的皇族亲戚、文武大臣周奎、朱纯臣、陈演、魏德藻等共八百余人,都送到刘宗敏等人的军营里,拷打刑讯,索取贿赂,直至灼烧肌肤打断小腿,备受各种虐害。魏德藻碰见马世奇家的人,哭着说:"我不能为你做主,现在求死也办不到。"流贼又按保甲制编排户籍,命令五家供养一个贼兵,大肆奸淫掳掠,百姓忍受不了残害,吊死的随处可见。征缴各个皇亲国戚、文武大臣的钱财,金银收够了就杀了他们。焚烧太庙里的先帝牌位,把明太祖的牌位迁到帝王庙内。

此时贼众已攻陷保定,李建泰投降,京畿辖区内的府县全部归附。在山东、河南普遍设立官署任命官吏,所到之处没有敢违抗的。流贼到淮地,巡抚路振飞派兵抵抗他们,贼寇于是撤离。李自成认为自己真的得了天命,牛金星率领贼众三次上表劝他即帝位,便接受了,下令拟定登极的仪式,选择吉日。当李自成登上御座时,忽然看见一个身高数丈的穿白衣服的人,手执宝剑怒目而视,御座下面的龙爪和龙颈上的长须都动了起来,李自成惊恐不安,急忙跑下御座。铸造金印及永昌钱币,都没有成功。得知山海关总兵吴三桂起兵,就谋划回归陕西。

当初,吴三桂奉旨入京救援,到了山海关,京都就失陷了,他犹豫不进。李自成劫持他的父亲吴襄,写信招抚他,吴三桂打算投降。到了滦州,听说爱妾陈沅被刘宗敏抢走,非常气愤,急速回到山海关,打败了贼将。李自成大怒,亲自率领十余万贼兵,把吴襄押在军中,向东进攻山海关,另派部将领兵从一片石跨到关外。吴三桂害怕,向我大清乞降。四月二十二日,李自成率兵二十万,在关内布阵,从北山绵亘到海边。我大清军队针对贼军布阵,吴三桂居于右翼边缘,出动全部精锐士卒去拼搏作战,杀死数千贼兵,贼寇也奋力战斗,包围圈冲开了又重新合上。战斗持续了很久,我大清军队从吴三桂阵地右侧突然出击,冲击流贼的中坚部队,万马奔驰腾跃,飞箭密如雨点,天刮大风,飞沙走石,像冰雹一样袭击贼兵。李自成正挟持太子登上高冈观战,发现是我大清的军队,急忙赶马下冈逃走。我军追击四十里,贼众大溃败,自相践踏而死的人无从计算,尸横遍野,沟水都被染红。李自成逃往永平,我军去追赶他。吴三桂先赶到永平,李自成杀死吴襄,逃回京城。

当时牛金星留守京城,降官们去谒见他,十分恭敬地行门生的礼节。牛金星说:"现

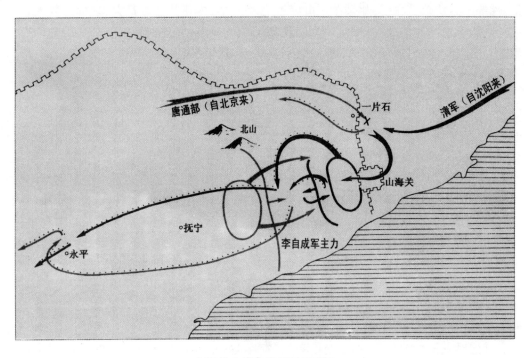

山海关之战作战经过示意图

地图标注：唐通部（自北京来）　北山　一片石　清军（自沈阳来）　山海关　抚宁　李自成军主力　永平

在谣言正盛,各位应深居简出。"从此投降的人开始惊惧,大多潜逃躲藏起来。李自成回京后,把拷打官吏索取的黄金及宫中库藏的黄金、器皿都熔铸成饼,每个饼重千金,大约有几万饼,用骡车载回西安。二十九日丙戌在武英殿越分称帝,追尊七代祖先为皇帝皇后,立妻子高氏为皇后。李自成戴着皇冠,摆设仪仗接受朝拜。牛金星到南郊代皇帝行祭天之礼。当晚焚烧了宫殿和京城九座城门楼。次日早晨,挟持太子、两位王子向西逃走,派伪将军左光先、谷可成殿后。

五月二日,我大清军队进入京都,下令安抚百姓,为明朝皇帝皇后发布去世的公告,议定谥号,派将领和吴三桂一起追击李自成。当时福王已在南京代行处理国政,大学士史可法统率军队征讨流贼。李自成到达定州,我军追上了,同他交战,杀死谷可成,左光先伤了脚,由贼兵背着逃走了。李自成向西跑到真定,增调人马来攻打我军,我军再次打击了他。李自成中了流箭伤势很重,向西越过故关,进入山西。正巧我军东撤,李自成于是纠合溃散的人马,跑到平阳。

李岩是原来劝李自成不要滥杀以收揽民心的人。攻陷京都后,他保护着懿安皇后让她自尽。又只有他未对士大夫进行拷打掠夺,牛金星等人十分忌恨他。定州战败后,河南的州县大多叛离贼寇,李自成召集将领们议事,李岩请求率兵前往。牛金星暗中告诉自成说:"李岩英勇果敢,有远大的谋略,是不会久居人下的。河南是李岩的故乡,给予他大量军队,必定无法控制他。'十八子'的谶语,该不会是指李岩吧?"趁机诬陷李岩想反叛。李自成让牛金星与李岩宴饮,杀害了他,贼众因此都人心离散。

李自成回到西安后，又派贼兵攻陷汉中，招引总兵赵光远投降，进占保宁。此时张献忠派兵抵抗，贼兵于是撤回。八月建成祖先的宗庙，李自成准备去祭祀，忽然浑身寒颤不能前去举行祭礼。李自成当初因为李岩的建议，假装仁义，到李岩死后，他又屡次战败，便依旧强横凶暴刚愎自用，伪尚书张第元、耿始然都因小有抵触而被处死。制成铜铡，官吏犯了受贿罪，立即用铡刀斩杀。百姓偷一只鸡的也处死。陕西人非常恐惧。

清顺治二年二月，我军进攻潼关，伪伯爵马世耀率六十万部队迎战，战败死去。潼关被攻克，李自成于是放弃西安，由龙驹寨奔武冈，进入襄阳，再逃到武昌。我军分两路跟踪追击，连续在邓州、承天、德安、武昌紧逼敌人，穷追到流贼的老营，大败贼寇八次。在这时，左良玉率部东去，武昌空虚无人。李自成驻扎了五十多天，贼寇尚有五十余万人，改江夏为瑞符县。不久被我军追逼，部众大多投降，也有的逃散了。李自成败走咸宁、蒲圻，到达通城，逃进了九宫山。秋天九月，李自成留李过守寨，自己率领二十名骑兵到山中掠取食物，被村民围困，不能逃脱，于是自缢而死。也有人说村民正在修筑堡垒，发现贼寇人少，争相上前攻打，贼寇人马都陷进泥沼中，李自成头部遭受锄头袭击而死。剥下他的衣服，发现龙衣金印，死者瞎了一只眼，村民这才大为惊讶，认为是李自成。当时我军派认识李自成的人去查验尸体，已朽烂不能辨认。抓获李自成的两个叔父伪赵侯、伪襄南侯及自成的两个妻妾，得到金印一枚。又抓获伪汝侯刘宗敏、伪总兵左光先、伪军师宋献策。于是在军中杀了自成的叔父及刘宗敏。牛金星、宋企郊等人都逃亡了。

李自成的侄子李过改名为锦，同各贼帅一起侍奉高氏而向明总督何腾蛟投降。当时唐王在闽地立国，赐予李锦名字叫赤心，封高氏为忠义夫人，称他们的军队叫"忠贞营"，隶属于何腾蛟麾下。永明王在位时，李赤心被封为兴国侯，不久死去。

张献忠，延安卫柳树涧人，和李自成同年出生。长大之后在延绥镇属下当兵，触犯法律应当斩首，主将陈洪范惊其相貌奇伟，为之向总兵官王威求情而将他释放，才得以逃走。

崇祯三年，陕西盗贼大举起事，王嘉胤占据府谷，攻破河曲。张献忠以米脂十八寨响应，自称八大王。次年，王嘉胤死，其党徒王自用又聚集民众三十六营，张献忠和高迎祥、罗汝才、马守应等人都是他的首领。本年冬季，洪承畴为总督，张献忠和罗汝才都归降他。不久，又叛变进入山西，带领大批盗贼焚烧劫掠。随即窜扰黄河以北地区，又带领人马渡过黄河。从此，陕西、河南、湖广、四川、江北几千里地，都遭到盗贼的践踏。当此之时，盗贼首领带领众人却没有专一的管事人，遇到官军，人自为战，胜利就争相前进，败退就流窜山谷之间而互不顾恤。官军遇见盗贼而追杀，也不知道追逐的是哪一股盗贼。盗贼忽分忽合，东奔西走，声势日益强盛。

崇祯八年，十三家会聚荥阳，商讨迎战官军事宜。马守应想要向北渡过黄河，张献忠嘲笑他，马守应大为愤怒，李自成为之调解，才取得协议。张献忠最初和高迎祥平起起事成为盗贼，李自成本是高迎祥的副将，不敢和张献忠平起平坐。到了此时才能和张献忠相抗衡，和他一道向东劫掠，接连攻破黄河以南、长江以北各县，并焚毁了皇陵。不久高迎祥、李自成向西活动。张献忠独自向东发展，包围了庐州、舒州，都没有攻打下来。攻打桐城，攻破庐江，并在巢县、无为、潜山、太湖、宿松等地屠城，应天巡抚张国维加以抵御。张献忠从英山、霍山逃走，途经麻城，同马守应等人合兵入关，和高迎祥在凤翔会合。不久，再次从商、洛出兵，驻守灵宝，以等待高迎祥的到来。高迎祥一到，就合兵再次向东发展。受到总兵官左良玉、祖宽的袭击，张献忠同高迎祥分路逃走。祖宽追击张献忠，交战于嵩县及九皋山，打了三仗，都取得胜利，俘虏的和斩杀的贼寇很多。张献忠发怒，再一次会合高迎祥一道还击，又遭到大败。高迎祥不久同李自成进入陕西，而马守应、罗汝才几部分盗贼，各自盘踞郧阳、商、洛山中，互相不能救援，张献忠也逃入山中。

明年秋季，总督卢象升离任，苗胙土出任湖广巡抚，不熟悉军事。于是张献忠从均州，马守应从新野，蝎子块从唐县，一道进犯襄阳，拥有二十余万人。总兵秦翼明因兵少不能抵御，湖广受到震动。张献忠纠合罗汝才、马守应和闯塌天各路盗贼，顺流东下，并同江北盗贼贺一龙、贺锦等人会合，战争的烽火已经达到淮河、扬州一带。南京兵部尚书范景文、操江都御史黄道直、总兵官杨御蕃分防地固守，安池道副使史可法亲自率领士兵迎敌。盗贼从小路进犯安庆，连接营寨长达百里。巡抚国维向朝廷报告紧急情况。皇帝下诏命左良玉、马爌、刘良佐合兵救援，于是大破贼兵。盗贼逃到潜山的天王古寨，国维发文书令左良玉到山里搜索，左良玉没有答应，随即向北离去。盗贼于是再次出现于太湖，连及蕲州、黄州两地，在鄂家店击败官军，杀死参将程龙、陈于王等四十多人。正好总兵官牟文绶同刘良佐前来援救，才再次击破贼兵。贼兵都逃走，张献忠进入湖广地区。

此时，河南、湖广的盗贼有十五家，只有张献忠最为狡诈强劲，其次是罗汝才。张献忠曾经假冒官军，想要骗取宛城，左良玉正好赶到，张献忠才仓皇逃走，被前锋罗岱射中额头，左良玉的马已经追上，锋刃几乎碰到了张献忠的脸，靠他的马奔跑得快才得以免死。适逢熊文灿为总理，发布文书招抚盗贼投降。闯塌天，本名刘国能，和张献忠素有嫌隙，就向熊文灿投降。张献忠创伤严重，不能战斗，大为恐慌。

崇祯十一年春季，侦察到陈洪范已隶属于熊文灿手下任总兵，极为高兴，于是派遣间谍携带重金献给陈洪范说："献忠蒙受您的大恩大德，得以不死，您难道忘了吗？我愿意带领部属投降以使自身得以为朝廷效力。"陈洪范极为高兴，替他上报熊文灿，接受他的投降。巡按御史林铭球、分巡道王瑞梅和左良玉合谋，打算等张献忠来到时就拘捕他，熊文灿没有准许。张献忠于是占据了谷城，并请求发给十万人的军饷，熊文灿不敢做主。当时各路盗贼都聚集到南阳，还屠杀劫掠周围的州县。熊文灿奔赴裕州，愈加大发檄文招抚盗贼投降。罗汝才因兵败而向太和山监军太监李继改乞降。第二年，射塌天、混十万、过天星、关索、王光恩等十三家首领，先后都投降了。陕西总督洪承畴、巡抚孙传庭又大破李自成，李自成逃窜到崤、函山里。朝廷都认为盗贼差不多被扑灭尽了。

张献忠在谷城，训练士兵整修铠甲、兵器，谈到此事的人，都疑心他想要反叛。皇帝正相信兵部尚书杨嗣昌的话，认为熊文灿善于处置盗贼，不再为此而忧虑。夏季五月，张献忠叛变了，杀死知县阮之钿，毁坏了谷城，攻占房县，会合罗汝才的兵力，杀死知县郝景春。十三家投降的盗贼一时都叛变了，只有王光恩没有参加。张献忠离开房县，左良玉追击他，罗岱做先锋，到达罗猴山，罗岱中埋伏而死，左良玉大败。

杨嗣昌已拜为大学士,就自己请求督率军队讨贼,皇帝极为高兴。十月初一,杨嗣昌到达襄阳,招集各军将领商议进军之事。当时各股盗贼大肆劫掠,贺一龙、贺锦进犯随州、应山、麻城、黄陂等地,同官军相对抗。罗汝才和过天星流窜潜伏在漳乡、房县、兴山、远安一带,张献忠盘踞湖广、四川边界,将要向西进犯。杨嗣昌看东部地区形势稍微缓和一些,于是就在襄阳屯集军用物资,疏浚城濠修筑城墙都很坚固,命令左良玉专门致力于进剿张献忠。

崇祯十三年闰正月,左良玉在枸坪关攻打盗贼,张献忠逃走,一直追到玛瑙山。盗贼依靠山势抵抗,左良玉首先登山,贺人龙、李国奇两面夹攻,大败张献忠,斩首一千三百多,并抓住张献忠的妻妾。湖广将领张应元、汪之凤追赶张献忠到水右坝,击败了他。四川将领张令、方国安又在岔溪截击盗贼。张献忠逃奔柯家坪,张令追击败兵深入敌阵,遭到包围,张应元、汪之凤前来援救,再次打败盗贼。张献忠率领一千多骑兵流窜到兴山、归州一带的山里,形势极为紧迫。

当初,左良玉进兵之时,同杨嗣昌的意见不合。张献忠派遣间谍游说左良玉,左良玉就对张献忠紧紧包围而不攻击。张献忠因而得以和山民交换盐草米酒,收罗溃散兵马,隐蔽下来,进而向西奔往白羊山。当时罗汝才和过天星从宁昌窥视大昌、巫山,想要渡过长江,但受到官军的扼制。等张献忠来到,就和他会合在一起。张献忠虽然屡次遭到失败,但勇气却越发旺盛,立马在江岸上,有不向前杀敌的,就杀掉他。盗贼争相拼死战斗,官军败退逃走。盗贼渡江完毕,就驻扎在万顷山,归州、巫山两地大为震动。随后罗汝才、过天星进犯开县没有得手,罗汝才往东逃,过天星又越过开县西去。官军各部将领往返追击,张献忠就出动全部兵力在土地岭攻打楚地之兵,副将汪之凤战死。于是张献忠攻陷大昌,进驻开县,张令战死,石砫的女土司秦良玉也遭失败。罗汝才又从东边返回,和张献忠一起转而奔赴达州。四川巡抚邵捷春退守涪江。盗贼向北攻破剑州,将要进入汉中。总兵官赵光远、贺人龙镇守阳平、百丈的险要地段,盗贼无法通过,于是又奔往巴地以西一带。涪江军队溃败,邵捷春被处死。张献忠屠绵州城,经过成都,攻破泸州,向北渡河攻破永州,途经汉川、德阳,进入巴州。又从巴州奔向达州,再到开县。

在这以前,杨嗣昌听说盗贼进入四川,就进驻重庆。监军万元吉说:"盗贼或许会向东突击,不能没有防备,应当分派部分主力走小路由梓潼出兵,扼守盗贼返回之路。"杨嗣昌没有听从这个建议,想要命令各个将领全部奔赴泸州追击盗贼。

崇祯十四年正月,总兵猛如虎、参将刘士杰追赶贼寇到了开县的黄陵城,贼兵还击,官军大败,刘士杰和游击郭开等人都战死。张献忠果然向东出击,让罗汝才抵抗郧阳巡抚袁继咸的军队,自身率领轻骑兵,一日一夜奔驰三百里,途中杀掉督军的使者,取得军符,用欺骗办法攻破襄阳城。张献忠绑缚襄王朱翊铭,放置在堂下,交给他一杯酒说道:"我想要借用襄王你的人头,使得杨嗣昌能因藩国沦陷的罪名被诛杀,希望襄王你努力把这杯酒喝干。"于是杀死他,同时杀了郧襄道张克俭、推官邝日广,又得到他过去失散的妻妾。又去攻破樊城、当阳、郏县。联合罗汝才攻入光州,残害商城、罗山、息县、信阳、固始等地。分兵进犯茶山、应城,攻破随州。偷着挂起左良玉的旗帜,攻入泌阳。再次攻打应山,没能攻克,于是离开。攻打郧阳,守将王光恩奋力迎战,才得以解围。又攻下郧西,各路盗贼前来依附的数以万计,于是向东夺取地盘。

张献忠自从玛瑙山失败之后,内心畏惧左良玉,等到后来屡获胜利,就露出骄傲的样子。秋季八月,左良玉追击献忠到信阳,大破贼兵,投降的盗贼达几万人。张献忠大腿受伤,连夜向东逃跑,左良玉紧急追击。正遇上大雨,江水浸溢,道路断绝,官军不能前进,张献忠才得以逃脱。稍后,又从商城出兵,将要奔向英山,又被副将王允成打破,人员在途中几乎全部逃散,随从的骑兵只有几十人。当时,罗汝才已经先和李自成联合,张献忠于是投奔李自成。李自成把张献忠看作部下,张献忠不愿服从。李自成想要杀掉他,罗汝才劝说道:"留下他,让他去骚扰汉水以南地区,以便分散官军的兵力。"就暗地里给张献忠五百骑兵,让他逃走。路上又纠合土贼一斗谷、瓦罐子等人,人马于是又兴旺起来,但仍然假装拥戴李自成。在此之前,盗贼内部革里眼、左金王和两个姓贺的人(贺一龙、贺锦)攻破了含山、巢县、潜山各县,准备向西联合张献忠,因为湖广官军的阻挠而未能实现。等到开封被围情况紧急,督军丁启睿和左良玉都前去救援开封,张献忠便乘机攻破亳州,进入英山、霍山一带山中,和革里眼、左金王以及二贺会见,大家都极为高兴。

明年与革、左联合进攻,攻破舒城、六安,掳掠百姓扩充军队。攻破庐州,知府郑履祥死。攻破无为、庐江,并在巢湖训练水军。太监卢九德率领总兵官黄得功、刘良佐的部队与贼兵战于夹山,大败,江南受到极大震动。凤阳总督高光斗、安庆巡抚郑二阳被逮捕治罪,皇帝下诏起用马士英代替高光斗。本年秋季,黄得功、刘良佐在潜山大破盗贼,张献忠的亲信妻小全部逃往蕲水。革里眼、左金王向北投奔李自成。随后,张献忠又攻陷太湖县。正遇到左良玉躲避李自成而向东转移,把湖广的军队都撤下来跟随自己,张献忠听到消息后,又攻陷了黄梅。

崇祯十六年春季,接连攻破广济、蕲州、蕲水。攻入黄州,黄州百姓全部逃走,就驱使妇女削平城墙,随即杀死她们用来填壕沟。麻城人汤志,本是一大姓的奴仆,杀死生员六十人,献城投降盗贼。张献忠改麻城县为州。又向西攻破汉阳,全军从鸭蛋洲渡过长江,攻破武昌,逮捕楚王朱华奎,装进笼中沉入江底,杀尽楚王的宗族。收纳二十岁以下、十五岁以上的男子当兵,其余都杀掉。由鹦鹉洲到道士洑,飘浮的腐尸遮蔽了江面,过了一个月,江面上人体的油脂还厚积一寸,江里的鱼龟都不能食用。张献忠于是越分称王,改武昌为天授府,江夏为上江县。占据楚王府第,铸造西王之印,设立伪尚书、都督、巡抚等官职。开设科举选取士人。因为兴国州柯、陈两姓的土官凶悍勇猛,就招降过来。题诗于黄鹤楼。下令发放楚王府的钱财赈济饥饿的老百姓。蕲州、黄州等二十一个州县全部归附张献忠。

这时李自成正在襄阳,听到上述消息,嫉妒而又愤怒,就去信谴责。左良玉的军队又向西进兵,伪官吏多被他捕杀。张献忠恐惧,于是带领全部人马急奔岳州、长沙。于是监军道王瑞、沔阳知州章旷、武昌生员程天一、白云寨长易道三都起兵讨伐盗贼,蕲州、黄州、汉阳三个府都反正。张献忠于是攻破咸宁、蒲圻,进逼岳州。沅州府巡抚李乾德、总兵孔希贵等人凭借陈陵矶抵抗,三战三胜,歼灭了张献忠的先头部队。张献忠大怒,分兵几路一起前进,李乾德等人支持不住,全部逃走,岳州被攻破。张献忠想要渡过洞庭湖,问神问卜,结果不吉利,就将卜具掷到地上大骂起来。将要渡洞庭湖,狂风大起,张献忠大怒,连接大船有一千艘,上面装上妇女再放火烧船,湖水被烧照得黑夜有如白天一样。动用骑兵进逼长沙,巡按刘熙祚侍奉吉王、惠王逃往衡州,总兵尹先民投降,长沙陷落。随即攻破衡州,吉王、惠王、桂王一道逃往永州。张献忠于是拆走桂王府的木料,运回长沙,营造伪宫殿,而亲自向永州追击三王。刘熙祚命令主力部队保护三王进入广西,他自身在永州死守,城破被杀。张献忠又攻破宝庆、常德,掘开原任督军杨嗣昌的祖坟,把里面的尸体砍出血来。攻打道州,守备沈至绪战死,他的女儿继续战斗,并夺回其父尸体,全城也得到保全。于是向东进犯江西,攻破吉安、袁州、建昌、抚州、永新、安福、万载、南丰各府县。广东大为震惊,南雄州、韶州属下各城官民全部逃走。盗贼有献计夺取吴越地区的,张献忠惧怕左良玉健在,没有采纳,决定再次进入四川。

　　崇祯十七年春攻破夔州,到了万县,江水猛涨,停留三个月。随后,攻破涪州,打败守道刘麟长、总兵曹英的队伍。进兵攻破佛图关。攻破重庆,瑞王朱常浩遇害身死。这一天,空中无云而响雷,盗贼有被雷击倒的。张献忠发怒,发射大炮和上天比高低。于是进军攻破成都,蜀王朱至澍率领妃子、夫人以下的人投井自杀,巡抚龙文光被杀。这时我大清军队已占领京师,李自成逃回西安。南京各位大臣尊立福王为帝,命令原大学士王应熊监督四川、湖广军事,兵力薄弱,不能讨伐盗贼。张献忠于是越分自称大西国王,改元大顺。冬季十一月庚寅这一天,即伪王位,用蜀王府作为宫殿,把成都命名为西京。任用汪兆麟为左丞相,严锡命为右丞相。设置六部五军都督府等官职,王国麟、江鼎镇、龚完敬等人任尚书。养子孙可望、艾能奇、刘文秀、李定国等都任将军,赐姓张氏,分别领兵夺取各府州县,全部攻下。保宁、顺庆先已投降李自成,并设置了官吏,张献忠把他们全部赶走。李自成发兵攻击,没有攻克,于是张献忠就据有全部蜀地。只有遵义一郡和黎州土司马金坚没有打下来。

　　张献忠脸黄身长并有一个和虎相似的下巴,人们称他是黄虎。性情狡诈,嗜杀成性,有一天不杀人,就会很不高兴。诈称开设科举选取士人,士人集中到青羊宫,然后全部杀掉,笔和墨都堆积成坟头。活埋成都百姓于中园。杀死各卫所的有军籍之兵九十八万人。又派遣四名将军分别到各府县屠城,名目叫作"草杀"。伪官朝会拜伏之际,呼出几十只猛犬来到殿下,猛犬嗅到哪个人,就拉出去杀掉,名目叫作"天杀"。又创制一种活剥人皮的办法,如果受刑人的皮未被剥下而人已死的,执行剥皮刑法的人就被抵罪处死。将领和士兵以杀人多少排列功劳的次序,共杀男女六万万有余。贼将有不忍心杀人而自身缢死的。伪都督张君用、王明等数十人,都因为杀人少,被剥皮而死,同时杀死全家人。胁迫四川的士大夫让他们接受伪官职,叙州布政使尹伸、广元给事中吴宇英都不屈而死。那些接受官职的,以后不久也都被杀掉。那残酷暴虐毫无人性的事情,没有办法全部记载下来。又用办法移走锦江水,干涸之后再挖空了,深达数丈,再把数以亿万计的金宝埋入其下,然后决堤放水,名目叫作"水藏",并且扬言:"不要让后人占有财宝。"当时,曾英、李占春、于大海、王祥、杨展、曹勋等正义之军一时并起,因此张献忠屠杀更加狠毒。

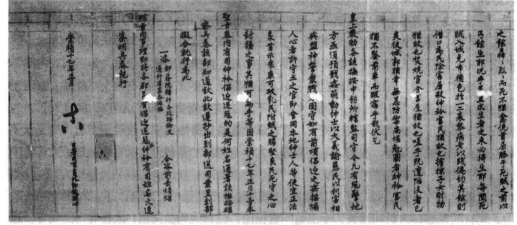

崇祯十七年，明兵部报告李自成活动情况行稿

四川的百姓杀得快完了，就想牟取西安。

清顺治三年，张献忠把成都的宫殿房屋一把火烧光，削平城墙，带领军队由川北出击，又想要全部杀死四川士兵。伪将刘进忠过去一直统率川兵，听到这一消息，就带领一部分军队逃走。正赶上我大清军队来到汉中，刘进忠前来投降，请求任他为向导。到了盐亭地界，天有大雾。张献忠拂晓行军，突然在凤凰坡遇到我清兵，张献忠中箭坠于马下，爬到柴草堆里藏身。于是我清兵抓出张献忠，将他斩首。

四川自从遭到张献忠之乱，城里各种树木都长得两手合抱那么粗大了，狗吃人肉的样子像豺狼虎豹似的，把人咬死了就弃之而去，并不全部吃掉。老百姓逃到深山之中，以草为衣，以树为食太久了，遍身全都生出毛来。张献忠被杀之后，盗贼党徒孙可望、艾能奇、刘文秀、李定国等人溃退到四川南部，杀了曾英、李乾德等人，后来都向永明王投降了。

【二十五史】

清史稿

【近代】赵尔巽⊙原著

导　读

　　《清史稿》是由中华民国初年北洋政府特设的清史馆编修的记载清朝历史的正史，为近人赵尔巽主编。全书共包括本纪二十五卷，志一百三十五卷，表五十三卷，列传三百一十六卷，共计五百二十九卷。记事上起公元1616年（清天命元年，明万历四十四年）清太祖努尔哈赤称帝，下至公元1911年（宣统三年）清朝灭亡为止，前后共历时二百九十六年。明朝是公元1644年灭亡的，清朝从统一全国计算，统治时间是二百六十八年。本纪二十五卷，包括统一前的太祖努尔哈赤和太宗皇太极二人在内。这一部分的原始材料，由于各朝实录俱在，采择是很方便的。宣统朝由于溥仪尚健在，没有修实录，就将他在位三年时的政事，编成《宣统政纪》七十卷，实际上即相当于实录。各本纪中，以乾隆的本纪分量最重，为书六卷，占了本纪部分的四分之一。

　　志一百三十五卷，分为十六目。它和《明史》的十五个志比较，改《五行志》为《灾异志》《历志》为《时宪志》，将《仪卫志》并入《舆服志》中，新增加《交通》《邦交》二志。《地理志》分量最多，为书二十八卷。《艺文志》目录的编排，完全按《四库全书总目提要》的名称次第，分经史子集四个部分，成书四卷。新增的《交通志》，记铁路、轮船、电报、邮政四项内容，反映了近代交通的情况。《邦交志》是记近代与世界各国的外交关系的，为前史所未有。

　　表五十三卷，分为十类。这一部分内容，多为吴士鉴、吴廷燮、刘师培等所撰，是编得较好的，可备查检之用。其中《大学士》《军机大臣》二表，即相当于《明史》的《宰辅表》，《部院大臣年表》即相当于《七卿表》。《疆臣年表》载各省总督、巡抚和各边将军都统的更替，《藩部表》载属国事，《交聘表》记中外使节的往来，这些都是前史所没有的。

　　列传三百一十六卷，分量是相当大的。类传有《后妃》《诸王》等十四目，共为六十二卷，其余均为诸臣传，共有二百五十四卷。诸臣的最末一篇是《洪秀全传》。把《洪秀全传》摆在吴三桂等曾反叛清朝统治的"三藩"之后，其用意是很显然的。而且传中对起义军诬蔑甚多，编撰者完全是站在清朝统治者的立场上说话的。类传中的《畴人传》有书二卷，载有数学家梅文鼎、李善兰等人的事迹。它是根据阮元的《畴人传》以及后来的《续编》《三编》成书的，所以易于成篇。列传部分的材料，多采自清朝国史馆所编撰的《国史列传》，现在原书尚存，改称《清史列传》，所以这一部分的史料价值是不高的。

清世祖本纪

【题解】

清世祖(1638~1661)，即顺治皇帝,爱新觉罗·福临。清太宗(皇太极)第九子,母孝庄文皇后(博尔济吉特氏)。1644年至1661年在位,他是清朝入主中原,君临全国的第一代皇帝。六岁即皇帝位,年号顺治。当时由他的两位叔父多尔衮和济尔哈朗辅政,他的母后博尔济吉特氏也在幕后发挥了一定作用。但当时的统治大权主要操纵在睿亲王多尔衮手中,世祖只不过是一个少年傀儡皇帝。

顺治元年(1644)九月,他从沈阳来到北京,诏告天下,清朝正式实行对全中国的统治。他少年时代倾心于骑射,经常行围打猎,因此在他亲政之后仍热衷于此术,他骑术高超,弓法娴熟,保持了满族人的尚武精神和善于骑射的传统。

顺治七年(1650)十二月,多尔衮突然去世,顺治八年正月十二日,十四岁的福临亲政,不久就以多尔衮"谋逆"的罪名,削其尊号并抄家籍产。同时他也摆脱了郑亲王济尔哈朗的控制,独揽朝纲。世祖亲政后,奋发读书,很快就掌握了儒家治国平天下的本领,并接受了汉族的生活方式和道德观念。

他为了在政治、经济和军事上摆脱入关后的困境,在军事上利用剿抚并用的方法,加快统一全国的进程。在他统治期间,除了东南沿海地区的郑成功之外,其他抗清势力都先后被平定下去了。在经济上实行招抚流民、奖励开荒、大兴屯田等一系列政策,以达到尽快恢复社会经济的目的。他注意与民休息,取之有节,并经常蠲免受灾地区的赋役钱粮,以减轻百姓负担。他还注重

清世祖顺治皇帝

对吏治的整顿,严惩贪官污吏。此外,他很善于处理好民族关系,尤其是对蒙古、汉人的关系更给予高度的重视。

清世祖一生身体孱弱,性情暴躁,易动感情,经常多愁善感。顺治十七年(1660),他宠爱的董鄂妃去世,对他的打击很大,从此他消极厌世,甚至产生了出家为僧的念头,不久他身染重病,于顺治十八年(1661)正月初七病逝,终年二十四岁。此《本纪》记述了清世祖的生平和业绩,是研究和了解顺治皇帝一生的重要资料。

【原文】

世祖体天隆运定统建极英睿钦文显武大德弘功至仁纯孝章皇帝，讳福临，太宗第九子。母孝庄文皇后方娠，红光绕身，盘旋如龙形。诞之前夕，梦神人抱子纳后怀曰："此统一天下之主也。"寤，以语太宗。太宗喜甚，曰："奇祥也，生子必建大业。"翌日上生，红光烛宫中，香气经日不散。上生有异禀，顶发耸起，龙章凤姿，神智天授。

八年秋八月庚午，太宗崩，储嗣未定。和硕礼亲王代善会诸王、贝勒、贝子、文武群臣定议，奉上嗣大位，誓告天地，以和硕郑亲王济尔哈朗、和硕睿亲王多尔衮辅政。丙子，阿济格、尼堪等率师防锦州。丁丑，多罗郡王阿达礼、固山贝子硕托谋立和硕睿亲王多尔衮。礼亲王代善与多尔衮发其谋。阿达礼、硕托伏诛。乙酉，诸王、贝勒、贝子、群臣以上嗣位期祭告太宗。丙戌，以即位期告郊庙。丁亥，上即皇帝位于笃恭殿。诏以明年为顺治元年，肆赦常所不原者。颁哀诏于朝鲜、蒙古。

九月辛丑，地震，自西北而南有声。壬寅，济尔哈朗、阿济格征明，攻宁远卫。丙午，颁即位诏于朝鲜、蒙古。以太宗遗诏减朝鲜岁贡。辛亥，昭陵成。乙卯，大军攻明中后所，丁巳拔之。庚申，攻前屯卫。

冬十月辛酉朔，克之。阿济格、尼堪等率师至中前所，明总兵官黄色弃城遁。丁丑，济尔哈朗、阿济格师还。壬午，篇古、博和托、伊拜、杜雷代戍锦州。

十二月壬戌，明守备孙友白自宁远来降。辛未，朝鲜来贺即位。乙亥，罢诸王、贝勒、贝子管部院事。鄂罗塞臣、巴都礼率师征黑龙江。壬午，谭泰、准塔代戍锦州。

是岁，朝鲜暨土默特部章京古禄格，库尔喀部赖达库及炎楮库牙喇氏二十六户，索伦部章京崇内，喀尔喀部土谢图汗、马哈撒嘛谛塞臣汗、查萨克图汗，图白忒部甸齐喇嘛俱来贡。

顺治元年春正月庚寅朔，御殿受贺，命礼亲王代善勿拜。甲午，沙尔虎达率师征库尔喀。己亥，来达哈巴图鲁等代戍锦州。郑亲王济尔哈朗谕部院各官，凡白事先启睿亲王，而自居其次。

二月辛巳，艾度礼戍锦州。戊子，祔葬太妃博尔济锦氏于福陵，改葬妃富察氏于陵外。富察氏，太祖时以罪赐死者。

三月丙申，地震。戊戌，复震。甲寅，大学士希福等进删译《辽史》《金史》《元史》。是月，流贼李自成陷燕京，明帝自经。自成僭称帝，国号大顺，改元永昌。

夏四月戊午朔，固山额真何洛会等讦告肃亲王豪格悖妄罪，废豪格为庶人，其党俄莫克图等皆论死。己未，晋封多罗饶余贝勒阿巴泰为多罗饶余郡王。辛酉，大学士范文程启睿亲王入定中原。甲子，以大军南伐祭告太祖、太宗。乙丑，上御笃恭殿，命和硕睿亲王多尔衮为奉命大将军，赐敕印便宜行事，并赐王及从征诸王、贝勒、贝子等服物有差。丙寅，师行。壬申，睿亲王多尔衮师次翁后，明山海关守将吴三桂遣使致书，乞师讨贼。丁丑，师次连山，三桂复致书告急，大军疾驰赴之。戊寅，李自成率众围山海关，我军逆击之，败贼将唐通于一片石。己卯，师至山海关，三桂开关出迎，大军入关。自成率众二十

余万,自北山横亘至海,严阵以待。是日,大风,尘沙蔽天。睿亲王多尔衮命击贼阵尾,以三桂居右翼,大呼薄之。风旋定,贼兵大溃,追奔四十余里,自成遁还燕京。封三桂为平西王,以马步军一万隶之,直趋燕京。誓诸将勿杀不辜,掠财物,焚庐合,不如约者罪之。谕官民以取残不杀之意,民大悦,窜匿山谷者争还乡里迎降。大军所过州县及沿边将吏皆开门款附。乙酉,自成弃燕京西走,我军疾追之。

五月戊子朔,以捷书宣示朝鲜、蒙古。己丑,大军抵燕京,故明文武诸臣士庶郊迎五里外。睿亲王多尔衮入居武英殿。令诸将士乘城,厮养人等毋入民家,百姓安堵如故。庚寅,令兵部传檄直省郡县,归顺者官吏进秩,军民免迁徙,文武大吏籍户口钱粮兵马亲赍至京,观望者讨之。故明诸王来归者,不夺其爵。在京职官及避贼隐匿者,各以名闻录用,卒伍欲归农者听之。辛卯,令官吏军民为明帝发丧,三日后服除,礼部太常寺具帝礼以葬。壬辰,俄罗塞臣、巴都礼、沙尔虎达等征黑龙江师还。故明山海关总兵官高第来降。癸巳,令故明内阁、部院诸臣以原官同满洲官一体办理。乙未,阿济格等追击李自成于庆都,败之。谭泰、准塔等追至真定,又破走之。燕京迤北各城及天津、真定诸郡县皆降。辛丑,征故明大学士冯铨至京。己酉,葬故明壮烈帝后周氏、妃袁氏,熹宗后张氏,神宗妃刘氏,并如制。

六月丁巳朔,令洪承畴仍以兵部尚书同内院官佐理机务。己未,以骆养性为天津总督。庚申,遣户部右侍郎王鳌永招抚山东、河南。壬戌,故明大同总兵官姜瓖斩贼首柯天相等,以大同来降。丙寅,遣巴哈纳、石廷柱率师定山东。免京城官用庐舍赋税三年,与同居者一年,大军所过州县田亩税之半,河北府州县三之一。丁卯,睿亲王多尔衮及诸王、贝勒、贝子、大臣定议建都燕京,遣辅国公屯齐喀、和托、固山额真何洛会奉迎车驾。庚午,遣固山额真叶臣率师定山西。甲戌,故明三边总督李化熙降。壬午,上遣使劳军。癸未,艾度礼有罪,伏诛。甲申,迁故明太祖神主于历代帝王朝。乙酉,铸各官印兼用国书。

秋七月丁亥,考定历法,为时宪历。戊子,巴哈纳、石廷柱会叶臣军定山西。壬辰,以吴孳昌为宣大山西总督,方大猷为山东巡抚。癸巳,以迁都祭告上帝、陵庙。丁酉,故明德王朱由𣚴降。时故明福王朱由崧即位江南,改元弘光,以史可法为大学士,驻扬州督师,总兵刘泽清、刘良佐、黄得功、高杰分守江北。己亥,山东巡抚朱朗镈启新补官吏仍以纱帽圆领临民莅事。睿亲王多尔衮谕:"军事方殷,衣冠礼乐未遑制定。近简各官,姑依明式。"庚子,设故明长陵以下十四陵官吏。辛丑,免盛京满、汉额输粮草、布匹。壬寅,大赦,除正额外一切加派。癸卯,罢内监征收涿州、宝坻皇庄税粮。甲辰,以杨方兴为河南总督,马国柱为山西巡抚,陈锦为登莱巡抚。免山东税,如河北例。壬子,睿亲王书致史可法,劝其主削号归藩。可法答书不屈。以王文奎为保定巡抚,罗绣锦为河南巡抚。裁六部蒙古侍郎。癸丑,雨雹。是月,建乾清宫。

八月丙辰朔,日有食之。丁巳,以何洛会为盛京总管,尼堪、硕詹统左右翼,镇守盛京。辛酉,大学士希福有罪,免。癸亥,行总甲法。戊辰,免景州、河间、阜城、青县本年额赋。己巳,定在京文武官薪俸。乙亥,车驾发盛京。庚辰,次苏尔济,察哈尔固伦公主及蒙古王、贝勒等朝行在。壬午，征故明大学士谢升入内院办事。癸未，次广宁，给故明十三陵陵户祭田，禁樵牧。

九月甲午，车驾入山海关。丁酉，次永平。始严稽察逃人之令。己亥，建堂子于燕京。庚子，贼将唐通杀李自成亲族乞降。辛丑，遣和托、李率泰、额孟格等率师定山东、河南。癸卯，车驾至通州。睿亲王多尔衮率诸王、贝勒、贝子、文武群臣朝上于行殿。甲辰，上自正阳门入宫。己酉，太白昼见。庚戌，初定郊庙乐章。睿亲王多尔衮率诸王及满、汉官上表劝进。故明福王遣其臣左懋第、马绍愉、陈洪范齐白金十余万两、黄金千两、币（帛）万匹求成。壬子，奉安太祖武皇帝、孝慈武皇后、太宗文皇帝神主于太庙。

冬十月乙卯朔，上亲诣南郊告祭天地，即皇帝位，遣官告祭太庙、社稷。初颁时宪历。丙辰，以孔子六十五代孙允植袭封衍圣公，其《五经》博士等官袭封如故。丁巳，以睿亲王多尔衮功最高，命礼部建碑纪绩。辛酉，上太宗尊谥，告祭郊庙、社稷。壬戌，流贼余党赵应元伪降，入青州，杀招抚侍郎王鳌永，和托等讨斩之。甲子，上御皇极门，颁诏天下，大赦。诏曰："我国家受天眷佑，肇造东土。列祖创兴宏业，皇考式廓前猷，遂举旧邦，诞膺新命。迨朕嗣服，越在冲龄，敬念绍庭，永绥厥位。顷缘贼氛存炽，极祸中原，是用倚任亲贤，救民涂炭。方驰金鼓，旋奏澄清，用解倒悬，非富天下。而王公列辟文武群臣暨军民耆老合词劝进，恳请再三，乃以今年十月乙卯朔，祗告天地、宗庙、社稷，定鼎燕京，仍建有天下之号曰大清，纪元顺治。缅维峻命不易，创业尤艰。况当改革之初，爰沛维新之泽。亲王佐命开国，济世安民，有大勋劳，宜加殊礼。郡王子孙弟姪应得封爵，所司捐益前典以闻。满洲开国诸臣，运筹帷幄，决胜庙堂，汗马著勋，开疆拓土，应加公、侯、伯世爵，锡以诰券。大军入关以来，文武官绅，倡先慕义，杀贼归降，亦予通行察叙。自顺治元年五月朔昧爽以前，官吏军民罪犯，非叛逆十恶死在不赦者，罪无大小，咸赦除之。官吏贪贿枉法，剥削小民，犯在五月朔以后，不在此例。地亩钱粮，悉照前明《会计录》，自顺治元年五月朔起，如额征解。凡加派辽饷、新饷、练饷、召买等项，俱行蠲免。大军经过地方，仍免征粮一半，归顺州县非经过者，免本年三分之一。直省起存拖欠本折钱粮，如金花、夏税、秋粮、马草、人丁、盐钞、民屯、牧地、灶课、富户、门摊、商税、鱼课、马价、柴直、枣株、钞贯、果品及内供颜料、蜡、茶、芝麻、棉花、绢、布、丝绵等项，念小民困苦已极，自顺治元年五月朔以前，凡属逋征，概予豁除。兵民散居京城，实不获已，其东、中、西三城已迁徙者，准免租赋三年；南、北二城虽未迁徙，亦免一年。丁银原有定额，年来生齿凋耗，版籍日削，孤贫老弱，尽苦追呼，有司查核，老幼废疾，并与豁免。军民年七十以上者，许一丁侍养，免其徭役；八十以上者，给予绢丝、米肉；有德行著闻者，给予冠带；鳏寡孤独、废疾不能自存者，官与给养。孝子、顺孙、义夫、节妇，有司谘访以闻。故明建言罢谪诸臣及山林隐逸怀才抱德堪为世用者，抚按荐举，来京擢用。文武制科，仍于辰、戌、丑、未年举行会试，子、午、卯、酉年举行乡试。前明宗室首倡投诚者，仍予禄养。明国诸陵，春秋致祭，仍用守陵员户。帝王陵寝及名臣贤士坟墓毁者修之，仍禁樵牧。京、外文武职官应得封诰廕叙，一体颁给。北直、河南、山东节裁银，山西太原、平阳二府新裁银，前明已经免解，其二府旧裁银，与各府新旧节裁银两，又会同馆马站、驴站馆夫及递运所车站夫价等银，又直省额解工部四司料银、匠价银、砖料银、苘麻银、车价银、苇夫银、苇课银、渔课银、野味银、翎毛银、活鹿银、是鹿银、小鹿银、羊皮银、弓箭撒袋折银、扣剩水脚银、牛脚牛筋银、鹅翎银、天鹅银、民夫银、椿草子粒银、状元袍服银、衣粮银、砍柴夫银、搬运木材银、抬柴夫银、芦课等折色银、盔甲、腰刀、弓箭、弦条、胖袄、裤、鞋、狐麂免狸皮、山羊毛课、铁、黄栌、椰、桑、胭脂、花梨、南枣、紫榆、杉条等木、椴木、桐木、板枋、冰窖物料、芦席、薄草、榜纸、瓷坛、槐花、乌梅、栀子、笔管、芒帚、竹扫帚、席草、粗细铜丝、铁线、镀白铜丝、铁条、碌子、青花棉、松香、光叶书籍纸、严漆、罩漆、桐油、毛、笙、紫、水斑等竹、实心竹、棕毛、白圆藤、翠毛、石磨、川二硃、生漆、沙叶、广胶、焰硝、螺壳等本色钱粮，自顺治元年五月朔以前逋欠在民，尽予蠲免，以苏民困。后照现行事例，分别蠲除。京师行商、车户等役，每迁金役，顿至流离，嗣后永行豁除。运司盐法，递年增加，有新饷、练饷杂项加派等银，深为厉商，尽行豁免，本年仍免额引三分之一。关津抽税，非欲困商，准免一年，明末所增，并行豁免。直省州县另星税目，概行严禁。曾经兵灾地方应纳钱粮，已经前明全免者，仍与全免，不在免半、免一之例。直省报解屯田司助工银两，亦出加派，准予豁除。直省领解钱粮被贼劫失，在顺治元年五月朔以前，一并豁免。山、陕军民被流寇要挟，悔过自新，概从赦宥，胁从自首者前罪勿论。巡按以访拿为名，听信衙蠹，诬罚良民，最为弊政，今后悉行禁革。势家土豪，重利放债，致民倾家荡产，深可痛恨，今后有司许追比。越诉诬告，败俗伤财，大赦以后，户婚小事，俱就有司归结，如有讼师诱陷愚民入京越诉者，加等反坐。赎锾之设，劝人自新，追比伤生，转为民害，今后并行禁止，不能纳者，速予免追。惟尔万方，与朕一德。播告遐迩，咸使闻知。"加封和硕睿亲王多尔衮为叔父摄政王。乙丑，以雷兴为天津巡抚。丁卯，加封和硕郑亲王济尔哈朗为信义辅政叔王，复封豪格为和硕肃亲王，进封多罗武英郡王阿济格为和硕英亲王，多罗豫郡王多铎为和硕豫亲王，贝勒罗洛宏为多罗衍禧郡王，封硕塞为多罗承泽郡王。叶臣等克太原。故明付将刘大受自江南来降。辛未，封贝子尼堪、博洛为多罗贝勒，辅国公满达海、吞齐、博和托、吞齐喀、和托、尚善为固山贝子。定诸王、贝勒、贝子岁俸。癸酉，以英亲王阿济格为靖远大将军，率师西讨李自成。戊寅，定摄政王冠服、宫室之制。己卯，以豫亲王多铎为定国大将军，率师征江南。檄谕故明南方诸臣，数其不能灭贼复仇，拥众扰民，自生反侧，及无明帝遗诏擅立福王三罪。

十一月乙酉朔，设满洲司业、助教，官员子孙有欲习国书、汉书者，并入国子监读书。故明福王使臣陈洪范南还，中途密启请留左懋第、马绍愉，自欲率兵归顺，招徕南中诸将。许之。壬辰，石廷柱、巴哈纳、席特库等败贼于平阳，山西悉平。庚子，封唐通为定西侯。甲辰，罢故明定陵守者，其十二陵仍设太监二名，量给岁时祭品。丁未，祀天于圜丘。庚戌，封勒克德浑为多罗贝勒。遣朝鲜质子李汪归国，并制减其岁贡。

十二月丁巳，出故明府库财物，赏八旗将士及蒙古官员。叶臣等大军平直隶、河南、山西府九、州二十七、县一百四十一。丁卯，以太宗第六女固伦公主下嫁固山额真阿山子夸扎。戊辰，多铎军至孟津，贼将黄士欣等遁走，滨河十五寨堡望风纳款，睢州贼将许定国来降。己巳，多铎军至陕州，败贼将张有曾于灵宝。丁丑，谕户部清查无主荒地给八旗军士。己卯,遣何洛会等祭福陵,巩阿岱等祭昭陵,告武成。辛巳,有刘姓者自称明太子,内监杨玉引入故明嘉定侯周奎宅,奎以闻。故明宫人及东宫旧僚办视皆不识。下法司勘问,杨玉及附会之内监常进节、指挥李时荫等十五人皆弃市,仍谕中外,有以故明太子来告者给赏,太子仍加恩养。

是岁,朝鲜暨虎什喀里等八姓部,鄂尔多斯部济农,索伦部章京敖尔拖木尔,归化城土默特部古禄格、喀尔喀部塞臣绰尔济、古伦地瓦胡土克图、余古折尔喇嘛、土谢图汗,苏尼特部腾机思阿喇海,乌朱穆秦部台吉满瞻俱来贡。

二年春正月戊子,图赖等破李自成于潼关,贼倚山为阵,图赖率骑兵百人掩击,多所斩获。至是,自成亲率马步兵迎战,又数败之,贼众奔溃。己未,大军围潼关,贼筑重壕,坚壁以守。穆成格、俄罗塞臣先登,诸军继进,复大败之。自成遁走西安。丙申,阿济格、尼堪等率师抵潼关,贼将马世尧降,旋以反侧斩之。丁酉,命多罗饶余郡王阿巴泰为总统,固山额真准塔为左翼,梅勒章京谭泰为右翼,代豪格征山东。庚子,以太宗第七女固伦公主下嫁内大臣鄂齐尔桑子喇玛思。河南孟县河清二日。壬寅,多铎师至西安,自成奔商州。癸卯,大学士谢陞卒。乙巳,真定、大名、顺德、广平山贼悉平。丙午,命房山县岁以太牢祭金太祖、世宗陵。丁未,免山西今年额赋之半。更国子监孔子神位为大成至圣文宣先师孔子。庚戌,禁包衣大等私收投充汉人,冒占田宅,违者论死。壬子,免济源、武陟、孟、温四县今年额赋及磁、安阳等九州县之半。癸丑,免修边民壮八千余人。

二月丙辰,阿巴泰败贼于徐州。己未,修律例。以李鉴为宣大总督,冯圣兆为宣府巡抚。降将许定国袭杀明兴平伯高杰于睢州。辛酉,谕豫亲王多铎移师定江南,英亲王阿济格讨流寇余党。丙寅,禁管庄拨什库毁民坟茔。己巳,以祁充格为内弘文院大学士。庚午,阿济格剿陕西余寇,克四城,降三十八城。丁丑,多铎师至河南,贼将刘忠降。

三月甲申朔,始祀辽太祖、金太祖、世宗、元太祖、明太祖于历代帝王庙,以其臣耶律曷鲁、完颜粘没罕、斡离不、木华黎、伯颜、徐达、刘基从祀。庚寅,多铎师出虎牢关,遣固山额真拜伊图等出龙门关,兵部尚书韩岱、梅勒章京宜尔德、侍郎尼堪等由南阳合军归德,所过迎降,河南悉平。辛卯,免山东荒赋。庚子,故明大学士李建泰来降。乙巳,遣八旗官军番戍济宁。丙午,朝鲜国王次子李淏归。己酉,免蓟州元年额赋。壬子,太行诸贼悉平。

夏四月丙辰,遣汉军八旗官各一员驻防盛京。辛酉,以王文奎为陕西总督,焦安民为宁夏巡抚,黄图安为甘肃巡抚,故明尚书张忻为天津巡抚,郝晋为保定巡抚,雷兴为陕西巡抚。甲子,葬故明殉难太监王承恩于明帝陵侧,给祭田,建碑。己丑,多铎师至泗州。阿山等取泗北淮河桥,明守将焚桥遁,我军遂夜渡淮。丁卯,谕曰:"流贼李自成杀君虐民,神人共愤。朕诞膺天命,抚定中华,尚复窃据秦川,抗阻声教。爰命和硕豫亲王移南伐之众,直捣崤、函,和硕英亲王秉西征之师,济自绥德,旬月之间,全秦底定。悯兹黎庶,咸与维新。其为贼所胁误者,悉赦除之,并蠲一切补赋。大军所过,免今年额赋之半,余免三之一。"庚午,豫亲王多铎师至扬州,谕故明阁部史可法、翰林卫胤文等降。不从。甲戌,以孟乔芳为陕西三边总督。以太宗第八女固伦公主下嫁科尔沁土谢图亲王巴达礼子巴雅斯护朗。丁丑，拜尹图、图赖、阿山等克扬州，故明阁部史可法不屈，杀之。辛巳，初行武乡试。

五月壬午朔，河道总督杨方兴进瑞麦。上曰："岁丰民乐，即是祯祥，不在瑞麦。当惠养元元，益加抚辑。"癸未，以旱谕刑部虑囚。命内三院大学士冯铨、洪承畴、李建泰、范文程、刚林、齐充格等纂修《明史》。丙戌，多铎师至扬子江，故明镇海伯郑鸿逵等以舟师分守瓜州、仪真，我军在江北，拜尹图、图赖、阿山率舟师自运河潜济，梅勒章京李率泰乘夜登岸，黎明。我军以次毕渡，敌众咸溃。丁亥，以王志正为延绥巡抚。免高密元年额赋。赐诸王以下及百官冰，著为令。己丑，宣府妖民刘伯泗谋乱伏诛。庚寅，以王文奎为淮扬总督，赵福星为凤阳巡抚。丙申，多铎师至南京，故明福王朱由崧及大学士马士英遁走太平，忻城伯赵之龙、大学士王铎、礼部尚书钱谦益等三十一人以城迎降。兴平伯高杰子元照、广昌伯刘良佐等二十三人率马步兵二十三万人先后来降。丁酉，以郝晋为保定巡抚。免平度、寿光等六州县元年额赋。戊戌，命满洲子弟就学，十日一赴监考课，春秋五日一演射。故明中书张朝聘输木千章助建宫殿，自请议叙。谕以用官惟贤，无因输纳授官之理，令所司给直。庚子，免章丘、济阳京班匠价，并令直省除匠籍为民。甲辰，定叔父摄政王仪注，凡文移皆曰皇叔父摄政王。乙巳，免皇后租，并崇文门米麦税。庚戌，宣平定江南捷音。乾清宫成，复建太和殿、中和殿、位育宫。

六月癸丑，免兴济县元年额赋。甲寅，免近畿圈地今年额赋三之二。乙卯，以丁文盛为山东巡抚。丙辰，谕南中文武军民剃发，不从者治以军法。是月，始谕直省限旬日剃发如律令。辛酉，豫亲王多铎遣军追故明福王朱由崧于芜湖。明靖国公黄得功逆战，图赖大败之，得功中流矢死。总兵官田雄、马得功执福王及其妃来献，诸将皆降。免永宁等四县元年荒赋。丙寅，申剃发之令。免深、衡水等七州县元年荒赋。丁卯，陕西妖贼胡守龙倡乱，孟乔芳讨平之。戊辰，皇太妃死。辛未，何洛会率师驻防西安。命江南于十月行乡试。己卯，诏曰："本朝立国东陲，历有年所，幅员既广，无意并兼。昔之疆场用兵，本冀言归和好。不幸寇凶极祸，明祚永终，用是整旅入关，代明雪愤。犹以贼渠未殄，不遑启居，受命二王，誓师西讨。而南中乘衅立君，妄窃尊号，亟行乱政，重虐人民，朕夙夜祗惧，思拯穷黎，西贼既摧，乃事南伐。兵无血刃，循汴抵淮。甫克维扬，遂平江左。金陵士女，昭我天休。既俘福藩，南服略定，特弘大赉，嘉与维新。其河南、江北、江南官民迕误，咸赦除之。所有横征逋赋，悉与蠲免。大军所过，免今年额赋之半，余免三之一。"

闰六月甲申，阿济格败李自成于邓州，穷追至九江，凡十三战，皆大败之。自成窜九宫山，自缢死，贼党悉平。故明宁南侯左良玉子梦庚、总督袁继咸等率马步兵十三万、船四万自东流来降。丙戌，定群臣公以下及生员耆老顶戴品式。己丑，河决王家园。庚寅，诏阿济格等班师。辛卯，改江南民解漕、白二粮官兑官解。壬辰，谕曰："明季台谏诸臣，窃名贪利，树党相攻，眩惑主心，驯致丧乱。今天下初定，百事更始，诸臣宜公忠体国，各尽职业，毋蹈前辙，自贻颠越。"定满洲文武官品级。癸巳，命大学士洪承畴招抚江南各省。甲午，定诸王、贝勒、贝子、宗室公顶戴式。乙未，除割脚筋刑。癸卯，命吴惟华招抚广东，孙之獬招抚江西，黄熙允招抚福建，江禹绪招抚湖广，丁之龙招抚云、贵。多铎遣贝勒博洛及拜尹图、阿山率师取杭州,故明潞王出降,淮王自绍兴来降。嘉兴、湖州、严州、宁波诸郡悉平。分遣总兵官吴胜兆克庐州、和州。乙巳,改南京为江南省,应天府为江宁府。命陕西于十月行乡试。

秋七月庚戌朔,享太庙。壬子,命贝勒勒克德浑为平南大将军,同固山额真叶臣等往江南代多铎。设明太祖陵守陵太监四人,祀田两千亩。癸丑,故明东平侯刘泽清率所部降。乙卯,以刘应宾为安庐巡抚,土国宝为江宁巡抚。丙辰,命谢弘仪招抚广西。戊午,禁中外军民衣冠不尊国制。己未,以何鸣銮为湖广巡抚,高斗光为偏沅巡抚,潘士良抚治郧阳。甲子,土太祖武皇帝、孝慈武皇后、太宗文皇帝玉册玉宝于太庙。乙丑,免西安、延安本年额赋之半,余免三之一。戊辰,西平贼首刘洪起伏诛,汝宁州县悉平。河决兖西新筑月堤。己巳,诏自今内外章奏由通政司封进。丁丑,以陈锦提督操江,兼管巡抚。故明总漕田仰陷通州、如皋、海门,凤阳巡抚赵福星、梅勒章京谭布等讨平之。己卯,以杨声远为登莱巡抚。

八月辛巳,免霸、顺义等八州县灾赋。乙酉,免彰德、卫辉、怀庆、河南各府荒赋。己丑,英亲王阿济格师还,赐从征外藩王、台吉、将佐金帛有差。癸巳,免真定、顺德、广平、大名灾额赋。丙午,降将金声桓讨故明益王,获其从官王养正等诛之,并获钟祥王朱孳蓉等九人。丁未,以英亲王阿济格出师有罪,降郡王,谭泰削公爵,降昂邦章京,鳌拜等议罚有差。

九月庚戌,故明鲁王将方国安、王之仁犯杭州,张存仁击走之。癸丑,命镇国公傅勒赫、辅国公札喀纳等率师协防江西。丁巳,故明怀安王来降。辛酉,故明新昌王据云台山,攻陷兴化,准塔讨斩之。甲子,以河间、滦州、遵化荒地给八旗耕种,故明勋戚、内监余地并分给之。庚午,田仰寇福山,土国宝击败之。丁丑,江西南昌十一府平。

冬十月癸未,以马国柱为宣大总督。戊子,故明翰林金声受唐王敕起兵于徽州,众十余万。洪承畴遣提督张天禄连破之于绩溪,获金声,不屈,杀之。是时,故明唐王朱聿钊(应为键)据福建,鲁王朱彝垓(应为朱以海)据浙江,马士英等兵渡钱塘结营拒命。庚寅,免宝坻县荒赋。壬辰,免太原等府州灾赋。癸巳,豫亲王多铎师还,上幸南苑迎劳之。丙申,以苗胙土为南赣巡抚。乙巳,以太宗次固伦公主下嫁察哈尔汗子阿布鼐。丙午,以申朝纪为山西巡抚,李翔凤为江西巡抚,肖起元为浙江巡抚。戊申,加封和硕豫亲王多铎为和硕德豫王,赐从征王、贝勒、贝子、公及外藩台吉、章京金币有差。命孔有德、耿仲明还盛京。

十一月壬子,以张存仁为浙闽总督,罗绣锦为湖广四川总督。癸丑,故明大学士王应熊、四川巡抚龙文光请降。甲寅,以吴景道为河南巡抚,命巴山、康喀赖为左右翼,同洪承畴驻防江宁,朱玛喇驻防杭州,贝勒勒克德浑率巩阿岱、叶臣讨湖广流贼二只虎等。己未,朝鲜国王李倧请立次子淏为世子,许之。丁卯,朱玛喇败马士英于余杭,和托败方国安于富阳。士英、国安复窥杭州,梅勒章京济席哈等击走之。戊辰,以何洛会为定西大将军,遣巴颜、李国翰帅师会之,讨四川流贼张献忠。戊寅,以陈之龙为凤阳巡抚。

十二月己卯朔,日有食之。乙酉,故明阁部黄道周寇徽州,洪承畴遣张天禄击败之。

故明总兵高进忠率所部自崇明来降。癸巳，佟养和、金声桓进讨福建，分兵攻南赣，败故明永宁王、罗川王、阁部黄道周等数十万众。丙午，更定朝仪，始罢内监朝参。丁未，朱玛喇等败方国安、马士英于浙东。固原贼武大定作乱，总兵官何世元等死之。

是岁，朝鲜，归化城土默特部章京古禄格，鄂尔多斯部喇嘛塔尔尼齐，乌朱穆秦部车臣亲王，席北部额尔格讷，喀尔喀部土谢图汗、古伦迪瓦胡王克图喇嘛、石勒图胡土克图、嘛哈撒马谛塞臣汗，厄鲁特部顾实汗子多尔济达赖巴图鲁台吉及回回国，天方国俱来贡。朝鲜四至。

三年春正月戊午，贝勒勒克德浑遣将败流贼于临湘，进克岳州。辛酉，固山额真阿山、谭泰有罪，阿山免职，下谭泰于狱。流贼贺珍、孙守法、胡向化犯西安，何洛会等击败之。金声桓遣将攻克故明永宁王于抚州，获之，并获其子朱尊荣等，遂平建昌。丙寅，故明潞安王、瑞昌王率众犯江宁，侍郎巴山等击败之。戊辰，以宋权为国史院大学士。己巳，以肃亲王豪格为靖远大将军，暨多罗衍禧郡王罗洛宏、贝勒尼堪、贝子屯齐喀、满达海等帅师征四川。故明唐王朱聿钊（应为键）兵犯徽州，洪承畴遣张天禄等击败之，获其阁部黄道周杀之，进克开化。

二月己卯，贝勒勒克德浑破流贼于荆州，奉国将军巴布泰等追至襄阳，斩获殆尽。大军进次夷陵，李自成弟李孜等以其众来降。辛巳，免密云荒赋。甲申，罢江南旧设部院，差在京户、兵、工三部满、汉侍郎各一人驻江宁，分理部务。乙酉，明鲁王将刘福援抚州，梅勒章京屯泰击败之。何洛会遣将破流贼刘文炳于蒲城，贼渠贺珍奔武功。戊子，以柳寅东为顺天巡抚。命肃亲王豪格分兵赴南阳，讨流贼二只虎、郝如海等。丙申，遣侍郎巴潜、梅勒章京张大猷率师镇守江宁，甲喇章京傅夸蟾、梅勒章京李思忠率师镇守西安。潜山、太湖贼首石应琏拥故明樊山王朱常罘为乱，洪承畴遣将击斩之。丙午，命贝勒博洛为征南大将军，同图赖率师征福建、浙江。

三月辛亥，译《洪武宝训》成，颁行中外。乙卯，免近京居民田宅圈给旗人别行拨补者租赋一年。丁巳，何洛会败贼刘体纯于山阳。己未，以王来用总督山、陕、四川粮饷，马鸣佩总督江南诸省粮储。乙丑，赐傅以渐等进士及第出身有差。己巳，何洛会击贼二只虎于商州，大败之。昌平民王科等盗发明帝陵，伏诛。壬申，多罗饶余郡王阿巴泰死。癸酉，封乌朱穆秦部塞冷、蒿齐忒部薄罗特为贝勒，阿坝垓部多尔济为贝子。豪格师抵西安，遣工部尚书兴能败贼于邠州，固山额真杜雷败贼于庆阳。故明大学士张四知自江南来降。

夏四月己卯，诏贝勒勒克德浑班师，孔有德、耿仲明、尚可喜、沈志祥各统所部来京。甲申，免钱塘、仁和间架税。乙酉，命今年八月再行乡试，明年二月再行会试。丁亥，免睢州、祥符等四州县灾赋。戊子，除明季加征太平府姑溪桥米税、金柱山商税、安庆府盐税。乙未，免静海、兴济、青县荒赋。丙申，江西浮梁、余干贼合闽贼犯饶州，副将邓云龙等击败之。戊戌，摄政王多尔衮谕停诸王大臣启本。己亥，以张尚为宁夏巡抚。罢织造太监。辛丑，谕曰："比者蠲除明季横征苛税，与民休息。而贪墨之吏，恶其害己而去其籍，是使朝廷德意不下究，而明季弊政不终厘也。兹命大臣严加察核，并饬所司详定《赋役全书》，颁行天下。"谕汰府县冗员。甲辰,修盛京孔子庙。

五月丁未,苏尼特部腾机思、腾机特、吴班代、多尔济思喀布、蟒悟思、额尔密克、石达等各率所部叛奔喀尔喀部硕雷。命德豫亲王多铎为扬威大将军,同承泽郡王硕塞等率师会外藩蒙古兵讨之。四子部温卜、达尔汉卓礼克图、多克新等追斩吴班代等五台吉。庚戌,申隐匿逃人律。戊午,金声桓克南赣,获其帅刘广胤。辛酉,豪格遣八颜、李国翰败贼于延安。壬戌,故明鲁王、荆王、衡王世子等十一人谋乱,伏诛。癸亥,以叶克书为昂邦章京,镇守盛京。豪格遣贝勒尼堪等败贼贺珍于鸡头关,遂克汉中,珍走西乡。乙丑,贝勒博洛遣图赖等击败故明鲁王将方国安于钱塘。鲁王朱彝垓(应为以海)遁保台州。庚午,官军至汉阴,流贼二只虎奔四川,孙守法奔岳科寨。巴颜、李国翰追延安贼至张果老崖败之。辛未,免沛、萧二县元、二年荒赋之半。

六月戊寅,免怀柔县荒赋。丙戌,禁白莲、大成、混元、无为等教。壬辰,以高士俊为湖广巡抚。乙未,张存仁遣将擒故明大学士马士英及长兴伯吴日生等斩之。

秋七秋甲寅,贝勒勒克德浑师还。丁巳,多铎破腾机思等于殴特克山,斩其台吉毛害,渡土喇河击斩腾机思子多尔济等,尽获其家口辎重。又败喀尔喀部土谢图汗二子于查济布喇克上游。戊午,硕雷子阵查济布喇克道口,贝子博和托等复大败之。硕雷以余众走塞冷格。庚申,李国翰、图赖等拔张果老崖。壬戌,江西巡抚李翔凤进正一真人符四十幅。谕曰:"致福之道,在敬天勤民,安所事此,其置之。"戊辰,豪格遣贝子满达海、辅国公哈尔楚浑、固山额真准塔趋徽州、阶州分讨贼武大定、高如砺、蒋登雷、石国玺、王可臣等,破之。如砺遁,登雷、国玺、可臣俱降。

八月丙子,多罗衍禧郡王罗洛宏死于军。丁丑,豪格遣蠹章京哈宁阿攻武大定于三台山,拔之。丁亥,博洛克金华、衢州,杀故明蜀王朱盛浓、乐安王朱谊石及其将吴凯、项鸣斯等,其大学士谢三宾、阁部宋之普、兵部尚书阮大铖、刑部尚书苏壮等降。浙江平。戊子,以孔有德为平南大将军,同耿仲明、沈志祥、金砺、佟代率师征湖广、广东、广西。免太湖、潜山二平及今年荒赋。癸巳,命尚可喜率师从孔有德南讨。

九月己酉,故明瑞昌王朱谊汈谋攻江宁,官兵讨斩之。甲子,免夷陵、石首等十三州县荒赋十之七,荆门、江陵等四州县十之五,兴国、广济等十六州县十之三。丙寅,故明崇阳王攻歙县,副将张成功等败之。丁卯,故明督师何腾蛟等攻岳州,官军击败之。

冬十月丙子,郑四维等克夷陵、枝江、宜都,改湖广承天府为安陆府。己卯,和硕德豫亲王多铎师还,上郊劳之。辛巳,金声桓遣将擒故明王朱常湆及其党了悟等,诛之。甲申,以胡全才为宁夏巡抚,章于天为江西巡抚。金声桓遣将克赣州,获故明阁部杨廷麟杀之。癸巳,以李栖凤为安徽巡抚。丁酉,免怀宁四县灾赋。巳亥,免延绥、庄浪灾赋。壬寅,太和宫、中和宫成。

十一月癸卯朔,贝勒博洛自浙江分军进取福建,图赖等败故明阁部黄鸣骏于仙霞关,遂克浦城、建宁、延平。故明唐王朱聿钊(应为键)走汀州,阿济格、尼堪等追斩之,遂定汀州、漳州、泉州、兴化,进克福州,悉降其众。福建平。癸丑,免河间、任丘及大同灾赋。丁巳,祀天于圜丘。己巳,豪格师至南部,时张献忠列寨西充,鳌拜等兼程进击,大破之,斩献忠于阵,复分兵击余贼,破一百三十余营。四川平。

十二月癸酉朔,故明遂平王朱绍鲲及党杨权等拥兵太湖,结海寇为乱,副将詹世勋等讨斩之。庚戌,山东贼谢迁攻陷高苑,总兵官海时行讨平之。壬午,故明高安王朱常淇及党江于东等起兵婺源,张天禄讨平之。丙戌,以于清廉为保定巡抚,刘武元为南赣巡抚。免蓟、丰润等五州县灾赋。甲午,位育宫成。庚子,明金华王朱由桦起兵饶州,官军击斩之。

是岁,朝鲜,蒙古及归化城土默特部古禄格,厄鲁特部多尔济达来巴图鲁、顾实汗、喀尔喀部买达里胡土克图、额尔德尼哈谈巴图鲁、戴青哈谈巴图鲁、青台吉,科尔沁部多罗冰图郡王塞冷,蒿齐忒部多罗贝勒额尔德尼,索伦部、使鹿部喇巴奇,鄂尔多斯部济农台吉查木苏、库尔喀部赖达库及达赖喇嘛,吐鲁番俱来贡。朝鲜、厄鲁特顾实汗、达赖喇嘛皆再至。

四年春正月戊申,辅国公巩阿岱、内大臣吴拜等征宣府。壬子,命付都统董阿赖率师驻防杭州。兴国州贼柯抱冲结故明总督何腾蛟攻陷兴国。总兵官柯永盛遣将擒抱冲及其党陈珩玉斩之。乙卯,以杨声远为淮扬总督,黄尔性为陕西巡抚。辛酉,以朱国柱为登莱巡抚。壬戌,陕西官军击延庆贼郭君镇、终南贼孙守法,败之。洪承畴遣将击贼帅赵正,大破之。

二月癸酉,以张儒秀为山东巡抚。乙亥,佟养甲平梧州。丁丑,副将王平等击贺珍、刘二虎贼党于兴安,败之。癸未,诏曰:"朕平定中原,惟浙东、全闽尚阻声教,百姓辛苦垫隘,无所控诉,受命征南大将军贝勒博洛振旅而前。既定浙东,遂取闽越。先声所至,穷寇潜捕。大军掩追,及于汀水。聿钊(应为键)授首,列郡悉平。顾惟僭号阻兵,其民何罪,用昭大赉,嘉与维新。一切官民罪犯,咸赦除之。横征捕赋,概予豁免。山林隐逸,各以名闻录用。民年七十以上,给绢米有差。"己丑,洪承畴擒故明瑞昌王朱议贵及湖贼赵正,斩之。乙未,朱聿钊(应为键)、弟聿𨧨(应为鐭)僭号绍武,据广州,佟养甲、李成栋率师讨之,斩聿𨧨(应为鐭)及周王肃罙、益王思炎、辽王术雅、邓王器谦、巨野王寿锄、通山王蕴越、高密王弘椅、仁化王慈魶、鄢陵王肃沔、南安王企垄等。广州平。戊戌,以佟国鼐为福建巡抚。

三月戊午,赐吕宫等进士及第出身有差。己未,以耿焞为顺天巡抚,周伯达为江宁巡抚,赵兆麟抚治郧阳。庚申,谕京官三品以上及督、抚、提、镇各送一子入朝侍卫,察才任使,无子者以弟及从子代之。壬戌,免崇明县盐课、马役银。乙丑,《大清律》成。丙寅,佟养甲克高、雷、廉三府。丁卯,命祀郊社太牢仍用腥。己巳,禁汉人投充满洲。庚午,罢圈拨民间田宅,已圈者补给。

夏四月丁丑,田仰率所部降。己卯,高士俊克长沙。昂邦章京傅喀蟾讨刘文炳、郭瑞君镇,歼之。乙酉,贝勒博洛班师。是役也,贝子和托、固山额真公图赖皆卒于军。甲午,陕西官军斩孙守法。

五月壬寅,舟山海贼沈廷扬等犯崇明,官军讨擒之。己酉,故明在籍通政使侯峒曾遣谍致书鲁王,伪许洪承畴、土国宝以公、侯,共定江南,为反间计,柘林游击获之以闻。上觉其诈，命江宁昂邦章京巴山等同承畴穷治其事。庚戌，免兴国、江夏等十州县上年灾赋。癸丑，以佟养甲为两广总督，兼广东巡抚。辛酉，投诚伯常应俊、总兵李际遇等坐通贼，伏诛。癸亥，上幸南苑。乙丑，班代、峨齐尔、胡巴津自苏尼特来降。

六月壬申，免成安等七县上年灾赋。丙子，朝鲜国王李倧遣其子淯来朝。庚辰，故明赵王朱由棪来降。戊子，免绥德卫上年灾赋。己丑，封贝勒博洛为多罗郡王。癸巳，陕西贼武大定陷紫阳，总兵官任珍击败之。湖广官军克衡州、常德及安化、新化等县。甲午，苏松提督吴胜兆谋叛，伏诛。丁酉，免山东上年荒赋。

秋七月辛丑，加封和硕德豫亲王多铎为辅政叔德豫亲王。癸卯，建射殿于左翼门外。甲辰，免徐州上年荒赋。己酉，封敖汉部额驸班第子墨尔根巴图鲁为多罗郡王。癸丑，以申朝纪为宣大总督。丁巳，郧阳贼王光代用永历年号，聚众作乱，命侍郎喀喀木等剿之。戊午，改马国柱为江南江西河南总督。甲子，诏曰："中原底定，声教遐敷。惟粤东尚为唐藩所阻，额海怨咨，已非一日。用移南伐之师，席卷惠、潮，遂达省会。念尔官民，初非后至，一切罪犯，咸赦除之。逋赋横征，概与豁免。民年七十以上，加赐粟帛。所在节孝者旌，山林有才德者录南海诸国能向化者，待之如朝鲜。"丙寅，以祝世昌为山西巡抚。丁卯，上幸边外阅武。是日，驻沙河。

八月庚午，金声桓擒故明宗室麟伯王、霭伯王于泸溪山，诛之。甲戌，次西巴尔台。丙子，次海流土河口。壬午，次察汉诺尔。乙酉，豪格遣贝勒尼堪等先后克遵义、夔州、茂州、内江、荣昌、富顺等县，斩故明王及其党千余人。四川平。丙戌，次胡苏台。辛卯，以张文衡为甘肃巡抚。丙申，上还宫。

九月辛丑，京师地震。辛亥，淮安贼张华山等用隆武年号，啸聚庙湾。丁巳，以李犹龙为天津巡抚。辛酉，官军讨庙湾贼，破之。

冬十月庚午，以王懩为安徽巡抚。壬申，喀喇沁部卓尔弼等率所部来降。癸未，以吴惟华为淮扬总督，线缙为偏沅巡抚。戊子，定直省官三年大计。壬辰，以广东采珠病民，罢之。

十一月庚戌，以陈泰为靖南将军，同梅勒章京董阿赖征福建余寇。辛亥，免山西代、静乐等十四州县，宁化等六所堡，山东德、历城等十五州县灾赋。裁山东明季牙、杂二税。戊午，五凤楼成。癸亥，祀天于圜丘。

十二月戊辰，免保定、河间、真定、顺德灾赋。壬申，以陈锦为闽浙总督。己卯，以太宗十一女固伦公主下嫁喀尔吗索纳木。甲申，苏尼特部台吉吴巴什等来归。丙戌，大军自岳州收长沙，故明总督何腾蛟等先期遁。次湘潭，败桂王将黄朝选众十三万于燕子窝，又败之于衡州，斩之，遂克宝庆，斩鲁王朱鼎兆等。进击武冈，桂王由榔走，追至靖州，下其城。复克沅州，岷王朱埏峻以黎平降。湖南平。庚寅，故明将郑彩犯福州。副将邹必科等败走之。

是岁，科尔沁、喀喇沁、乌朱穆秦、敖汉、翁牛特、苏尼特、札鲁特、郭尔罗斯、蒿齐忒、阿坝垓诸部来朝。朝鲜暨喀尔喀部札萨克图汗、墨尔根绰尔济、额尔德尼绰尔济、迈达礼胡土克图、额尔德尼顾锡、伊拉古克三胡土克图、嘛哈撒马谛塞臣汗、俄木布额尔德尼、塞勒胡土克图、满朱习礼胡土克图,札萨克图汗下俄木布额尔德尼、巴颜护卫、舍晋班第、迈达礼胡土克图,诺门汗下丹津胡土克图,土谢图汗下泽卜尊丹巴胡土克图,硕雷汗下伊赫额木齐格隆、额参德勒哈谈巴图鲁,厄鲁特部台吉吴霸锡、顾实汗,罗布藏胡土克图下巴汉格隆、盆苏克札穆苏,阿布赉诺颜下讷门汗、巴图鲁诺颜、达云绰尔济、鄂济尔图台吉、苏尼特部台吉魏正、札鲁特部台吉桑图,鄂尔多斯部济农,归化城土默特部章京托博克、诺尔布,唐古忒部与喇布札木绰尔济、喇嘛班第达等俱来贡。

五年春正月辛亥,故明宜春王朱议衍据汀州为乱,总兵官于永绶擒斩之。癸丑,免太原、平阳、潞安三府,泽、沁、辽三州灾赋。癸亥,和硕肃亲王豪格师还。衍禧郡王罗洛宏卒于军,至是丧归,辍朝二日。

二月甲戌,金声桓及王得仁以南昌叛。辛巳,江南官军复无为州,福建官军复连城、顺昌、将乐等县。癸未,免济南、兖州、青州、莱州上年灾赋。辛卯,以固伦公主下嫁巴林部塞卜腾。壬辰,以吕逢春为山东巡抚,李鉴为宁夏巡抚。故明贵溪王朱常彪、恢武伯向登位寇沅州,纛章京线国安等讨斩之。

三月己亥,贝子吞齐、尚善等讦告和硕郑亲王济尔哈朗,罪连莽加、博博尔岱、鳌拜、索尼等,降济尔哈朗为多罗郡王,莽加等降革有差。辛丑,和硕肃亲王豪格有罪,论死。上不忍置之法,幽系之。庚戌,命谭泰为征南大将军,同何洛会讨金声桓。辛酉,以耿悼为宣大山西总督。甲子,武大定犯宁羌,游击张德俊等大破之。

四月丁卯,以杨兴国为顺天巡抚。戊辰,免渭原、金县、兰州卫灾赋。壬申,官军复建宁,斩故明郧西王朱常湖等。己卯,封科尔沁杜尔伯特镇国公色冷为贝子。庚辰,遣固山额真阿赖等驻防汉中。壬午,大军克辰州,遂破永宁,至全州,故明督师何腾蛟遁,获贵溪王朱长标、南威王朱寅卫、长沙王朱由栉等。铜仁、兴安、关阳诸苗、瑶来降。丙戌,命刘之源、佟图赖为定南将军,驻防宝庆,李国翰为定西将军,驻防汉中。丁亥,吴三桂自锦州移镇汉中。

闰四月戊戌,复济尔哈朗爵为和硕郑亲王。癸卯,以李国英为四川巡抚。己未,以迟日益为湖广巡抚。癸亥,命贝子吞齐为平西大将军,同韩岱讨陕西叛回。

五月己丑朔,日有食之。戊辰,官军破叛回于巩昌,复临洮、兰州。辛未,游击张勇破叛回于马家坪,获故明延长王朱识锵,斩之。壬午,以赵福星为凤阳巡抚。癸未,以朱延庆为江西巡抚。甲申,官军破金声桓,复九江、饶州。己丑,以刘弘遇为安徽巡抚。

六月甲午朔,免西安、延安、平凉、临洮、庆阳、汉中上年灾赋。癸卯,以周文业为甘肃巡抚。甲辰,额塞等大破叛回于兰州,余党悉平。丙辰,京师地震有声。癸亥,太庙成。

秋七月丁丑,初设六部汉尚书、都察院左都御史,以陈名夏、谢启光、李若琳、刘余祐、党崇雅、金之俊为六部尚书,徐起元为左都御史。

八月癸巳朔,金声桓、王得仁寇赣州,官军击走之。己亥,陈泰、李率泰等败郑彩于长乐,又败之于连江,复兴化。己巳,命和硕英亲王阿济格、多罗承泽郡王硕塞等讨天津土贼。丁未,禁民间养马及收藏军器。己酉,以王一品为凤阳巡抚。壬子,令满、汉官民得相嫁娶。乙卯,以夏玉为天津巡抚,张学圣为福建巡抚。

九月壬戌朔，官军获故明巡抚吴江等于南康湖口，斩乏。甲子，和硕英亲王阿济格讨曹县土贼，平之。己巳，封贝勒勒克德浑为多罗顺承郡王，博洛为多罗端重郡王。壬申，和硕郑亲王济尔哈朗为定远大将军，讨湖广贼李锦。丁丑，封贝勒尼堪为多罗敬谨郡王。

冬十月壬寅，和硕礼亲王代善死。甲辰，佟图赖复宝庆。丙辰，降将刘泽清结曹县贼叛，泽清及其党李洪基等俱伏诛。

十一月甲子，广东叛将李成栋据南雄，结峒蛮犯赣州，巡抚刘武元等击走之。丙寅，总兵官任珍击贺珍，破之。戊辰，祀天于圜丘，以太祖武皇帝配。追尊太祖以上四世：高祖泽王为肇祖皇帝，曾祖庆王为兴祖直皇帝，祖昌王为景祖翼皇帝，考福王为显祖宣皇帝；姚皆为皇后。上诣太庙册宝。辛未，以配天及上尊号礼成，御殿受贺，大赦。辛未，和硕英亲王阿济格、多罗端重郡王博洛、多罗承泽郡王硕塞等帅师驻大同，备喀尔喀。

十二月辛卯朔，命郡王瓦克达，贝子尚善、吞齐等诣阿济格军。调八旗游牧蒙古官军之半，戍阿尔齐土苏门哈达。癸巳，姜瓖以大同叛，总督耿焞走阳和。丙申，免平山、隆平、清丰灾赋。戊戌，阿济格围大同。辛丑，复遣梅勒章京阿喇善、侍郎噶达浑诣阿济格军。癸卯，免大同灾赋。壬子，杨捷等复都昌，获故明兵部尚书余应桂，斩之。丁巳，以佟养量为宣大总督。

是岁，苏尼特、札鲁特等部来朝。朝鲜，喀尔喀部俄木布额尔德尼、戴青讷门汗喇嘛、塞尔济额尔德尼魏正、硕雷汗、迈达理胡土克图、札隆克图汗下额尔德尼哈谈巴图鲁，厄鲁特部顾实汗、锡勒图绰尔济、诺门汗，索伦部阿济布，鄂尔多斯部单达，苏尼特部腾机式，科尔沁贝勒张继伦，归化城固伦第瓦胡土克图、丹津喇嘛额尔德尼塞桑，土默特部古禄格，乌思藏阐化王王舒克，汤古特达赖喇嘛俱来贡。朝鲜、厄鲁特顾实汗、汤古特达赖喇嘛再至。

六年春正月壬戌，官军复罗源、永春、德化等县。癸亥，命多罗敬谨郡王尼堪等征太原。戊辰，谕曰："朕欲天下臣民共登衽席，日夕图维，罔敢怠勿。往年流寇作乱，惨祸已极，入关讨贼，士庶归心。乃迩年不轨之徒，捏作洗民讹言。小民无知轻信，惶惑逃散，作乱者往往而有。朕闻不嗜杀人，能一天下。书云：'众非元后何戴，后非众罔与守邦。'君残其民，理所蔑有。自元年来，今六年矣，宁有无故而屠戮民者。民苟思之，疑且冰释。至于自甘为贼，乐就死地，必有所迫以致此。岂督、抚、镇、按不得其人，有司脧削，民难自存欤？将蠲免赋税，有名无实欤？内外各官其确议兴利除弊之策，朕次第酌行之。"辛未，姜瓖党姚举等杀冀宁道王昌龄，陷忻州，固山额真阿赖破走之。乙亥，谕曰："设关征税，原以讥察奸宄，非与商贾较铢铢也。其各以原额起税，毋得横征以充私囊，违者罪之。"谕山西大同军民，无为姜瓖胁诱，来归者悉予矜免。戊寅，行保举连坐之法。庚辰，谕言官论事不实者，廷臣集议，毋辄下刑部。辛巳，以金廷献为偏沅巡抚。壬午，谭泰、何洛会复南昌，金声桓投水死，王得仁伏诛，九江、南康、瑞州、临江、袁州悉平。癸未，山西贼党刘迁寇代州，阿济格遣军破走之。

二月癸卯，摄政王多尔衮征大同。免直隶省六年以前荒赋、四川商民盐课。辛亥，故明宗室朱森釜等犯阶州，吴三桂击斩之。

三月癸亥,多尔衮拔浑源州。丙寅,汉羌总兵官张天福平贼渠罩一涵,获故明山阴王等斩之。丁卯,土贼王永强陷延安、榆林等十九州县,延绥巡抚王正志等死之。己巳,应州、山阴降,多尔衮旋师,留阿济格于大同。辛未,进封多罗承泽郡王硕塞多罗端重郡王博洛、多罗敬谨郡王尼堪为亲王。王永强陷同官。壬申,广信府知府杨国桢等复玉山县。宁夏官军克临河等堡。乙亥,甘、凉逆回米喇印、丁国栋复作乱,甘肃巡抚张文衡等死之。丁丑,辅政和硕德豫亲王多铎死,摄政王多尔衮师次居庸,还京临丧。甲申,减隐匿逃人律。谭泰、何洛会破贼于南康,进克信丰,叛将李成栋走死,复抚州、建昌。江西平。丙戌,博洛遣鳌拜等大破姜瓖于大同北山。吴三桂击败王永强,复宜君、同官。

多尔衮

夏四月庚寅,遣罗硕、卦喇驻防太原。癸巳,阿济格复左卫。乙未,命贝子吴达海等代征大同。丙申,吴三桂克蒲县。癸卯,福建官军复平和、诏安、漳平、宁洋。甲辰,赐刘子壮等进士及第出身有差。乙巳,皇太后崩。壬子,谕曰:"兵兴以来,地荒民逃,流离无告。其令所在有司广加招徕,给以荒田,永为口业,六年之后,方议征租。各州县以招民劝耕之多寡、道府以责成催督之勤惰为殿最。岁终,抚按考核以闻。"癸丑,以董宗圣为延绥巡抚。官军克福宁,福建平。乙卯,贼党陷汾州,命和硕端重亲王博洛为定西大将军,帅师讨之。和硕敬谨亲王尼堪移师大同。丁巳,封贝子满达海为和硕亲王。

五月辛酉,遣图赖率师赴太原军。丙子,以李栖凤为广东巡抚,郭肇基为广西巡抚。免太原、平阳、汾州三府,辽、泽二州灾赋。丁丑,改封孔有德为定南王,耿仲明为靖南王,尚可喜为平南王。命孔有德征广西,耿仲明、尚可喜征广东,各挈家驻防。裁直隶、江南、山东、浙江、陕西同知十,直隶、江南、河南、湖广、江西、浙江通判二十一。免宝坻、顺义五年灾赋。辛巳,吴三桂、李国翰复延安。壬午,四川边郡平。乙酉,和硕端重亲王博洛复清源、交城、文水、徐沟、祁等县。

六月庚子,朝鲜国王李倧死。壬子,免沧州、清苑六年以前荒赋。癸丑,封张应京为正一嗣教大真人。乙卯,免江西四年、五年逋赋。

秋七月戊午朔,摄政王多尔衮复征大同。乙丑,满达海、瓦克达征朔州、宁武。丁卯,免开封等府灾赋。辛未,多尔衮至阿鲁席巴尔台,校猎而还。遣蠹章京索洪等益海达海军。癸酉,官军平黄州贼三百余砦,斩故明王朱蕴铲等。甲申,广东余寇犯南赣,官军击却之。丙戌,吴三桂、李国翰复延绥镇城。

八月癸巳，摄政王多尔衮还京。山西贼党陷蒲州及临晋、河津，孟乔芳讨平之。甲午，免真定、顺德、广平、大名灾赋。满达海复朔州、马邑。丁酉，端重亲王博洛拔孝义。丙午，郑亲王济尔哈朗等克湘潭，获何腾蛟，不屈，杀之。辰州、宝庆、靖州、衡州悉平。进克全州。丁未，封朝鲜世子李淏为朝鲜国王。辛亥，以张孝仁为直隶山东河南总督。壬子，遣英亲王阿济格、贝子巩阿岱等征大同。癸丑，梅勒章京根特等拔猗氏。乙卯，大同贼被围久，饿死殆尽，伪总兵杨震威斩姜瓖及其弟琳来献。丙辰，宁武关伪总兵刘伟等率众降，静乐、宁化山寨悉平。

九月戊午，封鄂穆布为多罗达尔汉卓礼克图郡王，苏尼特部噶尔麻为多罗贝勒。甲子，鄂尔多斯部额林臣、布达岱、顾禄、阿济格札穆苏等来降，封额林臣为多罗郡王，布达岱子伊廪臣、顾禄子色冷为固山贝子，阿济格札穆苏为镇国公。丙寅，以夏玉为山东巡抚。癸酉，封固伦额驸祁他特为多罗郡王。甲戌，满达海、博洛克汾州、平阳。

冬十月戊子，封多尼为和硕亲王，杰书为多罗郡王。壬辰，京师地震。甲午，封劳亲为亲王。官军复郓城。戊戌，降将杨登州叛，陷山阴。己亥，免山东东平、长山等十八州县五年灾赋，江西六年以前明季辽饷。辛丑，摄政王多尔衮征喀尔喀部二楚虎尔。乙巳，陕西总兵官任珍击故明将唐仲亨于屠油坝，斩之，并诛故明王朱常㳛、朱由杠等。丙午，官军复潞安。丁未，官军充榆林。己酉，满达海等拔沁、辽二州。庚戌，命满达海还京，留瓦克达等定山西。

十一月丙寅，免直隶开、元城等县徭赋，陕西岷州灾赋。甲戌，多尔衮自喀吞布喇克旋师。免宣府灾赋。壬午，耿仲明军次吉安，畏罪自杀。

十二月乙酉朔，山西兴、芮城、平陆三县平。戊子，故明桂王将焦琏寇全州，勒克德浑等击败之，进克道州。努山等拔乌撒城。宜尔都齐等黎平。己酉，官军复邻水、大竹二县。庚戌，宁波、绍兴、台州土寇平。

是年，朝鲜、阿坝垓、乌朱穆秦、土默特诸部、厄鲁特部、阿巴赖诺颜、绩克什虎巴图鲁台吉、顾实汗子下达赖乌巴什温布塔布囊、鄂尔多斯部郡王额林臣、喀尔喀部土谢图汗、硕雷汗、戴青诺颜、归化城土默特部古禄格等，伊喇古克三胡土克图下戴青温布达尔汉囊苏及达赖喇嘛俱来贡。朝鲜、喀尔喀土谢图汗再至。

七年春正庚申，官军复永宁、宁乡。壬戌，官军复南雄。癸酉，封鄂尔多斯部单达为贝勒，沙克查为贝子。甲戌，故明德化王朱慈业，石城王朱议㳽陷大田，官军讨平之。丁丑，和硕郑亲王济尔哈朗师还。

二月丁亥，上太后谥曰孝端正敬仁懿庄敏辅天协圣文皇后。甲午，以刘弘遇为山西巡抚，王一品为广西巡抚。李建泰据太平叛，官军围之，出降，伏诛。平阳、潞安、泽州属境俱平。

三月己未，日赤色如血。

夏四月甲午，孔有德擒故明将黄顺、林国瑞于兴宁，降其众五万。丙申，封科尔沁贝勒张继伦为郡王。甲辰，多罗谦郡王瓦克达师还。

六月乙酉，保德州民崔耀等擒故明将牛化麟，斩之，以城降。癸卯，官军复宁都、石城。

秋七月壬子朔,享太庙。乙卯,摄政王多尔衮议建边城避暑,加派直隶、山西、浙江、山东、江南、河南、湖广、江西、陕西九省钱粮二百五十万两有奇。辛酉,幸摄政王多尔衮第。多尔衮以贝子锡翰等擅请临幸,下其罪,贝子锡翰降镇国公,冷僧机、鳌拜等黜罚有差。壬戌,以马之先为陕西巡抚。辛未,免西宁各堡寨五年灾赋。

八月丁亥,降和硕端重亲王博洛、和硕敬谨亲王尼堪为多罗郡王。己丑,封巴林部塞卜腾、蒿齐忒部宇罗特为多罗郡王,科尔沁国顾穆、喀喇沁部古禄思喜布为多罗贝勒,改承泽亲王硕塞、亲王劳亲为多罗郡王。

九月甲寅,故明将郑成功寇潮州,总兵官王邦俊击走之。丙子,免蕲、麻城等七州县五六年荒赋。

冬十月辛巳朔,日有食之。己亥,定陕西茶马例。庚子,官军克邵武,获故明阁部揭重熙等,斩之。己酉,免桐城等六县荒赋。

十一月甲寅,免甘肃去年灾赋。乙卯,吴三桂复府谷,斩故明经略高友才等,余众降。壬戌,摄政王多尔衮有疾,猎于边外。乙丑,尚可喜复广州,余众降。戊寅,祀天于圜丘。

十二月戊子,摄政和硕睿亲王多尔衮死于喀喇城。壬辰,赴闻,上震悼,臣民为制服。丙申,丧至,上亲奠于郊。己亥,诏曰:“太宗文皇帝升遐,诸王大臣吁戴摄政王。王固怀挹让,扶立朕躬,平定中原,至德丰功,千古无二。不幸死逝,朕心摧痛。中外丧仪,合依帝礼。”庚子,收故摄政王信符,贮内库。甲辰,尊故摄政王为懋德修道广业定功安民立政诚敬义皇帝,庙号成宗。乙巳,谕曰:“国家政务,悉以奏闻。朕年尚幼,暗于贤否,尚书缺员,其会推贤能以进。若诸细务,理政三王理之。”

是年,喀尔喀、厄鲁特、乌斯藏诸部巴郎和罗齐、达尔汗囊素、盆挫坚挫等来朝。朝鲜,喀尔喀部硕雷汗、札萨克图汗、土谢图汗、绰克图魏正诺颜、戴青诺颜、那穆齐魏正诺颜、察哈尔墨尔根台吉、索那穆、厄鲁特部巴图鲁贝勒、台吉鄂齐尔图、干布胡土克图、噶木布胡土克图、舒虎儿戴青,乌斯藏部阐化王,索伦、使鹿诸部,归化城土默特部古禄格俱来贡。朝鲜再至。

八年春正月己酉朔,蒿齐忒部台吉噶尔马撒望、储护尔率所部来归。辛亥,以布丹为议政大臣。甲寅,和硕英亲王阿济格谋乱,幽之。其党郡王劳亲降贝子,席特库等论死。乙卯,以苏克萨哈、詹岱为议政大臣。丙辰,罢汉中岁贡柑及江南桔、河南石榴。戊午,罢诸处织造督进官役及陕西岁贡绒褐皮革。命和硕睿亲王多尔衮子多尔博袭爵。己未,罢临清岁造城砖。庚申,上亲政,御殿受贺,大赦。诏曰:“朕躬亲大政,总理万机。天地祖宗,付托甚重。海内臣庶,望治甚殷。自惟凉德,夙夜祗惧。天下至大,政务至繁,非朕躬所能独理。凡我诸王贝勒及文武群臣,其各殚忠尽职,洁己爱人,利弊悉以上闻,德意期于下究。百姓亦宜咸体朕心,务本乐业,共享泰宁之庆。”孔有德克桂林,斩故明靖江王及文武官四百七十三人,余党悉降。壬戌,罢江西岁进龙碗。丙寅,以夏一鹗为江西巡抚。丁卯,升附孝端文皇后于太庙。追尊故摄政王多尔衮为成宗义皇帝,祔于太庙。移内三院于禁城。己巳,以伊图为议政大臣。免安州芝棉税。丁丑,复封端重郡王博洛、敬谨郡王尼堪为和硕亲王。以巩阿岱、鳌拜为议政大臣。戊寅,以巴图鲁詹、杜尔玛为议政大臣。

二月庚辰,进封满达海为和硕巽亲王,多尼为和硕信亲王,罗可铎为多罗平郡王,瓦克达为多罗谦郡王,杰书为多罗康郡王。更定钱制,每百文准银一钱。辛巳,免朔州、浑源、大同荒赋。癸未,罗什、博尔惠有罪,论死。上欲宥其死,群臣执奏不可,遂伏诛。戊子,上昭圣慈寿皇太后尊号。己丑,大赦。免汝上等五县六、七两年灾赋。辛卯,罢边外筑城之役;加派钱粮准抵八年正赋;官吏捐输酌给议叙并免之。癸巳,苏克萨哈、詹岱、穆济伦首告故摄政王多尔衮逆节皆实,籍其家,诛其党何洛会、胡锡。甲午,免山西荒赋。戊戌,封贝勒岳乐为多罗安郡王。己亥,暴多尔衮罪于中外,削其尊号及母妻追封,撤庙享。庚子,调陈泰为吏部尚书,以韩岱为刑部尚书。辛丑,上幸南苑。壬寅,命孔有德移驻桂林。癸卯,上还宫。乙巳,封和硕肃亲王豪格子富寿为和硕显亲王。

闰二月戊申朔,湖南余寇牛万才率所部降。庚戌,封和硕郑亲王济尔哈郎子济度为多罗简郡王,勒度为多罗敏郡王。甲寅,谕曰:"国家纪纲,首重廉吏。迩来有司贪污成习,百姓失所,殊违朕心。总督、巡抚,任大责重,全在举劾得当,使有司知所劝惩。今所举多冒滥,所劾多微员,大贪大恶乃徇纵之,何补吏治? 吏部其详察以闻。"调党崇雅为户部尚书,金之俊为兵部尚书,刘余祐为刑部尚书,谢启光为工部尚书。免祥符等六县七年灾赋。乙卯,进封硕塞为和硕承泽亲王。谕曰:"榷关之设,国家藉以通商,非苦之也。税关官吏,扰民行私,无异劫夺。朕灼知商民之苦。今后每关设官一员,悉裁冗滥,并不得妄咨勤劳,更与铨补。"丙辰,谕督抚甄别有司才德并优兼通文义者擢之,不识文义任役作奸者黜之,吏部授官校试文义不通者除名。己未,总兵官许尔显克肇庆、罗定;徐成功克高州。禁喇嘛贡佛像、铜塔及番犬。壬戌,幽阿济格于别室,籍其家,削贝子劳亲爵为庶人。乙丑,大学士冯铨、尚书谢启光等以罪免。谕曰:"国家设官,必公忠自矢,方能裨益生民,共襄盛治。朕亲政以来,屡下诏令,嘉与更始。乃部院诸臣因仍前弊,持禄养交。朕亲行黜陟,与天下见之。自今以后,其淬砺前非,各尽厥职。若仍上下交欺,法必不贷。"丙寅,谕曰:"各省土寇,本皆吾民,迫于饥寒,因而为乱。年来屡经扑剿,而管兵将领,杀良冒功,真盗未歼,民乃荼毒,朕深痛之。嗣后各督抚宜剿抚并施,勿藉捕扰民,以称朕意。"丁卯,孔有德克梧州、柳州。戊辰,大学士洪承畴兼都察院左都御史,陈之遴为礼部尚书,张凤翔为工部尚书。己巳,裁江南、陕西督饷侍郎,淮安总理漕运侍郎。庚午,固山额越阿喇善等剿山东贼。壬申,免涿、良乡等十三州县圈地。乙亥,定阿附多尔衮诸臣罪,刚林、祁充格俱坐罪。丁丑,谕曰:"故明宗藩,前以恣行不轨,多被诛戮,朕甚悯焉。自后有流移失所甘心投诚者,有司礼送京师,加恩畜养。镇国将军以下,即其地占籍为民,各安厥业。"免宛平灾赋。

三月壬午,端重亲王博洛、敬谨亲王尼堪以罪降郡王。癸未,命诸王、贝勒、贝子分管六部、理藩院、都察院事。乙酉,湖南保、靖、永顺等土司来归。丙戌,免武强上年灾赋。己丑,以希福为弘文院大学士,陈泰为国史院大学士。改李率泰为弘文院大学士,宁完我为国史院大学士。以噶达浑为都察院承政,朱玛喇为吏部尚书,雅赖为户部尚书,谭布为工部尚书,蓝拜为镶蓝旗满洲固山额真。辛卯,定王公朝集例。壬辰,定袭爵例。癸巳,谕曰:"御史巡方,职在安民察吏。向来所差御史,苟且请托,身已失检,何由察吏?吏不能察,民何以安?今后各宜洗濯自新,务尽职事,并许督抚纠举,都察院考核以闻。"癸卯,定斋戒例。丙午,许满洲、蒙古、汉军子弟科举,依甲第除授。

夏四月庚戌,诏行幸所过,有司不得进献。遣官祭狱镇海渎、帝王陵寝、先师孔子阙里。土贼罗荣等犯虔州,副将杨遇明讨擒之。乙卯,幸沙河。辛酉,次赤城。以王文奎总督漕运。甲子,次上都。丙寅,翁牛特部杜棱郡王等来朝。己巳,次俄尔峒。庚午,免朝鲜岁贡柑、柚、石榴。巴林部固伦额驸色布腾郡王等来朝。命故靖南王耿仲明子继茂袭爵。辛未,还次上都河。壬申,次俄尔峒河。

五月丁丑朔,次谟护里伊札里河。夏一鹗击明唐王故将傅鼎铨等,追入福建,擒鼎铨等斩之。辛巳,次库尔奇勒河。壬午,乌朱穆秦部贝勒塞棱额尔德尼等来朝。乙酉,次西喇塔。调噶达浑为户部尚书。以觉善为都察院承政,绰贝为镶白旗蒙古固山额真。壬辰,次孙河。癸巳,还宫。丙申,免英山五年至七年荒逋赋。庚子,复博洛、尼堪亲王爵。甲辰,御史张煊以奏劾尚书陈明夏论死。

六月丙午朔,幸南苑。官军破陕西贼何柴山等于洛南。丁巳,阿喇善击山东盈河山贼,平之。壬戌,罢太和山贡符箓、黄精。乙丑,定诸陵坛祀典。庚午,谕曰:"朕以有司贪虐,命督抚察劾。乃阅四五月之久而奏闻。毋乃受贿徇私,为有司所制,或势要挟持,不敢弹劾欤?此盗贼所由滋,而黎民无起色也。其即奉行前昭,直陈无隐。"辛未,诏故明神宗陵如十二陵,以时致祭,仍设守陵户。广东官军复廉州及永安等十二县。壬申,命修善祖陵,设守户,定祭礼,复朝日、夕月礼。

秋七月丙子朔,谕曰:"比者投充汉人,生事害民,朕甚恨之。夫供赋役者编氓也,投充者奴隶也。今反厚奴隶而薄编氓,如国家元气及法纪何?其自朕包衣牛录,下至王公诸臣投充人,有犯法者,严治其罪,知情者连坐。前有司责治投充人,至获罪谴。今后与齐民同罚,庶无异视。使天下咸知朕意。"又谕曰:"大小臣工,皆朝廷职官,待之以礼,则朝廷益尊。今在京满、汉诸臣犯罪,有未奉旨革职辄提取审问者,殊乖大礼。嗣后各衙门遇官员有犯,或被告讦,皆先请旨革职。然后送刑部审问,毋得径行提审,著为令。"戊子,大学士陈泰、李率泰以罪免。以雅秦为内国史院大学士,杜尔德为议政大臣。乙未,幸南苑。己亥,以陈名夏为内弘文院大学士。

八月丙午朔,上还宫。丁未,科尔沁卓礼克图亲王吴克善来朝。己酉,副将许武光请括天下藏金充饷。上曰:"帝王生财之道,在节用爱民。掘地求金,自古未有。"命逐去之。乙卯,以赵开心为左都御史。定顺天乡试满洲、蒙古一榜,汉军、汉人为一榜,会试、殿试如之。戊午,册立科尔沁卓礼克图亲王吴克善女博尔济锦氏为皇后。壬戌,更定马步军经制。吏部尚书谭泰有罪,伏诛,籍其家。乙酉,大婚礼成,加上太后尊号为昭圣慈寿恭简皇太后。丙寅,御殿受贺,颁恩赦。戊辰,追复肃亲王豪格爵。己巳,昭天下岁贡物产不便于民者悉罢之。癸酉,陈锦、金砺等追故明鲁王于舟山,获其将阮进。

九月庚辰,定朝仪。壬午,命平西王吴三桂征四川。陈锦、金砺克舟山,故明鲁王遁走。丙戌,雅赖、谭布、觉善免,以卓罗为吏部尚书,车克为户部尚书,蓝拜为工部尚书,俄罗塞臣为都察院左都御史,赵国祚为镶红旗汉军固山额真。封阿坝垓部都司噶尔为郡王。固山额真噶达浑征鄂尔多斯部多尔济。丁亥,除永平四关荒屯赋。壬辰,改承天门为天安门,癸巳,上猎于近郊。辛丑,还宫。癸卯,喀尔喀部土谢图汗、车臣汗、塞臣汗等来贡。

冬十月己酉,以和硕承泽亲王硕塞、多罗谦郡王瓦克达为议政王。辛亥,免宣府灾赋。丁巳,以额色黑为国史院大学士。庚申,赐阿济格死。辛酉,李国翰会吴三桂征四川。以马光辉为直隶山东河南总督。甲子,免诸王三大节进珠、貂、鞍马及衍圣公、宣、大各镇岁进马。乙丑,封肇祖、兴祖陵山曰启运山,景祖、显祖陵山曰积庆山,福陵山曰天柱山,昭陵山曰隆业山。是日,启运山庆云见。

十一月乙亥朔,皇第一子牛钮生。丙子,于大海率所部至夷陵请降。丙戌,尚可喜克雷州。乙未,免平阳、潞安二府,泽、辽、沁三州上年灾赋。戊戌,以伊尔德为正黄旗满洲固山额真,佟图赖为正蓝旗汉军固山额真。庚子,免阳曲等四县上年灾赋。壬寅,免宁晋荒赋。

十二月丙午,免桐城等四县上年荒赋。丁卯,以周国佐为江宁巡抚。

是年,朝鲜,厄鲁特部额尔德尼台吉,昆都伦吴巴什、阿巴赖,喀尔喀部土谢图汗、车臣汗、塞臣汗、顾实汗、台吉吴巴什,达赖喇嘛俱来贡。

九年春正月癸酉朔,上幸南苑。辛巳,以陈泰为礼部尚书。壬午,大学士陈名夏以罪免。雪张煊冤,命礼部议恤。京师地震。乙酉,以陈维新为广西巡抚。壬寅,皇第一子牛钮死。

二月丁未,以祐锡布为镶红旗满洲固山额真。噶达浑等讨鄂尔多斯部多尔济等于贺兰山,歼之。戊申,和硕巽亲王满达海死。追封和硕简亲王。庚戌,颁六谕卧碑文于天下。庚申,加封郑亲王济尔哈朗为叔和硕郑亲王。辛酉,以陈之遴为弘文院大学士,孙茂兰为宁夏巡抚。

三月乙亥,以王铎为礼部尚书,房可壮为左都御史。赠张煊太常寺卿,仍录其子如父官。庚辰,定官员封赠例。丙戌,罢诸王、贝勒、贝子管理部务。追降和硕豫亲王多铎为多罗郡王。丁亥,和硕端重亲王博洛死,追封和硕定亲王。己丑,以陈泰为镶黄旗满洲固山额真。癸巳,以遏必隆、额尔克戴青、赵布泰、赖塔库、索洪为议政大臣,觉罗郎球、胡世安为礼部尚书。巩阿岱、锡翰、西讷布库、冷僧机以罪伏诛,籍其产。拜尹图免死,幽系。戊戌,多罗顺承郡王勒克德浑死,追封多罗恭惠郡王。己亥,赐满洲、蒙古贡士麻勒吉,汉军及汉贡士邹忠倚等进士及第出身有差。

夏四月丙午,以蔡士英为江西巡抚。丁未,裁登莱、宣府巡抚。乙卯,以韩岱为吏部尚书,蓝拜为刑部尚书,星讷为工部尚书,阿喇善为都察院左都御史。戊午,孔有德克广西南宁、庆远、思恩,故明将陈邦傅以浔州降。己未,免府州县官入觐。庚申,定诸王以下官名舆服之制。乙丑,允礼部议,一月三朝,春秋一举经筵。设宗人府官。

五月丁丑,诏京察六年一举行。己卯,免江阴、青浦牛税。壬午,以喀喀木为昂邦章六月丁未,裁并直隶诸卫所。戊申,上还宫。庚戌,以和硕敬谨亲王尼堪掌宗人府事,贝勒尚善、贝子吴达海为左右宗正。官军讨肇庆、高州贼,平之。丁巳,诏军政六年一举行。丙寅,设詹事府官。追谥图尔格为忠义公,图赖为昭勋公,配亨太庙。

秋七月癸酉,故明将孙可望陷桂林,定南王孔有德死之。丙子,名皇城北门为地安门。浙闽总督陈锦征郑成功,至漳州,为其下所杀。庚辰,免淮安六年、七年牙行通税。甲申,以和硕敬谨亲王尼堪为定远大将军,征湖南、贵州。定满官丧制。丁亥,以巴尔处浑为镶红旗满洲固山额真。免磁、祥符等八州县及怀庆卫上年灾赋。吴三桂、李国翰定漳腊、松潘、重庆。遣梅勒章京戴都围成都,故明帅刘文秀举城降。己丑,免临邑四县荒徭赋。辛卯,天全六番、乌思藏等土司来降。戊戌,以祖泽远为湖广四川总督。

八月乙巳,更定王公以下婚娶礼。丙午,多罗谦郡王瓦克达薨。丁巳,命尼堪移师讨广西余寇。

九月庚午朔,以朱孔格、阿济赖、伊拜为议政大臣。辛巳,更定王以下祭葬礼。癸未,以赞章京阿尔津为定南将军,同马喇希征广东余寇。甲申,以刘清泰为浙江福建总督,王来用为顺天巡抚。辛卯,幸太学释奠。癸巳,赉衍圣公、五经博士、四民子孙,祭酒、司业等官有差。敕曰:"圣人之道,如日中天,上之赖以致治,下之资以事君。学官诸生当共勉之。"

冬十月庚子,免沛县六年至八年灾赋。尚可喜、耿继茂克钦州、灵山,故明西平王朱聿铩缚贼渠李明忠来降,高、雷、廉、琼诸郡悉平。壬寅,官军复梧州。癸卯,以岁饥,诏所在积谷,禁遏籴,旌输粟。丙午,免三水等三县六年灾赋。壬子,以刘余祐为户部尚书。癸丑,免坝州、东安、文安荒赋。甲寅,孙可望寇保宁,吴三桂、李国翰大败之。以希福、范文程、额色黑、车克、觉罗郎球、明安达礼、济席哈、星讷为议政大臣,巴哈纳为刑部尚书,蓝拜罢。戊午,命和硕郑亲王世子济度,多罗信郡王多尼,多罗安郡王岳乐,多罗敏郡王勒都,贝勒尚善、杜尔祜、杜兰议政。辛酉,以阿尔津为安西将军,同马喇希移镇汉中。丙寅,以李化熙为刑部尚书。丁卯,尊太宗大贵妃为懿靖大贵妃,淑妃为康惠淑妃。

十一月庚午,以卓罗为靖南将军,同蓝拜等征广西余寇。己丑,祀天于圜丘。庚寅,故明将白文选寇辰州,总兵官徐勇、参议刘升祚、知府王任杞死之。辛卯,尼堪抵湘潭,故明将马进忠等遁宝庆,追至衡山,击败之,又败之于衡州。尼堪死于军。追封尼堪为和硕庄亲王。乙未,免忻、乐平等州县灾赋。

十二月辛丑,免太原、平阳、汾州、辽、沁、泽灾赋。壬寅,诏还清苑民三百余户所拨投充人地,仍免地租一年。官军复安福、永新。丙午,撤卓罗等军回京。庚戌,幸南苑。戊午,还宫。广东贼犯香山,官军讨平之。己未,复命阿尔津为定南将军,同马喇希等讨辰、常余寇。甲子,免长武灾赋。

是年,达赖喇嘛来朝。朝鲜,厄鲁特部顾实汗、巴图鲁诺颜,喀尔喀部土谢图汗下戴青诺颜、喇吗达尔达尔汉诺颜,索伦部索郎阿达尔汗及班禅胡土克图、第巴、巴喀胡土克图喇嘛俱来贡。厄鲁特顾实汗三至。

十年春正月庚午,谕曰:"朕自亲政以来,但见满臣奏事。大小臣工,皆朕腹心。嗣凡章疏,满、汉侍郎、卿以上会同奏进,各除推诿,以昭一德。"辛未,谕:"言官不得捃摭细务,朕一日万机,岂无未合天意,未顺人心之事。诸臣其直言无隐。当者必旌,戆者不罪。"癸酉,免庄浪、红城堡、洮州卫灾赋。丁丑,改洪承畴为弘文院大学士,陈名夏为秘书院大学士。庚辰,以贝勒吞齐为定远大将军,统征湖南军,授以方略。丙戌,以多罗额驸内铎为议政大臣。诏三品以上大臣各举所知,仍严连坐法。庚寅,调金之俊为左都御史,以刘昌为工部尚书。癸巳,更定多罗贝勒以下岁俸。丙申,幸内苑,阅《通鉴》。上问汉高祖、文帝、光武及唐太宗、宋太祖、明太祖孰优。陈名夏对曰:"唐太宗似过之。"上曰:"不然,明太祖立法可垂永久,历代之君皆不及也。"

二月庚子,封蒿齐忒部台吉噶尔玛萨望为多罗郡王。壬子,大学士陈之遴免。甲寅,以陈之遴为户部尚书。乙卯,以沈永忠为剿抚湖南将军,镇守湖南。己未,裁各部满尚书之复者。庚申,以高尔俨为弘文院大学士,费扬古为议政大臣。辛酉,明安达礼、刘余祐有罪,免。甲子,喀尔喀部土谢图汗下贲塔尔、衮布、奔巴世希、札穆苏台吉率所部来归。

三月戊辰,幸南台较射。上执弓曰:"我朝以此定天下,朕每出猎,期练习骑射。今综万几,日不暇给,然未尝忘也。"赐太常寺卿汤若望号通玄教师。免山西岢岚、保德七十四州县六年逋赋,代、榆次十二州县十之七。己巳,封喀尔喀部贲塔尔为和硕达尔汉亲王,衮布为卓礼克图郡王,奔巴世希为固山贝子。免蓟、丰润等十一州县九年灾赋。庚午,幸南苑。甲戌,免五台县逋赋及八年额赋之半。己卯,免江西六年荒地逋赋。辛巳,设宗学,亲王、郡王年满十岁,并选师教习。乙酉,还宫。丙戌,济席哈免,以噶达浑为兵部尚书。甲午,复以冯铨为弘文院大学士。

夏四月丁酉,亲试翰林官成克巩等。庚子,御太和殿,召见朝觐官,谕遣之。谕曰:"国家官人,内任者习知纪纲,外任者谙于民俗,内外扬历,方见真才。今亲试词臣,其未留任者,量予改授,照词臣外转旧例,优予司、道各官。"始谕吏部、都察院举京察。甲辰,免湖南六年至九年逋赋、山西夏县荒赋。丙午,以佟国器为福建巡抚。丁未,以图海为弘文院大学士。壬子,以旱,下诏求直言,省刑狱。甲寅,命提学御史、提学道清厘学政。定学额,禁冒滥。改折民间充解物料,行一条鞭法。丁巳,定满官离任持服三年例。己未,以成克巩为吏部尚书。癸亥,免福州等六府九年以前荒赋三之一。

五月甲戌,停御史巡按直省。免祥符等七县九年灾赋,沔阳、潜江、景陵八年灾赋。乙亥,封郑芝龙为同安侯,子成功为海澄公,弟鸿逵为奉化伯。以喀喀木为靖南将军,征广东余寇。免历城等六十九州县八、九年灾赋。丁丑,定旌表宗室节孝贞烈例。己卯,诏曰:"天下初定,疮痍未复,频年水旱,民不聊生,饥寒切身,迫而为盗。魁恶虽多,岂无冤滥,胁从沉陷,自拔无门。念此人民,谁非赤子,摧残极易,生聚綦难,概行诛锄,深可悯恻。兹降殊恩,曲从宽宥,果能改悔,咸与自新。所在官司,妥为安插,兵仍补伍,民即归农,不愿还乡,听其居住,勿令失所。咸使闻知。"庚辰,定热审例。乙酉,追封舒尔哈齐为和硕亲王、额尔衮、界堪、雅尔哈齐、祜塞为多罗郡王。免武昌、汉阳、黄州、安陆、德安、荆州、岳州九年灾赋。庚寅,加洪承畴太保,给略湖广、广东、广西、云南、贵州。壬辰,以张秉贞为刑部尚书。甲午,免坝、保定等三十一州县九年灾赋。

六月乙未朔,追封塔察篇古、穆尔哈齐为多罗贝勒。丁酉,谕曰:"帝王化民以德,齐民以礼,不得已而用刑。法者天下之平,非徇喜怒为轻重也。往者臣民获罪,必下部议,以士师之任,职在明允。乃惑私心揣度,事经上发,则重凝以等亲裁;援引旧案,又文致以流刻历。朕群生在宥,临下以宽。在饥寒为盗之民,尚许自首,遐方未服之罪,亦予招携。况于畋庶朝臣,岂忍陷慈冤滥?自后法司务得真情,引用本律,钩距罗织,悉宜痛革,以臻刑措。"大学士高尔俨免。癸卯,复秋决朝审例。乙巳,命祖泽远专督湖广,孟乔芳兼督四川。丙午,免慈谿等五县八年灾赋。辛亥,赐故明殉难大学士范景文、户部尚书倪元潞等及太监王承恩十六人谥,并给祭田,所在有司致祭。改折天下本色钱粮,行一条鞭法。癸丑,贝勒吞齐等败孙可望于宝庆。庚申,以李率泰为两广总督。慈宁宫成。辛酉,增置内三院汉大学士,院各二人。癸亥,谕曰:"唐、虞、夏、商未用寺人,至周仅具其职,司阍阓洒扫、给令而已。秦、汉以来,始假事权,加之爵禄,典兵干政,贻祸后代。小忠小信,固结主心,大憝大奸,潜持国柄。宫廷邃密,深居燕闻,淆是非以涵贤奸,刺喜怒而张威福,变多中发,权乃下移。历览覆车,可为鉴戒。朕酌古准今,量为设置,级不过四品。非奉差遣,不许擅出皇城。外官有与交结者,发觉一并论死。"

闰六月丙寅,以成克巩为秘书院大学士,张端为国史院大学士,刘正宗为弘文院大学士。乙亥,以金之俊为吏部尚书。庚辰,谕曰:"考之《洪范》,作肃为时雨之征,天人感应,理本不爽。朕朝乾夕惕,冀迓天休。乃者都城霖雨匝月,积水成渠,坏民庐舍,穷黎垫居艰食,皆朕不德有以致之。今一意修省,祗惧天戒。大小臣工,宜相儆息。"

秋七月甲午朔,上以皇太后谕,发节省银八万两赈兵民潦灾。辛丑,以宜永贵为南赣巡抚。庚戌,皇第二子福全生。辛酉,以安郡王岳乐为宣威大将军,率师驻防归化城。

八月壬午,以太宗十四女和硕公主下嫁平西王吴三桂子应熊。尚可喜克化州、吴川。甲申,定武职品级。丙戌,以雷兴为河南巡抚。己丑,废皇后为静妃。辛卯,李定国犯平乐,府江道周永绪,知府尹明廷,知县涂起鹏、华钟死之。

九月壬子,复刑部三覆奏例。丙辰,耿继茂、喀喀木克潮州。丁巳,孟乔芳讨故明宜川王朱敬镨于紫阳,平之。

冬十月癸亥朔,命田雄移师定海。乙丑,马光辉等讨叛将海时行于永城,时行伏诛。丙寅,遣济席哈讨山东土寇。乙酉,设粥厂赈京师饥民。免通、密云等七州县灾赋。戊子,命大学士、学士于太和门内更番入直。

十一月甲午,祀天于圜丘。戊戌,郑成功不受爵,优谕答之。戊申,以亢得时为河南巡抚。己酉,官军讨西宁叛回,平之。乙卯,朱玛喇、金之俊免。丙辰,免江南灾赋。戊午,刘清泰剿九仙山贼,平之。己未,免江西五十四州县灾赋。

十二月丙寅,以陈泰为宁南靖寇大将军,同蓝拜镇湖南。丁卯,以吕宫为弘文院大学士,博博尔代为议政大臣,冯圣兆为偏沅巡抚。辛未,幸南苑。甲戌,免金华八县九年灾赋。癸未,设兵部督捕官。以罗毕为议政大臣。甲申,免开封、彰德、卫辉、怀庆、汝宁九年、十年灾赋。丙戌,郑成功犯吴淞,官军击走之。丁亥,还宫,是夜,地震有声。

是年，朝鲜、琉球、喀尔喀部土谢图汗下索诺额尔德尼、额尔德尼哈谈巴图鲁，厄鲁特部顾实汗、顾实汗下台吉诺穆齐、索伦部巴达克图，富喇村宜库达、黑龙江乌默忒、额尔多科，乌思藏达赖喇嘛俱来贡。朝鲜再至。

十一年春正月辛丑，罢织造官。戊申，免江宁、安徽、苏、松、常、镇、庐、凤、淮、徐、滁上年灾赋。己酉，以袁廓宇为偏沅巡抚，胡全才抚治郧阳。庚戌，广东仁化月峒贼平。癸丑，郑成功犯崇明、靖江、泰兴，官军击走之。甲寅，以金砺为川陕三边总督。乙卯，郑成功犯金山。丁巳，免顺德、广平、大名、天津、蓟州上年灾赋。辛酉，官军击贼于桃源，诛伪总兵李阳春等。

二月癸亥，朝日于东郊。丙寅，谕曰：“言官为耳目之司，朕屡求直言，期遇綮切。乃每阅章奏，实心为国者少，比党徇私者多，朕甚不取。其涤肺肠以新政治。”以金之俊为国史院大学士。庚午，甄别直省督抚，黜陟有差。丙子，始耕藉田。戊寅，免江西缺额丁赋。辛巳，命尚可喜专镇广东，耿继茂移驻桂林。壬午，以马鸣珮为宣大山西总督，耿焞为山东巡抚，陈应泰为山西巡抚，林天擎为湖广巡抚，黄图安为宁夏巡抚。癸未，官军复平远县。甲申，谕曰：“比年以来，军兴未息，供亿孔殷，益以水旱，小民艰食，有司失于拊循，流离载道。朕心恻然，不遑寝处。即核库储，亟图赈抚。”乙丑，免河南州县卫所十年灾赋。庚寅，以李荫祖为直隶山东河南总督。

三月壬辰，官军击桂东贼，擒其渠赖龙。戊戌，免湖广襄阳、黄州、常德、岳州、永州、荆州、德安及辰、常、襄三卫，山东济南、东昌十年灾赋。辛丑，宁完我劾陈名夏罪，鞫实，伏诛。乙巳，以王永吉为左都御史。戊申，皇第三子玄烨生，是为圣祖。以蒋赫德为国史院大学士。乙卯，以多罗慧哲郡王额尔衮、多罗宣献郡王界堪、多罗通达郡王雅尔哈齐配享太庙。以孟明辅为兵部尚书。

夏四月壬戌，贼渠曹志攀犯饶州，官军击败之，志攀降。庚午，四川贼魏勇犯顺庆，官军击败之。壬申，地震。官军击故明将张名振等于崇明，败之。癸酉，免洛南上年灾赋三之一。己卯，幸南苑，赉所过农民金。乙酉，免保康等四县上年被寇灾赋。丁亥，以王永吉为秘书院大学士，秦世桢为浙江巡抚。戊子，江南寇徐可进、朱元等降。

五月壬辰，上还宫。甲午，幸西苑，赐大臣宴。庚子，以胡图为议政大臣。甲辰，免平凉卫上年灾赋。丙午，起党崇雅为国史院大学士，以龚鼎孳为左都御史。丁未，遣官录直省囚。庚戌，免兴安、汉阴、平利等州县上年灾赋。辛亥，太白昼见。丙辰，以杨麟祥为平南将军，驻防杭州。

六月己未朔，河决大王庙。丙寅，陕西地震。丁卯，以朱玛喇为靖南将军，征广东余寇。甲戌，立科尔沁镇国公绰尔济女博尔济锦氏为皇后。庚辰，大赦。

秋七月戊子朔，封琉球世子尚质为中山王。壬辰，免秦州、朝邑、安定灾赋。戊申，免镇原、广宁二县灾赋。丙辰，以佟代为浙闽总督。

八月戊午朔，免延安府荒赋。己未，官军剿瑞金余寇，诛伪都督许胜可等。庚申，罢直省恤刑官，命巡抚虑囚。辛酉，免真宁县十年灾赋。壬戌，山东濮州、阳谷等县地震有声。甲戌，以张中元为江宁巡抚。丙子，以张秉贞为兵部尚书。庚辰，以傅以渐为秘书院大学士,任浚为刑部尚书。壬午,故明乐安王朱议溯谋反,伏诛。

九月己丑,范文程以病罢。免西安、平凉、凤翔三府十年灾赋。庚寅,封线国安为三等伯。壬辰,申严隐匿逃人之禁。癸巳,免宣府、万全右卫灾赋。丙申,以董天机为直隶巡抚。壬子,以冯圣兆为延绥巡抚。

冬十月丁巳朔,享太庙。辛未,免庐、凤、淮、扬四府,徐、滁和三州灾赋。丁丑,命重囚犯罪三法司进拟,仍令议政王、贝勒、大臣详议。壬午,赈畿辅被水州县。免祁阳等七县逋赋。李定国陷高明,围新会,耿继茂请益师。

十一月丁亥,以陈泰为吏部尚书,阿尔津为正蓝旗满洲固山额真。尚可喜遣子入侍。壬寅,诏曰:"朕缵承鸿绪,十有一年,治效未臻,疆圉多故,水旱叠见,地震屡闻,皆朕不德之所致也。朕以眇躬托于王公臣庶之上,政教不修,疮痍未复,而内外章奏,辄以'圣'称,是重朕之不德也。朕方内自省抑,大小臣工亦宜恪守职事,共弭灾患。凡章奏文移,不得称'圣'。大赦天下,咸与更始。"癸卯,幸南苑。甲辰,耿继茂遣子入侍。

十二月辛酉,和硕承泽亲王硕塞薨。戊辰,免荆门、钟祥等六州县灾赋。己巳,免磁、祥符等三十六州县灾赋。壬申,以济度为定远大将军,征郑成功。尚可喜、耿继茂、朱玛喇败李定国于新会,定国遁走。乙亥,郑成功陷漳州,闽泉州。丁丑,命明安达礼征罗刹。免西安五卫荒赋。江西贼霍武等率众降。

是年,朝鲜、琉球、厄鲁特部阿巴赖诺颜、诺门汗、额尔德尼达云绰尔济,索伦部索朗噶达尔汉,汤古忒部达赖喇嘛、谛巴班禅胡土克图均来贡。

十二年春正月戊子,官军败贼于玉版巢,又击藤县贼,破之。庚寅,免东平、济阳等十八州县上年灾赋。乙未,免直隶八府,河南彰德、卫辉、怀庆上年灾赋。戊戌,诏曰:"亲政以来,五年于兹。焦心劳思,以求治理,日望诸臣以嘉谟入告、匡救不逮。乃疆圉未靖,水旱频仍,吏治堕污,民生憔悴,保邦制治,其要莫闻。诸王大臣皆亲见祖宗创业艰难,岂无长策,而未有直陈得失者,岂朕听之不聪,虚怀纳谏有未尽欤?天下之大,几务之繁,责在一人,而失所辅导。朕虽不德,独不念祖宗培养之泽乎!其抒忠尽,以慰朕怀。"辛丑,以韩岱为吏部尚书,伊尔德、阿喇善为都统。癸卯,以于时跃为广西巡抚。甲辰,命在京七品以上,在外文官知府、武官付将以上,各举职事及兵民疾苦,极言无隐。辛亥,修《顺治大训》。

二月庚申,复遣御史巡按直省。壬戌,大学士吕宫以疾免。癸亥,免成安等六县上年灾赋。己巳,赈旗丁。免平凉、汉阴二县上年灾赋。丙子,封博穆博果尔为和硕襄亲王。免滨、宁阳等二十一州县上年灾赋。己卯,免滁和二州上年灾赋。庚辰,以陈之遴为弘文院大学士,王永吉为国史院大学士。癸未,耿继茂、尚可喜败李定国于兴业。广东高、雷、廉三府,广西横州平。

三月戊子,免湖广石门县上午灾赋。以戴明说为卢部尚书。庚子,以佟国器为南赣巡抚,宜永贵为福建巡抚。壬寅,免郧阳、襄阳二府上年被寇荒赋。甲辰,赐图尔宸、史大成等进士及第出身有差。丁未,削续顺公沈永忠爵。壬子,谕曰:"自明未扰乱,日寻干戈,学问之道,阙焉弗讲。今天下渐定,朕将兴文教,崇儒术,以开太平。直省学臣,其训督士子,博通古今,明体达用。诸臣政事之暇,亦宜留心学问,佐朕右文之治。"癸丑,设日讲官。

夏四月乙丑,免沈丘及怀庆卫上年灾赋。丁丑,进封尼思哈为和硕敬谨亲王,齐克新为和硕端重亲王。癸未,诏修《太祖·太宗圣训》。

五月乙酉,以图海兼刑部尚书。辛卯,和硕郑亲王济尔哈朗薨,辍朝七日。丁酉,以石廷柱为镇海将军,驻防京口。戊戌,以胡沙为镶黄旗固山额真。庚子,以觉罗巴哈纳为弘文院大学士。辛丑,灵丘县地震有声。乙巳,以觉罗郎球为户部尚书。丙午,以李际期为兵部尚书。丁未,以恩格德为礼部尚书。己酉,以卫周祚为工部尚书。

六月甲寅,免杭州、宁波、金华、衢州、台州灾赋。丁卯,谕曰:"朕览法司章奏,决囚日五、六人,或十余人。念此愚氓,兵戈灾祲之后,复罹法纲,深可悯恻。有虞之世,民不犯于有司。汉文帝、唐太宗亦几致刑措。今犯法日众,岂风俗日偷欤?抑朝廷德教未敷,或谳狱者有失入欤?嗣后法司其明慎用刑,务求平允。"戊辰,免房山县上年灾赋。桂王将刘文秀寇常德,遣其党犯岳州、武昌,官军击走之。己卯,封博果铎为和硕庄亲王。辛巳,命内十三衙门立铁牌。谕曰:"中官之设,自古不废。任使失宜,即贻祸乱。如明之王振、汪直、曹吉祥、刘瑾、魏忠贤辈,专权擅政,陷害忠良,出镇典兵,流毒边境,煽党颂功,谋为不轨,覆败相寻,深可鉴戒。朕裁定内官职掌,法制甚明。如有窃权纳贿,交结官员,越分奏事者,凌迟处死。特立铁牌,俾世遵守。"

秋七月癸未朔,日有食之。壬辰,复遣廷臣恤刑。辛亥,命直省绘进舆图。

八月丙辰,免灵丘县灾赋。癸亥,以阿尔津为宁南靖寇大将军,同卓罗驻防荆州,祖泽润防长沙。乙丑,以多罗安郡王岳乐为左宗正,贝勒杜兰为右宗正。癸酉,谕曰:"畿辅天下根本,部臣以运河决口,议征逋赋。朕念畿内水旱相仍,人民荼苦,复供旧税,其何以堪。今悉与蠲免。工筑之费,别事筹划。"免曹、城武等七州县及临清卫、齐河屯上年灾赋。

九月癸未,免凤阳灾赋。壬寅,定武会试中式殿试如文进士。朱玛喇、敦拜师还。丙午,颁御制《资政要览》《范行恒言》《劝善要言》《儆心录》,异姓公以下,文三品以上各一部。戊申,免两当、宁远二县灾赋。

冬十月辛亥朔,设尚宝司官。壬子,免蔚州及阳和、阳高二卫灾赋。己未,免甘州、肃州、凉州、西宁灾赋。辛酉,命每年六月虑囚,七月覆奏,著为令。癸亥,免磁、获嘉等八州县灾赋。甲子,免隆平十一年以前逋赋、淄川等八县灾赋。丙寅,免宣府、大同灾赋。戊辰,诏曰:"帝王以德化民,以刑辅治。苟律例轻重失宜,官吏舞文出入,政平讼理,其道曷由。朕览谳狱本章,引用每多未惬。其以现行律例缮呈,朕将亲览更定之。"辛未,以祝世允为镶红旗满洲固山额真。癸酉,以孙廷铨为兵部尚书。乙亥,修玉牒。丙子,龚鼎孳以罪免。

十一月壬午,免滨、堂邑等十三州县灾赋。癸未,郑成功将犯舟山。乙酉,巡按御史顾仁坐纳贿,弃市。丁亥,谕曰:"国家设督抚巡按,振纲立纪,剔弊发奸,将令互为监察。近来积习,乃彼此容隐。凡所纠劾止末员,岂称设官之意。嗣有瞻顾徇私者,并坐其罪。"

郑成功将陷舟山,副将把成功降于贼。戊子,幸南苑。免郧阳、襄阳逋赋,汲、淇、胙城等县灾赋。戊申,免临漳灾赋。

十二月丙辰,免耀州、同官、洛南灾赋。癸亥,免安吉、仁和等十州县,宣化八卫灾赋。乙丑,颁《大清满字律》。免临清、齐河等十州县,东昌卫灾赋。丙寅,于时跃、祖泽远平九团两都瑶、僮一百九十二寨。己巳,多罗敏郡王勒度死。癸酉,免涿、庆云等三十三州县,永平卫灾赋。甲戌,以宜尔德为宁海大将军,讨舟山寇。以秦世祯为安徽巡抚,提督操江,陈应泰为浙江巡抚,白如梅为山西巡抚。免临海等十八县,祥符、兰阳二县,怀庆、群牧二卫灾赋。

是年,喀尔喀部额尔德尼诺穆齐台吉、门章墨尔根楚虎尔台吉、伊世希布额尔德尼台吉、额尔克戴青台吉来朝。朝鲜,喀尔喀部毕席勒尔图汗、俄木布额尔德尼、泽卜尊丹巴胡土克图、丹津喇嘛、车臣汗、土谢图汗、土谢图汗下喇嘛塔尔达汉诺颜,厄鲁特部杜喇尔浑津台吉、都喇尔浑津阿里录克三拖因、阿巴赖诺颜、鄂齐尔图台吉、噶尔丹霸,索伦部马鲁凯,讷墨礼河头目伊库达,黑龙江头目库拜,班禅胡土克图,俄罗斯察汗遣使均来贡、朝鲜三至。厄鲁特阿巴赖、鄂齐尔图台吉再至。

十三年春正月庚辰朔,幸南苑。癸未,谕修《通鉴全书》《孝经衍义》。丙申,免汉中、凤翔、西安上年灾赋。己亥,郑成功将犯台州,副将马信以城叛,降于贼。庚子,免广德上年灾赋十之一。甲辰,免富阳等六县上年灾赋。乙巳,免江西八年逋赋。

二月戊午,免荆州、安陆、常德、武昌、黄州上年灾赋。庚申,免广平上年灾赋。丙寅,免岢岚、五台上年灾赋。戊辰,命两广总督移驻梧州。官军败李定国于南宁。庚午,定部院满官三年考满,六年京察例。以李率泰为浙闽总督,王国光为两广总督。甲戌,以赵布泰为镶黄旗固山额真。丙子,幸南苑,较射。免东平、濮、长山上年灾赋。己卯,大学士冯铨致仕。

三月庚辰,幸瀛台。癸未,免景陵等九县上年灾赋。癸巳,以费雅思哈为议政大臣,马之先为川陕三边总督。乙未,陈之遴有罪,以原官发盛京闲住。癸卯,谕曰:"朝廷立贤无方,比来罢遣虽多南人,皆以事论斥,非有所左右也。诸臣毋岐方隅,毋立门户,毋挟忿肆诬,毋撼嫌苛讦,庶还荡平之治。"丙午,谕曰:"朕亲政以来,夙夜兢业,每期光昭祖德,蚤底治平,克当天心,以康民物。方睿王摄政,斥忠任奸,百姓怨嗟,望朕亲政。乃者冬雷春雪,陨石雨土,所在见告。六载之中,康乂未奏,灾祲时闻。是朕有负于百姓也。用是恐惧靡宁,冀昭告于上帝祖宗,实图省戒,有司其涓日以闻。"

夏四月辛亥,广西故明永安王朱华壔及土司等来降。乙卯,以灾变祭告郊庙。辛酉,官军破贼姚黄于夷陵。壬戌,太原阳曲地震。丁卯,以觉罗科尔坤为吏部尚书。庚午,免麟游荒赋。壬申,以梁清标为兵部尚书。丁丑,尚可喜复揭阳、普宁、澄海三县。

五月辛卯,免大宁荒赋。癸巳,幸南苑。己亥,以罗托为镶蓝旗满洲固山额真。觉罗郎球免。命明安达礼为理藩院尚书。以张悬锡为宣大总督。免荆门、京山等十一州县,襄阳卫上年灾赋。

闰五月戊申,幸瀛台。丙辰,广西都康等府土官来降。己未,乾清宫、坤宁宫、交泰殿及景仁、永寿、承乾、翊坤、钟粹、储秀宫成。以郎廷左为江南江西总督，刘汉祚为福建巡抚。丙寅，以张朝璘为江西巡抚。

六月己丑，谕曰："满洲家人皆征战所得，故立严法以儆逋逃。比年株连无已，朕心恻焉。念此仆隶，亦皆人子。苟以恩结，宁不知感。苦任情困辱，虽严何益。嗣后宜体朕意。"壬辰，莒州地震有声。庚子，免桃源上年荒赋。辛丑，容美土司田吉麟降。癸卯，命固山额真郎赛驻防福建。撤直省督催税粮满官。宁化贼帅黄素禾来降。

秋七月丁未朔，享太庙。戊申，官军败明桂王将龙韬于广西，斩之。己酉，和硕襄亲王博穆博果尔薨。庚戌，郑成功将黄梧等以海澄来降。壬子，上初御乾清宫。癸丑，大赦。戊午，以佟延平为甘肃巡抚。

八月戊寅，免广信、饶州、吉安上年灾赋。己丑，免莆田、仙游、兴平卫十一、十二两年灾赋。辛卯，赈畿辅。壬辰，封黄梧为海澄公。停满官榷关。癸巳，郑成功军陷闽安镇，进围福州，官军击却之。丁酉，免顺天比年灾赋。己亥，免靖远、洮岷等卫灾赋。辛丑，命三年大阅，著为令。乙巳，免大同上年灾赋。

九月丙午，官军败郑成功将于夏关，又败之于衡水洋，遂复舟山。癸亥，郑成功将官顾忠来降。壬申，追封和硕肃亲王豪格为和硕武肃亲王。

冬十月丁丑，以蒋国柱为安徽巡抚，提督操江。戊寅，设登闻鼓。己卯，免宣府灾赋，延绥镇神木县十之三。庚辰，四川贼帅邓希明、张元凯率众降。甲午，以胡全才为湖广总督。乙未，幸南苑。丙申，以张尚抚治郧阳。辛丑，官军复辰州。壬寅，免和顺县灾赋十之三。永顺土司彭弘澍率所属三州六司三百八十峒来降。癸卯，命陈之遴还京。

十一月丙午，还宫。丁未，兴京陵工成。庚午，祀天于圜丘。辛亥，幸南苑。申严左道之禁。戊午，免清水县、凤翔所灾赋。丙寅，以张长庚为湖南巡抚，免海州荒赋。辛未，免洛川灾赋。

十二月己卯，册内大臣鄂硕女董鄂氏为皇贵妃，颁恩赦。戊子，还宫。己丑，封盆挫监挫为阐化王。乙未，以李荫祖为湖广总督。丁酉，加上皇太后尊号曰昭圣慈寿恭简安懿章庆皇太后。戊戌，颁恩赦。

是年，土谢图亲王巴达礼、卓礼克图亲王吴克善、达尔汉巴图鲁郡王满朱习礼、固伦额驸阿布鼐亲王来朝。朝鲜、荷兰、吐鲁番、乌斯藏阐化王、喀尔喀部索特拔、宜尔登诺颜、喇嘛塔尔多尔济达尔汉诺颜、车臣汉、土谢图汗，土谢图汗下丹津喇嘛、戴青、额尔德尼喇嘛，厄鲁特部达赖吴巴什台吉、讷穆齐台吉、阿巴赖诺颜、察罕台吉、马赖台吉、什虎儿戴青、额尔德尼台吉、顾实汗下色剩棱诺颜，索伦部达尔巴均来贡。喀尔喀土谢图汗、宜尔登诺颜再至。

十四年春正月辛亥，祈谷于上帝，以太祖武皇帝配。癸丑，以魏裔介为左都御史。甲寅，宜尔德师还。乙卯，以张悬锡为直隶山东河南总督。官军败郑成功将于乌龙江，又败之于惠安县。戊午，谕曰："制科取士，计吏荐贤，皆朝廷公典。臣子乃以市恩，甚无谓也。师生之称，必道德相成，授受有自，方足当之。岂可攀援权势，无端亲匿。考官所得，及荐举属吏，辄号门生。贿赂公行，径窦百出，钻营党附，相煽成风。朕欲大小臣工杜绝弊私，

恪守职事,犯者论罪。"修金陵寝。庚申,以卢崇峻为宣大总督。甲子,谕曰:"我国家之兴,治兵有法。今八旗人民,怠于武事,遂至军旗隳敝,不及曩时。皆由限年定额,考取生童,乡会两试,即得录用,及各衙门考取他赤哈哈番、笔帖式,徒以文字得官,迁转甚速,以故人乐趋之。其一切停止。"丁卯,封猛峨、塔尔纳为多罗郡王,多尔博为多罗贝勒,皇贵妃父鄂硕为三等伯。

二月戊寅,祭社稷。命儒臣纂修《易经》。癸未,故明崇阳王朱蕴钤等来降。丁酉,祭历代帝王庙。己亥,宽隐匿逃人律。以赛音达理为正白旗汉军固山额真。壬寅,山西云镇地震有声。癸卯,免沔阳、益阳上年灾赋。

三月己酉,奉太宗文皇帝配享圜丘及祈谷坛。多罗郡王塔尔纳死。壬子,奉太祖武皇帝、太宗文皇帝配享方泽。癸丑,以配享礼成,大赦天下。甲寅,诏求遗书。丙辰,复孔子位号曰:至圣先师。丁卯,定远大将军济度师还。

夏四月甲戌,兴宁县雷连十二峒瑶官庞国安等来降。丁丑,流郑芝龙于宁古塔。癸未,四川保宁府威、茂二州地大震。乙酉,以济席哈为正红旗满洲都统。丁亥,以久旱,恤刑狱。辛卯,祷雨于郊坛,未还宫,大雨。丁酉,幸南苑。戊戌,置盛京奉天府。

五月癸卯朔,日有食之。丙午,以道喇为正红旗蒙古固山额真。甲寅,封济度为和硕简亲王。丁巳,以觉罗伊图为兵部尚书。戊午,还宫。

六月辛巳,免彰德、卫辉二府上年灾赋。壬午,免武陵县上年灾赋。辛丑,洪承畴以疾解任。

秋七月丙辰,削左都御史魏裔介职,仍戴罪办事。庚申,以朱之锡为河道总督。

八月壬申,命敦拜为总管,驻防盛京。己丑,免山西荒地逃丁徭赋。丙申,郑成功犯台州,绍台道蔡琼枝叛,降于贼。丁酉,赉八旗贫丁。

九月辛丑,以亢得时为漕运总督,李国英为川陕三边总督。丙午,初御经筵。以贾汉复为河南巡抚。癸丑,以高民瞻为四川巡抚。停直省秋决。丙寅,官军复闽安镇。丁卯,京师地震有声。戊辰,诏曰:"自古变不虚生,率由人事。朕亲政七载,政事有乖,致灾谴见告,地震有声。朕躬修省,文武群臣亦宜协心尽职。朕有阙失,辅臣陈奏毋隐。"

冬十月壬申,以开日讲祭告先师孔子于弘德殿。免新乐上年灾赋。癸酉,命固山额真赵布泰驻防江宁。丙子,皇第四子生。修《赋役全书》。辛巳,幸南苑。乙酉,阅武。丁亥,修孔子庙。戊子,还宫。庚寅,改梁化凤为水师总兵官,驻防崇明。甲子,顺天考官李振邺、张我朴等坐受贿弃市。乙未,昭事殿、奉先殿成。

十一月壬寅,幸南苑。皇第五子常宁生。丙午,进安郡王岳乐为亲王。庚戌,免吉水等八县灾赋。戊午,免霸、宝坻等二十八州县,保安等四卫灾赋。辛酉,荆州贼田国钦等来降。壬戌,明桂王将孙可望来降。固山贝子吞齐喀以罪削爵。

十二月癸酉,复命洪承畴经略五省,同罗托等取贵州。免新建、丰城灾赋。甲戌,封孙可望为义王。癸未,命吴三桂自四川,赵布泰自广西,罗托自湖南取贵州。丙戌,明桂王将谭新傅等降。丙申,以皇太后疾愈,赉旗兵,赈贫民。

是年,朝鲜、喀尔喀部毕席勒尔图汗、冰图台吉、额尔德尼韦征诺颜、吴巴什诺颜、土谢图汗下完书克诺颜，厄鲁特部敖齐尔图台吉子伊拉古克三、班第大胡土克图、绰克图台吉、巴图鲁台吉、达赖乌巴什台吉、索伦部马鲁喀、虎尔格吴尔达尔汉、东夷托科罗氏、南迪欧、达赖喇嘛、班禅胡土克图均来贡。朝鲜三至。

十五年春正月庚子，大赦。诏曰："帝王孝治天下，礼莫大乎事亲。比者皇太后圣躬违和，朕凤夜忧惧。赖荷天眷，今已大安。遭兹大庆，宜沛殊恩。其自王公以下，中外臣僚，并加恩赉。直省逋赋，悉与豁免。吏民一切违误，咸赦除之。"壬寅，停祭堂子。以多礼信郡王多尼为安远靖寇大将军，率师征云南。戊午，祀圜丘。己未，祀方泽。辛酉，祀太庙、社稷，以太后疾愈故。皇帝四子死。丙寅，以周召南为延绥巡抚。

二月甲戌，赈畿辅。甲申，免武清、潞上年灾赋。己丑，减辽阳税额。辛卯，山东贼帅张京等来降。甲午，命部院官各条陈事宜。乙未，御经筵。

三月辛丑，李定国党闫维龙等陷横州，官军击走之。甲辰，内监吴良辅以受贿伏诛。壬子，免襄阳、郧阳荒赋。戊午，追封科尔沁巴图鲁王女为悼妃。甲子，追封皇第四子为和硕荣亲王。

夏四月辛未，赐孙承恩等进士及第出身有差。丙子，官军败贼于合州，克重庆。癸未，免江夏等七县十三年灾赋。丙戌，较射于景山。辛卯，免淳化荒赋。大学士王永吉以罪免。壬辰，大学士陈之遵复以罪流盛京。

五月丁酉朔，日有食之。癸卯，调卫周祚为吏部尚书。戊申，以刘昌为工部尚书。更定铨选法。辛亥，郑成功将犯澄海，游击刘进忠以城叛，降于成功。壬子，免山东十一年以前灶丁逋课。己未，较射于景山。辛酉，裁詹事府官。壬戌，广西贼将贺九仪犯宾州，官兵击败之。癸亥，以胡世安、卫周祚、李霨为内院大学士。甲子，官军复沅靖，进取贵阳、平越、镇远等府，南丹、那地、独山等州，抚宁土司俱降。

六月戊辰，吴三桂等败李定国将刘正国于三坡，克遵义，拔开州。辛未，以赵廷臣为贵州巡抚。壬申，以佟国器为浙江巡抚，苏弘祖为南赣巡抚。丙子，官军败海寇于白沙。辛巳，以李栖凤为两广总督。甲申，以王崇简为礼部尚书。壬辰，免靖、沅陵等十五州县及平溪九卫所额赋。癸巳，郑成功犯温州，陷平阳、瑞安。

秋七月己亥，裁宣大总督。己酉，以潘朝选为保定巡抚。庚戌，沙尔虎达击罗刹，败之。改内三院大学士为殿阁大学士。设翰林院及掌院学士官。增各道御史三十人。己未，免桂阳、衡阳等十州县上年灾赋。甲子，以巴哈、费扬古、郭迈、屠录会、马尔济哈、鄂莫克图、坤巴图鲁、邬布格德墨尔根袍、喀兰图、鄂塞、博洛塞冷、巴特玛、巴泰俱为内大臣，赵国祚为浙江总督。李率泰专督福建。

八月癸酉，以李显贵为镶白旗汉军固山额真。丙子，敕谕多尼等，授以方略。李定国将王兴及水西宣慰使安坤等来降。癸巳，御经筵。

九月丁酉，以孙塔为镶蓝旗蒙古固山额真。庚戌，更定理藩院大辟条例。己酉，以能图为左都御史。壬子，赐镶黄、正黄、正白三旗官校金。甲寅，改内院大学士觉罗巴哈纳、金之俊为中和殿大学士，额色黑、成克巩为保和殿大学士，蒋赫德、刘正宗为文华殿大学士，洪承畴、傅以渐、胡世安为武英殿大学士。卫周祚为文渊阁大学士，李霨为东阁大学士。己未,免福州、兴化、建宁三府,福宁州十二、十三两年荒赋。癸亥,发帑赐出征军士家。

冬十月壬午,以祖重光为顺天巡抚。荆州、襄阳、安陆霪雨,江溢,漂没万余人。

十一月甲午朔,海寇犯洛阳内港,官军击败之。乙未,免郧阳、襄阳荒赋。庚子,定宫中女官员额、品级。辛丑,免林县灾赋十之三。江南考官方犹、钱开宗等纳贿弃市。

十二月壬申,以索浑为镶白旗满洲固山额真。甲戌,免五台灾赋。壬午,故明宗室朱议溯率众降。乙酉,以邹赫为礼部尚书。免山阴等八县上年灾赋。戊子,以明安达礼为安南将军,率师驻防贵州。己丑,谕曰:"川、湖、云、贵之人,皆朕臣庶,寇乱以来,久罹汤火。今大军所至,有未归者,加意拊循,令其得所。能效力建功者,不靳爵赏。"

是年,朝鲜,喀尔喀部窦尔格齐诺颜、噶尔当台吉、土谢图汗、毕席勒尔图汗、丹津喇嘛,厄鲁特部阿巴赖诺颜,车臣台吉下车臣俄木布、鄂齐尔图台吉,索伦部达把代,库尔喀部塔尔善,使尤国头目替尔库,达赖喇嘛俱来贡。朝鲜、喀尔喀土谢图汗、厄鲁特阿巴赖诺颜再至。

十六年春正月甲午,桂王将谭文犯重庆,其弟谭诣杀之,及谭弘等来降。丁酉,以徐永正为福建巡抚。庚子,多尼克云南,以捷闻。初,多尼、吴三桂、赵布泰会师于平越府之杨老堡,分三路取云南。多尼自贵阳入,渡盘江至松岭卫,与白文选遇,大败之。三桂自遵义至七星关,不得进,乃由水西间道趋乌撒。赵布泰自都匀至盘江之罗颜渡,败守将李成爵于山谷口,又败李定国于双河口,所向皆捷,遂俱抵云南,入省城。李定国、白文选奉桂王奔永昌。癸卯,以林天擎为云南巡抚。甲辰,以巴海为昂邦章京,驻防宁古塔。辛亥,赐外藩蒙古诸王贫乏者马牛羊。癸丑,以赵廷臣为云贵总督,卞三元为贵州巡抚。

二月丙寅,免潼关卫辛庄等屯上年灾赋。丁卯,海寇犯温州,官军击败之。庚午,以云、贵荡平,命今秋举会试。辛未,免荆州、潜江等九州县及沔阳、安陆二卫上年灾赋。丙子,命罗托等班师,明安达礼驻防荆州。壬午,以许文秀为山东巡抚。

三月丙申,以蒋国柱为江宁巡抚。己亥,以张仲第为延绥巡抚。戊申,以朱衣助为安徽巡抚。郑成功犯浙江太平县,官军击败之。己酉,御经筵。甲寅,命吴三桂镇云南,尚可喜镇广东,耿继茂镇四川。丁巳,免襄阳等六县灾赋。

闰三月壬戌,大学士胡世安以疾解任。丁卯,定犯赃例,满十两者流席北,应杖责者不准折赎。甲申,免钟祥县上年灾赋。图海有罪,免。丙戌,封谭弘为慕义侯,谭诣为向化侯。丁亥,以张自德为陕西巡抚。

夏四月甲寅,多尼、吴三桂军克镇南州,白文选纵火烧澜沧江铁桥遁走。我军进克永昌,李定国奉桂王走腾越,伏兵于磨盘山,我军力战,复克腾越。

五月壬戌,广西南宁、太平、思恩诸府平。己巳,以刘秉政为宁夏巡抚。晋封满朱习礼为和硕达尔汉巴图鲁亲王。戊寅,官军击成功于定关,败之,斩获甚众。辛巳,发内帑银三十万两,以其半赈云、贵穷黎,其半给征兵饷。

六月庚子,朝鲜国王李淏死。壬子,郑成功陷镇江府。

秋七月丁卯,以达素为安南将军,同索洪、赖塔等率师征郑成功。丙子,郑成功犯江宁。庚辰,幸南苑。甲申,还宫。

八月己丑朔,江南官军破郑成功于高山,擒提督甘煇,烧敌船五百余艘。成功败遁,我军追至瓜州,敌兵大溃。先是,成功拥师十余万,战舰数千,抵江宁城外,列八十三营,络绎不绝,设大炮、地雷、云梯、木栅,为久困之计,军容甚盛。我军噶褚哈、马尔赛等自荆州以舟师来援,会苏松水师总兵官梁化凤及游击徐登第、参将张国俊等各以军至,总督郎廷佐合军会战,水陆并进,遂以捷闻。庚寅,御经筵。癸巳,幸南苑。以刘之源为镇海大将军,同梅勒章京张元勋等驻防镇江。以葵士英为凤阳巡抚,总督漕运;宜永贵为安徽巡抚,提督操江。丙申,安南国都将武公恣遣使纳款于洪承畴军前。戊戌,还宫。甲辰,郑成功复犯崇明,官军击败之。乙巳,幸南苑。丙午,还宫。

九月庚申,免台州四年至十年被寇税赋。乙亥,赐陆元文等进士及第出身有差。丁丑,以杜立德为刑部尚书。戊寅,予故朝鲜国王李淏谥,封世子榀为国王。庚辰,以海尔图为镶蓝旗汉军固山额真。辛巳,尊兴京祖陵为永陵。甲申,幸南苑。

冬十月庚戌,洪承畴以疾解经略任。甲寅,奈曼部达尔汉郡王阿汉以罪削爵为庶人。

十一月己未,论故巽亲王满达海、端重亲王博洛、敬谨亲王尼堪前罪,削巽亲王、端重亲王爵,降其子为多罗贝勒。敬谨亲王独免。壬戌,以公渥赫、公朴尔盆为内大臣。丙寅,上猎于近畿。壬申,次昌平州,上硕酒明崇祯帝陵,遣学士麻勒吉祭王承恩墓。甲戌,遣官祭明帝诸陵,并赠陵户,加修葺,禁樵采。戊寅,皇第六子奇授生。己卯,次汤泉。甲申,次三屯营。追谥明崇祯帝为壮烈愍皇帝。丙戌,吴三桂取沅江。

十二月戊戌,还京。乙巳,定世职承袭例。庚戌,加公主封号。壬子,命耿继茂移驻广西。

是年,朝鲜,喀尔喀部丹津喇嘛、土谢图汗、车臣汗、毕席勒尔图汗、鲁布臧诺颜、车臣济农、昆都伦托音、土谢图汗下多尔济台吉,厄鲁特部阿布赖诺颜、达来吴霸西诺颜、俄齐尔图台吉,黑龙江能吉勒屯头目韩批理,索伦部胡尔格乌尔达尔汉俱来贡。朝鲜,喀尔喀部土谢图汗、丹津喇嘛再至。

十七年春正月丙寅,以朱国治为江宁巡抚。庚辰,京师文庙成。以能图为刑部尚书。辛巳,诏曰:"自古帝王,统御寰区,治效已臻,则乐以天下;化理未奏,则罪在朕躬。敬天勤民,道不越此。朕缵承祖宗鸿绪,兢兢图治,十有七年。乃民生犹未尽遂,贪吏犹未尽除,滇、黔伏戎未靖,征调时闻。反复思维,朕实不德,负上天之简畀,忝祖宗之寄托,虚太后教育之恩,孤四海万民之望。每怀及此,罔敢即安。兹以本年正月,祭告天地、太庙、社稷,抒忱引责。自今以后,元旦、冬至及朕寿令节庆贺表章,俱行停止。特颁恩赦,官民除十恶死罪外,悉减一等,军流以下,咸赦除之。直省逋赋,概予豁免。有功者录,孝义者旌。诞告中外,咸使闻知。"免洮州卫上年灾赋。甲申,免莒、宁阳十二州县上年灾赋。

二月戊子,诏京官大学士、尚书自陈。其三品以下,亲加甄别。吴三桂军破贼于普洱。征南将军赵布泰师还。壬辰,尚书刘昌自陈年老,致仕。癸巳,免贵阳等六府及土司上年灾赋。复设凤阳巡抚,驻泰州。戊戌,甄察直省督抚及京职三品以上汉官,石申、冯溥等录叙黜有差。壬寅,以林起龙为凤阳巡抚。免淮、扬、凤三府,徐州上年灾赋。定每年孟春合祭天地日月及诸神于大享殿。癸卯,谕礼部:"向来孟春祈谷礼于大享殿举行,今既行合祭礼于大享殿,以后祈谷礼于圜丘举行。"壬子,免梁城所上年灾赋。

三月癸亥,定平西、靖南二藩兵制。甲子,以史纪功为浙江巡抚。辛未,谕礼部:"朕载稽旧制,岁终祫祭之外,有奉先殿合祭之礼。自后元旦、皇太后万寿及朕寿节,合祀于奉先殿。其详议礼仪以闻。"论陷镇江罪,革巡抚蒋国柱、提督管效忠职,免死为奴,协领费雅柱等弃市。甲戌,定固山额真汉称曰都统,梅勒章京曰副都统,甲喇章京曰参领,牛录章京曰佐领,昂邦章京曰总管。满仍其旧。以袁懋功为云南巡抚。丙子,御经筵。癸未,定王、贝勒、贝子、公妻女封号。甲申,更定民公、侯、伯以下,章京以上盔缨制。

夏四月丙戌,免宝坻、丰润、武清上年灾赋。甲午,以张长庚为湖广总督。丙申,以刘祚远为保定巡抚,张椿为陕西巡抚。辛丑,诏定匿灾不报罪。癸卯,以白秉贞抚治郧阳。丙午,皇第七子隆禧生。己酉,合祀天地于大享殿。

五月乙卯朔,以觉罗伊图为吏部尚书。庚申,免绥德、肤施五州县上年灾赋。甲子,以阿思哈为兵部尚书,苏纳海为工部尚书。甲戌,以佟壮年为正蓝旗汉军都统,郭尔泰为镶白旗蒙古都统。免沅州、镇远二卫上年灾赋。己卯,诏曰:"前者屡诏引咎责躬,由今思之,皆具文而鲜实益。且十二、十三年间,时有过举,经言官指陈,虽加处分,而此心介然未释。今上天示儆,亢旱厉疫,灾眚叠至。寇盗未息,民生困悴。用是深自刻责,夙夜靡宁。从前以言获罪者,吏部列名具奏。凡国计民生利害,及朕躬阙失,各直言无隐。"庚辰,以张天福为正黄旗汉军都统。壬午,觉罗巴哈纳等以旱引罪自陈。上曰:"朕以旱灾迭见,下诏责躬。卿等合辞引罪,是仍视为具文,非朕实图改过意也。卿等职司票拟,仅守成规,未能各出所见,佐朕不逮。是皆朕不能委任大臣之咎。自后专加委任,其殚力赞襄,秉公持正,以副朕怀。"多罗信郡王多尼师还。癸未,云南土司那岢来降。

六月乙酉,始命翰林官于景运门入直。以阿思哈兼摄左都御史事。戊子,遣官省狱。以杨茂勋为湖广巡抚。免澧、巴陵十二州县及岳州等卫上年灾赋。己丑,增祀商中宗、高宗、周成王、康王、汉文帝、宋仁宗、明孝宗于历代帝王庙。罢辽太祖、金太祖、元太祖庙祀及宋臣潘美、张浚从祀。以苏纳海为兵部尚书。癸巳,以穆里玛为工部尚书,白色纯署河道总督。丙申,上以祷雨步至南郊斋宿。是日,大雨。戊戌,祀天于圜丘,又雨。己亥,大学士刘正宗、成克巩、魏裔介以罪免。辛丑,命修举天下名山大川、古帝王圣贤祀典。

秋七月甲寅朔,以霍达兼摄左都御史事。和硕简亲王济度薨。戊午,编降兵为忠勇、义勇等十营,隶吴三桂,以降将马宝等统之。丁卯,移祀北岳于浑源州。己巳,免荆州、祁阳十三州及衡州等卫上年灾赋。庚午,免均、保康七州县及郧、襄二卫上年荒赋。以杨义为工部尚书。丁丑,命耿继茂移驻福建。宁古塔总管巴海败罗刹于使犬部地,招抚费牙喀十五村一百二十余户。改徙席北流犯于宁古塔。庚辰,停遣御史巡按直省。壬午,以罗托为安南将军,率师征郑成功。癸未,能图免。

八月丁亥,以彭有义为河南巡抚。己丑,免化、茂名四州县及商州所上年灾赋。庚寅,免武冈上年灾赋。丙申,云南车里土司刁木祷来降。戊戌,以沈永忠为挂印将军,镇守广东。辛丑,以爱星阿为定西将军,征李定国。壬寅,皇贵妃董鄂氏死,辍朝五日。甲辰,追封董鄂氏为皇后。己酉,降将郝承裔叛,陷邛州,围嘉定,官军击败之。辛亥,以穆里玛为镶黄旗满洲都统。

十一月甲寅,免赵、柏乡四州县及真定卫上年灾赋。乙卯,免宁、上饶四十六州县上年灾赋。丁巳,撤直省恤刑官。安南将军明安达礼师还。辛酉,大学士刘正宗以罪免。壬戌,复遣御史巡按直省。乙丑,敬谨亲王尼思哈死。戊寅,免睢、虞城六州县灾赋。庚辰,免五河、安东上年灾赋。

十二月癸巳,免邳、宿迁四州县灾赋。戊戌,免庆都灾赋。甲辰,皇第八子永

【译文】

世祖体天隆运定统建极英睿钦文显武大德弘功至仁纯孝章皇帝,名福临,清太宗的第九子。母亲孝庄文皇后在即将临盆之际,只见红光围绕其身,盘旋犹如一条巨龙之形。在世祖诞生的前夕,孝庄义皇后忽梦一位神人抱着一个小男孩交给她怀里,并对她说:"此子乃日后统一天下之主也。"皇后惊醒,便将此事告诉了太宗。太宗大喜,说道:"此乃吉祥之兆,如果生下个儿子,日后必能建立伟业。"结果第二天便生下了世祖。孝庄文皇后生他之时,只见宫中充满了红烛之光,芳香之气终日不散。世祖一生下来就与众不同,顶发耸起,龙章凤姿,具有天授的神智。

崇德八年,秋八月庚午,太宗驾崩,当时储位尚未定下来。和硕礼亲王代善,会同其他诸王、贝勒、贝子,以及文武群臣共同协商决定,一致推举世祖福临继承皇位,誓告天地,由和硕郑亲王济尔哈朗与和硕睿亲王多尔衮辅佐朝政。丙子,阿济格、尼堪等率军驻防锦州。丁丑,多罗郡王阿达礼、固山贝子硕托阴谋推举和硕睿亲王多尔衮为帝。礼亲王代善与多尔衮发现其阴谋,便将阿达礼和硕托诛杀了。乙酉,诸王、贝勒、贝子以及群臣们把皇上嗣位的时期祭告太宗。丙戌,把即位时期祭告郊庙。丁亥,世祖在笃恭殿即皇帝位。下诏以明年为顺治元年,大赦了一些平常时期不会赦免的罪人。向朝鲜、蒙古颁布哀诏。

九月辛丑,发生地震,自西北方转向南方,并伴有声响。壬寅,济尔哈朗、阿济格征伐明朝,攻打宁远卫。丙午,向朝鲜和蒙古颁发了即位诏书。并根据清太宗的遗诏减轻了朝鲜的岁贡。辛亥,昭陵竣工。乙卯,清军攻打明朝的中后所,并于丁巳攻克之。庚申,清军又攻打前屯卫。

冬十月辛酉朔,攻克前屯卫。阿济格、尼堪等率军到了中前所,明朝总兵黄色弃城逃跑。丁丑,济尔哈朗、阿济格率军回师。壬午,由篇古、博和托、伊拜、杜雷代戍锦州。

十二月壬戌,明朝守备孙友白从宁远来投降。辛未,朝鲜派使臣来庆贺世祖即位。乙亥,停止诸王、贝勒、贝子管理部院事宜。鄂罗塞臣、巴都礼率军征讨黑龙江。壬午,谭泰、准塔代戍锦州。

这一年,朝鲜与土默特部章京古禄格、库尔喀部赖达库以及炎楮库牙喇氏二十六户,索伦部章京崇内,喀尔喀部土谢图汗、马哈撒嘛谛塞臣汗、查萨克图汗,图白忒部甸齐喇嘛都丧进贡了。

顺治元年春正月庚寅朔，世祖御殿接受朝贺，他命令礼亲王代善不要行跪拜礼。甲午，沙尔虎达率军征讨库尔喀。己亥，来达哈巴图鲁等代戌锦州。郑亲王济尔哈朗谕示部院所有官员，凡报告各种事项，必须首先向睿亲王多尔衮启禀，自己退居其次。

二月辛己，艾庚礼戌守锦州，戊子，将太妃博尔济锦氏配葬于福陵，把皇妃富察氏改葬于陵外，富察氏皇妃，是在太祖在世时因罪赐死的。

三月丙申，发生地震。戊戌，再一次地震。甲寅，大学士希福等人进呈经过删削、翻译的《辽史》《金史》《元史》。是月，流寇李自成攻陷北京，明帝(崇祯)上吊身亡。李自成僭称皇帝，国号大顺，改元永昌。

夏四月戊午朔，固山额真何洛会等人控告肃亲王豪格悖妄罪，废豪格为庶人，并将其党徒俄莫克图等全部被判处死刑。己未，晋封多罗饶余贝勒阿巴泰为多罗饶余郡王。辛酉，大学士范文成启请睿亲王多尔衮入主中原。甲子，以大军南伐之事祭告太祖努尔哈赤和太宗皇太极。乙丑，世祖亲临笃恭殿，任命和硕睿亲王多尔衮为奉命大将军，赐给敕印让其方便行事。并且同时还按王以及从征诸王、贝勒、贝子等人的不同等级赏赐多少不等的衣服物品。丙寅，大军出征。壬申，睿亲王多尔衮率军至翁后时，明山海关守将吴三桂遣使者前来致书，请求清派兵前去征讨李贼。丁丑，大军行至连山，吴三桂又写信来告急，于是大军疾驰前往。戊寅，李自成率众围攻山海关，清军迎击，在一片石地方打败了贼将唐通。己卯，清军到达山海关外，吴三桂开关出迎，于是大军入关。李自成亲自率众二十余万人，自北山横瓦列阵至海边，严阵以待。这一天正值大风骤起，尘沙蔽天。睿亲王多尔衮下令让清军袭击贼军阵尾，而以吴三桂军在右翼配合，并大声呼喊，逼近贼军。此时，大风忽然停下来了，贼兵大败而逃，清军乘胜又追击了四十多里，李自成逃回了北京。于是封吴三桂为平西王，以马步军一万人隶属于他，使其直趋北京。同时命诸将发誓不滥杀无辜，不掠夺财物，不焚烧庐舍，如有不遵守誓言的必治以罪。谕示官民清军是来诛讨流寇的不杀害百姓，于是百姓们都非常高兴、喜悦，结果藏匿山野幽谷之人争先恐后的返回乡里，迎降了清军。于是清军路经的各个州县，以及沿边的将吏全都打开城门降附了。乙酉，李自成放弃北京西逃，清军迅速追赶。

五月戊子朔，把捷报向朝鲜、蒙古宣示。己丑，清大军抵达北京，明朝旧有的文武诸臣、士大夫以及一般庶民们郊迎五里之外。睿亲王多尔衮入居武英殿。下令所有将士登上城墙，奴仆服役人等不许擅自进入民宅，因此百姓们都安然如故。庚寅，命令兵部传檄各省各郡县，将给归顺的官吏晋升迁官，军民免于迁徙，而文武大官们要带着户口钱粮以及人马的簿册来京，如有观望不决者，则要进行讨伐。如果明朝诸王前来归顺的，将不剥夺他们的爵位。现在京城的明朝原来的各级官员以及为避贼而隐匿的人，都要报上姓名，朝廷将予录用。士兵有愿退伍归农者，悉听其便。辛卯，下令让官吏、军民等为故明崇祯皇帝发丧。三日后服除，礼部太常寺依据皇帝葬礼将其埋葬。壬辰，俄罗塞臣、巴都礼、沙尔虎达等人征讨黑龙江回师。原明朝山海关总兵官高第前来投降。癸己，谕令原明朝内阁、部院诸臣均以原官职同满洲官员共同办事。乙未，阿济格等人追击李自成至庆都，并在此打败了他。谭泰、准塔等人又紧接追至真定，又将其打得落荒而逃。北京以北各城以及天津、真定诸郡县全都投降了。辛丑，让原明朝大学上冯铨至京，己酉，一切均按固有的礼制埋葬明壮烈帝后周氏、妃袁氏，熹宗后张氏，神宗妃刘氏。

六月丁已朔，谕令洪承畴仍以兵部尚书同内院官员一起佐理机要之务。己未，任命骆养性为天津总督。庚申，派遣户部右侍郎王鳌永去招抚山东、河南两省官民。壬戌，原明朝大同总兵姜瓖斩贼军头目柯天相等人，从大同前来投降。丙寅，派遣巴哈纳、石廷柱率军平定山东。免除京城被官方占用的民间房屋赋税三年，同时免除官民同住的房屋赋税一年，并免去大军所经过州县田亩税一半，免去河北府州县田亩税三分之一。丁卯，睿亲王多尔衮以及诸王、贝勒、贝子和大臣们共同议定建都北京，并派遣辅国公屯齐喀、和托、固山额真何洛会奉迎顺治皇帝车驾。庚午，派遣固山额真叶臣率军平定山西。甲戌，原明朝

吴三桂

三边总督李华熙投降。壬午，世祖派遣使臣慰劳军队。癸未，艾度礼因有罪，被诛杀。甲申，迁故明太祖神主牌位于历代帝王庙。乙酉，铸各种官印，同时兼用满文与汉文并列。

秋七月丁亥，考察确定历法，决定用时宪历。戊子，巴哈纳、石廷柱会同叶臣军队平定山西。壬辰，任命吴孳昌为宣大山西总督，方大猷为山东巡抚。癸已，把迁都之事祭告上帝、陵庙。丁酉，原明朝的德王朱由粟弼木投降。此时原明朝的福王朱由崧即皇帝位于江南，改元弘光，并以史可法为大学士，驻守在扬州统帅军队；总兵刘泽清、刘良佐、黄得功、高杰分别驻守江北。己亥，山东巡按朱朗镁奏请新补官吏仍用纱帽圆领临民治理政事。睿亲王多尔衮谕示："目前战事频仍，衣冠礼乐还没有制定出来。近来任用的各级官吏，暂时均按明朝制度行事。"庚子，设置故明长陵以下十四陵官吏。辛丑，免除盛京满、汉民缴纳规定的粮草、布匹。壬寅，大赦天下，并免去除正额以外的一切加派。癸卯，停止内监征收涿州、宝坻皇庄税粮。甲辰，任命杨方兴为河南总督，马国柱为山西巡抚，陈锦为登莱巡抚。免除山东捐税，如河北之例。壬子，睿亲王多尔衮写信给史可法，要使他劝福王削去尊号而投降清朝。史可法回信，表示决不屈服投降。任命王文奎为保定巡抚，罗绣锦为河南巡抚。裁去六部蒙古侍郎。癸丑，大雨并夹杂着冰雹。是月，修建乾清宫。

八月丙辰朔，发生日食。丁已，任命何洛会为盛京总管，尼堪、硕詹统领左右翼，镇守盛京。辛酉，大学士希福因罪免职。癸亥实行总甲法。戊辰，免除景州、河间、阜城、青县当年的赋税。己巳，制定在京文武官员的薪俸。乙亥，世祖的车驾从盛京出发。庚辰，到达苏尔济，察哈尔固伦公主以及蒙古王、贝勒等行在朝拜。壬午，征调原明朝大学士谢陞

入内院办事。癸未,世祖车驾到达广宁。颁发给原明十三陵陵户祭田,并宣布禁止在那里砍柴、放牧。

九月甲午,世祖车驾进入山海关。丁酉,世祖车驾至永平。开始实行严格稽查逃人之令。己亥,在北京修建堂子。庚子,贼将唐通杀掉李自成的亲属乞求投降。辛丑,派遣和托、李率泰、额孟格等人率军平定山东、河南。癸卯,世祖车驾至通州。睿亲王多尔衮率领诸王、贝勒、贝子、文武群臣朝觐皇上于行宫大殿。甲辰,世祖顺治皇帝从正阳门进入皇宫。巳酉,白天见到天上出现太白星。庚戌,初步确定郊庙乐章。睿亲王多尔衮率诸王以及满汉官员上表劝进。原明朝福王遣其臣左懋第、马绍愉、陈洪范带着白银十万多两、黄金千两、币帛万匹求和。壬子,把太祖武皇帝、孝慈武皇后、太宗文皇帝神主牌位奉安于太庙。

冬十月乙卯朔,世祖顺治皇帝亲至南郊告祭天地,即皇帝位,并派遣官员告祭太庙、社稷。初次颁布时宪历。丙辰,以孔子第六十五代孙孔允植袭封衍圣公,而其《五经》博士官职袭封如故。丁己,因为睿亲王多尔衮功劳最高,世祖命令礼部建碑记载其业绩。辛酉,给太宗上尊号、谥号,告祭郊庙、社稷。壬戌,流寇余党赵应元用假投降的方法,进入青州,杀害了招抚侍郎王鳌永,和托等人进行征讨,并将其斩杀。甲子,世祖至皇极门,颁诏天下,实行大赦。下诏说:"我们国家受上天眷佑,肇兴、崛起于东北大地,列祖列宗创下了宏伟大业,皇父又在此基础上发扬光大,遂使古老的旧邦更加振兴,并承当了新的使命。等到朕继承皇位时,正值幼年,时念继承祖业,使皇位永远保住。但此时正值贼寇动乱高潮,遭受最严重的祸害,于是决定依靠、任用亲信贤良之人,救民于水火之中。刚刚敲起战鼓,马上就取得了胜利,玉宇澄清,解救了人民的痛苦,并非是朕要独占天下。而王公贵胄、文武群臣以及军民耆老均异口同声地劝进,再三地恳求朕君临天下,于是朕决定今年十月乙卯朔,上告天地、宗庙、社稷,定都北京,仍用原来的国号——大清,用顺治年号纪元。上天赋予的重大使命得来不易,可创业尤为艰难,况且当前正处在改革之初,应推广维新的恩泽。亲王辅佐朕开创国家,济世安民,其功绩实在是太大了,应给予特殊的礼遇。郡王子孙、弟侄亦应得到封爵。有关部门斟酌增损以前的制度,议定后报告上来。满洲开国诸臣们,运筹帷幄,在朝廷中决定了取胜的策略,立下了汗马功劳,他们开疆拓土,应该加公、侯、伯世爵,并赐给他们诰敕。自从大军入关以来,文武官员、士绅们,凡能深明大义,率先杀贼归降的,也应核实叙功。自顺治元年五月初一日黎明之前,凡官吏、军民中的犯罪者,只要不是犯叛逆等十恶不赦之罪者,其余罪恶不管大小全都给以赦免。但官吏贪赃枉法,剥削小民,如果犯罪在五月初一日以后,则不在此例。地亩钱粮全部按着原明朝的《会计录》规定的数目,从顺治元年五月初一日起,按原额征解。凡是加派的辽饷、新饷、练饷和召买等项,全部免除。凡大军所经过地方,仍免除正粮的一半,已归顺的州县非大军所经过者,免去当年正粮的三分之一。各省起存拖欠的本折钱粮,如金花、夏税、秋粮、马草、人丁、盐钞、民屯、牧地、灶课、富户、门摊、商税、鱼课、马价、柴直、棘株、钞贯、果品以及内供颜料、蜡、茶、芝麻、棉花、绢、布、丝绵等项,念小民百姓们已极端困苦,决定在顺治元年五月初一日以前,凡属拖久未征的,全部给予免除。兵民散居在京城,实在是不得已而为,其中东、中、西三城已经迁徙的人,准许免除租赋三年,南、北二城虽未迁徙,也免除一年租赋。丁银原有定额,但近年来由于人口凋零耗损,户籍日渐削减,剩下孤贫老弱之民,都苦于按原额追征,现决定让有关部门进行查核,凡老幼残疾之人,一概给予豁免。凡军民在七十岁以上者,允许家中有一丁侍奉,免除其徭役;凡八十岁以上者,发给绢绵、米肉;有德行著名的,给予冠带;鳏寡孤独、废疾不能自己养活自己者,由政府负责抚养。孝子、顺孙、义夫、节妇,有关官员要进行查访上报。对于原来明朝因建议进谏而被罢谪的诸臣以及山林隐逸,具有才德而于世有用的人,巡抚、巡按荐举,来京选升任用。文、武科举,仍然是每逢辰、戌、丑、未年举行会试,子、午、卯、酉年举行乡试。对于前明宗室中首倡投诚者,仍然给予禄养。明朝的陵寝,依然春秋祭祀,仍用守陵员户。帝王陵寝及名臣贤士坟墓,已毁坏的要加以修复,禁止砍柴、放牧。京师和地方的文武官员应得的封诰荫叙,均一体颁给。北直隶、河南、山东三省的节裁银,山西太原、平阳二府的新节裁银,前明已经免解了,其二府的旧节裁银,与其他各府新旧节裁银两,还有会同馆马站、驴站馆夫及递运所车站夫价等银,又各省额解工部四司料银、匠价银、砖料银、茼麻银、车价银、苇夫银、苇课银、渔课银、野味银、翎毛银、活鹿银、大鹿银、小鹿银、羊皮银、弓箭撒袋折银、扣剩水脚银、牛脚牛筋银、鹅翎银、天鹅银、民夫银、椿草子粒银、状元袍服银、衣粮银、砍柴夫银、搬运木材银;抬柴夫银、芦课等折色银、盔甲、腰刀、弓箭、弦条、胖袄、裤、鞋、狐麂兔狸皮、山羊毛课、铁、黄栌、榔、桑、胭脂、花梨、南枣、柴榆、杉条等木、椴木、桐木、板枋、冰窖物料、芦席、薄草、榜纸、瓷罈、槐花、乌梅、栀子、笔管、芒帚、竹扫帚、席草、粗细铜丝、铁线、镀白铜丝、铁条、碌子、青花棉、松香、光叶书籍纸、严漆、罩漆、桐油、毛、笙、紫、水斑等竹、实心竹、棕毛、白圆藤、翠毛、石磨、川二硃、生漆、沙叶、广胶、焰硝、螺殻等本色钱粮,在顺治元年五月初一日以前的民间拖欠,一概免除,以此解除百姓的困难。以后照现行规定,分别蠲除。京师的行商、车户等差役,每当让其服役之时,立刻便发生逃亡之事,以后永远豁免。运司盐法,年年增加,并有新饷、练饷杂项加派等银,实在非常祸害商人,现尽行豁免,本年仍免额引的三分之一。关津抽税,并不是有意刁难商人,准许免征一年,明末所增加者,一并免除。各省州县零星税目,一概严行禁止。曾经遭到兵患的地方应缴纳的钱粮,已在前明全免者,仍然全免,这不在免半、免一之例。各省报解上来的屯田司助工银两,亦出自加派,准予豁免。各省领解之钱粮被贼寇劫失的,在顺治元年五月初一日以前的,亦一并豁免。山西、陕西二省军民因被流寇挟持而从贼者,如能悔过自新,就一概赦免,胁从自首者,前罪全都不做追究。巡按平日以访查、捉拿贼寇为名,偏信衙役告谎,诬罚良民,是最大的弊政,今后要全部禁止革除。有权有势之家以及土豪劣绅,利用高利贷重利盘剥小民,致使百姓倾家荡产,深可痛恨,今后政府官员不许帮着追逼。越级诉讼诬告之事,实属败坏风俗,损耗钱财,大赦以后,如果民间再发生了婚姻纠纷之类的小事,全部由地方政府审理解决。如果发生讼师诱陷愚民进京越诉者,要加等反坐。设立赎金制度,本来为劝人悔过自新,如追索过分,就要逼人致死,转为民害,故今后并行禁止,对那些无力缴纳之人,要赶快免于追索。只有举国上下与朕一心一德,才能把事情办好。要把朕此诰谕向全国远近各处广为传播,使天下人全能知晓。"同日,加封和硕睿亲王多尔衮为叔父摄政王。乙丑,任命雷兴为天津巡抚。丁卯,加封和硕郑亲王济尔哈朗为信义辅政叔王,恢复赐封豪格为和硕肃亲王,进封多罗武英郡王阿济格为和硕英亲王,多罗豫郡王多铎为和硕豫亲王,贝勒罗洛宏为多罗衍禧郡王,赐封硕塞为多罗承泽郡王。叶臣等人攻克太原。原明朝副将刘大受从江南来投降。辛未,赐封贝子尼堪、博洛为多罗贝勒,辅国公满达海、吞齐、博和托、吞齐喀、和托、尚善为固山贝子。制定诸王、贝勒、贝子的年俸。癸酉,任命英亲王阿济格为靖远大将军,率军西讨李自成。戊寅,制定摄政王冠服、宫室制度。已卯,以豫亲王多铎为定国大将军,率军出征江南,同日颁发檄文谕告原来明朝南方诸臣,列举其不能剿灭贼寇为明朝复仇、拥众扰民,自相猜疑,以及没有明朝崇祯皇帝遗诏,而擅自拥立福王为帝等三项罪行。

十一月乙酉朔,设立满洲司业、助教之职,凡官吏的子孙如有想学习满文、汉文者,均可一律入国子监读书。南明福王使臣陈洪范起程返回南方,途中他秘密写信恳请留下左懋第、马绍愉等人,自己想率兵归顺清朝,并且还要招徕南方的一些将领。世祖允许了。壬辰,石廷柱、巴哈纳、席特库等人,在平阳战败贼寇,山西的动乱全部被平定了。庚子,赐封唐通为定西侯。甲辰,罢去前明定陵的守护人,其余十二陵仍设太监二名,并酌量发给岁时祭品。丁未,在天坛圜丘祭天。庚戌,赐封勒克德浑为多罗贝勒。遣送朝鲜的质子李汪回国,并决定减少该国岁贡。

十二月丁巳,取出前明的府库财物,赏给八旗将士以及蒙古官员。叶臣等人率大军平定了直隶、河南和山西九府、二十七州、一百四十一县。丁卯,以太宗第六女固伦公主下嫁给固山额真的儿子夸扎。戊辰,多铎的军队到了孟津,贼将黄士欣等人逃走;濒临黄河的十五个寨堡看到这种形势,纷纷投降;睢州贼将许定国前来投降。已巳,多铎的军队到了陕州,在灵宝打败了贼将张有曾。丁丑,下谕旨让户部清查无主荒地分给八旗军士。已卯,派遣何洛会等人祭祀福陵。巩阿岱等人祭祀昭陵,禀告父祖:已完成以武功定天下的大业。辛巳,有一个姓刘的人自称是明朝太子,由太监杨玉将其引入明嘉定侯周奎家中,周奎将此事上报了。经故明宫人以及东宫的旧僚们辨认,大家都说不认识此人。遂将其下狱中进行审讯,并将杨玉以及跟着附会的太监常进节、指挥李时荫等十五人,全部诛杀。照旧宣谕中外,如果知道故明太子下落,并进行上报者给予奖赏,对太子仍要加以恩养。

这一年,朝鲜与虎什喀里等八姓部,鄂尔多斯部济农,索伦部章京敖尔拖木尔,归化城土默特部古禄格,喀尔喀部塞臣绰尔济、古伦地瓦胡土克图、余古折尔喇嘛、土谢图汗,苏尼特部腾机思阿喇海,乌朱穆秦部台吉满瞻均来入贡。

二年春正月戊子,图赖等人在潼关打败了李自成军,贼军倚山为阵,图赖率领骑兵百人,展开伏击战,多有斩获。于是,李自成亲自率领马步兵前来迎战,又几次被大军所败,这样贼军便崩溃逃跑了。已未,大军包围了潼关,贼军修筑了双重的壕沟,坚壁以守。穆成格、俄罗塞臣军首先登城,接着各路大军相继而进,又一次将贼军打败。李自成逃到西安。丙申,阿济格、尼堪等率军抵达潼关,贼将马世尧投降,但不久又反叛,故将其斩杀。

丁酉,命多罗饶余郡王阿巴泰为总统,以固山额真准塔为左翼,梅勒章京谭泰为右翼,代豪格征讨山东。庚子,以太宗第七女固伦公主下嫁给内大臣鄂齐尔桑的儿子喇玛思。河南孟津一带的黄河变青二日。壬寅,多铎的军队到达西安,李自成逃往商州。癸卯,大学士谢陞去世。乙巳,真定、大名、顺德、广平的山贼全都平定了。丙午,命令房山县每年以太牢祭祀金太祖、金世宗的陵墓。丁未,免去山西今年额赋一半。更改国子监孔子神位为"大成至圣文宣先师孔子"。庚戌,禁止包衣大等私收投充的汉人与冒占田宅,如有违者必将处死。壬子,免去济源、武陟、孟、温四县今年额赋以及磁、安阳等九州县一半额赋。癸丑,免去修筑边城的壮丁八千多人。

二月丙辰,阿巴泰在徐州打败贼寇。己未,修篡律例。任命李鉴为宣大总督,冯圣兆为宣府巡抚。降将许定国在睢州杀掉明兴平伯高杰。辛酉,谕令豫亲王多铎移师平定江南,英亲王阿济格征讨流寇余党。丙寅,禁止管壮拨什库毁坏百姓坟茔。己巳,任命祁充格为内弘文院大学士。庚午,阿济格围剿陕西余寇,攻克了四座城市,并有三十八城投降。丁丑,多铎军至河南,贼将刘忠投降。

三月甲申朔,在历代帝王庙开始祭祀辽太祖、金太祖、金世宗、元太祖、明太祖,并以其臣耶律曷鲁、完颜粘没罕、斡离不、木华黎、伯颜、徐达和刘基陪祭。庚寅,多铎军出虎牢关,分别派遣固山额真拜伊图等人出龙门关,兵部尚书韩岱、梅勒章京宜尔德、侍郎尼堪等人由南阳出师,并在归德会师,大军所过之的人们纷纷迎降,河南全境都平定了。辛卯,免除山东荒赋。庚子,原明朝大学士李建泰前来投降。乙巳,派遣八旗官军轮番戍守济宁。丙午,朝鲜国王次子李淏归国。己酉,免除蓟州顺治元年额赋。壬子,太行山一带的各股贼寇,被全部平定。

夏四月丙辰,遣汉军八旗官各一人驻防盛京。辛酉,任命王文奎为陕西总督,焦安民为宁夏巡抚,黄图安为甘肃巡抚,原明朝尚书张忻为天津巡抚,郝晋为保定巡抚,雷兴为陕西巡抚。甲子,将原明朝的殉难太监王承恩埋葬于明崇祯帝陵旁,并拨给祭田,建立石碑。己丑,多铎军至泗州。阿山等人去夺取泗北淮河桥,明朝守将将桥焚烧后逃跑,清军遂于夜间渡过淮河。丁卯,世祖上谕说:"流贼李自成杀君虐民,神与人都很愤恨。朕顺应天命,抚定中华时,他还窃据秦川,抗拒阻挠我朝政令、教化。因而朕命和硕豫亲王移南伐之师,直捣崤、函等地;和硕英亲王率领西征之军,从绥德渡河配合,旬月之间,整个陕西就平定了。可怜的黎民百姓们,都来除旧布新。那些过去为贼寇所胁迫而犯了错误的人,现在全部给予赦免,并免除一切拖欠的赋税。大军所过之地,免除今年额赋的一半,其余地方免除三分之一。"庚午,豫亲王多铎军至扬州,下谕旨让原明朝阁部史可法、翰林学士卫胤文等人投降。但史、卫等人不从。甲戌,任命孟乔芳为陕西三边总督。以太宗第八女固伦公主下嫁科尔沁土谢图亲王巴达礼之子巴雅斯护朗。丁丑,拜尹图、图赖、阿山等人攻克扬州,故明阁部史可法坚贞不屈,将其斩杀了。辛巳,首次举行"武科举"的乡试。

五月壬午朔,河道总督杨方兴呈进瑞麦。世祖说:"每年丰收,老百姓高兴,就是吉祥,并不在乎有没有瑞麦。应当更好地惠养老百姓,对他们要格外抚恤照顾。"癸未,以久旱不雨，下谕旨命令刑部重新审理囚徒。命令内三院大学士冯铨、洪承畴、李建泰、范文程、刚林、祁充格等人纂修《明史》。丙戌，多铎军到了扬子江，故明镇海伯郑鸿逵等人以水军分守瓜洲、仪真，我军驻扎在江北，拜尹图、图赖、阿山率领水军偷偷地从运河航至扬子江边，梅勒章京李率泰乘夜渡江登上对岸，黎明之时，我军先后全部渡到对岸，敌军全线崩溃。丁亥，任命王志正为延绥巡抚。免除高密顺治元年的额赋。下谕令赏赐诸王以下与百官冰块，要成为法定的制度。己丑，宣府地方的妖民刘伯泗阴谋煽动叛乱，将其诛杀。庚寅，任命王文奎为淮扬总督，赵福星为凤阳巡抚。丙申，多铎军至南京，故明福王朱由崧与大学士马士英逃往太平，忻城伯赵之龙、大学士王铎、礼部尚书钱谦益等三十一人以城迎降。兴平伯高杰之子元照、广昌伯刘良佐等二十三人率马步兵二十三万人先后投降。丁酉，任命郝晋为保定巡抚。免除平度、寿光等六州县顺治元年的额赋。戊戌，命令满洲子弟就学，每十天去学监一次进行考课，春秋之季每五天演射一次。原明朝中书张朝聘自愿贡献木料千根资助修建宫殿，并以此请求谋一官职，上谕指出，任用官员应以贤能为准，没有因其输纳而授官的道理，责令有关部门按木料价值给钱。庚子，免去章丘、济阳的京班匠贾，并命令各省除去匠籍，使其为民。甲辰，制定对叔父摄政王的礼节，凡来往文件皆曰："皇叔父摄政王。"乙巳，免除皇后租，以及崇文门米麦税。庚戌，宣布平定江南的捷报。乾清宫竣工，并重新修建太和殿、中和殿和位育宫。

六月癸丑，免除兴济县顺治元年的额赋。甲寅，免除京城附近圈地今年额赋的三分之二。乙卯，任命丁文盛为山东巡抚。丙辰，谕令南方各地文武官员以及全体军民剃发，不服从的人将治以军法。是月，开始谕令各省限十日之内按律令规定剃发。辛酉，豫亲王多铎派遣军队追击故明福王朱由崧于芜湖。故明靖国公黄得功迎战，被图赖打得大败，黄得功中箭而死。明总兵官田雄、马得功执福王及其王妃前来呈献，其他诸将也全部投降。免除永宁等四县顺治元年荒赋。丙寅，重申剃发令。免除深、衡水等七州县顺治元年荒赋。丁卯，陕西省妖贼胡守龙叛乱，孟乔芳将其讨平。戊辰，皇太妃去世。辛未，何洛会率军驻防西安。命令江南地方在十月时举行乡试。己卯，颁布诏书说："本朝立国于东部边陲，历经多年，幅员辽阔，并无意兼并其他地方。过去疆场上用兵，其最终目的就是要言归和好。不幸的是由于贼寇叛乱，酿成大祸，结果使明朝覆亡了，于是我们才派大军入关，代明朝报仇雪恨。但是由于目前贼首尚未捉获，故军事行动还不能停止下来，遂命令二王，誓师西征讨贼。而南方的明朝残余势力却乘机重立新君，妄图窃据尊号，恣行乱世之政，重新欺压人民。朕日夜心神焦虑，总想拯救穷苦百姓于水火。现在西部的贼寇已被摧毁，遂进行南伐。大军没费多大气力，就占领了开封以及淮河流域等广大地区，不久又攻克了维扬，江左地区也都平定了。金陵地区的人民，与我们一起享受上天赐给的欢乐。现在已经抓住了故明福王，南方的局势也已大体平定。因此要大大优赏众人，对于以往人们所犯的一切错误，都不加以计较。凡河南、江北以及江南地区的官员、百姓由于受人煽动而犯了错误的，全部给予赦免。所有过去属于横征暴敛的赋税，全部给予免除。大军所过之地，免除今年的额赋一半，其余地方免除三分之一。"

闰六月甲申，阿济格在邓州打败李自成，并穷追至九江，双方一共战斗了十三次，李自成皆被阿济格打败。最后李自成逃窜到九宫山，自缢身亡，贼党全部平息。原明朝宁南侯左良玉之子梦庚、总督袁继咸等人率领马步兵十三万人，船四万艘从东流来投降。丙戌，规定群臣公以下与生员耆老顶戴品式。己丑，黄河在王家园地方决口。庚寅，下诏让阿济格等人班师。辛卯，将江南民解漕、白二粮为官兑官解。壬辰，上谕说："明朝末年的台谏诸臣，窃名贪利，各立朋党，互相攻击、迷惑人主之心，导致国家的丧乱局面。而今天下初定，百事待兴，众臣仍应公忠体国，不要重蹈前辙，自取罪殃。"决定满洲文武官员品级。癸巳，命令大学士洪承畴招抚江南各省。甲午，制定诸王、贝勒、贝子、宗室公顶戴的款式。乙未，废除割脚筋刑。癸卯，命令吴惟华招抚广东，孙之獬招抚江西，黄熙允招抚福建，江禹绪招抚湖广，丁之龙招抚云、贵。多铎派遣贝勒博洛与拜尹图、阿山率军至杭州，故明潞王出降，故明淮王也从绍兴前来投降。嘉兴、湖州、严州、宁波各郡全部平定。又派遣总兵官吴胜兆攻克庐州、和州。乙巳，改南京为江甫省，应天府为江宁府。命令陕西省于十月举行乡试。

秋七月庚戌朔，在太庙举行祭祀活动。壬子，任命贝勒勒克德浑为平南大将军，与固山额真叶臣等人一起前往江南替代多铎。设置明太祖陵守陵太监四人，祀田两千亩。癸丑，故明东平侯刘泽清率领所部投降。乙卯，任命刘应宾为安庐巡抚，土国宝为江宁巡抚。丙辰，命令谢弘仪招抚广西。戊午，禁止全国军民衣冠不遵守大清国制。己未，任命何鸣銮为湖广巡抚，高斗光为偏沅巡抚，潘士良抚治郧阳。甲子，上太祖武皇帝、孝慈武皇后、太宗文皇帝玉册玉宝于太庙。乙丑，免除西安、延安本年额赋之半，其余免除三分之一。戊辰，斩西平贼首刘洪起，汝宁州县全部平定。黄河在兖西新筑月堤决口。己巳，下诏指示从今以后，内外章奏由通政司封进。丁丑，以陈锦提督长江水师，并兼任巡抚。故明总漕田仰攻陷通州、如皋、海门等地，后被凤阳巡抚赵福星、梅勒章京谭布等人讨平了。己卯，任命杨声远为登莱巡抚。

八月辛巳，免除霸、顺义等八个州县的灾赋。乙酉，免除彰德、卫辉、怀庆和河南各府的荒赋。己丑，英亲王阿济格还师，并分别赏赐各从征在外的藩王、台吉、将佐多少不等的金帛。癸巳，免除真定、顺德、广平和大名的受灾额赋。丙午，降将金声桓讨伐故明益王，抓获跟随他的官员王养正等人，将他们斩杀了，并且还抓获了钟祥王朱拴蒥等九人。丁未，因英亲王阿济格在出征中犯罪，将其降为郡王，并削去谭泰公爵，降为昂邦章京。此外，对鳌拜等也给予轻重不同的处罚。

九月庚戌，原明鲁王的将领方国安、王之仁进犯杭州，被张存仁击退之。癸丑，命令镇国公傅勒赫、辅国公札喀纳等人率军协助江西防守。丁巳，故明怀安王前来投降。辛酉，故明新昌王占据云台山，并攻陷兴化，被准塔率军讨平，并将其斩杀。甲子，将河间、滦州、遵化的荒地分给八旗耕种。并将原明朝勋戚、内监余地亦分给他们。庚午，田仰进犯福山，被土国宝击败之。丁丑，平定江西南昌十一府。

冬十月癸未，任命马国柱为宣大总督。戊子，故明翰林金声受唐王敕令，在徽州起兵，有众十万多人。洪承畴派遣提督张天禄在绩溪地方将其多次打败，并将金声提获，由于他坚贞不屈，遂将其斩杀。此时，故明唐王朱聿键位据福建，鲁王朱以海占据浙江。而马士英等人率兵渡钱塘江安营扎寨，拒命抵抗。庚寅，免除宝坻县荒赋。壬辰，免除太原等府州灾赋。癸巳，豫亲王多铎班师回朝，世祖亲自到南苑迎接。丙申，任命苗胙土为南赣巡抚。乙巳，以太宗次女固伦公主下嫁给察哈尔汗之子阿布鼐。丙午，任命申朝纪为山西巡抚，李翔凤为江西巡抚，萧起元为浙江巡抚。戊申，加封和硕豫亲王多铎为和硕德豫亲王，并且赏赐随其出征的诸王、贝勒、贝子、公以及外藩台吉、章京金币多少不等。命令孔有德、耿仲明返还盛京。

十一月壬子，任命张存仁为浙闽总督，罗绣锦为湖广四川总督。癸丑，故明大学士王应熊与四川巡抚龚文光请求投降。甲寅，任命吴景道为河南巡抚，命令巴山、康喀赖为左右翼，同洪承畴一起驻防江宁，朱玛喇驻防杭州。命令贝勒勒克德浑率领巩阿岱、叶臣征讨湖广流贼二支虎等人。己未，朝鲜国王李倧请求立其次子李淏为世子，世祖允许。丁卯，朱玛喇在余杭打败马士英；和托在富阳打败方国安。马士英、方国安又一次进犯杭州，被梅勒章京济席哈等人赶跑了。戊辰，任命何洛会为定西大将军，派遣巴颜、李国翰率军与其相会，共同征讨四川流贼张献忠。戊寅，任命陈之龙为凤阳巡抚。

十二月己卯朔，发生日食。乙酉，故明阁部黄道周进犯徽州，洪承畴派遣张天禄将其击败。故明总兵高进忠率领所属部下从崇明前来投降。癸巳，佟养和和金声桓二人率军进讨福建，接着又分兵攻打南赣，将故明永宁王、罗川王以及阁部黄道周等人所率数十万人打败了。丙午，更改制定上朝的礼仪，开始罢黜内监朝拜参见的制度。丁未，朱玛喇等人在浙东一带打败方国安、马士英。贼寇武大定在固原叛乱，杀总兵官何世元等人。

这一年，朝鲜，归化城土默特部章京古禄格，鄂尔多斯部喇嘛塔尔尼齐，乌朱穆秦部本臣亲王，席北部额尔格讷，喀尔喀部土谢图汗、古伦迪瓦胡土克图喇嘛、石勒图胡土克图、嘛哈撒马谛塞臣汗，厄鲁特部顾实汗之子多尔济达赖巴图鲁台吉以及回回国，天方国均来入贡。其中朝鲜本年来了四次。

三年春正月戊午，贝勒勒克德浑派遣将领在临湘打败流贼，并攻克岳州。辛酉，固山额真阿山、谭泰犯罪，因此将阿山免职，将谭泰逮捕下狱。流贼贺珍、孙守法、胡向化进犯西安，被何洛会等人击败。金声桓派遣将领攻打由故明永宁王占据的抚州，并将其捉获了。同时还抓获其子朱辈荣等人，从而平定了建昌。丙寅，故明潞安王、瑞昌王率众进犯江宁，被侍郎巴山等人打败了。戊辰，任命宋权为国史院大学士。己巳，以肃亲王豪格为靖远大将军，与多罗衍禧郡王罗洛宏、贝勒尼堪、贝子屯齐喀、满达海等人率军出征四川。故明唐王朱聿键所属军队进犯徽州，被洪承畴派遣张天禄等人打败了，并将故明阁部黄道周抓获，遂将其斩杀，进一步攻克了开化。

二月己卯，贝勒勒克德浑在荆州大败流寇，接着奉国将军巴布泰等人追贼至襄阳，并将其斩获殆尽。大军进到夷陵，李自成弟弟李孜等人率其众前来投降。辛巳，免除密云荒赋。甲申，罢去江南省以前所设立的部院，派在京的户、兵、工三部满、汉侍郎各一人驻守江宁，分别办理部务。乙酉，明鲁王将领刘福前来增援抚州，被梅勒章京屯泰将其打败了。何洛会派遣将领在蒲城打败流贼刘文炳，贼首贺珍逃往武功。戊子，任命柳寅东为顺天巡抚。命令肃亲王豪格分兵赶赴南阳，征讨流贼二支虎、郝如海等人。丙申，派遣侍郎巴山、梅勒章京张大猷率军镇守江宁,甲喇章京傅夸蟾、梅勒章京李思忠率军镇守西安。潜山、太湖的贼首石应琏拥戴故明樊山王朱常㳟叛乱,洪承畴派遣将领将其击杀了。丙午,任命贝勒博洛为征南大将军,同图赖一起率军征讨福建、浙江。

三月辛亥,翻译《洪武宝训》完成,并颁行中外。乙卯,免除近京居民田宅圈给旗人,而另行拨补者田赋一年。丁巳,何洛会在山阳打败贼寇刘体纯。己未,任命王来用总督山、陕、四川粮饷。任命马鸣佩总督江南各省粮储。乙丑,赐傅以渐等人进士及第各有差别。己巳,何洛会在商州向贼寇二支虎进攻,并将其打得大败。昌平民王科等人盗发明帝陵墓,将其诛杀。壬申,多罗饶余郡王阿巴泰去世。癸酉,赐封乌朱穆秦部塞冷,蒿齐忒部薄罗特为贝勒,阿霸垓部多尔济为贝子。豪格军队抵达西安,派遣工部尚书兴能在邠州打败贼寇,固山额真杜雷在庆阳打击贼寇。故明大学士张四知从江南前来投降。

夏四月己卯,下诏令贝勒勒克德浑班师回朝,并令孔有德、耿仲明、尚可喜和沈志祥各率所部来京。甲申,免除钱塘、仁和间架税。乙酉,命令今年八月再次举行乡试,明年二月举行会试。丁亥,免除睢州、祥符等四州县灾赋。戊子,罢黜贯耳穿鼻的刑罚。癸巳,罢黜明朝末年加征的太平府姑溪桥米税、金柱山商税、晏庆府盐税。乙未,免除静海、兴济、青县的荒赋。丙申,江西浮梁、余干贼寇联合福建的贼寇一起进犯饶州,被副将邓云龙等人打败了。戊戌,摄政王多尔衮下谕停止诸王大臣启本。己亥,任命张尚为宁夏巡抚。罢去织造太监。辛丑,上谕说:“近来免除明末横征暴敛的苛捐杂税,与民休息。但是那些贪官污吏却忌恨这样做妨害他们,于是去掉了有关册籍。使朝廷的德意不能下达,而明末的弊政不能最终铲除。现在命令大臣要严格考查核实,并责令有关部门详细制定《赋税全书》,颁行全国。”同时下谕旨淘汰府县的多余人员。甲辰,修建盛京孔子庙。

五月丁未,苏尼特部腾机思、腾机特、吴班代、多尔济思喀布、蟒悟思、额尔密克、石达等人分别率领他们的部众,叛逃到喀尔喀部硕雷。任命德豫亲王多铎为扬威大将军,与承泽郡王硕塞等人一起率军会同外藩蒙古兵讨伐。四子部温卜、达尔汉卓礼克图、多克析等人追击,并斩杀了吴班代等五台吉。庚戌,重申有关隐匿逃人的法律。戊午,金声桓攻克南赣,并抓获敌军元帅刘广胤。辛酉,豪格派遣巴颜、李国翰在延安打败贼寇。壬戌,故明鲁王、荆王与衡王的世子等十一人阴谋叛乱,被斩杀。癸亥,以叶克书为昂邦章京,镇守盛京。豪格派遣贝勒尼堪等人在鸡头关打败贼寇贺珍,接着攻克汉中,贺珍逃往西乡。乙丑,贝勒博洛派遣图赖等人在钱塘战败故明鲁王将领方国安,鲁王朱以海逃到台州。庚午,官军进军到汉阴,流寇二支虎逃奔四川,孙守法逃奔岳科寨。巴颜、李国翰追击延安贼寇到张果老崖地方,并将其打败。辛未,免除沛、萧二县顺治元年、二年的荒赋一半。

六月戊寅,免除怀柔县荒赋。丙戌,禁止白莲、大成、混元、无为等教。壬辰,任命高士俊为湖广巡抚。乙未,张存仁派遣将领擒获故明大学士马士英和长兴伯吴日生等人,并将他们斩杀了。

秋七月甲寅,贝勒勒克德浑的军队返回。丁巳,多铎在欧特克山一带打败腾机思等人,并将其台吉毛害斩杀了,接着渡过土喇河,将腾机思之子多尔济等人击杀了,尽获其家口辎重。不久又在查济布喇克河上游击败土谢图汗的两个儿子。戊午,硕雷的儿子把守查济布喇克道口,被贝子博和托等人再一次打败了。硕雷带领余众,逃到塞冷格。庚申,李国翰、图赖等人攻取张果老崖。壬戌,江西巡抚李翔凤呈进正一真人的符四十幅。上谕曰:"致福的办法,在于敬重上天,勤爱百姓,怎么能靠符箓呢!把这些东西放起来吧。"戊辰,豪格派遣贝子满达海、辅国公哈尔楚浑、固山额真准塔前往徽州、阶州分别征讨武大字、高如砺、蒋登雷、石国玺、王可臣等人,并将他们打败了。高如砺逃跑了,蒋登雷、石国玺、王可臣全都投降了。

八月丙子,多罗衍禧郡王罗洛宏死于军中。丁丑,豪格派遣蠹章京哈宁阿攻打武大定盘踞的三台山,并攻取之。丁亥,博洛攻克金华、衢州,杀掉故明蜀王朱盛浓、乐安王朱谊石以及他们的将领吴凯、项鸣斯等人;故明大学士谢三宾、阁部宋之普、兵部尚书阮大铖和刑部尚书苏壮等人投降,从而浙江平定了。戊子,以孔有德为平南大将军,与耿仲明、沈志祥、金砺、佟代率军征讨湖广、广东、广西。免除太湖、潜山顺治二年及今年荒赋。癸巳,命令尚可喜率军随孔有德南征。

九月己酉,故明瑞昌王朱谊汸谋攻江宁,被官军斩杀。甲子,免除夷陵、石首等十三州县荒赋十分之七;荆门、江陵等四州县十分之五;兴国、广济等十六州县十分之三。丙寅,故明崇阳王攻打歙县,被我副将张成功等人战败了。丁卯,故明督师何腾蛟等人攻打岳州,被官军击败了。

冬十月丙子,郑四维等人攻克夷陵、枝江、宜都。改湖广省承天府为安陆府。己卯,和硕德豫亲王多铎班师回朝,世祖亲自到京师近郊迎接,以表示慰劳。辛巳,金声桓派遣将领活捉故明王朱常淯及其党羽了悟等人,并将其斩杀。甲申,任命胡全才为宁夏巡抚,章于天为江西巡抚。金声桓派遣将领攻克赣州。擒获故明阁部杨廷麟,并将其斩杀。癸巳,任命李栖凤为安徽巡抚。丁酉,免除怀宁等四州县灾赋。己亥,免除延绥、壮浪灾赋。壬寅,太和宫、中和宫竣工。

十一月癸卯朔,贝勒博洛自浙江分军进取福建,图赖等人在仙霞关打败了故明阁部黄鸣骏所率军队,接着攻克了浦城、建宁和延平。故明唐王朱聿键逃到汀州,后被阿济格、尼堪等人追杀了,接着平定了汀州、漳州、泉州和兴化,并进一步攻下福州,唐王所属的部下全部投降了。福建省平定了。癸丑,免除河间、任丘和大同的灾赋。丁巳,在天坛圜丘祭祀上天。己巳,豪格的军队到了南部县境,当时张献忠在西充安营扎寨,鳌拜等人率军兼程前往,对其展开进攻,将其打得大败,并斩张献忠于阵前,接着又分兵攻打残余的贼寇,攻破贼军一百三十余营。平定了四川省。

十二月癸酉朔,故明遂平王朱绍鲲及其党羽杨权等人拥兵太湖,并勾结海寇作乱,派副将詹世勋等人前往征讨,并将他们斩杀了。庚戌,山东贼寇谢迁攻陷高苑,后被总兵官海时行讨平了。壬午,故明高安王朱常淇及其党羽江于东等人在婺源起兵作乱,后被张天禄讨平了。丙戌,任命于清廉为保定巡抚,刘武元为南赣巡抚。免除蓟、丰润等五州县灾赋。甲午,位育宫建成。庚子,故明金华王朱由榨在饶州起兵作乱,后被官军击杀。

这一年,朝鲜、蒙古以及归化城土默特部古禄格,厄鲁特部多尔济达来巴图鲁、顾实汗,喀尔喀部买达里胡土克图、额尔德尼哈谈巴图鲁、戴青哈谈巴图鲁、青台吉,科尔沁部多罗冰图郡王塞冷,蒿齐忒部多罗贝勒额尔德尼,索伦部、使鹿部喇巴奇,鄂尔多斯部济农台吉查木萝,库尔喀部赖达库及达赖喇嘛,吐鲁番都来贡了。其中朝鲜、厄鲁特顾实汗、达赖喇嘛二次进京入贡。

四年春正月戊申,辅国公巩阿岱、内大臣吴拜等人征伐宣府。壬子,命令副都统董阿赖率军驻防杭州。兴国州贼寇柯抱冲勾结故明总督何腾蛟攻陷兴国。总兵官柯永盛派遣将领擒获柯抱冲及其党羽陈珩玉,并将他们斩杀。乙卯,任命杨声远为淮扬总督,黄尔性为陕西巡抚,辛酉,任命朱国柱为登莱巡抚。壬戌,陕西官军击败延庆贼寇郭君镇和终南贼寇孙守法。洪承畴派遣将领攻打贼帅赵正,并大败贼寇。

二月癸酉,任命张儒秀为山东巡抚。乙亥,佟养甲平定梧州。丁丑,副将王平等人攻打贺珍、刘二虎贼党,在兴安将其战败。癸未,下诏说:"朕平定中原,只有浙东、全闽还阻隔朕的声威教化,百姓艰辛、困苦、无处申诉,因此我命令大将军贝勒博洛率军前往,既平定浙东,接着又攻取福建。声威所至,贼寇望风潜逃。大军紧追,到达汀水。朱聿键被杀,各府全都平定。考虑到只有冒用帝王尊号者抗拒征进,老百姓有什么罪过?因此要大加赏赐,给予大家除旧布新的机会。一切官民犯罪,全部赦免。暴横的征敛、拖欠的赋税,一概免除。对于隐逸山林之中的人们,都要报上姓名以备录用。百姓年龄在七十岁以上者,发给多少不等的绢米。"己丑,洪承畴擒获故明瑞昌王朱议贵与湖贼赵正,并将其斩杀了。乙未,朱聿键之弟朱聿镈僭号绍武,占据广州。佟养甲、李成栋率军征讨之,并斩杀了朱聿镈以及周王肃罙、益王思炎、辽王术雅、邓王器塙、巨野王寿铘、通山王蕴越、高密王弘椅、仁化王慈魶、鄢陵王肃汭、南安王企垄等人。平定了广州。戊戌,任命佟国鼎为福建巡抚。

三月戊午,分别赐给吕宫等人进士及第和进士出身等。己未,任命耿焞为顺天巡抚,周伯达为江宁巡抚。并命赵洮麟抚治郧阳。庚申,谕令三品以上京官以及总督、巡抚、提督和总兵各选送一子入朝充当侍卫,并进一步考察其才能,然后给予适当任用。如果无亲生儿子,则以其弟或侄儿代替。壬戌,免除崇明县盐课和马役银。乙丑,《大清律》完成。丙寅,佟养甲攻克高、雷、廉三府。丁卯,命令祭礼郊社太牢仍用荤腥之物。己巳,禁止汉人到满洲地方投充为奴。庚年,罢黜圈拨百姓田宅,已被圈占者要酌量补给。

夏四月丁丑,田仰率领所属部下投降。己卯,高士俊攻克长沙。昂邦章京傅喀蟾征讨刘文炳、郭君镇,并将其歼灭了。乙酉,贝勒博洛班师回朝。在这次征伐战役中贝子和托、固山额真公爵图赖等人都临阵战死。甲午,陕西的官军斩杀了孙守法。

五月壬寅,舟山海贼沈廷扬等人进犯崇明,官军进行了征讨和擒捕。己酉,故明的在职通政使侯峒曾派间谍致信给鲁王,劝其施行反间计,假装分别许给洪承畴、土国宝以公爵和侯爵,共同奠定江南大业。但该间谍被柘林地方的游击截获,并上报。世祖察觉到其中之诈,命令江宁昂邦章京巴山等人同洪承畴一起彻底追查此事。庚戌,免除兴国、江夏等十州县前一年的灾赋。癸丑,任命佟养甲为两广总督,并兼任广东巡抚。辛酉,投诚伯常应俊、总兵李际遇等人,因犯通贼罪而被诛杀。癸亥,世祖驾临南苑。乙丑,班代、峨

齐尔和胡巴津从苏尼特前来投降。

六月壬申，免除成安等七县前一年灾赋。丙子，朝鲜国王李倧遣其子李淯来京朝拜。庚辰，故明赵王朱由棪前来投降。戊子，免除绥德卫前一年的灾赋。己丑，赐封贝勒博洛为多罗郡王。癸巳，陕西贼寇武大定攻陷紫阳，总兵官任珍将其打败了。湖广官军攻我衡州、常德以及安化、新化等县。甲午，苏松提督吴胜兆阴谋叛乱，将其诛杀。丁酉，免除前一年山东的荒赋。

秋七月辛丑，加封和硕德豫亲王多铎为辅政叔德豫亲王。癸卯，在左翼门外修建射殿。甲辰，免除徐州前一年的荒赋。己酉，赐封敖汉部额驸班第之子墨尔根巴图鲁为多罗郡王。癸丑，任命申朝纪为宣大总督。丁巳，郧阳贼寇王光代甩永历年号。聚众为乱，命令侍郎喀喀木等人围剿。戊午，改任马国柱为江南、江西、河南总督。甲子，下诏说："中原地区已平定，声教广被远方。只有广东地方还被唐王所阻隔，当地人们愤怨不满，已非一日。是以征南大军出征，席卷惠州、潮州，接着到达省会广州。考虑你们官吏、百姓，并不是要拖延来投，所以一切罪犯全部给予赦免。拖欠的赋税、横强的征索，一概免除。凡百姓年七十岁以上者，加赐粮米、绸帛。守节行孝的人，要给以表彰；隐居山林的有才德的人，要加以录用；南海各国，如能归附者，要像对待朝鲜一样对待。"丙寅，任命祝世昌为山西巡抚。丁卯，世祖从京师出发到边外检阅军队训练情况。当日，世祖驻在沙河。

八月庚午，金声桓在泸溪山抓获故明宗室麟伯王、霭伯王，并将他们诛杀。甲戌，世祖至西巴尔台。丙子，世祖至海流土河口。壬午，世祖至察汉诺尔。乙酉，豪格派遣贝勒尼堪等人先后攻克遵义、夔州、茂州、内江、荣昌、富顺等县，斩杀故明王及其党羽一千多人，从而平定了四川。丙戌，世祖至胡苏台。辛卯，任命张文衡为甘肃巡抚。丙申，世祖回到宫中。

九月辛丑，京师发生地震。辛亥，淮安贼寇张华山等人用隆武年号，在庙湾地方聚众为乱。丁巳，任命李犹龙为天津巡抚。辛酉，官军讨伐庙湾贼寇，并打败了他们。

冬十月庚午，任命王憕为安徽巡抚。壬申，喀喇沁部卓尔弼等人率所部前来投降。癸未，任命吴惟华为淮扬总督；任命线缙为偏沅巡抚。戊子，决定对各省地方官员每三年进行一次考核。壬辰，以广东地方采捞珍珠劳民，因而罢黜。

十一月庚戌，任命陈泰为靖南将军，与梅勒章京董阿赖一起征讨福建地方的残余贼寇。辛亥，免除山西代、静乐等十四州县，宁化等六所堡，山东德、历城等十五州县灾赋。裁去山东明朝末年的牙、杂二税。戊午，五凤楼竣工。癸亥，在天坛圜丘祭祀上天。

十二月戊辰，免除保定、河间、真定和顺德灾赋。壬申，任命陈锦为闽浙总督。己卯，以太宗第十一女固伦公主下嫁给喀尔吗索纳木。甲申，苏尼特部台吉吴巴什等人前来归附。丙戌，大军从岳州出发收复长沙，故明总督何腾蛟等人先期逃跑。接着大军到了湘潭，在燕子窝地方打败故明桂王将领黄朝选所率十三万人马。接着又在衡州再一次将其打败，并斩杀了他。官军又攻克宝庆，斩杀鲁王朱鼎兆等人。大军接着又进攻武冈，故明桂王朱由榔逃跑,追至靖州,攻下该城。后又攻下沅州,故明岷王朱延峻以黎平之地投降。湖南平定。庚寅,故明将领郑彩进犯福州,被副将邹必科等人战败而逃跑。

这一年,科尔沁、喀喇沁、乌朱穆秦、敖汉、翁牛特、苏尼特、札鲁特、郭尔罗斯、蒿齐忒、阿霸垓部前来朝拜了。朝鲜及喀尔喀部札萨克图汗、墨尔根绰尔济、额尔德尼绰尔济、迈达礼胡土克图、额尔德尼顾锡、伊拉古克三胡土克图、嘛哈撒马谛塞臣汗、俄木布额尔德尼、塞勒胡土克图、满朱习礼胡土克图、札萨克图汗下俄木布额尔德尼、巴颜护卫、舍晋班第、迈达礼胡土克图,诺门汗下丹津胡土克图,土谢图汗下泽卜尊丹巴胡土克图,硕雷汗下伊赫额木齐格隆、额参德勒哈谈巴图鲁,厄鲁特部台吉吴霸锡、顾实汗,罗布藏胡土克图下巴汉格隆、盆苏克札穆苏,阿布贲诺颜下讷门汗、巴图鲁诺颜、达云绰尔济、鄂济尔图台吉、苏尼特部台吉魏正,札鲁特部台吉桑图,鄂尔多斯部济农,归化城土默特部章京托博克、诺尔布,唐古忒部与喇布札木绰尔济、喇嘛班第达等人都来入贡了。

五年春正月辛亥,故明宜春王朱议衍占据汀州作乱,被总兵官于永绥擒获,并将其斩杀。癸丑,免除太原、平阳、潞安三府以及泽、沁、辽三州的灾赋。癸亥,和硕肃亲王豪格班师回朝。衍禧郡王罗洛宏在军中去世,由于丧归,故停止上朝二天。

二月甲戌,金声桓和王得仁以南昌为据点举行叛乱。辛巳,江南官军光复无为州;福建官军光复连城、顺昌和将乐等县。癸未,免除济南、兖州、青州、莱州前一年的灾赋。辛卯,以固伦公主下嫁巴林部塞卜腾。壬辰,任命吕逢春为山东巡抚,李鉴为宁夏巡抚。故明贵溪王朱常彪,恢武伯向登位进犯沅州,派羉章京线国安等人前去征讨,并将其斩杀。

三月己亥,贝子吞齐、尚善等人告发和硕郑亲王济尔哈朗,其罪牵连到莽加、博博尔岱、鳌拜和索尼等人,结果把济尔哈朗降为多罗郡王,而莽加等人或降职,或革职,受到了不同程度的处罚。辛丑,和硕肃亲王豪格,因犯罪而被判死刑。世祖不忍心把他正法,于是将他幽禁起来。夷戌,任命谭泰为征南大将军,与何洛会一起征讨金声桓。辛酉,任命耿焞为宣大山西总督。甲子,武大定进犯宁羌,被游击张德俊等人打得大败。

四月丁卯,任命杨兴国为顺天巡抚。戊辰,免除渭原、金县和兰州卫的灾赋。壬申,官举光复建宁,斩杀了故明郧西朱常湖等人。己卯,赐封科尔沁杜尔伯特镇国公色冷为贝子。庚辰,派遣固山额真阿赖等人驻防在汉中地方。壬午,大军攻克辰州,接着攻破永宁,到了全州。故明督师何腾蛟逃遁,俘获了贵溪王朱长标、南威王朱寅卫、长沙王朱由栩等人。铜仁、兴安和关阳的苗、瑶族人,纷纷前来归降。丙戌,任命刘之源、佟国赖为定南将军,驻防宝庆;任命李国翰为定西将军,在汉中驻防。丁亥,吴三桂自锦州移师镇守汉中。

闰四月戊戌,恢复济尔哈朗爵位为和硕郑亲王。癸卯,任命李国英为四川巡抚。已未,任命迟日益为湖广巡抚。癸亥,命令贝子吞齐为平西大将军,与韩岱一起征讨陕西叛乱的回民。

五月巳丑朔,发生日食。戊辰,官军在巩昌打败叛乱的回民,光复不临洮、兰州。辛未,游击张勇在马家坪打败叛乱的回民,并擒获故明延长王朱识𬭚,将其斩杀了。壬午,任命赵福星为凤阳巡抚。癸未,任命朱延庆为江西巡抚。甲申,官军打败金声桓,收复九江和饶州。己丑,任命刘弘遇为安徽巡抚。

六月甲午初一日,免除西安、延安、平凉、临洮、庆阳、汉中前一年的灾赋。癸卯,任命周文业为甘肃巡抚。甲辰,额塞等人在兰州大败叛乱的回族人,其余叛党也全部平定。丙辰,京师发生地震,并伴有声音。癸亥,太庙建成。

秋七月丁丑,初次设立六部的汉尚书、都察院左都御史,任命陈名夏、谢启光、李若琳、刘余佑、党崇雅、金之俊为六部尚书,徐起元为左都御史。

八月癸巳朔,金声桓、王得仁进攻赣州,被官军打败逃走了。己亥,李率泰等人在长乐打败郑彩,紧接着又在连江打败了他,收复了兴化。己巳,命令和硕英亲王阿济格、多罗承泽郡王硕塞等征讨天津土贼。丁未,禁止民间养马和收藏军器。己酉,任命王一品为凤阳巡抚。壬子,命令满、汉官民可以互相嫁娶。乙卯,任命夏玉为天津巡抚,张学圣为福建巡抚。

九月壬戌朔,官军在南康湖口擒获故明巡抚吴江等人,并将其斩杀。甲子,和硕英亲王阿济格征讨曹县土贼,并将其平定。己巳,赐封贝勒勒克德浑为多罗顺承郡王;赐封博洛为多罗端重郡王。壬申,任命和硕郑亲王济尔哈朗为定远大将军,征讨湖广贼李锦。丁丑,赐封贝勒尼堪为多罗敬谨郡王。

冬十月壬寅,和硕礼亲王代善去世。甲辰,佟国赖收复宝庆。丙辰,降将刘泽清勾结曹县贼寇叛乱,结果刘泽清与其同党李洪基等人全部被诛杀。

十一月甲子,广东的叛将李成栋占据南雄,并勾结当地峒蛮人进犯赣州,后被巡抚刘武元等人击败而逃跑。丙寅,总兵官任珍攻击贺珍,并将其打败。戊辰,在天坛圜丘祭祀上天,以太祖武皇帝配祭。同时追封太祖以上的四世祖:高祖泽王为肇祖原皇帝,曾祖庆王为兴祖直皇帝,祖昌王为景祖翼皇帝,考福王为显祖宣皇帝;四世祖母皆为皇后。世祖同日还拜谒了太庙,呈上册宝。辛未,因配天及上尊号礼成,世祖上殿接受朝贺,并大赦天下。辛未,和硕英亲王阿济格、多罗端重郡王博洛、多罗承泽郡王硕塞等人率领军队驻扎在大同,防备喀尔喀蒙古。

十二月辛卯朔,命令郡王瓦克达、贝子尚善、吞齐等人去看望阿济格的军队。调遣八旗游牧蒙古官军的一半,戍守阿尔齐土苏门哈达。癸巳,姜瓖在大同叛乱,总督耿焞跑到阳和。丙申,免除平山、隆平、清丰灾赋。戊戌,阿济格包围大同。辛丑,再一次派遣梅勒章京阿喇善、侍郎噶达浑去看望阿济格军队。癸卯,免除大同灾赋。壬子,杨捷等人收复都昌,抓获故明兵部尚书余应桂,将其斩杀。丁巳,任命佟养量为宣大总督。

这一年,苏尼特、扎鲁特等部曾前来朝拜。朝鲜,喀尔喀部俄木布额尔德尼、戴青讷门汗喇嘛、塞尔济额尔德尼魏正、硕雷汗、迈达理胡土克图、札萨克图汗下额尔德尼哈谈巴图鲁,厄鲁特部顾实汗、锡勒图绰尔济、诺门汗,索伦部阿济布、鄂尔多斯部单达,苏尼特部腾机式,科尔沁贝勒张继伦,归化城固伦第瓦胡土克图、丹津喇嘛额尔德尼塞桑,土默特部古禄格,乌思藏阐化王王舒克,汤古特达达赖喇嘛全都来入贡了。其中朝鲜、厄鲁特顾实汗、汤古特达赖喇嘛本年入贡了两次。

六年春正月壬戌，官军光复罗源、永春、德化等县。癸亥，命令多罗敬谨郡王尼堪等人出征太原。戊辰，上谕说："朕总想让天下的臣民生活得安定祥和，日夜谋划，不敢懈怠疏忽。往年流寇作乱，祸患达到极点，大军入关讨贼，士绅、百姓都心悦诚服，归顺朝廷。但是近年来不轨之徒，捏造出血洗百姓的流言蜚语，百姓们由于无知而轻信，于是便惊惶失措，四处逃散，往往有人铤而走险，起来作乱。朕曾听说不嗜杀人，才能够统一天下。《书经》上说：'民众如果没有人主，那依靠什么呀！如果人主没有民众，那谁和他共同守卫国家呢！'君主残害其民众，是绝无此理的。自顺治元年以来，至今已有六年了，并没有无故屠戮百姓之事。百姓如果仔细、认真地想一想，疑虑马上就会消除。至于那些甘心做贼，自己找死的人，一定是被逼迫得这样干的。难道是朕所用的总督、巡抚、总兵、巡按不得其人，官吏残酷地盘剥、压榨百姓，使他们难以存活吗？还是蠲免赋税的措施，都成了有名无实的空话呢？中央和地方各级官员要诚心讨论出兴利除弊的办法，朕要根据情况逐渐分步予以执行。"辛未，姜瓖党羽姚举等人杀害冀宁道王昌龄，攻争忻州，固山额真阿赖将其打败后逃跑了。乙亥，上谕说："设立关卡征收税款，原来是为了纠察坏人，并不是与商贾们争夺钱财。因此要各以原来额数起税，不能横征暴敛以饱私囊，如有违犯者一定处罚。"下谕旨给山西大同军民，不要受姜瓖的胁迫利诱，如果能重新归顺朝廷的人，一概给予宽大处理，全部赦免。戊寅，实行保举连坐之法。庚辰，上谕：如果说官员论事不符合事实，需经廷臣集体商议决定，不要动辄就推到处理。辛巳，任命金廷献为偏沅巡抚。壬午，谭泰、何洛会收复南昌，金声桓投水而死，王得仁被诛杀。至此九江、南康、瑞州、临江和袁州全部平定。癸未，山西贼党刘迁攻打代州，阿济格派军将其打败后逃跑了。

二月癸卯，摄政王多尔衮出征大同。免除直隶顺治六年以前的荒赋和四川商民的盐课。辛亥，故明宗室朱森釜等人进犯阶州，被吴三桂捉获斩杀。

三月癸亥，多尔衮攻克浑源州。丙寅，汉羌总兵官张天福讨平贼首罩一涵部，抓获故明山阴王，将其斩杀。丁卯，土贼王永强攻陷延安、榆林等十九州县，延绥巡抚王正志等人死去。己巳，应州、山阴贼投降，多尔衮凯旋回师，阿济格留在大同镇守。辛未，进封多罗承泽郡王硕塞、多罗端重郡王博洛、多罗敬谨郡王尼堪为亲王。王永强攻陷同官。壬申，广信府知府杨国桢等人收复玉山县。宁夏官军攻克临河等堡。乙亥，甘州、凉州地区的叛回米喇印、丁国栋再一次作乱，甘肃巡抚张文衡等人死去。丁丑，辅政和硕德豫亲王多铎去世，摄政王多尔衮军至居庸关，立刻回京临丧。甲申，减轻隐匿逃人律。谭泰、何洛会在南康打败贼寇，进而攻克了信丰，叛将李成栋在逃亡的途中死去。官军收复了抚州、建昌。江西平定。丙戌，博洛派遣鳌拜等人在大同北山大败姜瓖。吴三桂击败了王永强，收复宜君、同官。

夏四月庚寅，派遣罗硕、卦喇驻防太原。癸巳，阿济格收复左卫。乙未，命令贝子吴达海等人代征大同。丙申，吴三桂攻克蒲县。癸卯，福建收复平和、诏安、漳平和宁洋。

甲辰,赐刘子壮等人进士及第出身,各有差别。乙巳,皇太后去世。壬子,上谕说:"自从兵兴以来,土地荒芜,百姓逃亡,流离失所,苦不堪言。现在命令各地有关官员,要广泛招抚流民,拨给荒地,使这些田地永远成为他们的产业,六年后才考虑征收租赋的问题。各州县要以招民劝耕的多少,各道府要以责成催督之勤惰来评价其政绩优劣。岁末,巡抚、巡按等考核、上报。"癸丑,任命董宗圣为延绥巡抚。官军攻克福宁,从而福建平定。乙卯,贼党攻陷汾州,任命和硕端重新王博洛为定西大将军,率领官军进行讨伐。和硕敬谨亲王尼堪移师大同。丁巳,赐封贝子满达海为和硕亲王。

五月辛酉,派遣屠赖率师与太原驻军会合。丙子,任命李栖凤为广东巡抚,郭肇基为广西巡抚。免除太原、平阳、汾州三府以及辽、泽二州的灾赋。丁丑,改封孔有德为定南王,耿仲明为靖南王、尚可喜为平南王。命令孔有德征讨广西,耿仲明、尚可喜征讨广东,各携带家眷驻防在该地。裁去直隶、江南、山东、浙江、陕西的同知十人,直隶、江南、河南、湖广、江西、浙江的通判二十一人。免除宝坻、顺义顺治五年的灾赋。辛巳,吴三桂、李国翰收复延安。壬午,四川边郡平定。乙酉,和硕端重新王博洛收复清源、交城、文水、徐沟、祁等县。

六月庚子,朝鲜国王李倧去世。壬子,免除沧州、清苑顺治六年以前的荒赋。癸丑,封张应京为正一嗣教大真人。乙卯,免除江西顺治四年、五年所欠的赋税。

秋七月戊午朔,摄政王多尔衮再一次征讨大同。乙丑,满达海、瓦克达征伐朔州、宁武。丁卯,免除开封等府灾赋。辛未,多尔衮到达阿鲁席巴尔台,围猎后返还。派遣蘦章京索洪等人充实满达海军队。癸酉,官军平定黄州贼寇三百多个寨堡,斩杀故明王朱蕴铲等人。甲申,广东余寇进犯南赣,被官军打退了。丙戌,吴三桂、李国翰收复延绥镇城。

八月癸巳,摄政王多尔衮回到京城。山西贼党攻陷蒲州以及临晋、河津,后被孟乔芳征讨平定了。甲午,免除真定、顺德、广平、大名的灾赋。满达海收复朔州、马邑。丁酉,端重亲王博洛攻克孝义。丙午,郑亲王济尔哈朗等人攻克湘潭,俘获何腾蛟,但他坚贞不屈,故将其斩杀。辰州、宝庆、靖州、衡州全部平定。官军进一步攻克全州。丁未,封朝鲜李淏为朝鲜国王。辛亥,任命张学仁为直隶、山东、河南总督。壬子,派遣英亲王阿济格、贝子巩阿岱等人征大同。癸丑,梅勒章京根特等人攻下猗氏。乙卯,大同城内贼寇由于被长期围困,几乎全都被饿死了,伪总兵杨震威斩杀了姜瓖以及他的弟弟姜琳,前来献其首级。丙辰,宁武关伪总兵刘伟等人率众投降,因此静乐、宁化山寨全部平定。

九月戊午,封鄂穆布为多罗达尔汉卓礼克图郡王,苏尼特部噶尔麻为多罗贝勒。甲子,鄂尔多斯部额林臣、布达岱、顾禄、阿济格扎穆苏等前来投降,赐封额林臣为多罗郡王,布达岱之子伊廪臣、顾禄之子色冷为固山贝子,阿济格扎穆苏为镇国公。丙寅,任命夏玉为山东巡抚。癸酉,赐封固伦额驸祁他特为多罗郡王。甲戌,满达海、博洛攻克汾州、平阳。

冬十月戊子,封多尼为和硕亲王,杰书为多罗郡王。壬辰,京师发生地震。甲午,赐封劳亲为亲王。官军收复郓城。戊戌,降将杨登州叛乱,攻陷山阴。己亥,免除山东东平、长山等十八州县顺治五年的灾赋；免除江西顺治六年以前明季辽饷。辛丑，摄政王多尔衮征伐喀尔喀部二楚虎尔。乙巳，陕西总兵官任珍在屠油坝攻击故明将唐仲亨，并将其斩杀，同时还诛杀了故明王朱常漠、朱由杠等人。丙午，官军收复潞安。丁未，官军攻克榆林。己酉，满达海等人攻占沁、辽二州，庚戌，命令满达海返京，留下瓦克达等人平定山西。

十一月丙寅，免除直隶开、元城等县徭赋；免除陕西岷州灾赋。甲戌，多尔衮从喀吞布喇克凯旋回师。免除宣府灾赋。壬午，耿仲明军队到了吉安，畏罪自杀。

十二月乙酉朔，山西省兴县、芮城县和平陆县被平定。戊子，故明桂王将领焦琏攻打全州，被勒克德浑等人击败了，并进而攻克道州。努山等人攻我乌撒城。宜尔都齐等人攻克黎平。己酉，官军收复邻水、大竹二县。庚午，宁波、绍兴和台州的土寇被平定了。

这一年，朝鲜、阿霸垓、乌朱穆秦、土默特诸部，厄鲁特部阿巴赖诺颜、绩克什虎巴图鲁台吉、顾实汗之子下达赖乌巴什温布塔布囊、鄂尔多斯部郡王额林臣、喀尔喀部土谢图汗、硕雷汗、戴青诺颜、归化城土默特部古禄格等，伊喇古克三胡土克图下戴青温布达尔汉囊苏，以及达赖喇嘛均来入贡了。其中朝鲜、喀尔喀土谢图汗来贡二次。

七年春正月庚申，官军收复永宁、宁乡。壬戌，官军收复南雄。癸酉，封鄂尔多斯部单达为贝勒；封沙克查为贝子。甲戌，故明德化王朱慈业、石城王朱议㳺攻陷大田，官军对他们进行了讨伐，并将其平定了。丁丑，和硕郑亲王济尔哈朗班师回朝。

二月丁亥，上太后谥号为"孝端正敬仁懿庄敏辅天协圣文皇后"。甲午，任命刘弘遇为山西巡抚；任命王一品为广西巡抚。李建泰占据太平叛乱，被官军包围，后来他投降了，仍将其诛杀。平阳、潞安、泽州所属地区全部平定了。

三月己未，太阳的赤色红如血。

夏四月甲午，孔有德在兴宁抓获故明将领黄顺、林国瑞，其众五万人投降。丙申，封科尔沁贝勒张继伦为郡王。甲辰，多罗谦郡王瓦克达班师回朝。

六月乙酉，保德州民崔耀等人抓获故明将领牛化麟，并将其斩杀，开城投降。癸卯，官军收复宁都、石城。

秋七月壬子朔，在太庙举行祭祀活动。乙卯，摄政王多尔衮提议修建边城用以避暑，加派直隶、山西、浙江、山东、江南、河南、湖广、江西和陕西九省钱粮二百五十多万两。辛酉，世祖亲至摄政王多尔衮府第。多尔衮因贝子锡翰等人擅自请求皇帝临幸，而论其罪，将贝子锡翰等人降为镇国公，并将冷僧机、鳌拜等人分别不同情况或黜或惩罚。壬戌，任命马之先为巡抚。辛未，免除西宁各堡寨顺治五年的灾赋。

八月丁亥，降和硕端重亲王博洛、和硕敬谨亲王尼堪为多罗郡王。巳丑，赐封巴林部塞卜腾、蒿齐忒特部孛罗特为多罗郡王，科尔沁国硕穆、喀喇沁部古禄思喜布为多罗贝勒，改永泽亲王硕塞、亲王劳亲为多罗郡王。

九月甲寅，故明将领郑成功进犯潮州，总兵官王邦俊将其打退了。丙子，免除蕲、麻城等七州县顺治五、六两年荒赋。

冬十月辛巳朔，发生日食。乙亥，制定陕西茶马条例。庚子，官军攻克邵武，抓获故明阁部揭重熙等人，并将其斩杀了。巳酉，免除桐城等六县荒赋。

十一月甲寅，免除甘肃去年灾赋。乙卯，吴三桂收复府谷，并将故明经略高友才等人斩杀，其余的人全都投降了。壬戌，摄政王多尔衮生病，带病到边外围猎。乙丑，尚可喜收复广州，其余的人投降了。戊寅，在圜丘祭祀上天。

十二月戊子，摄政和硕睿亲王多尔衮在喀喇城去世。壬辰，世祖听到这个消息，为之震悼，臣民们亦全为其戴孝。丙申，灵柩到了京城，世祖亲临郊外祭奠。己亥，世祖下诏说："太宗文皇帝去世之时，诸王大臣们全都拥戴摄政王。但摄政王极为谦让，扶立朕作了皇帝，并平定了中原，他的品德至高，功劳极大，是千古找不出第二个人。非常不幸今已去世，使朕非常悲痛，现决定摄政王的丧礼，按皇帝驾崩的礼仪行事。"庚子，收回已故摄政王的信符，存放在内库之中。甲辰，尊已故摄政王为"懋德修道广业定功安民立政诚敬义皇帝"，庙号成宗。乙巳，上谕说："国家的一切政务，全部都要上奏，使朕知闻。今朕尚处在年幼之时，还不太知道谁好谁坏，尚书缺额，大臣们要共同商议，推举贤能之人担任。至于那些平常小事情，由理政三王处理吧！"

这一年，喀尔喀、厄鲁特、乌斯藏诸部巴郎和罗齐、达尔汗囊素、盆挫坚挫等都来朝拜了。朝鲜，喀尔喀部硕雷汗、扎萨克图汗、土谢图汗、绰克图魏正诺颜、戴青诺颜、那穆齐魏正诺颜、察哈尔墨尔根台吉、索那穆，厄鲁特部巴图鲁贝勒、台吉鄂齐尔图、干布胡土克图、噶木布胡土克图、舒虎儿戴青，乌斯藏部阐化王，索伦、使鹿诸部，归化城土默特部古禄格都来入贡。其中朝鲜曾来两次。

八年春正月巳酉朔，蒿齐忒台吉噶尔马撒望、储护尔率领所部前来归附。辛亥，任命布丹为议政大臣。甲寅，和硕英亲王阿济格阴谋叛乱，将其幽禁起来。将阿济格同伙郡王劳亲降为贝子，将席特库等人处死。乙卯，任命苏克萨哈、詹岱为议政大臣。丙辰，罢去汉中每年进贡的柑和江南进贡的橘、河南进贡的石榴。戊午，罢黜各处织造征调的民夫，以及陕西每年进贡的靰褐皮革。命令和硕睿亲王多尔衮之子多尔博继承爵位。己未，罢黜临靖每年制造城砖。庚申，世祖亲政，登殿接受朝贺，并实行大赦。下诏说："朕亲自管理大政，主持处理纷繁国事。天地祖宗，付托甚重。海内臣民也非常殷切地希望国家治理得更好。朕自己德行修养薄弱，故昼夜惶恐不安。天下极大，政务十分繁重，并不是朕能独自管理好的。因此我们国家的各位王、贝勒以及文武群臣们，都要尽忠尽职，要洁己爱人，无论利弊都要上报，同时也要把朝廷德意传达下去。百姓们也都要体会朕的心意，好好种地，好好从事本身的职业，共享国泰民安喜庆。"孔有德攻克桂林斩杀故明靖江王以及文武官员四百七十三人，其余的人全部投降。壬戌，罢去江西每年进贡龙碗。丙寅，任命夏一鹗为江西巡抚。丁卯，将孝端文皇后附祭于太庙。追尊已故摄政王多尔衮为成宗义皇帝，附祭于太庙。将内三院迁移至紫禁城之内。己巳，任命伊图为议政大臣。免除安州芝棉税。丁丑，恢复赐封端重郡王博洛和敬谨郡王尼堪为和硕亲王。任命巩阿岱、鳌拜为议政大臣。戊寅，任命巴图鲁詹、杜尔玛为议政大臣。

二月庚辰，进封满达海为和硕巽亲王，多尼为和硕信亲王，罗可铎为多罗平郡王，瓦克达为多罗谦郡王，杰书为多罗康郡王。更定钱币制度，每一百文制钱相当于白银一钱。辛巳，免除朔州、浑源和大同荒赋。癸未，罗什、博尔惠因犯罪，被判处死刑。世祖本来想从宽处理，免于处死，但群臣上奏坚决反对，于是将他们诛杀了。戊子，给皇太后上"昭圣慈寿皇太后"尊号。己丑，实行大赦。免除汶上等五县顺治六、七两年灾赋。辛卯，罢去边外筑城之差役，加派钱粮准许顶替顺治八年的正赋；官吏交钱提升级别的办法也一并罢免了。癸巳，苏克萨哈、詹岱、穆济伦首先告已故摄政王多尔衮的种种叛逆不忠的罪行，全部属实，决定抄没其家，诛杀他的党羽何洛会和胡锡。甲午，免除山西荒赋。戊戌，赐封贝勒岳乐为多罗安郡王。己亥，公开宣布多尔衮罪行于天下，并削去其尊号以及对其母、妻的追封，撤出他在太庙中的祀位。庚子，调陈泰为吏部尚书，任命韩岱为刑部尚书。辛丑，世祖临幸南苑。壬寅，命令孔有德移驻桂林。癸卯，世祖还宫。乙巳，赐封和硕肃亲王豪格之子富寿为和硕显亲王。

闰二月戊申朔，湖南残余贼寇牛万才率领所部投降。庚戌，赐封和硕郑亲王济尔哈郎之子济度为多罗简亲王，勒度为多罗敏郡王。甲寅，上谕说："国家的法制，最重要的是官吏清廉。但近来官吏贪污成习，百姓深受其害而流离失所，这实在是有违朕心。总督、巡抚责任重大，关键在于推举、弹劾得当，使下面官员知晓奖惩的标准。现在的问题在于所推举的人太多、太滥；所弹劾的人也多为微末小官，而那些大贪大恶之人，还在受到纵容、包庇，这对于吏治能有什么改善？吏部要详细调查、了解，然后上报。"调党崇雅为户部尚书，金之俊为兵部尚书，刘余祐为刑部尚书，谢启光为工部尚书。免除祥符等六县顺治七年的灾赋。乙卯，进封硕塞为和硕承泽亲王。上谕说："榷关的设置，国家的本意是藉此通商，并不是要为难商人、百姓，税关的官吏，扰民营私，与劫掠抢夺没有什么不同。朕深知商民的痛苦。今后每关设官一人，冗滥官员全部裁去，并且不得借口说勤劳，请求换个地方或部门继续为官。"丙辰，下谕旨让总督、巡抚们对下属的官员进行甄别，考察他们的政绩，对那些德才兼备，又兼通文墨者要予以提拔。对那些不通文墨而纵容衙役做坏事的人要一概罢黜。吏部在授官时一定要考核其文义，要把那些文义不通者除名。己未，总兵官许尔显攻克肇庆、罗定；徐成功攻克高州。禁止喇嘛进贡佛像、铜塔和藏犬。壬戌，将阿济格幽禁于别室，抄没其家；削去贝子劳亲的爵位，贬其为庶人。乙丑，大学士冯铨、尚书谢启光等人因犯罪免除其职。上谕说："国家设立的官员，必须矢志公正忠诚，才能对民生有裨益，共同造成昌盛的政治局面。朕自从亲政以来，曾多次颁布诏令，要重新开始。但是部院的各臣子，还有沿袭以前的弊政，接交权贵以保持禄位。现在朕亲自主持官员的革退晋升，给天下人看一看。从今以后大小官吏要痛改前非，各尽其职。如果有人还像过去那要上瞒下欺，法律必不容宽恕。"丙寅，上谕说："各省地方贼寇，原来都是朕的臣民，由于饥寒所迫，才作乱造反。近年来几经剿捕，那些带兵的将领，却以杀害良民冒充战功，致使真正的盗贼未能歼灭，而老百姓颇遭毒害，朕深感痛心。今后各总督、巡抚应该剿抚兼施，不要借剿捕侵犹百姓，以称朕意。"丁卯，孔有德攻克梧州、柳州。

戊辰,大学士洪承畴兼任都察院左都御史;任命陈之遴为礼部尚书,张凤翔为工部尚书。己巳,裁去江南、陕西督饷侍郎以及淮安总理漕运侍郎等官职。庚午,固山额真阿喇善等围剿山东贼寇。壬申,免除涿州、良乡等十三州县的圈地。乙亥,定阿附多尔衮诸臣的罪行,刚林、祁充格都受到了连坐之罪。丁丑,上谕说:"故明帝王宗室,以前因恣行不轨,而多被诛杀,朕甚为怜悯。从今以后凡有流离失所而又甘心投诚者,各地政府要以礼相待,把他们送到京师,对他们加恩豢养起来。而镇国将军以下的人员,就在当地将其编户为民,让他们各安其业。"免除宛平灾赋。

三月壬午,端重亲王博洛、敬谨亲王尼堪,因罪而降为郡王。癸未,命令诸王、贝子分管六部、理藩院、都察院的事务。乙酉,湖南省的保、靖、永顺等土司前来归顺。丙戌,免除武强前一年之灾赋。己丑,任命希福为弘文院大学士,陈泰为国史院大学士。改李率泰为弘文院大学士,宁完我为国史院大学士。任命噶达浑为都察院承政,朱玛喇为吏部尚书,雅赖为户部尚书,谭布为工部尚书,蓝拜为镶蓝旗满洲固山额真。辛卯,制定王公朝集条例。壬辰,制定袭爵条例。癸巳,上谕说:"御史到各地巡察,其职责是安定百姓,考核审察官吏。向来所差遣的御史,搞了一些受礼吃请的事,本身已经有失检点,还有什么资格去审察别的官吏呢? 如果官吏不受到监察,老百姓又怎么能安宁呢? 今后这些人必须洗心革面,务必要尽职尽责,并准许总督、巡抚纠察、检举,都察院要进行考核上报。"癸卯,制定斋戒例。丙午,准许满洲、蒙古、汉军子弟科举,按着他们所中的甲第授官。

夏四月庚戌,下诏规定皇帝行幸所过之地,官员们不得进献礼物。派遣官员祭祀狱镇海渎、帝王陵墓和先师孔子的故乡阙里。土贼罗荣等人进犯虔州,副将杨遇明讨伐,并擒获了他。乙卯,世祖驾临沙河。辛酉,世祖到了赤城。以王文奎总督漕运。甲子,世祖至上都。丙寅,翁牛特部杜棱郡王等人前来朝拜。己巳,世祖至俄尔峒。庚午,免去朝鲜每年进贡柑、柚、石榴。巴林部固伦额驸色布腾郡王等人前来朝拜。命令已故靖南王耿仲明之子耿继茂继承其爵位。辛未,世祖还回途中至上都河。壬申,世祖至俄尔峒河。

五月丁丑朔,世祖至漠护里伊札里河。夏一鹗袭击故明唐王的旧将领傅鼎铨等人,并紧紧追到福建,将傅鼎铨捉获,并将其斩杀。辛巳,世祖至库尔奇勒河。壬午,乌朱穆秦部贝勒塞棱额尔德尼等前来朝拜。乙酉,世祖至西喇塔。调噶达浑为户部尚书。任命觉善为都察院承政;绰贝为镶白旗蒙古固山额真。壬辰,世祖至孙河。癸巳,世祖返回宫中。丙申,免除英山顺治五年至七年因灾荒而拖欠的田赋。庚子,恢复博洛、尼堪亲王的爵位。甲辰,御史张煊因奏劾尚书陈名夏而被处死。

六月丙午朔,世祖临幸南苑。官军在雒南打败陕西贼寇何柴山等人。丁巳,阿喇善袭击山东盈河的山贼,并将其平定了。壬戌,罢去太和山进贡符策、黄精。乙丑,制定诸陵墓、坛庙的祀典。庚午,上谕说:"朕曾因地方官员贪污暴虐,命令总督、巡抚审查、弹劾。但整整过去了四、五个月,还没有见有人奏报。是否由于他们受贿徇私,为地方属官所箝制,或是由于受权贵们的挟持,而不敢弹劾呀? 这些弊端就是盗贼不断发生,而黎民百姓没有起色的原因。现在重申一定要执行前次的诏令,秉公直言,不要隐瞒。"辛未,下诏命令故明神宗的陵墓与其他十二陵一样,按时祭祀,仍然设置守陵户。广东官军收复廉州以及永安等十二县。壬申,命令修缮祖陵,设置守陵户,则定祭祀礼,恢复祭日、祭月之礼。

秋七月丙子朔,上谕说:"近来投充的汉人滋生事端,危害百姓,朕特别痛恨。那些缴纳赋税,提供徭役的是为编户之民,而投充者是奴隶。现在反倒对奴隶给予厚待,而对编户之民却很刻薄,这对维护国家元气和法纪有何益处?现在决定上从朕的包衣牛录,下至王公与诸位大臣的投充人,如有犯法者,一定要严格治罪,知情不报者要连坐。从前有的官员由于惩办投充人,反倒得罪受罚。今后投充人犯罪,要与齐民同样处罚,一视同仁。使天下之人都知道朕的心意。"上谕又说:"大小臣子,都是朝廷的职官,待之以礼,则朝廷更增加尊严。现在在京的满、汉臣僚们犯罪,有的并没有奉旨革职,动不动就提取审讯,这是根本不符合国家制度的。今后各衙门凡遇有官员犯罪,或者被人告发,都要先请旨将其革职,然后送交刑部审问,不要直接提审,这一条要定为法令。"戊子,大学士陈泰、李率泰因罪罢免。任命雅秦为内国史院大学士;任命杜尔德为议政大臣。乙未,世祖临幸南苑。己亥,任命陈名夏为内弘文院大学士。

八月丙午朔,世祖返回宫中。丁未,科尔沁卓礼克图亲王吴克善前来朝拜。己酉,副将许武光请搜罗天下所藏黄金以充军饷。世祖听后说:"帝王生财之道,在于节用爱民。掘地求金,自古未有之事。"命令将其赶走。乙卯,任命赵开心为左都御史。决定顺天乡试满洲人和蒙古人为一榜,汉军和汉人为一榜,会试、殿试一应如是。戊午,册立科尔沁卓礼克图亲王吴克善之女博尔济锦氏为皇后。壬戌,更改制定马步军制度。吏部尚书谭泰犯罪,将其诛杀,并抄没其家。乙酉,世祖举行大婚之礼;加封太后尊号为"昭圣慈寿恭简皇太后"。丙寅,世祖上殿受贺,并颁布恩赦令。戊辰,追申恢复肃亲王豪格爵位。己巳,下诏凡在下每年进贡的物产,凡有对民不便的予以全部罢免。癸酉,陈锦、金砺等人将故明鲁王追赶到舟山,并擒获其将领阮进。

九月庚辰,制定朝仪。壬午,命令平西王吴三桂出征四川。陈锦、金砺攻克舟山,故明鲁王逃走。丙戌,免去雅赖、谭布和觉善的职务,任命卓罗为吏部尚书,车克为户部尚书,蓝拜为工部尚书,俄罗塞臣为都察院左都御史,赵国祚为镶红旗汉军固山额真。赐封阿霸垓部都司噶尔为郡王。固山额真噶达浑征伐鄂尔多斯部多尔济。丁亥,免除永平四关的荒屯赋。壬辰,将承天门之名改为天安门。癸巳,世祖在近郊狩猎。辛丑,回到宫中。癸卯,喀尔喀部土谢图汗、车臣汗、塞臣汗等人前来朝贡。

冬十月己酉,任命和硕承泽亲王硕塞、多罗谦郡王瓦克达为议政王。辛亥,免除宣府灾赋。丁巳,任命额色黑为国史院大学士。庚申,赐阿济格死。辛酉,李国翰会同吴三桂一起出征四川。任命马光辉为直隶、山东、河南总督。甲子,免除诸王三大节时进献珠、貂、鞍马以及衍圣公、宣、大各镇每年进贡马匹。乙丑,封肇祖、兴祖陵山名叫启运山,景祖、显祖陵山名叫积庆山,福陵山名叫天柱山,昭陵山名叫隆业山。是日,启运山上出现庆云。

十一月乙亥朔,世祖长子牛钮诞生。丙子,于大海率所部至夷陵请求投降。丙戌,尚可喜攻克雷州。乙未,免除平阳、潞安二府和泽、辽、沁三州前一年灾赋。戊戌,任命伊尔德为正黄旗满洲固山额真;任命佟国赖为正蓝旗汉军固册额真。庚子,免除阳曲等四县前一年灾赋。壬寅,免除宁晋的荒赋。

十二月丙午,免除桐城等四县前一年灾赋。丁卯,任命周国佐为江宁巡抚。

这一年,朝鲜,厄鲁特部额尔德尼台吉、昆都伦吴巴什、阿巴赖,喀尔喀部土谢图汗、车臣汗、塞臣汗、顾实汗、台吉吴巴什,达赖喇嘛均来入贡了。

九年春癸酉朔,世祖至南苑。辛巳,任命陈泰为礼部尚书。壬午,大学士陈名夏因犯罪,被罢免。昭雪张煊冤狱,命令礼部讨论给予抚恤。京师发生地震。乙酉,任命陈维新为广西巡抚。壬寅,世祖的第一子牛钮去世。

二月丁未,以祜锡布为镶红旗满洲固山额真。噶达浑等人在贺兰山一带征讨鄂尔多斯部多尔济等,并将其歼灭。戊申,和硕巽亲王满达海去世,追封为和硕简亲王。庚戌,颁布六谕卧碑文于天下。庚申,加封郑亲王济尔哈朗为叔父和硕郑亲王。辛酉,任命陈之遴为弘文院大学士;任命孙茂兰为宁夏巡抚。

三月乙亥,任命王铎为礼部尚书;任命房可壮为左都御史。赠给张煊为太常寺卿。仍录用张煊之子作其父所作之官。庚辰,制定官员封赠条例。丙戌,罢去诸王、贝勒、贝子管理部务。追降和硕豫亲王多铎为多罗郡王。丁亥,和硕端重亲王博洛去世,追封为和硕定亲王。己丑,任命陈泰为镶黄旗满洲固山额真。癸巳,以遏必隆、额尔克戴青、赵布泰、赖塔库、索洪为议政大臣;任命觉罗郎球、胡世安为礼部尚书,巩阿岱、锡翰、西讷布库、冷僧机因犯罪而被诛杀,并抄没了他们的家产。判拜尹图免于死罪,将其幽禁起来。戊戌,多罗顺承郡王勒克德浑去世,追封其为多罗恭惠郡王。己亥,赐满洲、蒙古贡士麻勒吉、汉军与汉贡士邹忠倚等人进士及第出身,各有差别。

夏四月丙午,任命蔡士英为江西巡抚。丁未,裁去登莱、宣府巡抚。乙卯,任命韩岱为吏部尚书;任命蓝拜为刑部尚书;任命星讷为工部尚书;任命阿喇善为都察院左都御史。戊午,孔有德攻克广西南宁、庆远、思恩,故明将领阵邦傅以浔州投降。己未,免去府、州、县官入京朝见皇帝。庚申,制定诸王以下的官名舆服制度。己丑,同意礼部的提议,一月举行三次朝拜,每年春秋两季各举行一次经筵讲席。设立宗人府官职。

五月丁丑,下诏宣布京官考核每六年举行一次。己卯,免除江阴、青浦的牛税。壬午,以喀喀木为昂邦章京,镇守江宁。庚午,世祖临幸南苑。

六月丁未,裁并直隶境内的各个卫所。戊申,世祖回到宫中。庚戌,以和硕敬谨亲王尼堪掌管宗人府事;任命贝勒尚善、贝子吴达海为左右宗正。官军征讨肇庆、高州的贼寇,并平定了这些地方。丁巳,下诏宣布武官每六年考核举行一次。丙寅,设立詹事府官。追谥图尔格为忠义公;追谥图赖为昭勋公,在太庙配祭。

秋七月癸酉,故明将领孙可望攻陷桂林,定南王孔有德因此而死。丙子,把皇城北门定名为地安门。浙闽总督陈锦征讨郑成功,一到漳州时,为其部下所杀。庚辰,免除淮安顺治六、七两年牙行拖欠的税款。甲申,任命和硕敬谨亲王尼堪为定远大将军,出征湖南、贵州。制定满洲官员的丧葬制度。丁亥,任命巴尔处浑为镶红旗满洲固山额真。免除磁、祥符等八州县与怀庆卫前一年的灾赋。吴三桂、李国翰平定漳腊、松潘、重庆。派遣梅勒章就戴都围困成都,故明元帅刘文秀举城投降。己丑,免除临邑四县荒徭赋。辛卯,天全六番、乌思藏等土司前来投降。戊戌,任命祖泽远为湖广、四川总督。

八月乙巳,更定王公以下人等的婚娶礼制。丙午,多罗谦郡王瓦克达去世。丁巳,命令尼堪移师征讨广西的残余贼寇。

九月庚午朔,任命朱孔格、阿济赖、伊拜为议政大臣。辛巳,更定王以下祭葬礼制。癸未,以纛章京阿尔津为定南将军,会同喇希征讨广东残余贼寇。甲申,任命刘清泰为浙江、福建总督;任命王来用为顺天巡抚。辛卯,世祖至太学祭孔。癸巳,按不同等级赏赐衍圣公、《五经》博士、四氏子孙、祭酒、司业等官,各有差别。世祖敕曰:"圣人之道,犹如红日高悬在天上一样,上可以赖其治理国家,下可以此为君主服务。学官,诸生当共勉之。"

冬十月庚子,免除沛县顺治六年至八年的灾赋。尚可喜、耿继茂攻克钦州、灵山,故明西平王朱聿𬭳绑缚贼首李明忠前来投降,于是高、雷、谦、琼诸郡全部平定。壬寅,官军收复梧州。癸卯,因本年饥荒,下诏各地积谷,禁止阻止买粮食,奖励献纳粮食。丙午,免除三水等三县顺治六年的灾赋。壬子,任命刘余祐为户部尚书。癸丑,免除霸州、东安和文安的荒赋。甲寅,孙可望进犯保宁,被吴三桂和李国翰打得大败。任命希福、范文程、额巴黑、车克、觉罗郎球、明安达礼、济席哈、星讷为议政大臣;任命巴哈纳为刑部尚书;罢去蓝拜之职。戊午,命令和硕郑亲王世子济度,多罗信郡王多尼,多罗安郡王岳乐、多罗敏郡王勒都,贝勒尚善、杜尔祜、杜兰参加议政。辛酉,任命阿尔津为安西将军,会同马喇希移镇汉中。丙寅,任命李化熙为刑部尚书丁卯,尊称太宗大贵妃为懿靖大贵妃,淑妃为康惠淑妃。

十一月庚午,任命卓罗为靖南将军,同蓝拜等人一起征讨广西残余贼寇。己丑,在圜丘举行祭祀上天的活动。庚寅,故明将领白文选进犯辰州,总兵官徐勇,参议刘升祚、知府王任杞,因此而死去。辛卯,尼堪到达湘潭,故明将领马进忠等人逃往宝庆,官军追到衡山时,将其打败,后来又在衡州再一次将其打败。尼堪死于军中。追封尼堪为和硕庄亲王。己未,免除忻、乐平等州县灾赋。

十二月辛丑,免除太原、平阳、汾州、辽、沁、泽等地的灾赋。壬寅,下诏退还清苑百姓三百余户所拨投充人土地,并免除地租一年。官军收复安福、永新。丙午,撤卓罗等军返京。庚戌,世祖至南苑。戊午,世祖返回宫中。广东贼寇进犯香山,官军将其讨平。己未,再一次任命阿尔津为定南将军,会同马喇希等征讨辰、常地区的残余贼寇。甲子,免除长武的灾赋。

这一年,达赖喇嘛前来朝拜。朝鲜、厄鲁特部顾实汗、巴图鲁诺颜,喀尔喀部土谢图汗下戴青诺颜、喇吗达尔达尔汉诺颜,索伦部索郎阿达尔汉以及班禅胡土克图、第巴、巴十年春正月庚午,上谕说:"朕自亲政以来,只见满臣奏事。大小臣僚,都是朕的心腹。今后凡是本章、奏疏,都要满、汉侍郎、卿以上官员会同奏进,不要互相推诿,以表示大家同心同德。"辛未,上谕说:"言官不能总是提一些鸡毛蒜皮的小事,朕每天处理那么多政务,哪能没有不合天意、不顺人心的事情呢!诸臣要直言不讳,不要隐瞒。如果这方面做得好,言论恰当的人要受到奖励,即使言词耿直过激者,也不怪罪。"癸酉,免除庄浪、红城堡、洮州卫的灾赋。丁丑,将洪承畴改任为弘文院大学士,陈名夏为秘书院大学士。庚辰,以贝勒吞齐为定远大将军,统率征湖南的军队,并面授机宜。丙戌,任命多罗额驸内铎为议政大臣。下诏令三品以上大臣要各举所知的违法之事,仍要严格实行连坐法。庚寅,调金之俊为左都御史;任命刘昌为工部尚书。癸巳,更改、制定多罗贝勒以下岁俸。丙申,世祖临幸内苑,阅览《通鉴》。世祖询问汉高祖、汉文帝、汉光武帝、唐太宗、宋太祖和明太祖哪位好?陈名夏回答说:"唐太宗好像比其他人更好些。"世祖说:"不然,明太祖制定法律可垂永久,历代的君主都不如他。"

二月庚子,赐封嵩齐忒部台吉噶尔玛萨望为多罗郡王。壬子,免去陈之遴大学士之职。甲寅,任命陈之遴为户部尚书。乙卯,以沈永忠为剿抚湖南将军,镇守湖南。己未,裁减各部满尚书中的重复者。庚申,任命高尔俨为弘文院大学士;任命费杨古为议政大臣。辛酉,明安达礼和刘余祐因罪免职。甲子,喀尔喀部土谢图汗属下贲塔尔、衮布、奔巴世希、扎穆苏台吉率领所部前来归附。

三月戊辰,世祖临幸南台,演习,比赛骑射。世祖边执弓边说:"我朝就是靠此平定了天下,朕每次出来狩猎,都是为了练习骑射。现在虽然每天日理万机,忙得不可开交,但是朕仍然未忘记骑射啊!"赐太常寺卿汤若望号为:"通玄教师。"免除山西苛岚、保德七十四县顺治六年欠赋,免除代、榆次十二州县欠赋的十分之七。己巳,赐封喀尔喀部贲塔尔为和硕达尔汉亲王;封衮布为卓礼克图郡王;封奔巴世希为固山贝子。免除蓟、丰润等十一州县顺治九年灾赋。庚午,世祖临幸南苑。甲戌,免除五台县拖欠的赋税以及顺治八年的额赋的一半。己卯,免除江西顺治六年荒地的欠赋。辛巳,设立宗学,亲王、郡王年满十岁者均要入学,并选派教师教习。乙酉,世祖返回宫中。丙戌,免去济席哈的职务,任命噶达浑为兵部尚书。甲午,恢复冯铨弘文院大学士的职务。

夏四月丁酉,世祖亲试翰林官成克巩等人。庚子,世祖至太和殿,召朝见官员,朝见完毕,临行时向他们发布了上谕。上谕说:"国家的官吏,在中央者习知纲纪,在地方者熟悉民俗,有作中央和地方官的经历,方能看出真正的才干来。现在朕亲自考核翰林官们,考核后未能继续留任的人,要酌量改授它官,按着翰林外转的旧例,特任他们作司、道级各官。"同时开始谕令吏部、都察院在京城中进行对官吏考察。甲辰,免除湖南顺治六年至顺治九年拖欠的赋税;免除山西夏县的荒赋。丙午,任命佟国器为福建巡抚。丁未,任命图海为弘文院大学士。壬子,因为天旱,下诏征求直言,减少刑狱。甲寅,命令提学御史、提学道对学政进行治理,确定学生数额,禁止不合格的人混在其中。改变让百姓缴纳实物的做法,实行一条鞭法。丁巳,制定满官离任三年守孝的条例。己未,任命成克巩为吏部尚书。癸亥,免除福州等六府顺治九年以前荒赋的三分之一。

五月甲戌,停止御史巡按各省。免除祥符等七县顺治九年的灾赋;免除沔阳、潜江、景陵顺治八年的灾赋。乙亥,赐封郑芝龙为同安侯,其子成功为海澄公,其弟鸿逵为奉化伯。任命喀喀木为靖南将军,征讨广东残余贼寇。免除历城等六十九州县顺治八、九两年灾赋。丁丑,制定表彰宗室成员节孝贞烈的条例。己卯,下诏说:"天下刚刚平定,仍然满目疮痍,没有恢复,再加上连年发生水旱灾害,弄得民不聊生,饥寒交迫,被迫沦为盗贼。罪魁祸首虽然不少,其中难道没有被冤枉的?那些胁从的人越陷越深,有的人想要改过自新,也苦于没有门路。朕认为这些人民,哪一个不是朕之赤子,摧残杀戮他们极容易,生聚、培养就很艰难。如果一概诛戮铲除,实在非常可怜。现在对他们施以特恩,实行宽大的政策。如果他们真能痛改前非,就给以自新的机会,所在地方官员,就要进行妥善安排,原来当兵的人,补充到部队,老百姓回去种田;不愿回乡的,听他们选择地方落户,不要让他们流离失所,这一点一定要使天下人知晓。"庚辰,制定盛暑时审讯犯人的条例。乙酉,追封舒尔哈齐为和硕亲王,额尔衮、界堪、雅尔哈齐、祜塞为多罗郡王。免除武昌、汉阳、黄州、安陆、德安、荆州、岳州顺治九年灾赋。庚寅,给洪承畴加官为太保,让其经略湖广、广东、广西、云南和贵州诸省。壬辰,任命张秉贞为刑部尚书。甲午,免除霸、保定等三十一州县顺治九年灾赋。

六月乙未朔,追封塔察篇古、穆尔哈齐为多罗贝勒。丁酉,上谕说:"帝王要以道德教化人民,用礼教治理人民,实在不得已时才用刑罚。法律实为天下之天平,是不能按个人喜怒随意判罪以轻重的。以往臣民犯罪,一定要交给有关的部门讨论处理;法官的职责,即审理案件要明白公允。可是他们当中有人私心揣度,认为案件是上面布置下来的,便判的很重,然后等待皇上亲自决定;或援引旧案,又深文周内加重其罪,以致流于苛刻严厉。朕主张对百姓赦宥,待下面要宽厚。对于因为饥寒而被迫为盗的百姓,还允许自首,对于边远地区尚未服罪者,还给予招抚,何况对于普通百姓和官吏,怎么能忍心让他们受到冤屈呢?从今以后法司审案,必须查得真实案情,运用适合的法律,那种罗织罪行的做法,应该痛加革除,以求达到无人犯法,刑法不用。"免去高尔俨大学士之职。癸卯,恢复秋季处决罪犯的朝审条例。乙巳,命令祖泽远专门督理湖广,孟乔芳兼督四川。丙午,免除慈溪等五县顺治八年的灾赋。辛亥,赐故明殉难大学士范景文、户部尚书倪元璐等人以及太监王承恩等十六人谥号,并赐给祭田,所在地的地方官员要进行祭礼。改折天下本色钱粮,实行一条鞭法。癸丑,贝勒吞齐等人在宝庆打败孙可望。庚申,任命李率泰为两广总督。慈宁宫竣工。辛酉,增加设置内三院汉大学士,每院各二人。癸亥,上谕说:"唐、虞、夏、商时没有用太监,到了周朝时也仅设置其职,叫他们作看门、洒扫等下贱之事,是供人驱使的仆人。秦、汉以来,才给他们大权,并加之爵禄,掌兵干政,因而贻祸后代。太监们利用小忠小信,赢得主子的青睐;那些大奸大恶,则窃据了国家大权。太监们深居宫禁,每天无所事事,于是便找机会混淆是非,颠倒善恶;他们窥视皇帝面部的喜怒而乱作威福,事变多由宫中发生,这样权力便下移了。历览前车之覆,可为后车之鉴,朕权衡古今中外所发生的事件,与今天做比较,酌量设置太监机构,规定太监级别不能超过四品。如果不是奉皇帝的差遣,决不许擅自离开皇城。地方官如有与太监私自交往者,一经发觉一并处以死罪。"

闰六月丙寅,任命成克巩为秘书院大学士;任命张端为国史院大学士;任命刘正宗为弘文院大学士。乙亥,任命金之俊为吏部尚书。庚辰,上谕说:"用《洪范》篇来观察,政令严肃是按时下雨的征象,天人感应,道理本来不错,终日小心翼翼,希望得到上天的保佑。可是京城大雨连绵一个多月,积水成河,毁坏了老百姓的房屋,使穷苦百姓吃住都很艰难,这全都是由于朕无德所至。现在朕要专心反省,敬畏上天的警戒。大小官员,也应好好对待上天的警戒,互相警惕。"

秋七月甲午朔,世祖以皇太后的名义谕令,用节省下来的银子八万两赈济军队和百姓,以抗水涝灾害。辛丑,任命宜永贵为南赣巡抚。庚戌,皇第二子福全诞生。辛酉,任命安郡王岳乐为宣威大将军,率军驻防在归化城。

八月壬午,以太宗第十四女和硕公主下嫁给平西王吴三桂之子吴应熊。尚可喜攻克化州、吴川。甲申,决定武官的品级。丙戌,任命雷兴为河南巡抚。己丑,将皇后废为静妃。辛卯,李定国进犯平乐,府江道台周永绪、知府尹明廷、知县涂起鹏、华钟因此而死。

九月壬子,恢复刑部三覆奏例。丙辰,耿继茂、喀喀木攻克潮州。丁巳,孟乔芳到紫阳征讨故明宜川王朱敬镶,并将其平定了。

冬十月癸亥朔,命令田雄移驻定海。乙丑,马光辉等人在永城征讨叛将海时行,并将其诛杀了。丙寅,派遣济席哈征讨山东土寇。乙酉,在京城设立粥厂赈济饥民。免除通、密云等七州县灾赋。戊子,命令大学士、学士在太和门内轮流值班。

十一月甲午,在天坛圜丘举行祭天活动。戊戌,郑成功不接受爵位,用措辞好的上谕答复他。戊申,任命元得时为河南巡抚。己酉,官军征讨西宁叛回,并将其平定。乙卯,免去朱玛喇、金之俊的职务。丙辰,免除江南灾赋。戊午,刘清泰围剿九仙山贼寇,将其平定。己未,免除江西五十四州县灾赋。

十二月丙寅,任命陈泰为宁南靖寇大将军,与蓝拜一起镇守湖南。丁卯,任命吕宫为弘文院大学士;任命博博尔代为议政大臣;任命冯圣光为偏沅巡抚。辛未,世祖临幸南苑。甲戌,免除金华等八县顺治九年的灾赋。癸未,设置兵部督捕官。任命罗毕为议政大臣。甲申,免除开封、彰德、卫辉、怀庆、汝宁顺治九、十两年的灾赋。丙戌,郑成功进犯吴淞,被官军打退了。丁亥,世祖回到宫中。是夜,发生地震,并夹带着声音。

这一年,朝鲜、琉球,喀尔喀部土谢图汗部下索诺额尔德尼、额尔德尼哈谈巴图鲁,厄鲁特部顾实汗、顾实汗下台吉诺穆齐,索伦部巴达克图,富喇村宜库达、黑龙江乌默武、额尔多科,乌斯藏达赖喇嘛全都来入贡了。其中朝鲜曾来过两次。

十一年春正月辛丑,罢去织造官。戊申,免除江宁、安徽、苏、松、常、镇、庐、凤、淮、徐、滁等地前一年的灾赋。己酉,任命袁廓宇为偏沅巡抚;命令胡全才抚治郧阳。庚戌,广东仁化月峒的贼寇被平定了。癸丑,郑成功进犯崇明、靖江、泰兴等地,均被官军打退了。甲寅,任命金砺为川陕三边总督。乙卯,郑成功进犯金山。丁巳,免除顺德、广平、大名、天津、蓟州前一年的灾赋。辛酉,官军在桃源袭击贼寇,诛杀了伪总兵李阳春等人。

二月癸亥,世祖在东郊举行祭日活动。丙寅,上谕说:"言官乃朕之耳目之官,朕曾多次要求直言,期望非常迫切。但当朕每次阅览章奏,发现真正实心实意为国家考虑的人太少了,而结党徇私的人倒是很多,这是非常不可取的。大家要彻底改过以刷新政治。"任命金之俊为国史院大学士。庚午,考核各省总督、巡抚,按政绩优劣升降。丙子,世祖开始耕种猎田。戊寅,免除江西缺额丁赋。辛巳,命令尚可喜专门镇守广东,耿继茂移镇桂林。壬午,任命马鸣佩为宣大山西总督;任命耿焞为山东巡抚;任命陈应泰为山西巡抚;任命林天擎为湖广巡抚;任命黄图安为宁夏巡抚。癸未,官军收复平远县。甲申,上谕说:"近年以来,战事没有平息,军需供应极重,再加上水旱灾害,百姓食物艰难,政府没有给以安抚、照顾,致使百姓流离逃亡。朕心里很难过,睡不安宁。决定立刻检查仓库积储,赶快想办法赈济、安恤。"己丑,免除河南州、县、卫所顺治十年灾赋。庚寅,任命李荫祖为直隶、山东、河南总督。

三月壬辰,官军攻打桂东贼寇,并擒获其头目赖龙。戊戌,免除湖广襄阳、黄州、常德、岳州、永州、荆州、德安以及辰、常、襄三卫,与山东济南、东昌顺治十年的灾赋。辛丑,宁完我弹劾陈名夏的罪过,审查后确与事实相符,遂将其诛杀。乙巳,任命王永吉为左都御史。戊由。皇第三子玄烨生,他就是清"圣祖"。任命蒋赫德为国史院大学士。乙卯,以多罗慧哲郡王额尔衮,多罗宣献郡王界堪、多罗通达郡王雅尔哈齐配享太庙。任命孟明辅为兵部尚书。

夏四月壬戌,贼首曹志攀进犯饶州,被官军打败后投降了。庚午,四川贼寇魏勇进犯顺庆,被官军打败了。壬申,发生地震。官军在崇明打败故明将领张名振等人。癸酉,免除洛南前一年灾赋的三分之一。己卯,世祖临幸南苑,赐给路经各地农民金钱。乙酉,免除保康等四县前一年被贼寇骚扰地区的灾赋。丁亥,任命王永吉为秘书院大学士;任命秦世桢为浙江巡抚。戊子,江南贼寇徐可进、朱元等人投降。

五月壬辰,世祖返回宫中。甲午,世祖临幸西苑,并赏赐大臣宴席。庚子、任命胡图为议政大臣。甲辰,免除平凉卫前一年的灾赋。丙午,起用党崇雅为国史院大学士;任命龚鼎孳为左都御史。丁未,派遣官员登录各省囚犯。庚戌,免除兴安、汉阴、平利等县前一年的灾赋。辛亥,白天就可以看见太白星出现。丙辰,任命杨麟祥为平南将军,驻防杭州。

六月己未朔,黄河在大王庙处决口。丙寅,陕西发生地震。丁卯,任命朱玛喇为靖南将军,征讨广东残余贼寇。甲戌,决定立科尔沁镇国公绰尔济之女博尔济锦氏为皇后。庚辰,实行大赦。

秋七月戊子朔,封琉球世子尚质为中山王。壬辰,免除秦州、朝邑、安定的灾赋。戊申,免除镇原、广宁二县灾赋。丙辰,任命佟代为浙闽总督。

八月戊午朔，免除延安府荒赋。己未，官军围剿瑞金残余贼寇，诛杀了伪都督许胜可等人。庚申，罢黜各省的恤刑官，命令巡抚审询囚犯。辛酉，免除真宁县顺治十年的灾赋。壬戌，山东濮州、阳毂等县发生地震，并挟带声音。甲戌，任命张中元为江宁巡抚。丙子，任命张秉贞为兵部尚书。庚辰，任命傅以渐为秘书院大学士；任命任浚为刑部尚书。壬午，故明乐安王朱议溯谋反，将其诛杀。

九月己丑，范文程因病罢官。免除西安、平凉、凤翔三府顺治十年的灾赋。庚寅，赐封线国安为三等伯。壬辰，重申严格禁止隐匿逃人。癸巳，免除宣府、万全右卫灾赋。丙申，任命董天机为直隶巡抚。壬子，任命冯圣兆为延绥巡抚。

冬十月丁巳朔，祭祀太庙。辛未，免除庐、凤、淮、扬四府，徐、滁和三州灾赋。丁丑，命令犯有严重罪行的囚犯要由三法司草拟罪状进呈，仍由议政王、贝勒和大臣们详细会审，共同商议定刑。壬午，赈济畿辅地区被水淹没的受害州县。免除祁阳等七县拖欠的田赋。李定国攻陷高明，包围新会，耿继茂请求援兵。

范文程

十一月丁亥，任命陈泰为吏部尚书；任命阿尔津为正蓝旗满洲固山额真。尚可喜遣子进京作人质。壬寅，下诏说："朕继承皇位，已十有一年了，治国的成效还未达完善，疆域以内事故频繁发生，水旱灾害层出不穷，地震又屡次报闻，这都是由于朕仁德不足所造成的。朕以个人高居王公臣民之上，政教不修，社会创伤也没有恢复，而在内外的章奏中，却总是称我为'圣'，这就更加重了朕的不德。朕现正自我反省，大小官员亦应恪守职责，共同消除灾患。以后凡是章奏、文稿，都不得称'圣'。现在要大赦天下，允许人们改过自新。"癸卯，世祖临幸南苑。甲辰，耿继茂派遣儿子入京，侍奉皇帝。

十二月辛酉，和硕承泽亲王硕塞去世。戊辰，免除荆门、钟祥等六州县的灾赋。己巳，免除磁、祥符等三十六州县的灾赋。壬申，任命济度为定远大将军，征讨郑成功。尚可喜、耿继茂、朱玛喇在新会打败了李定国，于是李定国逃走了。乙亥，郑成功攻陷了漳州，包围泉州。丁丑，命令明安达礼征讨罗刹。免除西安五卫的荒赋。江西贼寇霍武等人率众投降。

这一年，朝鲜、琉球、厄鲁特部阿巴赖诺颜、诺门汗、额尔德尼达云绰尔济，索伦部索朗噶达尔汉，汤古忒部达赖喇嘛、谛巴班禅胡土克图都来入贡了。

十二年春正月戊子，官军在玉版巢打败贼寇，接着又攻打盘踞在藤县的贼寇，并攻下了该城。庚寅，免除东平、济阳等十八州县前一年的灾赋。乙未，免除直隶八府，河南彰德、卫辉、怀庆前一年的灾赋。戊戌，下诏说："朕亲政以来，至今已有五年了。苦心劳神，研究国家的治理，每天都希望诸臣能提出好的建议，以补救朕之不足。但是至今国内战事还没停止下来，水旱灾害接连不断，官吏荒政贪污，民生憔悴，又没有听到治国安邦的大道理。诸王、大臣都亲眼见到祖宗创业的艰难，怎么能没有好办法呢！可是，却没有直接陈述政策得失之人，这难道是朕的耳朵不灵，或是虚心接受意见不够所致吗？国家这么大，政务又这么繁杂，责任固然由一个人承担，而缺点却在于缺少辅佐、帮助的人。朕虽然不德，但就不想想祖宗培养你们的恩惠吗！大家一定要抒发忠爱，以使朕得到安慰和宽心。"辛丑，任命韩岱为吏部尚书；任命伊尔德、阿喇善为都统。癸卯，任命于时跃为广西巡抚。甲辰，命令在京七品以上官员，在地方的文官知府、武官副将以上，每个人均要述职，并要说出兵民之疾苦，一定要直书直言，千万不要避重就轻，或加以隐瞒。辛亥，撰修《顺治大训》。

二月庚申，再一次派遣御史巡按各省。壬戌，大学士吕宫因病免职。癸亥，免除成安等六县前一年的灾赋。己巳，赈济旗丁。免除平凉、汉阴二县前一年的灾赋。丙子，赐封博穆博果尔为和硕襄亲王。免除滨、宁阳等二十一州县前一年的灾赋。己卯，免除滁和二州前一年的灾赋。庚辰，任命陈之遴为弘文院大学士；任命王永吉为国史院大学士。癸未，耿继茂、尚可喜在兴业打败了李定国。广东高、雷、廉三府，广西横州等地平定。

三月戊子，免除湖广石门县前一年的灾赋。任命戴明说为户部尚书。庚子，任命佟国器为南赣巡抚；任命宜永贵为福建巡抚。壬寅，免除郧阳、襄阳二府上一年被寇荒赋。甲辰，赐图尔宸、史大成等人进士及第和进士出身等，各有差别。丁未，削去续顺公沈永忠爵位。壬子，上谕说："自从明朝末年社会动乱以来，几乎战事天天不断，已没有人讲究学问了。现在天下渐渐平定下来，朕将大兴文教事业，崇尚儒术，以开创太平盛世。各省的学官，要教训士子，要博古通今，要明体达用。各位臣僚们在政事之余，亦应留心学问之事。辅佐朕振兴文化事业。"癸丑，设置日讲官。

夏四月乙丑，免除沈丘以及怀庆卫前一年的灾赋。丁丑，进封尼思哈为和硕敬谨亲王，齐克新为和硕端重亲王。癸未，下诏撰修《太祖圣训》与《太宗圣训》。

五月乙酉，任命图海兼刑部尚书。辛卯，和硕郑亲王济尔哈朗去世，停止上朝七日。丁酉，任命石廷柱为镇海将军，驻防京口。戊戌，任命胡沙为镶黄旗固山额真。庚子，任命觉罗巴哈纳弘文院大学士。辛丑，灵丘县发生地震，并夹杂着响声。乙巳，任命觉罗郎球为户部尚书。丙午，任命李际期为兵部尚书。丁未，任命恩格德为礼部尚书。己酉，任命卫周祚为工部尚书。

六月甲寅，免除杭州、宁波、金华、衢州、台州灾赋。丁卯，上谕说："朕看阅了司法部门的章奏，每天要处决囚犯五、六人乃至十几人。想到这些愚蠢的人，在兵戈、灾荒之后，还要陷入法纲，实可怜悯。有虞之世，百姓们不犯法。汉文帝、唐太宗也几乎停止刑法。而现在犯法的人越来越多，这难道是由于民风日下吗？或者是由于朝廷的道德教育还做得不够？或者是审判者的失误？今后法官要谨慎用刑，务求执法公允。"戊辰，免除房山县前一年灾赋。故明桂王将领刘文秀进犯常德，并派遣其同伙进犯岳州、武昌，后被官军打跑了。己卯，赐封博果铎为和硕庄亲王。辛巳，命令内十三衙门设立铁牌。上谕说："宦官之设，自古以来从未废止过。但如果使用失当，就会酿成祸乱。例如，明朝的王振、汪直、曹吉祥、刘瑾、魏忠贤之辈，他们专权擅政、陷害忠良、领兵出征，流毒边境；同时他们还煽动其党徒为自己歌功颂德，图谋不轨，不断导致了朝政的腐败，深可为鉴戒。朕现在裁定宦官的职责，立法使其更加明确。今后如果有窃权纳贿，或随便交结官员，或越级奏事的人，均要凌迟处死。今特立铁牌，望后世代代遵守。"

秋七月癸未朔，发生日食。壬辰，再一次派廷臣复审旧案。辛亥，命令各省绘制本省地图进呈。

八月丙辰，免除灵丘县灾赋。癸亥，任命阿尔津为宁南靖寇大将军，会同卓罗驻防荆州，祖泽润防守长沙。乙丑，任命多罗安郡王岳乐为左宗正；任命贝勒杜兰为右宗正。癸酉，上谕说："畿辅乃天之根本，有关部门的官员以运河决口，提议征收拖欠的田赋。朕念及京畿一带水旱灾害连年不断，人民生活困苦已极，还要缴纳过去欠下的旧税，这怎么能承受得了呢！现在决定全部罢免。至于工程建筑的费用，要另外想办法筹划。"免除曹、城武等七州县以及临清卫、齐河屯前一年的灾赋。

九月癸未，免除凤阳灾赋。壬寅，确定武会试中式殿试如文进士。朱玛喇、敦拜率军还朝。丙午，将御制《资政要览》《范行恒言》《劝善要言》《儆心录》颁给异姓公爵以下，文官三品以上者各一部。戊申，免除两当、宁远二县灾赋。

冬十月辛亥朔，设置尚宝司官。壬子，免除蔚州以及阳和、阳高二卫灾赋。己未，免除甘州、肃州、凉州、西宁的灾赋。辛酉，命令每年六月审核囚犯，七月要把审理情况再一次上奏，并使其成为一种法令。癸亥，免除磁、获嘉等八个州县的灾赋。甲子，免除隆平顺治十一年以前所欠田赋；免除淄川等八县的灾赋。丙寅，免除宣府、大同的灾赋。戊辰，下诏说："帝王是以道德教化百姓，而以刑罚作为辅佐统治的工具。如果律例的轻重失宜，官吏舞文弄墨，那么怎么能够做到政治安定，判刑公允呢？朕平日阅览的判狱定罪本章，引用律例则常常不恰当。现在要把现行的律例缮写呈上，朕将亲自审阅更定之。"辛未，任命祝世允为镶红旗满洲固山额真。癸酉，任命孙廷铨为兵部尚书。乙亥，纂修玉牒。丙子，龚鼎孳因罪免职。

十一月壬午，免除滨、堂邑等十三州县的灾赋。癸未，郑成功的将领进犯舟山。乙酉，巡按御史顾仁因纳贿罪被处死。丁亥，上谕说："国家设置总督、巡抚和巡按等官职，是为了振树朝纲，建立法纪，剔弊发奸，使他们互相监督、制约。可是近年来却形成了一种积习，即是彼此容隐、包庇。结果所有被纠劾的人，全都是一些小官小吏，这怎么能合乎国家设置这些官吏的原意呢！今后凡有瞻顾徇私之人，一定要一并给他们定罪。"郑成功派遣将领攻陷舟山，官军副将把成功向贼寇投降。戊子，世祖临幸南苑。免除郧阳、襄阳拖欠的田赋，并免除了汲、淇和祚城等县的灾赋。戊申，免除临漳的灾赋。

十二月丙辰，免除耀州、同官和洛南的灾赋。癸亥，免除安吉、仁和等十个州县，以及宣化等八卫的灾赋。乙丑，颁布《大清满字律》。免除临清、齐河等十州县，以及东昌卫的灾赋。丙寅，于时耀、祖泽远平定九团两都瑶族、僮族一百九十二个寨子。己巳，多罗敏郡王勒度去世。癸酉，免除涿、庆云等三十三州县，以及永平卫的灾赋。甲戌，任命宜尔德为宁海大将军，征讨舟山贼寇。任命秦世祯为安徽巡抚，镇守、控制长江；任命陈应泰为浙江巡抚；任命白如梅为山西巡抚。免除临海等十八州县，以及祥符、兰阳二县与怀庆、群牧二卫的灾赋。

这一年，喀尔喀部额尔德尼诺穆齐台吉、门章墨尔根楚虎尔台吉、伊世希布额尔德尼台吉、额尔克戴青台吉前来朝拜。朝鲜、喀尔喀部毕席勒尔图汗、俄木布额尔德尼、泽卜尊丹巴胡土克图、丹津喇嘛、车臣汗、土谢图汗、土谢图汗下喇嘛塔尔达尔汉诺颜、厄鲁特部杜喇尔浑津台吉、都喇尔浑津阿里录克三拖因、阿巴赖诺颜、鄂齐尔图台吉、噶尔丹霸、索伦部马鲁凯、讷墨礼河头目伊库达、黑龙江头目库拜、班禅胡土克图、俄罗斯察罕汗派遣使臣均来入贡了。其中朝鲜曾来过三次，厄鲁特阿巴赖、鄂齐尔图台吉来过两次。

十三年春正月庚辰朔，世祖至南苑。癸未，下谕旨责令撰修《通鉴全书》《孝经衍义》。丙申，免除汉中、凤翔、西安前一年的灾赋。己亥，郑成功的将领进犯台州，官军副将马信以城背叛朝廷，向贼寇投降。庚子，免除广德前一年灾赋的十分之一。甲辰，免除富阳等六县前一年的灾赋。乙巳，免除江西顺治八年拖欠的田赋。

二月戊午，免除荆州、安陆、常德、武昌、黄州前一年的灾赋。庚申，免除广平前一年的灾赋。丙寅，免除岢岚、五台前一年的灾赋。戊辰，命令两广总督移驻梧州。官军在南宁打败李定国。庚午，制定部院满官三年考满、并且每六年进行京察一次的条例。任命李率泰为浙闽总督；任命王国光为两广总督。甲戌，任命赵布泰为镶黄旗固山额真。丙子，世祖临幸南苑，比赛骑射。免除东平、濮、长山前一年的灾赋。己卯，大学士冯铨退休。

三月庚辰，世祖驾幸赢台。癸未，免除景陵等九县前一年的灾赋。癸巳，任命费雅思哈为议政大臣；任命马之先为川陕三边总督。乙未，陈之遴因罪以原官发遣到盛京闲住。癸卯，上谕说："朝廷任用贤良并没有什么成见，近来虽然被罢免者较多南方人，但都是因事处罚，并没有什么偏向。诸臣不要有地方观念，不要树立门户，不要怀私忿诋毁别人，也不要挟仇隙列举小事控告别人，这样或许可以达到政治平稳吧！"丙午，上谕说："朕自亲政以来，日夜兢兢业业，总期望发扬光大祖宗的德泽，尽早实现政治上的太平，以符合天心，使人民富足。当初睿亲王摄政，排斥忠良而重用奸佞，百姓怨恨，希望朕亲政。当时各地纷纷上报，出现了冬雷春雪，陨石雨土的怪异现象。六年当中，不但没有实现康宁安定，却时常听到灾害发生。这是朕有负于百姓的地方。因此朕恐惧不安，打算祈祷上帝和祖宗，反躬自省，令有关部门择吉日上报。"

夏四月辛亥，广西故明永安王朱华墡以及土司等人前来投降。乙卯，因灾变而祭告郊庙。辛酉，官军在夷陵打败贼寇姚黄。壬戌，太原阳曲地方发生地震。丁卯，任命觉罗科尔坤为吏部尚书。庚午,免除麟游地方的荒赋。壬申,任命梁清标为兵部尚书。丁丑,尚可喜收复揭阳、普宁、澄海三县。

五月辛卯,免除大宁荒赋。癸巳,世祖临幸南苑。己亥,任命罗托为镶蓝旗满洲固山额真。罢免觉罗郎球的职务。任命明安达礼为理藩院尚书。任命张悬锡为宣大总督。免除荆门、京山等十一州县,以及襄阳卫前一年的灾赋。

闰五月戊申,世祖驾幸赢台。丙辰,广西都康等府的土官前来投降。己未,乾清宫、坤宁宫、交泰殿以及景仁、永寿、承乾、翊坤、钟粹、储秀诸宫竣工。任命郎廷佐为江南、江西总督。任命刘汉祚为福建巡抚。丙寅,任命张朝璘为江西巡抚。

六月己丑,上谕说:"满洲人的家奴全都是在征战中擒获的俘虏,因此制定严酷的法律,以警告那些敢于逃跑的人。可是近年来不断发生因家奴逃亡而受株连的事件,朕很怜悯他们。想到这些家奴,也都是别人的亲生骨肉。如果以恩相待,他们怎么能不感激呢?假若对他们随心所欲的禁锢、污辱,虽然管理是严格了,但又有什么好处呢!今后一定要好好理解朕的心意。"壬辰,莒州发生地震,并夹有响声。庚子,免除桃源前一年的荒赋。辛丑,容美土司田吉麟投降。癸卯,命令固山额真郎赛驻防福建。撤销各省督催税粮的满官。宁化贼帅黄素禾前来投降。

秋七月丁未朔,在太庙举行祭祀活动。戊申,官军在广西打败故明桂王将领龙韬,并将其斩杀。己酉,和硕襄亲王博穆博果尔去世。庚戌,郑成功的将领黄梧等人在海澄投降。壬子,世祖首次到乾清宫。癸丑,实行大赦。戊午,任命佟延年为甘肃巡抚。

八月戊寅,免除广信、饶州、吉安前一年的灾赋。己丑,免除莆田、仙游、兴平卫顺治十一、十二两年的灾赋。辛卯,赈济畿辅地区。壬辰,赐封黄梧为海澄公。停止满官榷关。癸巳,郑成功军队攻陷闽安镇,进一步包围福州,被官军打退了。丁酉,免除肃天近年的灾赋。己亥,免除靖远、洮岷等卫灾赋。辛丑,命令每三年举行一次大规模的阅兵式,并遂成为一种法令。乙巳,免除大同前一年的灾赋。

九月丙午,官军在夏关打败郑成功将领的军队,接着又在衡水洋打败了他们,这样就收复了舟山。癸亥,郑成功的将官顾忠前来投降。壬申,追封和硕肃亲王豪格为和硕武顺亲王。

冬十月丁丑,任命蒋国柱为安徽巡抚,镇守、管理长江、戊寅,设置登闻鼓。己卯,免除宣府灾赋;免除延绥镇神木县灾赋的十分之三。庚辰,四川贼帅邓希明、张元凯率众前来投降。甲午,任命胡全才为湖广总督。乙未,世祖临幸南苑。丙申,以张尚抚治郧阳。辛丑,官军收复辰州。壬寅,免除和顺县灾赋的十分之三。永顺土司彭弘澍率领所属三州六司三百八十峒前来投降。癸卯,命令陈之遴返京。

十一月丙午,世祖回到宫中。丁未,兴京皇陵竣工。庚午,在天坛圜丘祭天。辛亥,世祖至南苑。重申严厉禁止左道旁门活动。戊午,免除清水县和凤翔所的灾赋。丙寅,任命张长庚为湖广巡抚一。免除海州的荒赋。辛未,免除洛川的灾赋。

十二月己卯,册封内大臣鄂硕之女董鄂氏为皇贵妃,为此而颁恩赦,戊子,世祖回到宫中。己丑，赐封盆挫监挫为阐化王。乙未，任命李荫祖为湖广总督。丁酉，加上皇太后尊号曰："昭圣慈寿恭简安懿章庆皇太后。"戊戌，颁恩赦于天下。

这一年，土谢图亲王巴达礼、卓礼克图亲王吴克善、达尔汉巴图鲁郡王满朱习礼、固伦额驸阿布鼐亲王前来朝拜。朝鲜，荷兰，吐鲁番，乌斯藏阐化王，喀尔喀部索特拔、宜尔登诺颜、喇嘛塔尔多尔济达尔汉诺颜、车臣汗、土谢图汗、土谢图汗属下丹津喇嘛、戴青、额尔德尼喇嘛，厄鲁特部达赖吴巴什台吉、讷穆齐台吉、阿巴赖诺颜、察罕台吉、马赖台吉、什虎儿戴青、额尔德尼台吉、顾实汗属下色棱诺颜，索伦部达尔巴均来入贡了。其中喀尔喀土谢图汗、宜尔登诺颜曾两次入贡。

十四年春正月辛亥，向上帝祈谷，以太祖武皇帝配祭。癸丑，任命魏裔介为左都御史。甲寅，宜尔德军队返回。乙卯，任命张悬锡为直隶、山东、河南总督。官军在乌龙江战败郑成功的将领，接着又在惠安县打败了他们。戊年，上谕说："科举取士，掌管考核的官员荐贤，都是朝廷的公开制度。臣子却利用上述途径来买取、垄络士人，这是很不对的。师生之称，必须要在道德上互相勉励，学问上有所授受，方可称为师生。怎么能用来攀缘权势，无端地故作亲热呢？考官所取的士子和荐举的属吏，竟号称门生。贿赂公行，漏洞百出，营私舞弊，呼朋结党，相煽成风。朕要求大小臣僚杜绝弊私，恪守职责，违犯者一定论罪。"修葺金朝陵寝。庚申，任命卢崇峻为宣大总督。甲子，上谕说："我国家之兴，是因为治兵有法。而现在八旗人民，荒废怠忽武事，以致军旅衰敝，不如以前。这都是由于限年定额，考取生童，经过乡试、会试就可做官，还有各衙门考取他赤哈哈番、笔帖式，也是以文字得到官职，一旦录用便很快升迁。因此人们都乐意走这条路径。今后要停止这种用人的方法。"丁卯，赐封猛峨、塔尔纳为多罗郡王；赐封多尔博为多罗欠勒；赐封皇贵妃父亲鄂硕为三等伯。

二月戊寅，祭祀社稷。命令儒臣纂修《易经》。癸未，故明崇阳王朱蕴钤等人前来投降。丁酉，祭祀历代帝王庙。已亥，放宽隐匿逃人律。任命赛音达理为正白旗汉军固山额真。壬寅，山西云镇发生地震，并伴有响声。癸卯，免除沔阳、益阳前一年灾赋。

三月己酉，奉太宗文皇帝配祭圜丘以及祈谷坛。多罗郡王、塔尔纳去世。壬子，奉太祖武皇帝。太宗文皇帝配祭方泽。癸丑，以配享礼完成，而大赦天下。甲寅，下诏征求遗书。丙辰，恢复孔子位号为"至圣先师"。丁卯，定远大将军济度班师回朝。

夏四月甲戌，兴宁县雷连十二峒瑶官庞国安前来投降。丁丑，把郑芝龙流放到宁古塔。癸未，四川保宁府威、茂二州地方发生大地震。乙酉，任命济席哈为正红旗满洲都统。丁亥，因久旱，对刑狱事情要谨慎，审查过去案件中有无量刑不当的。辛卯，世祖到京师郊坛祷雨，还未回到宫中时，天就下起了大雨。丁酉，世祖临幸南苑。戊戌，设置盛京奉天府。

五月癸卯朔，发生日食。丙午，任命道喇为正红旗蒙古固山额真。甲寅，赐封济度为和硕简亲王。丁巳，任命觉罗伊图为兵部尚书。戊午，世祖回到宫中。

六月辛巳，免除彰德、卫辉二府前一年的灾赋。壬午，免除武陵县前一年的灾赋。辛丑,洪承畴因病解任。

秋七月丙辰,削去左都御史魏裔介的职务。庚申,任命朱之锡为河道总督。

八月壬申,任命敦拜为总管,驻防盛京。己丑,免除山西荒地逃丁徭赋。丙申,郑成功进犯台州,绍台道道台蔡琼枝背叛朝廷,向贼寇投降。丁酉,周济八旗贫苦丁口。

九月辛丑,任命亢得时为漕运总督。任命李国英为川陕三边总督。丙午,世祖首次出席御前讲席,聆听讲解经史。任命贾汉復为河南巡抚。癸丑,任命高民瞻为四川巡抚。停止各省秋季处决罪犯。丙寅,官军收复闽安镇。丁卯,京师地区发生地震,并伴有响声。戊辰,下诏说:"自古以来巨大变化都不是凭空产生的,皆是由于人自身所为。朕亲政已经七年,可能由于我执政处理事情与天意有悖,致使发生天灾以示警告,地震伴有响声。朕要深深地自我反省,文武百官亦应协力尽职。朕如果有什么缺点,辅臣一定要直接陈奏,千万不要隐瞒。"

冬十月壬申,因开始日讲,而在弘德殿祭告先师孔子。免除新乐前一年的灾赋。癸酉,命令固山额真赵布泰驻防江宁。丙子,皇第四子诞生。撰修《赋役全书》。辛巳,世祖亲至南苑。乙酉,检阅军队。丁亥,修建孔子庙。戊子,世祖返回宫中。庚寅,改任梁化凤为水师总兵官,驻防崇明。甲午,顺天考官李振邺、张我模等人因受贿罪,被处以死刑。乙未,昭事殿,奉先殿建成。

十一月壬寅,世祖亲至南苑。皇第五子常宁诞生。丙午,安郡王岳乐被晋升为亲王。庚戌,免除吉水等八到灾赋。戊午,免除霸、宝坻等二十八州县,以及保安等四卫的定赋。辛酉,荆州贼寇田国钦等人前来投降。壬戌,故明桂王的将领孙可望前来投降。固山贝子吞齐喀因罪而被削除爵位。

十二月癸酉,再一次命令洪承畴经略五省,会同罗托等人一起夺取贵州。免除新建、丰城灾赋。甲戌,赐封孙可望为义王。癸未,命令吴三桂从四川,赵希泰从广西,罗托从湖南出兵,夺取贵州。丙戌,故明桂王将领谭新傅等人投降。丙申,因皇太后病已痊愈而优赏旗兵,并赈济贫民。

这一年,朝鲜,喀尔喀部毕席勒尔图汗、冰图台吉、额尔德尼幸征诺颜、吴巴什诺颜、土谢图汗属下完书克诺颜,厄鲁特部敖齐尔图台吉之子伊拉古克三、班第大胡土克图、绰克图台吉、巴图鲁台吉、达赖乌巴什台吉、索伦部马鲁喀、虎尔格吴尔达尔汉,东夷托科罗氏、南迪欧、达赖喇嘛、班祥胡土克图都来入贡了。其中朝鲜曾来三次。

十五年春正月庚子,施行大赦。下诏说:"帝王以孝治理天下,礼莫大于孝顺长辈亲人。近来皇太后圣体欠佳,使朕日夜不宁、忧虑、恐惧。仰赖上天的眷佑,现在已经痊愈,恢复了康泰。这实在是一件可喜可庆的好事,应该广沛殊恩。现在决定自王公以下,以及中外臣僚,一并加恩奖赏。各省拖欠的税赋,全部给予豁免。官吏、百姓一切犯错误,或因受牵连而犯罪者,亦全部免除处分。"壬寅,停祭堂子。任命多罗信郡王多尼为安远靖寇大将军,率领军队征讨云南。戊午,因太后疾病痊愈,在天坛圜丘祭天。己未,在地坛方泽祭地,辛酉,祭祀太庙、社稷。皇第四子去世。丙寅,任命周召南为延绥巡抚。

二月甲戌,赈济畿辅地区。甲申,免除武清、漷等地前一年的灾赋。乙丑,减少辽阳的税额。辛卯,川东贼帅张京等人前来投降。甲午,命令部院的官员们每个人都要把自己的工作情况上报。乙未,世祖出席御前讲席,聆听讲解经史。

三月辛丑,李定国党羽阎维龙等人攻陷横州,后被官军打退了。甲辰,太监吴良辅因受贿罪被处死。壬子,免除襄阳、郧阳荒赋。戊午,追封科尔沁巴图鲁王之女为悼妃。甲子,追封皇第四子为和硕荣亲王。

夏四月辛未,赐孙承恩等人进士及第出身,各有差别。丙子,官军在合州打败贼寇,进而攻克重庆。癸未,免除江夏等七县顺治十三年的灾赋。丙戌,在景山举行射箭比赛。辛卯,免除淳化荒赋。大学士王永吉因罪被免职。壬辰,大学士陈之遴再一次因罪被流放到盛京。

五月丁酉朔,发生日食。癸卯,调卫周祚为吏部尚书。戊申,任命刘昌为工部尚书。更定铨选法。辛亥,郑成功的将领进犯澄海。官军游击刘进忠以城背叛朝廷,向郑成功投降。壬子,免除山东顺治十一年以前盐丁拖欠的税课。己未,在景山进行射箭比赛。辛酉,裁去詹事府官。壬戌,广西贼将贺九仪进犯宾州,被官军打败了。癸亥,任命胡世安、卫周祚、李霨为内院大学士。甲子,官军收复沅靖,进而又夺取了贵阳、平越、镇远等府,以及南丹、那地、独山等州,抚宁土司均投降了。

六月戊辰,吴三桂等人在三坡地方打败李定国的将领刘正国,攻克遵义,打下开州。辛未,任命赵廷臣为贵州巡抚。壬申,任命佟国器为浙江巡抚;任命苏弘祖为南赣巡抚。丙子,官军在白沙打败海寇。辛巳,任命李栖凤为两广总督。甲申,任命王崇简为礼部尚书。壬辰,免除靖、沅陵等十五个州县以及平溪九个卫所的额赋。癸巳,郑成功进犯温州,攻陷平阳、瑞安。

秋七月己亥,裁去宣大总督。己酉,任命潘朝选为保定巡抚。庚戌,沙尔虎达向罗刹进攻,并打败了他们。改内三院大学士为殿阁大学士。设置翰林院及掌院学士官。增加各道御史三十人。己未,免除桂阳、衡阳等十州县前一年的灾赋。甲子,任命巴哈、费扬古、郭迈、屠禄会、马尔哈齐、鄂莫克图、坤巴图鲁、邬布格德墨尔根袍、喀兰图、鄂塞、博洛塞冷、巴特玛、巴泰等人均为内大臣;任命赵国祚为浙江总督;命令李率泰专督福建。

八月癸酉,任命李显贵为镶白旗汉军固山额真。丙子,向多尼等人发出敕谕,并授以机宜。李定国的将领王兴以及水西宣慰使安坤等人前来投降。癸巳,世祖出席御前讲席,聆听讲解经史。

九月丁酉,任命孙塔为镶蓝旗蒙古固山额真。庚戌,更定理藩院大辟条例。己酉,任命能图为左都御史。壬子,赏赐镶黄、正黄、正白三旗官校金。甲寅、改调内院大学士觉罗巴哈纳、金之俊为中和殿大学士,额色黑、成克巩为保和殿大学士,蒋赫德、刘正宗为文华殿大学士,洪承畴、傅以渐、胡世安为武英殿大学士,卫周祚为文渊阁大学士,李霨为东阁大学士。己未,免除福州、兴化、建宁三府,以及福宁州顺治十二、十三两年的荒赋。癸亥,发放库存金,赐给出征军士的家属。

冬十月甲午,任命祖重光为顺天巡抚。荆州、襄阳、安陆连日霪雨不断,造成了长江泛滥,大水冲走了一万多人。

十一月甲午朔,海寇进犯洛阳内港,被官军打败了。乙未,免除郧阳、襄阳等地荒赋。庚子,制定宫中女官的名额、品级。辛丑,免除林县灾赋的十分之三。江南考官方犹、钱开宗等人因受贿罪而被处死。

十二月壬申,任命索浑为镶白旗满洲固山额真。甲戌,免除五台灾赋。壬午,故明宗室朱议滃率众投降。乙酉,任命邬赫为礼部尚书。免除山阴等八县前一年的灾赋。戊子,任命明安达礼为安南将军,率领军队驻防贵州。己丑,上谕说:"川、湖、云、贵之人,全都是朕之臣民,自从发生动乱以来,已经在水深火热之中煎熬了多年,现在大军已经到了该地,凡有前来归顺之人,均要加意抚恤、安慰,叫他们每个人都各得其所。其中如有能为朝廷效力建功的人,还要给他们封官赐爵,加以奖赏。"

这一年,朝鲜、喀尔喀部窦尔格齐诺颜、噶尔当台吉、土谢图汗、毕席勒尔图汗、丹津喇嘛,厄鲁特部阿巴赖诺颜,车臣台吉属下车臣俄木布、鄂齐尔图台吉,索伦部达把代,库尔喀部塔尔善,使犬国头目替尔库,达赖喇嘛均来入贡了。其中朝鲜、喀尔喀土谢图汗、厄鲁特阿巴赖诺颜曾二次入贡。

十六年春正月甲午,故明桂王的部将谭文进犯重庆,被其弟谭诣杀掉,后谭诣与谭弘等人一起前来投降。丁酉,任命徐永正为福建巡抚。庚子,多尼攻克云南,捷报传到京师。最初,多尼、吴三桂、赵布泰会师于平越府的杨老堡,后来分成三路夺取云南。多尼从贵阳出发,渡过盘江到达松岭卫,与白文选部相遇,将其打得大败。吴三桂从遵义出发至七星关,不能继续前进,而改由水西间道向乌撒进发。赵布泰从都匀出发至盘江的罗颜渡,在山谷口地方打败当地守将李成爵,接着又在双河口打败了李定国,所向披靡,全都取得了胜利。这样便直趋云南,进入省城。这时李定国、白文选奉桂王逃奔永昌。癸卯,任命林天擎为云南巡抚。甲辰,以巴海为昂邦章京,在宁古塔驻防。辛亥,赏赐外藩蒙古诸王贫穷者马、牛、羊等牲畜。癸丑,任命赵廷臣为云贵总督;任命卞三元为贵州巡抚。

二月丙寅,免除潼关卫辛庄等屯前一年的灾赋。丁卯,海寇进犯温州,被官军打败了。庚午,因平定了云南、贵州两省,命令今年秋天举行会试。辛未,免除荆州、潜江等九个州县以及沔阳、安陆二卫前一年的灾赋。丙子,命令罗托等人班师回朝。命令明安达礼在荆州驻防。壬午,任命许文秀为山东巡抚。

三月丙申,任命蒋国柱为江宁巡抚。己亥,任命张仲第为延绥巡抚。戊申,任命朱衣助为安徽巡抚。郑成功进犯浙江太平县,被官军打败了。己酉,世祖出席御前讲席,聆听讲解经史。甲寅,命令吴三桂镇守云南,尚可喜镇守广东,耿继茂镇守四川。丁巳,免除襄阳等六县灾赋。

闰三月壬戌,大学士胡世安因病解任。丁卯,制定有关贪赃犯罪的犯赃例,规定贪赃凡满十两白银者流放到席北,应杖责者不准许折赃。甲申,免除钟祥前一年的灾赋。图海因罪免职。丙戌，赐封谭弘为慕义侯，谭诣为响化侯。丁亥，任命张自德为陕西巡抚。

夏四月甲寅，多尼、吴三桂军攻克镇安州，白文选纵火焚烧澜沧江铁桥后逃跑了。官军进而攻克永昌，李定国陪同桂王逃到腾越，在磨盘山地方埋伏了军队，官军经过苦战，最后克复了腾越。

五月壬戌，广西南宁、太平、思恩诸府被平定。己巳，任命刘秉政为宁夏巡抚。晋封满朱习礼为和硕达尔汉巴图鲁亲王。戊寅，官军在定关攻击郑成功，并将其打败，斩获甚众。辛巳，发放库存银三十万两，以其中一半赈济云南、贵州两省穷苦百姓，其余一半作为征兵饷。

六月庚子，朝鲜国王李淏去世。壬子，郑成功攻陷镇江府。

秋七月丁卯，以达素为安南将军，会同索洪、赖塔等人率军征讨郑成功。丙子，郑成功进犯江宁。庚辰，世祖临幸南苑。甲申，世祖返回宫中。

八月己丑朔，江南官军在高山地方打败郑成功军，并捉获郑军提督甘辉等人，烧毁敌船五百余艘。郑成功败逃，官军追至瓜州，敌军大败而逃。先是，郑成功率军十余万人，战舰数千舰，驶抵江宁城外，列阵八十三营，来往舰只络绎不绝，并设置了大炮、地雷、云梯、木栅，军容十分整齐、雄壮，妄图用长期围困之计，攻下江宁。我军噶褚哈、马尔赛等人率水师从荆州顺江而下，前来援助。与苏松水师总兵官梁化凤以及游击徐登第、参将张国俊等人所率领的军队相会，由总督郎廷佐指挥，合军会战，水陆并进，最后取得了胜利，并向朝廷报捷。庚寅，世祖亲临御前讲席，聆听讲解经史。癸巳，世祖至南苑。任命刘之源为镇海大将军，并同梅勒章京张元勋等人一起镇守镇江。任命蔡士英为凤阳巡抚，总督漕运；任命宜永贵为安徽巡抚，镇守、督管长江。丙申，安南国都将武公恣派遣使臣到洪承畴军营表示愿意归附中国。戊戌，世祖返回宫中。甲辰，郑成功再一次进犯崇明，被官军打败了。乙巳，世祖至南苑。丙午，世祖返回宫中。

九月庚申，免除台州顺治四年至十年被寇的税赋。乙亥，赐陆元文等人进士及第出身，各有差别。丁丑，任命杜立德为刑部尚书。戊寅，赐予已故朝鲜国王李淏谥号，封其世子棩为国王。庚辰，任命海尔图为镶蓝旗汉军固山额真。辛巳，尊称兴京祖陵为永陵。甲申，世祖亲至南苑。

冬十月庚戌，洪承畴因病被解除经略职务。甲寅，奈曼部达尔汉郡王阿汉因罪削去爵位，贬为庶人。

十一月己未，讨论已故巽亲王满达海、端重亲王博洛和敬谨亲王尼堪以前的罪过，决定削去巽亲王、端重亲王的爵位，并将他们的儿子降为多罗贝勒。只有敬谨亲王例外，免去对他的处罚。壬戌，任命公渥赫、公朴尔盆为内大臣。丙寅，世祖到京城附近地区狩猎。壬申，世祖一行到了昌平州，并亲自向明崇祯帝的陵墓敬酒、上供品，同时派遣学士麻勒吉祭奠王承恩墓。甲戌，派遣官员祭奠明朝皇帝的各个陵墓，并决定增设陵户，加以修葺，严禁砍柴、采果等。戊寅，皇第六子奇授诞生。己卯，世祖到了汤泉。甲申，世祖至三屯营。追谥明崇祯皇帝为"壮烈愍皇帝。"丙戌，吴三桂夺取沅江。

十二月戊戌，世祖返京。乙巳，制定世职承袭的条例。庚戌，加公主封号。壬子，命令耿继茂移驻广西。

这一年，朝鲜，喀尔喀部丹津喇嘛、土谢图汗、车臣汗、毕席勒尔图汗、鲁布臧诺颜、车臣济农、昆都伦托音、土谢图汗属下多尔济台吉、厄鲁特部阿布赖诺颜、达来吴霸西诺颜、俄齐尔图台吉，黑龙江能吉勒屯头目韩批理，索伦部胡尔格乌尔达尔汉均来入贡了。其中朝鲜、喀尔喀部土谢图汗、丹津喇嘛均为二次至京入贡。

十七年春正月丙寅，任命朱国治为江宁巡抚。庚辰，京师文庙建成。任命能图为刑部尚书。辛巳，下诏说："自古帝王统治国家，如果治理很见成效，则天下人能共享欢乐和太平；倘若治理不好，则过错应归朕个人。敬天勤民的道理超不过此点。朕继承祖宗创下的基业，兢兢业业谋求治理见成效，已十有七年，但人民生计还没有完全解决，而贪官污吏也没有全部铲除；云南、贵州两省的反叛军队也没有平定，时时还有征发、调遣的事情。朕反复琢磨，这实是由于朕的不德所致。有负上天的选择赐予和祖宗的寄托，也辜负了皇太后对朕的养育和教导的恩情，亦有负于四海万民的期望。每当想起这一切，朕的心里就十分不安。现在决定本年正月，祭告天地、太庙、社稷，以吐露自己的心情，表示引咎自责。从今以后，元旦、冬至以及朕之生日等节庆活动，进呈表章之事全部停止。并特别颁布恩诏，实行大赦。官民中除了十恶死罪外，其余的全部减罪一等，充军流放以下，全部赦免。各省拖欠的赋税，一概免除。有功劳的人要录用，孝义者要表彰。此诏书向全国公布，使所有的人都能知晓。"免除洮州卫前一年的灾赋。甲申，免除莒、宁阳十二州县前一年的灾赋。

二月戊子，下诏让京官大学士、尚书自己述职。京官三品以下，朕要亲加审查。吴三桂军在普洱打败贼寇。征南将军赵布泰回军。壬辰，尚书刘昌陈述年老，退休。癸巳，免除贵阳等六府和土司前一年的灾赋。恢复设置凤阳巡抚，驻泰州。戊戌，甄别各省总督、巡抚，以及京官三品以上汉官；石申、冯溥等经考核后按政绩优劣升降。壬寅，任命林起龙为凤阳巡抚。免除淮、扬、凤三府，以及徐州前一年的灾赋。决定每年孟春时节在大享殿合祭天、地、日、月以及诸神。癸卯，给礼部下谕旨说："向来孟春时节在大享殿举行祈谷礼，现在已经决定合祭礼在大享殿举行，因此以后祈谷礼改在（天坛）圜丘举行。"壬子，免除梁城所前一年的灾赋。

三月癸亥，制定平西、靖南二藩兵制。甲子，任命史纪功为浙江巡抚。辛未，下谕旨给礼部说："朕查阅了以往的旧制，除了岁末祫祭之外，还有奉先殿合祭之礼。从今以后元旦、皇太后的诞辰，以及朕的诞辰，亦合祀于奉先殿。有关具体礼仪问题，请你们详细审议，把议论的结果上报。"商议追究镇江被贼寇攻陷的罪过，决定将巡抚蒋国柱、提督管效忠革职，并判他们免死为奴；将协领费雅柱等处以死刑。甲戌，规定满文"固山额真"则汉称之为"都统"；"梅勒章京"汉则称之为"副都统"；"甲喇章京"汉则称之为"参领"、"牛录章京"汉则称之为"佐领"；"昂邦章京"汉则称之为"总管"。满人仍用旧称。任命袁懋功为云南巡抚。丙子，世祖出席御前讲席，聆听讲解经史。癸未，制定王、贝勒、贝子以及公之妻女的封号。甲申,更定民公、侯、伯以下,章京以上的盔缨制。

夏四月丙戌,免除宝坻、丰润、武清前一年的灾赋。甲午,任命张长庚为湖广总督。丙申,任命刘祚远为保定巡抚;任命张椿为陕西巡抚。辛丑,下诏制定隐匿灾情不报罪。癸卯,以白秉贞抚治郧阳。丙午,皇第七子隆禧诞生。己酉,合祀天地于大享殿。

五月乙卯朔,任命觉罗伊图为吏部尚书。庚申,免除绥德、肤施五州县前一年的灾赋。甲子,任命阿思哈为兵部尚书;任命苏纳海为工部尚书。甲戌,任命佟壮年为正蓝旗汉军都统;任命郭尔泰为镶白旗蒙古都统。免除沅州、镇远二卫前一年的灾赋。己卯,下诏说:"以前朕曾屡次下诏引咎自责,现在想起来,那些全都是空话,很少有实际好处。而且在顺治十二、十三年间,时常发生做过头的事,经过言官指出,虽曾给予处理,而朕心里总是放不下。现在上天示敬,严重的干旱、瘟疫以及其他灾害接踵而至。况且寇盗并未平息,人民生活极度困苦。因此朕常常地责备自己,日夜不安。从前因为上书陈言而获罪者,吏部要列举他们的名字上报。凡有关国计民生利害的事情,以及朕自身的缺点、失误之处,都应直言不讳的奏报上来,千万不要隐瞒。"庚辰,任命张天福为正黄旗汉军都统。壬午,觉罗巴哈纳等人因旱灾而引罪自责。世祖说:"朕以旱灾接连不断地出现,下诏罪己。卿等合辞引罪,是仍把这样做看作官样文章,并不是朕真心要改过的本意。卿等为批答章奏旨意拟稿,只是照章办事,并未能说出各自的独到见解,对弥补朕考虑不周之处,作用不大。这都是朕不能委任大臣的过错。今后一定要专加委任,你们也要鼎力相助,秉公持正,以符合朕之意图。"多罗信郡王多尼率师回朝。癸未,云南土司那仑前来归降。

六月乙酉,开始命令翰林官在景运门值班。命令阿思哈兼管左都御史事情。戊子,派遣官员视察监狱。任命杨茂郧为湖广巡抚。免除澧、巴陵十二州县,以及岳州等卫前一年的灾赋。己丑,在历代帝王庙增加祭祀商中宗、高宗、周成王、康王、汉文帝、宋仁宗与明孝宗。罢去辽太祖、金太祖、元太祖庙祀,以及宋臣潘美、张浚从祀。任命苏纳海为兵部尚书。癸巳,任命穆里玛为工部尚书;任命白色纯为河道总督。丙申,世祖为了祈雨,步行至南郊斋宿。是日,天下大雨。戊戌,在天坛圜丘祭祀上天。这一天又下了雨。己亥,大学士刘正宗、成克巩、魏裔介因罪免职。辛丑,命令修举天下名山大川、古代帝王圣贤祀典。

秋七月甲寅朔,命令霍达兼管左都御史事。和硕简亲王济度去世。戊午,把降兵编为忠勇、义勇等十营,以降将马宝等人统辖,隶属于吴三桂部。丁卯,把祭祀北岳的地点转移到浑源州。己巳,免除荆州、祁阳十三个州县以及衡州等卫前一年的灾赋。庚午,免除均、保康七州县以及郧、襄二卫前一年的荒赋。任命杨义为工部尚书。丁丑,命令耿继茂移驻福建。宁古塔总管巴海在使犬部地域打败了罗刹,并招抚费牙喀十五村一百二十余户。把流放在席北的犯人改徙到宁古塔。庚辰,停止派遣御史巡按至各省。壬午,任命罗托为安南将,率军征讨郑成功。癸未,罢免了能图的职务。

八月丁亥,任命彭有义为河南巡抚。己丑,免除化、茂四州县以及高州所前一年的灾赋。庚寅，免除武冈前一年的灾赋。丙申，云南东里土司刁木祷前来归降。戊戌，以沈永忠为挂印将军，镇守广东。辛丑，任命爱星阿为定西将军，征讨李定国。壬寅，皇贵妃董鄂氏去世，停止朝事五日。甲辰，追封董鄂氏为皇后。己酉，降将郝承裔叛乱，攻陷邛州，并包围嘉定，被官军打败了。辛亥，任命穆里玛为镶黄旗满洲都统。

十一月甲寅，免除赵、柏乡四州县以及真定卫前一年的灾赋。乙卯，免除宁、上饶四十六县前一年的灾赋。丁巳，撤去各省恤刑官。安南将军明安达礼班师回朝。辛丑，大学士刘正宗因罪免职。壬戌，恢复派遣御史巡按各省。乙丑，敬谨亲王尼思哈去世。戊寅，免除睢、虞城六州县的灾赋。庚辰，免除五河、安东前一年的灾赋。

十二月癸巳，免除邳、宿迁四州县的灾赋。戊戌，免除庆都灾赋。甲辰，皇第八子永斡诞生。

这一年，朝鲜、喀尔喀部丹津喇嘛，土谢图汗属下万舒克诺颜、七旗，厄鲁特部鄂齐里汗，达赖喇嘛、班禅胡土克图，阿里禄克山托因，虎尔哈部宜讷克，俄罗斯部察罕汗，使鹿索伦部头目布勒、苏定噶、索朗阿达尔汉之子查木苏都来入贡了。其中朝鲜曾两次来京朝贡。

十八年春正月壬子，世祖身体不适。丙辰，病势加重。大赦死罪以下罪犯。丁巳，世祖在养心殿驾崩。享年二十四岁。遗诏说："朕以薄德继承祖先大业，至今已经十八年了。自亲政以来，纪纲法度、用人行政，均不能效法太祖、太宗的楷模，因循悠忽，苟且目前。并且逐渐沾染了汉人的习俗，对于满洲的纯朴旧制，日有更张。以致国治未臻，民生未遂，此乃是朕的一个罪过。朕自幼年之时，即遇上皇父太宗皇帝故去，只有圣母皇太后对朕教导抚养，慈育备至。圣母皇太后的隆恩极大，比天还高，比海还深，本应每天早晚侍奉在她的身边，竭尽人子的孝养之心。今不幸子道未终，先圣母而去，诚心没有达到，亦是朕的一个罪过。皇父太宗去世之时，朕只有六岁，不能服行三年丧，是朕一生的最大遗憾。只有侍奉皇太后顺忠承颜，并希望在万年之后，略尽人子之责，才多少能弥补一些以前的遗憾。现在永达膝下，先圣母而去，反倒引起圣母的哀痛，这又是朕的一个罪过。宗室诸王、贝勒等人，全都是太祖、太宗的子孙，实为国家藩翰，理应受到各种优遇，以示亲戚之意。但朕对于诸王、贝勒，晋升提拔既不多见，施以的恩惠也很少，情谊不深，友爱、照顾的也欠周到，这也是朕的罪过之一。满洲诸臣，或几代尽忠朝廷，或长年为朝廷效力，本应更加倚托，以便发挥他们的才能。但朕不能充分信任，使许多人有才能没有充分施展。而明朝末年之所以失国，其主要原因是偏重任用文臣。朕没能引此以为戒，诸事多委任汉官，就连部院的印信，也有时令汉官掌管。以致造成满官无心任事，精力懈弛，此乃又是朕罪过之一。朕一贯性情高傲，不能虚心接受各方面的意见。在用人方面，务求所用之人的德行与自己相合，不能根据才能高低加以使用，以致经常感到所用乏人。如果舍其所短，用其所长，则人稍有微小的技能，亦可以看到他的可用的地方，就不会造成现在这种举世无才的局面，这又是朕的罪过之一。为政设官分职，唯德是用，进退升降官员，均是不可忽视的。对于廷臣，朕明明知道其不肖，但并没有当即罢斥，却仍是优容姑息。例如，刘宗正这个人，平日偏私躁忌，其实朕早已了解得十分清楚，但仍容忍他久任高官。真可谓见贤不能举，见不肖而不能退，这亦是朕的罪过之一。国家费用浩繁，以致兵饷不足。而金花钱粮，全都供给了宫中的消费，未尝节俭开销。乃至造成财政亏空，每每命令诸王大臣商议，亦没能制定出好的政策，只是商议裁减俸禄，以赡补军饷。这实际上是厚己簿人，益上损下，这又是朕的罪过之一。平日营造宫殿楼宇，制造各种器具，均务求要精工细作，极为挑剔。这些一点益处也没有，却造成了糜费甚多。但对此朕本人不能自己省察，不能体贴百姓生活艰难、痛苦，这又是朕的罪过之一。端敬皇后对皇太后克尽了孝道，并辅佐朕本人政事，亦修明内政。朕仰奉圣母皇太后的教导，追念她的贤淑，丧祭典礼，过从优厚。但朕不能以礼止情，诸事做得太过分，以致超出了制度，这亦是朕的罪过之一。祖宗创业之时，未曾用过宦官，而且明朝以此亡国，也就是因为使用宦寺。朕明知其弊，却不引以为戒。设立了内十三衙门，委用支使宦官为己服务，这又与明朝有什么区别呢！以致营私作弊，更甚以往之时，这又是朕的罪过之一。朕性喜娴静，常图安逸，住在深宫之中，很少临朝听政。以致造成接见廷臣稀疏，上下情谊不能交流，这亦是朕的罪过之一。人之行事，谁能无过？而且朕日理万机，岂能一点错误没有？只有听言纳谏，才能做到有讨必知。但朕每每自持聪明，不能听纳。古语说得好：'精明的商人藏有许多宝物，但表面上他却表现得他好像什么也没有似的；君子道德很高，但其容貌却表现得像愚人似的。'但朕所作所为与此话大相径庭。以致臣僚们缄默，不肯进言，这也是朕的罪过之一。朕早已知道自己有过错，每每自己谴责自己，很是后悔。但却只是徒尚虚文，未能彻底反省改过，致使错误日积月累，越积越多，此乃又是朕的罪过之一。太祖、太宗所开创的宏伟大业，是关系一切最重要的大事。关于皇位的继承人不能长久的虚位以待，朕之子玄烨，乃佟妃所生，歧嶷颖慧，可以继承祖宗的大业，成为朕的后继者，现在决定把他立为皇太子。他可以遵照典制，戴孝二十七日，然后脱下孝服即位为皇帝。今特命令内大臣索尼、苏克萨哈、遏必隆、鳌拜为辅政大臣。他们都是旧日重臣，朕把他们作为心腹之臣，将幼主寄托给他们。望他们尽忠尽职，好生辅佐幼主，佐理政务。现在布告中外，使天下所有的人都要知晓。"

三月癸酉，上尊谥曰："体天隆运英睿钦文大德弘功至仁纯孝章皇帝。"庙号世祖，葬于孝陵。累上尊谥曰："体天隆运定统建极英睿钦文显武大德弘功至仁纯孝章皇帝。"